에듀윌
에듀윌과 함께하면 꿈은 현실이 됩니다
기적에서 전설로

4년 연속 취업 교육 1위!*
합격자 수 2,557%* 수직 증가

에듀윌 취업은
취준생이 아닌 합격생을 만듭니다.

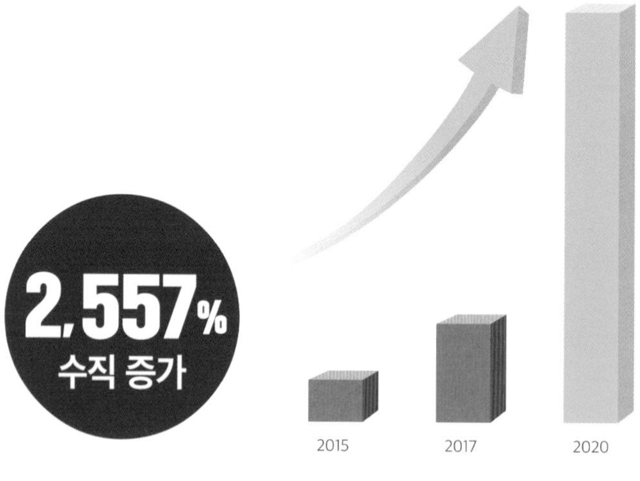

에듀윌 취업만의 체계적인 커리큘럼

STEP 1 1:1 스펙분석	STEP 2 기업별, 전형별 커리큘럼	STEP 3 최종점검 모의고사
정확한 데이터 기반의 객관적 가이드 제공	서류, 필기, 면접, 각 전형별 전문 강의	엄선된 문항, 최상의 퀄리티, 실제 유형/난이도 반영

* 2022, 2021 대한민국 브랜드만족도 취업 교육 1위 (한경비즈니스)/2020, 2019 한국브랜드만족지수 취업 교육 1위 (주간동아, G밸리뉴스)
* 에듀윌 취업 수강생 공기업/대기업 서류, 필기, 면접 전형별 합격자 인증 건수 (총집계/총합계) 2015~2019년도/2020년도

누적 판매량 180만 부 돌파*
베스트셀러 1위 1,824회 달성*

공기업, 대기업, 취업상식
수많은 취준생이 선택한 합격 교재

공사 공단 NCS 베스트셀러 1위

삼성 GSAT 베스트셀러 1위

취업상식 86개월 베스트셀러 1위

더 많은
에듀윌 취업 교재

* 에듀윌 취업 교재 누적 판매량 합산 기준 (2012.05.14~2021.10.31) * 온라인4대 서점(YES24, 교보문고, 알라딘, 인터파크) 일간/주간/월간 13개 베스트셀러 합산 기준 (2016.01.01~2021.11.03, 공기업 NCS/직무적성/일반상식/시사상식 교재) * YES24 수험서 자격증 취업/상식/적성검사 공사 공단 NCS 베스트셀러 1위 (2018년 1월 2주 주별 베스트)
* YES24 수험서 자격증 취업/상식/적성검사 삼성 GSAT 베스트셀러 1위 (2020년 1월 월별 베스트)
* 알라딘 수험서/자격증 월간 이슈&상식 베스트셀러 1위 (2012년 5~7월, 9~11월, 2013년 1월, 4~5월, 11월, 2014년 1월, 3~11월, 2015년 1월, 3~4월, 10월, 12월, 2016년 2월, 7~12월, 2017년 8월~2022년 1월 월간 베스트)

취업 대세 에듀윌!
Why 에듀윌 취업 교재

No 뻔한 정보!
에듀윌 취업 노른자

기업별 최신 채용정보부터 기출패턴 분석까지
취업에 필요한 알짜정보 수록

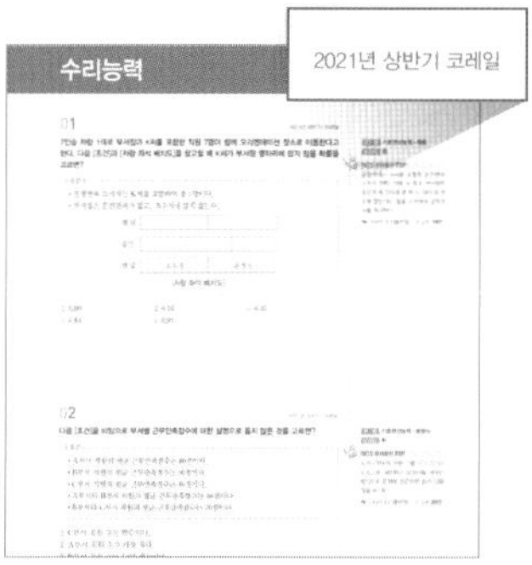

No 가짜기출!
100% 찐기출복원

6대 출제사, 주요 공기업 3개년 기출복원 문제 확보
100% 기출복원 출처 반영*

No 재탕!
업계최다 100% 새 문항*

올해도, 이번에도, 이 교재도, 특별판도
쏟아지는 100% 새 문항

* 2022 최신판 NCS 10개 영역 찐기출문제집, 2022 최신판 NCS 6대 출제사 찐기출문제집 교재 해당
* 에듀윌 취업 공기업 NCS 통합 봉투모의고사, 코레일 봉투모의고사, 서울교통공사 봉투모의고사, 온라인 GSAT 봉투모의고사, GSAT 최최종 봉투모의고사 교재 해당 (2021~2022년 출간 교재 기준)

eduwill

에듀윌 공기업 합격 커리큘럼

공기업 NCS 통합 기본서

공기업 NCS 통합 기본서

NCS 직업기초능력평가 BASIC

공기업 NCS 모듈형 통합 기본서

NCS 모듈학습 2021 Ver. 핵심요약집

PSAT형 NCS 수문끝 자료해석 실전 400제

NCS, 59초의 기술 (의사소통능력)

NCS, 59초의 기술 (수리능력)

NCS, 59초의 기술 (문제해결능력)

NCS 자소서&면접 22대 공기업 기출분석 합격서

실제 면접관이 말하는 NCS 자소서와 면접(인문·상경계)

실제 면접관이 말하는 NCS 자소서와 면접(이공계)

공기업 NCS 통합 기출문제

NCS 10개 영역 찐기출문제집

NCS 6대 출제사 찐기출문제집

PSAT 기출완성 (의사소통능력)

PSAT 기출완성 (수리능력)

PSAT 기출완성 (문제해결·자원관리능력)

전기끝장 ❶ (8대 전력·발전 공기업편)

공기업 NCS 통합 모의고사

공기업 NCS 통합 봉투모의고사

NCS 피듈형 봉투모의고사

행동과학연구소 NCS 봉투모의고사

휴노형 NCS 봉투모의고사

매일 1회씩 꺼내 푸는 NCS

매달 만나는 100% 새 문항, 에듀윌 월간NCS

한국철도공사

NCS+전공
기본서

NCS+전공
봉투모의고사

ALL NCS 최최종
봉투모의고사

한국수력원자력

한수원+5대 발전회사
봉투모의고사

한국수력원자력 ALL NCS
최최종 봉투모의고사

교통공사

서울교통공사
NCS+전공 봉투모의고사

부산교통공사
NCS+전공 봉투모의고사

5대 철도공사·공단
NCS+전공 봉투모의고사

한국수자원공사

NCS+전공
봉투모의고사

한국토지주택공사

NCS+전공
봉투모의고사

한국전력공사

NCS+전공
기본서

NCS+전공
봉투모의고사

한국전력+7대 에너지공기업
NCS+전공 봉투모의고사

IBK 기업은행

NCS+전공
봉투모의고사

인천국제공항공사

NCS
봉투모의고사

국민건강보험공단

NCS+법률
기본서

NCS+법률
봉투모의고사

국민건강보험법
법률 문제집

취업상식

월간 취업에 강한
에듀윌 시사상식

공기업기출
일반상식

eduwill

교재 전용 저자 직답 1:1 질문방 서비스

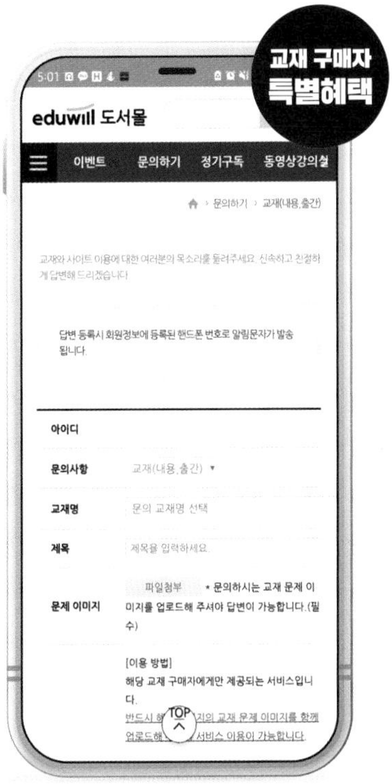

- ☑ 독학하다 막힐 때, 질문방 서비스를 통해 문제 해결!
- ☑ 학습 문의에 대한 신속&정확한 저자 직답 서비스 제공

질문방 서비스 이용 가이드

1. 질문방 서비스는 교재 구매자에게만 제공되는 서비스이므로,
반드시 해당 페이지의 교재 문제 이미지를 함께 업로드 해 주셔야 합니다.

2. 월요일~목요일 정오(낮 12시) 안에 요청하신 질문은 2일 이내에 답변해 드립니다.
다만, 이외 시간에 요청하신 질문은 그 다음 주 월요일에 답변됩니다.

질문방으로 가는 법

❶ 도서 내 혹은 오른쪽 질문방 바로가기 QR 코드 스캔 후 질문방 접속 가능

❷ '에듀윌 도서몰(book.eduwill.net) > 문의하기 > 교재(내용, 출간) > 취업 > 공기업 전기직' 접속

질문방 서비스 바로가기

1:1 학습관리
교재 연계 온라인스터디 무료

스터디 전용 인강+데일리 추가 문제 100% 완전무료

이런 분이라면,
꼭 신청하세요!

- 올해 처음 공기업 NCS를 시작하는 취준생
- 혼자 공부할 의지가 부족해서 공부가 잘 되지 않는 취준생
- 단기간에 집중적으로 NCS 학습 전략을 배우고 싶은 취준생

에듀윌 취업! 온라인스터디
반드시 참여해야 하는 세 가지 이유

- 체계적인 단기 완성 커리큘럼과 유료강의 무료 제공
- 취업 전문 연구진의 실시간 질문답변
- 확실한 단기 합격 보장을 위한 추가 학습혜택 제공

참여 방법

네이버카페 '딱공기업(https://cafe.naver.com/gamnyang)' 접속 → 온라인 스터디 게시판 신청 후 참여

STEP 1
신청서 작성

▶

STEP 2
스터디 교재 구매 후 인증
(선택)

▶

STEP 3
오픈채팅방 입장 및
스터디 학습 시작

온라인스터디
신청

※ 온라인스터디 진행 및 혜택은 교재 및 시기에 따라 다를 수 있으니, 교재 뒷면 구매자 특별혜택을 확인해 주시기 바랍니다.

에듀윌 취업 아카데미에서 제대로 공부하세요!

공기업·대기업 수준별 맞춤 커리큘럼
온종일 밀착 학습관리부터 전공&자격증 준비까지 케어

고품질 영상 및 음향 장비를 갖춘 최고의 강의실

언제나 전문 학습 매니저와 상담이 가능한 안내데스크

1:1 대면 첨삭 및 전문 컨설팅이 가능한 일대일 상담실

공용 PC, 프린터, 충전기 등 편의시설을 갖춘 휴게실

강남 캠퍼스	
운영시간	[월~금] 09:00~22:00 [토/일/공휴일] 09:00~18:00
주　소	서울 강남구 테헤란로 8길 37 한동빌딩 1, 2층
상담문의	02)6486-0600

취업 아카데미 바로가기

eduwill

적중!으로 검증

2020 하반기 서울교통공사 실제 출제 문제

지난 시험에서 출제된 문제는 의사소통능력 부문에서 철도국 예산안 및 운전면허 갱신, 정지, 취소 등에 관한 철도안전법 조항 관련 문제와 4차 산업혁명과 철도기술혁신 국제세미나 관련 지문 등이 출제됐다. 수리능력에서는 철도 운임 원가정보 총괄표 및 국가 철도 개량 투자계획 등이 자료로 출제되었다. 특히 정보능력 부문에서 시스템 모니터링 코드 입력 문항이 등장해 눈길을 끌기도 했다.

2021.06.16. 더퍼블릭

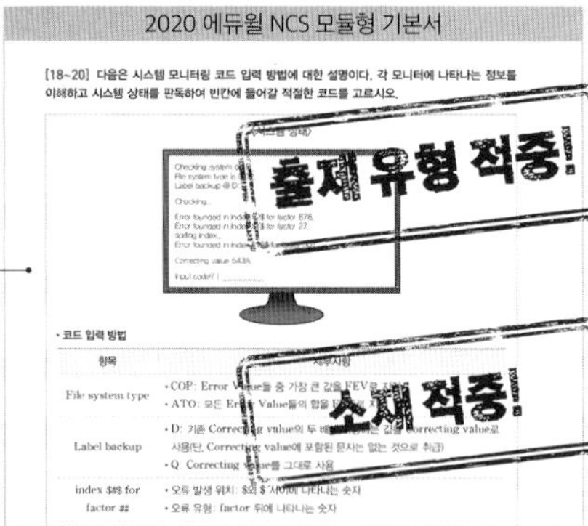
2020 에듀윌 NCS 모듈형 기본서

[18~20] 다음은 시스템 모니터링 코드 입력 방법에 대한 설명이다. 각 모니터에 나타나는 정보를 이해하고 시스템 상태를 판독하여 빈칸에 들어갈 적절한 코드를 고르시오.

▲ 218~219쪽 18~20번

2019 하반기 GSAT 실제 출제 문제

추리 영역에서는 '괄시하다'의 반대말 (후대하다)을 묻는 문항을 비롯해 어휘의 관계를 구분하는 질문과 도형의 규칙을 찾는 문제 등이 출제된 것으로 알려졌다. 언어논리 영역은 '세다' '가다' 등 단어의 정확한 뜻을 묻는 문제 등이 출제됐고 블록체인, 파블로프의 개 실험 등 과학 · IT · 시사상식과 관련한 지문이 다소 등장해 체감 난도가 높았다는 평가가 나왔다.

2019.10.20. 매일경제

2019 하반기 에듀윌 GSAT 삼성직무적성검사 봉투모의고사

18

▲ 1회 49쪽 18번

2019 하반기 에듀윌 GSAT 삼성직무적성검사 봉투모의고사

03

▲ 2회 3쪽 3번

2019 하반기 에듀윌 GSAT 삼성직무적성검사

01 다음 중 밑줄 친 단어와 가장 동일한 의미로 쓰인 것을 고르면?

▲ 300쪽 1번

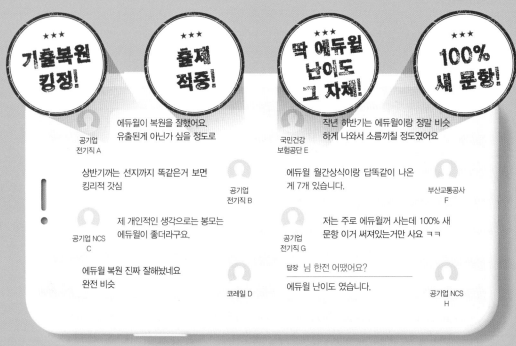

에듀윌
취업
노른자

에듀윌 취업 노른자

공기업 전기직 필기시험은 어떻게 출제되나요?

8대 전력·발전 공기업 전기직 필기시험 출제 문항 수&출제 범위 / 전공필기 최신 출제경향

P.4, P.8~10

2021년 최신 시험을 기준으로 정리한 8대 전력·발전 공기업 필기시험의 직업기초능력평가와 직무수행능력평가(전공) 출제 문항 수와 출제 범위에 대한 내용을 확인할 수 있습니다.
'8대 전력·발전 공기업 전기직 전공필기 최신 출제경향'에서 2021, 2020년 최신 2개년의 기업별 전공필기시험의 난이도와 출제경향을 확인할 수 있습니다.

에듀윌 취업 교재엔
취업 영양만점 노른자 페이지가 있습니다.

공기업 전기직 가산점 항목은 어떻게 되나요?

8대 전력·발전 공기업 전기직 가산점 항목&채용 경쟁률

P.5~7

2021년 최신 시험을 기준으로 정리한 8대 전력·발전 공기업 전기직의 가산점 항목에 대한 내용은 '8대 전력·발전 공기업 전기직 가산점 항목'에서 확인할 수 있습니다.

공기업 전기직 채용 경쟁률은 어떻게 되나요?

8대 전력·발전 공기업 전기직 가산점 항목&채용 경쟁률

P.7

8대 전력·발전 공기업 전기직의 서류 접수인원, 최종 선발인원을 통한 최종 경쟁률에 대한 내용은 '8대 전력·발전 공기업 전기직 채용 경쟁률'에서 확인할 수 있습니다.

8대 전력·발전 공기업 전기직 필기시험 출제 문항 수&출제 범위

※ 2021년 최신시험을 기준으로 하였으며, 자세한 내용은 기업별 채용공고를 확인하시기 바랍니다.

01 8대 전력·발전 공기업 전기직 필기시험 출제 문항 수

구분	직업기초능력평가	직무수행능력평가(전공)
한국전력공사	40문항	15문항
한국수력원자력	50문항	25문항 (이외 한국사 및 회사상식 관련 5문항)
한국남동발전	45문항	60문항
한국서부발전	80문항	70문항 (이외 한국사 10문항)
한국중부발전	80문항	50문항 (이외 한국사 10문항)
한국동서발전	50문항	40문항 (이외 한국사 10문항)
한국남부발전	70문항	50문항 (이외 한국사, 영어 합하여 40문항)
한전KPS(G3)	50문항	50문항

02 8대 전력·발전 공기업 전기직 필기시험 출제 범위

구분	직업기초능력평가	직무수행능력평가(전공)
한국전력공사	의사소통, 수리, 문제해결, 자원관리능력	관련 분야의(필기 및 실기) 수준
한국수력원자력	의사소통, 수리, 문제해결, 자원관리, 기술능력	해당 분야의 전공지식+직무연계
한국남동발전	의사소통, 문제해결, 자원관리능력	전기이론, 전력공학, 전기기기, 전자·통신, 회로이론 및 제어공학 등 전기일반
한국서부발전	의사소통, 수리, 문제해결, 자원관리, 정보, 기술, 조직이해능력, 직업윤리	전자기학, 전력공학, 전기기기, 회로이론 등 전기기사 수준
한국중부발전	의사소통, 수리, 문제해결, 기술능력	전력공학, 전기기기, 회로/제어공학 등 전기일반+직무연계
한국동서발전	의사소통, 수리, 문제해결능력	전력공학, 전기기기, 회로/제어공학 등 전기일반
한국남부발전	직무수행(KOSPO 요구역량), 직업기초능력	지원분야 기사 수준
한전KPS	의사소통, 수리, 문제해결, 자원관리, 기술능력	전기일반학, 전기기기, 회로이론, 전력공학, 전기자기학

8대 전력·발전 공기업 전기직 가산점 항목& 채용 경쟁률

※ 2021년 최신 채용공고를 기준으로 하였으며, 자세한 내용은 기업별 채용공고를 확인하시기 바랍니다.

01 8대 전력 · 발전 공기업 전기직 가산점 항목

1 한국전력공사

	분야	배점	종류
공통 자격가점	한국사	5점	한국사능력검정시험 3급 이상
	한국어	5점	국어능력인증 3급, KBS한국어능력 3+급, 한국실용글쓰기 준2급 이상
	IT	5점	정보처리기사, 정보처리산업기사, 사무자동화산업기사, 컴퓨터활용능력 1급
	외국어	5점	토익스피킹 7등급, OPIc IH등급, FLEX(말하기) 1C 등급 이상
	특이사항	– 동일 분야 내 중복 자격증이 있을 경우 1개만 인정 – 컴퓨터활용능력 1급은 대한상공회의소 자격증만 인정	
기술 자격가점	전기	10점	전기기사, 전기공사기사, 전기기능장
		8점	전자기사, 품질경영기사, 산업안전기사, 소방설비(전기)기사, 전자기기기능장
		5점	전기산업기사, 전기공사산업기사
		3점	전자산업기사, 품질경영산업기사, 산업안전산업기사, 소방설비(전기)산업기사
	특이사항	최대 2개까지 인정(단, 동일종류 자격증은 상위등급 자격증만 인정)	

2 한국수력원자력

	분야	배점	종류
공통 자격가점	한국사	2점	한국사능력검정시험 3급 이상
	한국어	2점	국어능력인증시험 137점 이상, KBS한국어능력시험 545점 이상, 한국실용글쓰기 630점 이상
	IT	2점	컴퓨터활용능력(대한상공회의소) 1급, 사무자동화산업기사
	외국어	2점	토익스피킹 160점 이상, 텝스스피킹 68점 이상, OPIc IH 이상
	특이사항	– 동일 분야 내 중복 자격증이 있을 경우 1개만 인정 – 영어스피킹성적은 외국어성적과 중복하여 인정	
기술 자격가점	전기전자	5점 (기사·기능장등)	무선설비, 방송통신, 소방설비(전기), 전기, 전기공사, 전기철도, 전자, 전자계산기, 전파전자통신, 정보통신, 전파전산
		3점 (산업기사)	무선설비, 방송통신, 소방설비(전기), 전기, 전기공사, 전기철도, 전자, 전자계산기(제어), 전파전산, 전파전자통신, 정보통신
	특이사항	최대 3개까지 인정(단, 동일종류 자격증은 상위등급 자격증만 인정)	

3 한국남동발전

	분야	배점	종류
공통 자격가점	한국사	5점	한국사 1급
		3점	한국사 2급
	한국어	–	
	IT		
	외국어		
	특이사항		
기술 자격가점	전기	5점	전기(전기공사, 전기), 전자, 일반기계, 에너지관리(舊 열관리), 금속재료, 메카트로닉스, 기계설계, 산업안전, 설비보전, 소방설비(전기, 기계), 공조냉동기계, 비파괴검사(방사선 · 초음파 · 자기, 침투 · 와전류 · 누설), 용접, 건설기계설비, 건설기계정비, 신재생에너지발전설비(태양광)
		3점	가스, 건설안전, 전자계산기(전자계산기조직응용), 위험물, 배관, 품질경영, 전자기기, 소음진동
	특이사항	– 전공 자격증의 경우, 상위자격증 1개 적용 – 기사 이상 자격증은 기준점수 적용, 산업기사는 기사수준의 1/2 적용	

4 한국서부발전

	분야	배점	종류
공통 자격가점	한국사	–	
	한국어	5점	국어능력인증 3급 이상, KBS 한국어능력 3+급 이상, 한국실용글쓰기 준2급 이상
	IT	5점	정보처리기사, 컴퓨터활용능력 1급
		3점	정보처리산업기사, 사무자동화산업기사
	외국어	–	
	특이사항	각 분야별 상위가점 1개만 인정	
기술 자격가점	전기	15점	전기공사기사, 전기기사, 소방설비(전기분야)기사, 산업안전기사, 전자기사
		10점	전기공사산업기사, 전기산업기사, 소방설비(전기분야)산업기사, 산업안전산업기사, 전자산업기사
	특이사항	– 이종(異種)에 한하여 상위가점 2개만 인정 – 점수가 다른 동종(同種) 자격증은 상위가점에 해당하는 자격증 1개만 인정 – 공통 자격증 가점 포함 최대 30점 한도 가점 적용	

5 한국중부발전

	분야	배점	종류
공통 자격가점	한국사	–	
	한국어		
	IT		
	외국어		
	특이사항		
기술 자격가점	발전전기 (기사, 기능장)	필기 전형 배점의 10% 가점	전기, 전기공사, 전자, 프레스금형설계, 위험물, 용접, 일반(건설)기계, 소방설비(전기분야), 소방설비(기계분야), 표면처리, 소음진동, 사출금형설계, 산업안전, 에너지관리(前 열관리), 건설기계설비, 건설기계정비, 공조냉동기계, 금속재료, 기계설계, 가스, 건설안전, 신재생에너지발전설비(태양광), 자동차정비, 조선, 인간공학, 설비보전, 품질경영, 품질관리, 비파괴검사(누설, MT, PT, UT, RT) (舊: 위험물관리 포함)
	특이사항	– 최상위 가점 대상 1개만 입력 가능 – 복수 자격증 소지자는 1개만 인정	

※ 한국동서발전, 한국남부발전, 한전KPS(G3)는 가산점 항목 없음

02 8대 전력·발전 공기업 전기직 채용 경쟁률

※ 2021년 최신시험을 기준으로 함

구분	직렬	서류 접수인원	최종 선발인원	최종 경쟁률
한국전력공사	전기	4,702명	126명	37.32:1
한국수력원자력	원자력–전기전자	3,243명	21명	154.43:1
한국남동발전	전기	4,702명	48명	97.96:1
한국서부발전	전기	2,563명	32명	80.09:1
한국중부발전	발전전기	3,984명	17명	234.35:1
한국동서발전	발전전기	4,374명	22명	198.82:1
한국남부발전	전기	2,499명	15명	166.60:1
한전KPS	G3 전기	1,310명	17명	77.06:1

8대 전력·발전 공기업 전기직 전공필기 최신 출제경향

1 한국전력공사

2021년 하반기	[난이도 총평] 중하~중 [출제경향] 전력공학과 전기설비 과목의 출제 비중이 매우 높았고, 전반적으로 무난한 난이도로 출제됨
2021년 상반기	[난이도 총평] 하~중 [출제경향] 전력공학과 전기기기 과목의 출제 비중이 매우 높았고, 계산 문제보다는 개념 문제 위주로 출제됨
2020년 하반기	[난이도 총평] 중하 [출제경향] 과목별로 고르게 출제되었으며, 타공기업에 비해 무난한 난이도로 출제됨
2020년 상반기	[난이도 총평] 하~중하 [출제경향 및 특징] 전자기학, 전력공학, 전기설비 과목의 출제 비중이 높았고, 타공기업에 비해 무난한 난이도로 출제됨

2 한국수력원자력

2021년 상반기	[난이도 총평] 중하~중상 [출제경향] 회로이론, 전기기기 과목의 출제 비중이 높았고, 전기(산업)기사에서 출제되는 기본적인 개념 외에 전자통신과 원자력 발전기의 구조에 대한 지식까지 요구된 시험이었음
2020년 하반기	[난이도 총평] 중하~중 [출제경향] 전기기기, 전력공학 과목의 출제 비중이 높았고, 개념을 묻는 문제가 많이 출제되었으며, 전자통신 과목의 문제가 변별력으로 작용한 시험이었음

3 한국남동발전

2021년 상반기	[난이도 총평] 중하~중상 [출제경향] 전자통신 과목이 비교적 높은 비중으로 출제되어 변별력을 갖추었으나 이외의 과목에서는 대부분 전기(산업)기사에서 출제되었던 개념이 출제됨
2020년 하반기	[난이도 총평] 하~중 [출제경향] 과목별로 고르게 출제되었고 계산 문제의 비중이 높았으나, 2020년 상반기에 비해 비교적 간단하게 풀 수 있는 문제가 많이 출제됨 다만, 전자통신 관련 문제의 비중이 높았으므로 전자통신 과목에 대한 지식이 요구됨
2020년 상반기	[난이도 총평] 중하~중상 [출제경향] 전기기기, 전력공학 과목의 출제 비중이 높았고, 계산 문제의 비중이 높았으며 여러 계산과정이 필요한 문제로 구성되어 계산에 따른 정확성도 필요하나, 제한 시간 안에 보다 많은 문제를 푸는 것이 중요함

4 한국서부발전

2020년 하반기	[난이도 총평] 중하~상 [출제경향] 회로이론 과목의 출제 비중이 특히 높았고, 난이도별로 고르게 출제됨 난이도가 높은 신유형의 문제로 변별력을 갖추었으며, 일부 각 과목에 관하여 자세한 이론이 요구되는 문제가 출제됨
2020년 상반기	[난이도 총평] 중하~중 [출제경향] 전기기기 과목의 출제 비중이 특히 높았고, 계산 문제와 개념 문제의 비중이 고르게 출제됨 변별력을 위한 높은 난이도의 문항도 일부 출제되었으나, 대부분 전기(산업)기사에서 출제되었던 개념의 문제로 구성됨

5 한국중부발전

2020년 하반기 1차	[난이도 총평] 중하~중 [출제경향] 회로이론, 전기기기, 전력공학 과목 위주로 출제되었고 기존에 출제율이 높지 않았던 개념, 용어적인 부분을 응용한 문제를 출제하여 변별력을 갖추었으나, 대부분의 문제는 전기(산업)기사에서 출제된 개념의 문제로 구성됨
2020년 하반기 2차	[난이도 총평] 중~중상 [출제경향] 전자기학과 전기기기 과목의 출제 비중이 매우 높았고, 2020년 하반기 1차와 달리 전자통신과 전기설비과목이 추가되어 출제됨 계산 문제의 비중이 매우 높았고, 어려운 형태의 식을 이용하거나 계산과정이 복잡한 형태의 문제가 주를 이루므로, 제한 시간 안에 보다 많은 문제를 푸는 것이 중요함

6 한국동서발전

2021년 하반기	[난이도 총평] 중~중상 [출제경향] 전기설비와 전자기학 과목의 출제 비중이 높았으며, 특히 전기설비 과목에서 2021년 기준으로 수정된 부분에 관하여 변별력 있는 문제가 출제됨
2020년 하반기	[난이도 총평] 하~중 [출제경향] 과목별로 고르게 출제되었고, 전기설비 과목에서 정확한 수치값을 요구하는 문항으로 변별력을 갖춤

7 한국남부발전

2021년 하반기	[난이도 총평] 중하~중상 [출제경향] 제어공학과 전자통신 과목의 출제 비중이 높았고 전자통신 과목의 학습 유무로 체감 난이도가 크게 나뉘며, 그 외 과목의 문제를 제한 시간 안에 정확하고 많이 푸는 것이 관건인 시험임

8 한전KPS(G3)

2021년 하반기	[난이도 총평] 하~중 [출제경향] 전기설비를 제외한 과목의 출제 비중이 비교적 고르며, 대부분 무난하게 풀 수 있는 난이도로 구성됨
2020년 하반기	[난이도 총평] 중하~중 [출제경향] 회로이론 과목의 출제 비중이 특히 높았으며 대부분 계산 문제로 구성되고, 계산과정이 소요되는 문제가 많아 계산의 정확성이 필요함과 동시에 제한 시간 내에 얼마나 많은 문제를 풀 수 있는지가 관건인 시험임

교재 전용 저자 직답 1:1 질문방 서비스

질문방으로 가는 법

1 모바일을 이용하여 아래 질문방 바로가기 QR 코드를 스캔하면 질문방으로 접속 가능합니다.

▶ 질문방 서비스 바로가기

2 '에듀윌 도서몰(book.eduwill.net) 〉 문의하기 〉 교재(내용, 출간) 〉 취업 〉 공기업 전기직'으로 접속 가능합니다.

교재 구매자에게만 제공되는 서비스

1 질문방 서비스는 〈2022 최신판 에듀윌 공기업 전기직 전공필기 기출로 끝장 ❶〉 교재 구매자에게만 제공됩니다. 반드시 해당 페이지의 교재 문제 이미지를 함께 업로드해 주셔야 합니다.

2 질문 시 답변자가 이해하기 쉽도록 상세히 질문을 적어 주시면 좀 더 빠르고 정확한 답변을 받으실 수 있습니다.

학습 문의에 대한 신속&정확한 저자 직답 서비스

월요일~목요일 정오(낮 12시) 안에 요청하신 질문은 2일 이내에 답변드립니다. 다만 이외 시간에 요청하신 질문은 그 다음 주 월요일에 답변됩니다.

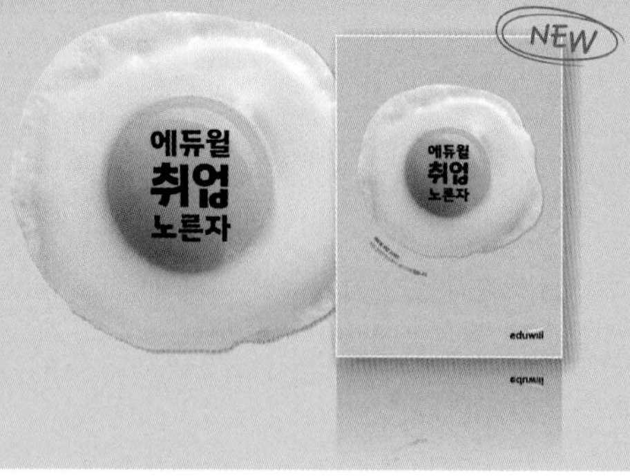

에듀윌 취업 노른자

수험생들이 궁금해 할 공기업 전기직 채용 및 필기시험에 대한 정보를 확인할 수 있습니다.

PART 01 기출복원 모의고사

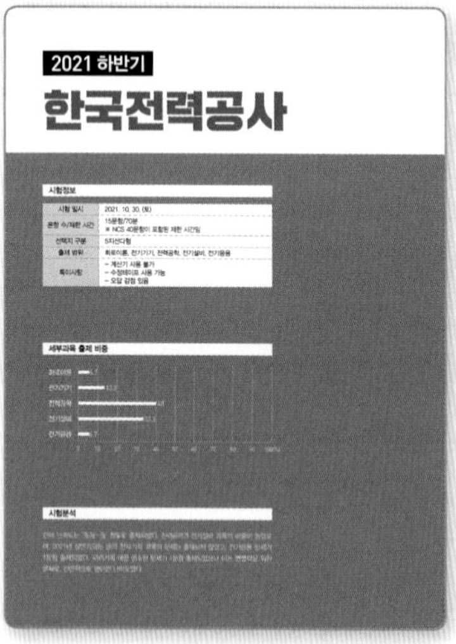

기업별 · 출제시기별 시험 일시와 문항 수, 출제 범위 등에 대한 시험정보를 수록하였습니다.
또한, 세부과목 출제 비중과 시험분석 내용을 통해 기업별 최신시험의 출제경향을 파악할 수 있습니다.

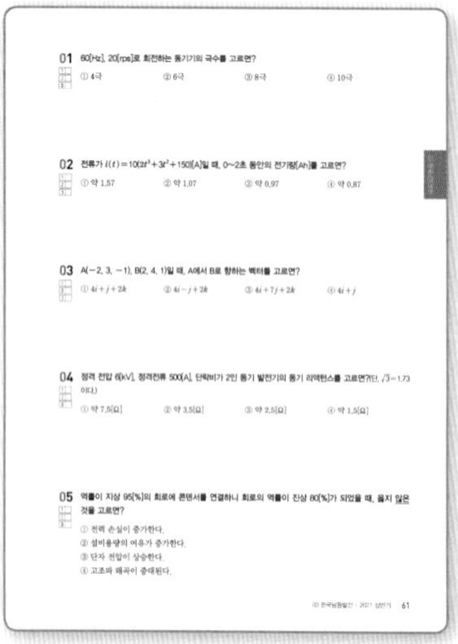

기출복원 정보를 활용하여 실제 기출에 가까운 변형문제로 구성한 모의고사를 통해 실전 감각을 향상할 수 있습니다. 또한, 문항별 3회독 체크표를 수록하여 반복학습을 할 수 있도록 하였습니다.

에듀윌과 함께 공기업의 꿈을 이루세요!
에듀윌은 당신의 합격을 응원합니다.

PART 02 실력점검 모의고사

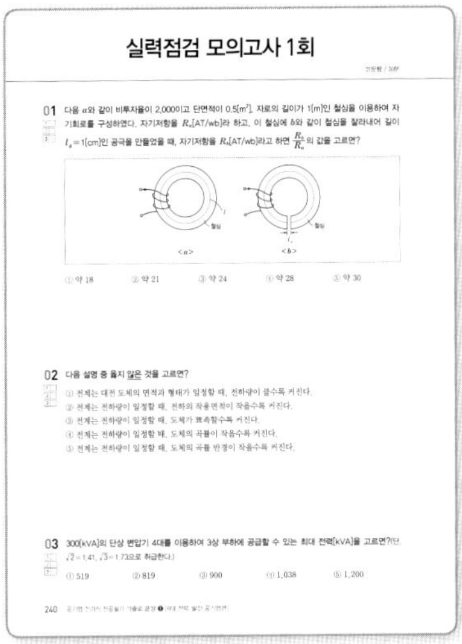
실력점검 모의고사 1회

평이한 문제부터 고난이도 문제까지 다양하게 구성한 모의고사를 2회분 수록하였습니다. 25문항으로 구성된 실력점검 모의고사를 통해 실전 대비를 보다 완벽하게 할 수 있습니다.

부록 OMR 카드

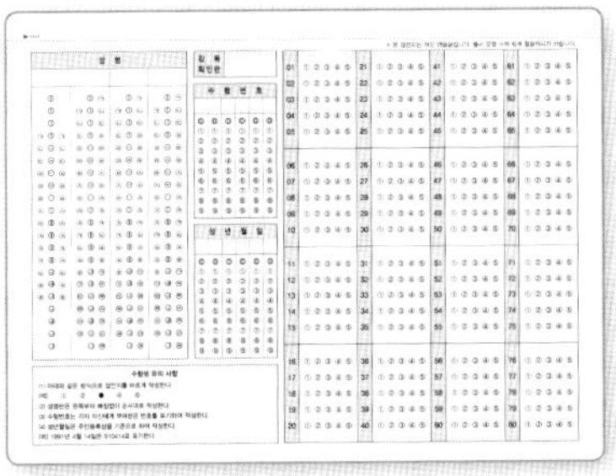

PART1 기출복원 모의고사와 PART2 실력점검 모의고사를 실전처럼 풀 수 있도록 OMR 카드를 수록하였습니다. 실제 시험처럼 제한 시간 안에 마킹하는 연습을 할 수 있습니다.

에듀윌 취업 노른자

PART 01 기출복원 모의고사

시작하라.

그 자체가 천재성이고,
힘이며, 마력이다.

– 요한 볼프강 폰 괴테(Johann Wolfgang von Goethe)

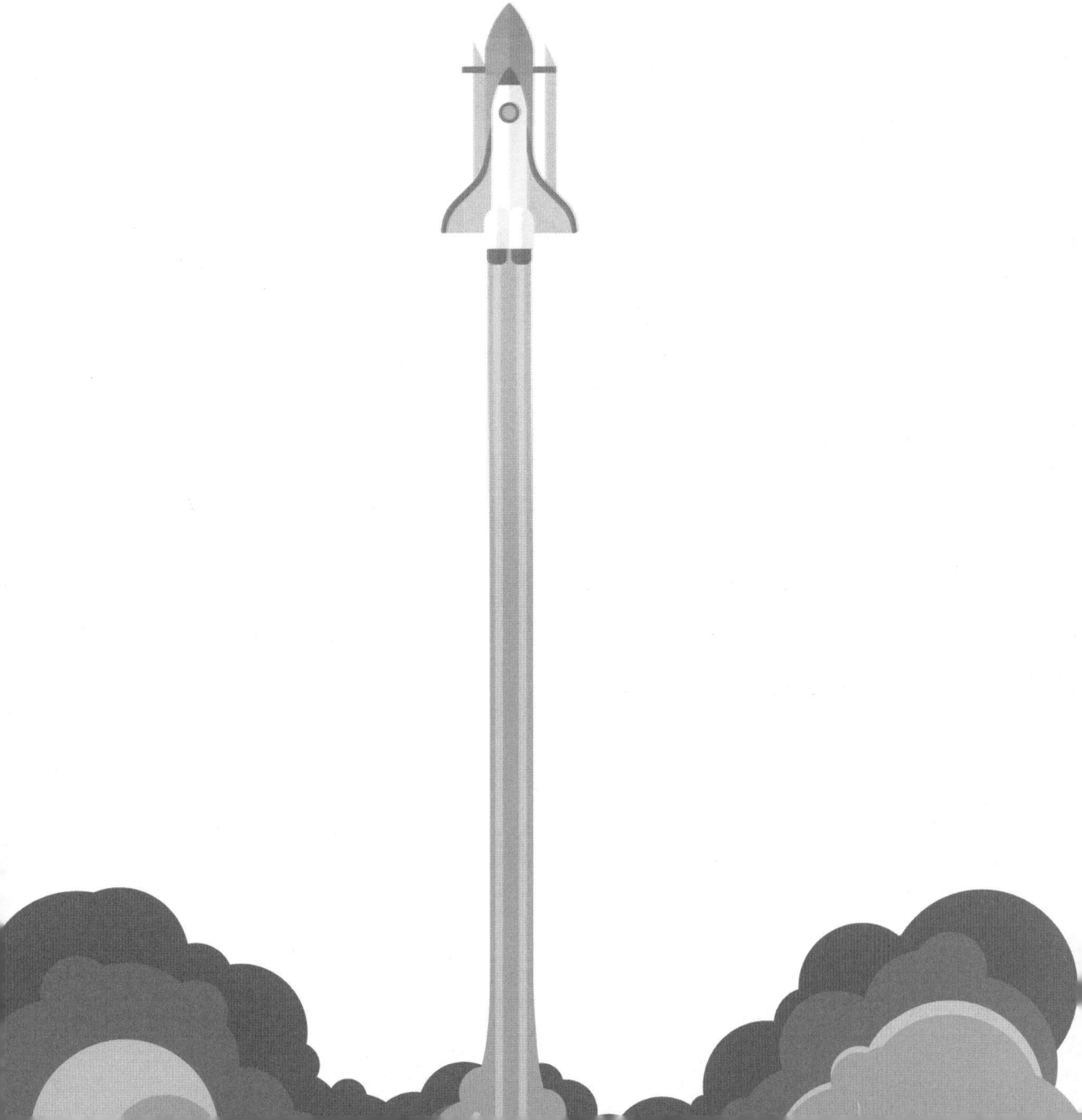

PART 01

기출복원 모의고사

※ 기출복원 정보를 활용하여 실제 기출에 가까운 변형문제로 모의고사를 구성하였습니다.

2021 하반기

한국전력공사

시험정보

시험 일시	2021. 10. 30. (토)
문항 수/제한 시간	15문항/70분 ※ NCS 40문항이 포함된 제한 시간임
선택지 구분	5지선다형
출제 범위	회로이론, 전기기기, 전력공학, 전기설비, 전기응용
특이사항	– 계산기 사용 불가 – 수정테이프 사용 가능 – 오답 감점 있음

세부과목 출제 비중

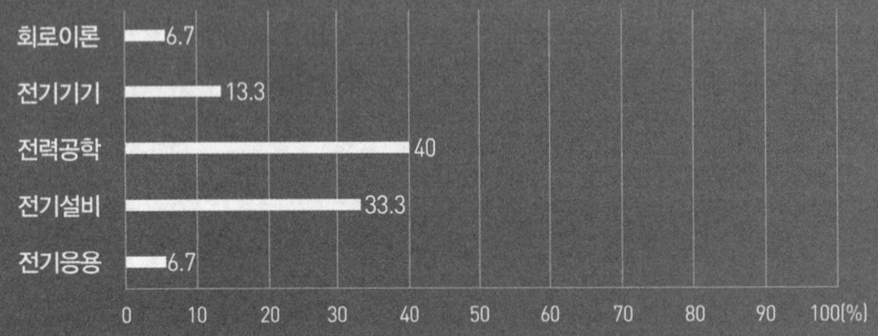

시험분석

전체 난이도는 '중하~중' 정도로 출제되었다. 전력공학과 전기설비 과목의 비중이 높았으며, 2021년 상반기와는 달리 전자기학 과목의 문제는 출제되지 않았고, 전기응용 문제가 1문항 출제되었다. 피뢰기에 대한 생소한 문제가 1문항 출제되었으나 이는 변별력을 위한 문제로, 전반적으로 평이한 난이도였다.

01 피뢰기의 충격 방전개시전압으로 표시되는 값을 고르면?

1 2 3

① 충격파의 실효치
② 충격파의 최대치
③ 충격파의 평균치
④ 충격파의 순시치
⑤ 충격파 최대치의 80[%]

02 3상 선로에 설치되는 차단기의 정격 차단용량의 관계식을 고르면?

1 2 3

① 3× 정격전압 × 단락전류
② 3× 정격전압 × 정격차단전류
③ $\sqrt{3}$× 정격전압 × 단락전류
④ $\sqrt{3}$× 정격전압 × 정격차단전류
⑤ $\sqrt{3}$× 공칭전압 × 정격차단전류

03 과전류차단기로 시설하는 퓨즈 중 고압전로에 사용하는 비포장 퓨즈의 규격에 대한 설명으로 옳은 것을 고르면?

1 2 3

① 정격전류의 1.3배의 전류에 견디고, 2배의 전류로 120분 안에 용단되는 것이어야 한다.
② 정격전류의 1.25배의 전류에 견디고, 2배의 전류로 120분 안에 용단되는 것이어야 한다.
③ 정격전류의 1.3배의 전류에 견디고, 2배의 전류로 120초 안에 용단되는 것이어야 한다.
④ 정격전류의 1.25배의 전류에 견디고, 2배의 전류로 120초 안에 용단되는 것이어야 한다.
⑤ 정격전류의 1.2배의 전류에 견디고, 2배의 전류로 120초 안에 용단되는 것이어야 한다.

04 **가로 30[m], 세로 20[m]인 방에 500[lm]의 광속을 발산하는 전등을 15개 점등하였을 때, 평균 조도 [lx]를 고르면?**(단, 조명률은 0.6, 유지율은 0.8이라고 한다.)

1 2 3

① 3.0　② 4.5　③ 6.0
④ 7.5　⑤ 9.0

05 **어떤 변압기의 철손과 동손을 측정하고자 한다. 각각의 손실값을 구하기 위하여 필요한 시험의 종류를 고르면?**

1 2 3

	철손 측정 시험	동손 측정 시험
①	충격 전압 시험	무부하 시험
②	무부하 시험	단락 시험
③	권선 저항 측정 시험	단락 시험
④	무부하 시험	가압 시험
⑤	단락 시험	무부하 시험

06 **고유저항이 2.5×10^3[Ω·m]인 도체의 10[kHz] 주파수에 대한 표피두께[cm]를 고르면?**(단, 투자율은 $\frac{4}{\pi}\times10^{-4}$[H/m]이다.)

1 2 3

① $\frac{1}{4\times10^{-4}}$　② $\frac{1}{4\times10^{-2}}$　③ $\frac{1}{4\times10^{-1}}$
④ $\frac{1}{2\times10^{-4}}$　⑤ $\frac{1}{2\times10^{-2}}$

07 송전계통의 안정도 향상 대책에 대한 설명으로 옳지 않은 것을 고르면?

1 2 3

① 고속도 차단 방식을 채용하여 고장 발생 시 고장구간을 신속히 차단한다.
② 발전기 및 변압기의 리액턴스를 작게 한다.
③ 선로의 병행회선을 증가시키거나 복도체를 채용한다.
④ 병렬콘덴서를 설치하여 유도성 리액턴스를 보상한다.
⑤ 발전기의 단락비를 크게 한다.

08 직류와 교류의 고압 값으로 옳은 것을 고르면?

1 2 3

① 직류: 750[V] 이상 1,500[V] 이하
교류: 600[V] 이상 1,000[V] 이하
② 직류: 750[V] 이상 7,000[V] 이하
교류: 600[V] 이상 7,000[V] 이하
③ 직류: 1,500[V] 이상 5,000[V] 이하
교류: 1,000[V] 이상 5,000[V] 이하
④ 직류: 1,500[V] 초과 7,000[V] 이하
교류: 1,000[V] 초과 7,000[V] 이하
⑤ 직류: 7,000[V] 초과
교류: 7,000[V] 초과

09 Still의 식을 이용하여 경제적인 송전전압을 산출하고자 한다. 송전전력이 25[MW], 송전거리가 10[km]일 때, 송전전압[kV]을 고르면?

1 2 3

① 88　② 92　③ 108
④ 132　⑤ 152

10 **유도전동기의 회전자 속도가 675[rpm]이고, 슬립이 0.25라고 한다. 이 전동기의 극수를 고르면?**(단, 주파수는 60[Hz]이다.)

1 2 3

① 4극 ② 6극 ③ 8극
④ 10극 ⑤ 12극

11 **불평형 3상 전압이 $V_a = 20 + j5$[V], $V_b = -30 - j9$[V], $V_c = -6 + j12$[V]일 때, 영상분 전압 V_0[V]을 고르면?**(단, 상의 순서는 a, b, c순이다.)

1 2 3

① $5.3 - j2.67$ ② $-5.3 + j2.67$ ③ $4.67 - j5.33$
④ $-4.67 + j5.33$ ⑤ $-4.67 + j2.67$

12 **최대사용전압이 70[kV]인 비접지식 전로의 절연내력 시험전압[kV]을 고르면?**(단, 직류로 절연내력시험을 시행한다.)

1 2 3

① 75 ② 87.5 ③ 154
④ 175 ⑤ 250

13 사용전압 및 전력, 손실이 일정한 경우라고 할 때, 3상 3선식에 대한 3상 4선식의 전선 소요량 비를 고르면?

1 2 3

① $\frac{1}{3}$　② $\frac{2}{3}$　③ $\frac{1}{4}$

④ $\frac{3}{8}$　⑤ $\frac{4}{9}$

14 전선의 접속 규정에서 두 개 이상의 전선을 병렬로 사용하는 경우의 항목으로 옳지 않은 것을 고르면?

1 2 3

① 전선은 같은 도체, 같은 재료, 같은 길이 및 같은 굵기의 것을 사용할 것
② 각 전선의 굵기는 동선 50[mm^2] 이상 또는 알루미늄 70[mm^2] 이상으로 할 것
③ 같은 극인 각 전선의 터미널러그는 동일한 도체에 2개 이상의 나사로 접속할 것
④ 병렬로 사용하는 전선에는 각각의 퓨즈를 사용하여 사고전류로부터 보호할 수 있을 것
⑤ 금속관 안에 전자적 불평형이 생기지 않도록 시설할 것

15 금속관 공사에 대한 설명으로 옳지 않은 것을 고르면?

1 2 3

① 전선은 옥외용 비닐절연전선을 제외한 절연전선으로 한다.
② 전선은 연선으로 하고, 단면적 10[mm^2] 이하의 것을 사용한다.
③ 콘크리트에 매입하는 경우의 관의 두께는 1.0[mm] 이상으로 한다.
④ 금속관 내부에서 전선의 접속점이 없도록 해야 한다.
⑤ 알루미늄선은 단면적 16[mm^2] 이하의 것을 사용한다.

정답과 해설 p.2

2021 상반기

한국전력공사

시험정보

시험 일시	2021. 5. 15. (토)
문항 수/제한 시간	15문항/60분 ※ NCS 40문항이 포함된 제한 시간임
선택지 구분	5지선다형
출제 범위	전자기학, 회로이론, 전기기기, 전력공학, 전기설비
특이사항	– 계산기 사용 불가 – 수정테이프 사용 가능 – 오답 감점 있음

세부과목 출제 비중

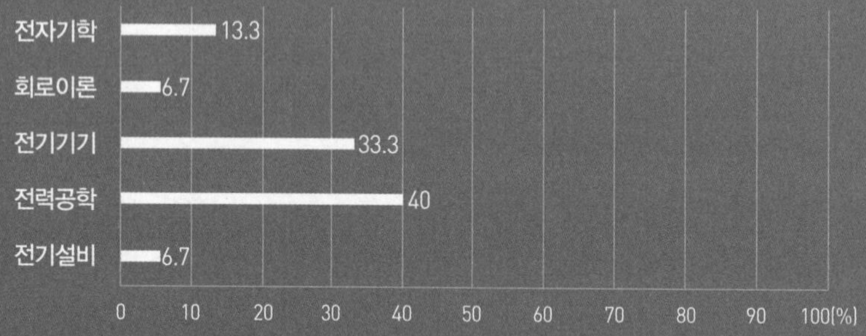

시험분석

전체 난이도는 '하~중' 정도로 출제되었다. 전력공학과 전기기기 과목의 비중이 높았으며, 전기기사 내용을 토대로 기본적인 문제 위주로 출제되었다. 계산 문제보다는 기본 개념을 묻는 문제의 비중이 높았으며, 기본 내용을 충분히 학습하였다면 대부분의 문제를 해결하는 데 있어 큰 어려움은 없었을 것으로 보인다.

01 차단기의 약호와 그에 맞는 명칭으로 옳지 않은 것을 고르면?

1 2 3

① GCB: 가스 차단기
② MBB: 자기 차단기
③ ACB: 공기 차단기
④ VCB: 진공 차단기
⑤ OCB: 유입 차단기

02 연가를 시행하는 목적으로 옳은 것을 고르면?

1 2 3

① 선로 정수의 평형
② 정전용량의 감소
③ 선로의 길이 단축
④ 전력손실의 감소
⑤ 전선의 단면적 감소

03 PT(계기용 변압기)와 CT(변류기)를 점검하고자 할 때의 조치사항을 고르면?

1 2 3

① PT 1차 측 개방, CT 1차 측 단락
② PT 1차 측 단락, CT 2차 측 개방
③ PT 2차 측 개방, CT 1차 측 단락
④ PT 2차 측 단락, CT 2차 측 개방
⑤ PT 2차 측 개방, CT 2차 측 단락

04 **표피효과에 대한 설명으로 옳지 않은 것을 고르면?**

1 2 3

① 표피효과가 커질수록 표피두께는 작아진다.
② 주파수가 커질수록 표피두께는 작아진다.
③ 전도율이 커질수록 표피두께는 커진다.
④ 투자율이 커질수록 표피두께는 작아진다.
⑤ 표피효과는 도체의 전류가 도체 표면 가까이에 집중하여 흐르는 현상을 말한다.

05 **피뢰기의 구비조건으로 옳지 않은 것을 고르면?**

1 2 3

① 방전내량이 커야 한다.
② 제한 전압이 높아야 한다.
③ 상용주파 방전개시 전압이 높아야 한다.
④ 속류 차단능력이 커야 한다.
⑤ 충격 방전개시 전압이 낮아야 한다.

06 **100[kW], 지상 역률 80[%]의 부하를 역률 100[%]로 하기 위한 전력용 콘덴서의 용량[kVA]을 고르면?**(단, 유효전력은 일정하다.)

1 2 3

① 50 ② 75 ③ 100
④ 133 ⑤ 150

07 **전자파에 대한 설명으로 옳지 않은 것을 고르면?**

1 2 3

① 진공 중의 파동 임피던스는 약 377[Ω]이다.
② 전자파의 전파속도는 주파수와 무관하다.
③ 유전율이 클수록 전자파의 전파속도는 감소한다.
④ 투자율이 클수록 전자파의 전파속도는 증가한다.
⑤ 자유공간에서 전자파의 전파속도는 약 3×10^8[m/s]이다.

08 **송전선의 작용 인덕턴스에 대한 설명으로 옳은 것을 고르면?**

1 2 3

① 전선이 굵을수록 증가하고, 등가 선간 거리가 클수록 증가한다.
② 전선이 굵을수록 증가하고, 등가 선간 거리가 클수록 감소한다.
③ 전선이 굵을수록 감소하고, 등가 선간 거리가 클수록 증가한다.
④ 전선이 굵을수록 감소하고, 등가 선간 거리가 클수록 감소한다.
⑤ 전선의 굵기와 등가 선간 거리에 관계없이 일정한 값으로 나타난다.

09 **8극, 60[Hz], 슬립이 $s=0.2$인 3상 유도전동기의 회전자 속도[rpm]를 고르면?**

1 2 3

① 600 ② 720 ③ 800
④ 960 ⑤ 1,200

10 병렬운전이 불가능한 변압기의 결선조합을 고르면?

1 2 3

① $Y-Y$와 $Y-Y$
② $\varDelta-\varDelta$와 $\varDelta-\varDelta$
③ $Y-Y$와 $\varDelta-\varDelta$
④ $Y-\varDelta$와 $\mathrm{Y}-\varDelta$
⑤ $Y-Y$와 $Y-\varDelta$

11 직류(DC)를 교류(AC)로 변환하는 장치를 고르면?

1 2 3

① 인버터
② 다이오드
③ SCR
④ 사이클로 컨버터
⑤ 수은 정류기

12 변전소 A, B의 전압이 1.0[pu], 변전소 간 위상차는 $\delta=30°$, 역률은 100[%]이며, 변전소 A, B 간의 송전선로 리액턴스가 $x=0.4$[pu], 기준용량이 200[MVA]일 때, 선로의 송전용량[MW]을 고르면?

1 2 3

① 200 ② 220 ③ 250
④ 300 ⑤ 400

13 3상 평형상태에서 영상분 V_0, 정상분 V_1, 역상분 V_2의 합을 고르면?(단, a상을 기준으로 한다.)

1 2 3

① a^2V_a ② aV_a ③ $3V_a$

④ V_a ⑤ 0

14 정격 출력이 2[MW], 정격 전압이 4[kV], $\%Z=20$[%]인 동기기의 동기 임피던스 Z_s[Ω]을 고르면?

1 2 3

① 0.8 ② 1.0 ③ 1.2

④ 1.4 ⑤ 1.6

15 물기가 있는 장소에 콘센트를 시설할 때, 인체 감전보호용 누전차단기를 시설하여야 한다. 누전차단기의 규정으로 옳은 것을 고르면?

1 2 3

① 정격감도전류 10[A] 이하, 동작시간 0.1초 이하
② 정격감도전류 1[A] 이하, 동작시간 0.5초 이하
③ 정격감도전류 150[mA] 이하, 동작시간 0.05초 이하
④ 정격감도전류 15[mA] 이하, 동작시간 0.03초 이하
⑤ 정격감도전류 1.5[mA] 이하, 동작시간 0.01초 이하

정답과 해설 p.6

2020 하반기

한국전력공사

시험정보

시험 일시	2020. 10. 24. (토)
문항 수/제한 시간	15문항/60분 ※ NCS 40문항이 포함된 제한 시간임
선택지 구분	5지선다형
출제 범위	전자기학, 회로이론, 전기기기, 전력공학, 전기설비, 전기응용
특이사항	– 계산기 사용 불가 – 수정테이프 사용 가능 – 오답 감점 있음

세부과목 출제 비중

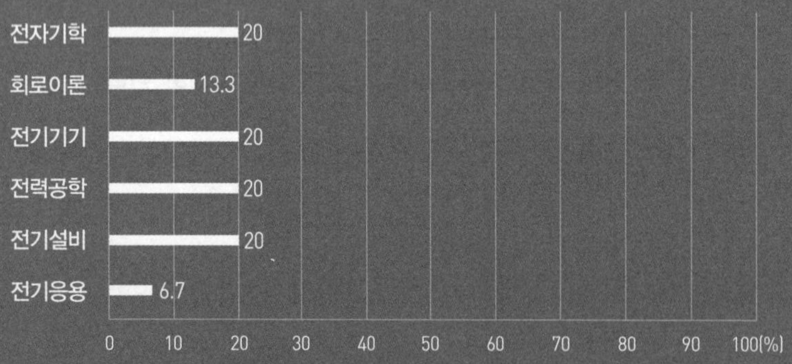

시험분석

전체 난이도는 '중하' 정도로 출제되었다. 2020년 상반기와는 다르게 전기응용을 제외한 과목에서 비교적 고르게 출제되었다. 2020년 상반기보다는 난이도가 조금 상승하였으나, 전기기사 또는 전기산업기사 내용을 토대로 기본적인 문제 위주로 출제되었으므로 기본 개념을 충분히 학습하였다면 무난하게 고득점을 받을 수 있을 것으로 본다.
다만, 2020년 상반기 시험과 마찬가지로 본 시험은 타공기업에 비해서는 난이도가 낮은 편에 속하므로 기본적인 개념과 유형을 파악하는 용도로 보는 것이 좋을 것 같다.

01 **표피효과에 대한 설명으로 옳은 것을 고르면?**(단, 침투깊이: δ, 투자율: μ, 도전율: σ, 주파수: f이다.)

1 2 3

① f가 클수록 표피효과는 작아진다.
② σ가 감소하면 δ가 커진다.
③ f가 감소하면 δ가 작아진다.
④ μ가 감소하면 표피효과는 증가한다.
⑤ μ와 δ는 연관성이 없다.

02 **50[μF]의 정전용량을 가진 평행판 콘덴서에 200[V] 전압을 가했을 때 전하량이 있다. 극판 간격이 3배가 될 때, 전하량의 변화로 옳은 것을 고르면?**

1 2 3

① $\frac{1}{3}$배로 감소한다.
② $\frac{1}{30}$배로 감소한다.
③ 극판 간격과는 무관하다.
④ 3배 증가한다.
⑤ 30배 증가한다.

03 **환상솔레노이드에서 권수를 3배로 하고 이때의 인덕턴스는 일정하게 하고자 할 때, 옳은 것을 고르면?**(단, 길이: l[m], 면적: S[m^2], 권수: N이다.)

1 2 3

① 길이를 9배로 한다.
② 단면적을 $\frac{1}{3}$배로 한다.
③ 투자율을 $\frac{1}{3}$배로 한다.
④ 자속밀도를 3배로 한다.
⑤ 자속을 9배로 한다.

04 **배전방식에 대한 설명으로 옳지 않은 것을 고르면?**

1 2 3

① 저압뱅킹방식은 부하가 밀집된 시가지에서 주로 이용한다.

② 저압뱅킹방식에서 자주 일어나는 현상으로 사고 시 고장점이 확대되는 현상을 케스케이딩 현상이라고 하며 이에 대한 대책으로 뱅킹퓨즈를 사용할 수 있다.

③ 환상식은 고장 구간의 신속한 분리가 어렵다.

④ 저압네트워크 방식은 변전소 수를 줄일 수 있고 건설비가 비싸다.

⑤ 저압네트워크 방식은 무정전 공급이 가능하므로 신뢰성이 우수하다.

05 **내부저항 R_0와 부하저항 R_L이 있을 때, R_L이 R_0의 3배가 되면 최대출력 P_{max}는 R_L에 걸리는 출력 P_L의 몇 배인지 고르면?**

1 2 3

① $\frac{2}{3}$배　② $\frac{3}{4}$배　③ $\frac{4}{3}$배

④ 3배　⑤ 4배

06 **경간 100[m], 전선 무게 8[kg/m], 인장하중 5,000[kg], 안전율 2.5인 선로의 이도 D와 전선의 평균 높이 h는 각각 약 몇 [m]인지 고르면?**(단, 전선의 지지점의 H는 10[m]이다.)

1 2 3

① 4, 5.67　② 5, 6.67　③ 6, 7.37

④ 7, 8.77　⑤ 8, 9.23

07 전등용량 5,000[kW], 수용률 0.3, 동력용량 6,000[kW], 수용률 0.4, 전등 동력의 역률 0.8, 부등률 1.25, 손실률 25[%]일 때, 합성용량[kVA]을 고르면?

1 2 3

① 2,480　② 3,750　③ 4,875
④ 5,560　⑤ 6,750

08 전선의 명칭과 약호가 옳지 않은 것을 고르면?

1 2 3

① ACSR: 강심 알루미늄 연선
② VV: 비닐 절연 비닐 시스 케이블
③ EV: 폴리에틸렌 절연 비닐 시스 케이블
④ OW: 옥외용 비닐 절연 전선
⑤ CV: 동심중성선 수밀형 전력 케이블

09 3상 전원에서 6상으로 변환이 어려운 변압기의 결선 방법을 고르면?

1 2 3

① 2중 성형 결선
② 스코트 결선
③ 2중 Δ 결선법
④ 대각 결선
⑤ 포크 결선

10 4극 60[Hz]의 유도 전동기가 슬립 3[%]로 운전하고 있을 때, 2차 권선의 손실이 540[W]라면 토크 [kg·m]는 얼마인지 고르면?

① 0.975 ② 9.75 ③ 17.5
④ 24.7 ⑤ 36.6

11 동기전동기 특징으로 옳지 <u>않은</u> 것을 고르면?

① 유도전동기에 비해 전부하 효율이 양호하다.
② 정속도 전동기이다.
③ 난조가 발생하지 않는다.
④ 역률을 1로 조정이 가능하다.
⑤ 필요시 진상, 지상 전류를 취할 수 있다.

12 R=1,000[Ω], L=250[mH], 가변 용량 C가 직렬로 연결된 회로에 주파수 1,000[Hz]인 교류를 가한 다음 C를 가변하여 직렬 공진시켰다. 이때, $C[\mu F]$의 값을 고르면?(단, $\pi=10$으로 계산한다.)

① 0.01 ② 0.02 ③ 0.06
④ 0.08 ⑤ 0.15

13 저압 가공전선로의 설비기준으로 옳지 않은 것을 고르면?

1 2 3

① 철도 또는 궤도를 횡단하는 경우에 그 설치 높이는 레일면상 6.5[m] 이상이어야 한다.
② 횡단보도교 위에 시설하는 경우는 그 노면상 3.5[m] 이상이다.
③ 횡단보도교 위에 저압 가공전선을 절연전선으로 사용하는 경우 노면상 최저높이는 2.5[m] 이상이다.
④ 저압 가공전선이 케이블이고 교통에 지장이 없을 경우 그 높이는 지표상 4[m] 이상이다.
⑤ 도로를 횡단하는 경우에 그 설치 높이는 지표상 6[m] 이상이다.

14 특고압 전로가 저압 측 전로와 혼촉하고 저압전로의 대지전압이 150[V]를 초과하고, 1~2초 이내에 특고압 전로를 자동으로 차단하는 장치를 시설한 선로가 있다. 1선 지락전류가 60[A]일 때, 변압기 중성점 최대 접지 저항값[Ω]을 고르면?

1 2 3

① 1　② 2.5　③ 5
④ 10　⑤ 15

15 가공전선로의 지지물에 시설하는 지선의 시방세목으로 옳은 것을 고르면?

1 2 3

① 지선의 안전율은 3.0 이상으로 시설할 것
② 지선에 연선을 사용 시 소선은 3가닥 이상의 연선으로 시설할 것
③ 인장하중이 4.51[kN] 이상인 지선으로 시설할 것
④ 도로를 횡단하여 시설하는 지선의 높이는 3[m] 이상일 것
⑤ 지선에 사용되는 소선의 지름은 2.5[mm] 이상의 금속선을 사용할 것

정답과 해설 p.10

2020 상반기

한국전력공사

시험정보

시험 일시	2020. 6. 13. (토)
문항 수/제한 시간	15문항/60분 ※ NCS 40문항이 포함된 제한 시간임
선택지 구분	5지선다형
출제 범위	전자기학, 회로이론, 전기기기, 전력공학, 전기설비
특이사항	– 계산기 사용 불가 – 수정테이프 사용 가능 – 오답 감점 있음

세부과목 출제 비중

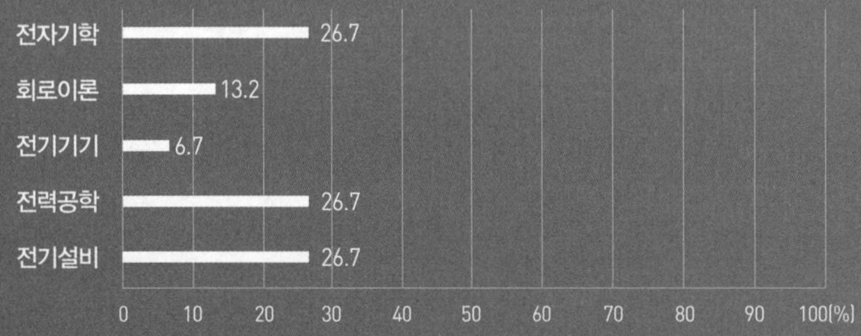

시험분석

전제 난이도는 '하~중하' 정도로 출제되었다. 전자기학과 전력공학, 특히 전기설비 과목이 높은 비중으로 출제되었으나 전기기사 또는 전기산업기사 기출문제를 기반으로 출제되었기 때문에 전체적인 난이도는 평이하였다.

다만, 해당 시험은 타공기업에 비해 난이도가 낮은 편에 속하므로 공기업 시험 문제의 기준을 해당 시험으로 잡아서는 안 된다.

01 방향성을 가진 계전기를 고르면?

1 2 3

① 거리 계전기
② 선택 지락 계전기
③ 차동 단락 계전기
④ 재폐로 계전기
⑤ 저항 계전기

02 전압이 100[V], 전류가 10[A]이고 전압과 전류의 위상차가 $\frac{\pi}{6}$[rad]일 때, 회로의 리액턴스[Ω]를 고르면?

1 2 3

① 5 ② $5\sqrt{3}$ ③ 6
④ 8 ⑤ 10

03 60[Hz], 6극의 유도 전동기에서 회전자 속도가 1,000[rpm]일 때, 회전자 주파수[Hz]를 고르면?

1 2 3

① 4 ② 6 ③ 8
④ 10 ⑤ 12

04 사용전압이 30[kV]인 특고압 가공전선과 지지물의 이격거리[m]를 고르면?

1 2 3

① 0.15 ② 0.2 ③ 0.25
④ 0.3 ⑤ 0.35

05 동일 두 금속을 접합하고 이에 전류를 흘리면 각 접합점에서 열의 흡수와 발생이 일어나는 현상을 고르면?

1 2 3

① 제벡 효과
② 펠티에 효과
③ 톰슨 효과
④ 홀 효과
⑤ 핀치 효과

06 삼각파의 평균값을 나타내는 수식을 고르면?

1 2 3

① $\frac{V_m}{\sqrt{2}}$ ② $\frac{V_m}{2}$ ③ $\frac{V_m}{\sqrt{3}}$
④ $\frac{2V_m}{\pi}$ ⑤ $\frac{V_m}{\pi}$

07 피뢰기의 구비조건으로 옳지 않은 것을 고르면?

1 2 3

① 방전내량이 클 것
② 제한전압이 낮을 것
③ 충격 방전개시전압이 낮을 것
④ 상용주파 방전개시전압이 낮을 것
⑤ 속류 차단능력이 클 것

08 특고압 가공전선과 도로 등 사이에 보호망을 시설하는 경우로 옳지 않은 것을 고르면?

1 2 3

① 경동선 또는 그밖에 쉽게 부식되지 않는 금속선을 사용할 것
② 접지공사 규정에 준하여 공사를 시행한 금속제의 망상장치로 하고 견고하게 지지할 것
③ 특고압 가공전선의 직하에 시설하는 금속선의 지름은 5[mm] 이상일 것
④ 보호망을 구성하는 금속선 상호의 간격은 가로, 세로 각 1.5[m] 이하일 것
⑤ 특고압 가공전선의 직하에 시설하는 금속선의 인장강도는 5.26[kN] 이상일 것

09 표피효과에 대한 설명으로 옳지 않은 것을 고르면?

1 2 3

① 저항률에 비례한다.
② 도전율에 비례한다.
③ 주파수에 비례한다.
④ 투자율에 비례한다.
⑤ 표피효과가 클수록 표피두께는 얇아진다.

10 **송전선에서 선간 단락 시 발생하는 전류를 고르면?**

1 2 3

① 정상분
② 정상분, 영상분
③ 정상분, 역상분
④ 영상분, 역상분
⑤ 정상분, 영상분, 역상분

11 **전선의 구비조건으로 옳지 <u>않은</u> 것을 고르면?**

1 2 3

① 부식성이 작을 것
② 기계적 강도가 클 것
③ 내구성이 클 것
④ 고유저항이 클 것
⑤ 비중이 작을 것

12 **특고압 가공케이블에 시공하는 조가용선의 설비조건으로 옳지 <u>않은</u> 것을 고르면?**

1 2 3

① 행거 시설 시 간격은 0.5[m] 이하일 것
② 인장강도 5.93[kN] 이상의 연선일 것
③ 단면적 22[mm^2] 이상의 아연도강연선일 것
④ 금속테이프 사용 시 케이블을 조가용선에 접촉시켜 나선형으로 감아 붙일 것
⑤ 금속테이프로 전선 고정 시 간격은 0.2[m] 이하로 유지할 것

13 욕조나 샤워 시설이 있는 욕실에 콘센트를 시설할 때 필요한 인체 감전보호용 누전차단기의 최대정격 감도 전류[mA]를 고르면?

1 2 3

① 5 ② 10 ③ 15
④ 20 ⑤ 30

14 자기 인덕턴스 30[mH]인 코일에 전류가 1[ms] 동안 5[A]에서 3[A]로 변할 때, 이 코일에 유기되는 유기 기전력의 크기와 방향을 고르면?

1 2 3

① 6[V], 전류와 반대 방향
② 6[V], 전류와 같은 방향
③ 30[V], 전류와 반대 방향
④ 60[V], 전류와 반대 방향
⑤ 60[V], 전류와 같은 방향

15 자기 인덕턴스가 0.6[H]인 코일에 60[A]가 흐르는 경우, 이 코일에 축적되는 에너지[Wh]를 고르면?

1 2 3

① 1×10^{-1} ② 2×10^{-1} ③ 3×10^{-1}
④ 4×10^{-1} ⑤ 5×10^{-1}

정답과 해설 p.13

2021 상반기

한국수력원자력

시험정보

시험 일시	2021. 6. 12. (토)
문항 수/제한 시간	25문항/90분 ※ 실제 출제된 문항 수는 25문항이나, 23문항만 복원됨 ※ 회사상식 및 한국사 5문항, NCS 60문항을 포함한 제한 시간임
선택지 구분	4지선다형
출제 범위	전자기학, 회로이론, 전기기기, 전력공학, 제어공학, 전기설비, 전기응용, 전자통신, 제어계측
특이사항	– 계산기 사용 불가 – 수정테이프 사용 가능 – 오답 감점 없음

세부과목 출제 비중

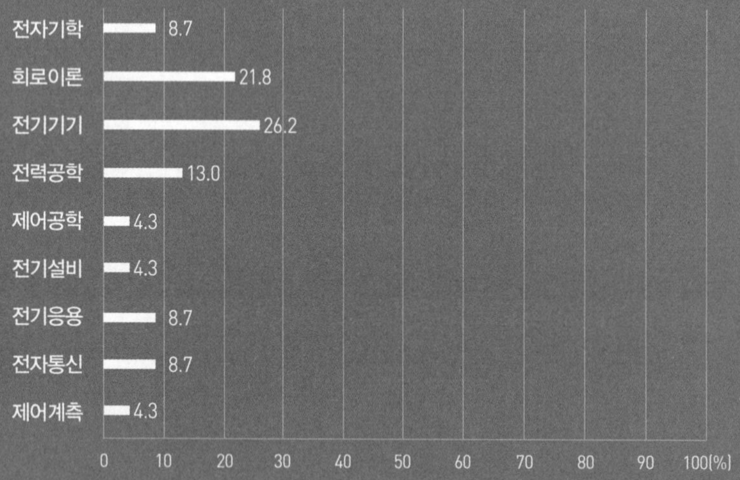

시험분석

전체 난이도는 '중하~중상' 정도로 출제되었다. 전기기기, 회로이론 과목의 비중이 비교적 높게 출제되었고, 실제 시험 과목이 전기, 전자통신 계통이므로 다소 생소한 제어계측의 문항도 출제되었다. 특히 원자력 발전에 대해 상세히 알아야만 풀 수 있는 문항이 출제되어 변별력을 갖추었다. 기본적인 전기기사 또는 산업기사뿐만 아니라 전자통신과 원자력 발전기의 구조에 대한 개념까지 요구된 시험이라고 볼 수 있다.

01 전자유도 법칙에 대한 설명으로 옳지 않은 것을 고르면?

1 2 3

① 유도기전력은 시간변화에 대한 자속쇄교수에 비례한다.

② 유도기전력의 방향은 렌츠의 법칙에 따라 결정된다.

③ 1차 코일에 흐르는 전류의 변화로 2차 코일에 기전력이 형성된다.

④ 자속의 크기는 권수에 반비례한다.

02 표피효과에 대한 설명으로 옳은 것을 고르면?

1 2 3

① 전선의 굵기와 관계없이 주파수가 커지면 표피효과가 커진다.

② 주파수에 관계없이 전선이 굵을수록 표피효과가 커진다.

③ 전선이 굵을수록 주파수가 클수록 표피효과가 커진다.

④ 전선이 가늘수록 주파수가 클수록 표피효과가 커진다.

03 60[Hz], 6극, 3상 농형 유도 전동기의 회전수가 1,100[rpm], 회전자 입력이 2,200[W]일 때, 토크 [N·m]를 고르면?

1 2 3

① $\frac{11}{\pi}$　② $\frac{55}{\pi}$　③ $\frac{100}{\pi}$　④ $\frac{550}{\pi}$

04 동기 임피던스가 5[Ω]인 두 대의 3상 동기 발전기가 있다. 두 발전기 사이에 500[V]의 기전력 차가 있는 경우, 무효 순환전류[A]를 고르면?

1 2 3

① 100　② 80　③ 50　④ 20

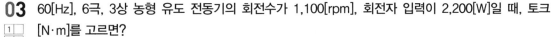

05 50[Hz]의 변압기에 60[Hz]의 주파수를 인가할 때, 변압기의 철손은 어떻게 변하는지 고르면?(단, 전압의 크기는 일정하다.)

1 2 3

① 변하지 않는다.
② 증가한다.
③ 감소한다.
④ 증가하였다가 다시 감소한다.

06 유도 전동기를 이용하여 동기 전동기를 기동하는 경우에 그 극수를 동기 전동기보다 2극 적은 것을 이용하는데, 그 이유를 고르면?

1 2 3

① 동일한 극수로는 유도 전동기의 속도가 동기속도보다 s만큼 느리기 때문이다.
② 동일한 극수로는 유도 전동기의 속도가 동기속도보다 sN_s만큼 느리기 때문이다.
③ 동일한 극수로는 유도 전동기의 속도가 동기속도보다 sN_s만큼 빠르기 때문이다.
④ 동일한 극수로는 유도 전동기의 속도가 동기속도와 같기 때문이다.

07 변압기의 효율과 손실에 대한 설명으로 옳지 않은 것을 고르면?

1 2 3

① 손실은 철손과 동손의 합으로만 나타낸다.
② 효율은 출력에 입력을 나눈 값의 백분율 값으로 나타낼 수 있다.
③ 변압기에는 기계손이 존재하지 않는다.
④ 철손은 무부하시험, 동손은 단락시험으로 측정할 수 있다.

08 다이오드를 사용한 정류회로에서 여러 개를 병렬로 연결하여 사용할 경우 얻는 효과를 고르면?

1 2 3

① 정류회로의 효율이 증대된다.

② 과전압으로부터 보호할 수 있다.

③ 과전류로부터 보호할 수 있다.

④ 정류회로의 부하출력에 대한 맥동률을 감소시킬 수 있다.

09 RLC 직렬 공진회로에 대한 설명으로 옳은 것을 고르면?

1 2 3

① 공진 시에는 유도성 리액턴스와 용량성 리액턴스가 같은 값이며, 이때 임피던스는 최대, 전류는 최소가 된다.

② 공진 시에는 유도성 리액턴스와 용량성 리액턴스가 같은 값이며, 이때 임피던스는 최소, 전류는 최대가 된다.

③ 공진 시에는 유도성 리액턴스와 용량성 리액턴스가 다른 값이며, 이때 임피던스는 최대, 전류는 최소가 된다.

④ 공진 시에는 유도성 리액턴스와 용량성 리액턴스가 다른 값이며, 이때 임피던스는 최소, 전류는 최대가 된다.

10 전압원에 대한 설명으로 옳은 것을 고르면?

1 2 3

① 이상적인 전압원은 부하의 상태와 관계없이 항상 전압원의 기전력과 같은 전압을 부하에 공급한다.

② 이상적인 전압원의 조건은 내부저항이 ∞이어야 한다.

③ 전압원은 내부저항이 병렬로 연결된다.

④ 실제 전압원은 부하전류 증가에 따라 단자전압이 증가한다.

11 선간전압이 V[V]이고, 각 상의 저항이 r[Ω]인 Δ결선을 Y결선으로 바꾸었을 때, 소비전력[W]은 어떻게 되는지 고르면?

1 2 3

① $\frac{1}{\sqrt{3}}$배 ② $\sqrt{3}$배 ③ $\frac{1}{3}$배 ④ 3배

12 다음과 같이 r[Ω]의 저항을 무한히 연결할 때, $a-b$의 합성저항[Ω]을 고르면?(단, $r=1$[Ω]이다.)

1 2 3

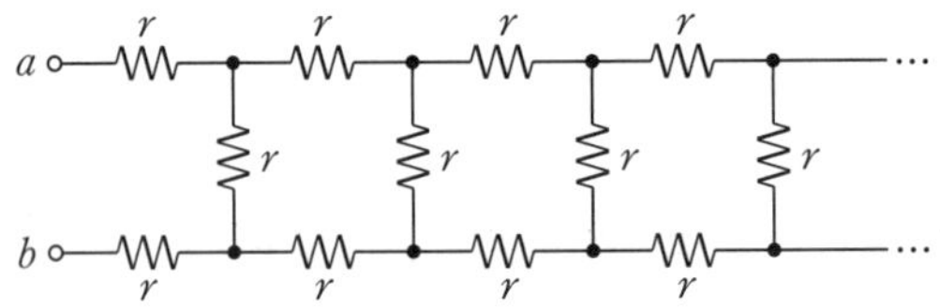

① ∞ ② $1+\sqrt{3}$ ③ $1+\sqrt{2}$ ④ $\sqrt{3}$

13 $f(t)=1-2e^{-3t}$의 라플라스 변환을 고르면?

1 2 3

① $\frac{-s-3}{s(s-3)}$ ② $\frac{-s+3}{s(s-3)}$ ③ $\frac{s+3}{s(s+3)}$ ④ $\frac{-s+3}{s(s+3)}$

14 다음 설명에 해당하는 충전방식을 고르면?

1 2 3

> 축전기가 자기 방전을 보충함과 동시에 상용부하에 대한 전력공급은 충전기가 부담하고, 충전기가 부담하기 어려운 일시적인 대전류는 축전지가 부담하는 방식이다.

① 세류충전 ② 부동충전
③ 균등충전 ④ 회복충전

15 수소냉각식 발전기 등의 시설에 대한 규정으로 옳지 않은 것을 고르면?

1□ 2□ 3□

① 발전기 또는 조상기의 내부로 수소를 안전하게 도입할 수 있는 장치 및 내부의 수소를 안전하게 외부로 방출할 수 있는 장치를 시설할 것

② 수소를 통하는 관·밸브 등은 수소가 새지 아니하는 구조로 되어있을 것

③ 발전기 또는 조상기 내부의 수소의 압력과 온도를 계측하는 장치를 시설할 것. 또한 압력이 현저히 변동한 경우에 이를 경보하는 장치를 시설할 것

④ 수소의 순도가 75[%] 이하로 저하한 경우에 이를 경보하는 장치를 시설할 것

16 스테판-볼츠만 법칙(Stefan-Boltzmann's law)이 의미하는 것을 고르면?

1□ 2□ 3□

① 흑체가 방출하는 열복사에너지는 절대온도의 3승에 반비례한다.

② 흑체가 방출하는 열복사에너지는 절대온도의 4승에 반비례한다.

③ 흑체가 방출하는 열복사에너지는 절대온도의 3승에 비례한다.

④ 흑체가 방출하는 열복사에너지는 절대온도의 4승에 비례한다.

17 차단기에 대한 설명으로 옳지 않은 것을 고르면?

1□ 2□ 3□

① 고속형의 표준동작책무는 'O → 0.1초 → CO → 3분 → CO'으로 이루어진다.

② 정격차단시간은 트립 코일 여자로부터 아크 소호까지의 시간을 의미한다.

③ 차단기의 동작책무란 1~2회 이상의 투입, 차단의 동작을 일정시간 간격으로 행하는 것을 말한다.

④ 차단기는 사고 시에 고장전류가 흐를 때, 이로 인한 사고를 예방하기 위해 회로를 차단하여 전류를 끊는 장치이다.

18 $G(s)=\dfrac{1}{0.0005s(1+0.1s)^2}$에서 $w=10$[rad/s]일 때의 이득[dB]과 위상각[°]을 고르면?

① -40[dB], $-180°$　　② -40[dB], $-90°$
③ 40[dB], $-180°$　　④ 40[dB], $-90°$

19 다음 a, b에 대한 명칭이 바르게 짝지어진 것을 고르면?

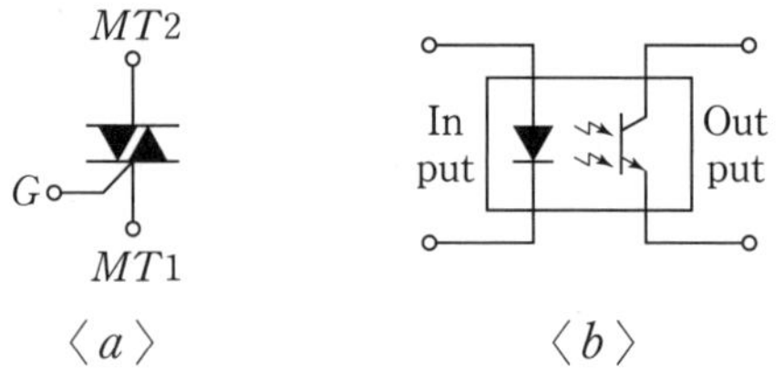

	a	b
①	TRIAC	포토커플러
②	TRIAC	LASCR
③	DIAC	포토커플러
④	DIAC	LASCR

20 JK플립플롭에서 J와 K의 입력이 $J=0$, $K=0$에서 $J=1$, $K=1$로 변할 때의 Q의 변화를 고르면?(단, 초기의 Q는 1이다.)

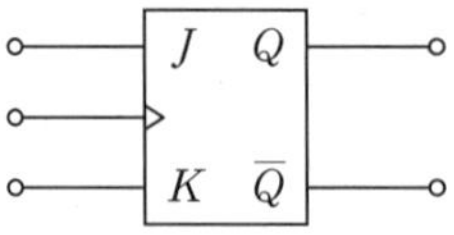

	초기	→	$J=0, K=0$	→	$J=1, K=1$
①	$Q=1$		$Q=0$		$Q=0$
②	$Q=1$		$Q=1$		$Q=0$
③	$Q=1$		$Q=0$		$Q=1$
④	$Q=1$		$Q=1$		$Q=1$

21 원자력 발전소의 다중방벽에 대한 설명으로 옳지 않은 것을 고르면?

1 2 3

① 다중방벽은 원자력 발전소 뿐만 아니라 방사성 폐기물 관련시설, 연구용 원자로, 핵연료 주기 시설 등 원자력을 이용하는 시설에 두루 적용된다.

② 다중방벽은 4겹의 다중방벽체계를 갖추고 있다.

③ 제3방호벽은 25[cm]의 두꺼운 강철로 된 원자로 용기로, 방사성 물질의 외부 누출을 막아준다.

④ 제4방호벽은 6~7[mm] 두께의 강철판으로, 만일의 사고 발생 시 방사성 물질을 원자로 건물 내에 밀폐시킨다.

22 차압전송기의 교정 방법에 대한 설명으로 옳지 않은 것을 고르면?

1 2 3

① 전송기 출력 단에 멀티미터, 입력 단에 공기 교정기를 장치하여 전송기의 저압 측은 대기로 개방시킨다.

② 전송기의 각 교정점에 대한 압력을 0, 25, 50, 75, 100[%]로 하였을 때의 출력값을 측정한다.

③ 전송기의 고압 측에 압력을 가하지 않은 상태에서 멀티미터에 DC 4[mA] 출력신호가 나타나도록 영점을 조정한다.

④ SPAN 조정 후, 최소압력에 대해서만 교정압력을 가한다.

23 다음 [보기]의 빈칸에 들어갈 말로 옳은 것을 고르면?

1 2 3

보기

원자력 발전소의 (   )은(는) 원자로 냉각재계통 내부에 존재할 수 있는 금속 이물질과 구조물 이완부에 의한 충격신호를 조기에 검출하여 원자로 구조물 및 핵연료 손상, 제어봉 구동장애 등을 미연에 방지하여 발전소 안전운전을 담당하는 중요 감시설비이다.

① 금속파편감시계통
② 원자로 계측제어
③ 원자로 냉각체계
④ 누설감시계통

정답과 해설 p.17

2020 하반기

한국수력원자력

시험정보

시험 일시	2020. 9. 19. (토)
문항 수/제한 시간	25문항/90분 ※ 회사상식 및 한국사 5문항, NCS 60문항을 포함한 제한 시간임
선택지 구분	4지선다형
출제 범위	전자기학, 회로이론, 전기기기, 전력공학, 전기설비, 전기응용, 전자통신
특이사항	– 계산기 사용 불가 – 수정테이프 사용 가능 – 오답 감점 없음

세부과목 출제 비중

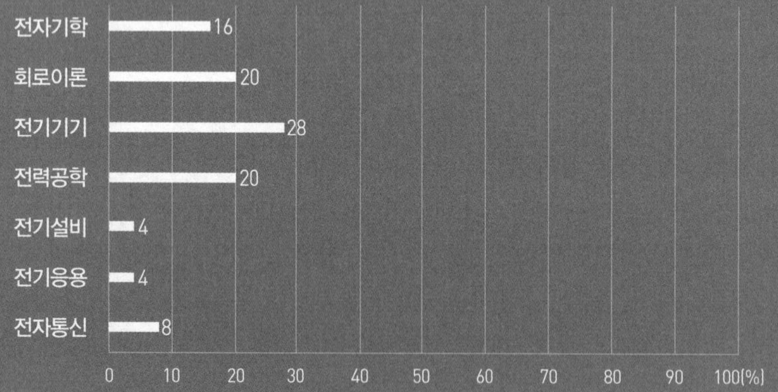

시험분석

전체 난이도는 '중하~중' 정도로 출제되었다. 전기기기 과목의 비중이 높았고, 전자기학, 회로이론, 전력공학 과목은 비교적 고르게 출제가 되었다. 계산 문제의 비중은 적었으나, 간단한 계산 문제보다는 조금의 풀이과정이 요구되는 문제가 주로 출제되었다. 개념 문제의 경우 쉽게 출제가 되어 기본적인 내용을 위주로 착실하게 학습하였다면 고득점을 노릴 수 있었을 것이나, 전자통신 과목의 문제가 변별력이 컸을 것으로 보인다.

01 맥스웰의 전자방정식으로 옳지 않은 것을 고르면?

1 2 3

① $\nabla \times E = -\mu \frac{\partial H}{\partial t}$　② $\nabla \times H = \sigma E + \frac{\partial D}{\partial t}$

③ $\nabla \cdot D = \rho$　④ $\nabla \cdot B = -\frac{\partial D}{\partial t}$

02 전하량이 600[μC], 정전용량이 2[μF], 극판간격이 3[mm]인 평행판 콘덴서의 전계[V/mm]의 크기를 고르면?

1 2 3

① 60　② 100　③ 120　④ 180

03 표피효과에 대한 설명으로 옳은 것을 고르면?

1 2 3

① 투자율이 클수록 표피효과는 커진다.
② 표피효과가 클수록 표피두께는 커진다.
③ 도전율이 클수록 표피효과는 작아진다.
④ 주파수가 클수록 표피효과는 작아진다.

04 비투자율이 1,000, 길이가 $4\pi \times 10^{-2}$[m], 단면적이 10[cm^2], 권수가 800회인 환상 솔레노이드에 2[A]의 전류가 흐른다. 이때, 전체 자속[wb]을 고르면?

1 2 3

① 1.2×10^{-2}　② 1.2×10^{-4}　③ 1.6×10^{-2}　④ 1.6×10^{-4}

05 저압과 고압의 범위로 옳은 것을 고르면?

1 2 3

	저압 직류	저압 교류	고압 직·교류
①	650[V] 이하	600[V] 이하	6[kV] 이하
②	650[V] 이하	600[V] 이하	7[kV] 이하
③	1,500[V] 이하	1,000[V] 이하	6[kV] 이하
④	1,500[V] 이하	1,000[V] 이하	7[kV] 이하

06 정격전압 110[V], 내부저항 1,500[Ω]인 전압계를 이용하여 사용전압 440[V]를 측정하기 위한 배율기의 저항[Ω]을 고르면?

1 2 3

① 1,500 ② 3,000 ③ 4,500 ④ 6,000

07 다음 [보기]에서 단상 유도전동기의 기동토크가 큰 순서대로 배열한 것을 고르면?

1 2 3

보기

㉠ 반발 기동형 ㉡ 반발 유도형

㉢ 모노사이클릭형 ㉣ 분상 기동형

① ㉠ – ㉡ – ㉢ – ㉣ ② ㉠ – ㉡ – ㉣ – ㉢

③ ㉡ – ㉠ – ㉢ – ㉣ ④ ㉡ – ㉠ – ㉣ – ㉢

08 6극의 직류 발전기에서 전기자 권선법을 파권으로 할 경우와 중권으로 할 경우의 기전력 관계를 고르면?

1 2 3

① 파권의 기전력이 중권보다 6배 크다.

② 중권의 기전력이 파권보다 6배 크다.

③ 파권의 기전력이 중권보다 3배 크다.

④ 중권의 기전력이 파권보다 3배 크다.

09 3상 단락 사고 발생 시의 대칭분에 대한 설명으로 옳지 않은 것을 고르면?

1 2 3

① $I_1=I_2=0$
② $I_0=I_2=0$
③ $I_0=V_0=0$
④ $I_2=V_2=0$

10 단상 변압기 2차 권선을 단락했을 때의 1차 단락전류 I_{1s}[A]를 고르면?(단, E_1=1차 전압, r_1=1차 저항, r_2=2차 저항, x_1=1차 누설 리액턴스, x_2=2차 누설 리액턴스, a=권수비이다.)

1 2 3

① $I_{1s}=\dfrac{E_1}{\sqrt{(r_1+a^2r_2)^2+(x_1+a^2x_2)^2}}$

② $I_{1s}=\dfrac{E_1}{\sqrt{(a^2r_1+r_2)^2+(a^2x_1+x_2)^2}}$

③ $I_{1s}=\dfrac{aE_1}{\sqrt{(r_1+a^2r_2)^2+(x_1+a^2x_2)^2}}$

④ $I_{1s}=\dfrac{aE_1}{\sqrt{(a^2r_1+r_2)^2+(a^2x_1+x_2)^2}}$

11 변압기의 손실 중에서 철손의 감소대책으로 옳지 않은 것을 고르면?

1 2 3

① 규소가 함유된 규소강판을 사용한다.
② 철심의 자속밀도를 작게 한다.
③ 권선의 수를 줄인다.
④ 성층철심을 사용한다.

12 정격 8[kW], 200[V]인 직류 분권 발전기의 전기자 저항이 0.2[Ω], 분권 계자저항이 200[Ω]일 경우, 전압 변동률[%]을 고르면?

1 2 3

① 2.1 ② 3.6 ③ 4.1 ④ 5.0

13 저항 R과 리액턴스 X가 직렬로 구성된 회로에서 $\frac{R}{X}=\frac{2}{3}$일 때의 역률을 고르면?

1 2 3

① $\frac{3}{\sqrt{13}}$ ② $\frac{2}{\sqrt{13}}$ ③ $\frac{3}{\sqrt{5}}$ ④ $\frac{2}{\sqrt{5}}$

14 디지털 변조방식 중에서 진폭과 위상을 변환시키는 변조방식을 고르면?

1 2 3

① PSK ② QAM ③ QPSK ④ BPSK

15 다음 연산증폭기 회로의 출력부 전압 V_0[V]를 고르면?(단, $R_1=R_2=2$[Ω], $R_f=R_c=6$[Ω]이다.)

1 2 3

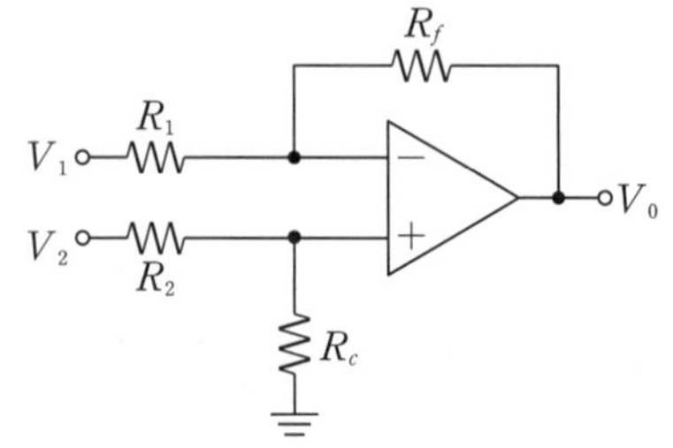

① $3(V_1-V_2)$ ② $-3(V_1-V_2)$

③ $\frac{1}{3}(V_1-V_2)$ ④ $-\frac{1}{3}(V_1-V_2)$

16 페란티 현상의 방지대책을 고르면?

1 2 3

① 동기 조상기를 진상운전한다.

② 동기 발전기를 과여자 운전한다.

③ 수전단에 분로리액터를 설치한다.

④ 경부하로 운전한다.

17 다음 $R-C$ 직렬회로에서 스위치를 닫았을 때, 저항 R에 걸리는 전압 v_R[V]를 고르면?

1 2 3

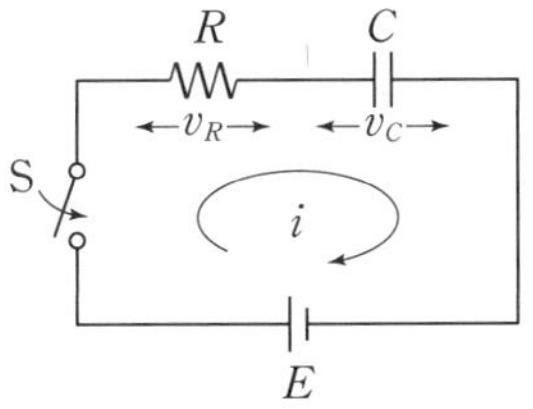

① $Ee^{-\frac{1}{RC}t}$

② $E(1-e^{-\frac{1}{RC}t})$

③ $Ee^{-\frac{R}{C}t}$

④ $E(1-e^{-\frac{R}{C}t})$

18 송전계통의 안정도 향상 대책으로 옳지 않은 것을 고르면?

1 2 3

① 발전기 및 변압기의 리액턴스를 크게 한다.

② 발전기의 단락비를 크게 한다.

③ 고속도 차단방식을 채용한다.

④ 속응 여자방식을 채용한다.

19 가스절연 개폐장치(GIS)의 특징으로 옳지 않은 것을 고르면?

1 2 3

① 대기 중 오염물의 영향을 받지 않는다.
② 내부점검이 용이하다.
③ 소형화가 가능하고, 설치면적이 작다.
④ 충전부가 밀폐형 구조로 되어있다.

20 3상 Δ부하에서 선간전압이 200[V], 한 상의 임피던스가 $Z=6+j8[\Omega]$일 때, 3상 전력[W]을 고르면?

1 2 3

① 3,200 ② 4,150 ③ 5,600 ④ 7,200

21 발전기와 변압기를 보호하기 위해 사용되는 계전기를 고르면?

1 2 3

① 열동 계전기 ② 과전압 계전기
③ 과전류 계전기 ④ 비율차동 계전기

22 부동충전방식에 대한 설명으로 옳은 것을 고르면?

1 2 3

① 각 전해조의 전위 차를 보정하기 위해 보통의 충전이 종료한 다음에도 계속 충전하는 방식
② 상용부하에 대한 전력공급은 충전기가 부담하고, 충전기가 부담하기 힘든 일시적 대전류는 축전지가 부담하는 방식
③ 단시간에 2~3배의 전류로 충전하는 방식
④ 필요할 때 표준 시간율로 소정의 충전을 하는 충전방식

23 **3상 불평형 전압을 해석하는 대칭 좌표법에 대한 설명으로 옳지 않은 것을 고르면?**

1 2 3

① 불평형 성분을 영상분, 정상분, 역상분으로 분해하여 회로를 해석한다.

② 영상분은 크기와 위상이 동일한 성분이다.

③ 역상분은 각 상의 순서가 전원과 반대의 방향이며 120°의 위상 차를 갖는 성분이다.

④ 불평형률은 '$\frac{\text{정상분}}{\text{역상분}} \times 100[\%]$'으로 계산한다.

24 **속도 변동률이 20[%]인 수차가 있다. 수차의 정격속도가 $N=425$[rpm]일 때, 무부하 속도 N_0[rpm]를 고르면?**

1 2 3

① 340　② 480　③ 510　④ 640

25 **배전선로의 사용전압, 전력, 전력손실이 같을 때, 단상 3선식 배전선로의 3상 3선식 배전선로에 대한 전선 중량비를 고르면?**(단, 배전선로의 전선 굵기는 일정하다.)

1 2 3

① $\frac{3}{8}$　② $\frac{3}{4}$　③ $\frac{1}{2}$　④ $\frac{1}{3}$

정답과 해설 p.24

2021 상반기

한국남동발전

시험정보

시험 일시	2021. 3. 27. (토)
문항 수/제한 시간	60문항/55분 ※ 실제 출제된 문항 수는 60문항이나, 59문항만 복원됨
선택지 구분	4지선다형
출제 범위	전자기학, 회로이론, 전기기기, 전력공학, 제어공학, 전자통신, 전기일반
특이사항	– 계산기 사용 불가 – 수정테이프 사용 가능 – 오답 감점 없음

세부과목 출제 비중

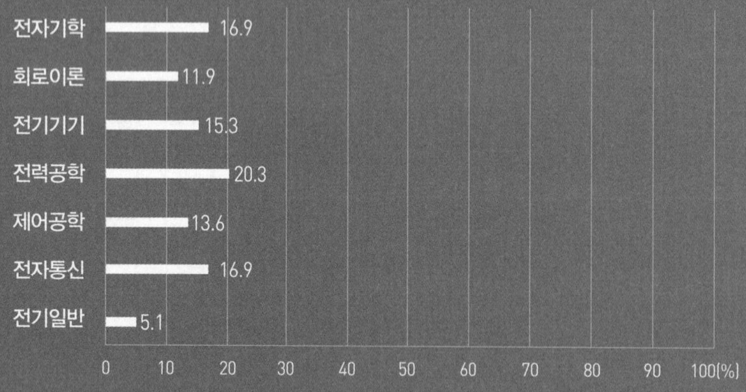

시험분석

전체적인 난이도는 '중하~중상' 정도로 출제되었다. 특히 '중하' 난이도의 문제가 비교적 많이 출제되었고, 전자통신 과목에서 난이도가 높게 출제함으로써 변별력을 갖추었다. 전기기사 기출문제 위주로 학습을 하였다면 대부분 무난하게 풀 수 있었겠지만, 고득점을 받기 위해서는 매시험마다 비교적 높은 비중으로 출제되고 있는 전자통신 과목에 관련한 학습이 요구된다.

01 60[Hz], 20[rps]로 회전하는 동기기의 극수를 고르면?

1 2 3

① 4극 ② 6극 ③ 8극 ④ 10극

02 전류가 $i(t)=10(2t^3+3t^2+150)$[A]일 때, 0~2초 동안의 전기량[Ah]를 고르면?

1 2 3

① 약 1.57 ② 약 1.07 ③ 약 0.97 ④ 약 0.87

03 A(−2, 3, −1), B(2, 4, 1)일 때, A에서 B로 향하는 벡터를 고르면?

1 2 3

① $4i+j+2k$ ② $4i-j+2k$ ③ $4i+7j+2k$ ④ $4i+j$

04 정격 전압 6[kV], 정격전류 500[A], 단락비가 2인 동기 발전기의 동기 리액턴스를 고르면?(단, $\sqrt{3}=1.73$이다.)

1 2 3

① 약 7.5[Ω] ② 약 3.5[Ω] ③ 약 2.5[Ω] ④ 약 1.5[Ω]

05 역률이 지상 95[%]의 회로에 콘덴서를 연결하니 회로의 역률이 진상 80[%]가 되었을 때, 옳지 않은 것을 고르면?

1 2 3

① 전력 손실이 증가한다.
② 설비용량의 여유가 증가한다.
③ 단자 전압이 상승한다.
④ 고조파 왜곡이 증대된다.

06 다음과 같은 접지방식에 대한 설명으로 옳지 않은 것을 고르면?

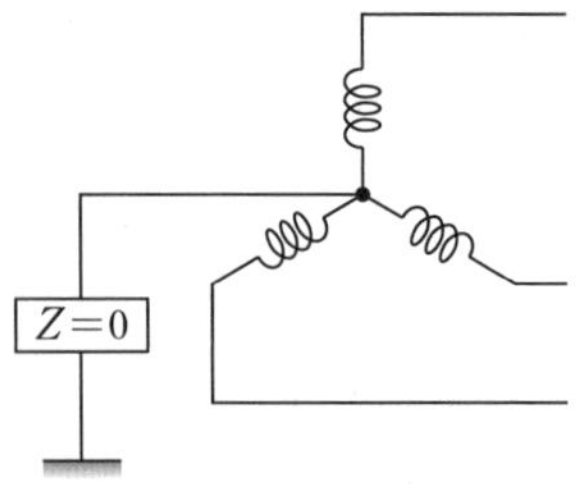

① 직접접지 방식에 해당한다.

② 1선 지락사고 시 건전상의 대지전압 상승이 작다.

③ 1선 지락사고 시 지락전류가 매우 작다.

④ 보호계전기의 동작이 확실하다.

07 다음 전기 이중층의 세기를 M[C/m]라고 할 때, P점의 전위 V_P[V]를 고르면?

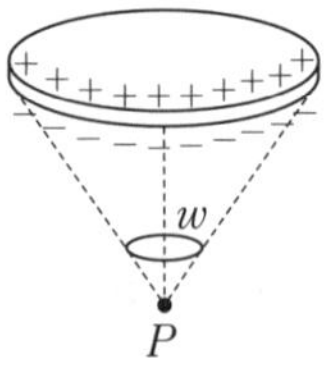

① $V_P=\dfrac{M}{2\pi\varepsilon_0}w$

② $V_P=\dfrac{M}{4\pi\varepsilon_0}w$

③ $V_P=-\dfrac{M}{4\pi\varepsilon_0}w$

④ $V_P=-\dfrac{M}{2\pi\varepsilon_0}w$

08 단상 2선식에서 전선의 길이가 200[m]이고 전압강하가 5[V], 부하전류가 10[A]일 때, 필요한 전선의 단면적[mm^2]을 고르면?

① 28.48 ② 14.24 ③ 12.32 ④ 7.12

09 유도 전동기의 제동법에 대한 설명으로 옳은 것을 고르면?

1 2 3

① 전동기를 발전기로 동작시켜 발생된 전력을 전원부로 되돌리면서 제동하는 것을 발전제동이라 한다.

② 전동기 제동 시에 발생된 전력을 저항에서 열로 소비시켜 제동하는 것을 회생제동이라 한다.

③ 전동기의 역기전력이 전원전압보다 낮게 하여 전력을 전원부에 반환하는 것을 회생제동이라 한다.

④ 역상제동은 전원의 접속을 바꾸어 역토크를 발생시켜서 급정지를 시킬 때 사용하는 제동법이다.

10 전위함수가 $V=3x^2y^3z$일 때, $div\cdot gradV$를 고르면?

1 2 3

① $6y^3z+18x^2yz+3x^2y^3$　　② $6y^3z+12x^2yz+3x^2y^3$

③ $6y^3z+18x^2yz$　　④ $6y^3z+12x^2yz$

11 코로나 임계전압에 대한 설명으로 옳지 않은 것을 고르면?

1 2 3

① 전선이 굵을수록 코로나 임계전압은 상승한다.

② 비오는 날에 비해 맑은 날의 코로나 임계전압이 크다.

③ 상대공기밀도가 클수록 코로나 임계전압은 상승한다.

④ 단선에 비해 연선의 코로나 임계전압이 크다.

12 전기력선에 대한 설명으로 옳지 않은 것을 고르면?

1 2 3

① 전위가 높은 점에서 낮은 점으로 향한다.

② 전기력선은 도체면에 수직으로 출입한다.

③ 단위 정전하에서는 $\frac{1}{\varepsilon_0}$개의 전기력선을 발산한다.

④ 구도체 표면에 가까울수록 전기력선 밀도가 작다.

13 발전기 G의 단락용량이 P_s=400[MVA]일 때, 고장점에서 선간 단락 시 단락전류 I_s[A]를 고르면?(단, $\sqrt{3}$=1.73이다.)

1 2 3

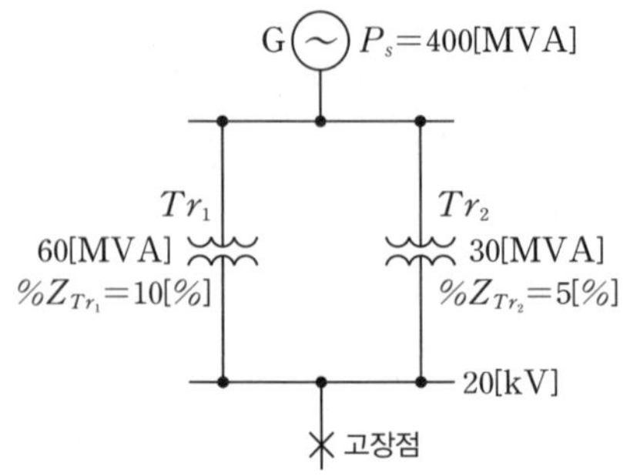

① 7,000 ② 7,500 ③ 8,000 ④ 8,500

14 2021년에 개정된 한국전기설비규정(KEC)에서 저압의 범위를 고르면?

1 2 3

① 교류 1,000[V] 이하, 직류 1,500[V] 이하
② 교류 1,000[V] 이하, 직류 1,200[V] 이하
③ 교류 800[V] 이하, 직류 1,000[V] 이하
④ 교류 600[V] 이하, 직류 750[V] 이하

15 R=10[Ω], wL=6[Ω], $v(t)=220\sqrt{2}\sin 5wt$[V]일 때, 제5고조파 전력[W]을 고르면?

1 2 3

① 484 ② 968 ③ 1,452 ④ 1,530

16 자기여자의 방지책으로 옳지 <u>않은</u> 것을 고르면?

1 2 3

① 수전단에 동기 조상기를 접속하고 부족여자로 운전한다.
② 송전단에 분로리액터를 설치한다.
③ 발전기의 단락비를 크게 한다.
④ 발전기 또는 변압기를 모선에 병렬로 설치한다.

17 다음 회로에서 C_2에 걸리는 전압[V]을 고르면?

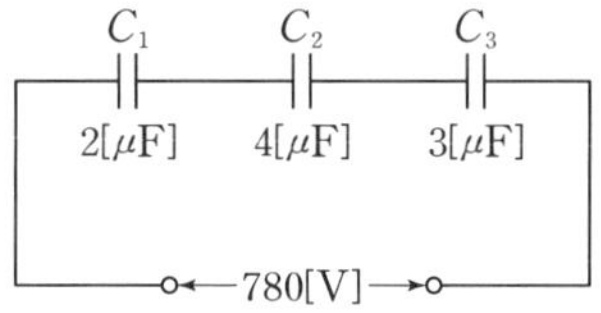

① 100 ② 120 ③ 150 ④ 180

18 역률 75[%], 50[kVA] 변압기의 역률을 95[%]로 개선하기 위한 콘덴서 용량[kVA]을 고르면?(단, 유효 전력은 일정하다.)

① $47.5\left(\frac{\sqrt{1-0.75^2}}{0.75}-\frac{\sqrt{1-0.95^2}}{0.95}\right)$

② $47.5\left(\frac{\sqrt{1-0.95^2}}{0.95}-\frac{\sqrt{1-0.75^2}}{0.75}\right)$

③ $37.5\left(\frac{\sqrt{1-0.75^2}}{0.75}-\frac{\sqrt{1-0.95^2}}{0.95}\right)$

④ $37.5\left(\frac{\sqrt{1-0.95^2}}{0.95}-\frac{\sqrt{1-0.75^2}}{0.75}\right)$

19 변압기 절연유의 열화에 대한 설명으로 옳지 않은 것을 고르면?

① 열화현상이 일어나면 점도가 낮아진다.
② 열화를 방지하기 위해 습기를 흡수하는 브리더를 설치한다.
③ 콘서베이터를 설치하여 절연유와 공기의 접촉을 막아 열화를 방지할 수 있다.
④ 열화의 원인으로는 호흡작용으로 인한 수분의 흡수가 있다.

20 RLC 직렬회로에서 $R=6[\Omega]$, $X_L=8[\Omega]$, $X_C=16[\Omega]$, $v(t)=20\sqrt{2}\sin(wt-\frac{\pi}{4})$[V]일 때, 전류의 순시값 $i(t)$[A]를 고르면?(단, $\tan^{-1}\frac{3}{4}=36.9°$, $\tan^{-1}\frac{4}{3}=53.1°$이다.)

① $2\sqrt{2}\sin(wt-81.9°)$
② $2\sqrt{2}\sin(wt-8.1°)$
③ $2\sqrt{2}\sin(wt+8.1°)$
④ $2\sqrt{2}\sin(wt+81.9°)$

21 영상 파라미터와 4단자 정수의 관계로 옳지 않은 것을 고르면?

① $Z_{01} \cdot Z_{02} = \dfrac{B}{C}$의 관계가 있다.

② $\dfrac{Z_{01}}{Z_{02}} = \dfrac{D}{A}$의 관계가 있다.

③ 영상 전달정수는 $\theta = \ln(\sqrt{AD} + \sqrt{BC})$이다.

④ $Z_{01} = \sqrt{\dfrac{AB}{CD}}$, $Z_{02} = \sqrt{\dfrac{DB}{CA}}$이다.

22 논리식 $ABC + A\overline{B}C + AB\overline{C} + \overline{A}B$를 간단히 한 것으로 옳은 것을 고르면?

① $AB + C$ ② $AC + B$ ③ $AB + \overline{C}$ ④ $AC + \overline{B}$

23 리플률(ripple factor)에 대한 설명으로 옳지 않은 것을 고르면?

① 맥동률(pulsation factor)이라고도 한다.

② 리플률의 관계식은 $\dfrac{V_{dc}}{V_{ac}} \times 100[\%]$이다.

③ 리플률이 작을수록 리플 주파수는 크다.

④ 단상 전파 정류회로의 리플률은 약 48[%]이다.

24 비유전율이 가장 큰 유전체를 고르면?

① 산화티탄자기 ② 증류수 ③ 변압기 유 ④ 종이

25 비정현파의 푸리에 급수에 대한 설명으로 옳지 않은 것을 고르면?

1☐ 2☐ 3☐

① 비정현파는 직류분, 기본파, 고조파분의 합으로 나타낸다.
② 기함수는 sin항만 존재하는 함수이다.
③ 우함수의 조건식은 $f(t)=-f(-t)$이다.
④ 우함수는 직류분이 존재하는 함수이다.

26 구면의 입체각 w을 고르면?

1☐ 2☐ 3☐

① 4π[sr]　② 2π[sr]　③ π[sr]　④ π^2[sr]

27 타여자 발전기의 기전력이 $E=220$[V], 전기자 저항이 $R_a=1.5$[Ω], 브러시 전압강하 2[V], 전기자 반작용에 의한 전압강하 0.5[V], 부하전류 10[A]일 때, 단자전압[V]을 고르면?

1☐ 2☐ 3☐

① 205　② 204.5　③ 203　④ 202.5

28 직류 전동기 속도제어법 중의 하나인 계자제어에 대한 설명으로 옳은 것을 고르면?

1☐ 2☐ 3☐

① 워드 레오나드 방식이 있다.
② 저항으로 인한 손실로 효율이 떨어진다.
③ 전력손실이 적으나 조작이 어렵다.
④ 정출력 제어이며, 제어 범위가 좁다.

29 π[wb]의 자하로부터 r[m] 떨어진 점의 자계의 세기[A/m]를 고르면?(단, 진공상태이다.)

1☐ 2☐ 3☐

① $\frac{10^7}{8\pi r^2}$　② $\frac{10^7}{16\pi r^2}$　③ $\frac{10^7}{8r^2}$　④ $\frac{10^7}{16r^2}$

30 모선의 전류 위상을 비교하여 내·외부 사고를 판정하고 동작 속도가 빠른 계전기를 고르면?

1 2 3

① 비율차동 계전기 ② 주파수 계전기
③ 위상비교 계전기 ④ 방향성 과전류 계전기

31 8진수 265.4를 10진수로 변환한 것을 고르면?

1 2 3

① 195.4 ② 181.5 ③ 165.2 ④ 120

32 $10u(t-3)+e^{jwt}$의 라플라스 변환을 고르면?

1 2 3

① $\frac{10}{s}e^{-3s}+\frac{1}{s-jw}$ ② $\frac{10}{s}e^{-3s}+\frac{1}{s+jw}$

③ $\frac{30}{s}e^{-3s}+\frac{1}{s-jw}$ ④ $\frac{30}{s}e^{3s}+\frac{1}{s+jw}$

33 불평형 3상 전류가 $I_a=6-j2$[A], $I_b=j4$[A], $I_c=-2$[A]일 때, 정상전류 I_1[A]을 고르면?(단, $\sqrt{3}=1.73$이다.)

1 2 3

① $\frac{1}{3}(3.54+j2.27)$ ② $\frac{1}{3}(3.54-j2.27)$

③ $3.54+j2.27$ ④ $3.54-j2.27$

34 타이머 계전기의 동작 특성 중 설정시간 후에 동작하고 설정시간 후에 복귀하는 특성을 고르면?

1 2 3

① 순시동작 순시복귀 ② 한시동작 순시복귀
③ 순시동작 한시복귀 ④ 한시동작 한시복귀

35 전·자계 관련 수식으로 옳지 않은 것을 고르면?

1 2 3

① $rot E = -\frac{\partial B}{\partial t}$ ② $div B = 0$

③ $div D = \rho$ ④ $\nabla^2 V = \frac{\rho}{\varepsilon}$

36 주어진 블록선도의 전달함수 $G(s)$를 고르면?

1 2 3

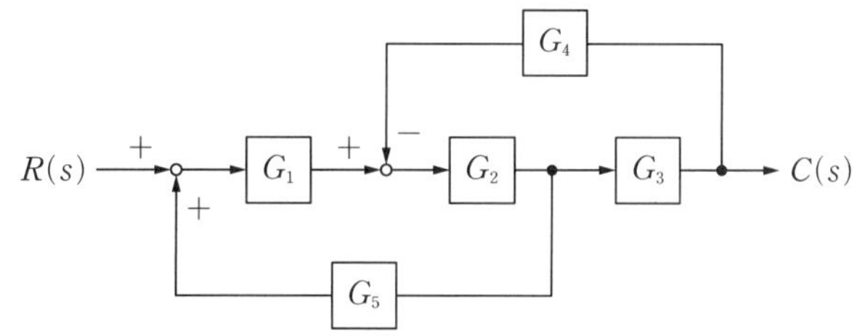

① $\frac{G_1G_2G_3}{1+G_1G_2G_5-G_2G_3G_4}$ ② $\frac{G_1G_2G_3}{1-G_1G_2G_5+G_2G_3G_4}$

③ $\frac{G_1G_2G_3G_4}{1-G_1G_2G_5+G_2G_3G_4}$ ④ $\frac{G_1G_2G_3}{1+G_1G_2-G_2G_3}$

37 다음 제시된 수전방식을 고르면?

1 2 3

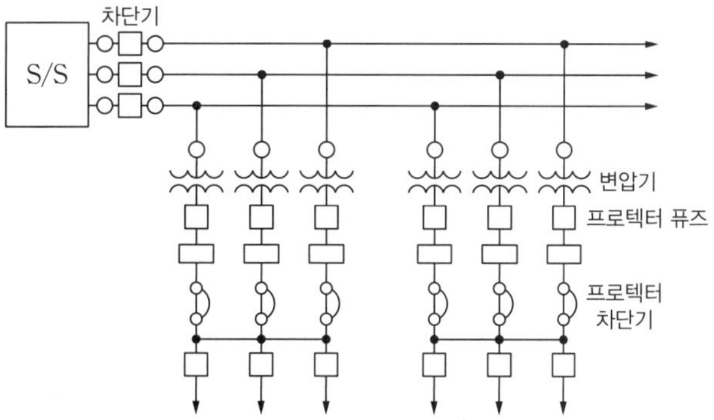

① 방사상식 ② 망상식

③ 스폿 네트워크 방식 ④ 저압 뱅킹 방식

38 RLC 직렬회로에서 $R=5[\Omega]$, $L=1[H]$, $C=\frac{1}{6}[F]$일 때, 진동상태가 어떠한지 고르면?

1 2 3

① 과진동 ② 부족진동
③ 비진동 ④ 임계진동

39 전자유도 법칙과 관련된 법칙을 고르면?

1 2 3

① 패러데이 - 렌츠의 법칙
② 비오 - 사바르 법칙
③ 암페어 주회적분 법칙
④ 가우스의 법칙

40 변압기 여자돌입전류의 고조파 성분 중에서 가장 많은 비율을 차지하는 것을 고르면?

1 2 3

① 제2고조파 ② 제3고조파
③ 제4고조파 ④ 제5고조파

41 용량계수(q_{11}, q_{22})와 유도계수(q_{12}, q_{21})에 대한 설명으로 옳은 것을 고르면?

1 2 3

① $q_{11} < q_{12}$의 관계가 성립한다.
② q_{11}, $q_{22} \leqq 0$의 관계가 성립한다.
③ q_{12}, $q_{21} \leqq 0$의 관계가 성립한다.
④ $q_{12} = -q_{21}$의 관계가 성립한다.

42 555IC를 이용한 단안정 동작에서 펄스폭 시간이 0.55[sec]일 때의 시정수[sec]를 고르면?

1
2
3

① 0.2 ② 0.3 ③ 0.4 ④ 0.5

43 전류이득이 $\beta=80$인 트랜지스터의 베이스 전류가 $I_B=225[\mu\text{A}]$일 때의 컬렉터 전류 I_C[mA]를 고르면?

1
2
3

① 22.5 ② 18 ③ 9 ④ 1.8

44 $3\frac{dy(t)}{dt}+2y(t)-\int y(t)dt=2u(t)$를 라플라스 변환을 이용하여 풀었을 때의 $y(t)$를 고르면?(단, 초기값 $y(0)=2$이다.)

1
2
3

① $y(t)=e^{-\frac{1}{3}t}+e^{-t}$ ② $y(t)=e^{\frac{1}{3}t}+e^{-t}$
③ $y(t)=e^{-\frac{1}{3}t}+e^{-2t}$ ④ $y(t)=e^{\frac{1}{3}t}+e^{-2t}$

45 돌극형 동기기에 대한 설명으로 옳지 않은 것을 고르면?

1
2
3

① 회전자 축을 굵게 하여 축의 휘어짐을 방지한다.
② 고정자의 분할이 가능하여 설계가 편하다.
③ 바닥에 대해 수직인 구조로, 수직형이라고도 한다.
④ 수력발전에서 사용되며 낙차를 유효하게 이용할 수 있다.

46 다음 [보기]에서 가공지선의 목적을 모두 고르면?

1 2 3

보기

㉠ 직격뇌에 대한 차폐효과
㉡ 전압강하 방지
㉢ 유도뢰에 대한 정전 차폐효과
㉣ 통신선 유도 장해 경감

① ㉠, ㉡, ㉢　② ㉠, ㉡, ㉣　③ ㉠, ㉢, ㉣　④ ㉡, ㉢, ㉣

47 속응도와 안정성, 그리고 정상편차의 개선이 가능한 것을 고르면?

1 2 3

① 지상 보상기　② 진상 보상기
③ 진상-지상 보상기　④ 기동 보상기

48 다음 증폭기 중에서 회전기를 이용한 증폭기를 고르면?

1 2 3

① 로토트롤　② 트랜지스터
③ 연산 증폭기　④ 사이리스터

49 페루프에 영점을 추가하였을 때의 효과를 고르면?

1 2 3

① 상승시간 증가, 최대오버슈트 증가
② 상승시간 증가, 최대오버슈트 감소
③ 상승시간 감소, 최대오버슈트 증가
④ 상승시간 감소, 최대오버슈트 감소

50 다음 결선에서 2차 측 단자전압 V_2[V]를 고르면?

1 2 3

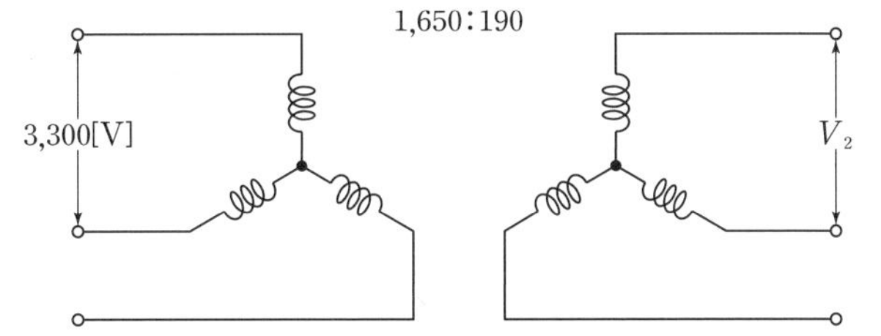

① 560 ② 380 ③ 220 ④ 190

51 비가중치 코드(unweight Code)를 고르면?

1 2 3

① 해밍 코드 ② 링카운터 코드
③ 패리티 비트 코드 ④ 그레이 코드

52 첨두 부하에 알맞은 방식을 고르면?

1 2 3

① 원자력 발전, 조정지식 ② 원자력 발전, 기력발전
③ 복합화력발전, 조정지식 ④ 기력발전, 복합화력발전

53 다음 약호의 용도로 옳지 않은 것을 고르면?

1 2 3

① MOF: 전력량을 적산하기 위하여 고전압과 대전류를 저전압과 소전류로 변성한다.
② GR: 영상전류에 의해 동작하며, 차단기의 트립코일을 여자시켜 차단기를 동작시킨다.
③ LA: 뇌전류를 대지로 방전하고 속류를 차단한다.
④ ASS: 1대의 전류계로 3상 전류를 측정하기 위해 사용되는 전환 개폐기이다.

54 **3권선 변압기($Y-Y-\Delta$)에서 Δ결선에 대한 설명으로 옳지 않은 것을 고르면?**

1 2 3

① 영상 임피던스를 크게 한다.

② 3차권선 또는 안정권선이라고 한다.

③ 3차권선의 용량은 주권선 용량의 1/3이다.

④ 제3고조파의 통로로 이용되어 제3고조파에 의한 통신 유도장해가 억제된다.

55 **다이오드의 근사해석에 대한 설명으로 옳은 것을 고르면?**

1 2 3

① 다이오드 근사해석의 이상적 모델은 제3근사해석으로 한다.

② 제1근사해석은 다이오드를 순방향 바이어스일 때 완전 절연체, 역방향 바이어스일 때 완전 도체로 해석한다.

③ 제2근사해석은 다이오드를 순방향 바이어스일 때 완전 도체, 역방향 바이어스일 때 완전 절연체로 해석한다.

④ 제3근사해석은 순방향 바이어스일 때 0.7[V]만큼의 전압강하와 순방향 다이오드 저항을 고려하고 역방향 바이어스일 때 개방으로 해석한다.

56 **링 카운터에 대한 설명으로 옳은 것을 고르면?**

1 2 3

① 직렬 시프트 레지스터의 최종 플립플롭 출력을 최초 플립플롭에 연결한다.

② 직렬 시프트 레지스터의 최초 플립플롭 출력을 최초 플립플롭에 연결한다.

③ 병렬 시프트 레지스터의 최종 플립플롭 출력을 최초 플립플롭에 연결한다.

④ 병렬 시프트 레지스터의 최초 플립플롭 출력을 최초 플립플롭에 연결한다.

57 **병렬 입력, 병렬 출력 레지스터의 회로의 특성을 고르면?**

1 2 3

① 회로가 간단하며, 전송속도가 빠르다.

② 회로가 간단하며, 전송속도가 느리다.

③ 회로가 복잡하며, 전송속도가 빠르다.

④ 회로가 복잡하며, 전송속도가 느리다.

58 폐루프 제어 시스템에 대한 설명으로 옳지 <u>않은</u> 것을 고르면?

① 외란이나 내부 변화 등에 덜 민감하다.
② 구조가 간단하고 설계가 용이하다.
③ 정확한 제어가 가능하다.
④ 오차신호로 구동한다.

59 다음 회로의 출력 v_o[V]의 출력파형에 가까운 것을 고르면?

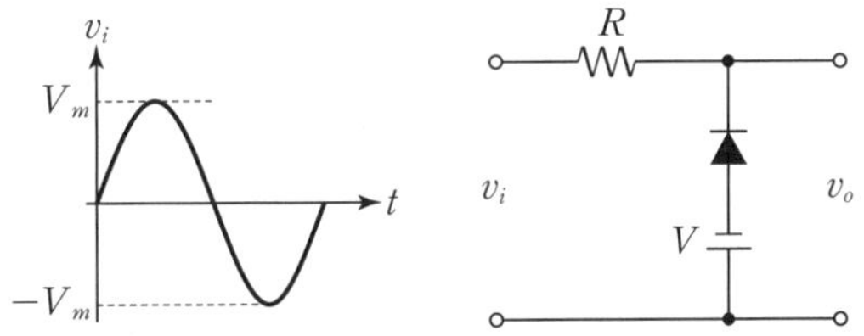

①
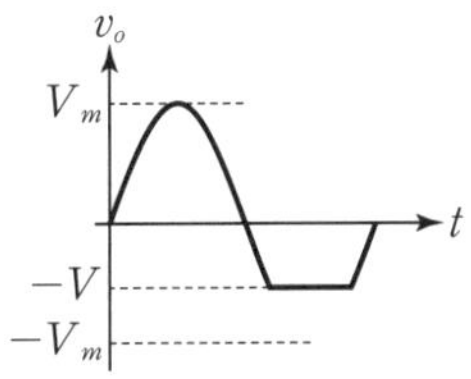

②
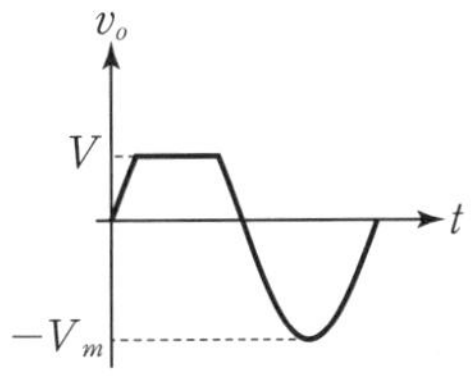

③
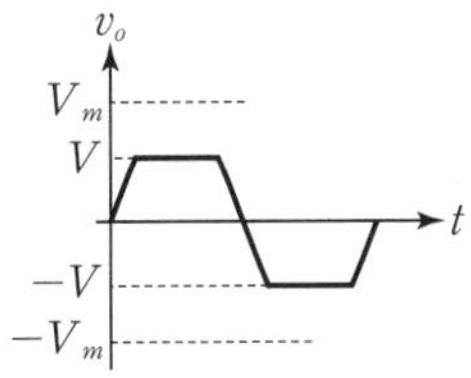

④
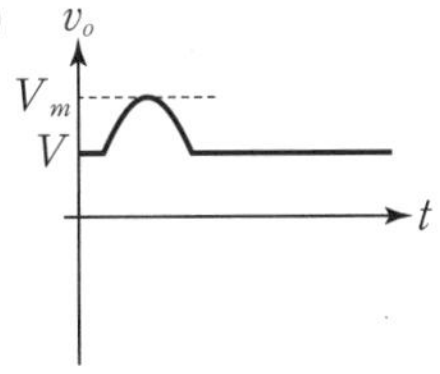

정답과 해설 p.31

2020 하반기

한국남동발전

시험정보

시험 일시	2020. 11. 21. (토)
문항 수/제한 시간	60문항/55분
선택지 구분	4지선다형
출제 범위	전자기학, 회로이론, 전기기기, 전력공학, 제어공학, 전자통신
특이사항	– 계산기 사용 불가 – 수정테이프 사용 가능 – 오답 감점 없음

세부과목 출제 비중

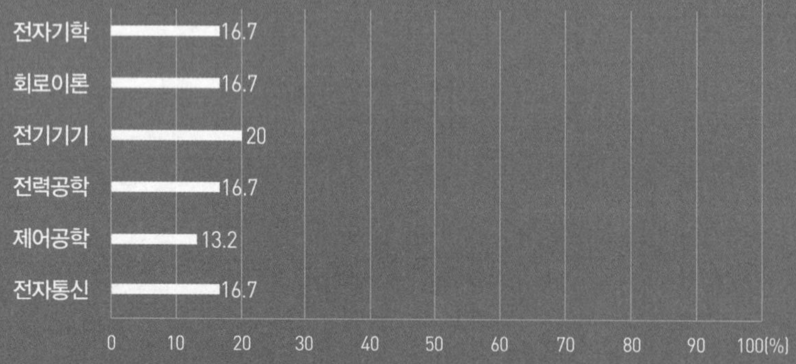

시험분석

전자통신 과목을 제외한 전체적인 난이도는 '하~중' 정도로 출제되었다. 과목별로 비교적 고르게 출제가 되었으며 계산 문제의 비중이 조금 더 크나, 계산이 복잡하지 않고 간단하게 풀 수 있는 형태로 구성되었다. 다만, 2020년 상반기에 이어서 전자통신 과목과 관련한 문제의 비중이 높으므로 전자통신 과목에 대한 지식의 유무로 합격과 불합격이 나뉘었을 것으로 보인다. 그러므로 고득점을 받기 위해서는 전자통신 과목의 학습이 요구된다.

01 어떤 공간 상에서 r[m] 떨어진 두 전하 사이의 힘에 대한 설명으로 옳지 않은 것을 고르면?

1 2 3

① 서로 동일한 극성인 경우, 전하 간에 반발력이 작용한다.
② 힘은 두 전하의 일직선상에 작용한다.
③ 힘의 크기는 두 전하 사이의 거리에 반비례한다.
④ 힘의 크기는 매질에 따라 다르며, 유전율에 반비례한다.

02 5[μC]의 전하를 4[kV/m]의 전기장 속에 놓았을 경우에 발하는 힘의 크기[mN]를 고르면?

1 2 3

① 2 ② 5 ③ 10 ④ 20

03 콘덴서에 축적되는 에너지의 관계식으로 옳지 않은 것을 고르면?

1 2 3

① $\frac{1}{2}QV$[J] ② $\frac{1}{2}ED^2$[J/m³]
③ $\frac{1}{2}\frac{D^2}{\varepsilon}$[J/m³] ④ $\frac{1}{2}\frac{Q^2}{C}$[J]

04 비유전율 $\varepsilon_s=10$인 유전체에 전계 $E=0.5$[kV/m]를 가할 때, 분극의 세기[C/m²]를 고르면?

1 2 3

① $450\varepsilon_0$ ② $4,500\varepsilon_0$ ③ $500\varepsilon_0$ ④ $5,000\varepsilon_0$

05 전기력선의 특징으로 옳지 않은 것을 고르면?

1 2 3

① 전위가 높은 점에서 낮은 점으로 향한다.
② 전기력선은 그 자신만으로 폐곡선이 된다.
③ 도체 표면에 수직으로 출입한다.
④ 전기력선은 서로 교차하지 않는다.

06 동축 케이블의 내측 반지름과 외측 반지름이 각각 $a=6$[cm], $b=6e^4$[cm]일 때, 단위 길이당 정전용량[F/m]을 고르면?(단, 유전율은 ε_0[F/m]이다.)

1 2 3

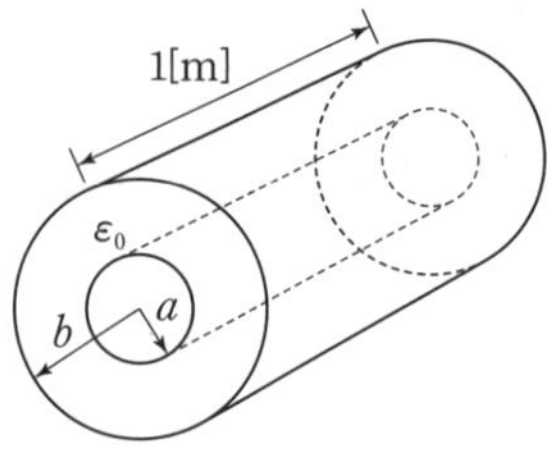

① $0.2\pi\varepsilon_0$ ② $0.33\pi\varepsilon_0$ ③ $0.5\pi\varepsilon_0$ ④ $0.66\pi\varepsilon_0$

07 표면 전하밀도가 σ[C/m^2]인 무한 평면도체로부터 r[m] 지점에 형성되는 전계에 대한 설명으로 옳은 것을 고르면?

1 2 3

① 전계의 세기는 거리에 반비례한다.
② 전계의 세기는 표면 전하밀도 σ에 반비례한다.
③ 전계의 세기는 유전율에 비례한다.
④ 전계의 세기는 매질에 따라 그 값이 변화한다.

08 자유 공간에서 쌍극자 모멘트가 $M=\sqrt{3}\pi\varepsilon_0$[C·m]인 전기 쌍극자 중심으로부터 $\theta=30°$, 1[m] 떨어진 P점의 전위[V]를 고르면?

1 2 3

① $\frac{3}{8}$ ② $\frac{3}{4}$ ③ $\frac{1}{4}$ ④ $\frac{3}{2}$

09 20[V/m]의 전계 내의 80[V]되는 점에서 1[C]의 전하를 전계 방향으로 3[m] 이동한 경우, 그 점의 전위[V]를 고르면?

1 2 3

① 20 ② 60 ③ 80 ④ 140

10 10[℃]에서 저항 온도계수가 0.002이고 저항이 20[Ω]인 어떤 금속선이 있다. 온도가 70[℃]에서의 저항[Ω]을 고르면?

① 21.4 ② 22.0 ③ 22.4 ④ 22.6

11 975[rpm], 2.5[kW]의 직류 전동기의 토크[kg·m]를 고르면?

① 2.5 ② 3 ③ 3.5 ④ 5

12 정격 속도 1,500[rpm]으로 회전하는 직류 전동기가 있다. 전동기의 속도 변동률이 5[%]일 때, 무부하 속도[rpm]를 고르면?

① 1,515 ② 1,575 ③ 1,620 ④ 1,675

13 절연물 종별 최고 허용온도가 잘못 표기된 것을 고르면?

① Y종: 90[℃] ② E종: 120[℃]
③ B종: 130[℃] ④ F종: 150[℃]

14 주파수와 극수에 따른 동기기 회전자의 회전속도로 옳지 않은 것을 고르면?

① 50[Hz], 6극의 경우: 1,000[rpm]
② 50[Hz], 8극의 경우: 720[rpm]
③ 60[Hz], 6극의 경우: 1,200[rpm]
④ 60[Hz], 8극의 경우: 900[rpm]

15 전기자 저항이 0.25[Ω], 단자전압이 300[V]인 직류 분권 발전기가 있다. 부하전류가 60[A]일 때, 발전기의 유기 기전력[V]을 고르면?(단, 계자전류와 그 외의 내부 전압강하는 무시한다.)

1 2 3

① 305　　② 315　　③ 330　　④ 360

16 동기기의 전기자 권선법 중에서 단절권을 전절권과 비교하였을 때, 단절권의 특성으로 옳지 않은 것을 고르면?

1 2 3

① 고조파분을 제거할 수 있다.
② 유기 기전력의 파형이 개선된다.
③ 유기 기전력이 크다.
④ 동량이 감소된다.

17 전기자 권선법 중에서 파권과 중권에 대한 설명으로 옳지 않은 것을 고르면?

1 2 3

① 중권은 고전압 소전류의 특성을 지닌다.
② 중권은 4극 이상일 때, 균압환을 시설한다.
③ 단중 파권의 경우, 브러시 개수는 2개이다.
④ m중 파권의 경우, 병렬 회로수는 $2m$이다.

18 Y결선, 3상, 60[Hz], 전기자의 권수 100회, 회전속도 900[rpm], 극당 자속수 $\phi=\frac{\sqrt{3}}{18}$[wb]인 동기 발전기의 단자전압[V]을 고르면?(단, 권선계수는 $k_w=0.9$이다.)

1 2 3

① 1,923　　② 2,307　　③ 3,330　　④ 3,996

19 동기 발전기의 전기자 반작용 중에서 교차 자화작용에 대한 설명으로 옳은 것을 고르면?

1 2 3

① 전류와 전압의 위상이 같으며, 계자의 기자력과 전기자의 기자력이 서로 수직으로 나타난다.
② 전류의 위상이 전압보다 90° 뒤지며, 주자속이 감소하는 현상이 발생한다.
③ 전류의 위상이 전압보다 90° 앞서며, 주자속이 증가하여 수전단 전압이 증가한다.
④ 전류의 위상이 전압보다 90° 앞서며, 주자속이 감소하여 수전단 전압이 감소한다.

20 직류 발전기의 유기 기전력의 수식을 구성하는 요소에 대한 설명으로 옳지 <u>않은</u> 것을 고르면?

1 2 3

[수식의 구성 요소]
극수 p, 전기자 전 도체수 Z,
극당 자속수 ϕ, 회전수 N, 병렬 회로수 a

① 다른 구성 요소가 동일한 조건에서 직류 발전기의 유기 기전력은 병렬 회로수에 반비례한다.
② 다른 구성 요소가 동일한 조건에서 직류 발전기의 유기 기전력은 극당 자속수와 회전수에 비례한다.
③ 계자전류의 변화에 의하여 극당 자속수가 변하게 되면 유기 기전력 또한 변화하게 된다.
④ 유기 기전력은 계자의 극수에 비례하며 전기자 전 도체수에는 반비례한다.

21 직류 발전기와 직류 전동기의 전기자 반작용에 대한 설명으로 옳지 <u>않은</u> 것을 고르면?

1 2 3

① 전기자 반작용의 대책방안으로 가장 효과적인 것은 보상권선이다.
② 전기자 반작용이 발생하였을 때, 직류 발전기의 경우 기전력이 감소된다.
③ 전기자 반작용이 발생하였을 때, 직류 전동기의 경우 회전수가 감소된다.
④ 전기자 반작용은 전기자 전류에 의한 자속이 계자의 주자속을 방해하는 현상이다.

22 동기기의 계자의 모양에 따라 돌극형과 비돌극형(원통형)으로 분류한다. 다음 중 비돌극형과 비교한 돌극형의 특징으로 옳지 않은 것을 고르면?

1☐ 2☐ 3☐

① 극수가 보통 2~4극으로 작다. ② 회전 축이 굵고 짧다.
③ 단락비가 상대적으로 크다. ④ 주로 수차발전기에 사용된다.

23 도체에 $i=500(6t^2+2t)$[A]의 전류를 3초 동안 흘렸을 때의 전하량[Ah]을 고르면?

1☐ 2☐ 3☐

① 6.75 ② 7.5 ③ 8.75 ④ 9.5

24 400[kg]의 물을 10[℃]에서 96[℃]로 가열하는 전열기가 있다. 전열기의 종합효율이 80[%]일 때, 전열기에 필요한 전력량[kWh]을 고르면?(단, 물의 비열은 1로 한다.)

1☐ 2☐ 3☐

① 25 ② 50 ③ 75 ④ 80

25 기전력 $E=2$[V]이고 내부저항 $r=0.1$[Ω]인 건전지 5개를 직렬로 접속하고, 이 회로를 한 조로 하여 2조 병렬로 접속하고, 0.75[Ω]의 부하저항을 접속하였다. 이때, 부하저항에 흐르는 전류[A]를 고르면?

1☐ 2☐ 3☐

① 10 ② 8 ③ 6 ④ 4

26 저항이 R_1[Ω]인 도체가 있다. 이 도체를 균일하게 4배의 길이로 늘였을 때의 저항을 R_2[Ω]라 할 때, $R_1:R_2$를 고르면?(단, 도체의 체적은 불변이다.)

1☐ 2☐ 3☐

① 4:1 ② 16:1 ③ 1:4 ④ 1:16

27 순수 저항 부하에 V[V]의 전압을 인가할 때, 부하의 소비전력이 P_1[W]이었다. 이 회로에 $6V$[V]의 전압을 인가하였을 때의 소비전력 P_2[W]는 P_1[W]에 대해 몇 배인지 고르면?

1 2 3

① 6배 ② 9배 ③ 16배 ④ 36배

28 어떤 교류회로에서 전압이 $V=60+j20$[V]일 때, 전류가 $I=5+j5$[A]이었다. 이 회로의 임피던스 [Ω]를 고르면?

1 2 3

① $4+j8$ ② $4-j8$ ③ $8+j4$ ④ $8-j4$

29 다음 그림의 파형에서 $\dfrac{\text{평균값}}{\text{실횻값}}$을 고르면?

1 2 3

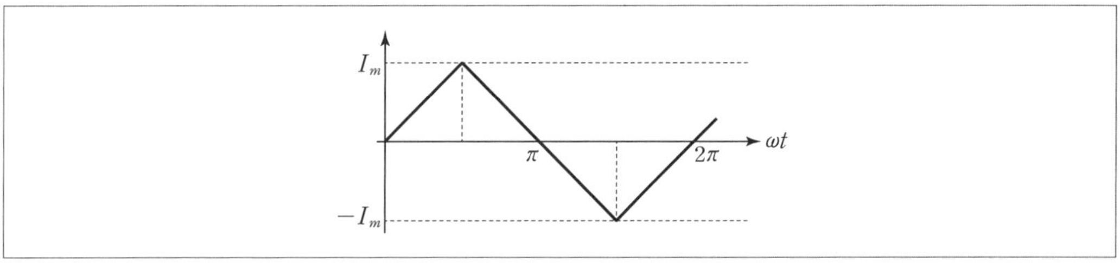

① $\dfrac{2}{\sqrt{3}}$ ② $\dfrac{1}{2}$ ③ $\dfrac{\sqrt{3}}{2}$ ④ $\sqrt{3}$

30 L만의 회로에 대한 설명으로 옳지 않은 것을 고르면?

1 2 3

① 교류전압을 인가하면 L소자는 $2\pi fL$[Ω]의 저항이 되며, 직류전압을 인가하면 개방된다.

② 회로의 전류는 전압보다 위상이 90° 뒤진다.

③ L은 에너지를 소비하지 않는다.

④ L에 축적되는 에너지는 $W=\dfrac{1}{2}LI^2$[J]이다.

31 **폐루프 제어계에 대한 설명으로 옳지 않은 것을 고르면?**

1 2 3

① 정확한 제어가 가능하다.
② 개루프 제어계에 비해 구조가 간단하다.
③ 시스템의 응답이 외란에 덜 민감하다.
④ 제어 출력의 일부를 피드백하여 오차에 대한 수정동작을 행하는 제어계이다.

32 **제어량 종류에 따른 자동 제어계의 분류에서 프로세스 제어에 해당되지 않는 것을 고르면?**

1 2 3

① 유량 ② 습도 ③ 방향 ④ 압력

33 **직류 전동기의 자속을 변화시켜 전동기의 회전속도를 1,200[rpm]으로 일정하게 맞추려고 한다. 회전속도에 해당하는 제어계의 요소를 고르면?**

1 2 3

① 제어량 ② 제어요소 ③ 외란 ④ 동작신호

34 **함수 $f(t)=\frac{1}{6}t^4$의 라플라스 변환을 고르면?**

1 2 3

① $\frac{4}{s^5}$ ② $\frac{2}{s^5}$ ③ $\frac{4}{s^4}$ ④ $\frac{2}{s^4}$

35 $F(s)=\dfrac{s+10}{5s(2s^2+3s+1)}$의 최종값을 고르면?

1 2 3

① 1 ② 2 ③ 4 ④ 8

36 $F(s)=\dfrac{s+5}{s^2+10s+34}$의 라플라스 역변환을 고르면?

1 2 3

① $f(t)=e^{5t}\sin 3t$
② $f(t)=e^{-5t}\sin 3t$
③ $f(t)=e^{5t}\cos 3t$
④ $f(t)=e^{-5t}\cos 3t$

37 전달함수의 요소에서 각 요소에 대한 전달함수로 옳지 않은 것을 고르면?

1 2 3

① 미분요소 $G(s)=Ts$

② 적분요소 $G(s)=\dfrac{1}{Ts}$

③ 1차 지연요소 $G(s)=\dfrac{T}{1+s}$

④ 2차 지연요소 $G(s)=\dfrac{w_n^2}{s^2+2\zeta w_n s+w_n^2}$

38 미분 방정식 $2\dfrac{d^2y(t)}{dt^2}+4\dfrac{dy(t)}{dt}+6y(t)=\dfrac{dx(t)}{dt}+2x(t)$의 전달함수 $G(s)$를 고르면?(단, $x(t)$는 입력, $y(t)$는 출력이라고 한다.)

1 2 3

① $\dfrac{s+2}{2s^2+4s+6}$
② $\dfrac{2s^2+4s+6}{s+2}$
③ $\dfrac{s+2}{s^2+2s+3}$
④ $\dfrac{s^2+2s+3}{s+2}$

39 길이 30[km], 리액턴스가 0.1[Ω/km], 서셉턴스가 4×10^{-5}[℧/km]인 선로의 특성 임피던스[Ω]를 고르면?

1 2 3

① 30 ② 50 ③ 100 ④ 150

40 다음 [조건]에 맞는 이도[m]를 고르면?

1 2 3

조건	
• 전선의 무게: 2.6[kg/m]	• 빙설하중: 0.4[kg/m]
• 풍압하중: 4[kg/m]	• 인장강도: 14,000[kg]
• 안전율: 2.8	• 경간: 100[m]

① 1.25 ② 3.2 ③ 4.5 ④ 5.0

41 송전전력이 100[MW], 송전거리가 1,000[km]일 때, 경제적인 송전전압[kV]을 고르면?

1 2 3

① 110 ② 190 ③ 220 ④ 380

42 전력 원선도에서 구할 수 없는 것을 고르면?

1 2 3

① 정태 안정 극한 전력 ② 수전단 역률

③ 조상설비 용량 ④ 코로나 손실

43 다음은 전력 계통의 일부를 나타낸 것이다. 다음 중 옳지 않은 것을 고르면?

1 2 3

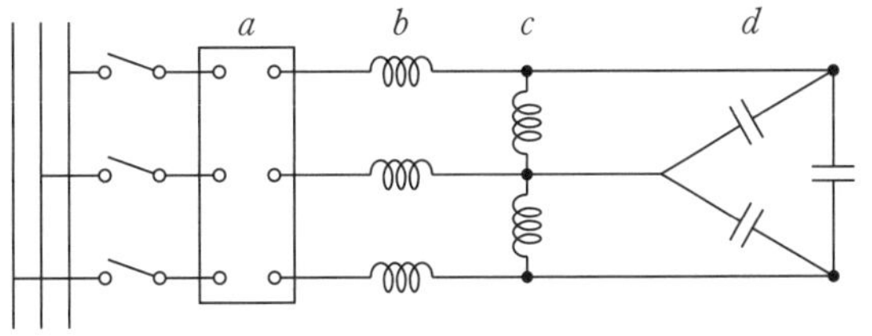

① a는 사고 시에 고장전류가 흐르면 회로를 차단한다.
② b는 제3고조파를 제거한다.
③ c는 콘덴서에 축적된 잔류전하를 방전시킨다.
④ d는 역률을 개선하는 역할을 한다.

44 교류 송전방식과 직류 송전방식을 비교할 때, 다음 [보기]에서 직류 송전방식의 특징을 모두 고르면?

1 2 3

보기

㉠ 리액턴스가 없고 안정도가 높다.
㉡ 회전 자계를 쉽게 얻을 수 있다.
㉢ 주파수가 다른 교류계통을 연계할 수 있다.
㉣ 표피효과가 발생한다.
㉤ 유도장해가 없고, 송전 효율이 좋다.

① ㉠, ㉡, ㉢　② ㉠, ㉢, ㉤　③ ㉡, ㉢, ㉣　④ ㉡, ㉣, ㉤

45 고성능의 AVR, 조상기 등의 제어효과까지 고려할 경우의 안정도를 고르면?

1 2 3

① 과도 안정도　② 동태 안정도
③ 극한 동태 안정도　④ 극한 정태 안정도

46 복도체(다도체)의 특징으로 옳지 않은 것을 고르면?

1 2 3

① 코로나 임계전압이 상승하여 코로나가 방지된다.
② 선로의 인덕턴스는 감소, 정전용량은 증가한다.
③ 페란티 현상이 발생하지 않는다.
④ 안정도가 증대되고, 송전용량이 증가한다.

47 3상 3선식 송전선에서 수전단 전압이 20[kV], 부하 역률이 0.8, 한 선의 저항은 $5\sqrt{3}$[Ω], 리액턴스는 $10\sqrt{3}$[Ω], 전류가 100[A]일 때, 전압 강하율[%]을 고르면?

1 2 3

① 10 ② 12 ③ 15 ④ 18

48 250[mm] 현수애자 10개를 접속한 애자련의 섬락전압이 680[kV]이고, 능률이 85[%]일 때, 현수애자 1개의 섬락전압[kV]을 고르면?

1 2 3

① 50 ② 64 ③ 80 ④ 104

49 내부저항이 10[kΩ], 최대눈금이 150[V]인 전압계와 내부저항이 15[kΩ], 최대눈금이 150[V]인 전압계가 있다. 두 전압계를 직렬 접속하여 측정하였을 때, 최대 측정값[V]을 고르면?

1 2 3

① 150 ② 200 ③ 250 ④ 300

50 **다음 회로에서 r_1[Ω]에 흐르는 전류를 최소로 하기 위한 저항 r_2[Ω]의 값을 고르면?**(단, r_1은 고정저항, r_2는 최대 30[Ω]의 가변저항이다.)

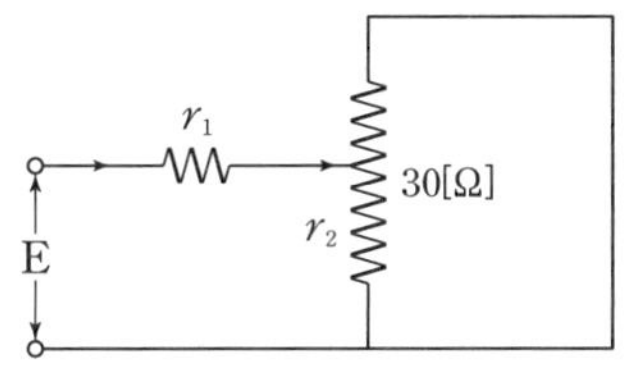

① 0　② 15　③ 20　④ 30

51 **다음 그림의 간단한 하틀레이 발진기에서 발진 주파수[Hz]를 고르면?**(단, L_a, L_b의 인덕터 간에 상호 영향은 없다.)

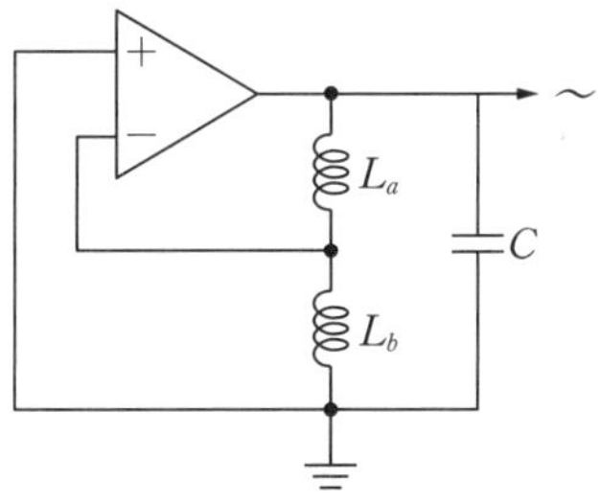

① $f=\dfrac{1}{2\pi\sqrt{(L_a+L_b)C}}$　② $f=\dfrac{1}{2\pi\sqrt{L_a+L_bC}}$

③ $f=\dfrac{C}{2\pi\sqrt{L_a+L_b}}$　④ $f=\dfrac{1}{2\pi\sqrt{L_aC+L_b}}$

52 **안테나의 이득에서 상대이득의 기준 안테나를 고르면?**

① 등방성 안테나　② 무손실 $\lambda/2$ 안테나

③ 헬리컬 안테나　④ 무손실 $\lambda/3$ 안테나

53 **$v=8+3\sqrt{2}\sin(wt+15°)+5\sqrt{2}\sin(wt+45°)$[V]의 RMS값을 고르면?**

① $7\sqrt{2}$[V]　② 10[V]　③ $2\sqrt{33}$[V]　④ 14[V]

54 동조 급전방식에 대한 설명으로 옳지 않은 것을 고르면?

1 2 3

① 별도의 정합장치가 필요하다.
② 급전선의 길이와 파장이 일정한 관계를 갖는다.
③ 급전선상에 정재파가 실려서 급전되는 방식이다.
④ 송신기와 안테나 사이의 거리가 단거리일 때 사용한다.

55 다음 그림의 저역통과필터(Low-pass filter) 회로에서 차단 주파수[Hz]를 고르면?

1 2 3

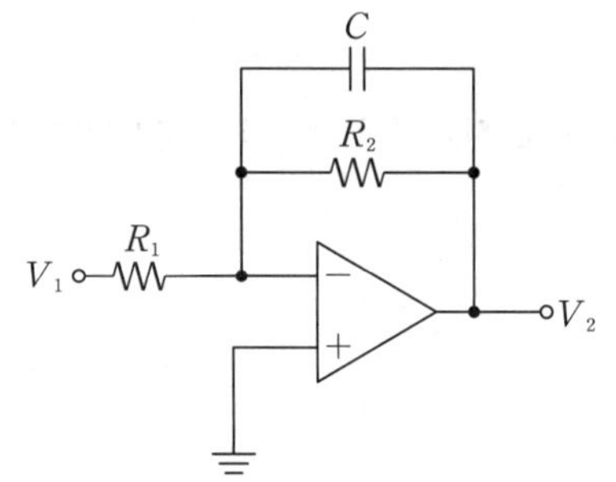

① $\dfrac{R_1+R_2}{2\pi C}$　② $\dfrac{C}{2\pi(R_1+R_2)}$　③ $\dfrac{R_2}{2\pi C}$　④ $\dfrac{1}{2\pi R_2 C}$

56 포락선 검파, 포락선 검파기에 대한 설명으로 옳지 않은 것을 고르면?

1 2 3

① 포락선 검파는 비동기 검파 방식 중 하나로, 매우 간단한 검파 방식이다.
② 포락선 검파는 송신 측에 큰 전력 송출이 필요하다.
③ 포락선 검파기는 다이오드와 고역통과필터(High-Pass Filter, HPF)를 조합하여 만든다.
④ 포락선 검파기는 대부분 상업용 AM 라디오 수신기에 사용한다.

57 정합필터에 대한 설명으로 옳지 않은 것을 고르면?

1 2 3

① 입력 신호에 정합된다.
② 필요한 신호는 강조, 잡음은 억제하여 오류의 확률을 감소시킨다.
③ 시간 지연에 따른 심볼 간 간섭(ISI)에 강하다.
④ 부가 잡음의 영향을 최소화시키는 필터이다.

58 **베이스 밴드 전송 방식에서 0의 신호에 대해서는 0[V]을 유지하고, 1일 때는 양(+), 음(−)을 교대로 나타내는 방식을 고르면?**

1 2 3

① 단류 RZ
② 복류 RZ
③ Manchester
④ Bipolar

59 **잡음지수에 대한 설명으로 옳지 않은 것을 고르면?**(단, T_0=시스템 입력 잡음온도[K], T_s=시스템 유효 잡음온도[K], F=잡음지수, G=유효 이득이다.)

1 2 3

① 시스템에 부가되는 잡음이 적을수록 잡음지수는 적게 나타난다.
② 잡음이 없는 이상적인 시스템은 잡음지수가 1로 나타난다.
③ 잡음지수를 F라 할 때, F의 데시벨 표현은 $F=10\log_{10}(1+\frac{T_s}{T_0})$[dB]로 나타낼 수 있다.
④ 2단 종속연결된 시스템에서 각각의 잡음지수를 F_1, F_2라 하고 유효 이득을 G_1, G_2라 할 때, 전체 잡음지수는 $F=F_1+\frac{G_1}{F_2-1}$이다.

60 **마이크로파 통신에 대한 설명으로 옳지 않은 것을 고르면?**

1 2 3

① 이동통신, 위성통신에도 사용된다.
② 잡음 특성이 양호하고 안정된 전파특성을 지닌다.
③ 장애물 유무에 관계없이 원활한 통신환경이 이루어진다.
④ 재해 등의 영향이 적다.

정답과 해설 p.45

2020 상반기

한국남동발전

시험정보

시험 일시	2020. 6. 21. (일)
문항 수/제한 시간	60문항/55분 ※ 실제 출제된 문항 수는 60문항이나, 58문항만 복원됨
선택지 구분	4지선다형
출제 범위	전자기학, 회로이론, 전기기기, 전력공학, 제어공학, 전자통신
특이사항	– 계산기 사용 불가 – 수정테이프 사용 가능 – 오답 감점 없음

세부과목 출제 비중

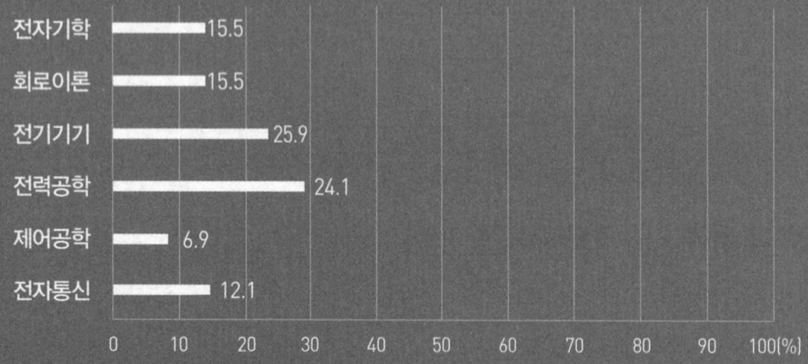

시험분석

전체적인 난이도는 '중하~중상' 정도로 출제되었다. 전자통신 과목에 대한 문항과 생소한 용어에 대한 문항을 출제함으로써 변별력을 갖추었다. 계산 문제의 비중이 높았으며 수식을 이용하여 간단히 풀 수 있는 문제보다는 여러 단계의 계산과정이 요구되는 형태로 출제되어 계산에 따른 정확성도 필요하였지만 주어진 시간 안에 보다 많은 문제를 푸는 것이 중요했다. 또한, 전자통신 과목에서 연산 증폭기 관련 문항의 비중이 크므로 연산 증폭기와 관련한 내용을 기본적으로 학습하는 것이 좋을 것으로 보인다.

01 4단자 회로망의 1차 영상 임피던스 $Z_{01}[\Omega]$을 고르면?

1 2 3

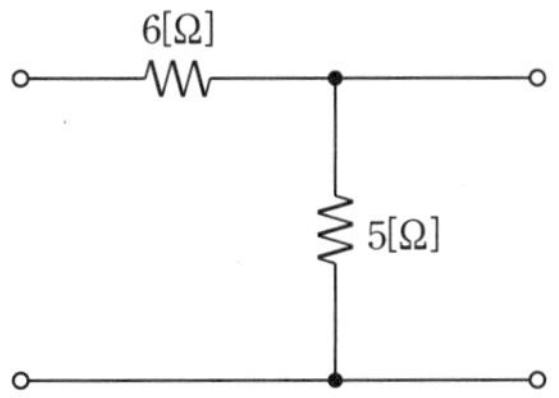

① $\sqrt{66}$　② $\sqrt{53}$　③ $\sqrt{41}$　④ $\sqrt{29}$

02 기전력 $E=12[\text{V}]$이고 내부저항 $r=1[\Omega]$인 건전지 3개를 직렬로 접속하고, 이 회로를 한 조로 하여 2조 병렬로 접속하고, 4.5[Ω]의 부하저항을 접속하였다. 이때, 부하저항의 소비전력[W]을 고르면?

1 2 3

① 864　② 352　③ 162　④ 81

03 30[kV], 50[MVA], $\%X=20[\%]$인 3상 3선식 송전선로의 리액턴스[Ω]를 고르면?

1 2 3

① 1.2　② 2.4　③ 3.6　④ 4.8

04 권수 6회에 반지름이 2[m]인 원형 코일 A와 권수 8회에 반지름이 4[m]인 원형 코일 B가 있다. 두 코일의 중심을 겹쳐놓고 같은 방향으로 전류를 흘릴 때, 코일 중심에서의 자계의 세기가 A코일만 있을 때의 3배가 되었다. 이때, A, B코일에 흐르는 전류의 비 $\frac{I_B}{I_A}$를 고르면?

1 2 3

① 2.5　② 3　③ 3.5　④ 4

05 전부하 시와 50[%] 부하 시에 효율이 80[%]인 5[kVA]의 변압기가 있다. 역률이 1일 때, 철손 P_i[W]와 동손 P_c[W]를 고르면?

1 2 3

① $P_i=833.33$[W], $P_c=416.67$[W]
② $P_i=726.67$[W], $P_c=416.67$[W]
③ $P_i=512.33$[W], $P_c=833.33$[W]
④ $P_i=416.67$[W], $P_c=833.33$[W]

06 $E_1=8$[V], $E_2=4$[V], $R_1=2$[Ω], $R_2=4$[Ω], $R_L=2$[Ω]일 때, R_L에 걸리는 전압[V]을 고르면?

1 2 3

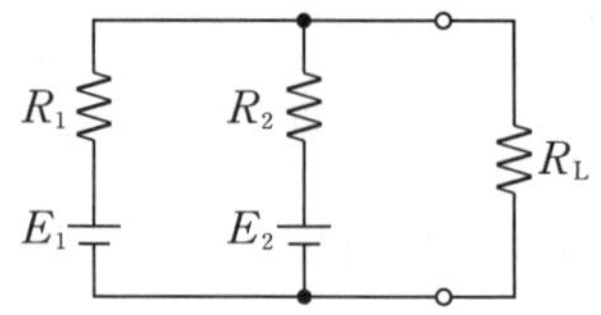

① 2
② 4
③ 8
④ 12

07 정현파 교류전류의 평균값이 20[A]일 때, 최댓값[A]을 고르면?

1 2 3

① $20\times\pi$
② $20\times\sqrt{2}$
③ $20\times\frac{\pi}{2}$
④ 20

08 자유공간에서 점 $P(1, 2, 3)$ 및 점 $Q(2, 0, 5)$에 각각 300[μC], -100[μC]인 점전하가 놓여있을 때, 점전하 -100[μC]에 작용하는 힘[N]을 고르면?

1 2 3

① $10i-20j+20k$
② $-10i+20j+20k$
③ $10i+20j-20k$
④ $-10i+20j-20k$

09 전위함수가 $V=\frac{2}{x}+3y^2z+5z$[V]일 때, $(-\frac{1}{2}, 3, 1)$에서의 공간전하밀도 ρ[C/m^3]를 고르면?

1 2 3

① $-26\varepsilon_0$　② $26\varepsilon_0$　③ $-32\varepsilon_0$　④ $32\varepsilon_0$

10 전열기 회로에 200[V]의 전압을 인가하면 300[W]의 전력이 소비된다. 이 회로에 120[V]의 전압을 인가할 때의 소비전력[W]을 고르면?

1 2 3

① 180　② 128　③ 108　④ 84

11 한 변이 1[m]인 정육각형 코일에 2[A]의 전류가 흐를 때, 정육각형 중심에서의 자속밀도[wb/m^2]를 고르면?(단, 투자율은 μ_0이다.)

1 2 3

① $\frac{\sqrt{3}}{\pi}\mu_0$　② $\frac{2\sqrt{3}}{\pi}\mu_0$　③ $\frac{\sqrt{3}}{2\pi}\mu_0$　④ $\frac{\sqrt{3}}{3\pi}\mu_0$

12 서로 멀리 떨어져 있는 2[F]의 도체1과 4[F]의 도체2가 있다. 도체1을 10[V], 도체2를 4[V]의 전위로 충전한 후 가느다란 도선으로 연결하였을 때, 그 도선에 흐르는 전하 Q[C]를 고르면?

1 2 3

① 2　② 4　③ 6　④ 8

13 평행판 콘덴서에 대한 설명으로 옳지 않은 것을 고르면?

1 2 3

① 전극판 사이의 간격이 작을수록 정전용량은 커진다.
② 전극판의 면적이 클수록 정전용량은 커진다.
③ 전위가 일정할 경우, 정전용량이 크면 정전 에너지가 크다.
④ 콘덴서의 전하량이 일정할 경우, 정전용량이 크면 정전 에너지가 크다.

14 $v_1 = 110\sin\left(wt - \frac{\pi}{6}\right)$[V], $v_2 = 190\cos(wt - 90°)$[V]의 전압이 있다. 두 전압 위상 차의 시간[sec] 표현을 고르면?(단, $w = 120\pi$[rad/s]이다.)

1 2 3

① $\frac{1}{720}$ ② $\frac{1}{540}$ ③ $\frac{1}{360}$ ④ $\frac{1}{270}$

15 연동선의 전도율[℧/m]을 고르면?

1 2 3

① 58×10^{6} ② 58×10^{-6} ③ 55×10^{6} ④ 55×10^{-6}

16 외부 자계의 세기가 $H = 300$[AT/m]일 때, 비자화율이 5인 철심의 자화의 세기[wb/m²]를 고르면?

1 2 3

① $6\pi \times 10^{-5}$ ② $6\pi \times 10^{-4}$ ③ $7.2\pi \times 10^{-5}$ ④ $7.2\pi \times 10^{-4}$

17 6극, 400[V], 200[kW]의 단중 중권 타여자 발전기의 회전속도가 410[rpm], 슬롯수 120, 슬롯 내 도체수가 4일 때, 자속수[wb]를 고르면?(단, 전기자 저항은 0.02[Ω]이다.)

1 2 3

① $\frac{1}{2}$ ② $\frac{1}{4}$ ③ $\frac{1}{8}$ ④ $\frac{1}{10}$

18 무부하 전압이 120[V], 정격전압이 100[V]일 때, 전압 변동률[%]을 고르면?

1 2 3

① 10 ② 12 ③ 15 ④ 20

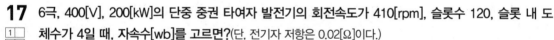

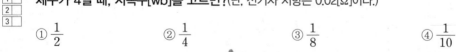

19 다음 중 반원파의 파형률을 고르면?

1 2 3

① 1　　② 1.040　　③ 1.155　　④ 1.571

20 자유공간에 10[MHz]의 전자파가 방사될 때의 위상정수 β[rad/m]를 고르면?

1 2 3

① $\frac{\pi}{15}$　　② $\frac{\pi}{30}$　　③ $\frac{15}{\pi}$　　④ $\frac{30}{\pi}$

21 A기기의 소비전력은 500[W], B기기의 소비전력은 80[W]이다. A기기를 하루 5시간, B기기를 하루 10시간 사용할 때, 한 달간 총 소비전력량[kWh]을 고르면?(단, 한 달은 30일로 취급한다.)

1 2 3

① 99　　② 97　　③ 95　　④ 92

22 $f(t)=1-e^{-2t}$의 z변환을 고르면?

1 2 3

① $\dfrac{(1-e^{-2T})z}{(z-1)(z-e^{-2T})}$　　② $\dfrac{(1-e^{2T})z}{(z-1)(z-e^{2T})}$

③ $\dfrac{(z+1)(z-e^{-2T})}{(1-e^{-2T})z}$　　④ $\dfrac{(z-1)(z+e^{-2T})}{(1+e^{-2T})z}$

23 단권 변압기의 특징으로 옳지 않은 것을 고르면?

1 2 3

① 동량이 감소하여 경제적이다.
② 누설 리액턴스가 작아 단락전류가 작다.
③ 전압 변동률이 작고 효율이 좋다.
④ 1차, 2차 회로가 전기적으로 완전하게 절연되지 않는다.

24 단상 전파 정류회로에서 직류전압이 90[V]일 때, 변압기 2차 측의 전압[V]을 고르면?

1 2 3

① 200　　② 180　　③ 140　　④ 100

25 부하의 변화에 따라 변화하는 손실을 고르면?

1 2 3

① 풍손　　② 표류부하손
③ 히스테리시스손　　④ 와류손

26 다음 설명에 해당하는 변압기를 고르면?

1 2 3

> 1차 권선과 2차 권선의 자기적인 결합을 고의로 나쁘게 하기 위해 누설자속의 통로를 설치하거나 1차 권선과 2차 권선 사이에 철편을 삽입하여, 1차 측에 일정 전압을 가하였을 때 2차 전류가 2차 측의 부하 임피던스에 관계없이 일정하게 흐르게 하는 변압기이다.

① 계기용 변류기　　② 정전류 변압기
③ 3권선 변압기　　④ 단권 변압기

27 3상 농형 유도기의 주파수를 60[Hz]에서 50[Hz]으로 변화시키는 경우의 설명으로 옳지 않은 것을 고르면?(단, 인가 전압의 크기는 일정하다.)

1 2 3

① 철손 증가　　② 효율 감소
③ 자속 증가　　④ 누설 리액턴스 증가

28 정격전압 6,000[V], 용량 3,000[kVA]의 Y결선 3상 동기 발전기가 있다. 여자전류 200[A]에서의 무부하 단자 전압 6,000[V], 단락전류 400[A]일 때, 이 발전기의 단락비는 약 얼마인지 고르면?(단, $\sqrt{3}=1.7$이다.)

1 2 3

① 1.36　　② 1.14　　③ 1　　④ 0.8

29 60[Hz], 4극 3상 동기 발전기의 회전자 주변속도를 628[m/s]로 하기 위한 회전자 직경[m]을 고르면?

1 2 3

① 약 8.27 ② 약 7.33 ③ 약 6.67 ④ 약 6.33

30 전전압 시 기동토크가 T[N·m]인 유도기를 전전압의 60[%]로 기동할 때의 기동토크는 전전압 기동일 때의 몇 배인지 고르면?

1 2 3

① 0.25배 ② 0.36배 ③ 0.49배 ④ 0.64배

31 $\frac{d^2}{dt^2}f(t)+4\frac{d}{dt}f(t)+2f(t)=\delta(t)$의 라플라스 변환을 고르면?(단, $f(0)=3$, $f'(0)=2$이다.)

1 2 3

① $\frac{1}{s^2+4s+2}$ ② $\frac{s+4}{s^2+4s+2}$ ③ $\frac{2s+6}{s^2+4s+2}$ ④ $\frac{3s+15}{s^2+4s+2}$

32 $F(s)=\frac{4(3s+2)}{2s^3+5s^2+4s}$의 최종값을 고르면?

1 2 3

① 2 ② 6 ③ 8 ④ 12

33 불안정한 시스템의 특성 방정식을 고르면?

1 2 3

① $s^3+2s^2+5s+2=0$ ② $2s^3+5s^2+3s+5=0$
③ $s^3+4s^2+3s+7=0$ ④ $2s^3+2s^2+5s+6=0$

34 직류 타여자 발전기의 기전력을 일정하게 유지하고자 한다. 발전기의 회전수가 $\frac{1}{3}$배가 될 때, 자속은 어떻게 해야 하는지 고르면?

1 2 3

① 3배 증가시켜야 한다.
② 3배 감소시켜야 한다.
③ 6배 증가시켜야 한다.
④ 6배 감소시켜야 한다.

35 단상 반파 정류회로에서 정류된 전압이 최댓값 20[V]일 때, 이 전압의 평균값[V]을 고르면?

1 2 3

① $\frac{40}{\pi}$
② $\frac{20}{\pi}$
③ $\frac{40}{\sqrt{2}}$
④ $\frac{20}{\sqrt{2}}$

36 변압기의 기준 충격 절연강도가 900[kV], 피뢰기의 제한전압이 600[kV]일 때, 피뢰기의 여유도[%]를 고르면?

1 2 3

① 30
② 50
③ 60
④ 90

37 원점(0, 0)에 공급점이 있고, 각 부하의 위치 및 전류가 (1, 2)[km]와 30[A], (2, 2)[km]와 70[A], (2.5, 2)[km]와 100[A]일 때, 변전소를 설치하는 데 적합한 부하의 중심[km]을 고르면?

1 2 3

① (2.1, 2)
② (2, 1.8)
③ (2, 2.1)
④ (1.8, 2)

38 전자계산기, 의료기기 등의 정주파수, 정전압이 필요한 장치에 사용되는 것을 고르면?

1 2 3

① VVVF 인버터
② VVCF 인버터
③ CVCF 인버터
④ CVVF 인버터

39 다음 설명에 해당하는 권선을 고르면?

1 2 3

> $Y-Y$결선에 Δ결선의 3차 권선을 설치하여 고조파 중 가장 큰 제3고조파의 전압, 전류를 억제하고 영상 임피던스를 작게 하며, 이 권선은 단자를 변압기 외부에 인출하지 않는 경우도 있고, 2개 또는 4개의 단자를 인출하여 접지하는 경우도 있으며, 권선용량은 주권선의 1/3로 한다.

① 단락권선 ② 분로권선
③ 안정권선 ④ 보상권선

40 12[kW], 역률 0.8의 3상 부하가 접속된 선로에서 수전단 전압이 500[V], 선로의 저항이 4[Ω], 리액턴스가 8[Ω]일 때, 송전단 전압[V]을 고르면?

1 2 3

① 620 ② 680 ③ 720 ④ 740

41 전압 $v=2\sqrt{2}\sin wt+6\sqrt{2}\sin 3wt+3\sqrt{2}\sin 5wt$[V], 전류 $i=3\sin wt+2\sin 2wt+6\sin 3wt$[A]에 의한 평균전력[W]을 고르면?

1 2 3

① $42\sqrt{2}$ ② 42 ③ $21\sqrt{2}$ ④ 21

42 20[MVA], 2[kV], $\%Z=20$[%]의 조건을 기준용량 120[MVA], 4[kV]로 할 때의 $\%Z$[%]를 고르면?

1 2 3

① 20 ② 25 ③ 30 ④ 40

43 역률이 $\frac{1}{2}$, 50[kW]의 부하에 전력용 콘덴서를 연결하여 역률을 $\frac{\sqrt{3}}{2}$으로 개선하고자 한다. 필요한 전력용 콘덴서의 용량[kVA]을 고르면?

1 2 3

① 50 ② $\frac{50}{\sqrt{3}}$ ③ 100 ④ $\frac{100}{\sqrt{3}}$

44 유효낙차 100[m], 물의 저수량이 3,000[m^3]일 때, 발전할 수 있는 수차 발전기의 전력량[kWh]을 고르면?(단, 수차 및 발전기 종합효율은 $\eta=72$[%]이다.)

1 2 3

① 588 ② 624 ③ 688 ④ 728

45 권수 50의 철심에 10초에 걸쳐 자속을 증가시켰을 때, 기전력이 20[mV]이 유도되었다. 자속밀도가 0.01[wb/m^2]일 때, 철심의 단면적[m^2]을 고르면?

1 2 3

① 0.1 ② 0.25 ③ 0.4 ④ 0.65

46 다음 [조건]에 대한 부하역률[%]을 고르면?

1 2 3

조건

- 변압기 용량 100[kVA]
- 전등설비: 설비용량 50[kW], 수용률 60[%]
- 동력설비: 설비용량 120[kW], 수용률 50[%]
- 전등설비와 동력설비 간 부등률: 1.1
- 전력 손실률 10[%]

① 75 ② 80 ③ 85 ④ 90

47 **단상 유도전동기에 대한 설명으로 옳지 않은 것을 고르면?**

1 2 3

① 기동 토크가 없어 별도의 기동장치가 필요하다.
② 2차 저항의 증가에 관계없이 최대토크는 일정하다.
③ 비례추이가 불가능하다.
④ 3상 유도전동기와 달리 교번자계가 발생한다.

48 **조상설비에 대한 설명으로 옳지 않은 것을 고르면?**

1 2 3

① 전력용 콘덴서, 분로 리액터는 시충전이 불가능하다.
② 동기 조상기의 손실은 0.6[%] 이하이다.
③ 분로 리액터는 증설이 용이하다.
④ 전력용 콘덴서는 보수가 간단하다.

49 **이상적인 증폭기 회로에서의 출력전압 V_o[V]를 고르면?**(단, $V_i=50$[V], $R_1=2$[kΩ], $R_2=12$[kΩ]이다.)

1 2 3

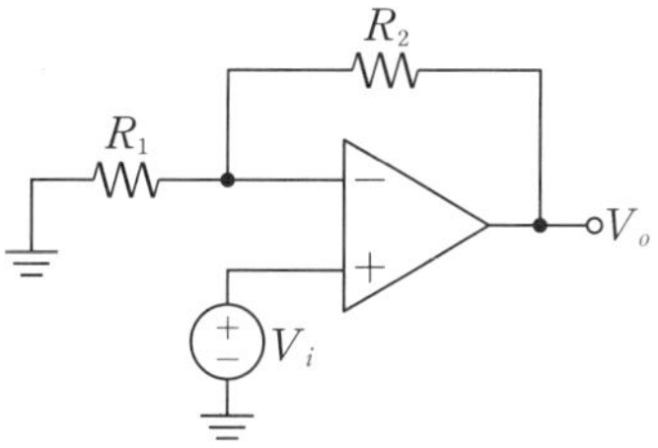

① 200 ② 250 ③ 300 ④ 350

50 **제너 다이오드를 사용하는 목적을 고르면?**

1 2 3

① 전압 안정화 ② 교류의 정류
③ 스위칭의 용도 ④ 위상 제어

51 V_{i1}=0.5[kV], V_{i2}=0.8[kV], $R_1=R_2$=3[kΩ], R_3=12[kΩ]일 때, V_0[kV]를 고르면?

1 2 3

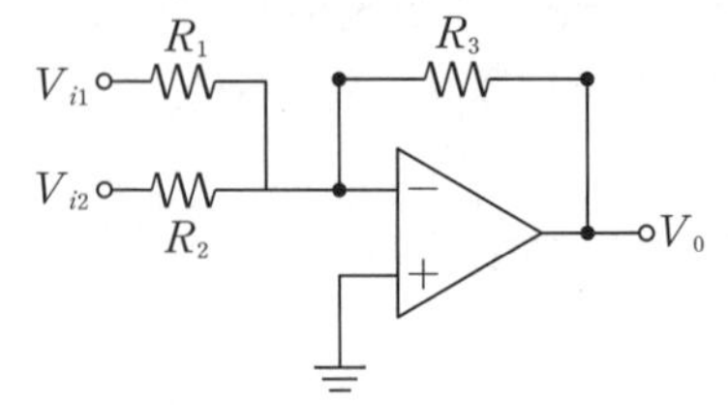

① 4.2 ② 4.8 ③ 5.2 ④ 5.6

52 접지방식에 대한 설명으로 옳은 것을 고르면?

1 2 3

① 직접접지 방식은 절연레벨이 매우 낮고, 피뢰기의 책임이 경감된다.

② 저항접지 방식은 저항이 크면 과도 안정도가 낮고, 저항이 작으면 과도 안정도가 높다.

③ 소호리액터접지 방식은 보호계전기를 적용할 수 있다.

④ 비접지 방식은 지락전류가 크게 작용하므로 유도장해가 발생한다.

53 배기가스를 다른 장치의 열원으로 사용하기 위한 터빈을 고르면?

1 2 3

① 배압터빈 ② 복수터빈

③ 재열터빈 ④ 재생터빈

54 송전계통에서 나타나는 이상전압 중에서 내부 이상전압의 원인이 아닌 것을 고르면?

1 2 3

① 1선 지락고장 ② 무부하 선로의 개폐

③ 페란티 효과 ④ 뇌운

55 진폭 변조에서 반송파 평균전력이 200[mW], 변조도가 40[%]일 때, 피변조파의 평균전력[mW]을 고르면?

① 184　　② 202　　③ 216　　④ 232

56 2진수 '1011+1111'을 3초과 코드로 변환한 것을 고르면?

① 0001 1011　　② 0001 1001
③ 0010 1011　　④ 0010 1001

57 차동 증폭기의 입력에 따른 출력으로 옳은 것을 고르면?

①
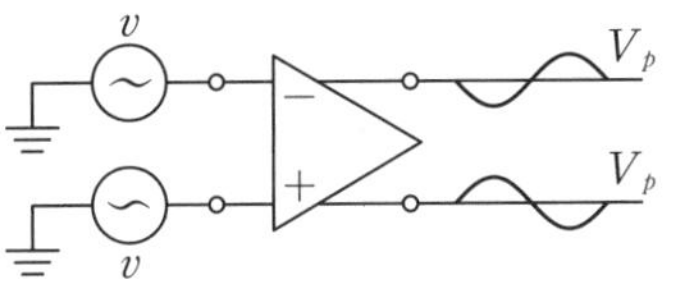

②
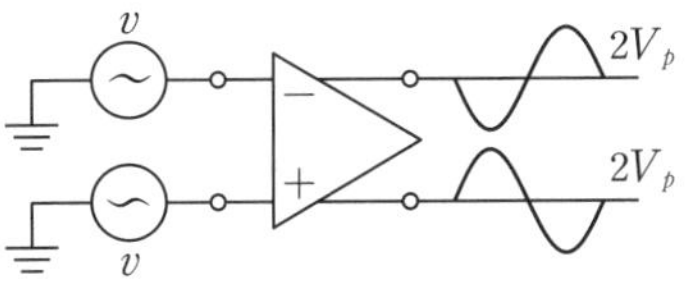

③
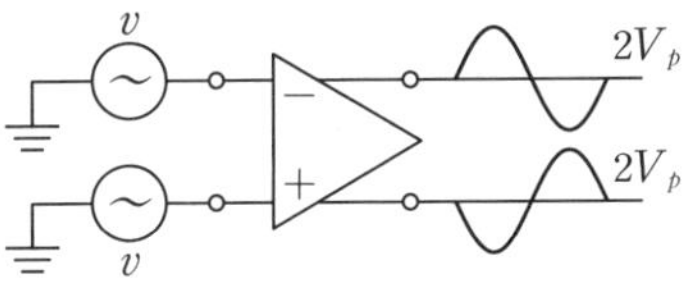

④
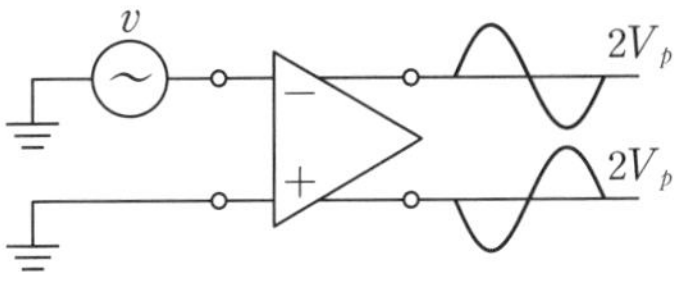

58 전압제어 발진기(VCO)의 입력제어 전압(V_{in})과 출력 순간 주파수(f_{out})를 1[V], 12[MHz]에서 0.8[V], 10[MHz]로 변환하였을 때의 전압제어 발진기(VCO)의 이득(K)을 고르면?

① 12　　② 10　　③ 8　　④ 5

정답과 해설 p.57

2020 하반기

한국서부발전

시험정보

시험 일시	2020. 11. 21. (토)
문항 수/제한 시간	70문항/80분 ※ 실제 출제된 문항 수는 70문항이나, 67문항만 복원됨 ※ 한국사 10문항을 포함한 제한 시간임
선택지 구분	4지선다형
출제 범위	전자기학, 회로이론, 전기기기, 전력공학, 제어공학, 전기설비, 전기응용
특이사항	- 계산기 사용 불가 - 수정테이프 사용 불가 - 오답 감점 없음

세부과목 출제 비중

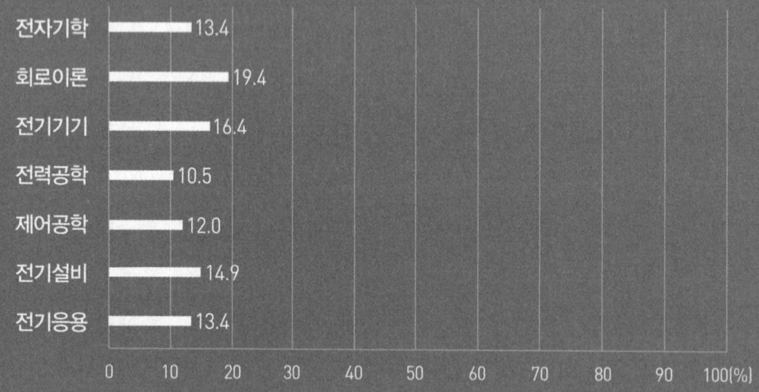

시험분석

전체적인 난이도는 '중하~상' 정도로 출제되었다. 회로이론과 전기기기, 전기설비 과목의 출제 비중이 높았으며, 문항의 난이도는 비교적 고르게 출제가 되었지만 난이도가 높은 신유형의 문제가 많았다. 일부 문항은 각 과목에 대하여 자세한 학습을 요구하고 있으므로 기존에 출제된 문항에 비해 넓은 범위의 학습이 이루어져야 고득점을 받을 수 있는 시험으로 보인다.

01 $\dot{A}=5i+4j+3k$, $\dot{B}=3i+2j+4k$, $\dot{C}=4i+2j+5k$의 벡터를 세 변으로 하는 평행육면체의 부피 [m^3]를 고르면?

① 8 ② 7 ③ 6 ④ 5

02 정전용량이 C_0[F]인 동심구도체의 a, b의 길이를 3배, c의 길이를 6배, ε을 4배로 하였다. 이때의 정전용량[F]을 고르면?

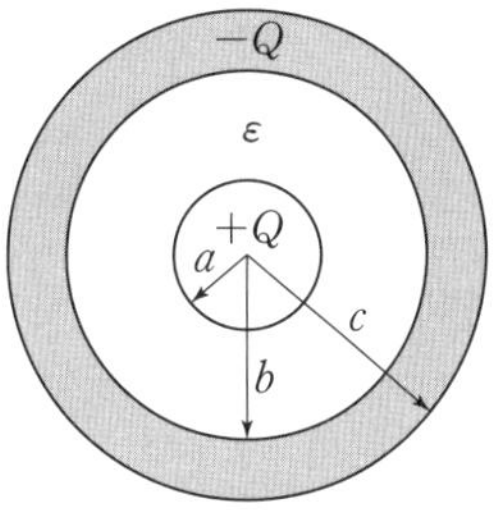

① $16C_0$ ② $12C_0$ ③ $8C_0$ ④ $4C_0$

03 45°로 배치된 무한도체 평면이 있고, P점에 $-Q$[C]의 전하가 있을 때, $-Q$ 전하에 의한 영상전하의 개수와 전체 영상전하의 합을 고르면?

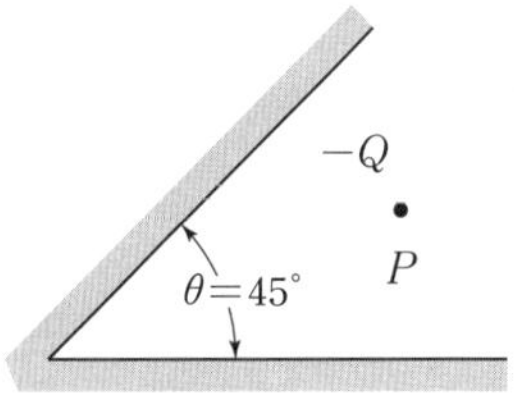

① 영상전하 개수: 9개, 전체 영상전하의 합: $+Q$
② 영상전하 개수: 8개, 전체 영상전하의 합: $-Q$
③ 영상전하 개수: 7개, 전체 영상전하의 합: $+Q$
④ 영상전하 개수: 6개, 전체 영상전하의 합: $-Q$

04 3π[A]의 전류가 흐르는 무한 직선도선으로부터 6[m] 떨어진 점의 자속밀도[wb/m^2]를 고르면?

1 2 3

① 4π　② π　③ $\pi\times10^{-7}$　④ $4\pi\times10^{-7}$

05 중심에서 꼭짓점까지 거리가 3[m]인 정사각형에서 각 꼭짓점에 12π[C]의 전하가 있을 때, 중심에서의 전위[V]를 고르면?(단, 유전율은 $\varepsilon=2$[F/m]이다.)

1 2 3

① 0　② 2　③ 4　④ 6

06 다음 쌍극자에서 tanϕ 값을 고르면?

1 2 3

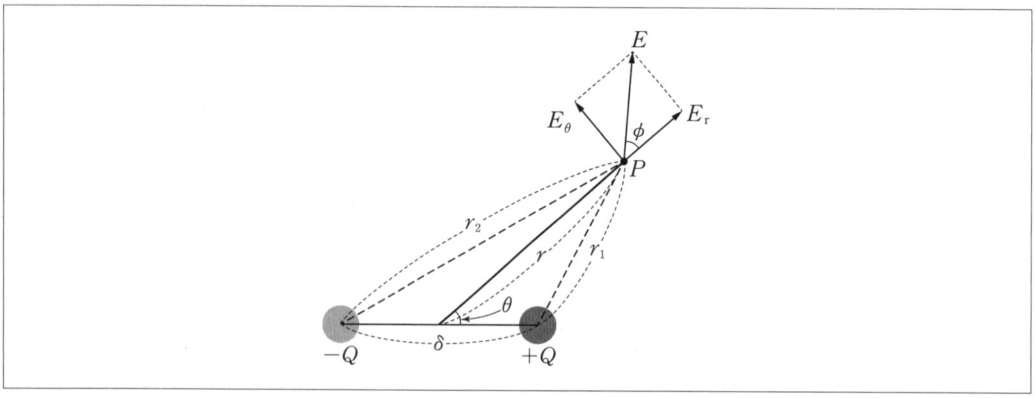

① $\frac{1}{2}\tan\theta$　② $\frac{1}{2}\sin\theta$　③ $\frac{1}{2}\cos\theta$　④ $\frac{1}{2}\cot\theta$

07 분극의 세기와 관련된 수식으로 옳지 <u>않은</u> 것을 고르면?(단, χ=분극률, P=분극의 세기, E=전계의 세기, D=전속밀도이다.)

1 2 3

① $P=D(1-\frac{1}{1+\frac{\chi}{\varepsilon_0}})$　② $P=(1-\frac{1}{\varepsilon_s})D$

③ $P=\varepsilon_0(\varepsilon_s-1)E$　④ $P=D+(1+\frac{1}{\varepsilon_s})\varepsilon_s E$

08 **감자력이 4[AT/m]인 자성체가 있다. 외부 자계의 세기가 6[AT/m]일 때, 자성체의 자화율을 고르면?**(단, 자화의 세기는 8[wb/m^2]이다.)

1 2 3

① 2　② 4　③ 6　④ 8

09 **와전류의 방향으로 옳은 것을 고르면?**

1 2 3

① 자속의 흐름 방향으로 작용한다.
② 자속의 흐름 방향과 반대 방향으로 작용한다.
③ 자속과 수직인 면에 회전하는 방향으로 작용한다.
④ 와전류의 작용 방향은 알 수 없다.

04 한국서부발전

10 **플레밍의 오른손 법칙이 적용되는 원리와 플레밍 오른손 법칙에서 중지가 의미하는 것이 바르게 짝지어진 것을 고르면?**

1 2 3

① 전동기의 원리 － 전류의 방향
② 전동기의 원리 － 힘의 방향
③ 발전기의 원리 － 도체의 운동방향
④ 발전기의 원리 － 유도 기전력의 방향

11 **극수가 12인 동기발전기에서 f=50[Hz]일 때의 동기속도 N_1[rpm]과 f=60[Hz]일 때의 동기속도 n_2[rps]를 고르면?**

1 2 3

① $N_1=500,\ n_2=600$　② $N_1=600,\ n_2=500$
③ $N_1=500,\ n_2=10$　④ $N_1=600,\ n_2=10$

12 직류 전동기의 극수를 P, 회전자 직경을 D[m], 정류자 편수를 k, 브러시 두께를 b[m], 정류자 사이의 절연물 두께를 δ[m], 회전속도를 N[rpm]이라고 할 때, 정류주기 T_c[s]를 고르면?

1 2 3

① $\dfrac{120b-60\dfrac{\pi D}{k}}{\pi DN}$

② $\dfrac{60b-60\dfrac{\pi D}{k}}{\pi DN}$

③ $\dfrac{60b-120\dfrac{\pi D}{k}}{\pi DN}$

④ $\dfrac{120b-120\dfrac{\pi D}{k}}{\pi DN}$

13 3상 유도 기전력에 포함된 제5고조파를 제거하기 위한 동기기의 전기자 권선법과 제5고조파를 제거하기 위한 '$\beta=\dfrac{\text{코일 간격}}{\text{극 간격}}$'의 값을 고르면?

1 2 3

① 단절권, $\beta=\dfrac{1}{5}$

② 분포권, $\beta=\dfrac{1}{5}$

③ 단절권, $\beta=\dfrac{2}{5}$

④ 분포권, $\beta=\dfrac{2}{5}$

14 60[Hz], 6극 3상 권선형 유도전동기의 회전자 주파수가 $f_{2s}=6$[Hz]이라고 할 때, 같은 부하토크로 2차 저항 r_2를 3배로 할 경우의 회전속도[rpm]를 고르면?

1 2 3

① 1,080 ② 840 ③ 600 ④ 360

15 3상 유도전동기의 출력이 150[kW]일 때, 2차 입력 P_2와 2차 동손 P_{c2}를 고르면?(단, 기계손은 $P_m=20$[kW], 슬립은 $s=0.2$이다.)

1 2 3

① $P_2=187.5$[kW], $P_{c2}=37.5$[kW]

② $P_2=187.5$[kW], $P_{c2}=42.5$[kW]

③ $P_2=212.5$[kW], $P_{c2}=37.5$[kW]

④ $P_2=212.5$[kW], $P_{c2}=42.5$[kW]

16 저항 부하를 갖는 단상 반파 정류회로의 최대역전압(PIV)이 628π[V]일 때, 직류분 전압 E_d[V]를 고르면?(단, 정류기 내의 전압강하는 28[V]이다.)

① 600π ② 314π ③ 600 ④ 314

17 정격용량 10[kVA], 정격전압 1,000[V]인 단상 변압기의 전압 변동률이 $6+j8$[%]일 때, 임피던스 전압 V_s[V]를 고르면?

① 100 ② 80 ③ 60 ④ 50

18 자구미세화 코어는 자구(Magnetic domain)를 강제적으로 분할시켜 철손을 개선한 것이다. 자구미세화의 물리적 방법이 아닌 것을 고르면?

① 슬러리 에이징(slurry aging)
② 레이저(laser) 처리
③ 기어드롤(geared roll)에 의한 압입
④ 화학적 에칭(etching)

19 동기기의 단락비가 작은 경우의 특징으로 옳은 것을 고르면?

① 전기자 반작용이 작다.
② 손실이 크므로 효율이 떨어진다.
③ 전압 변동률이 작다.
④ 동기 리액턴스가 크다.

20 전압이 $v=20\sin(wt+\theta_1)+20\sin(5wt+\theta_5)$[V]이고, 회로의 $C=\frac{1}{2w}$[F]일 때, 전류의 실횻값[A]을 고르면?

① $\sqrt{2,500}$ ② $\sqrt{1,300}$ ③ $\sqrt{500}$ ④ $\sqrt{100}$

21 대칭 9상의 Y결선에서 선간전압과 상전압의 위상 차 θ를 고르면?

① 85° ② 80° ③ 70° ④ 45°

22 좌측의 회로를 테브난 정리를 이용하여 우측의 회로로 등가 변환하였을 때, 등가저항 R_{th}[Ω]과 등가전압 V_{th}[V]의 값을 고르면?

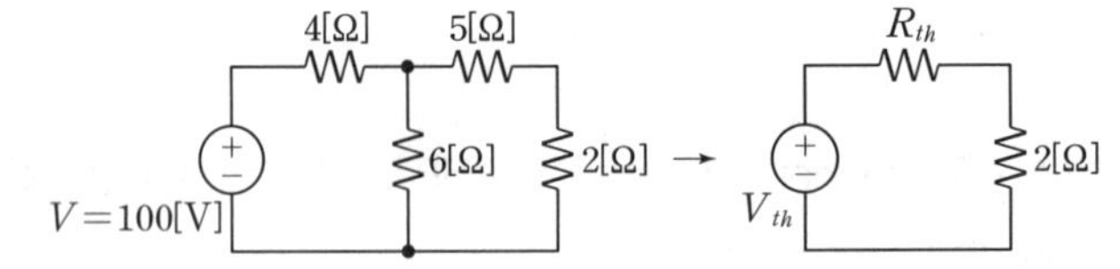

① $R_{th}=7.4$, $V_{th}=60$ ② $R_{th}=6.7$, $V_{th}=60$
③ $R_{th}=7.4$, $V_{th}=40$ ④ $R_{th}=6.7$, $V_{th}=40$

23 다음 회로의 합성 어드미턴스[℧]를 고르면?

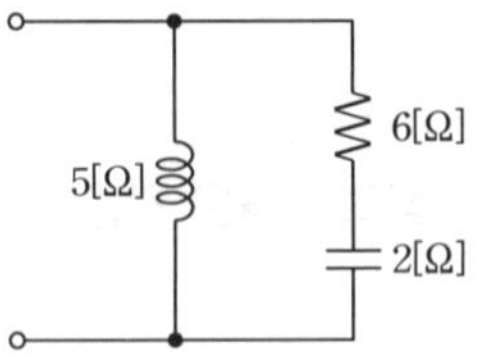

① $0.2+j0.1$ ② $0.2-j0.15$
③ $0.15+j0.2$ ④ $0.15-j0.15$

24 정현반파의 평균값이 A, 실횻값이 B이고, 삼각파의 평균값이 C, 실횻값이 D라고 할 때, $E=\frac{A}{C}$, $F=\frac{B}{D}$를 고르면?

1 2 3

① $E=\frac{1}{\pi}$, $F=\frac{\sqrt{3}}{2}$
② $E=\frac{2}{\pi}$, $F=\frac{\sqrt{3}}{2}$
③ $E=\frac{1}{\pi}$, $F=\sqrt{\frac{3}{2}}$
④ $E=\frac{2}{\pi}$, $F=\sqrt{\frac{3}{2}}$

25 저항 R_1에서 소모하는 열량을 H_1[cal], 저항 R_2에서 소모하는 열량을 H_2[cal]라 하였을 때, H_1과 H_2의 관계를 고르면?

1 2 3

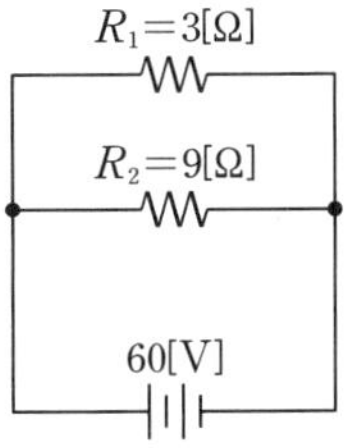

① $H_1=9H_2$
② $H_1=6H_2$
③ $H_1=3H_2$
④ $H_1=2H_2$

26 다음과 같은 RL 직렬회로의 주파수 f[Hz]를 고르면?(단, 전류는 30[A]이다.)

1 2 3

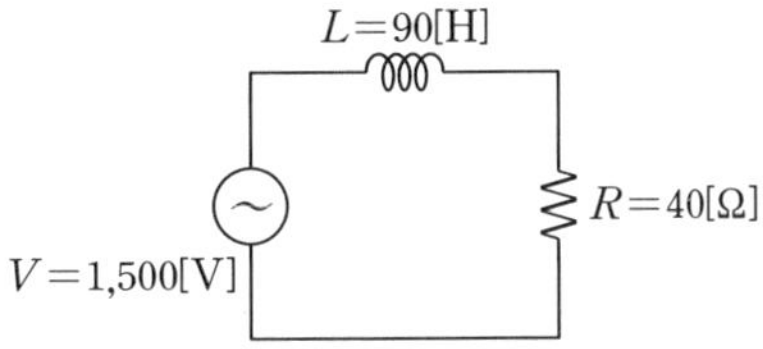

① $\frac{1}{6\pi}$
② $\frac{1}{3\pi}$
③ $\frac{1}{2\pi}$
④ $\frac{1}{\pi}$

27 **다음과 같은 병렬회로에서 $I_n=3$[A]인 저항은 몇 번째 저항인지, R_{90}에 흐르는 전류는 몇 [A]인지 고르면?**(단, 저항은 R_1, R_2, ⋯ 순서대로 1[Ω], 2[Ω], ⋯으로 1[Ω]씩 증가한다.)

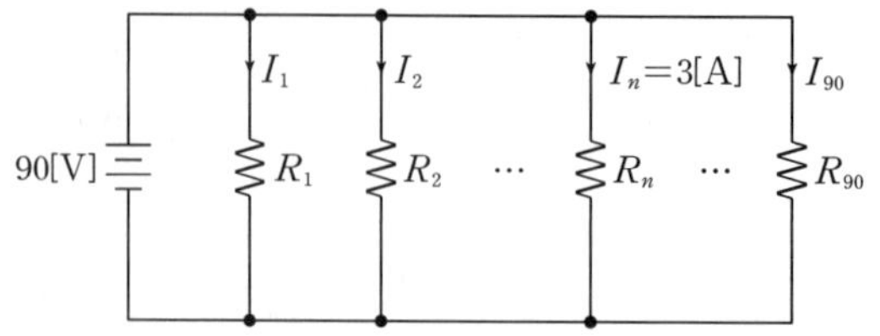

① 3[A]가 흐르는 저항: 3번째 저항
R_{90}에 흐르는 전류: 1[A]

② 3[A]가 흐르는 저항: 10번째 저항
R_{90}에 흐르는 전류: 2[A]

③ 3[A]가 흐르는 저항: 30번째 저항
R_{90}에 흐르는 전류: 1[A]

④ 3[A]가 흐르는 저항: 60번째 저항
R_{90}에 흐르는 전류: 2[A]

28 **다음 2단자 회로망이 정저항 회로일 때, 옳지 않은 것을 고르면?**

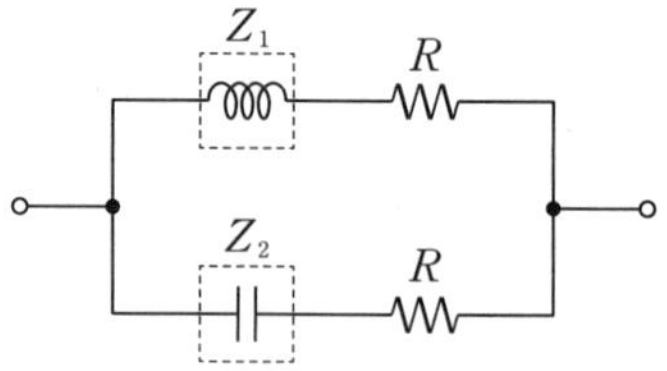

① $Z_1 \cdot Z_2 = R^2$이면 역회로 관계가 성립한다.

② 주파수에 관계없이 허수부는 존재하지 않는다.

③ 주파수에 관계없이 실수부는 양의 값으로 존재한다.

④ $\sqrt{Z_1 \cdot Z_2} = \sqrt{\dfrac{C}{L}}$을 만족한다.

29 **다음 회로의 시정수 τ를 구하면?**(단, $LI = N\phi$이다.)

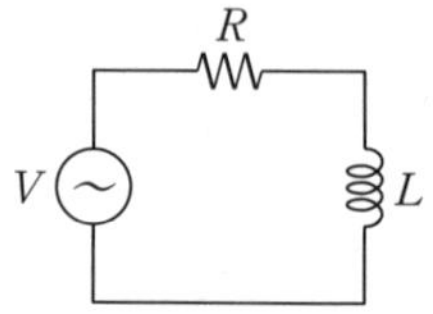

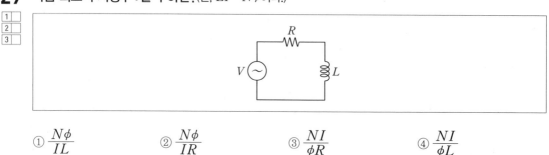

① $\dfrac{N\phi}{IL}$ ② $\dfrac{N\phi}{IR}$ ③ $\dfrac{NI}{\phi R}$ ④ $\dfrac{NI}{\phi L}$

30 파동 임피던스 Z_1, Z_2가 있고, 종단에 접지가 되어있을 때, 반사계수와 투과계수를 고르면?

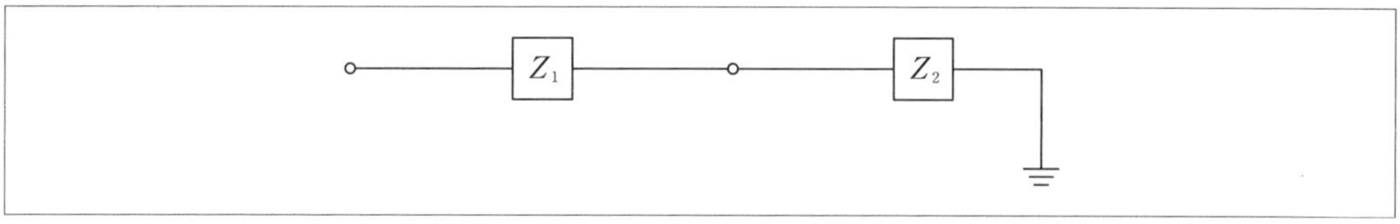

① 반사계수: 1, 투과계수: 0
② 반사계수: −1, 투과계수: 0
③ 반사계수: 0, 투과계수: 1
④ 반사계수: 0, 투과계수: −1

31 w=1,000[rad/sec]일 때, 4단자 회로망의 4단자 정수 B, D를 고르면?

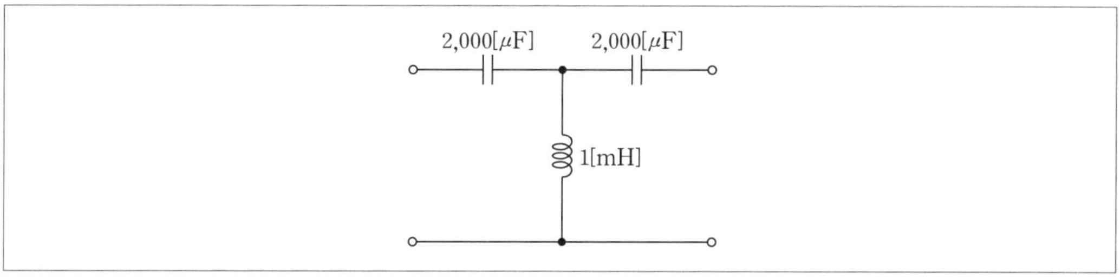

① B=j0.75, D=0.5
② B=−j0.75, D=0.5
③ B=j0.75, D=1
④ B=−j0.75, D=1

32 다음 회로의 4단자 정수 중 B_0를 고르면?

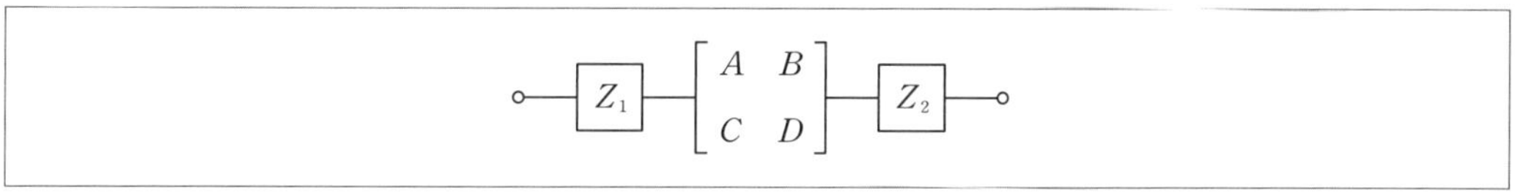

① $(A+BZ_1)Z_2+C+DZ_1$
② $(A+CZ_2)Z_1+B+DZ_1$
③ $(A+BZ_2)Z_1+C+DZ_2$
④ $(A+CZ_1)Z_2+B+DZ_1$

33 $F(s)=\dfrac{s+1}{s^3-4s^2+3s}$의 역라플라스 변환을 고르면?

① $f(t)=\frac{1}{3}-e^t+\frac{2}{3}e^{3t}$　② $f(t)=\frac{2}{3}-e^t+\frac{1}{3}e^{3t}$

③ $f(t)=\frac{1}{3}+e^t+\frac{2}{3}e^{3t}$　④ $f(t)=\frac{2}{3}+e^t-\frac{1}{3}e^{3t}$

34 무부하 발전기의 a상에 1선 지락사고가 발생하였을 때, 지락전류 $I_g=200$[A], 영상 임피던스 $Z_0=1[\Omega]$, 정상 임피던스 $Z_1=4[\Omega]$, 역상 임피던스 $Z_2=4[\Omega]$이었다. 이때, 건전상의 전압[V]을 고르면?

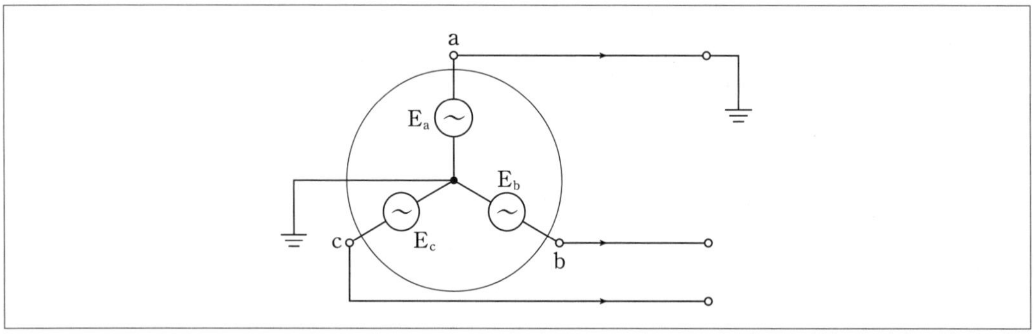

① 500　② 600　③ 800　④ 1,200

35 장간애자의 특징으로 옳지 않은 것을 고르면?

① 점검·보수가 용이하다.
② 열화현상이 거의 없다.
③ 오손에 취약하다.
④ 내아크성이 우수하다.

36 수력발전방식 중 그 종류가 다른 것을 고르면?

① 수로식　② 댐수로식　③ 유역변경식　④ 양수식

37 대지정전용량이 C, 소호리액터의 인덕턴스가 L인 3상 송전선에서 병렬공진을 만족할 때, w를 고르면?(단, 변압기 임피던스는 무시한다.)

1 2 3

① $w=\frac{1}{3LC}$ ② $w=\sqrt{\frac{1}{3LC}}$ ③ $w=\frac{3}{LC}$ ④ $w=\sqrt{\frac{3}{LC}}$

38 대지정전용량이 $C_s=15$[F], 선간(상호) 정전용량이 $C_m=3$[F]으로 작용할 때, 단상과 3상일 때의 작용 정전용량 C_w[F]가 바르게 짝지어진 것을 고르면?

1 2 3

① 단상일 때: 30[F], 3상일 때: 48[F]
② 단상일 때: 30[F], 3상일 때: 33[F]
③ 단상일 때: 21[F], 3상일 때: 28[F]
④ 단상일 때: 21[F], 3상일 때: 24[F]

39 국내에서의 고압직류송전(HVDC) 해저케이블 적용 장소와 송전전압을 고르면?

1 2 3

① 제주도 – 해남, ±180[kV] ② 울릉도 – 포항, ±180[kV]
③ 제주도 – 진도, ±150[kV] ④ 거제도 – 울진, ±150[kV]

40 다음 전달함수 $\frac{C(s)}{R(s)}$를 고르면?

1 2 3

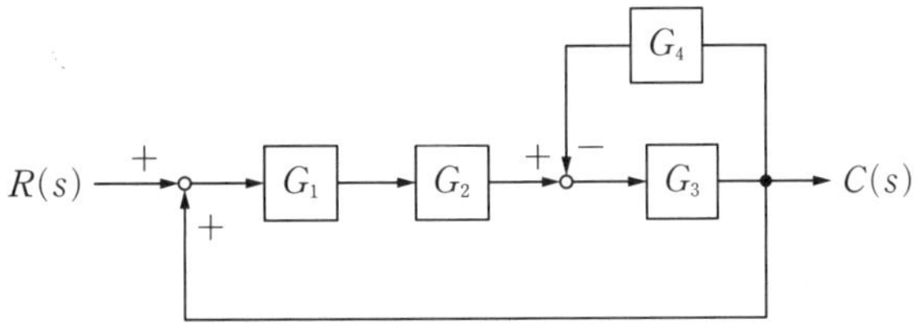

① $\frac{G_1G_2G_3}{1-G_1G_2G_3-G_3G_4}$ ② $\frac{G_1G_2G_3}{1-G_1G_3G_4+G_2G_4}$

③ $\frac{G_1G_2G_3}{1-G_1G_2G_3+G_3G_4}$ ④ $\frac{G_1G_2G_3}{1+G_1G_2G_3-G_3G_4}$

41 원자로 안의 중성자 배율 결정식은 $k=\varepsilon\rho\eta f$로 표현된다. 해당 식의 각 정수에 대한 설명으로 옳지 <u>않은</u> 것을 고르면?

1 2 3

① ε=핵분열 효과 ② ρ=공명흡수 이탈확률

③ η=중성자 개체수 ④ f=열중성자 이용률

42 다음 진리표에서 출력 X의 값을 고르면?(단, A, B, C는 입력, X는 출력이다.)

1 2 3

A	B	C	X
0	0	0	1
0	0	1	1
0	1	0	0
0	1	1	1
1	0	0	0
1	0	1	0
1	1	0	0
1	1	1	1

① $X=\overline{A\cdot B}+BC$ ② $X=\overline{A+B}+BC$

③ $X=\overline{B\cdot C}+AB$ ④ $X=\overline{B+C}+AB$

43 2차 계통 시스템의 전달함수가 $G(s)=\dfrac{16}{s^2+2s+16}$으로 주어질 때, 감쇠비 ζ와 고유비제동주파수 w_n을 고르면?

1 2 3

① $\zeta=\dfrac{1}{4},\ w_n=2$ ② $\zeta=\dfrac{1}{4},\ w_n=4$

③ $\zeta=\dfrac{1}{8},\ w_n=2$ ④ $\zeta=\dfrac{1}{8},\ w_n=4$

44 다음 회로에서 전달함수 $\frac{V}{I}$를 고르면?(단, $T=RC$이다.)

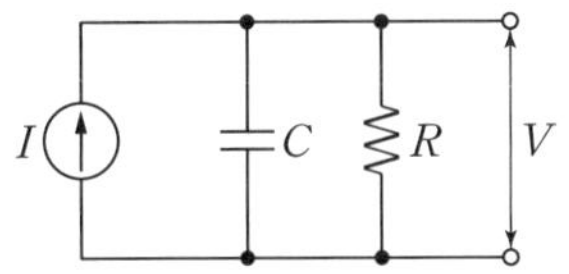

① $\frac{C}{sT+1}$　　② $\frac{T}{sT+1}$

③ $\frac{T}{C(1-sT)}$　　④ $\frac{T}{C(sT+1)}$

45 시스템의 감도에 대한 설명으로 옳은 것을 고르면?

① 어떤 하나의 전달요소가 전체 시스템에 미치는 영향의 정도

② 시스템 전달함수에서 오차가 생기는 정도

③ 정상상태에서 목푯값과의 차이

④ 기준입력과 주 피드백 신호와의 차로써, 제어동작을 일으키는 신호의 정도

46 PID 동작회로에서 전달함수가 $G(s)=8+4s+\frac{2}{s}$로 주어질 때, 미분시간 T_d와 적분시간 T_i가 바르게 나열된 것을 고르면?

① $T_d=0.5,\ T_i=2$　　② $T_d=2,\ T_i=2$

③ $T_d=0.5,\ T_i=4$　　④ $T_d=2,\ T_i=4$

47 $f(t)=8te^{-3t}$를 라플라스 변환한 $F(s)$와 z변환한 $F(z)$가 바르게 나열된 것을 고르면?

① $F(s)=\frac{8}{(s+3)^2},\ F(z)=\frac{8Tze^{-3T}}{(z-e^{-3T})^2}$

② $F(s)=\frac{8}{(s+3)^2},\ F(z)=\frac{Tze^{-3T}}{8(z-e^{-3T})^2}$

③ $F(s)=\frac{8}{s+3},\ F(z)=\frac{8Tze^{-3T}}{z-e^{-3T}}$

④ $F(s)=\frac{8}{(s+3)^2},\ F(z)=\frac{Tze^{-3T}}{8(z-e^{-3T})}$

48 가시광선의 파장범위[nm]와 파장이 약 550[nm]일 경우의 최대 시감도[lm/W]를 고르면?

1 2 3

① 약 100~380[nm], 200[lm/W] ② 약 200~380[nm], 300[lm/W]

③ 약 380~760[nm], 680[lm/W] ④ 약 550~1,000[nm], 820[lm/W]

49 완전 확산성 구형 글로브의 광속이 F, 반사율이 ρ, 투과율이 τ, 반지름이 r일 때, 광속 발산도(R)를 고르면?

1 2 3

① $R=\dfrac{4\pi F\rho}{r^2(1-\tau)}$ ② $R=\dfrac{F\rho}{4\pi r^2(1-\tau)}$

③ $R=\dfrac{4\pi F\tau}{r^2(1-\rho)}$ ④ $R=\dfrac{F\tau}{4\pi r^2(1-\rho)}$

50 루소선도가 나타내는 광원의 상반구 광속과 하반구 광속의 합[lm]을 고르면?(단, 그림의 곡선 BC는 4분원이다.)

1 2 3

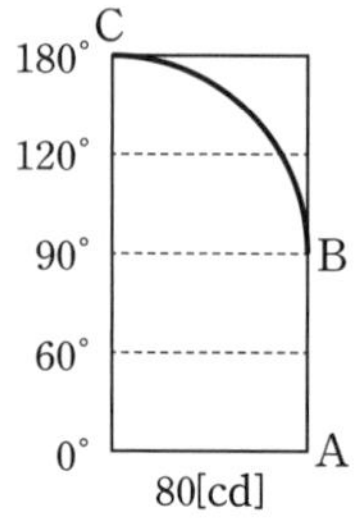

① $40(\pi+8)$ ② $40\pi(\pi+4)$

③ $20(\pi+8)$ ④ $20\pi(\pi+4)$

51 초음파 금속용접에 대한 설명으로 옳지 않은 것을 고르면?

1 2 3

① 이종 금속의 용접이 불가하다.

② 단시간에 이루어지므로 에너지 소모가 적다.

③ 주조 조직의 변형이 발생하지 않는다.

④ 가압하중이 적어 변형이 적다.

52 절연물의 최고 허용온도 중에서 A종과 B종의 값을 고르면?

① A종: 90[℃], B종: 120[℃]
② A종: 90[℃], B종: 130[℃]
③ A종: 105[℃], B종: 130[℃]
④ A종: 105[℃], B종: 155[℃]

53 전기가열에서 열을 내는 데 사용되는 발열체의 종류가 아닌 것을 고르면?

① 니켈
② 텅스텐
③ 탄화규소
④ 수소가스

54 리튬 전지에 대한 설명으로 옳지 않은 것을 고르면?

① 사용하지 않을 때에는 방전이 쉽게 되므로 보관에 주의해야 한다.
② 양·음극 물질의 산화환원반응으로 화학에너지를 전기에너지로 변환하는 2차 전지이다.
③ 니켈 – 카드뮴 전지, 납축전지보다 에너지 밀도가 크다.
④ 충전 시에는 리튬이온에서 분리된 전자가 양극에서 음극으로 이동한다.

55 특고압 전로의 다중접지 지중 배전계통에 사용하는 동심 중성선 전력케이블의 최대사용전압을 고르면?

① 72.5[kV] 이하
② 70[kV] 이하
③ 25.8[kV] 이하
④ 25[kV] 이하

56 고압 및 특고압 전선으로 사용하는 케이블의 절연내력 시험을 할 때, 정해진 교류전압의 몇 배의 직류 전압을 가해야 하는지 고르면?

1□ 2□ 3□

① 1.2배 ② 1.5배 ③ 2배 ④ 3배

57 철근 콘크리트주의 완금류에 있어서 단일재로 사용하는 경우의 1[m^2]에 대한 풍압을 고르면?

1□ 2□ 3□

① 882[Pa] ② 1,196[Pa] ③ 1,255[Pa] ④ 1,627[Pa]

58 발전소 사용전압이 345[kV]인 경우, 울타리 · 담 등의 높이와 울타리 · 담 등으로부터 충전부분까지의 거리의 합[m]을 고르면?

1□ 2□ 3□

① 10.32 ② 9.16 ③ 8.28 ④ 6.68

59 금속덕트 공사에 대한 설명으로 옳지 않은 것을 고르면?

1□ 2□ 3□

① 덕트 내에는 전선에 접속점이 없도록 한다.
② 덕트 내에는 피복을 손상할 우려가 있는 것을 넣지 말아야 한다.
③ 덕트 내의 전선을 외부로 인출하는 부분은 전선이 손상될 우려가 없도록 시설해야 한다.
④ 전선의 단면적 합계는 덕트 내부 단면적의 30[%] 이하이어야 한다.

60 고압 가공전선로에서 B종 철주를 사용할 때의 최대 경간[m]과 고압 보안공사를 하였을 때 A종 철주를 사용할 때의 최대 경간[m]을 고르면?

1 2 3

① 고압 가공전선로 B종 철주: 250
고압 보안공사 A종 철주: 100

② 고압 가공전선로 B종 철주: 250
고압 보안공사 A종 철주: 150

③ 고압 가공전선로 B종 철주: 400
고압 보안공사 A종 철주: 100

④ 고압 가공전선로 B종 철주: 600
고압 보안공사 A종 철주: 150

61 폭연성 분진과 가연성 분진이 바르게 짝지어진 것을 고르면?

1 2 3

	폭연성 분진	가연성 분진
①	마그네슘	전분
②	소맥분	알루미늄
③	망간	지르코늄
④	아연	티탄

62 사용전압이 22.9[kV]의 특고압 전로와 지지물 사이의 이격거리[m]와 이격거리가 1.6[m] 이상일 때의 특고압 전압을 고르면?

1 2 3

① 0.35[m] 이상, 160[kV] 이상－230[kV] 미만
② 0.3[m] 이상, 230[kV] 이상
③ 0.25[m] 이상, 160[kV] 이상－230[kV] 미만
④ 0.2[m] 이상, 230[kV] 이상

63 펠티에 효과를 이용한 냉동방법에 대한 설명으로 옳지 않은 것을 고르면?

1 2 3

① 소형이며, 별도로 움직이는 부품이 없다.
② 소음이 없다.
③ 수명이 반영구적이다.
④ 별도의 가스 냉매가 필요하다.

64 열차가 캔트 127[mm], 궤간 1,430[mm]인 곡선궤도를 127[km/h]로 주행할 때, 궤도상의 반경 R[m]을 고르면?

1 2 3

① 985 ② 1,270 ③ 1,430 ③ 1,500

65 리플 전압의 실횻값이 일정 비율 이하로 포함된 직류를 리플프리 직류라고 한다. 이때, 리플 전압의 비율을 고르면?

1 2 3

① 5[%] ② 8[%] ③ 10[%] ④ 12[%]

66 구리원판의 열전도도가 $k=350$[W/m℃], 면적이 10^{-4}[m^2], 두께가 10^{-3}[m], 판 양면의 온도 차가 1[℃]일 때의 열류[W]를 고르면?

1 2 3

① 35 ② 40 ③ 55 ④ 70

67 특고압 배전용 변압기를 시설할 때, 2차 전압이 고압인 경우에 고압 측 전로에 설치해야 하는 장치를 고르면?

1 2 3

① 지락계전기 ② 과전류계전기 ③ 개폐기 ④ 과전압계전기

정답과 해설 p.71

자신의 능력을 믿어야 한다.
그리고 끝까지 굳세게 밀고 나가라.

– 엘리너 로절린 스미스 카터(Eleanor Rosalynn Smith Carter)

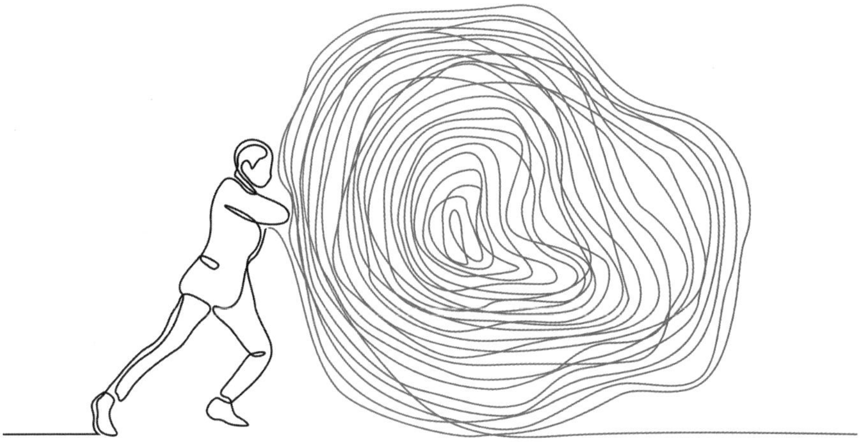

2020 상반기

한국서부발전

시험정보

시험 일시	2020. 6. 7. (일)
문항 수/제한 시간	70문항/80분 ※ 실제 출제된 문항 수는 70문항이나, 68문항만 복원됨 ※ 한국사 10문항을 포함한 제한 시간임
선택지 구분	4지선다형
출제 범위	전자기학, 회로이론, 전기기기, 전력공학, 제어공학, 전기응용, 전기설비
특이사항	– 계산기 사용 불가 – 수정테이프 사용 불가 – 오답 감점 없음

세부과목 출제 비중

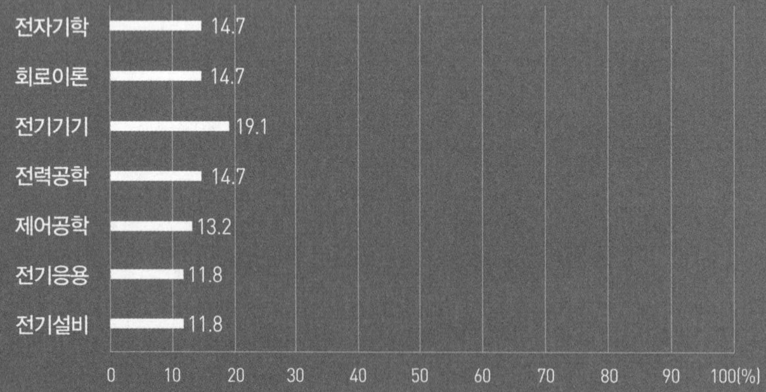

시험분석

전체적인 난이도는 '중하~중' 정도로 출제되었다. 전기기기 과목에서 높은 비중으로 출제되었고 계산 문제와 개념적인 문제의 비중은 고르게 출제되었다. 대부분 전기기사 또는 전기산업기사에서 출제되었던 문제 또는 개념에 관한 것으로, 기본적인 개념과 수식과 관련된 문항이 많이 출제되었다. 그러므로 충분히 학습을 하였다면 고득점을 받기에는 어렵지 않을 것으로 보인다. 다만, 변별력을 위한 높은 난이도의 문항의 출제 비중이 매우 낮으므로 해당 문항을 완벽히 숙지하려고 하기보다는 과목에 대한 전반적인 학습이 중요하다.

01 평행판 콘덴서에 200[V]을 인가하였을 때 2[J]의 에너지가 축적되었다. 이때의 정전용량[μF]을 고르면?

1 2 3

① 100 ② 200 ③ 300 ④ 400

02 접지구도체와 점전하 사이에 작용하는 힘은 어떻게 작용하는지 고르면?

1 2 3

① 항상 반발력으로 작용한다.
② 항상 흡인력으로 작용한다.
③ 아무런 힘이 작용하지 않는다.
④ 조건에 따라 흡인력과 반발력이 다르게 작용한다.

04 한국서부발전

03 표피효과에 대한 내용으로 옳은 것을 고르면?

1 2 3

① 표피효과가 클수록 표피두께가 크다.
② 주파수가 클수록 표피효과가 크다.
③ 전도율이 클수록 표피효과가 작다.
④ 투자율이 클수록 표피효과가 작다.

04 내구의 반지름이 a[m], 외구의 반지름이 b[m], 정전용량이 C_0[F]인 동심구도체가 있다. 도체 내외구 반지름 a, b를 각각 5배 하였을 때의 정전용량[F]을 고르면?

1 2 3

① $\frac{1}{25}C_0$ ② $\frac{1}{5}C_0$ ③ $5C_0$ ④ $25C_0$

05 다음 [보기]의 빈칸 a, b에 들어갈 내용이 바르게 짝지어진 것을 고르면?

1 2 3

| 보기 |

쌍극자 모멘트가 M[C·m]인 $\pm Q$[C]의 전기 쌍극자로부터 r[m] 지점인 P점에서 전계의 세기는 (a)에 비례하며, 전기 쌍극자 중심으로부터의 각도가 (b)일 때 최대가 된다.

	a	b		a	b
①	$\frac{1}{r^2}$	$0°$	②	$\frac{1}{r^2}$	$90°$
③	$\frac{1}{r^3}$	$0°$	④	$\frac{1}{r^3}$	$90°$

06 자성체에 대한 설명으로 옳지 않은 것을 고르면?

1 2 3

① 영구자석의 재료로 사용되는 자성체는 잔류 자기는 크고, 보자력은 작아야 한다.
② 강자성체를 이용하여 영구자석을 만들 수 있다.
③ 철, 니켈, 코발트는 강자성체에 속한다.
④ 자구가 형성되는 자성체는 강자성체이다.

07 다음 맥스웰 방정식과 관계된 법칙이 바르게 짝지어진 것을 고르면?

1 2 3

A. $divD=\rho$	a. 암페어 주회적분 법칙
B. $rotE=-\frac{\partial B}{\partial t}$	b. 패러데이 법칙
C. $rotH=i+\frac{\partial D}{\partial t}$	c. 가우스 법칙

① A−a, B−b, C−c ② A−b, B−c, C−a
③ A−c, B−a, C−b ④ A−c, B−b, C−a

08 12[Ω]의 저항과 4[Ω]의 저항을 병렬로 연결한 회로가 있다. 이 회로에 200[V]의 전압을 인가하였을 때, 12[Ω]의 저항에 발생하는 열은 4[Ω]의 저항에 발생하는 열의 몇 배인지 고르면?

1 2 3

① $\frac{1}{6}$배 ② $\frac{1}{3}$배 ③ 3배 ④ 6배

09 다음 [보기]의 빈칸 a, b에 들어갈 내용이 바르게 짝지어진 것을 고르면?

1 2 3

보기

- H[AT/m]의 자계 중에 원운동을 하는 전하 q[C]의 주기(T[sec])와 자속밀도(B[wb/m^2])는 서로 (a) 관계이다.
- H[AT/m]의 자계 중에 전하 q[C]가 직각으로 입사하여 원운동을 할 때, 전하 q[C]의 원운동 주기가 $2\pi\times10^{-4}$[sec]이며, 이때 자속밀도는 (b)[wb/m^2]이다.(단, 전하 q[C]와 질량 m[kg]의 비는 2×10^6이다.)

	a	b
①	비례	5×10^{-2}
②	비례	5×10^{-3}
③	반비례	5×10^{-2}
④	반비례	5×10^{-3}

10 이상적인 전원에 대한 설명으로 옳은 것을 고르면?

1 2 3

① 이상적인 전압원과 이상적인 전류원은 내부저항이 모두 0[Ω]이다.
② 이상적인 전압원과 이상적인 전류원은 내부저항이 모두 ∞[Ω]이다.
③ 이상적인 전압원의 내부저항은 0[Ω]이고, 이상적인 전류원의 내부저항은 ∞[Ω]이다.
④ 이상적인 전압원의 내부저항은 ∞[Ω]이고, 이상적인 전류원의 내부저항은 0[Ω]이다.

11 직렬 공진회로에서 선택도(Q)의 관계식으로 옳은 것을 고르면?

1 2 3

① $\dfrac{V}{V_C}$　② $\dfrac{V_L}{V}$　③ $\mathrm{R}\sqrt{\dfrac{L}{C}}$　④ $\dfrac{1}{R}\sqrt{\dfrac{C}{L}}$

12 내부 임피던스가 $0.5+j3$[Ω]인 발전기에 임피던스가 $1.5+j7$[Ω]인 선로를 연결하여 부하에 전력을 공급할 때, 최대전력을 전달하기 위한 부하 임피던스[Ω]를 고르면?

1 2 3

① $1+j4$　② $1-j4$　③ $2+j10$　④ $2-j10$

13 $R-L$ 직렬회로에서 저항이 5[Ω], 전류가 2[A], 권수가 200, 자속이 4×10^{-2}[wb]일 때, 시정수[sec]를 고르면?

1 2 3

① 0.1 ② 0.4 ③ 0.8 ④ 1

14 3상 Δ결선 부하의 한상 임피던스가 $8+j6$[Ω]이고 선간전압이 300[V]일 때, 상전류 I_p[A]와 선전류 I_l[A]을 고르면?(단, $\sqrt{3}=1.73$이다.)

1 2 3

① $I_p=17.3$, $I_l=17.3$
② $I_p=17.3$, $I_l=30$
③ $I_p=30$, $I_l=30$
④ $I_p=30$, $I_l=51.9$

15 비정현파에 대한 설명으로 옳지 않은 것을 고르면?

1 2 3

① 비정현파는 무수히 많은 정현항과 여현항의 합으로 표현한다.
② 비정현파는 주파수 성분을 포함하고 있지 않다.
③ 비정현파 교류는 '직류분+기본파+고조파'이다.
④ 여현대칭은 직류분을 포함한다.

16 분포 정수회로에 대한 설명으로 옳지 않은 것을 고르면?

1 2 3

① 무손실의 조건은 $R=G=0$이다.
② 무왜형의 조건은 $RC=LG$이다.
③ 무손실 선로의 감쇠정수는 1이다.
④ 무왜형 선로의 감쇠정수는 $\sqrt{RG}$이다.

17 제어량의 종류에 따른 자동제어계의 분류에 해당되지 않는 것을 고르면?

1 2 3

① 정치제어 ② 서보기구 제어 ③ 자동조정제어 ④ 프로세스제어

18 동기 발전기의 전기자 권선 중 분포권의 특징으로 옳지 않은 것을 고르면?

1 2 3

① 집중권에 비해 기전력의 파형이 왜곡된다.
② 누설 리액턴스가 감소된다.
③ 열이 분산되어 과열이 방지된다.
④ 집중권에 비해 합성 기전력이 감소된다.

19 평등전계 E_0[V/m]인 자유공간에 비유전율이 ε_s인 유전체구를 놓았을 때, 유전체구 중의 분극의 세기 P[C/m²]를 고르면?

1 2 3

① $\dfrac{3\varepsilon_0(\varepsilon_s-1)}{2+\varepsilon_s}E_0$　② $\dfrac{3\varepsilon_0(\varepsilon_s-1)}{2-\varepsilon_s}E_0$
③ $\dfrac{3\varepsilon_0(\varepsilon_s+1)}{2+\varepsilon_s}E_0$　④ $\dfrac{3\varepsilon_0(\varepsilon_s+1)}{2-\varepsilon_s}E_0$

20 직류 발전기에 대한 설명으로 옳지 않은 것을 고르면?

1 2 3

① 무부하 상태에서 직권 발전기는 발전이 불가하다.
② 잔류자기가 없어도 발전할 수 있는 것은 타여자 발전기이다.
③ 계자저항을 조정하여 단자전압을 조정할 수 있다.
④ 타여자 발전기는 계자가 전기자에 직렬로 연결되어 있다.

21 반도체 정류소자에 대한 설명으로 옳지 않은 것을 고르면?

1 2 3

① 다이오드를 여러 개 직렬로 연결하면 과전류로부터 보호할 수 있다.
② SCR은 게이트 신호로 도통하며, 자기소호가 불가한 소자이다.
③ GTO는 자기소호가 가능하며 고전압용으로 개발되어 사용되고 있다.
④ 사이리스터를 턴온하기 위해 필요한 최소한의 순방향 전류를 래칭전류라고 한다.

22 가로 30[m], 세로 20[m]인 방에 600[lm]의 광속을 발산하는 전등을 16개 점등하였을 때, 평균 조도 [lx]를 고르면?(단, 조명률은 0.6, 감광보상률은 1.2라고 한다.)

1 2 3

① 5 ② 8 ③ 10 ④ 15

23 송전계통의 안정도 향상 대책으로 옳은 것을 고르면?

1 2 3

① 발전기의 단락비를 작게 한다.
② 발전기 및 변압기의 리액턴스를 작게 한다.
③ 병렬 콘덴서를 설치하여 유도성 리액턴스를 보상한다.
④ 선로의 병행회선을 최대한 줄이거나, 복도체를 사용한다.

24 송전단의 전압이 6,600[V], 수전단의 전압이 6,000[V]이며, 무부하 시의 수전단 전압이 6,150[V]이다. 이때, 전압 강하율 ε'[%]과 전압 변동률 ε[%]을 고르면?

1 2 3

① $\varepsilon'=2.5$, $\varepsilon=5$ ② $\varepsilon'=5$, $\varepsilon=15$
③ $\varepsilon'=10$, $\varepsilon=2.5$ ④ $\varepsilon'=5$, $\varepsilon=20$

25 다음 설명 중 옳지 않은 것을 고르면?

1 2 3

① 코로나를 억제하기 위해 복도체보다는 단도체를 채택한다.
② 연가의 효과에는 선로 정수의 평형과 통신선 유도 장해 경감이 있다.
③ 복도체를 사용하면 안정도가 증대된다.
④ 코로나 현상에 의해 발생한 오존이 전선이나 바인드를 부식시킨다.

26 서보모터와 스테핑 모터에 대한 설명으로 옳지 않은 것을 고르면?

1 2 3

① 스테핑 모터는 입력 펄스 수에 비례한 각도로 동작한다.
② 서보모터는 시정수가 길고 관성 모멘트가 작다.
③ 스테핑 모터는 타기기와 상호 인터페이스가 용이하다.
④ 서보모터는 기동 토크가 크며, 신속한 정지가 가능하다.

27 함수 $f(t)=\sin 2t$의 라플라스 변환을 고르면?

1 2 3

① $\frac{2}{s^2+2}$ ② $\frac{2}{s^2+4}$ ③ $\frac{s}{s^2+2}$ ④ $\frac{4}{s^2+4}$

28 송전계통의 접지방식에 대한 설명으로 옳지 않은 것을 고르면?

1 2 3

① 직접접지 방식은 보호계전기를 적용할 수 있다.
② 소호리액터접지 방식은 1선 지락 시 지락전류가 작다.
③ 직접접지 방식은 유도장해가 가장 작다.
④ 비접지 방식은 과도안정도가 높다.

29 변압기 용량이 500[kVA], 부하설비용량 600[kW], 역률 0.6일 때, 수용률[%]을 고르면?

1 2 3

① 50 ② 55 ③ 60 ④ 65

30 $F(s)=\frac{5(s+3)}{s^2+6s+1}$의 초깃값을 고르면?

1 2 3

① -15 ② -5 ③ 5 ④ 15

31 단중 파권 직류발전기의 극수가 10, 전기자 도체수가 50, 극당 자속수가 0.2[wb], 회전속도가 1,200[rpm]일 때, 직류발전기의 기전력[V]을 고르면?

1 2 3

① 850 ② 900 ③ 1,000 ④ 1,250

32 병렬운전이 불가한 변압기의 결선조합을 고르면?

1 2 3

① $Y-Y$와 $Y-Y$ ② $\Delta-\Delta$와 $\Delta-\Delta$ ③ $Y-Y$와 $\Delta-\Delta$ ④ $Y-Y$와 $Y-\Delta$

33 유도 전동기의 슬립 범위를 고르면?

1 2 3

① $s<0$ ② $0<s<1$ ③ $1<s<2$ ④ $2<s$

34 출력이 100[kVA], 역률과 효율이 0.9인 동기 발전기가 있다. 이 발전기용 원동기의 입력[kW]을 고르면?(단, 원동기의 효율은 0.8이다.)

1 2 3

① 105 ② 110 ③ 125 ④ 150

35 3,000/300[V], 3[kVA], $\%Z=5$[%]인 단상 변압기 2차 측을 단락시키고 1차 측에 정격전압을 인가할 때, 1차 측 단락전류(I_{1s})[A]와 2차 측 단락전류(I_{2s})[A]를 고르면?

1 2 3

① $I_{1s}=20$, $I_{2s}=200$ ② $I_{1s}=20$, $I_{2s}=400$
③ $I_{1s}=40$, $I_{2s}=200$ ④ $I_{1s}=40$, $I_{2s}=400$

36 유도 전동기의 회전자계 속도가 900[rpm]이고 회전자의 속도가 882[rpm]일 때, 유도 전동기의 극수 (p)와 슬립(s)을 고르면?(단, 주파수는 60[Hz]이다.)

1 2 3

① $p=8$극, $s=0.02$　② $p=8$극, $s=0.04$
③ $p=6$극, $s=0.02$　④ $p=6$극, $s=0.04$

37 정전계에 대한 설명으로 옳지 <u>않은</u> 것을 고르면?

1 2 3

① 전위는 단위 전하가 갖는 전기적인 위치에너지를 의미한다.
② 전계의 세기는 전계 중에 전하(Q)와 단위 정전하 간에 작용하는 힘을 의미한다.
③ 평등 전계(E)의 정지된 전자(e)가 받는 힘의 크기는 eE, 힘의 방향은 전계의 방향과 같다.
④ 전계의 세기 단위는 [N/C], [J/C·m], [V/m], [A·Ω/m]로 표현할 수 있다.

38 유도 전동기의 1차 측 권선의 접속을 Y결선하였을 때와 Δ결선하였을 때의 선전류 비$\left(\frac{I_Y}{I_\Delta}\right)$를 고르면?

1 2 3

① 3　② $\sqrt{3}$　③ $\frac{1}{\sqrt{3}}$　④ $\frac{1}{3}$

39 개루프 전달함수 $G(s)H(s)=\frac{K(s+5)}{s^2(s+6)(s+1)}$의 근궤적의 수를 고르면?

1 2 3

① 2　② 3　③ 4　④ 5

40 논리식이 <u>다른</u> 하나를 고르면?

1 2 3

① $(X+Y)\cdot X$　② $(X+\overline{X})\cdot X$　③ $(X+Y)\cdot\overline{Y}+X$　④ $(X\cdot\overline{Y})+Y$

41 불평형 전압을 각각 V_a, V_b, V_c라고 할 때, 정상분 V_1을 고르면?

1 2 3

① $\frac{1}{3}(V_a+V_b+V_c)$ ② $\frac{1}{3}(V_a+aV_b+a^2V_c)$

③ $\frac{1}{3}(V_a+a^2V_b+aV_c)$ ④ $\frac{1}{3}(aV_a+a^2V_b+V_c)$

42 전기가열의 종류에 대한 설명으로 옳지 않은 것을 고르면?

1 2 3

① 아크가열: 아크에 의해 발생하는 고온의 열을 이용한 가열방식이다.

② 저항가열: 도체에 전류를 통하였을 때 발생하는 줄열을 이용하여 가열하는 방식이다.

③ 유도가열: 교류자기장 내에 놓여진 도체에 발생하는 히스테리시스손과 와류손을 이용하여 도체를 가열하는 방식이다.

④ 유전가열: 고주파 교류 전기장 내에 놓인 유전체 내에 발생하는 유전체 손실을 이용하여 유전체를 가열하는 방식으로, 직접식과 간접식이 있다.

43 200[W]의 전구를 우유색 구형 글로브에 넣었을 때, 우유색 유리의 반사율이 20[%], 투과율이 70[%]라고 할 때, 글로브의 효율[%]을 고르면?

1 2 3

① 72.5 ② 78.6 ③ 82.6 ④ 87.5

44 4[kW]의 전열기로 10[℃]의 물 10[L]를 가열하여 96[℃]로 올리는 데 30분이 소요되었다. 이때, 전열기의 효율[%]을 고르면?(단, 물의 비열은 1이다.)

1 2 3

① 45 ② 50 ③ 55 ④ 60

45 전기기기의 절연물 종별에서 B종의 최고 허용온도[℃]를 고르면?

1 2 3

① 105 ② 120 ③ 130 ④ 155

46 직류 전동기의 속도제어 방식 중에서 손실로 인해 효율이 떨어지는 방식을 고르면?

1 2 3

① 워드 레오나드 방식 ② 계자제어 방식
③ 일그너 방식 ④ 저항제어 방식

47 30[ton]의 전차가 30/1,000의 경사를 올라가는 데 필요한 견인력[kg]을 고르면?(단, 열차의 저항은 무시한다.)

1 2 3

① 900 ② 800 ③ 700 ④ 600

48 다음 설명이 의미하는 현상을 고르면?

1 2 3

액체 중에 미립자를 부유시키고 직류전압을 가하면 많은 입자가 양극을 향해 이동하게 된다.

① 전기 도금 ② 전기 영동 ③ 전기 집진 ④ 전기 침투

49 알칼리 축전지에 대한 설명으로 옳지 않은 것을 고르면?

1 2 3

① 공칭전압은 1.2[V/cell], 공칭용량은 10[Ah]이다.
② 납축전지에 비해 수명이 길다.
③ 진동과 충격에 강하다.
④ 충방전 특성이 양호하며 방전 시 전압변동이 작다.

50 **전기철도의 전식방지 대책으로 옳지 않은 것을 고르면?**

① 변전소의 간격을 길게 한다.
② 귀선의 극성을 정기적으로 변경한다.
③ 레일과 대지 간의 절연을 증가시킨다.
④ 레일 본드를 설치하여 귀선의 저항을 감소시킨다.

51 **보호계전기에 대한 설명으로 옳지 않은 것을 고르면?**

① 단로기는 고장전류나 부하전류와 같은 대전류의 개폐는 행할 수 없다.
② 차단기의 정격차단시간은 트립 코일 여자로부터 아크의 발생까지의 시간을 말한다.
③ 개폐저항기는 개폐서지의 이상 전압을 감쇄할 목적으로 사용한다.
④ 영상변류기는 비접지선로의 접지보호용 계전기에 영상전류를 공급한다.

52 **배전방식에 대한 설명으로 옳지 않은 것을 고르면?**

① 네트워크 배전방식은 플리커 현상이 적고 전압 변동률이 작은 장점이 있다.
② 저압 뱅킹방식은 전압변동에 의한 플리커 현상이 경감된다.
③ 환상식 배전방식은 전압 변동률이 큰 단점이 있다.
④ 네트워크 배전방식은 인축의 접지사고가 증가하는 단점이 있다.

53 **급수 및 증기의 랭킨 사이클 순환과정을 고르면?**

① 등온가열 → 단열팽창 → 등온압축 → 단열압축
② 단열팽창 → 등압가열 → 단열압축 → 등압냉각
③ 등압가열 → 단열팽창 → 등압냉각 → 단열압축
④ 단열팽창 → 등온가열 → 단열압축 → 등온압축

54 함수 $f(t)=1-1.2e^{-4t}+0.2e^{-9t}$의 라플라스 변환을 고르면?

① $\dfrac{s+4}{s(s+4)(s+9)}$

② $\dfrac{s+36}{s(s+4)(s+9)}$

③ $\dfrac{s+9}{s(s+4)(s+9)}$

④ $\dfrac{3s+36}{s(s+4)(s+9)}$

55 다음 단위 피드백 회로에서 입력과 출력이 같을 때, $G(s)$를 고르면?

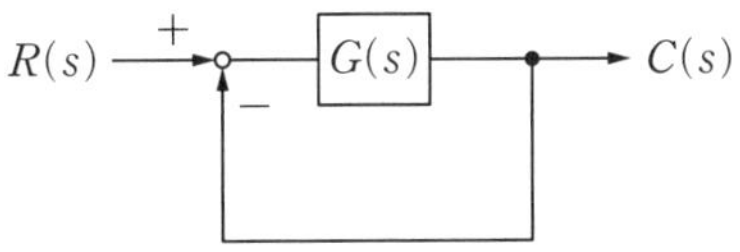

① ∞ ② 1 ③ 0.707 ④ 0

56 다음 블록선도에서 $\dfrac{C(s)}{R(s)}$의 값을 고르면?

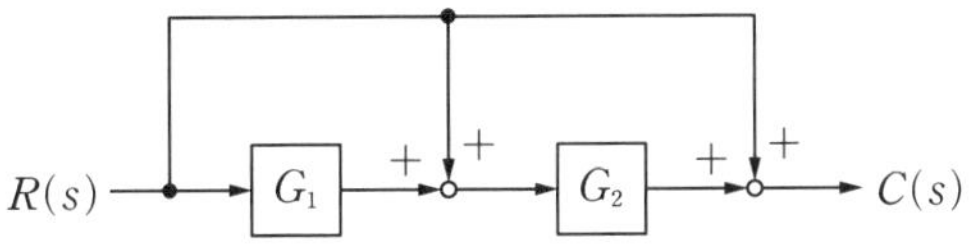

① $G_1G_2+G_1+G_2+1$

② $G_1G_2+G_1+1$

③ $G_1G_2+G_2+1$

④ $\dfrac{G_1G_2}{1-G_1G_2}$

57 $G(jw)=j0.1w$에서 $w=0.01$[rad/s]일 때, 계의 이득[dB]을 고르면?

① -60 ② -40 ③ 40 ④ 60

58 상태방정식 $\frac{dx}{dt}=Ax(t)+Br(t)$에서 $A=\begin{bmatrix} 0 & 1 \\ -6 & -5 \end{bmatrix}$, $B=\begin{bmatrix} 0 \\ 1 \end{bmatrix}$일 때, 제어계의 특성 방정식의 해를 고르면?

1 2 3

① 2, 3 ② −2, 3 ③ 2, −3 ④ −2, −3

59 수심이 100[m]인 곳의 압력[kg/cm^2]을 고르면?(단, 물은 정지상태이다.)

1 2 3

① 1 ② 10 ③ 100 ④ 1,000

60 선로의 균등부하는 선로의 말단 집중부하에 비해 전력손실이 얼마나 되는지 고르면?

1 2 3

① $\frac{1}{3}$배 ② $\frac{1}{2}$배 ③ 2배 ④ 3배

61 다음은 고압 또는 특고압과 저압의 혼촉에 의한 위험방지시설에 관한 규정 중 일부이다. 빈칸 a~c에 들어갈 내용이 바르게 짝지어진 것을 고르면?

1 2 3

> 가. 가공공동지선은 인장강도 (a)[kN] 이상 또는 지름 (b)[mm] 이상의 경동선을 사용한다.
> 나. 1[km]를 지름으로 하는 지역 내에서 각 접지도체를 가공공동지선으로부터 분리하였을 경우의 각 접지도체와 대지 사이의 전기저항 값은 (c)[Ω] 이하로 할 것

	a	b	c		a	b	c
①	4.31	4	300	②	5.26	4	300
③	4.31	5	150	④	5.26	5	150

62 다음 [보기]의 빈칸에 들어갈 내용으로 옳은 것을 고르면?

1 2 3

> 보기
>
> 발전기 내부 또는 조상기 내부의 수소 순도가 (   )[%] 이하로 저하한 경우에 이를 경보하는 장치를 시설해야 한다.

① 78　② 80　③ 82　④ 85

63 최대사용전압이 22[kV]인 중성점 다중접지식 전로의 절연내력 시험전압[V]을 고르면?

1 2 3

① 14,080　② 15,840　③ 20,240　④ 24,200

64 다음 [보기]의 빈칸 a, b에 들어갈 내용이 바르게 짝지어진 것을 고르면?

1 2 3

> 보기
>
> 가공전선로의 지지물에 시설하는 지선의 안전율은 (a) 이상이어야 하며, 이 경우에 허용 인장하중의 최저는 (b)[kN]로 한다.

	a	b
①	2.0	4.31
②	2.5	4.31
③	2.5	5.26
④	3.0	5.26

65 가공전선의 사용전압이 22[kV]이며 철도를 횡단하는 경우, 전선의 레일면상의 높이[m]를 고르면?

1 2 3

① 6.5　② 6　③ 5　④ 4

66 제1종 특고압 보안공사 시, 사용전압이 154[kV]일 때의 경동연선의 단면적[mm^2]을 고르면?

1 2 3

① 55 ② 100 ③ 130 ④ 150

67 네온방전등 공사에 대한 규정으로 옳지 않은 것을 고르면?

1 2 3

① 전선 상호 간 이격거리는 60[mm] 이상일 것
② 전선 지지점 간 거리는 1[m] 이하일 것
③ 노출장소에서 6[kV] 이하일 경우, 전선과 조영재의 이격거리는 30[mm] 이상일 것
④ 네온방전등에 공급하는 전로의 대지전압은 300[V] 이하일 것

68 다음 [보기]의 빈칸 a, b에 들어갈 내용이 바르게 짝지어진 것을 고르면?

1 2 3

보기

고압 또는 특고압의 기계기구·모선 등을 옥외에 시설하는 발전소·변전소·개폐소 또는 이에 준하는 곳에 울타리·담 등을 시설할 때, 높이는 (a)[m] 이상으로 하고, 지표면과 울타리·담 등의 하단 사이의 간격은 (b)[m] 이하로 할 것

	a	b		a	b
①	1.5	0.1	②	2	0.15
③	3	0.15	④	3	0.25

정답과 해설 p.85

한 글자로는 '꿈'

두 글자로는 '희망'

세 글자로는 '가능성'

네 글자로는 '할 수 있어'

– 정철, 『머리를 구하라』, 리더스북

2020 하반기 1차

한국중부발전

시험정보

시험 일시	2020. 9. 20. (일)
문항 수/제한 시간	60문항/80분 ※ 실제 출제된 문항 수는 60문항이나, 59문항만 복원됨 ※ 한국사 10문항을 포함한 제한 시간임
선택지 구분	4지선다형
출제 범위	회로이론, 전기기기, 전력공학, 제어공학, 전기응용
특이사항	– 계산기 사용 불가 – 수정테이프 사용 불가 – 오답 감점 없음

세부과목 출제 비중

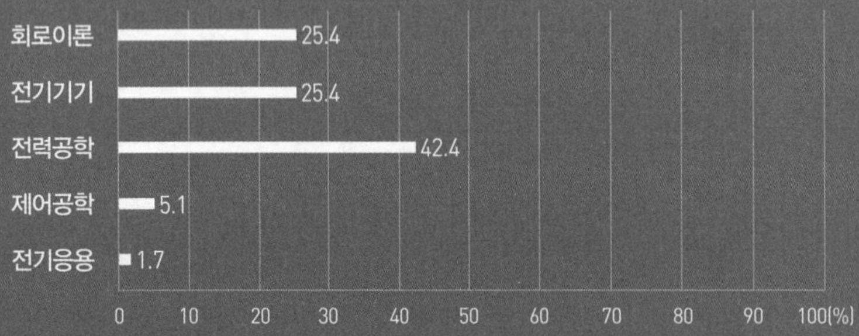

시험분석

전제적인 난이도는 '중하~중' 정도로 출제되었다. 회로이론, 전기기기, 전력공학 과목의 문제 위주로 출제되었으며, 특히 전력공학 과목의 문제 비중이 매우 높았다. 전기기사 또는 전기산업기사 필기와 실기에서 출제되었던 개념과 응용 문제가 대부분 출제되었으므로 각 과목에 대해 충분히 학습하였다면 대다수의 문제는 충분히 해결이 가능했을 것이다.
그리고 출제율이 낮았던 개념이나 용어를 다른 용어로 변경하여 출제한 문제의 변별력이 높았다.

01 저항만으로 이루어진 회로에 200[V]의 전압을 인가하면 2[kW]의 전력이 소비된다. 이 회로에 160[V]의 전압을 인가할 때의 소비전력[kW]을 고르면?

1 2 3

① 1.28 ② 1.42 ③ 1.60 ④ 1.86

02 파형의 종류에 따른 평균값으로 옳지 않은 것을 고르면?(단, I_m=최댓값이다.)

1 2 3

① 정현파$=\frac{2}{\pi}I_m$

② 구형파$=I_m$

③ 구형반파$=\frac{1}{\sqrt{2}}I_m$

④ 삼각파$=\frac{1}{2}I_m$

05 한국중부발전

03 단상 교류회로에 흐르는 전류가 $I=6+j5$[A], 임피던스가 $Z=3+j2$[Ω]일 때, 회로에 인가되는 전압[V]을 고르면?

1 2 3

① $8+j27$ ② $28+j27$ ③ $8+j17$ ④ $28+j17$

04 교류회로에 $v=150\sqrt{2}\sin wt$[V]의 전압을 인가하면 $i=10\sqrt{2}\sin(wt-30°)$[A]의 전류가 흐른다. 이 회로의 구성을 고르면?

1 2 3

① RC회로

② RL회로

③ L만의 회로

④ R만의 회로

05 전류계의 내부저항이 0.6[Ω], 분류기의 저항이 0.1[Ω]일 때, 분류기의 배율을 고르면?

1 2 3

① 5 ② 6 ③ 7 ④ 9

06 ***RLC* 병렬회로에 대한 설명으로 옳지 않은 것을 고르면?**

1 2 3

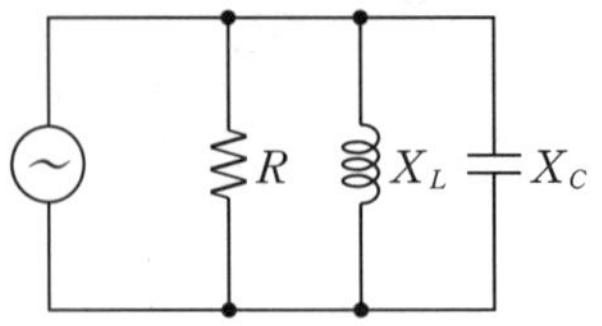

① 합성 어드미턴스는 $Y=G+j(B_C-B_L)$[℧]이다.

② $X_L>X_C$의 경우, 유도성 회로가 된다.

③ $X_L=X_C$의 경우, 저항 성분만의 회로가 된다.

④ 위상각은 $\tan^{-1}R(wC-\frac{1}{wL})$이다.

07 ***a*, *b*단자 사이의 합성저항[Ω]을 고르면?**

1 2 3

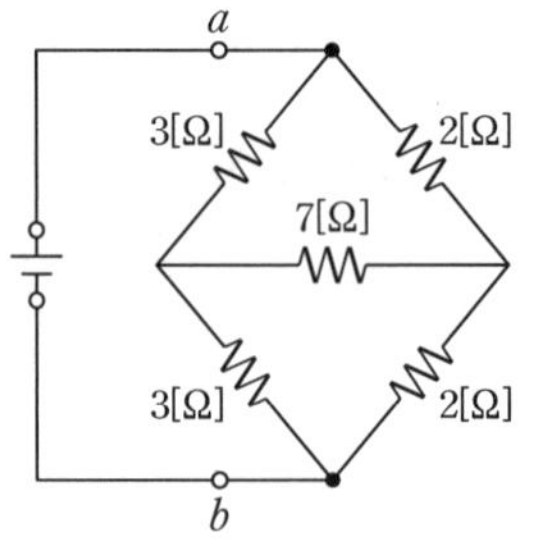

① 2.0 ② 2.2 ③ 2.4 ④ 2.5

08 **5[A]가 흐르는 코일에 2[ms] 동안 1[A]로 감소시킬 때 10[V]의 기전력이 유도되었다. 코일의 자기 인덕턴스[mH]를 고르면?**

1 2 3

① 5 ② 8 ③ 12 ④ 20

09 **최대수용전력이 500[kW]인 수용가의 월간 소비전력량이 216,000[kWh]일 때, 월 평균 부하율[%]을 고르면?**(단, 1개월은 30일로 취급한다.)

1 2 3

① 50 ② 55 ③ 60 ④ 65

10 정저항 회로가 되기 위한 R[Ω]을 고르면?

1 2 3

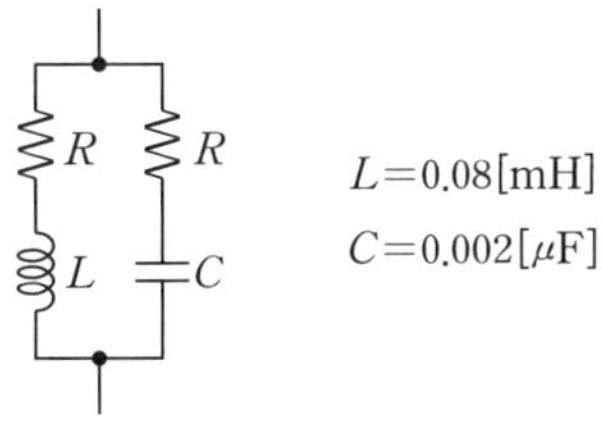

① 200 ② 300 ③ 400 ④ 500

11 하루에 80[MW]를 발전하는 화력 발전소가 60일간 연속 운전할 때 필요한 석탄량[ton]을 고르면?(단, 사이클 효율 η_c=40[%], 보일러 효율 η_b=80[%], 발전기 효율 η_g=86[%]이며, 석탄의 발열량은 c=6,000[kcal/kg]이다.)

1 2 3

① 6,000 ② 8,000 ③ 60,000 ④ 80,000

12 좌측의 회로를 테브난 정리를 이용하여 우측의 회로로 등가 변환하였을 때, 등가저항 R_{th}[Ω]과 등가 전압 V_{th}[V]의 값을 고르면?

1 2 3

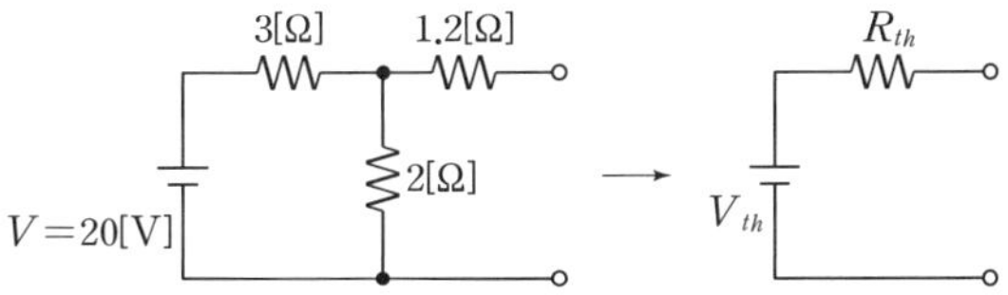

① R_{th}=1.8[Ω], V_{th}=12[V] ② R_{th}=1.8[Ω], V_{th}=8[V]
③ R_{th}=2.4[Ω], V_{th}=12[V] ④ R_{th}=2.4[Ω], V_{th}=8[V]

13 $v=100\sqrt{2}\sin wt+30\sqrt{2}\sin 3wt+40\sqrt{2}\sin 5wt$[V]의 왜형률을 고르면?

1 2 3

① 0.4 ② 0.5 ③ 0.6 ④ 0.7

14 다음 RC 직렬회로에 대한 설명으로 옳지 <u>않은</u> 것을 고르면?

1□ 2□ 3□

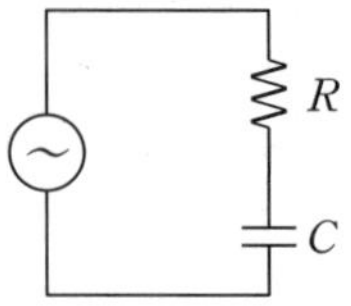

① 합성 임피던스는 $Z=R+j\frac{1}{wC}[\Omega]$이다.

② 위상각은 $\tan^{-1}\frac{1}{wCR}$이다.

③ 전류의 위상이 전압보다 앞선다.

④ 직류 전원을 접속하면 잠시 뒤에 회로는 개방된다.

15 절연물의 종별 최고 허용온도를 고려하였을 때, 125[℃]에서 절연이 불가능한 절연물의 종을 고르면?

1□ 2□ 3□

① E종　② B종　③ F종　④ H종

16 3상 유도전동기의 출력이 38[kW]일 때, 2차 동손 P_{c2}[kW]를 고르면?(단, 기계손은 $P_m=0.4$[kW], 슬립은 $s=0.04$이다.)

1□ 2□ 3□

① 0.8　② 1.2　③ 1.6　④ 2.0

17 80[%]의 부하율에서 손실이 321[W], 60[%]의 부하율에서 손실이 279[W]인 변압기가 있다. 50[%]의 부하율에서의 손실[W]을 고르면?

1□ 2□ 3□

① 255.5　② 262.5　③ 275.5　④ 282.5

18 $F(s)=\frac{s+10}{s(s^2+5s+4)}$의 최종값 정리를 고르면?

1□ 2□ 3□

① 1　② 1.5　③ 2　④ 2.5

19 사용 부하의 방전전류-시간 특성 곡선이 다음과 같을 때, 필요한 축전지의 용량[Ah]을 고르면?(단, 보수율은 0.8로 계산한다.)

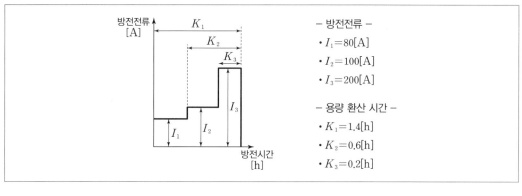

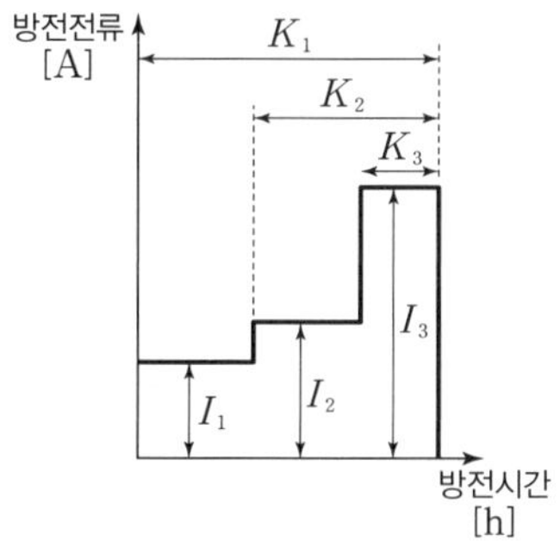

– 방전전류 –
- $I_1=80$[A]
- $I_2=100$[A]
- $I_3=200$[A]

– 용량 환산 시간 –
- $K_1=1.4$[h]
- $K_2=0.6$[h]
- $K_3=0.2$[h]

① 150 ② 160 ③ 170 ④ 180

20 $V=8+j2$[V], $I=6+j5$[A]의 단상 교류회로의 유효전력(P[W])과 무효전력(P_r[Var])을 고르면?

① P[W]$=58$, P_r[Var]$=28$ ② P[W]$=58$, P_r[Var]$=52$
③ P[W]$=38$, P_r[Var]$=28$ ④ P[W]$=38$, P_r[Var]$=52$

21 전력계 2대를 이용하여 3상 회로의 전력을 측정하였더니 각 전력계의 측정값이 각각 60[W], 0[W]으로 나타났다. 이때의 역률을 고르면?

① $\frac{\sqrt{3}}{2}$ ② $\frac{\sqrt{2}}{2}$ ③ $\frac{1}{2}$ ④ $\frac{1}{3}$

22 한 상의 임피던스가 $Z=8+j6$[Ω]인 3상 Y결선 평형부하에 선간전압 $110\sqrt{3}$[V]을 인가할 때, 부하에 흐르는 선전류[A]를 고르면?

① $11\sqrt{3}$ ② 11 ③ $22\sqrt{3}$ ④ 22

23 **직류기에서 양호한 정류를 얻는 조건으로 옳지 않은 것을 고르면?**

1 2 3

① 정류 주기를 길게 할 것
② 리액턴스 전압을 크게 할 것
③ 브러시의 접촉저항을 크게 할 것
④ 전기자 코일의 인덕턴스를 작게 할 것

24 **권수비가 a인 변압기의 2차 측에 20[Ω]의 저항을 접속하니 1차 측에서는 18[kΩ]으로 환산되었다. 이 때의 권수비 a를 고르면?**

1 2 3

① 30 ② 45 ③ 60 ④ 90

25 **직류 발전기의 전기자 권선법에 대해 비교한 내용으로 옳지 않은 것을 고르면?**

1 2 3

① 파권은 고전압·소전류용, 중권은 저전압·대전류용으로 사용한다.
② 기본적인 병렬 회로수의 경우, 파권은 2이며, 중권은 극수와 동일하다.
③ 브러시 수의 경우, 파권은 2이며, 중권은 극수와 동일하다.
④ 파권의 경우에는 균압환을 필요로 하나 중권의 경우에는 필요하지 않다.

26 **타여자 발전기의 전기자 저항이 $R_a=0.2$[Ω], 브러시 전압강하 2[V], 전기자 반작용에 의한 전압강하 5[V], 단자전압이 250[V], 부하전류 20[A]일 때, 유기 기전력[V]을 고르면?**

1 2 3

① 239 ② 242 ③ 258 ④ 261

27 **부하전류가 증가할 때, 단자 전압이 감소하여 전류가 일정하게 유지되는 특성을 지닌 직류 발전기를 고르면?**

1 2 3

① 타여자 발전기, 분권 발전기 ② 타여자 발전기, 과복권 발전기
③ 분권 발전기, 과복권 발전기 ④ 과복권 발전기, 직권 발전기

28 전기기기의 무부하손에 해당되지 않는 것을 고르면?

1 2 3

① 맴돌이 전류손　② 마찰손
③ 줄손　④ 히스테리시스손

29 전체 도체수 100, 단중 중권이며 극수는 4, 자속수는 극당 0.4π[wb]인 직류 분권 전동기가 부하 시 전기자에 5[A]의 전류가 흐른다. 이때의 토크[N·m]를 고르면?

1 2 3

① 80　② 100　③ 120　④ 160

30 3상 동기발전기의 병렬운전에서 난조의 원인이 되는 것을 고르면?

1 2 3

① 기전력의 크기가 다른 경우
② 기전력의 위상이 다른 경우
③ 기전력의 주파수가 다른 경우
④ 기전력의 파형이 다른 경우

31 단상 변압기를 병렬 운전할 경우 부하 분담의 관계성을 고르면?

1 2 3

① 용량에 비례하고 누설 임피던스에 비례한다.
② 용량에 비례하고 누설 임피던스에 반비례한다.
③ 용량에 반비례하고 누설 리액턴스에 비례한다.
④ 용량에 반비례하고 누설 리액턴스의 제곱에 비례한다.

32 60[Hz], 4극 유도 전동기의 슬립이 10[%]일 때의 회전수[rpm]를 고르면?

1 2 3

① 1,350　② 1,480　③ 1,620　④ 1,710

33 주파수를 f, 전도율을 σ, 투자율을 μ로 나타낼 때, 표피효과의 관계성으로 옳은 것을 고르면?

1 2 3

① f, σ, μ가 작을수록 표피효과는 커진다.
② f, μ가 작을수록, σ가 클수록 표피효과는 커진다.
③ f, μ가 클수록, σ가 작을수록 표피효과는 커진다.
④ f, σ, μ가 클수록 표피효과는 커진다.

34 배전방식 중 망상식(Network system)에 대한 설명으로 옳지 않은 것을 고르면?

1 2 3

① 전압강하 및 전력손실이 감소한다.
② 인축의 접지 사고가 방지된다.
③ 무정전 공급이 가능하므로 공급 신뢰도가 높다.
④ 고장 시 고장전류의 역류를 막기 위해 네트워크 프로텍터를 설치한다.

35 이도에 대한 설명으로 옳지 않은 것을 고르면?

1 2 3

① 이도가 너무 크면 전선이 좌우 진동하면서 다른 상의 전선이나 수목과 접촉할 우려가 있다.
② 이도가 너무 작은 경우, 전선의 장력이 증가하여 단선될 수 있다.
③ 이도는 합성하중과 수평장력에 비례한다.
④ 이도는 경간의 제곱에 비례한다.

36 1선당 대지 정전용량이 $C_s=0.015[\mu F/km]$, 선간 정전용량이 $C_m=0.02[\mu F/km]$으로 작용할 때, 3상의 작용 정전용량 $C_w[\mu F/km]$을 고르면?

1 2 3

① 0.035 ② 0.045 ③ 0.055 ④ 0.075

37 송전선로의 코로나 손실이 작아질 수 있는 요건으로 옳지 않은 것을 고르면?

① 주파수가 낮을수록 손실이 작다.
② 선간 거리가 작을수록 손실이 작다.
③ 코로나 임계전압이 클수록 손실이 작다.
④ 상대 공기밀도가 높을수록 손실이 작다.

38 3상 3선식 송전선로의 1선당 저항이 $\frac{1}{2\sqrt{3}}$[Ω], 1선당 리액턴스가 $\frac{\sqrt{3}}{5}$[Ω], 부하전류가 20[A]일 때, 전압강하값[V]을 고르면?(단, 역률은 0.8이다.)

① 15　② 15.2　③ 15.6　④ 16

39 길이 20[km], 인덕턴스가 L=0.04[H/km], 용량성 서셉턴스가 B_C=0.1[℧/km]인 선로의 특성 임피던스 Z_0[Ω]를 고르면?(단, w=1,000[rad/s]이다.)

① 10　② 20　③ 40　④ 80

40 변압기로 100[kVA], 지상 역률 0.6의 부하에 전력을 공급할 때, 부하에 50[kVA]의 전력용 콘덴서를 연결하였다. 이때의 유효전력[kW]과 무효전력[kVar]을 고르면?

① 유효전력: 60, 무효전력: 30
② 유효전력: 60, 무효전력: 10
③ 유효전력: 80, 무효전력: 30
④ 유효전력: 80, 무효전력: 10

41 다음 [조건]을 바탕으로 B_1 차단기의 용량[MVA]을 고르면?

1 2 3

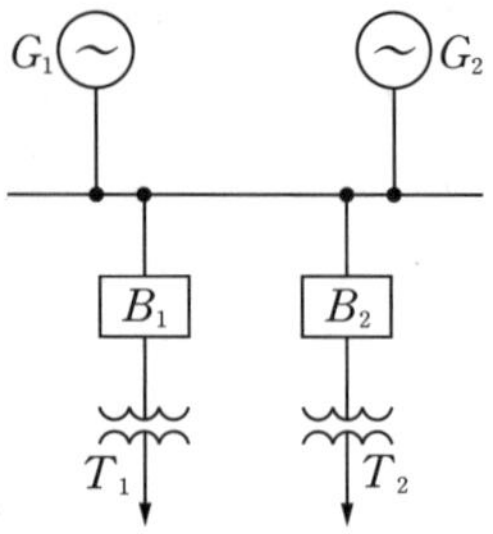

조건

- 발전기 G_1: 30[MVA], $\%Z_{G1}=20[\%]$
- 발전기 G_2: 30[MVA], $\%Z_{G2}=30[\%]$
- 차단기 B_2: 15[MVA]

① 250 ② 300 ③ 375 ④ 450

42 개루프 전달함수가 $G(s)=\dfrac{s+3}{s(4s+2)}$인 제어 시스템이 있다. 이 시스템의 폐루프 전달함수를 고르면?

1 2 3

① $\dfrac{s}{4s^2+3s+3}$ ② $\dfrac{s}{4s^2+s-3}$

③ $\dfrac{s+3}{4s^2+3s+3}$ ④ $\dfrac{s+3}{4s^2+s-3}$

43 고압직류송전(HVDC)의 장점으로 옳지 않은 것을 고르면?

1 2 3

① 자기여자 현상, 페란티 현상이 나타나지 않는다.
② 표피효과가 발생하지 않는다.
③ 전압의 변성이 간단하게 이루어진다.
④ 유전체 손실이 발생하지 않는다.

44 전력퓨즈에 대한 설명으로 옳지 않은 것을 고르면?

1□ 2□ 3□

① 소형, 경량이며 가격이 저렴하다.
② 고속도 차단이 용이하다.
③ 별도의 릴레이나 변성기가 불필요하다.
④ 동작시간을 자유로이 조정할 수 있다.

45 A수용가의 설비용량은 300[kW], 부하율 65[%], 수용률 80[%], B수용가와의 부등률이 1.3일 때, A수용가의 최대수용전력[kW]을 고르면?

1□ 2□ 3□

① 225 ② 240 ③ 265 ④ 280

46 변압기의 기준 충격 절연강도가 870[kV], 피뢰기의 제한전압이 500[kV]일 때, 피뢰기의 여유도[%]를 고르면?

1□ 2□ 3□

① 74 ② 62 ③ 50 ④ 45

47 다음 화력발전소의 사이클에서 각 기능에 대한 설명으로 옳지 않은 것을 고르면?

1□ 2□ 3□

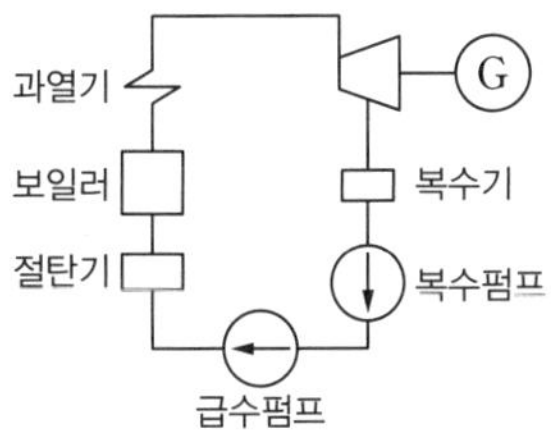

① 절탄기: 보일러 전열면을 가열하고 난 연도가스에 의하여 보일러 급수를 가열한다.
② 과열기: 보일러 내의 증기온도를 끓는점 이상으로 올린다.
③ 복수기: 낮아진 물의 온도를 다시 올리기 위해 재가열한다.
④ 복수 펌프: 복수기 속의 복수를 보일러의 급수 계통으로 재공급한다.

48 다음은 전력 계통의 일부를 나타낸 것이다. 약호에 대한 역할로 옳지 <u>않은</u> 것을 고르면?

1 2 3

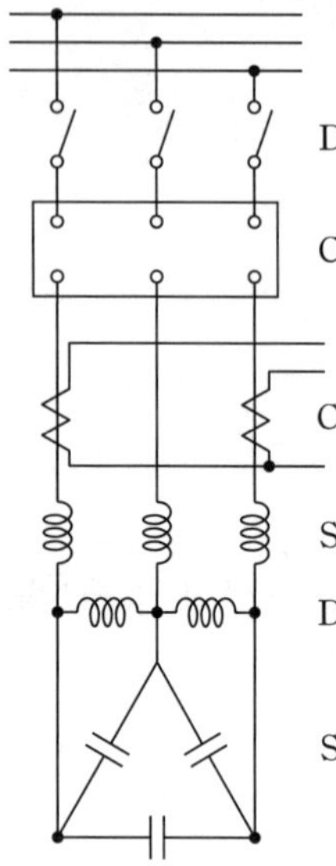

① DC : 콘덴서에 축적된 잔류전하를 방전한다.
② SC : 역률을 개선한다.
③ CT : 대전류를 소전류로 변성하여 계측기기에 공급한다.
④ SR : 제3고조파를 제거하여 파형을 개선한다.

49 동기 발전기에 회전계자형을 사용하는 이유로 옳지 <u>않은</u> 것을 고르면?

1 2 3

① 전기자가 고정되어 절연하기 쉽다.
② 고장 시 과도 안정도를 높이기 위해 회전자 관성을 크게 하기 쉽다.
③ 기전력의 파형을 개선시키는 성능이 우수하다.
④ 계자가 회전자이고, 저전압 소용량의 직류이므로 구조가 간단하다.

50 전력전송의 경제성을 비교할 때, [보기]에서 배전선로의 1선당 전송전력의 비율이 큰 순서대로 나열한 것을 고르면?

1 2 3

보기

㉠ 단상 2선식　　㉡ 단상 3선식　　㉢ 3상 3선식　　㉣ 3상 4선식

① ㉠ - ㉡ - ㉢ - ㉣　　② ㉡ - ㉠ - ㉣ - ㉢
③ ㉢ - ㉠ - ㉣ - ㉡　　④ ㉣ - ㉡ - ㉢ - ㉠

51 접지방식을 비교한 다음 [표]의 내용 중 옳지 않은 것을 고르면?

1 2 3

구분	비접지	직접접지
중성점 저항	$Z \fallingdotseq \infty$	$Z \fallingdotseq 0$
지락전류	큼	작음
유도장해	작음	큼
절연레벨	높음	낮음
과도안정도	높음	낮음
보호계전기	적용 곤란	적용 가능

① 지락전류 ② 유도장해 ③ 절연레벨 ④ 과도안정도

52 목푯값이 500인 전기로에 자동 전압 조정기를 이용하여 전압을 조절해 시스템의 온도를 유지하려고 할 때, 온도는 제어계의 요소에서 어떤 것에 해당하는지 고르면?

1 2 3

① 외란 ② 제어량 ③ 검출부 ④ 조절부

53 수직형 발전기 A와 횡축형 발전기 B에 대한 설명으로 옳지 않은 것을 고르면?

1 2 3

① A는 축이 바닥에 수직이며, 돌극형 구조로 수력 발전에 사용된다.
② B는 축이 바닥에 수평이며, 극수가 많은 구조로 제작된다.
③ A는 B에 비해 단락비가 큰 특성을 지닌다.
④ A는 저속기, B는 고속기로 분류된다.

54 피뢰기에 대한 설명으로 옳지 않은 것을 고르면?

1 2 3

① 고압 및 특고압 가공전선로로부터 공급받는 수용 장소의 인입구에는 피뢰기를 설치해야 한다.
② 피뢰기의 제한전압과 충격 방전개시전압은 낮아야 하고, 상용주파 방전개시전압과 속류 차단능력은 커야 한다.
③ 피뢰기의 정격전압은 속류를 차단할 수 있는 상용주파수 교류 최고전압을 의미한다.
④ 상용주파 방전개시전압은 피뢰기에 전류가 흐르기 시작한 최고의 상용주파 전압을 의미한다.

55 다음 3상 3선식 수전에서 설비 불평형률[%]을 고르면?

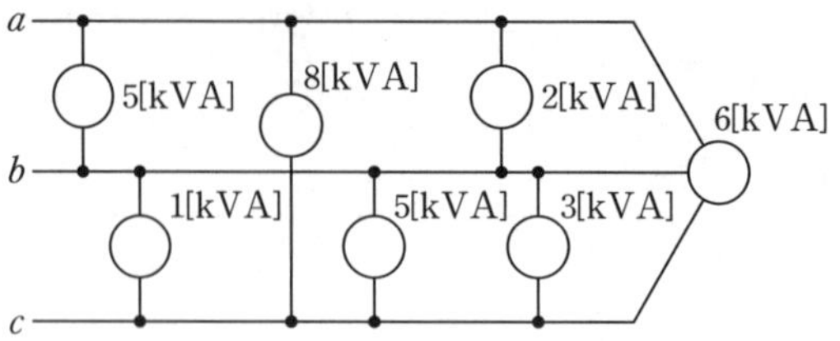

① 12.5　　② 20　　③ 25　　④ 32.5

56 기동용량이 800[kVA]인 유도전동기가 있다. 기동 시 허용 전압강하는 20[%], 발전기의 과도 리액턴스가 25[%]일 때, 자가 발전기의 정격용량[kVA]을 고르면?(단, 발전기 용량의 여유율 10[%]를 고려한다.)

① 800　　② 880　　③ 960　　④ 1,000

57 다음 비율 차동 계전기에 대한 설명으로 옳지 <u>않은</u> 것을 고르면?

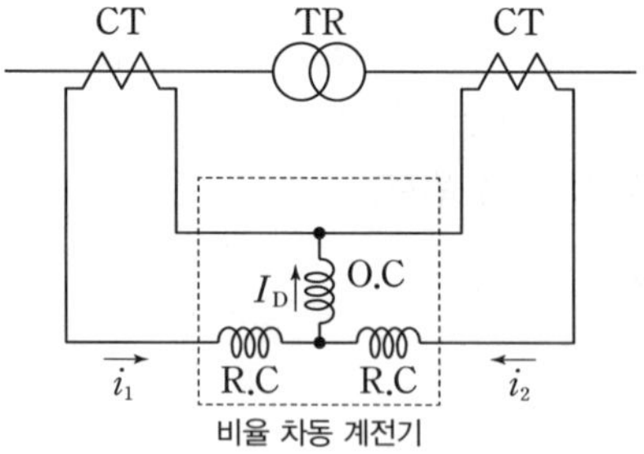

① O.C를 동작코일, R.C를 억제코일이라 한다.

② 변압기 내부고장 발생 시, O.C에 $I_D=|i_1-i_2|$의 전류가 흐르게 되고, 일정 비율 이상일 경우에 계전기가 동작된다.

③ 변압기 무부하 투입 시 순간적인 여자 돌입전류로 인해 오동작할 우려가 있다.

④ CT 2차 측 전류의 크기, 위상이 동일해야 하므로 변압기의 결선이 $Y-\Delta$ 또는 $\Delta-Y$인 경우에 CT의 결선을 변압기와 동일하게 한다.

58 다음 22,900[V] 수전설비에서 접지형 계기용 변압기(GPT)의 정격 1차, 2차, 3차 전압[V]을 고르면?

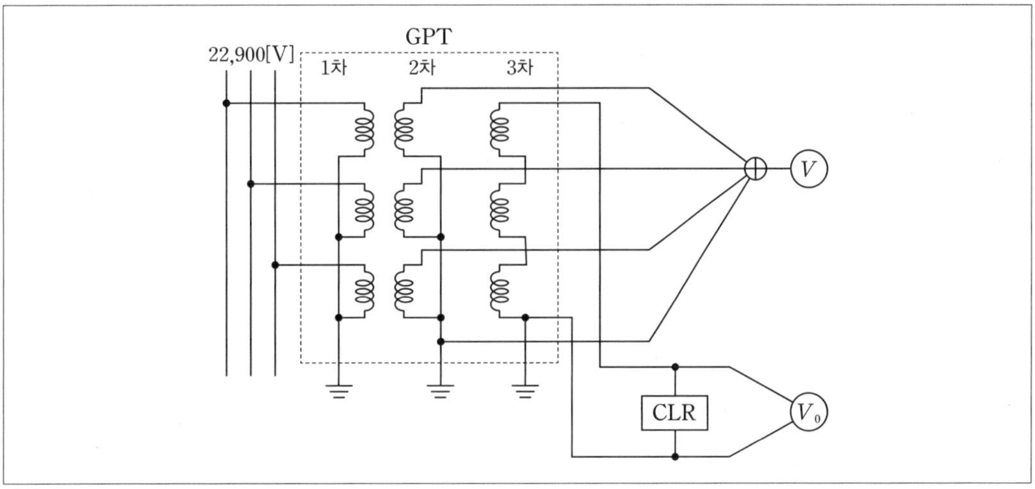

	1차 전압	2차 전압	3차 전압
①	$\frac{22,900}{\sqrt{3}}$	$\frac{190}{\sqrt{3}}$	$\frac{110}{\sqrt{3}}$
②	$\frac{22,900}{\sqrt{3}}$	$\frac{190}{\sqrt{3}}$	$\frac{190}{\sqrt{3}}$
③	22,900	$\frac{190}{\sqrt{3}}$	$\frac{110}{\sqrt{3}}$
④	22,900	$\frac{190}{\sqrt{3}}$	$\frac{190}{\sqrt{3}}$

59 다음 변류기(CT)의 결선도에 대한 설명으로 옳지 않은 것을 고르면?

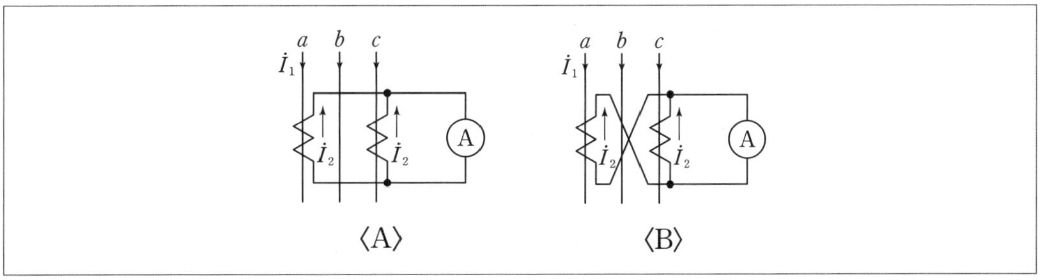

① A결선은 가동접속, B결선은 차동접속이다.
② 변류기의 정격 2차 전류의 값은 5[A]이다.
③ A결선에서 1차 전류는 'I_1=전류계 지시값×CT비'이다.
④ B결선에서 1차 전류는 'I_1=전류계 지시값×CT비×$\sqrt{3}$'이다.

정답과 해설 p.101

2020 하반기 2차

한국중부발전

시험정보

시험 일시	2020. 10. 31. (토)
문항 수/제한 시간	60문항/80분 ※ 실제 출제된 문항 수는 60문항이나, 54문항만 복원됨 ※ 한국사 10문항을 포함한 제한 시간임
선택지 구분	4지선다형
출제 범위	전자기학, 회로이론, 전기기기, 전력공학, 전기설비, 전자통신, 전기응용
특이사항	– 계산기 사용 불가 – 수정테이프 사용 불가 – 오답 감점 없음

세부과목 출제 비중

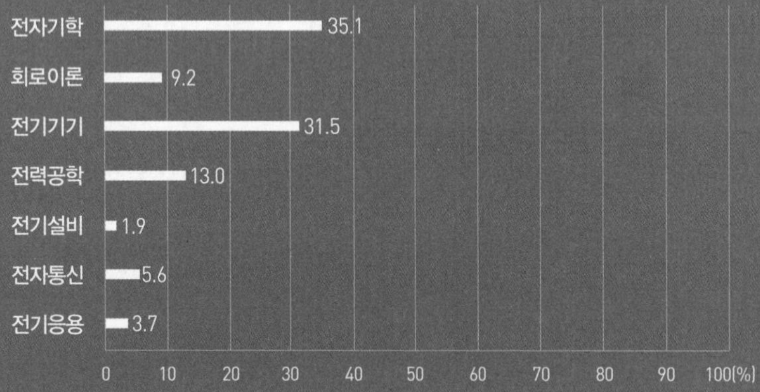

시험분석

2020년 하반기 1차 시험과 달리 전자기학과 전기기기 과목의 출제 비중이 매우 높았으며, 전자통신 과목의 문제가 출제되었다. 이외에 미복원된 6문항은 전기기사와 전기공사 실기의 내용이 출제되었으며, 미복원된 문항을 제외한 전체 난이도는 '중~중상' 정도로 출제되었다. 계산 문제의 비중이 월등히 높았으며, 간단한 식을 이용하여 계산하는 문제보다는 더 어려운 형태의 식을 이용하거나, 계산을 하기 위해서 한번 더 생각을 해야 하는 형태의 문제가 주를 이뤘다. 따라서 문제의 답을 정확하게 고르는 것도 중요하지만, 제한 시간 안에 얼마나 많은 문제를 풀 수 있는지가 관건이었을 것으로 보인다.

01 서로 다른 두 유전체의 경계면에 대한 설명으로 옳은 것을 고르면?

1 2 3

① 전계의 접선성분은 연속이다.
② 유전율이 큰 매질의 전계가 크게 나타난다.
③ 유전율이 큰 매질의 전속밀도는 작게 나타난다.
④ 입사각이 굴절각보다 큰 경우, 굴절 측의 전계는 입사 측보다 작게 나타난다.

02 어떤 코일의 권수가 N, 흐르는 전류가 I[A], 자속이 ϕ[wb]일 때, 코일에 축적되는 에너지[J]를 고르면?

1 2 3

① $\dfrac{N\phi}{2I^2}$　② $\dfrac{1}{2}N\phi I^2$　③ $\dfrac{1}{2}N\phi I$　④ $\dfrac{1}{2}(N\phi)^2 I$

03 전위함수가 $V=2x^4$[V]일 때, (1, 1, 2)에서의 공간전하밀도 ρ[C/m^3]를 고르면?

1 2 3

① $-8\varepsilon_0$　② $-12\varepsilon_0$　③ $-16\varepsilon_0$　④ $-24\varepsilon_0$

04 경간이 80[m], 전선의 무게가 1[m]당 0.4[kg], 이도가 0.8[m]일 때, 수평장력[kg]을 고르면?

1 2 3

① 265　② 300　③ 345　④ 400

05 송전선로의 전체 임피던스가 4[%]일 때, 선로의 단락용량[MVA]을 고르면?(단, 선로의 기준용량은 200[MVA]이다.)

1 2 3

① 2,000　② 3,000　③ 4,000　④ 5,000

06 어떤 변압기의 절연물을 확인하니, 절연물의 최고 허용온도가 130[℃]이었다. 이때, 변압기 절연물의 종별을 고르면?

1 / 2 / 3

① A종 ② B종 ③ F종 ④ H종

07 직류 발전기의 정류 개선방법으로 옳은 것을 고르면?

1 / 2 / 3

① 정류자의 정류주기를 짧게 한다.
② 코일의 인덕턴스를 크게 한다.
③ 브러시의 접촉저항을 크게 한다.
④ 정류기 주변속도를 높인다.

08 8극 3상 유도 전동기의 전부하 회전수가 900[rpm], 슬립이 0.2일 때, 주파수[Hz]를 고르면?

1 / 2 / 3

① 50 ② 60 ③ 75 ④ 80

09 정현파 교류의 실횻값에 A를 곱하니 평균값이 되었다. 이때, A를 고르면?

1 / 2 / 3

① $\frac{2\sqrt{2}}{\pi}$ ② $\frac{2}{\pi}$ ③ $\frac{\sqrt{2}}{\pi}$ ④ $\frac{1}{\sqrt{2}\pi}$

10 역률이 60[%], 300[kW]의 부하에 전력용 콘덴서를 연결하여 역률을 100[%]로 개선하고자 한다. 필요한 전력용 콘덴서의 용량[kVA]을 고르면?

1 / 2 / 3

① 225 ② 350 ③ 400 ④ 450

11 지름 10[mm]의 경동선 세 개를 각 간격 50[m]로 정삼각형 배치를 한 송전선의 1선당 작용 인덕턴스 [mH/km]를 고르면?

1 2 3

① 1.692 ② 1.892 ③ 1.956 ④ 2.024

12 송전단의 전압이 3,300[V], 수전단의 전압이 3,000[V]이며, 무부하 시의 수전단 전압이 3,100[V]이다. 이때, 전압 강하율 ϵ'[%]과 전압 변동률 ϵ[%]을 고르면?

1 2 3

① $\epsilon'=10$, $\epsilon=6.45$
② $\epsilon'=10$, $\epsilon=3.33$
③ $\epsilon'=6.45$, $\epsilon=6.45$
④ $\epsilon'=6.45$, $\epsilon=10$

13 3[C]의 전하가 전계 $10\boldsymbol{a}_y$[V/m] 및 자속밀도 $3\boldsymbol{a}_x$[wb/m^2] 내에서 $\boldsymbol{v}=5\boldsymbol{a}_x$[m/s]의 속도로 운동하고 있을 때, 점전하에 작용하는 힘[N]을 고르면?

1 2 3

① $15a_y$
② $30a_y$
③ $15a_y+10a_z$
④ $30a_y+10a_z$

14 10[cm^2]의 단면을 갖는 전선에 흐르는 전류는 5[A]일 때, 10[V/cm]의 전계가 발생하였다. 이때, 전선의 전도율[S/cm]을 고르면?

1 2 3

① 0.02 ② 0.03 ③ 0.05 ④ 0.08

15 직류기 전동기의 입력이 20[kW], 철손이 2.2[kW], 회전자 동손이 0.8[kW], 고정자 동손이 1.5[kW], 기계손이 0.5[kW]일 때의 효율[%]을 고르면?

1 2 3

① 71 ② 75 ③ 82 ④ 86

16 다음과 같이 내부가 두 개의 매질로 이루어진 평형판 콘덴서가 있다. $a=6$[m], $b=12$[m], $\varepsilon_1=2$[F/m], $\varepsilon_2=4$[F/m]일 때, 콘덴서의 정전용량[F]을 고르면?(단, 평행판 콘덴서의 단면적은 12[m^2]이다.)

1 2 3

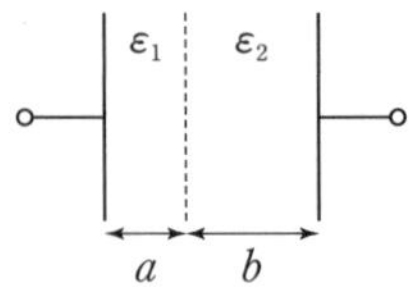

① 2 ② 4 ③ 6 ④ 8

17 병렬운전하는 교류 발전기 A, B가 있다. A발전기가 8극, 900[rpm]일 때, 10극의 B발전기의 회전수[rpm]를 고르면?

1 2 3

① 720 ② 900 ③ 1,200 ④ 1,800

18 10[kW]의 변압기 3대로 Δ 결선하여 운전 중에 1대의 고장으로 인해 2대로 운전을 하게 되었다. 3상 부하의 최대 용량이 $12\sqrt{3}$[kW]일 때, 변압기의 과부하율[%]을 고르면?

1 2 3

① 15 ② 18 ③ 20 ④ 22

19 유도 전동기의 출력이 4[kW], 1회전에 0.01[sec]가 걸릴 때, 토크[N·m]를 고르면?

1 2 3

① $\frac{\pi}{20}$ ② $\frac{\pi}{2}$ ③ $\frac{2}{\pi}$ ④ $\frac{20}{\pi}$

20 권수비가 $a=10$인 변압기에서 무부하 시 1차 측의 전압이 2,000[V]이고, 부하 시 2차 측의 정격전압이 180[V]일 때, 전압 변동률[%]을 고르면?

1 2 3

① 약 5 ② 약 11 ③ 약 15 ④ 약 20

21 권선이 100회 감겨있고 단면적이 2×10^{-4}[m^2]인 철심이 있다. 권선에 $v=240\sqrt{2}\sin120\pi t$[V]를 인가할 때, 철심의 자속밀도[wb/m^2]를 고르면?(단, 주파수는 $f=60$[Hz]이다.)

1 2 3

① 약 20 ② 약 35 ③ 약 45 ④ 약 50

22 자유공간에 내경의 반지름이 0.2[m], 외경의 반지름이 0.4[m]인 동심구가 있다. 이 동심구의 정전용량[F]을 고르면?

1 2 3

① $1.2\pi\varepsilon_0$ ② $1.6\pi\varepsilon_0$ ③ $1.8\pi\varepsilon_0$ ④ $2.0\pi\varepsilon_0$

23 $E=125$[kV], $V=125$[kV], 동기 리액턴스 $X_s=50$[Ω], 상차각이 $\delta=70°$일 때, 동기 발전기의 한상 출력[MW]을 고르면?(단, 선로의 손실은 무시하며, sin70°=0.94, cos70°=0.34이다.)

1 2 3

① 약 294 ② 약 325 ③ 약 436 ④ 약 513

24 3상 3선식 5[km]의 선로에서 송전단 전압이 3,300[V], 수전단 전압이 3,000[V], 부하 전력이 2,000[kW], 역률 0.8, 저항률 $\frac{1}{50}$[Ω·mm^2/m]일 때, 적당한 전선의 굵기[mm^2]를 고르면?(단, 선로의 리액턴스는 무시한다.)

1 2 3

① 193.55 ② 222.22 ③ 240.25 ④ 268.72

25 직류 분권 전동기의 단자전압이 200[V], 부하전류가 12[A], 계자저항이 $R_f=100$[Ω], 전기자 저항이 $R_a=1.2$[Ω]일 때, 회전속도가 2,000[rpm]이었다. 이 전동기의 전기자 저항에 4.7[Ω]을 추가하였을 때의 회전속도[rpm]를 고르면?

1 2 3

① 1,350 ② 1,400 ③ 1,450 ④ 1,500

26 전기자 저항이 R_a=0.5[Ω]인 직류 타여자 발전기가 있다. 부하를 사용할 때, 단자전압이 200[V], 전압 변동률이 10[%]라면 부하전류[A]와 타여자 발전기 단자의 출력[kW]으로 옳은 것을 고르면?

① 부하전류 $I=20$, 출력 $P=4$
② 부하전류 $I=20$, 출력 $P=8$
③ 부하전류 $I=40$, 출력 $P=4$
④ 부하전류 $I=40$, 출력 $P=8$

27 출력이 800[kVA], 역률 0.8인 동기 발전기가 있다. 원동기의 입력이 1,200[kW], 효율이 0.8일 때, 동기 발전기의 효율을 고르면?

① 0.67 ② 0.75 ③ 0.83 ④ 0.92

28 $v_1=60\sin wt$[V]일 때, v_2의 평균값[V]을 고르면?

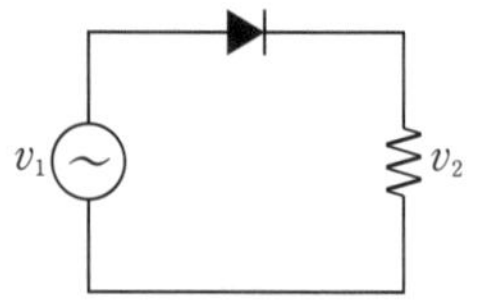

① $60\sqrt{2}$ ② 60 ③ $\frac{60}{\pi}$ ④ $\frac{120}{\pi}$

29 좌측의 회로를 우측의 회로로 등가 변환할 때, 등가 전압 V_{th}[V]를 고르면?

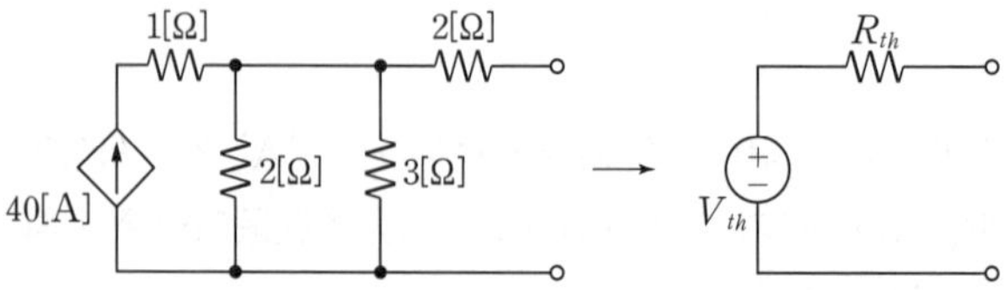

① 24 ② 48 ③ 60 ④ 120

30 주어진 회로의 구동점 임피던스 $Z(s)$를 고르면?(단, $R_1=2[\Omega]$, $R_2=3[\Omega]$, $L=2[H]$이다.)

1 2 3

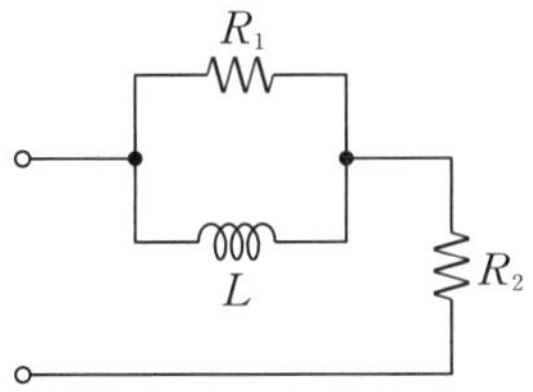

① $\dfrac{5s+3}{s+1}$　② $\dfrac{7s+1}{2s}$　③ $\dfrac{2s}{7s+1}$　④ $\dfrac{s+1}{5s+3}$

31 기전력이 180[V], 상차각이 30°인 3상 동기 발전기가 있다. 출력을 일정하게 하고 상차각을 60°로 하였을 때의 기전력[V]을 고르면? (단, 주어진 조건 외에는 고려하지 않는다.)

1 2 3

① $60\sqrt{3}$　② $100\sqrt{3}$　③ $150\sqrt{3}$　④ $180\sqrt{3}$

32 함수 $f(t)=\sin^2 4wt$의 라플라스 변환을 고르면?

1 2 3

① $\dfrac{1}{s}-\dfrac{s}{s^2+16w^2}$　② $\dfrac{1}{s}-\dfrac{s}{s^2+64w^2}$

③ $\dfrac{1}{2}\left(\dfrac{1}{s}-\dfrac{s}{s^2+16w^2}\right)$　④ $\dfrac{1}{2}\left(\dfrac{1}{s}-\dfrac{s}{s^2+64w^2}\right)$

33 직각 좌표계에서 $z=0$인 $x-y$ 평면상 무한 평면도체의 면전하 밀도가 $\sigma=4[C/m^2]$이고, $z=4$를 지나는 무한 직선도체의 선전하 밀도가 $\lambda=-4[C/m]$일 때, (0, 0, 2)에서의 전속밀도$[C/m^2]$를 고르면?

1 2 3

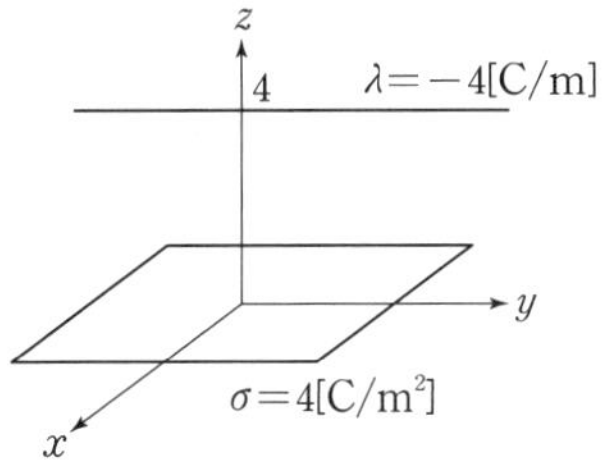

① $\dfrac{1+2\pi}{\pi}$　② $\dfrac{1+2\pi}{2\pi}$　③ $\dfrac{1-2\pi}{\pi}$　④ $\dfrac{1-2\pi}{2\pi}$

34 자유공간에 작용하는 자계의 세기가 $H = x^2 z a_x$[A/m]로 나타날 때, (1, 4, 2)에서의 전류밀도 J[A/m²]를 고르면?

1☐ 2☐ 3☐

① 0.5 ② 1 ③ 1.5 ④ 2

35 정격출력이 2[MW], 정격 전압이 3[kV], 단락비가 1.8인 동기기의 동기 임피던스 Z_s[Ω]를 고르면?(단, 역률은 1이다.)

1☐ 2☐ 3☐

① 1.2 ② 1.6 ③ 2.2 ④ 2.5

36 자유공간에서 대전 도체 표면의 표면 전하밀도가 σ[C/m²]일 때, 표면 전계[V/m]를 고르면?

1☐ 2☐ 3☐

① $E = \frac{\sigma}{\varepsilon_0}$ ② $E = \frac{\sigma}{2\varepsilon_0}$ ③ $E = \frac{\sigma}{2\pi\varepsilon_0}$ ④ $E = \frac{\sigma}{4\pi r^2}$

37 200[V/m]의 균등 전계 내에 전위가 250[V]인 A점에서 전계의 방향으로 0.8[m], 수직 방향으로 0.4[m] 떨어진 B점의 전위[V]를 고르면?

1☐ 2☐ 3☐

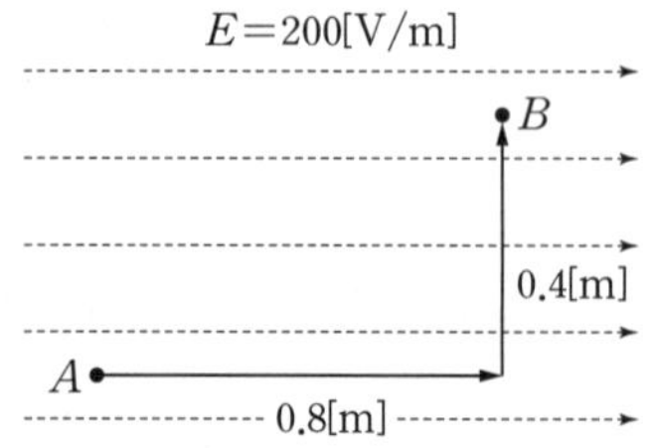

① 120 ② 90 ③ 50 ④ 10

38 다음 좌측의 그림은 정전용량이 C_0[F]인 공기 콘덴서이다. 우측의 그림과 같이 극판 면적의 $\frac{1}{2}$만큼 비유전율이 ε_s인 매질을 삽입하였을 때의 정전용량[F]을 고르면?

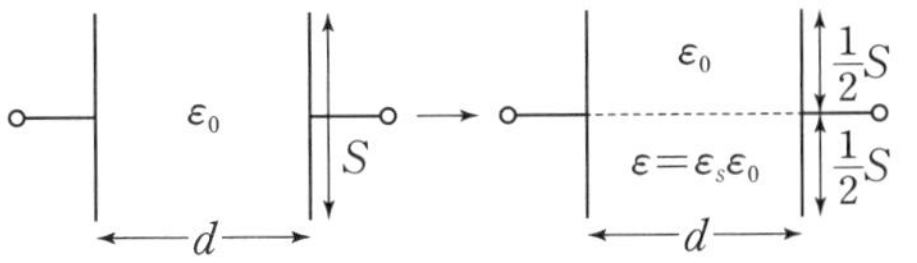

① $\frac{\varepsilon_s C_0}{2(1+\varepsilon_s)}$　② $\frac{\varepsilon_s C_0}{1+\varepsilon_s}$　③ $\frac{(1+\varepsilon_s)C_0}{2}$　④ $(1+\varepsilon_s)C_0$

39 수직 관계인 두 벡터가 각각 $A=4i+aj$, $B=2i-j+4k$일 때, a의 값을 고르면?

① 8　② 6　③ −6　④ −8

40 권수가 400인 환상 솔레노이드에 흐르는 전류가 1[A], 철심의 비투자율이 1,500일 때, 철심 내부의 자계의 세기[AT/m]를 고르면?(단, 평균 반지름 a=40[cm]이다.)

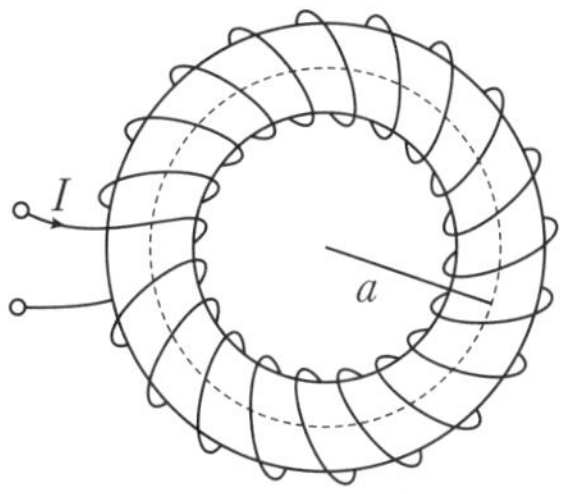

① 1,000　② 500　③ $\frac{500}{\pi}$　④ $\frac{1,000}{\pi}$

41 공급 전압과 여자의 크기에 따라 달라지며, 동기 전동기가 정격 주파수와 정격 전압 및 규정된 여자에서 동기 운전할 수 있는 최대 토크를 고르면?

① 기동토크　② 정지토크
③ 탈출토크　④ 인입토크

42 한 변의 길이가 $l=\sqrt{3}$[m]인 정육각형 도체에 다음과 같이 전하 Q[C]가 존재할 때, 정육각형 중심에서의 전계의 세기[V/m]를 고르면?

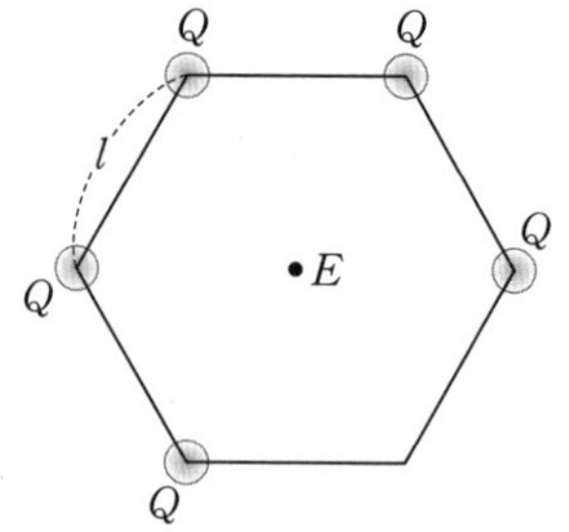

① $\frac{Q}{2\pi\varepsilon}$ ② $\frac{Q}{4\pi\varepsilon}$ ③ $\frac{Q}{6\pi\varepsilon}$ ④ $\frac{Q}{12\pi\varepsilon}$

43 다음 회로에서 입력전압이 $V_i=200$[V]이고, $L=80$[mH], $C=4$[mF], $R=20$[Ω], $f=1$[kHz]이다. 듀티비가 $D=0.8$일 때의 출력전압 V_o[V]의 맥동전압(전압변동) 값 ΔV_o[V]를 고르면?

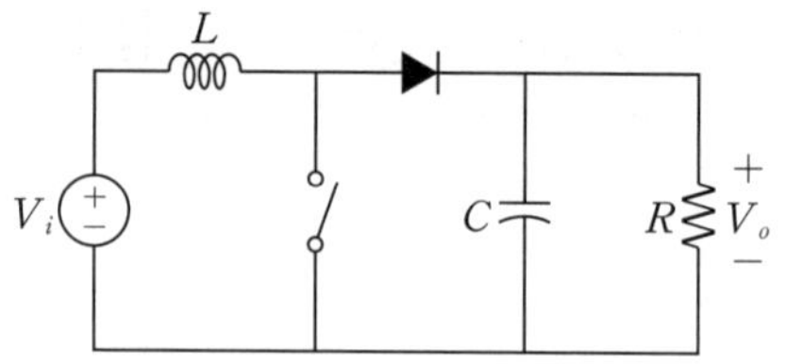

① 1 ② 2 ③ 5 ④ 10

44 다음 CE 증폭회로에서 V_o[V]를 고르면?(단, $V_i=10$[V], $R_s=10$[Ω], $r_\pi=10$[Ω], $R_c=10$[Ω], $\beta=15$이다.)

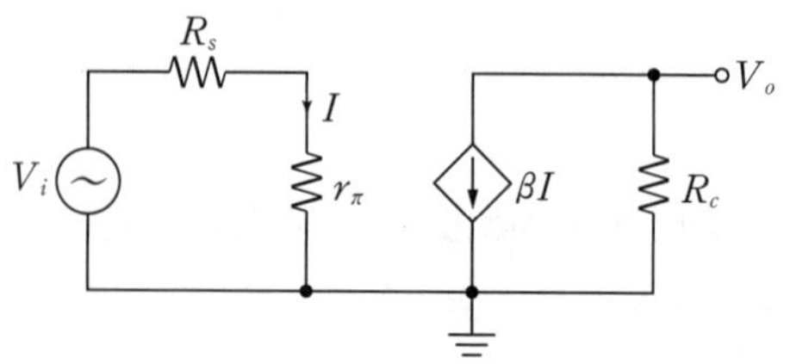

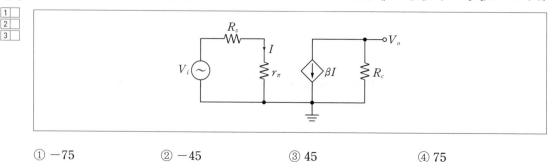

① −75 ② −45 ③ 45 ④ 75

45 **다음과 같이 코일이 감겨있는 환상 철심의 자기저항[AT/wb]을 고르면?**(단, 진공 중의 투자율은 $\mu_0 = 4\pi \times 10^{-7}$[H/m]이다.)

1 2 3

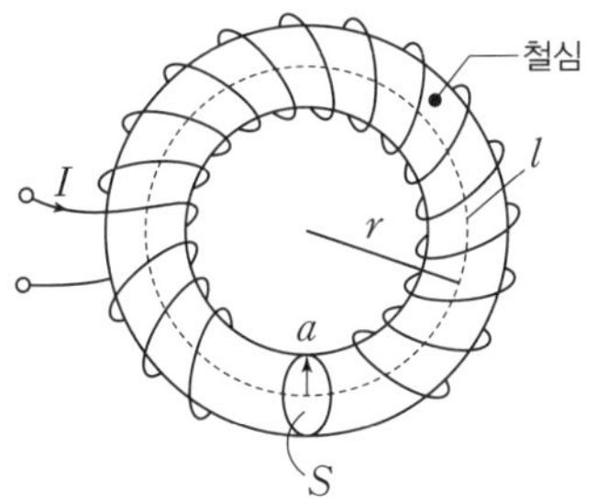

① $\dfrac{5\times10^6}{\mu_s \pi a^2}r$　② $\dfrac{10^6}{\mu_s \pi a^2}r$　③ $\dfrac{2.5\times10^6}{\mu_s \pi a}r$　④ $\dfrac{10^6}{\mu_s a}r$

46 **보존장일 때의 정전계 조건을 고르면?**

1 2 3

① $\oint J \cdot dl = 0$　② $\oint E \cdot dl = 0$　③ $\oint F \cdot dl = Q$　④ $\oint D \cdot dl = Q$

47 **다음과 같은 동축 원통에 왕복전류가 흐를 때, r지점의 자계의 세기[A/cm]를 고르면?**(단, $a=1$[cm], $b=2$[cm], $c=4$[cm], $r=3$[cm], $I=9$[A]이다.)

1 2 3

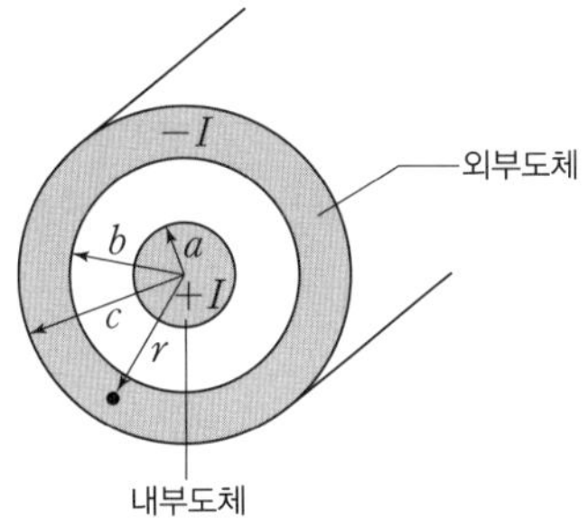

① $\dfrac{17}{8\pi}$　② $\dfrac{9}{8\pi}$　③ $\dfrac{7}{8\pi}$　④ $\dfrac{3}{8\pi}$

48 정상 운전 중에 폭발성 가스 또는 증기에 의한 점화원이 발생하는 것을 방지하기 위한 방폭구조를 고르면?

1 2 3

① 본질안전 방폭구조 ② 충전 방폭구조
③ 몰드 방폭구조 ④ 안전증 방폭구조

49 전선의 약호에 대한 명칭으로 옳지 않은 것을 고르면?

1 2 3

① OE: 옥외용 폴리에틸렌 절연전선
② OW: 옥외용 비닐 절연전선
③ OC: 옥외용 클로로프렌 절연전선
④ DV: 인입용 비닐 절연전선

50 피뢰 시스템 적용 시 지상으로부터의 설치높이 기준을 고르면?

1 2 3

① 8[m] 이상 ② 12[m] 이상
③ 15[m] 이상 ④ 20[m] 이상

51 한 대의 기계를 7시간 사용하는 동안 4회의 고장이 발생하였다. 기계의 가동시간과 고장수리시간이 다음 [표]와 같을 때, MTTR을 고르면?

1 2 3

가동시간[hour]	수리시간[hour]
$T_1=1.5$	$T_a=0.1$
$T_2=1.1$	$T_b=0.2$
$T_3=1.8$	$T_c=0.3$
$T_4=1.4$	$T_d=0.4$

① 0.15[hour/회] ② 0.25[hour/회]
③ 0.42[hour/회] ④ 0.62[hour/회]

52 발전기에 부족여자 제한기를 설치하는 목적을 고르면?

1 2 3

① 부족여자 영역에서 운전 시, 발전기의 전기자 철심 단부에 과열과 발전기의 정태안정도가 떨어지는 문제를 방지하기 위해서
② 과여자 영역에서 운전 시, 발전기의 전기자 철심 단부에 과열과 발전기의 정태안정도가 떨어지는 문제를 방지하기 위해서
③ 부족여자 영역에서 운전 시, 자속이 포화되지 않아 기전력이 제대로 형성되지 않는 것을 방지하기 위해서
④ 과여자 영역에서 운전 시, 자속이 포화되지 않아 기전력이 제대로 형성되지 않는 것을 방지하기 위해서

53 A코일의 자기인덕턴스가 $L_A=0.4$[H], B코일의 자기인덕턴스가 $L_B=0.9$[H]이고, 두 코일 간의 상호인덕턴스가 $M=0.36$[H]일 때, 결합계수의 값을 고르면?

1 2 3

① 0.3 ② 0.4 ③ 0.5 ④ 0.6

54 수전단의 선간전압이 154[kV]인 2회선 선로의 길이가 154[km], 송전용량 계수가 1,200일 때, 송전용량 계수법에 의한 송전용량[MW]을 고르면?

1 2 3

① 184.8 ② 288.4 ③ 369.6 ④ 418.2

정답과 해설 p.115

2021 하반기

한국동서발전

시험정보

시험 일시	2021. 8. 28. (토)
문항 수/제한 시간	40문항/50분 ※ 한국사 10문항을 포함한 제한 시간임
선택지 구분	4지선다형
출제 범위	전자기학, 회로이론, 전기기기, 전력공학, 제어공학, 전기설비
특이사항	– 계산기 사용 불가 – 수정테이프 사용 가능 – 오답 감점 없음

세부과목 출제 비중

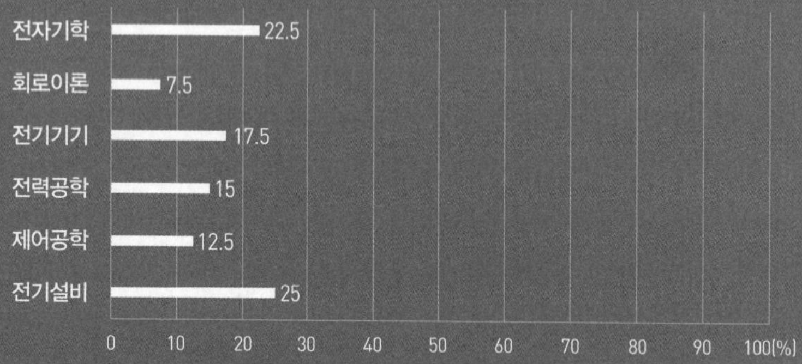

시험분석

전체 난이도는 '중~중상' 정도로 출제되었다. 전자기학, 전기설비 과목의 비중이 높았으며, 계산 문제와 개념 문제가 골고루 출제되었다. 일부 변별력이 높은 문제가 있었으나, 대부분 평이한 난이도의 문제로 구성되었다. 특히 전기설비 과목에서 2021년 기준으로 KEC로 변경되면서 수정된 부분에 대한 변별력 있는 문제가 출제되었으며, 그 외에는 전기설비와 관련된 수치값에 대한 문제 위주로 출제되었다.

01 직류 송전방식에 대한 설명으로 옳지 않은 것을 고르면?

① 리액턴스가 없어 리액턴스 강하가 없고, 안정도가 높다.
② 장거리 송전, 케이블 송전에 유리하다.
③ 유도장해가 적고, 송전 효율이 좋다.
④ 교류 직류 교환 장치에서 발하는 고조파를 제거하는 설비를 필요로 하지 않는다.

02 15[kVA], 3,000/200[V] 변압기의 1차 측 환산 등가 임피던스가 $5.4+j6[\Omega]$일 때 %리액턴스 강하[%]를 고르면?

① 1 ② 1.5 ③ 2 ④ 2.5

03 변압기의 병렬운전 조건으로 옳지 않은 것을 고르면?

① 두 변압기의 극성이 일치해야 한다.
② 두 변압기의 권수비가 일치해야 한다.
③ 두 변압기의 %임피던스가 일치해야 한다.
④ 두 변압기의 용량이 일치해야 한다.

04 3상 4극, 60[Hz], 회전속도가 1,764[rpm]인 권선형 유도 전동기가 있다. 이 유도 전동기의 2차 저항을 기존의 4배로 할 때, 회전속도[rpm]를 고르면?

① 1,104 ② 1,484 ③ 1,656 ④ 1,702

05 전하가 도체 표면에 분포할 때, 그 도체의 전계에 대한 설명으로 옳지 않은 것을 고르면?

1□ 2□ 3□

① 전기력선은 도체 표면에 수직으로 작용한다.

② 도체 내부에는 전계가 작용하지 않아, 그 세기는 0이 된다.

③ 무한 평면도체에 분포된 전하밀도를 σ[C/m²]라 할 때, 이로 인한 전계의 세기는 $\frac{\sigma}{\varepsilon_0}$[V/m]이다.

④ 점전하로 인한 전계의 세기는 점전하로부터 멀어질수록 작아진다.

06 접지극을 지중에 매설되어 있는 금속제 수도관로로 하려고 한다. 다음 중 수도관로를 접지극으로 사용할 수 없는 경우를 고르면?

1□ 2□ 3□

① 수도관로의 안지름이 75[mm] 이상이고, 대지와의 전기저항 값이 1[Ω]인 것

② 수도관로의 안지름이 75[mm] 이상이고, 대지와의 전기저항 값이 2[Ω]인 것

③ 안지름이 75[mm] 이상의 수도관로에서 분기한 안지름 75[mm] 미만의 수도관으로 길이가 6[m]이고, 전기저항 값이 2[Ω]인 것

④ 안지름이 75[mm] 이상의 수도관로에서 분기한 안지름 75[mm] 미만의 수도관으로 길이가 6[m]이고, 전기저항 값이 3[Ω]인 것

07 사용전압이 66[kV]인 중성점 접지식 전로의 절연내력을 시험하고자 할 때, 시험전압[kV]을 고르면?

1□ 2□ 3□

① 72.6　　② 75　　③ 82.5　　④ 99

08 지선의 시설규정에 대한 내용으로 옳지 않은 것을 고르면?

1□ 2□ 3□

① 안전율은 2.5 이상이어야 한다.

② 허용 인장하중의 최대는 4.31[kN]으로 한다.

③ 연선을 사용하는 경우 3가닥 이상의 소선지름이 2.6[mm] 이상인 금속선으로 한다.

④ 도로를 횡단하여 시설하는 경우 설치 높이는 지표상 5[m] 이상으로 한다.

09 내압이 2[kV]이고 정전용량이 각각 0.1[μF], 0.2[μF], 0.5[μF]인 콘덴서가 있다. 이 세 개의 콘덴서를 직렬로 연결하였을 때, 전체 내압[V]을 고르면?

1
2
3

① 2,000 ② 2,750 ③ 3,400 ④ 3,950

10 전선 지지점 간에 경간이 200[m]인 곳에 전선을 시설하고자 한다. 전선의 합성하중은 1[kg/m], 인장하중 5,000[kg], 안전율은 2.5일 때, 시설에 필요한 전선의 실제 길이는 경간보다 몇 [m] 길어야 하는지 고르면?

1
2
3

① $\frac{1}{12}$ ② $\frac{1}{10}$ ③ $\frac{1}{8}$ ④ $\frac{1}{6}$

11 무손실 전송선로의 인덕턴스가 $L=4$[mH], 커패시턴스가 $C=0.1$[μF]이고, 부하 임피던스가 600[Ω]일 때, 반사계수를 고르면?

1
2
3

① 0.1 ② 0.3 ③ 0.5 ④ 0.8

12 내부에 전류 I[A]가 균일하게 흐르는 반지름이 a[m]의 무한장 직선도선이 있다. 전선의 중심으로부터 $2a$[m] 지점의 자계를 H_1[A/m], 전선의 중심으로부터 $0.5a$[m] 지점의 자계를 H_2[A/m]라고 할 때, H_1은 H_2의 몇 배인지 고르면?

1
2
3

① 0.1배 ② 0.25배 ③ 0.5배 ④ 1배

13 $v=4a_x+a_y-2a_z$[m/s]의 속도로 운동하는 2[C]의 점전하가 있다. 이 점전하가 전계 $a_x-6a_y+5a_z$[V/m] 및 자속밀도 $2a_x+a_y-4a_z$[wb/m^2]의 공간에서 운동할 때, 점전하에 작용하는 힘[N]을 고르면?(단, a_x, a_y, a_z는 단위벡터를 의미한다.)

1 2 3

① $-2a_x+12a_y+14a_z$
② $2a_x+12a_y+14a_z$
③ $-2a_x-12a_y+14a_z$
④ $2a_x-12a_y+14a_z$

14 자성체에 대한 설명으로 옳지 않은 것을 고르면?

1 2 3

① 강자성체는 자기 모멘트가 평행하게 작용하는 자구가 형성되지 않는 자성체로, 영구자석의 재료로 사용된다.
② 상자성체는 외부에서 자기장을 가하면, 그 방향으로 내부의 자기 모멘트가 불규칙하게 배열되어 약하게 자화되는 자성체이다.
③ 반자성체는 외부에서 자기장을 가하면, 그 반대 방향으로 자화하여 외부 자기장과 반발하는 형태를 띈다.
④ 철, 니켈, 코발트, 망간은 강자성체에 속하고, 백금, 알루미늄, 텅스텐은 상자성체에 속하며, 금, 은, 동, 안티몬은 반자성체에 속한다.

15 자계에 대한 설명으로 옳지 않은 것을 고르면?

1 2 3

① 점자극 $+m$[wb]에 의한 자위는 점자극으로부터의 거리 r[m]에 반비례한다.
② 공기 중에서 점자극 $+m$[wb]에 의한 자기력선의 개수는 $\frac{m}{4\pi}\times10^{-7}$개다.
③ 자계가 존재하는 공간에서 점자극 $+m$[wb]이 받게 되는 힘은 $F=\frac{mB}{\mu}$[N]가 되며, B는 자속밀도, μ는 투자율을 의미한다.
④ 전류에 의해 형성되는 자계의 세기는 비오-사바르의 법칙을 따른다.

16 비투자율 μ_s, 단면적이 10[cm^2]인 자성체에 4,000[AT/m]의 자계를 가할 때, 자성체에 흐르는 자속이 $8\pi\times10^{-3}$[wb]였다. 이때, 자성체의 비투자율 μ_s를 고르면?

1 2 3

① 2,500
② 3,000
③ 4,000
④ 5,000

17 **동기기의 전기자 권선법에 대한 설명으로 옳지 않은 것을 고르면?**

1 2 3

① 분포권은 집중권에 비해 기전력의 크기가 작고, 단절권은 전절권에 비해 기전력의 크기가 작다.
② 전절권과 단절권의 권선 간격은 극 간격보다 크다.
③ 분포권의 매극 매상당 슬롯수는 1보다 큰 값을 갖는다.
④ 단절권과 분포권은 기전력의 파형을 개선하는 목적으로 사용한다.

18 **유기 기전력과 전기자 저항이 각각 150[V], 1[Ω]인 직류 타여자 발전기 A와 120[V], 0.5[Ω]인 직류 타여자 발전기 B가 있다. 이 두 발전기를 병렬운전할 때, A발전기에 흐르는 전기자 전류 I_A[A]의 값을 고르면?**(단, 부하전류는 45[A]이다.)

1 2 3

① 5 ② 15 ③ 25 ④ 35

19 **다음 회로에서 I[A]의 값을 고르면?**

1 2 3

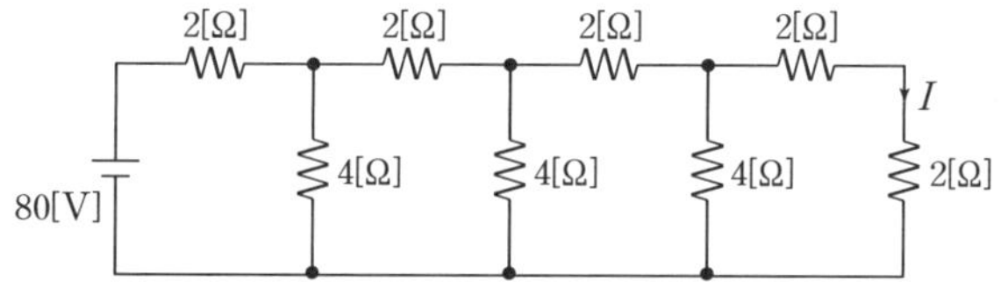

① 10 ② 5 ③ 2.5 ④ 1.25

20 **다음 회로에서 a점과 b점 사이의 전압 V_{ab}[V]를 고르면?**

1 2 3

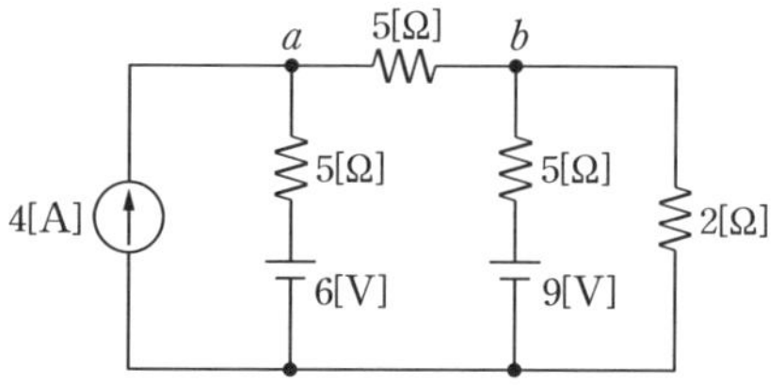

① 8.75 ② 9.25 ③ 9.75 ④ 10.25

21 **동기 발전기의 전기자 반작용에 대한 설명으로 옳지 않은 것을 고르면?**

1☐ 2☐ 3☐

① 지상 부하일 때, 전기자 전류에 의한 자기장이 주자속을 감소시키는 감자작용이 발생한다.

② 진상 부하일 때, 전기자 전류에 의한 자기장이 주자속을 증가시키는 증자작용이 발생한다.

③ 동상 부하일 때, 전기자 전류에 의한 자기장이 주자속에 직축으로 영향을 주는 교차 자화작용이 발생한다.

④ 전기자 반작용은 전기자 전류에 의해 발생하는 자속이 주자속 분포에 영향을 주는 현상을 말한다.

22 **함수 $F(s)=\dfrac{10}{s(s+1)(s+2)^2}$을 라플라스 역변환한 함수 $f(t)$를 고르면?**

1☐ 2☐ 3☐

① $f(t)=\frac{5}{2}+10e^{-t}+5te^{-2t}+\frac{15}{2}e^{-2t}$

② $f(t)=\frac{5}{2}-10e^{-t}+5te^{-2t}+\frac{15}{2}e^{-2t}$

③ $f(t)=\frac{5}{2}-10e^{-t}+\frac{5}{2}te^{-2t}+\frac{15}{2}e^{-2t}$

④ $f(t)=\frac{5}{2}+10e^{-t}+\frac{5}{2}te^{-2t}+15e^{-2t}$

23 **애자에 대한 설명으로 옳지 않은 것을 고르면?**

1☐ 2☐ 3☐

① 애자가 섬락되었을 때 아크열로 인해 애자가 손상되는 것을 방지하기 위한 장치를 아킹혼 또는 소호환이라고 한다.

② 애자련에서 전압부담이 최대인 애자는 전선로에 가장 가까운 애자이며, 최소인 애자는 전선로로부터 대략 2/3 지점의 애자이다.

③ 애자 1련의 애자수는 22.9[kV]의 경우 2~3개, 66[kV]의 경우 4~6개, 154[kV]의 경우 9~11개이다.

④ 250[mm] 현수애자 1개를 기준으로 하였을 때, 애자련의 절연내력 시험에서 유중 섬락시험 전압은 130[kV]이다.

24 계통접지의 방식에 대한 설명으로 옳지 않은 것을 고르면?

1
2
3

① TT계통은 전원의 한 점을 직접접지하고 설비의 노출도전부는 전원의 접지전극과 공통된 접지극에 접속하며, 배전계통에서 PEN도체를 추가로 접지할 수 있는 계통접지 방식이다.

② IT계통은 충전부 전체를 대지로부터 절연시키거나, 한 점을 임피던스를 통해 대지에 접속시키고, 전기설비의 노출도전부를 단독 또는 일괄적으로 계통의 PE도체에 접속시키며, 배전계통에서 추가 접지가 가능한 계통접지 방식이다.

③ TN−S계통은 계통 전체에 대하여 별도의 중성선 또는 PE도체를 사용하며, 배전계통에서 PE도체를 추가로 접지할 수 있는 계통접지 방식이다.

④ TN−C−S계통은 계통의 일부분에서 PEN도체를 사용하거나, 중성선과 별도의 PE도체를 사용하는 방식이 있으며, 배전계통에서 PEN, PE도체를 추가로 접지할 수 있는 계통접지 방식이다.

25 발전기에는 이상발생 시 자동적으로 전로로부터 차단해 주는 차단장치를 시설해야 한다. 차단장치의 동작기준으로 옳지 않은 것을 고르면?

1
2
3

① 발전기에 과전류 또는 과전압이 생긴 경우

② 용량이 500[kVA] 이상의 발전기를 구동하는 수차의 압유장치의 유압이 현저하게 저하되는 경우

③ 용량이 1,000[kVA] 이상인 수차 발전기의 스러스트 베어링 온도가 현저하게 상승하는 경우

④ 정격출력이 10,000[kW]를 초과하는 증기터빈의 스러스트 베어링이 현저하게 마모되거나 온도가 현저하게 상승하는 경우

26 전선의 접속에 대한 설명으로 옳지 않은 것을 고르면?

1
2
3

① 나전선 상호 간에 접속 시, 또는 나전선과 절연전선을 접속하는 경우에, 전선의 세기는 30[%] 이상 감소시키지 않아야 한다.

② 전기 화학적 성질이 다른 도체를 접속할 때, 그 접속 부분에 전기적 부식이 생기지 않도록 해야한다.

③ 전선을 병렬로 사용 시, 병렬로 사용하는 각 전선 굵기는 동선 50[mm^2] 이상, 알루미늄 70[mm^2] 이상으로 하고 전선은 같은 도체, 같은 재료, 같은 길이 및 같은 굵기의 것을 사용한다.

④ 병렬로 사용하는 전선에는 각각에 퓨즈를 설치해서는 안 되며, 교류회로에서 병렬로 사용하는 전선은 금속관 내에 전자적 불평형이 생기지 않도록 한다.

27 다음 [보기]는 방전등, 관등회로와 관련하여 접지공사를 생략할 수 있는 경우에 관한 내용이다. 빈칸 ⓐ~ⓒ에 들어갈 값이 바르게 짝지어진 것을 고르면?

1 2 3

보기

1. 관등회로 사용전압이 대지전압 (ⓐ)[V] 이하의 것을 건조한 장소에서 시공할 경우
2. 관등회로 사용전압이 (ⓑ)[V] 이하의 것을 사람이 쉽게 접촉될 우려가 없는 건조한 장소에서 시설할 경우로 그 안정기의 외함 및 등기구의 금속제 부분이 금속제의 조영재와 전기적으로 접속되지 않도록 시설할 경우
3. 관등회로 사용전압이 (ⓑ)[V] 이하 또는 변압기 정격 2차 단락전류 혹은 회로의 동작전류가 (ⓒ)[mA] 이하의 것으로 안정기를 외함에 넣고, 이것을 등기구와 전기적으로 접속되지 않도록 시설할 경우

	ⓐ	ⓑ	ⓒ
①	150	300	40
②	150	400	50
③	300	400	40
④	300	500	50

28 법규 관련 용어의 정의로 옳지 않은 것을 고르면?

1 2 3

① 인체에 위험을 초래하지 않을 정도의 저압을 특별저압(ELV)이라 하며, SELV는 비접지회로, PELV는 접지회로에 해당된다.
② 전력계통의 일부가 전력계통의 전원과 전기적으로 분리된 상태에서 분산형 전원에 의해서만 운전되는 상태를 단독운전이라 한다.
③ 방전등용 안정기 또는 방전등용 변압기로부터 방전관까지의 전로를 관등회로라 한다.
④ 충전부는 아니지만 고장 시에 충전될 위험이 있고, 사람이 쉽게 접촉할 수 없는 기기의 도전성 부분을 노출도전부라 한다.

29 산지 등에서 사람이 쉽게 들어갈 수 없는 장소에 66[kV]의 전선을 시설하는 경우에, 전선의 지표상 높이[m]를 고르면?

1 2 3

① 4　② 5　③ 6　④ 6.5

30 직류 분권 발전기에 대한 설명으로 옳지 않은 것을 고르면?

1 2 3

① 역회전 시에 잔류자기 소멸로 인하여 발전이 불가하게 된다.
② 계자 권선과 전기자 권선이 병렬로 접속된다.
③ 부하전류가 커질수록 발전기의 유기기전력은 감소한다.
④ 단자에서 전압강하가 클수록 발전기의 계자전류는 증가한다.

31 제어계 조절부 동작에 의한 제어 종류에 대한 설명으로 옳지 않은 것을 고르면?

1 2 3

① P제어는 동작 속도가 늦고 오차가 크며, 잔류편차를 발생시킨다.
② PD제어는 P제어의 동작 속도가 느린 점을 보완하기 위해 미분동작을 추가한 것으로 제어장치의 응답 속응성을 높일 수 있는 제어이다.
③ PI제어는 P제어의 오차가 큰 점을 보완하기 위해 적분동작을 추가한 것으로 제어장치의 잔류편차를 제거하여 정확도를 높일 수 있으며, 응답 속응성도 일부 개선할 수 있는 제어이다.
④ PID제어는 잔류편차를 제거하여 제어장치의 정확도 및 응답 속응성을 향상시킨 최적의 제어이다.

32 피뢰기(LA)에 대한 설명으로 옳지 않은 것을 고르면?

1 2 3

① 피뢰기는 제한전압이 낮아야 하며, 속류 차단능력은 커야 한다.
② 피뢰기의 방전용량 단위는 [VA]로 표시한다.
③ 갭형 피뢰기에서 직렬갭은 정상 시에는 방전하지 않으며, 이상전압 발생 시 신속히 대지로 방전하고 속류를 차단한다.
④ 66[kV]계통에서 뱅크용량이 3,000[kVA] 이하인 경우의 피뢰기 공칭방전전류는 일반적으로 5[kA]이다.

33 전달함수의 성질에 대한 설명으로 옳지 않은 것을 고르면?

1 2 3

① 초기조건이 0이 아니면 전달함수의 표현이 어렵기 때문에 초기조건을 0으로 가정한다.
② 전달함수는 시스템 그 자체의 성질을 표현하는 것이므로 시스템 입력의 크기와 무관하다.
③ 전달함수로는 시스템의 내부구조와 그 상태에 대해서는 알 수 없다.
④ 전달함수는 선형, 비선형, 시변, 시불변 시스템의 입출력을 비로써 나타낸 함수이다.

34 대지 정전용량이 $C_s=0.12[\mu F]$, 선간(상호) 정전용량이 $C_m=0.07[\mu F]$일 때, 단상일 경우와 3상일 경우의 작용 정전용량[μF]을 고르면?

1 2 3

	단상일 경우	3상일 경우
①	0.19	0.33
②	0.19	0.42
③	0.26	0.33
④	0.26	0.42

35 전속밀도에 대한 설명으로 옳지 않은 것을 고르면?

1 2 3

① 비유전율 ε_s의 유전체에 작용하는 전속밀도는 $\varepsilon_0 E+\varepsilon_0(\varepsilon_s-1)E$로 표현된다.
② 전속밀도는 그 값이 주위 매질의 영향을 받지 않는다.
③ 전속은 주위 매질에 관계없이 전하량 Q[C]과 같은 개수로 나타난다.
④ 전속은 유전율이 작은 매질로 모이는 성질이 있다.

36 고압 옥내배선 등의 시설 규정으로 옳지 않은 것을 고르면?

1 2 3

① 고압 옥내배선은 건조한 장소로서 전개된 장소에는 애자사용배선으로 할 수 있다.
② 애자사용배선에 의할 때, 전선의 지지점 간의 거리는 5[m] 이하이어야 한다.
③ 애자사용배선에 의할 때, 전선 상호 간의 간격은 0.08[m] 이상, 전선과 조영재 사이의 이격거리는 0.05[m] 이상이어야 한다.
④ 수관, 가스관과의 이격거리는 0.15[m] 이상이어야 한다.

37 다음 설명 중 옳지 않은 것을 고르면?

1 2 3

① 전류에 의해 발생되는 자계의 방향을 결정하는 법칙을 암페어의 오른나사 법칙이라 한다.
② 도체에 흐르는 전류에 의해 형성되는 자계의 세기를 도출하는 법칙은 비오-사바르 법칙이다.
③ 자속 밀도가 작용하는 공간에 전류가 흐르는 도체가 있을 때, 도체가 움직이는 방향에 대한 힘의 정리는 플레밍의 오른손 법칙이다.
④ 무한장 솔레노이드에 전류를 흘릴 때, 철심 내부의 자계는 전류에 비례한다.

38 $\frac{d^3}{dt^3}c(t)+4\frac{d^2}{dt^2}c(t)+2\frac{d}{dt}c(t)+3c(t)=r(t)$로 표시되는 제어계를 상태방정식 $\dot{x}(t)=Ax(t)+Br(t)$로 나타낼 때, A, B에 해당하는 행렬을 고르면?

1 2 3

① $A=\begin{bmatrix} 0 & 1 & 0 \\ 0 & 0 & 1 \\ -3 & -2 & -4 \end{bmatrix}$, $B=\begin{bmatrix} 0 \\ 0 \\ 1 \end{bmatrix}$

② $A=\begin{bmatrix} 0 & 1 & 0 \\ 0 & 0 & 1 \\ -3 & -2 & -4 \end{bmatrix}$, $B=\begin{bmatrix} 0 \\ 1 \\ 0 \end{bmatrix}$

③ $A=\begin{bmatrix} 0 & 1 & 0 \\ 0 & 0 & 1 \\ -4 & -2 & -3 \end{bmatrix}$, $B=\begin{bmatrix} 0 \\ 0 \\ 1 \end{bmatrix}$

④ $A=\begin{bmatrix} 0 & 1 & 0 \\ 0 & 0 & 1 \\ -4 & -2 & -3 \end{bmatrix}$, $B=\begin{bmatrix} 0 \\ 1 \\ 0 \end{bmatrix}$

39 최대수용전력이 700[kW]인 수용가의 월간 사용 전력량이 252,000[kWh]일 때, 월 평균 부하율[%]을 고르면?(단, 1개월은 30일로 취급한다.)

1 2 3

① 45 ② 50 ③ 55 ④ 60

06 한국동서발전

40 $G(s)H(s)=\frac{2}{(2s+5)(s+4)}$의 이득여유[dB]를 고르면?(단, $w=0$이다.)

1 2 3

① 0 ② -20 ③ 20 ④ 40

정답과 해설 p.127

2020 하반기

한국동서발전

시험정보

시험 일시	2020. 11. 1. (일)
문항 수/제한 시간	40문항/50분 ※ 한국사 10문항을 포함한 제한 시간임
선택지 구분	4지선다형
출제 범위	전자기학, 회로이론, 전기기기, 전력공학, 제어공학, 전기설비
특이사항	– 계산기 사용 불가 – 수정테이프 사용 가능 – 오답 감점 없음

세부과목 출제 비중

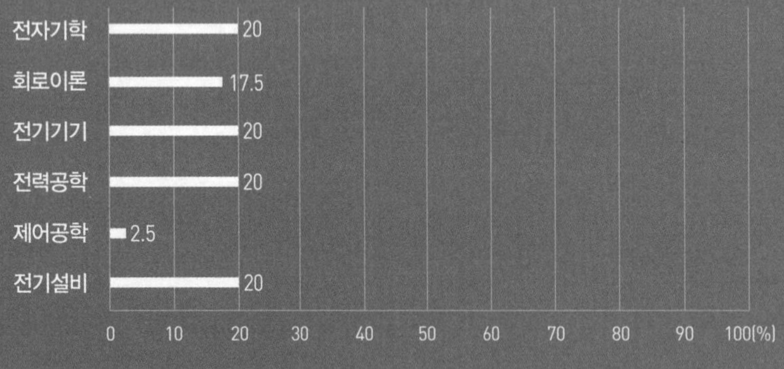

시험분석

전체적인 난이도는 '하~중' 정도로 출제되었다. 전과목에서 계산 문제와 개념 문제가 고르게 출제되었다. 또한, 전기설비 과목에서 변별력을 위한 정확한 수치값을 요구하는 문제가 출제되었다. 고득점을 받기 위해서는 정확한 수치값을 동반한 전기설비 과목의 학습이 필요할 것으로 보인다.

01 전위함수가 $V=4x^2y^2+2y^4z+10$[V]으로 주어질 때, 점 (1, −1, 2)에서의 전위경도를 고르면?

1 2 3

① $8i-24j+2k$ ② $8i+24j+2k$
③ $-8i-24j+2k$ ④ $-8i-24j-2k$

02 쿨롱의 법칙에 대한 설명으로 옳은 것을 고르면?

1 2 3

① 두 전하 간에 작용하는 힘은 두 전하 간의 거리와 반비례한다.
② 두 전하 간에 작용하는 힘은 주위 매질과는 관계없이 결정된다.
③ 서로 다른 극성의 전하 간에는 흡인력이 작용한다.
④ 두 전하 간에 작용하는 힘은 두 전하의 크기 곱에 반비례한다.

03 두 매질의 경계면에 전계가 입사되고 있다. 입사각이 $\theta_1=30°$, 굴절각이 $\theta_2=45°$, 입사 측 매질의 유전율이 $\varepsilon_1=5\varepsilon_0$일 때, 굴절 측의 유전율 ε_2를 고르면?

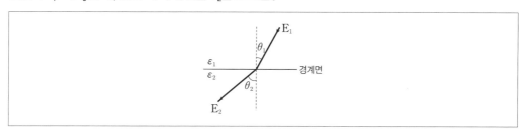

1 2 3

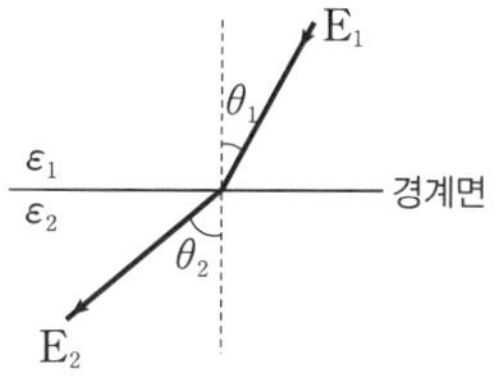

① $\frac{5}{\sqrt{3}}\varepsilon_0$ ② $5\sqrt{3}\varepsilon_0$ ③ $\frac{\sqrt{3}}{5}\varepsilon_0$ ④ $\frac{1}{5\sqrt{3}}\varepsilon_0$

04 원형코일의 반지름이 5[cm], 권수가 100회 감겨있다. 이 코일에 흐르는 2[A]의 전류가 흐를 때, 코일 중심에서의 자계의 세기[AT/m]를 고르면?

1 2 3

① 1,200 ② 1,500 ③ 1,800 ④ 2,000

05 $+q$, $-q$의 전기 쌍극자 중심으로부터 거리 r[m]만큼 떨어진 점에서의 전계의 세기[V/m]를 고르면?

① $\frac{M}{4\pi\varepsilon_0 r^3}\sqrt{1+3\cos^2\theta}$ ② $\frac{M}{4\pi\varepsilon_0 r^2}\sqrt{1+3\cos^2\theta}$

③ $\frac{M}{2\pi\varepsilon_0 r^3}\sqrt{1+3\cos^2\theta}$ ④ $\frac{3M}{4\pi\varepsilon_0 r^2}\sqrt{1+\cos^2\theta}$

06 극판 간격이 1[cm], 극판의 면적이 40[cm^2]인 평행판 공기콘덴서에 90[V]의 전압이 인가될 때, 콘덴서에 축적되는 에너지[J]를 고르면?

① $810\varepsilon_0$ ② $1,260\varepsilon_0$ ③ $1,620\varepsilon_0$ ④ $3,240\varepsilon_0$

07 자성체의 비투자율이 $\mu_s=250$이고, 자속밀도가 500[wb/m^2]일 때, 자성체의 자화율 χ과 자화의 세기 J[wb/m^2]를 고르면?

① $\chi=249\mu_0$, $J=498$ ② $\chi=250\mu_0$, $J=498$

③ $\chi=249\mu_0$, $J=298$ ④ $\chi=250\mu_0$, $J=298$

08 다음 [보기]의 빈칸 ⓐ~ⓒ에 들어갈 내용이 바르게 짝지어진 것을 고르면?

보기

코일에 작용하는 자속의 시간적인 변화에 따라 코일 양단에 기전력이 유도되는 현상을 (ⓐ)라고 하며, 이때 유도 기전력의 방향을 나타내는 법칙을 (ⓑ), 크기를 나타내는 법칙을 (ⓒ)라고 한다.

	ⓐ	ⓑ	ⓒ
①	전자유도 법칙	플레밍 법칙	패러데이 법칙
②	전자유도 법칙	렌츠의 법칙	패러데이 법칙
③	패러데이 법칙	암페어 법칙	렌츠의 법칙
④	패러데이 법칙	렌츠의 법칙	암페어 법칙

09 출력이 60[kW], 단자전압이 300[V], 전기자 저항이 0.1[Ω], 계자저항이 100[Ω]인 직류 분권 발전기가 있다. 전부하 시 분권 발전기의 기전력[V]을 고르면?

1 2 3

① 310.3 ② 320.3 ③ 330.5 ④ 360.5

10 일반적인 동기기에서 사용하는 권선법이 바르게 나열된 것을 고르면?

1 2 3

① 고상권, 폐로권, 단층권, 분포권
② 환상권, 폐로권, 이층권, 분포권
③ 고상권, 이층권, 분포권, 단절권
④ 환상권, 단층권, 집중권, 단절권

11 다음 [보기]에서 단상 유도 전동기의 기동방식 중 기동토크가 큰 순서대로 나열한 것을 고르면?

1 2 3

보기		
㉠ 분상 기동형	㉡ 반발 유도형	㉢ 셰이딩 코일형
㉣ 반발 기동형	㉤ 콘덴서 기동형	

① ㉠ - ㉤ - ㉣ - ㉡ - ㉢
② ㉡ - ㉣ - ㉤ - ㉠ - ㉢
③ ㉣ - ㉡ - ㉤ - ㉠ - ㉢
④ ㉤ - ㉠ - ㉢ - ㉣ - ㉡

12 직류 전동기의 속도 제어법으로 옳은 것을 고르면?

1 2 3

① 전압제어, 계자제어, 저항제어
② 전압제어, 극수제어, 주파수제어
③ 계자제어, 2차 저항제어, 극수제어
④ 2차 여자제어, 2차 저항제어, 주파수제어

13 60[Hz], 10극 유도 전동기의 동기속도[rpm]를 고르면?

1 2 3

① 600 ② 720 ③ 900 ④ 1,200

14 변압기의 1차 측 전류가 20[A], 1차 측 임피던스가 900[Ω], 2차 측 임피던스가 1[Ω]일 때, 변압기의 2차 측 전류값[A]을 고르면?

1 2 3

① 150 ② 450 ③ 600 ④ 1,800

15 60[Hz], 8극, 정격전압 380[V], 정격용량 10[kW]인 3상 유도전동기가 720[rpm]으로 회전할 때의 회전자 주파수 f_{2s}[Hz]를 고르면?

1 2 3

① 6 ② 8 ③ 10 ④ 12

16 정격 11[kVA], 22,900/220[V], 60[Hz]의 3상 변압기가 있다. $\%Z=5[\%]$일 때의 단락전류[A]를 고르면?

1 2 3

① $\frac{1,000}{\sqrt{3}}$ ② 1,000 ③ $\frac{2,000}{\sqrt{3}}$ ④ 2,000

17 전선을 균일하게 3배의 길이로 당겨 늘였을 때, 전선의 저항은 처음의 몇 배가 되는지 고르면?(단, 전선의 체적은 불변이다.)

1 2 3

① $\frac{1}{9}$배 ② $\frac{1}{3}$배 ③ 3배 ④ 9배

18 $v=10+6\sqrt{2}\sin wt+8\sqrt{2}\sin 3wt+20\sqrt{2}\sin 5wt$[V]의 실횻값[V]을 고르면?

1 2 3

① $5\sqrt{6}$ ② $5\sqrt{14}$ ③ $10\sqrt{6}$ ④ $10\sqrt{14}$

19 RLC 직렬회로에서 저항이 $R=30$[Ω], 유도성 리액턴스가 $X_L=75$[Ω], 용량성 리액턴스가 $X_C=35$[Ω]일 때, 회로의 역률을 고르면?

1 2 3

① 0.6 ② 0.65 ③ 0.8 ④ 0.85

20 다음 [보기]에서 RLC 직렬공진회로에 대한 설명으로 옳은 것을 모두 고르면?

1 2 3

보기

㉠ 전류가 최대가 된다.
㉡ 임피던스가 최대가 된다.
㉢ 공진 주파수는 $f_0=\dfrac{1}{2\sqrt{LC}}$[Hz]이다.
㉣ 전압, 전류의 위상은 동상이 된다.
㉤ 주파수와 무관한 회로가 된다.

① ㉠, ㉡, ㉢ ② ㉠, ㉣, ㉤ ③ ㉡, ㉢, ㉣ ④ ㉡, ㉣, ㉤

21 다음 [보기]의 설명에 해당하는 법칙을 고르면?

1 2 3

보기

전선 단위 길이당 손실되는 연간 전력량의 가격과 전선 단위 길이당 건설비의 이자 및 상각비가 같게 되는 전선의 굵기가 가장 경제적이다.

① 켈빈의 법칙 ② 스틸의 법칙
③ 토리첼리 법칙 ④ 상사 법칙

22 복도체를 사용하였을 경우에 대한 설명으로 옳지 않은 것을 고르면?

1 2 3

① 안정도가 증대된다.
② 송전용량이 증가한다.
③ 선로의 인덕턴스가 증가, 정전용량은 감소한다.
④ 코로나 손실이 감소한다.

23 다음 [보기]에서 송전계통의 안정도 향상 대책을 모두 고르면?

1 2 3

보기

㉠ 발전기 및 변압기의 리액턴스를 작게 한다.
㉡ 직렬 콘덴서를 설치하여 용량성 리액턴스를 보상한다.
㉢ 속응 여자방식을 채용한다.
㉣ 발전기의 단락비를 작게 한다.
㉤ 고속도 차단방식을 채용한다.

① ㉠, ㉡, ㉢ ② ㉠, ㉡, ㉣ ③ ㉠, ㉢, ㉣ ④ ㉠, ㉢, ㉤

24 열역학적 사이클 중 가장 효율이 좋으며 2개의 등온변화와 2개의 단열변화로 이루어진 사이클을 고르면?

1 2 3

① 재생 사이클 ② 카르노 사이클
③ 랭킨 사이클 ④ 재생 · 재열 사이클

25 이상적인 인덕턴스 회로에 대한 설명으로 옳지 않은 것을 고르면?

1 2 3

① 전류의 위상은 전압의 위상보다 90° 늦다.
② 유도성 리액턴스는 주파수에 반비례한다.
③ 인덕턴스는 전력을 소비하지 않는다.
④ 직류 인가 시에는 단락회로로 작용한다.

26 수변전 설비에서 사용되는 주요기기의 명칭과 설명이 옳지 않은 것을 고르면?

① 단로기(DS): 고장 시 고장전류를 차단하며, 부하전류도 개폐할 수 있는 개폐기
② 피뢰기(LA): 뇌전류를 대지로 방전하고 속류를 차단하는 장치
③ 전력 수급용 계기용 변성기(MOF): 전력량을 적산하기 위하여 고전압과 대전류를 저전압과 소전류로 변성하는 장치
④ 전류계용 전환 개폐기(AS): 전류계 1대로 3상의 각 선전류를 측정하기 위한 개폐기

27 기전력 $E=200$[V], 내부저항 $r=10$[Ω]일 때, 부하저항 R에 전달되는 최대전력[W] 값을 고르면?

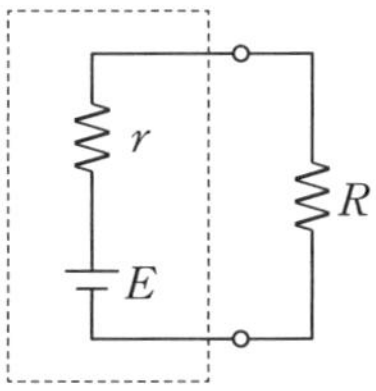

① 800　② 1,000　③ 2,000　④ 4,000

28 다음 [조건]에 대한 변압기 용량[kVA]을 고르면?

조건

- 부하 간의 부등률: 1.5
- 부하 역률: 80[%]
- 수용가 1: 설비용량 50[kW], 수용률 60[%]
- 수용가 2: 설비용량 100[kW], 수용률 80[%]
- 수용가 3: 설비용량 200[kW], 수용률 50[%]

① 150　② 175　③ 200　④ 225

29 회전기(발전기, 전동기)의 절연내력 시험에 대한 내용으로 옳은 것을 고르면?

1 2 3

① 최대사용전압이 7[kV] 이하인 경우에는 최대사용전압의 1.25배의 전압으로 권선과 대지 사이에 연속하여 10분간 가한다.

② 최대사용전압이 7[kV] 이하인 경우에는 최대사용전압의 1.5배의 전압으로 충전부와 외함 사이에 연속하여 10분간 가한다.

③ 최대사용전압이 7[kV] 초과인 경우에는 최대사용전압의 1.25배의 전압으로 권선과 대지 사이에 연속하여 10분간 가한다.

④ 최대사용전압이 7[kV] 초과인 경우에는 최대사용전압의 1.5배의 전압으로 충전부와 외함 사이에 연속하여 10분간 가한다.

30 다음 [보기]에서 한국전기설비규정(KEC)의 목적에 대한 설명 중 빈칸 ㉠, ㉡에 들어갈 내용이 바르게 짝지어진 것을 고르면?

1 2 3

보기

한국전기설비규정(KEC)은 전기설비기술기준 고시에서 정하는 전기설비("발전, (㉠), 변전, 배전 또는 전기사용을 위하여 설치하는 기계, 기구, 댐, 수로, 저수지, (㉡), 보안통신선로 및 그 밖의 설비"를 말한다)의 안전성능과 기술적 요구사항을 구체적으로 정하는 것을 목적으로 한다.

	㉠	㉡		㉠	㉡
①	송전	전선로	②	송전	철도
③	선로개폐	전선로	④	선로개폐	울타리

31 수차 발전기에서 출력의 변동이 있는 경우, 기계식 조속기의 동작 순서를 고르면?

1 2 3

① 평속기 – 배압밸브 – 서보모터 – 복원기구

② 배압밸브 – 평속기 – 서보모터 – 복원기구

③ 평속기 – 서보모터 – 배압기구 – 복원기구

④ 배압밸브 – 복원기구 – 평속기 – 서보모터

32 다음 [표]는 특고압 가공전선과 지지물 등의 이격거리에 대한 내용이다. 빈칸 ㉠~㉢에 들어갈 값이 바르게 짝지어진 것을 고르면?

1 2 3

사용전압	이격거리[m]
15[kV] 미만	㉠
15[kV] 이상 − 25[kV] 미만	0.2
25[kV] 이상 − 35[kV] 미만	㉡
70[kV] 이상 − 80[kV] 미만	0.45
230[kV] 이상	㉢

	㉠	㉡	㉢
①	0.1	0.25	1.5
②	0.1	0.35	1.6
③	0.15	0.25	1.5
④	0.15	0.25	1.6

33 송전 시의 [조건]이 다음과 같을 때, 전압 강하율 ε'[%]과 전압 변동률 ε[%]을 고르면?

1 2 3

조건

- 무부하 시의 수전단 전압 6,300[V]
- 부하 연결 시의 수전단 전압 6,000[V]
- 수전단 전류 200[A]
- 선로의 저항 $R=1.5[\Omega]$, 리액턴스 $X=3[\Omega]$
- 역률 80[%]

① $\varepsilon'=10$, $\varepsilon=10$
② $\varepsilon'=5$, $\varepsilon=10\sqrt{3}$
③ $\varepsilon'=10\sqrt{3}$, $\varepsilon=5$
④ $\varepsilon'=10\sqrt{3}$, $\varepsilon=5\sqrt{3}$

34 시간함수 $f(t)=5u(t-2)-5u(t-4)$의 라플라스 변환을 고르면?

1 2 3

① $F(s)=\frac{2}{s}(e^{-s}+e^{-2s})$
② $F(s)=\frac{2}{s}(e^{-s}-e^{-2s})$
③ $F(s)=\frac{5}{s}(e^{-2s}+e^{-4s})$
④ $F(s)=\frac{5}{s}(e^{-2s}-e^{-4s})$

35 다음 회로에서 $R_1=2[\Omega]$, $R_2=3[\Omega]$, $R_3=3[\Omega]$, $R_4=2[\Omega]$일 때, 저항 R_L에 흐르는 전류[A]를 고르면?(단, $R_L=\frac{3}{5}[\Omega]$이다.)

1 2 3

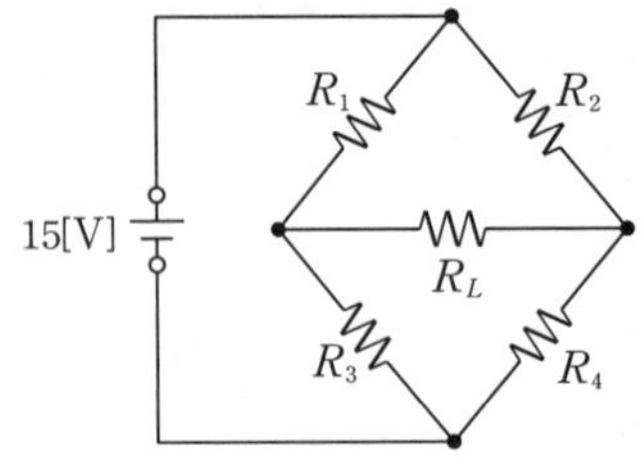

① 0 ② 1 ③ 3 ④ 5

36 다음은 접지극의 매설에 대한 내용이다. 빈칸 ㉠, ㉡에 들어갈 값이 바르게 짝지어진 것을 고르면?

1 2 3

- 접지극의 매설 깊이는 지표면으로부터 지하 (㉠)[m] 이상으로 한다.
- 접지극을 철주의 밑면으로부터 0.3[m] 이상의 깊이에 매설하는 경우 이외에는 접지극을 지중에서 그 금속체로부터 (㉡)[m] 이상 떼어 매설하여야 한다.

	㉠	㉡
①	0.5	1.0
②	0.5	1.5
③	0.75	1.0
④	0.75	1.5

37 발전기에는 자동적으로 전로로부터 차단해 주는 차단장치를 시설해야 한다. 차단장치의 동작기준으로 옳지 않은 것을 고르면?

1 2 3

① 발전기에 과전류 또는 과전압이 생긴 경우
② 용량이 2,000[kVA] 이상인 수차 발전기의 스러스트 베어링 온도가 현저하게 상승하는 경우
③ 용량이 10,000[kVA] 이상인 발전기의 내부에 고장이 생긴 경우
④ 용량이 15,000[kW]을 초과하는 증기터빈의 스러스트 베어링이 현저하게 마모되거나 온도가 현저하게 상승하는 경우

38 아크 용접장치의 시설기준으로 옳지 않은 것을 고르면?

1☐ 2☐ 3☐

① 용접장치용 변압기는 절연변압기일 것
② 용접장치용 변압기의 1차 측 전로의 대지전압은 300[V] 이하일 것
③ 용접장치용 변압기의 1차 측 전로에는 변압기에 가까운 곳에 개폐기를 시설하고, 개폐는 쉽게 이루어질 수 없도록 할 것
④ 중량물이 압력 또는 기계적 충격을 받을 우려가 있는 곳에 시설하는 전선에는 적당한 방호 장치를 할 것

39 주택의 옥내전로에 관한 기준으로 옳지 않은 것을 고르면?

1☐ 2☐ 3☐

① 주택의 옥내전로의 대지전압은 300[V] 이하이다.
② 사용전압은 400[V] 이하이다.
③ 정격 소비 전력 3[kW] 이상의 기구를 사용하는 전로에는 전용의 개폐기 및 과전류 차단기를 시설한다.
④ 전로의 전원 측에 정격용량 5[kVA] 이하의 절연 변압기를 사람이 쉽게 접촉할 우려가 없도록 시설하는 경우, 누전차단기 시설을 예외로 한다.

40 특고압 가공전선과 건조물의 접근에 대한 규정에서 제1종 특고압 보안공사의 실시기준으로 옳은 것을 고르면?

1☐ 2☐ 3☐

① 제1차 접근상태일 경우에 사용전압 35[kV] 이하에서 실시한다.
② 제2차 접근상태일 경우에 사용전압 35[kV] 이하에서 실시한다.
③ 제1차 접근상태일 경우에 사용전압 35[kV] 초과 400[kV] 미만에서 실시한다.
④ 제2차 접근상태일 경우에 사용전압 35[kV] 초과 400[kV] 미만에서 실시한다.

정답과 해설 p.140

2021 하반기

한국남부발전

시험정보

시험 일시	2021. 10. 23. (토)
문항 수/제한 시간	50문항/90분 ※ 실제 출제된 문항 수는 50문항이나, 48문항만 복원됨 ※ 한국사 20문항, 영어 20문항을 포함한 제한 시간임
선택지 구분	4지선다형
출제 범위	회로이론, 전기기기, 전력공학, 제어공학, 전기설비, 전자통신
특이사항	– 계산기 사용 불가 – 수정테이프 사용 불가 – 오답 감점 없음

세부과목 출제 비중

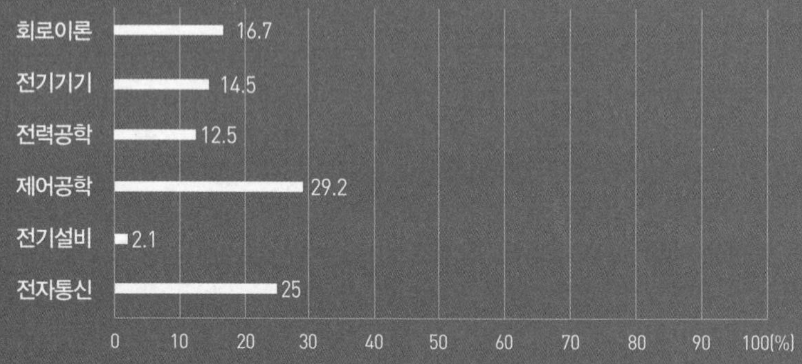

시험분석

전체적인 난이도는 '중하~중상' 정도로 출제되었다. 난이도별 문제 분포가 고르며, 제어공학과 전자통신 과목의 문제 비중이 높았다. '상' 난이도의 문제도 조금 출제되었으나, 변별력을 갖추기 위한 것으로 보이며, 고난도 문제를 맞추기 위해 노력하기보다는 풀 수 있는 문제를 보다 더 정확하게, 많이 푸는 것이 관건인 시험이라 할 수 있다. 전기기사 또는 전기산업기사 내용을 위주로 학습한 수험자의 입장에서는 매우 어렵게 느껴질 수 있는 시험이며, 전자 관련 과목을 학습한 수험자의 입장에서는 중간 정도의 난이도로 느껴질 수 있는 시험으로 보인다. 한국남부발전은 실제 유무선통신, 데이터베이스, 제어계측 시스템, 정보통신 시스템, 소프트웨어 공학 관련 문제를 출제하므로 보다 폭넓은 전자통신 관련 과목의 학습이 요구된다.

01 동기 전동기의 토크(T)와 공급전압(V)의 관계를 고르면?

① $T \propto V$　② $T \propto V^2$　③ $T \propto \frac{1}{V}$　④ $T \propto \frac{1}{V^2}$

02 송전선로에서 중성점을 접지하는 목적이 <u>아닌</u> 것을 고르면?

① 지락 고장 시에 건전상의 대지 전위상승을 억제한다.
② 뇌, 아크 지락 등에 의한 이상전압의 경감 및 발생을 억제한다.
③ 잔류전하를 방전하여 감전사고를 방지한다.
④ 전선로 및 기기의 절연레벨을 경감시킨다.

03 3상 3선식 가공송전선로를 직선 배치할 경우의 등가 선간거리는 정삼각형 배치할 경우의 몇 배인지 고르면?

① $\sqrt[3]{2}$배　② $\sqrt{2}$배　③ $\frac{1}{2}$배　④ 2배

04 NTC 서미스터의 저항은 온도와 어떤 관계성을 갖는지 고르면?

① 반비례　② 비례
③ 제곱에 반비례　④ 제곱에 비례

05 전력선 반송 통신용 장치에 연결되는 것을 고르면?

① 차단기　② 결합 커패시터
③ 결합 인덕터　④ PT

06 Gap형 피뢰기의 구성요소를 고르면?

1 2 3

① 특성요소 ② 직렬갭, 특성요소
③ 병렬갭, 특성요소 ④ 소호코일, 접지극

07 직류 발전기에서 발생하는 전기자 반작용의 확실한 대책 방안을 고르면?

1 2 3

① 흑연 브러시 ② 보극 ③ 탄소 브러시 ④ 보상권선

08 정전용량이 2[pF]인 콘덴서에 50[V]의 전압을 인가하였을 때의 전하량 Q[C]를 고르면?

1 2 3

① 10^{-12} ② 10^{-10} ③ 10^{-8} ④ 10^{-6}

09 직류 분권 전동기에서 전기자 전류가 감소할 때, 회전속도의 변화를 고르면?(단, 인가되는 전압과 자속의 변화는 고려하지 않는다.)

1 2 3

① 변하지 않는다. ② 0이 되어 정지한다.
③ 증가한다. ④ 감소한다.

10 계자가 전기자와 관계없고, 별도의 외부전원에서 전원을 공급받아 자속을 형성하는 직류기를 고르면?

1 2 3

① 복권 ② 타여자 ③ 분권 ④ 직권

11 **다음은 단상 변압기 2차 측이 단락되었을 때의 등가회로를 나타낸 것이다. 이 경우, 1차 측의 단락전류 I_{1s}[A]를 고르면?**(단, a는 권수비를 의미하고, E_1은 1차 측의 인가전압, r_1, x_1, Z_1은 각각 1차 측의 저항, 리액턴스, 임피던스를, r_2, x_2, Z_2는 각각 2차 측의 저항, 리액턴스, 임피던스를, I_{2s}는 2차 측 단락전류를 나타낸다.)

1 2 3

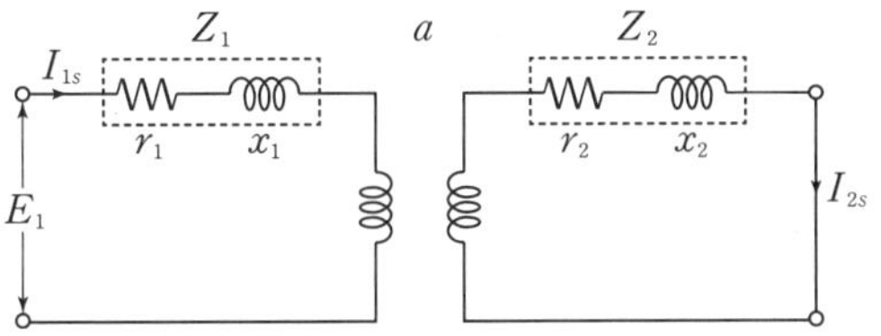

① $\dfrac{E_1}{Z_1+aZ_2}$ ② $\dfrac{aE_1}{Z_1+a^2Z_2}$ ③ $\dfrac{E_1}{a^2(Z_1+Z_2)}$ ④ $\dfrac{E_1}{Z_1+a^2Z_2}$

12 **시간함수 $f(t)=4\sin t\cos t$의 라플라스 변환한 함수 $F(s)$를 고르면?**

1 2 3

① $\dfrac{2s}{s^2+4}$ ② $\dfrac{4s}{s^2+4}$ ③ $\dfrac{2}{s^2+4}$ ④ $\dfrac{4}{s^2+4}$

13 **진성 반도체에서 전도대의 준위가 0.5[eV], 가전자대의 준위가 0.9[eV]일 때, 페르미(Fermi) 준위[eV]를 고르면?**(단, 전자나 전공의 농도가 같다고 한다.)

1 2 3

① 0.5 ② 0.6 ③ 0.7 ④ 0.8

14 **미리 정해진 여러 조건에 따라 각 단계의 제어동작을 순차적으로 진행하는 자동 제어 방법을 고르면?**

1 2 3

① 시퀀스 제어 ② 서보기구 제어
③ 추치 제어 ④ 자동조정제어

15 서보모터의 특징에 해당되지 않는 것을 고르면?

1 2 3

① 시정수가 짧고, 속응성과 기계적 응답이 좋다.
② 가늘고 긴 회전자를 이용하여 회전자 관성 모멘트가 작다.
③ 서보모터는 구조상 교류용으로만 제작된다.
④ 기동 토크가 크다.

16 ABCD-파라미터에서 입력 포트의 전압 V_1과 전류 I_1이 들어갈 위치를 고르면?

1 2 3

$$\begin{bmatrix} ⓐ \\ ⓒ \end{bmatrix} = \begin{bmatrix} A & B \\ C & D \end{bmatrix} \begin{bmatrix} ⓑ \\ ⓓ \end{bmatrix}$$

① V_1: ⓐ, I_1: ⓑ
② V_1: ⓐ, I_1: ⓒ
③ V_1: ⓑ, I_1: ⓒ
④ V_1: ⓑ, I_1: ⓓ

17 선형 회로망에서 4단자 정수의 파라미터가 $A=0.5$, $C=j10$, $D=0.3$일 때, B의 값을 고르면?

1 2 3

① $-j8.5\times10^{-2}$
② $-j8.5\times10^{-3}$
③ $j8.5\times10^{-3}$
④ $j8.5\times10^{-2}$

18 진상보상기에 대한 특징을 고르면?

1 2 3

① 극점이 영점보다 허수축에 더 가까이 위치한다.
② 위상은 항상 0보다 작은 값을 갖는다.
③ 위상 여유를 커지게 하며, 안정성과 응답속도를 빠르게 한다.
④ 저주파 영역에서 시스템의 이득을 증가시킨다.

19 자동제어장치의 조절부 동작에 의한 분류에서 불연속 제어에 해당되지 <u>않는</u> 것을 고르면?

① PID 제어　② on-off 제어
③ 2위치 제어　④ 샘플링 제어

20 함수 $F(s)=\dfrac{6(s+2)}{s^2+7s+3}$의 초깃값을 고르면?

① 6　② 7　③ 8　④ 9

21 비접지식 3상 송배전 계통에서 충전전류를 계산하는 데 사용되는 정전용량을 고르면?

① 합성 정전용량　② 작용 정전용량
③ 선간 정전용량　④ 대지 정전용량

22 비정현파 전압이 $v=2+\sqrt{6}\sin t+x\sin 3t$[V]로 표현될 때, 전압의 실횻값이 y[V]라고 한다. 이때, x와 y의 값을 고르면?

① $x=\sqrt{3}$, $y=\sqrt{5}$　② $x=\sqrt{3}$, $y=\sqrt{10}$
③ $x=\sqrt{6}$, $y=\sqrt{5}$　④ $x=\sqrt{6}$, $y=\sqrt{10}$

23 유도 전동기의 2차 측 전류를 I_2라고 할 때, 1차 전류로 환산한 I_2'[A]을 고르면?(단, a는 권수비, b는 상수비를 나타낸다.)

① $\dfrac{bI_2}{a}$　② abI_2　③ $\dfrac{aI_2}{b}$　④ $\dfrac{I_2}{ab}$

24 함수 $F(s)=\frac{(s+4)^2}{2s(3s+2)^2}$의 최종값을 고르면?

1 2 3

① 1　　② 2　　③ 3　　④ 4

25 다음 회로의 4단자 정수 중에서 B와 D를 고르면?

1 2 3

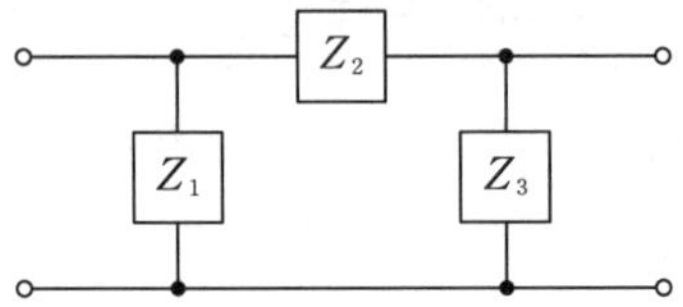

① $B=\frac{1}{Z_2}$, $D=\frac{Z_1}{Z_2}+1$

② $B=Z_2$, $D=\frac{Z_2}{Z_1}+1$

③ $B=\frac{1}{Z_2}$, $D=\frac{Z_3}{Z_1}+1$

④ $B=Z_2$, $D=\frac{Z_3}{Z_2}+1$

26 RLC 직렬회로에서 $V=80$[V], $R=20$[Ω]일 때, 최대로 작용하는 전류 I[A] 값과 회로의 L[H]과 C[F]를 4배로 할 경우의 공진 주파수의 변화를 고르면?

1 2 3

	전류 I[A]의 값	공진 주파수의 변화
①	4	$\frac{1}{4}$배가 된다.
②	4	4배가 된다.
③	2	$\frac{1}{4}$배가 된다.
④	2	4배가 된다.

27 공통 이미터 회로의 전류이득(증폭률)이 $\beta=19$라고 할 때, 공통 베이스 회로의 전류이득(증폭률) α를 고르면?

1 2 3

① 0.99　　② 0.95　　③ 0.90　　④ 0.09

28 전압과 전류가 각각 $v=20\sin(wt+20°)$[V], $i=8\cos(wt-100°)$[A]로 주어질 때, 유효전력 P[W]와 무효전력 P_r[Var]이 바르게 짝지어진 것을 고르면?

	유효전력 P[W]	무효전력 P_r[Var]
①	80	40
②	$40\sqrt{3}$	40
③	$40\sqrt{2}$	$40\sqrt{2}$
④	40	$40\sqrt{2}$

29 어떤 계의 입력을 임펄스 함수로 하였을 때, 출력이 시간함수 e^{-5t}로 나타났다. 이 계의 전달함수 $G(s)$를 고르면?

① $\frac{s}{s-5}$ ② $\frac{s}{s+5}$ ③ $\frac{1}{s-5}$ ④ $\frac{1}{s+5}$

30 변위를 압력으로 변환하는 장치를 고르면?

① 다이어프램 ② 열전대
③ 유압 분사관 ④ 벨로스

31 다음과 같이 스위치 S가 열려있는 $R-C$ 직렬회로가 있다. 스위치 S를 닫았을 때, 흐르게 되는 전류가 $\frac{1}{e}$[A]이 될 때의 시간 t[sec]의 값을 고르면?(단, $E=10$[V], $R=10$[Ω], $C=1$[μF]이다.)

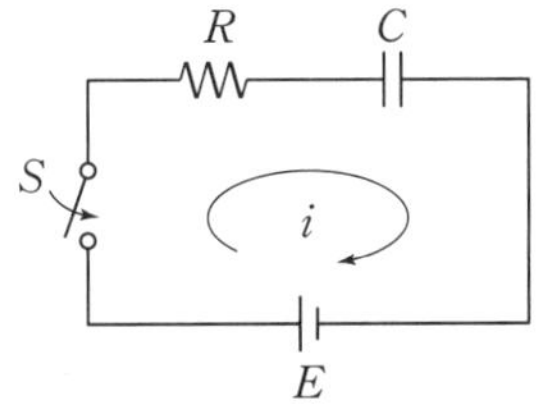

① 10^{-5} ② 10^{-4} ③ 10^{-3} ④ 10^{-2}

32 논리식이 <u>다른</u> 하나를 고르면?

1 2 3

① $(A+\overline{A})\cdot A$ ② $(A+B)\cdot A$
③ $(A\cdot\overline{B})+B$ ④ $(A+B)\cdot\overline{B}+A$

33 개루프 제어계에 대한 설명으로 옳지 <u>않은</u> 것을 고르면?

1 2 3

① 시스템이 간단하며, 설치비가 저렴하다.
② 제어동작이 출력과 관계가 없어 오차가 많다.
③ 오차가 발생하더라도 교정이 가능하다.
④ 출력신호를 입력신호로 되돌리는 피드백 시스템이 없다.

34 IEEE 802.11 무선 네트워크 프로토콜에서 선택적으로 사용할 수 있는 통신 매커니즘으로, 은닉 노드 문제(hidden terminal problem)로 알려진 프레임 충돌을 막기 위해 사용하는 것을 고르면?

1 2 3

① ATS/BTS ② ATS/DTR
③ RTS/CTS ④ ENQ/ACK

35 전달함수 $G(s)=\dfrac{2(s+3)}{(s+2)(s+1)}$에 대하여 단위 계단 입력일 때, 정상상태오차(e_{ss})를 고르면?

1 2 3

① 1 ② $\dfrac{1}{2}$ ③ $\dfrac{1}{3}$ ④ $\dfrac{1}{4}$

36 다음 데이터에서 SQL집계함수를 이용하여 A, B, C, D, E군에 대한 특정값을 계산하고자 한다. 해당 데이터에 대한 평균값 AVG(POINT)를 고르면?

NAME	POINT
A	60
B	20
C	40
D	NULL
E	40

① 32 ② 40 ③ 50 ④ 80

37 다음 회로에서 임피던스 파라미터의 성분 Z_{11}을 고르면?(단, 회로의 좌측을 입력 측으로 한다.)

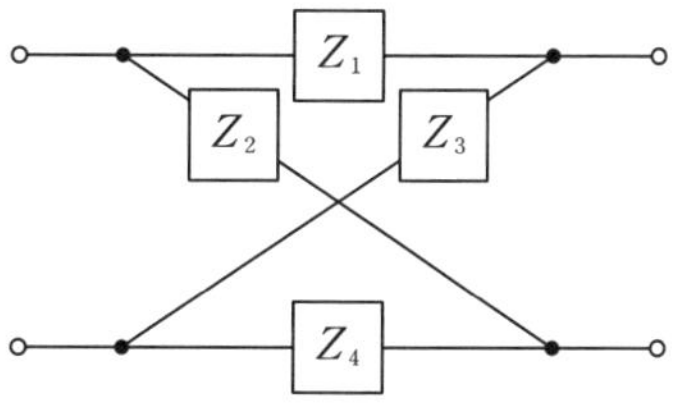

① $\dfrac{(Z_1+Z_3)\times(Z_2+Z_4)}{Z_1+Z_2+Z_3+Z_4}$

② $\dfrac{Z_1+Z_2+Z_3+Z_4}{(Z_1+Z_3)\times(Z_2+Z_4)}$

③ $\dfrac{(Z_1+Z_2)\times(Z_3+Z_4)}{Z_1+Z_2+Z_3+Z_4}$

④ $\dfrac{Z_1+Z_2+Z_3+Z_4}{(Z_1+Z_2)\times(Z_3+Z_4)}$

38 DSB와 비교한 SSB의 특징으로 옳은 것을 고르면?

① 주파수의 이용효율과 전력효율이 좋다.
② 대역폭이 작아서 잡음의 영향이 크다.
③ 회로구성이 간단하다.
④ 변조전력이 크다.

39 시간 함수 $f(t)=2e^{-2t}+6e^{-4t}$의 라플라스 변환 함수 $F(s)$를 고르면?

1 2 3

① $\dfrac{4s-10}{s^2-3s+4}$ ② $\dfrac{4s+10}{s^2+3s+4}$ ③ $\dfrac{8s-20}{s^2-6s+8}$ ④ $\dfrac{8s+20}{s^2+6s+8}$

40 $F(s)=\dfrac{4}{s(s+2)(s+3)}$의 라플라스 역변환한 $f(t)$를 고르면?

1 2 3

① $\dfrac{1}{3}(1-3e^{2t}+2e^{3t})$

② $\dfrac{1}{3}(1-3e^{-2t}+2e^{-3t})$

③ $\dfrac{2}{3}(1-3e^{-2t}+2e^{-3t})$

④ $\dfrac{2}{3}(1-6e^{-2t}+2e^{-3t})$

41 직접접지 방식에 대한 설명으로 옳지 <u>않은</u> 것을 고르면?

1 2 3

① 저항이 0에 가까운 도체로 중성점을 접지하는 방식을 말한다.

② 1선 지락사고 시 건전상의 전위상승이 매우 작다.

③ 1선 지락사고 시 중성점의 전위가 거의 영전위로 유지되어 기기의 절연레벨이 경감된다.

④ 1선 지락사고 시 지락전류가 매우 작으며, 근접한 통신선에 유도장해가 발생하지 않는다.

42 주파수 분할 다중화(FDM) 방식과 비교한 시분할 다중화(TDM) 방식의 특징으로 옳지 <u>않은</u> 것을 고르면?

1 2 3

① 주파수 다중화 방식과 달리 시간 순서에 따라 신호가 순차적으로 보내진다.

② 비동기식 시분할 다중화는 버퍼 기억장치 등의 추가 장치가 필요하므로 가격이 고가이다.

③ 비동기식 시분할 다중화는 주파수 분할 다중화에 비해 제어회로가 매우 복잡하다.

④ 비동기식 시분할 다중화는 전송이 불필요한 장치에도 타임 슬롯을 할당하므로 전송효율이 낮다.

43 8위상, 2진폭 변조 시에 변조속도가 1,600[baud]일 때, 신호속도[bps]를 고르면?

① 3,200 ② 4,800 ③ 6,400 ④ 12,800

44 LC의 구동점 함수 $Z_{LC}(s)=\dfrac{(s^2+1)(s^2+7)}{2s(s^2+3)}$을 다음과 같은 제1형 포스터형 회로망으로 나타낼 때, $C_1 \times C_2 \times L_1 \times L_2$의 값을 고르면?

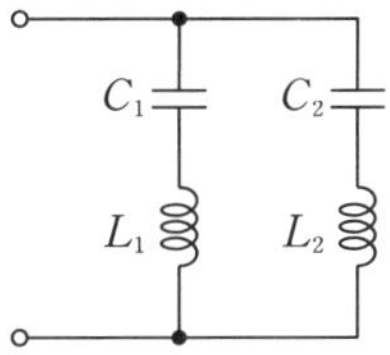

① $\frac{1}{7}$ ② $\frac{1}{3}$ ③ 3 ④ 5

45 다음 이상적인 증폭기 회로에서 $V_i=30$[V], $R_1=5$[kΩ], $R_2=11$[kΩ]일 때, 증폭기 회로의 출력 전압 V_o[V]을 고르면?

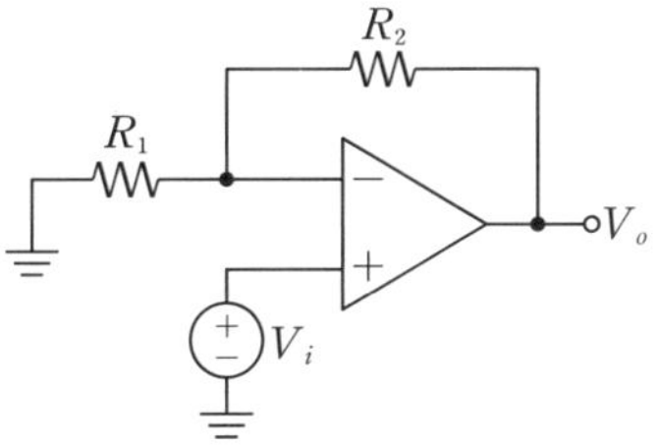

① 66 ② 72 ③ 88 ④ 96

46 트랜지스터의 전류이득이 $\beta=75$라 할 때, 베이스 전류가 $I_B=152[\mu A]$인 경우의 컬렉터 전류 I_C[mA]를 고르면?

① 10.8　　② 11.4　　③ 12.5　　④ 13.2

47 다음 가산기 회로에서 $V_{i1}=0.3$[kV], $V_{i2}=0.6$[kV], $R_1=R_2=5$[kΩ], $R_3=10$[kΩ]일 때, 출력전압 V_0[kV]의 크기를 고르면?

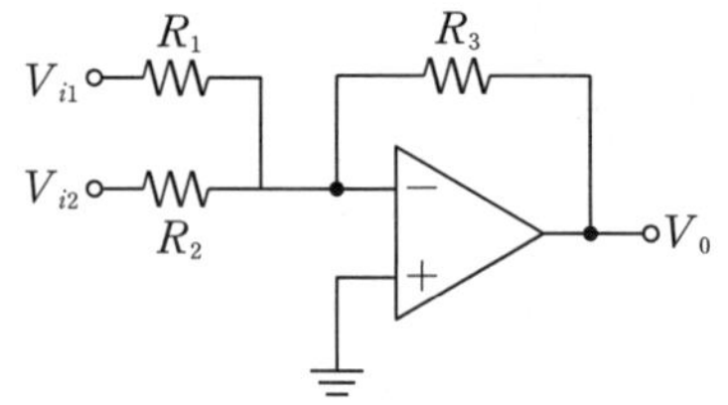

① 0.9　　② 1.2　　③ 1.8　　④ 2.4

48 다음 고역통과필터(high-pass filter) 회로에서 차단 주파수 f_c의 관계식을 고르면?

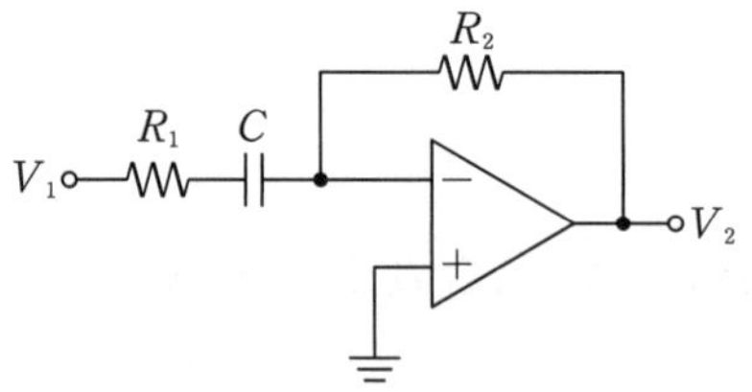

① $f_c=\frac{1}{2\pi R_1 C}$　　② $f_c=\frac{1}{2\pi R_2 C}$　　③ $f_c=\frac{1}{2\pi R_1 R_2 C}$　　④ $f_c=\frac{R_2}{2\pi R_1 C}$

정답과 해설 p.149

내 힘에 부치고 내 능력에 넘치는 일이 주어지는 까닭은
내가 업그레이드 될 때가 되었다는 사인입니다.

– 조정민, 『인생은 선물이다』, 두란노

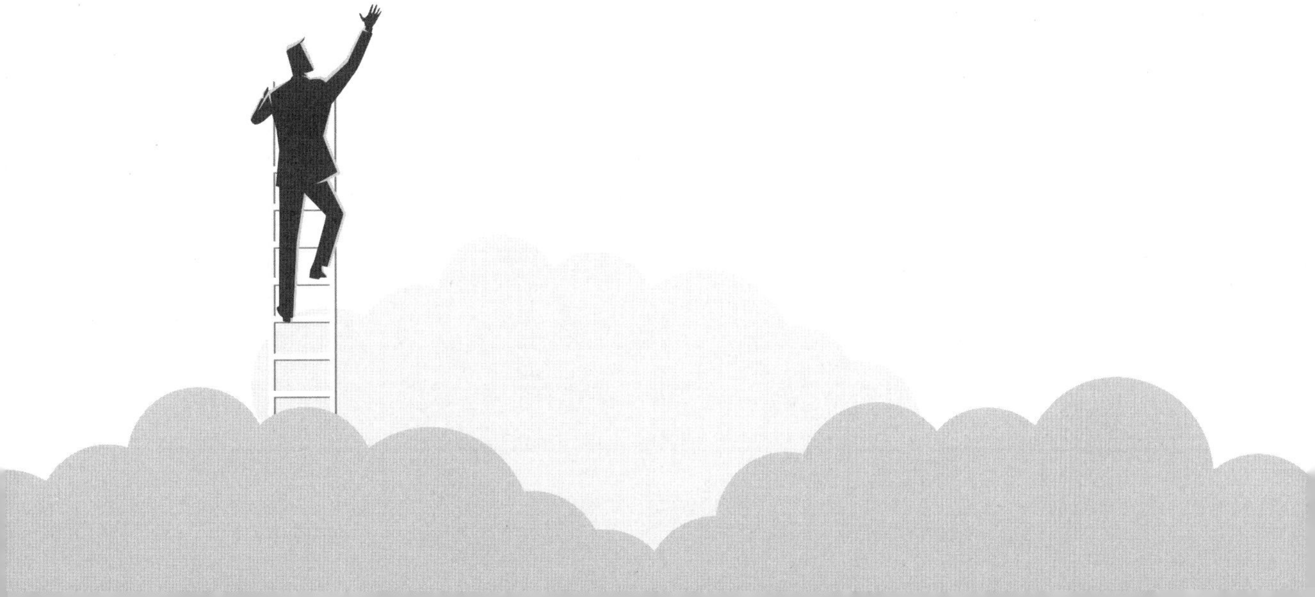

2021 하반기

한전KPS(G3)

시험정보

시험 일시	2021. 10. 16 (토)
문항 수/제한 시간	50문항/50분
선택지 구분	5지선다형
출제 범위	전자기학, 회로이론, 전기기기, 전력공학, 전기설비
특이사항	– 계산기 사용 불가 – 수정테이프 사용 불가 – 오답 감점 없음

세부과목 출제 비중

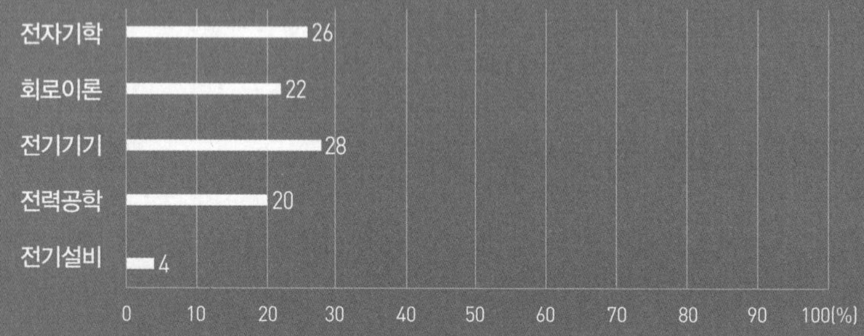

시험분석

실제 복원된 문제를 기준으로 하였을 때, 전체적인 난이도는 '하~중' 정도이다. 실제 시험에서의 체감 난이도는 '중하' 정도로 무난하게 풀 수 있었을 것으로 보인다.

이전 시험과는 달리 전기설비 과목의 문제가 2문제 정도 출제가 된 것으로 파악이 되나, 이외의 과목 비율은 비교적 고르게 출제되었다.

타공기업 출제 문제에 비해 비교적 난이도가 낮기 때문에, 해당 문제를 전공시험의 기준으로 삼기보다는 기반을 다지는 문제로 생각하는 것이 좋을 것으로 보인다.

01 전동기의 규약 효율[%]을 고르면?

① $\frac{\text{입력}-\text{손실}}{\text{입력}}\times 100$　② $\frac{\text{출력}-\text{손실}}{\text{입력}}\times 100$　③ $\frac{\text{출력}}{\text{입력}}\times 100$

④ $\frac{\text{출력}}{\text{출력}+\text{손실}}\times 100$　⑤ $\frac{\text{출력}}{\text{출력}-\text{손실}}\times 100$

02 분극의 세기에 적용되는 단위를 고르면?

① $[C/m^3]$　② $[C/m^2]$　③ $[C/m]$

④ $[F/m^3]$　⑤ $[F/m^2]$

03 저항의 직렬회로와 병렬회로에 대한 설명으로 옳지 않은 것을 고르면?

① 직렬회로에서는 각 저항에 동일한 값의 전류가 흐른다.

② 병렬회로에서는 각 저항에 동일한 값의 전압이 걸린다.

③ 직렬회로 합성저항은 큰 값의 단독저항보다 크고 병렬회로 합성저항은 작은 값의 단독저항보다 작다.

④ 직렬회로에서는 전압이 분배되며, 분배전압은 저항에 반비례한다.

⑤ 병렬회로에서는 전류가 분배되며, 분배전류는 저항에 반비례한다.

04 다음 회로에 흐르는 전류의 최댓값[A]을 고르면?

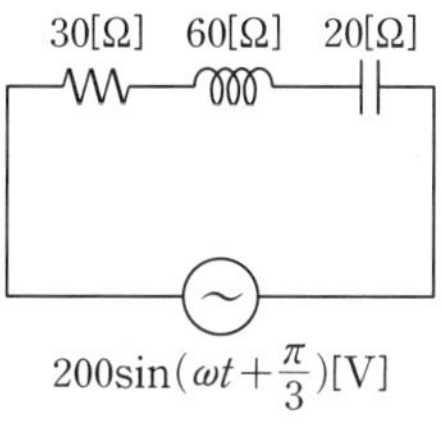

① 2　② 4　③ 6

④ 8　⑤ 10

05 $R-L$ 병렬회로의 역률을 고르면?

1 2 3

① $\frac{X_L}{\sqrt{R+X_L}}$　② $\frac{X_L}{\sqrt{R^2+X_L^2}}$　③ $\frac{X_L}{R^2+X_L^2}$

④ $\frac{R}{\sqrt{R^2+X_L^2}}$　⑤ $\frac{R}{R^2+X_L^2}$

06 동기 발전기를 안정하게 계속 운전할 수 있는 능력을 나타내는 안정도의 향상대책으로 옳지 않은 것을 고르면?

1 2 3

① 단락비를 크게 한다.
② 동기 임피던스를 작게 한다.
③ 조속기 동작을 신속하게 한다.
④ 속응 여자방식을 채용한다.
⑤ 관성 모멘트를 작게 한다.

07 200[V]의 직류전압에 가변저항이 연결된 회로가 있다. 가변저항의 값을 R[Ω]로 하였을 때, 5[A]의 전류가 흘렀다. 이 회로에 흐르는 전류를 6[A]으로 하기 위한 가변저항[Ω]의 값을 고르면?

1 2 3

① 약 $0.67R$　② 약 $0.77R$　③ 약 $0.83R$

④ 약 $1.11R$　⑤ 약 $1.2R$

08 5[μF]의 콘덴서를 1,000[V]으로 충전한 후에 10[Ω]의 저항을 연결하였다. 10[Ω]의 저항에서 소비되는 에너지[J]를 고르면?

1 2 3

① 2.5　② 3.0　③ 3.6

④ 4.2　⑤ 5.0

09 주어진 전류 파형의 실횻값과 평균값을 고르면?

1 2 3

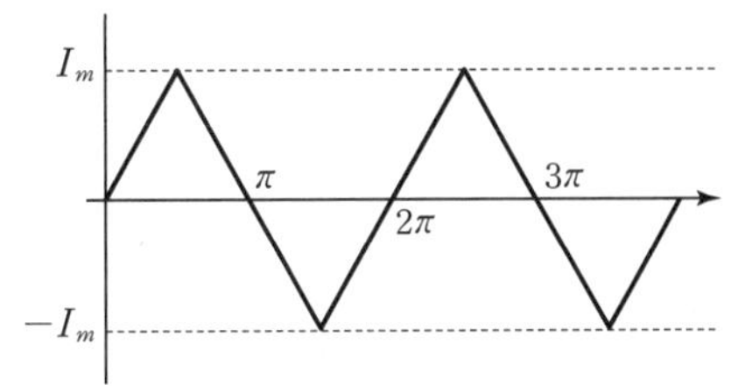

	실횻값	평균값		실횻값	평균값
①	$\frac{1}{2}I_m$	$\frac{1}{\sqrt{3}}I_m$	②	$\frac{1}{\sqrt{2}}I_m$	$\frac{1}{\sqrt{3}}I_m$
③	$\frac{1}{\sqrt{2}}I_m$	$\frac{1}{2}I_m$	④	$\frac{1}{\sqrt{3}}I_m$	$\frac{1}{\sqrt{2}}I_m$
⑤	$\frac{1}{\sqrt{3}}I_m$	$\frac{1}{2}I_m$			

10 변압기의 누설 리액턴스는 권수와 어떤 관계를 갖는지 고르면?

1 2 3

① 권수에 비례한다.
② 권수의 제곱에 비례한다.
③ 권수의 세제곱에 비례한다.
④ 권수에 반비례한다.
⑤ 권수의 제곱에 반비례한다.

08 한전KPS(G3)

11 극판의 면적이 $S[\text{m}^2]$, 극판의 간격이 $d[\text{m}]$, 정전용량이 $7[\mu\text{F}]$인 공기 콘덴서가 있다. 이 콘덴서 간격의 $\frac{1}{2}$두께의 어떤 매질을 극판 간에 삽입하였을 때, 콘덴서의 용량$[\mu\text{F}]$을 고르면?(단, 매질의 비유전율을 6이라고 한다.)

1 2 3

① 7 ② 9 ③ 12
④ 14 ⑤ 24

12 다음 유도기에서 고정자의 회전자계가 $n_s=60$[rps], 회전자가 $n=54$[rps]로 회전하고 있다. 이때, 회전자의 도체에 유기되는 기전력의 주파수[Hz]를 고르면?

1 2 3

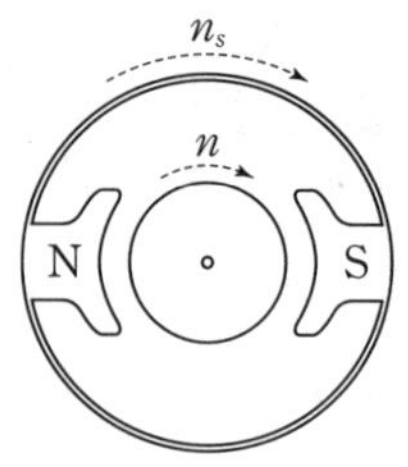

① 1　　② 2　　③ 3
④ 4　　⑤ 6

13 다이오드에 대한 설명으로 옳지 않은 것을 고르면?

1 2 3

① 양(+)극의 전압이 음(−)극의 전압에 비해 높을 때, 순방향 도통상태가 된다.
② 양(+)극의 전압이 음(−)극의 전압에 비해 낮을 때, 역방향 저지상태가 된다.
③ 다이오드의 정격전압은 다이오드가 견딜 수 있는 역방향의 최대 전압이다.
④ 다이오드의 정격전류는 다이오드가 파괴되지 않는 순방향의 최대 전류이다.
⑤ 다이오드의 누설전류는 역방향 도통상태일 때 흐르는 [nA]~[mA]의 아주 작은 전류이다.

14 송전선로에서 전선을 수직 배치할 때, 오프셋을 하는 이유로 옳은 것을 고르면?

1 2 3

① 전선의 진동을 억제하기 위함이다.
② 계통의 안정성을 확보하기 위함이다.
③ 선간에 발생하는 유도전압을 경감하기 위함이다.
④ 선간의 단락사고를 방지하기 위함이다.
⑤ 이상 전압 상승을 방지하기 위함이다.

15 이도에 대한 설명으로 옳은 것을 고르면?

1 2 3

① 이도는 수평장력의 제곱에 반비례, 경간의 제곱에 비례한다.
② 이도는 수평장력에 반비례, 경간의 제곱에 비례한다.
③ 이도는 수평장력에 반비례, 경간에 비례한다.
④ 이도는 수평장력에 비례, 경간에 비례한다.
⑤ 이도는 수평장력의 제곱에 비례, 경간의 제곱에 반비례한다.

16 교류 송전방식과 비교한 직류 송전방식의 특징으로 옳지 않은 것을 고르면?

1 2 3

① 승압 및 강압이 곤란하다.
② 주파수가 다른 교류계통을 연계할 수 있다.
③ 유도장해가 없고, 송전 효율이 좋다.
④ 표피효과에 의한 손실이 발생하지 않는다.
⑤ 사고 전류의 차단이 용이하다.

17 송전단의 전압이 280[V], 수전단의 전압이 250[V]이며, 무부하 시의 수전단 전압이 260[V]인 선로가 있을 때, 전압 강하율 A[%]와 전압 변동률 B[%]를 고르면?

1 2 3

① A=12, B=4
② A=7.7, B=4
③ A=6, B=5
④ A=4, B=7.7
⑤ A=4, B=12

18 다음 [보기]의 빈칸 ⓐ에 들어갈 값을 고르면?

1 2 3

보기

절연내력 시험을 하는 경우, 최대 사용전압이 154[kV]인 중성점 직접접지 선로에서의 절연내력 시험전압은 최대 사용전압의 (ⓐ)배이며, 이를 10분간 인가한다.

① 0.72
② 0.92
③ 1.1
④ 1.25
⑤ 1.5

19 다음 회로 a의 합성 인덕턴스 L_a[H]와 회로 b의 합성 인덕턴스 L_b[H]를 고르면?

1
2
3

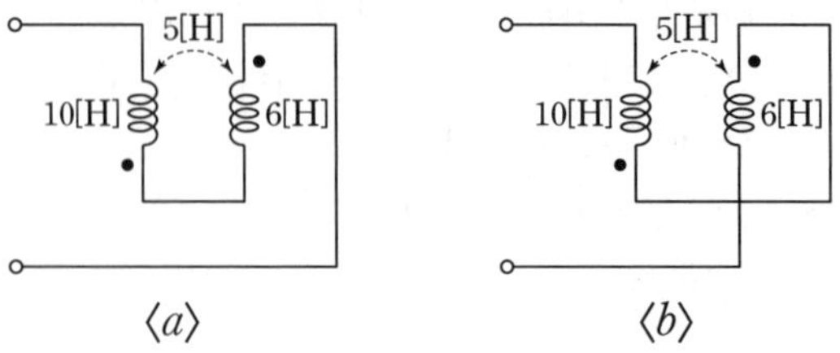

① L_a: 21, L_b: 11
② L_a: 11, L_b: 21
③ L_a: 26, L_b: 6
④ L_a: 6, L_b: 26
⑤ L_a: 16, L_b: 16

20 선로정수에 영향을 미치는 요소를 고르면?

1
2
3

① 전선의 배치, 송전전압, 저항
② 전선의 배치, 역률, 선간거리
③ 전선의 배치, 전선의 굵기, 선간거리
④ 선간거리, 전류, 주파수
⑤ 전선의 굵기, 선간거리, 기상

21 다음은 피뢰기의 구비조건에 대한 내용의 일부이다. 빈칸 ⓐ~ⓒ에 들어갈 내용이 바르게 짝지어진 것을 고르면?

1
2
3

> 피뢰기의 제한전압은 (ⓐ)고, 충격 방전개시전압은 (ⓑ)고, 상용주파 방전개시전압은 (ⓒ)아야 한다.

	ⓐ	ⓑ	ⓒ
①	높	높	높
②	높	높	낮
③	낮	높	낮
④	낮	낮	높
⑤	낮	낮	낮

22 두 벡터 $\vec{A}=-3i-j$, $\vec{B}=-2i+j$가 이루는 각도를 고르면?

1 2 3

① 90° ② 60° ③ 45°
④ 30° ⑤ 0°

23 공기 중에 반지름이 0.5[m]인 구도체가 있다. 이 도체가 대전되어 표면전하밀도가 8[C/m²]이 되었을 때, 구도체 내부의 전속밀도[C/m²]를 고르면?

1 2 3

① 0 ② $\frac{1}{8}\varepsilon_0$ ③ $\frac{1}{4}\varepsilon_0$
④ $4\varepsilon_0$ ⑤ $8\varepsilon_0$

24 3단자인 소자로만 구성된 것을 고르면?

1 2 3

① SUS, SCR, GTO
② DIAC, SCR, SCS
③ SUS, TRIAC, GTO
④ TRIAC, GTO, Transistor
⑤ SCS, GTO, Transistor

25 유도 전동기의 토크 관계로 옳은 것을 고르면?

1 2 3

① 동기속도에 반비례하고 출력에 반비례한다.
② 동기속도에 반비례하고 출력에 비례한다.
③ 동기속도에 비례하고 출력에 반비례한다.
④ 동기속도에 비례하고 출력에 비례한다.
⑤ 동기속도와는 무관하고 출력에 비례한다.

26 인덕턴스가 5[H]인 코일에 $i=4e^{-3t}$[A]의 전류가 흐를 때, 코일에 유기되는 기전력[V]을 고르면?

1 2 3

① $20e^{-3t}$ ② $30e^{-3t}$ ③ $40e^{-3t}$
④ $50e^{-3t}$ ⑤ $60e^{-3t}$

27 다음 [보기]의 빈칸에 들어갈 말로 옳은 것을 고르면?

1 2 3

보기

열역학적 사이클 중 가장 이상적인 가역사이클로 효율이 가장 우수한 열기관을 제작할 수 있는 방향을 제시하는 것을 카르노 사이클이라고 한다. 하지만 실제 실현 현실성이 없는 이론 사이클이므로, 실제 증기터빈에 의한 화력발전소에서 기본 사이클로 하는 것은 (　　　) 사이클이다.

① 재열 ② 재생 ③ 재생 · 재열
④ 랭킨 ⑤ 오토

28 직류 전압 90[V]을 인가할 때, 전기자 전류가 25[A]가 흐르는 직류 분권 전동기가 있다. 이 전동기의 전기자 저항이 0.4[Ω]일 때, 전동기의 출력[W]을 고르면?

1 2 3

① 1,000 ② 1,200 ③ 1,400
④ 1,750 ⑤ 2,000

29 어떤 변압기의 1차 측 권수가 1,000회, 2차 측 권수가 10,000회이고, 최대 자속이 $\frac{1}{6}\times10^{-2}$[wb]일 때, 1차 유기 기전력[V]을 고르면?(단, 주파수는 60[Hz]이다.)

1 2 3

① 222 ② $222\sqrt{2}$ ③ 444
④ $444\sqrt{2}$ ⑤ 888

30 유량 50[m^3/s], 유효낙차 25[m]의 수차 발전기가 있다. 수차 발전기의 종합 효율이 80[%]일 때, 수차 발전기의 출력[MW]을 고르면?

1 2 3

① 4.9 ② 5.5 ③ 6.3
④ 7.2 ⑤ 9.8

31 전송선로의 특성 임피던스가 100[Ω], 부하저항이 400[Ω]일 때, 전압 정재파비를 고르면?

1 2 3

① 1　② 2　③ 3
④ 4　⑤ 5

32 계기용 변압기(PT)와 변류기(CT)의 2차 측 정격값을 고르면?

1 2 3

	PT 2차 정격	CT 2차 정격
①	220[V]	10[A]
②	220[V]	5[A]
③	110[V]	10[A]
④	110[V]	5[A]
⑤	110[V]	2[A]

33 자유공간에 무한히 넓은 2개의 평형 도체판이 있다. 두 도체의 간격이 d[m]이고, 전위 차가 V[V]라고 할 때, 도체판의 단위 면적당 작용하는 힘[N/m^2]을 고르면?

1 2 3

① $\varepsilon_0\left(\frac{V}{d}\right)^2$　② $\frac{1}{2}\varepsilon_0\left(\frac{V}{d}\right)^2$　③ $2\varepsilon_0\left(\frac{V}{d}\right)^2$
④ $\varepsilon_0\left(\frac{V}{d}\right)$　⑤ $\frac{1}{2}\varepsilon_0\left(\frac{V}{d}\right)$

34 자유공간을 전파하는 전파와 자파에 대한 설명으로 옳지 않은 것을 고르면?

1 2 3

① 전파와 자파의 위상은 동상이다.
② 전파와 자파는 상호 수직된 방향으로 진동한다.
③ 전파속도는 $\frac{1}{\sqrt{\mu_0\varepsilon_0}}$[m/s]이다.
④ 전자기파의 진행 방향은 전파와 자파의 내적 방향이다.
⑤ 전자기파 진행 방향의 전체적인 도함수는 0이 아니다.

35 1,620[rpm]으로 회전하고, 슬립이 0.1인 4극의 3상 권선형 유도 전동기가 있다. 유도 전동기의 2차 저항을 처음의 5배로 할 때, 유도 전동기 2차 측에 유도되는 기전력의 주파수[Hz]를 고르면?

1 2 3

① 3 ② 5 ③ 15
④ 30 ⑤ 60

36 불평형 3상 전류가 각각 $I_a=10$[A], $I_b=6-j9$[A], $I_c=5+j9$[A]일 때, 전류의 영상분값[A]을 고르면?

1 2 3

① 6 ② 7 ③ 8
④ 9 ⑤ 10

37 3상 선로에 설치된 차단기의 정격 차단용량이 $77\sqrt{3}$[MVA]이고, 정격전압이 154[kV]일 때, 정격차단 전류[kA]를 고르면?

1 2 3

① 0.1 ② 0.3 ③ 0.5
④ 0.8 ⑤ 1.0

38 정전용량이 10[F]인 평행판 콘덴서 A와 정전용량이 8[F]인 평행판 콘덴서 B가 있다. 두 콘덴서를 병렬로 연결하고, 10[V]의 전압을 인가하였을 때, 이 콘덴서 회로에 축적되는 에너지[J]를 고르면?

1 2 3

① 900 ② 800 ③ 700
④ 550 ⑤ 450

39 저항이 20[Ω], 인덕턴스가 0.1[H]인 $R-L$ 직렬회로의 임피던스[Ω]를 고르면?(단, 회로의 주파수는 $\frac{300}{\pi}$[Hz]라고 한다.)

1 2 3

① $\sqrt{10}$ ② $2\sqrt{10}$ ③ $5\sqrt{10}$
④ $10\sqrt{10}$ ⑤ $20\sqrt{10}$

40 **다이오드의 특성 곡선을 고르면?**(단, I_f=순방향 전류[A], I_r=역방향 전류[A], V_f=순방향 전압[V], V_r=역방향 전압[V]이다.)

①
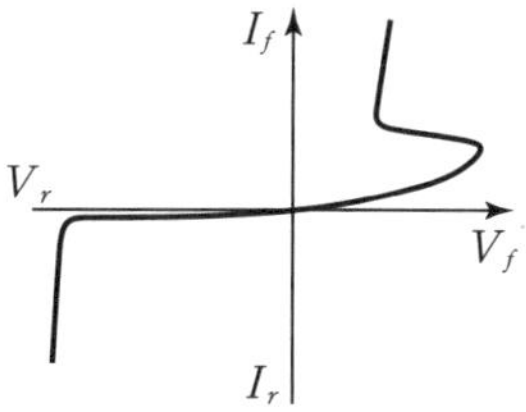

②
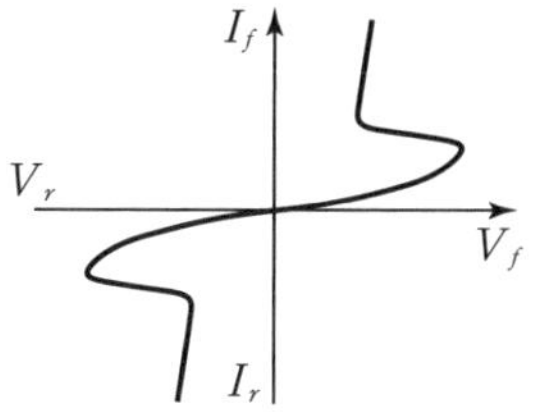

③
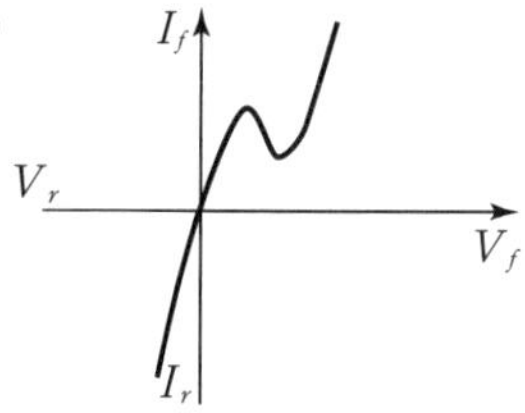

④
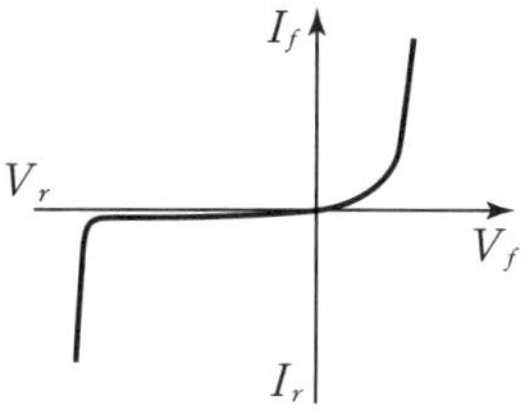

⑤
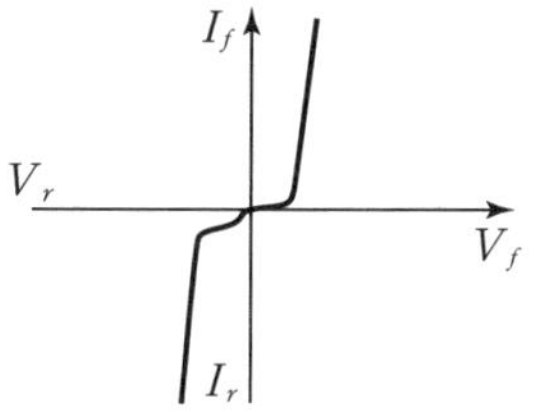

41 단상 반파 정류회로에 최댓값 6π[V]의 교류전압을 인가할 때, 회로의 출력전압의 실횻값[V]을 고르면?

① 3　② 3π　③ 6
④ $3\sqrt{2}\pi$　⑤ $6\sqrt{2}\pi$

42 어떤 시간함수 $f(t)$를 라플라스 변환하니 $F(s)=\frac{s}{s^2+4}$이었다. 이때, 시간함수 $f(t)$를 고르면?

① $\sin 2t$　② $\cos 2t$　③ $\sinh 2t$
④ $\cosh 2t$　⑤ $t\cos t$

43 사용전압 22.9[kV]의 가공전선이 철도를 횡단하는 경우, 전선의 레일면상의 높이[m]를 고르면?

① 4.0　② 5.0　③ 6.0
④ 6.5　⑤ 7.0

44 다음 $R-L$ 직렬회로에 대한 설명으로 옳지 않은 것을 고르면?

1 2 3

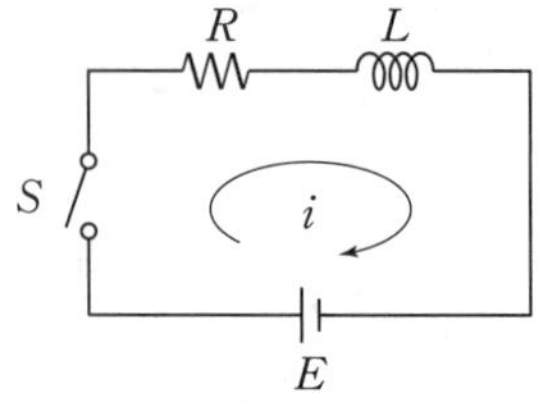

① 스위치 S를 닫은 순간에 회로는 단락상태이다.

② 회로의 시정수는 $\frac{L}{R}$[s]이다.

③ 회로의 특성근은 시정수 역수의 음수이다.

④ 저항 R의 전압은 $v_R=E(1-e^{-\frac{R}{L}t})$[V]이다.

⑤ 저항 L의 전압은 $v_L=Ee^{-\frac{R}{L}t}$[V]이다.

45 n개의 다이오드를 여러 개 직렬로 연결할 경우의 이점을 고르면?

1 2 3

① 과전류로부터 보호할 수 있다.

② 과전압으로부터 보호할 수 있다.

③ 부하출력을 증대시킬 수 있다.

④ 보다 안정적인 정류가 가능하다.

⑤ 맥동률을 감소시킬 수 있다.

46 공급전압이 220[V]일 때, 슬립이 4[%]인 3상 유도 전동기가 있다. 공급전압을 20[%] 감소시켰을 때의 슬립[%]을 고르면?

1 2 3

① 1.56　② 3.20　③ 5.00

④ 6.25　⑤ 7.00

47 $R=4[\Omega]$, $X_L=3[\Omega]$인 $R-L$ 직렬회로에서 $v=20\sqrt{2}\sin wt+10\sqrt{2}\sin 5wt$[V]의 전압을 인가할 때, 이 회로의 소비전력을 고르면?

1 2 3

① 약 54[W]　② 약 60[W]　③ 약 66[W]

④ 약 72[W]　⑤ 약 78[W]

48 다음 [보기]의 설명에 해당하는 제동 방법을 고르면?

1 2 3

보기

전동기의 전원을 끊고 회전 관성에 의해 전동기가 회전하여 발전기로 작용할 때, 발생된 전력을 단자에 접속된 저항에서 열로 소비시키면서 제동시킨다.

① 발전제동 ② 회생제동 ③ 역상제동
④ 유도제동 ⑤ 저항제동

49 자유공간에 한 변의 길이가 $\sqrt{2}$[m]인 정사각형이 있다. 정사각형의 각 꼭짓점에 2×10^{-10}[C]의 점전하가 있을 때 정사각형 중심에서의 전위[V]를 고르면?

1 2 3

① 0 ② 3.6 ③ 5.4
④ 7.2 ⑤ 9.8

50 공기 중에 표면 전하밀도가 σ[C/m^2]인 무한히 넓은 도체판이 있다. 이 도체로부터 d[m] 떨어진 지점의 전계의 세기[V/m]를 고르면?

1 2 3

① $\frac{\sigma}{2\varepsilon_0}$ ② $\frac{\sigma}{\varepsilon_0}$ ③ $\frac{\sigma}{\varepsilon_0 d}$
④ $\frac{\sigma}{2\pi\varepsilon_0 d}$ ⑤ $\frac{\sigma}{4\pi\varepsilon_0 d}$

정답과 해설 p.161

2020 하반기

한전KPS(G3)

시험정보

시험 일시	2020. 10. 17. (토)
문항 수/제한 시간	50문항/50분 ※ 실제 출제된 문항 수는 50문항이나, 46문항만 복원됨
선택지 구분	5지선다형
출제 범위	전자기학, 회로이론, 전기기기, 전력공학, 제어공학, 전자통신
특이사항	– 계산기 사용 불가 – 수정테이프 사용 가능 – 오답 감점 없음

세부과목 출제 비중

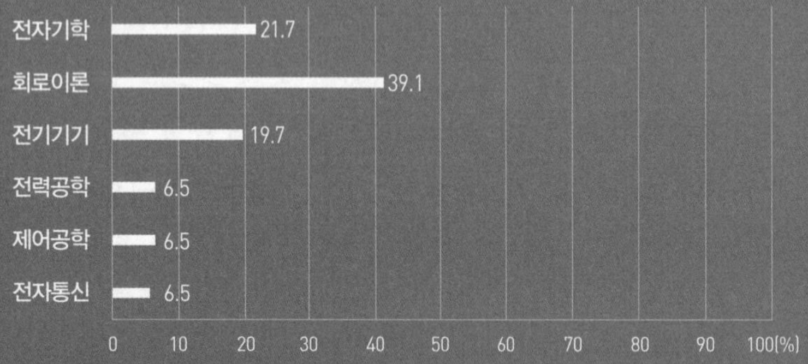

시험분석

전체적인 난이도는 '중하~중' 정도로 출제되었다. 회로이론 과목의 비중이 높게 출제되었으며 계산 문제가 대부분 출제되었다. 간단한 계산식을 활용하는 문제보다는 계산과정이 복잡한 문제들이 많이 출제되었기 때문에 계산의 정확성도 필요하겠지만, 시험시간 내에 얼마나 많은 문제를 푸느냐가 관건이었을 것으로 보인다.

전자통신 과목은 난이도에 비해 문제의 출제 비중이 매우 낮으므로, 전자통신 문제는 가장 나중에 푸는 것이 좋을 것으로 보인다.

01 자속밀도 $B=0.5$[wb/m²] 내에서 길이 30[cm]인 도체가 자속밀도와 30°의 각도로 $v=30$[m/s]로 운동할 때의 유기 기전력[V]을 고르면?

1 2 3

① 0.60 ② 1.50 ③ 2.25
④ 3.65 ⑤ 6.25

02 무한장 직선도선에 18.84[A]의 전류가 흐를 때, 3[m] 떨어진 점의 자계의 세기[AT/m]를 고르면?(단, $\pi=3.14$이다.)

1 2 3

① 1 ② 2 ③ 3
④ 6 ⑤ 10

03 평행판 콘덴서의 정전용량이 C[F], 충전된 전하가 Q[C]일 때, 콘덴서에 저장되는 에너지 W[J]를 고르면?(단, 유전율은 ε_0이고, 극판의 면적은 S[m²], 간격은 d[m]이다.)

1 2 3

① $\frac{Q^2d}{2\varepsilon_0 S}$ ② $\frac{Q^2S}{2\varepsilon_0 d}$ ③ $\frac{Q^2d}{\varepsilon_0 S}$
④ $\frac{Qd}{2\varepsilon_0 S}$ ⑤ $\frac{Qd}{\varepsilon_0 S}$

04 진공 중에서 전하량 8[nC]인 점전하로부터 4[m] 거리의 전계의 세기[V/m]를 고르면?

1 2 3

① 2 ② 2.5 ③ 4
④ 4.5 ⑤ 6.5

05 어떤 점전하로부터 r[m]만큼 떨어진 점의 전위가 V[V]이다. 거리를 $\frac{1}{4}$배로 하였을 때의 전위[V]를 고르면?

1 2 3

① $\frac{1}{4}V$ ② $\frac{1}{2}V$ ③ V
④ $2V$ ⑤ $4V$

06 자기 포화된 환상솔레노이드의 권수가 180회일 때, 자기 인덕턴스는 $L=0.03$[H]이다. 권수를 540회로 하였을 때의 자기 인덕턴스 L'[H]을 고르면?

① 0.01 ② 0.02 ③ 0.06
④ 0.18 ⑤ 0.27

07 다음 회로에서 콘덴서 C_2에 걸리는 전압 V_2[V]를 고르면?(단, 콘덴서 정전용량은 $C_1=1$[F], $C_2=2$[F], $C_3=4$[F]이다.)

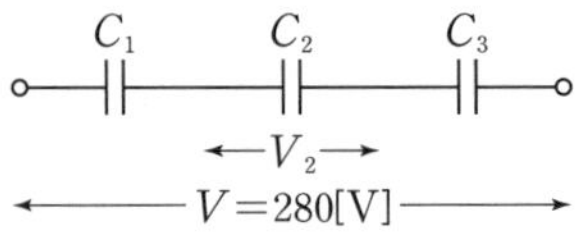

① 20 ② 40 ③ 80
④ 100 ⑤ 200

08 자유공간에 접지된 무한 평면도체가 있다. 무한 평면도체에서 3[m] 거리에 점전하 Q가 존재할 때, P점에서의 전위[V]를 고르면?

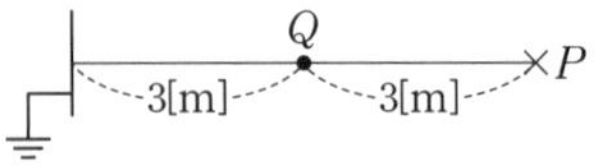

① $\dfrac{Q}{3\pi\varepsilon_0}$ ② $\dfrac{Q}{4\pi\varepsilon_0}$ ③ $\dfrac{Q}{12\pi\varepsilon_0}$
④ $\dfrac{Q}{18\pi\varepsilon_0}$ ⑤ $\dfrac{Q}{36\pi\varepsilon_0}$

09 $\Delta-\Delta$결선의 특징으로 옳지 않은 것을 고르면?

① 제3고조파 전류가 Δ결선 내를 순환하므로 선에 제3고조파 전류가 나타나지 않는다.
② 상전류의 크기는 선전류 크기의 $\dfrac{1}{\sqrt{3}}$배이다.
③ 중성점이 없으므로 중성점 접지가 불가하다.
④ 1대 고장 시 나머지 2대를 $V-V$결선하여 3상 전력공급이 가능하다.
⑤ 고전압을 필요로 하는 부하에 적합한 결선이며 절연도 용이하다.

10 슬롯수 72, 3상 8극 동기 발전기의 전기자 코일의 두 변이 제1슬롯과 제8슬롯에 위치하고 있다. 이때의 단절권 계수 K_p를 고르면?

1 2 3

① $\sin\frac{7\pi}{18}$　② $\sin\frac{7\pi}{15}$　③ $\sin\frac{7\pi}{12}$

④ $\sin\frac{\pi}{18}$　⑤ $\sin\frac{\pi}{9}$

11 주파수가 60[Hz], 극수가 6극, 주변속도가 31.4[m/s]인 동기기의 직경[m]을 고르면?(단, $\pi=3.14$이다.)

1 2 3

① 0.2　② 0.5　③ 1.0

④ 1.5　⑤ 2.0

12 동기 전동기에 대한 설명으로 옳지 <u>않은</u> 것을 고르면?

1 2 3

① 역률 조정이 가능하다.

② 직류 여자기가 필요하다.

③ 구조가 간단하며 가격이 저렴하다.

④ 별도의 기동장치가 필요하다.

⑤ 필요에 따라 지상 또는 진상운전을 할 수 있다.

13 변압기의 규약효율[%]을 고르면?(단, P_i=입력[W], P_o=출력[W], P_l=전 손실[W]이다.)

1 2 3

① $\frac{P_i}{P_i+P_l}\times100$　② $\frac{P_o}{P_i+P_l}\times100$　③ $\frac{P_o}{P_o+P_l}\times100$

④ $\frac{P_i}{P_o+P_l}\times100$　⑤ $\frac{P_l}{P_i+P_o}\times100$

14 무부하인 직류 분권 발전기의 단자전압이 110[V], 계자전류가 2[A], 전기자 저항이 1[Ω], 계자 저항이 55[Ω]일 때, 기전력[V]을 고르면?

1 2 3

① 110　② 112　③ 125

④ 165　⑤ 220

08 한전KPS(G3)

15 직류 타여자 발전기의 기전력이 150[V], 전기자 저항이 0.5[Ω], 브러시 접촉에 의한 전압강하가 2[V], 전기자 반작용에 의한 전압강하가 5[V], 부하전류가 20[A]일 때, 단자전압[V]의 크기를 고르면?

1 2 3

① 143 ② 133 ③ 128
④ 110 ⑤ 85

16 동기기의 안정도를 증진하는 방법으로 옳지 않은 것을 고르면?

1 2 3

① 단락비를 크게 한다.
② 관성모멘트를 크게 한다.
③ 동기 임피던스를 크게 한다.
④ 속응 여자방식을 채용한다.
⑤ 역상 및 영상 임피던스를 크게 한다.

17 전기력선의 성질에 대한 설명으로 옳지 않은 것을 고르면?

1 2 3

① 전기력선은 전위가 높은 점에서 낮은 점으로 향한다.
② 전기력선의 방향은 전계의 방향과 같다.
③ 그 자신만으로 폐곡선이 되지 않는다.
④ 도체 내부를 통과할 수 있다.
⑤ 전하가 없는 곳에서 발생 및 소멸이 없다.

18 RLC 직렬회로에서 $R=20[\Omega]$, $L=360[\mathrm{mH}]$, $C=100[\mu\mathrm{F}]$일 때, 양호도 Q를 고르면?

1 2 3

① $\frac{1}{3}$ ② $\frac{1}{2}$ ③ 1
④ 2 ⑤ 3

19 전원과 부하의 결선이 3상 Δ 결선이고, 3상 전원전압이 220[V], 부하의 임피던스가 $6+j8[\Omega]$일 때, 부하로 흐르는 선전류의 값을 고르면?

1 2 3

① $22\sqrt{3}$[A] ② 22[A] ③ $11\sqrt{3}$[A]
④ $\frac{22}{\sqrt{3}}$[A] ⑤ $\frac{11}{\sqrt{3}}$[A]

20 $Z_1=1+j6[\Omega]$, $Z_2=2-j2[\Omega]$의 저항이 직렬로 구성된 회로에 $V=150$[V]의 전압이 인가될 때의 전류[A]를 고르면?

① 50 ② 30 ③ 10
④ 5 ⑤ 3

21 저항 $R[\Omega]$과 리액턴스 $X[\Omega]$의 직렬회로에서 무효전력 P_r[Var]의 관계식을 고르면?

① $\dfrac{V^2R}{\sqrt{R^2+X^2}}$ ② $\dfrac{V^2X}{\sqrt{R^2+X^2}}$ ③ $\dfrac{VX}{R^2+X^2}$
④ $\dfrac{V^2R}{R^2+X^2}$ ⑤ $\dfrac{V^2X}{R^2+X^2}$

22 4단자 정수에서 $ABCD$에 직렬 임피던스 Z가 연결되었을 때의 4단자 정수를 $A'B'C'D'$이라 할 때, D'를 고르면?

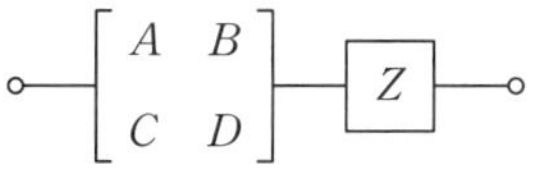

① $AZ+C$ ② $AZ+D$ ③ $BZ+D$
④ $CZ+B$ ⑤ $CZ+D$

23 송전단의 전압이 3,300[V], 수전단의 전압이 3,000[V]이며, 무부하 시의 수전단 전압이 3,100[V]이다. 이때의 전압 강하율 ε'[%]과 전압 변동률 ε[%]을 고르면?

① $\varepsilon'=10$, $\varepsilon=6.45$ ② $\varepsilon'=10$, $\varepsilon=3.33$
③ $\varepsilon'=6.45$, $\varepsilon=6.45$ ④ $\varepsilon'=6.45$, $\varepsilon=10$
⑤ $\varepsilon'=3.33$, $\varepsilon=10$

24 60[kHz]의 스위칭 주파수로 동작하는 Buck-boost 컨버터의 출력전압을 -10[V]으로 제어하려고 할 때, 입력전압이 10~30[V]일 경우의 듀티비 D(duty ratio)의 범위를 고르면?

① $0.05 \leqq D \leqq 0.15$ ② $0.15 \leqq D \leqq 0.20$
③ $0.20 \leqq D \leqq 0.25$ ④ $0.25 \leqq D \leqq 0.50$
⑤ $0.50 \leqq D \leqq 0.75$

25 다음 회로에서 C_1에 축적되는 에너지[J]를 고르면?

1 2 3

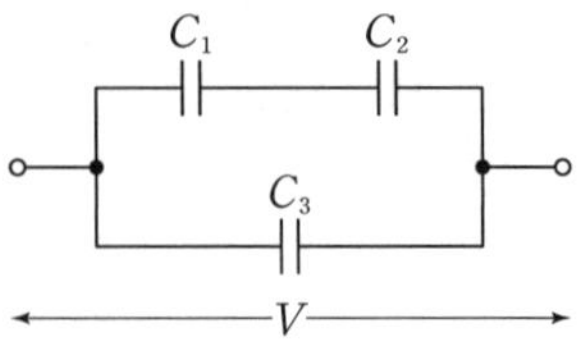

① $\frac{C_1}{2}\left(\frac{C_2}{C_1+C_2}V\right)^2$　② $\frac{C_1}{2}\left(\frac{C_1}{C_1+C_2}V\right)^2$　③ $\frac{C_1C_2}{2}\left(\frac{V}{C_1+C_2}\right)^2$

④ $2C_1\left(\frac{C_2}{C_1+C_2}V\right)^2$　⑤ $\frac{C_1}{2}\left(\frac{C_1C_2}{C_1+C_2}V\right)^2$

26 선형 회로망에서 4단자 정수가 $A=0.2$, $C=j200$, $D=0.2$일 때, B값을 고르면?

1 2 3

① $j48\times10^{-5}$　② $j4.8\times10^{-3}$　③ $j4.8\times10^{-2}$

④ $j4.8\times10^{-1}$　⑤ $j4.8$

27 다음 블록선도의 전달함수 $\frac{C(s)}{R(s)}$를 고르면?

1 2 3

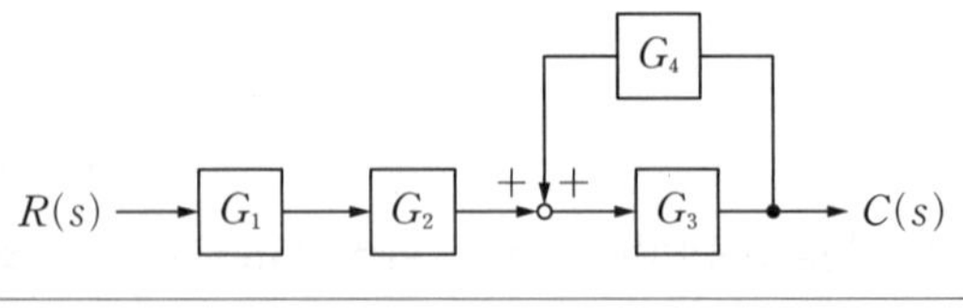

① $\frac{G_1G_2}{1-G_3G_4}$　② $\frac{G_1G_2}{1+G_3G_4}$　③ $\frac{G_1G_2G_3}{1-G_3G_4}$

④ $\frac{G_1G_2G_3}{1+G_3G_4}$　⑤ $\frac{G_1G_2G_3G_4}{1-G_3G_4}$

28 다음과 같이 좌측의 회로를 우측의 테브난 등가회로로 변환할 때, 테브난 등가전압 V_{th}[V]과 테브난 등가저항 R_{th}[Ω]을 고르면?

1 2 3

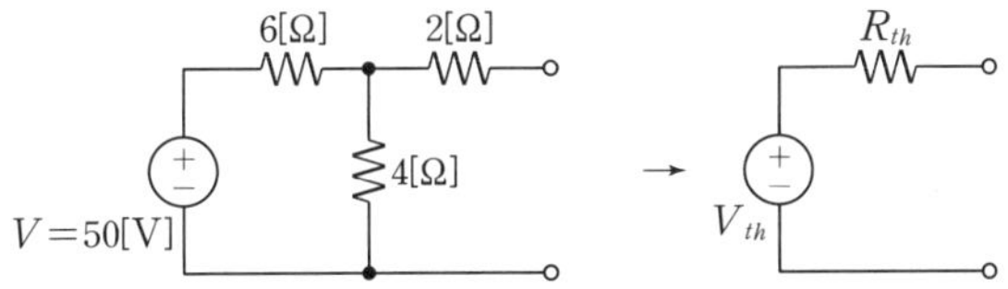

① $V_{th}=20$, $R_{th}=4.4$
② $V_{th}=20$, $R_{th}=2.4$
③ $V_{th}=30$, $R_{th}=4$
④ $V_{th}=30$, $R_{th}=4.4$
⑤ $V_{th}=40$, $R_{th}=6$

29 $R_1=30$[Ω], $R_2=12$[Ω], $R_3=6$[Ω]일 때, R_2에 흐르는 전류 I_2[A]를 고르면?

1 2 3

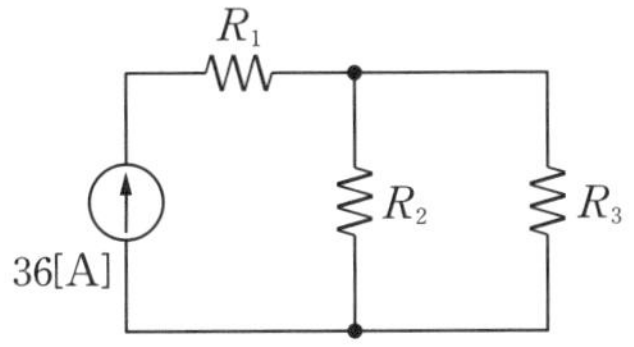

① 24
② 18
③ 15
④ 12
⑤ 10

30 다음 회로에서 $v_1=200\sin wt$[V]일 때, v_2의 평균값[V]을 고르면?

1 2 3

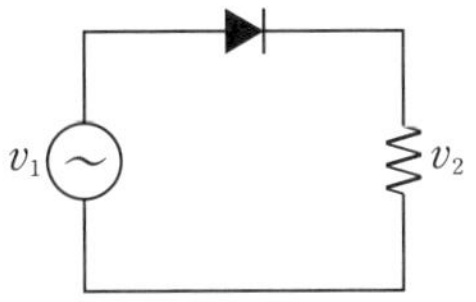

① 200
② $\dfrac{200}{\sqrt{2}}$
③ $\dfrac{400}{\pi}$
④ 100
⑤ $\dfrac{200}{\pi}$

08 한전KPS(G3)

31 $v=20+28.28\sin(wt+45°)$[V]의 실횻값을 고르면?(단, $\sqrt{2}$는 1.414이다.)

① 약 14.14[V] ② 약 24.5[V] ③ 약 28.28[V]
④ 약 36.64[V] ⑤ 약 48.28[V]

32 다음 회로에서 R_3에 걸리는 전압 V_3[V]를 고르면?

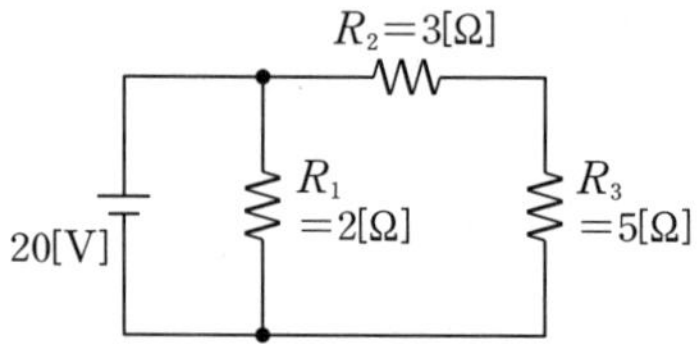

① 6 ② 7.5 ③ 10
④ 12.5 ⑤ 16

33 $F(s)=\dfrac{s+10}{s(s^2+8s+12)}$의 최종값 정리를 고르면?

① ∞ ② $\frac{1}{2}$ ③ $\frac{5}{6}$
④ $\frac{3}{4}$ ⑤ 0

34 차단기를 재투입하는 방식 중 고속도 재폐로 방식의 목적을 고르면?

① 과도안정도 향상 ② 부하 설비 보호
③ 전송 효율의 향상 ④ 사고 검출
⑤ 주 변압기 보호

35 단위 임펄스 함수 $\delta(t)$의 입력일 때, $e^{-3t}\cos 5t$의 출력이 나온다. 이때의 전달함수 $G(s)$를 고르면?

1 2 3

① $\frac{s-3}{(s-3)^2+25}$　② $\frac{s+3}{(s+3)^2+25}$　③ $\frac{s}{(s+3)^2+25}$

④ $\frac{s-5}{(s-5)^2+9}$　⑤ $\frac{s+5}{(s+5)^2+9}$

36 직류(DC)를 교류(AC)로 변환하는 기능의 전력변환장치를 고르면?

1 2 3

① 트라이악　② 사이클로 컨버터　③ PWM 컨버터

④ 인버터　⑤ 연산 증폭기

37 수전단을 단락한 경우에 송전단에서 본 임피던스는 400[Ω], 수전단을 개방한 경우에는 1,600[Ω]이다. 이때, 선로의 특성 임피던스[Ω]를 고르면?

1 2 3

① 400　② 560　③ 640

④ 800　⑤ 2,000

38 $v_1=141.4\sin(wt+75°)$[V], $v_2=35\cos(wt-25°)$[V]의 위상 관계로 옳은 것을 고르면?

1 2 3

① v_1이 v_2보다 10° 앞선다.

② v_1이 v_2보다 10° 뒤진다.

③ v_1이 v_2보다 40° 뒤진다.

④ v_1이 v_2보다 50° 앞선다.

⑤ v_1이 v_2보다 50° 뒤진다.

39 진공 중에서 한 변이 a[m]인 정사각형 단일코일이 있다. 코일에 I[A]의 전류를 흘릴 때, 정사각형 중심에서 자계의 세기[AT/m]를 고르면?

1 2 3

① $\frac{2\sqrt{2}I}{\pi a}$　② $\frac{\sqrt{2}I}{\pi a}$　③ $\frac{\sqrt{2}I}{2\pi a}$

④ $\frac{I}{2\pi a}$　⑤ $\frac{I}{2\sqrt{2}\pi a}$

08 한전KPS(G3)

40 저전력 스위칭 소자로 사용되는 것을 고르면?

① IGBT
② MOSFET
③ Thermistor
④ Diode
⑤ SCR

41 다음 회로에서 저항 $R[\Omega]$에 흐르는 전류가 $I=2$[A]이다. 이때, 저항 $R[\Omega]$의 값을 고르면?

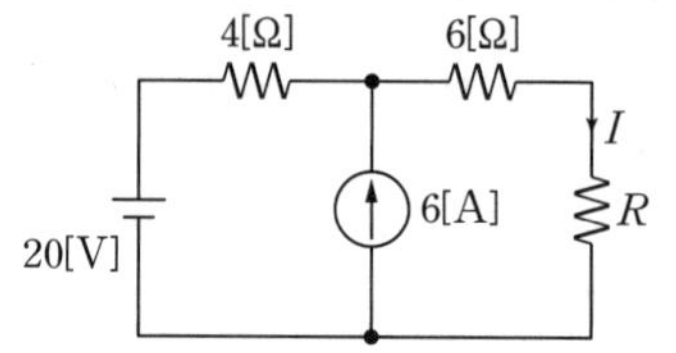

① 4
② 6
③ 8
④ 10
⑤ 12

42 $6+j12+6\angle-60^\circ+6e^{j\frac{\pi}{3}}$의 극좌표(페이저)를 고르면?

① $12\angle45^\circ$
② $12\sqrt{2}\angle45^\circ$
③ $12\angle60^\circ$
④ $12\sqrt{2}\angle60^\circ$
⑤ $12\sqrt{2}\angle90^\circ$

43 다음 그래프의 라플라스 변환을 고르면?

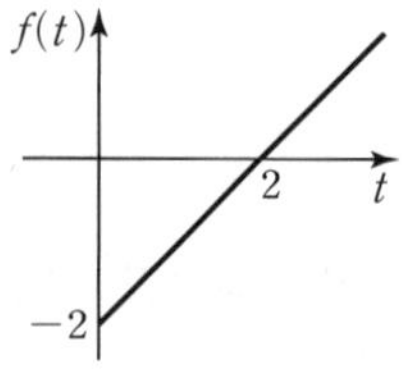

① $\frac{1}{s^2}-\frac{2}{s}$
② $\frac{2}{s^2}-\frac{1}{s}$
③ $\frac{2}{s^2}-\frac{2}{s}$
④ $\frac{1}{s^2}e^{-2s}$
⑤ $\frac{2}{s^2}e^{-2s}$

44 전압이 $v=V_m\sin wt+V_m\sin 2wt+V_m\sin 5wt$[V], 전류가 $i=I_m\sin wt$[A]일 때의 교류 전력[W]을 고르면?

① $\frac{1}{2}V_mI_m$　② $\frac{1}{\sqrt{2}}V_mI_m$　③ V_mI_m

④ $\sqrt{2}V_mI_m$　⑤ $2V_mI_m$

45 이상적인 증폭기 회로에서의 출력전압 V_o[V]를 고르면? (단, V_i=2[V], R_1=1[kΩ], R_2=15[kΩ]이다.)

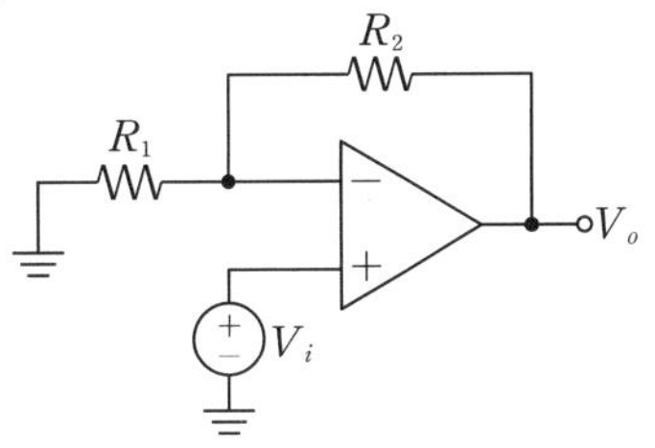

① 3　② 15　③ 30

④ 32　⑤ 40

46 $t=0$에서 스위치를 움직여 직류 전원을 제거할 때의 전류 i[A]값을 고르면?(단, $t=0$에서 $E=10$[V], $R=16$[Ω], $C=\frac{1}{4}$[F]이다.)

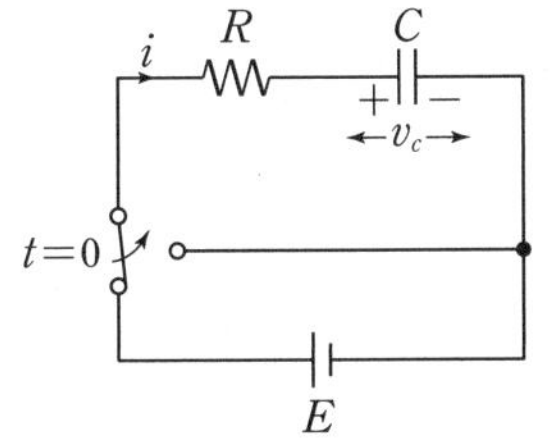

① $-\frac{1}{4}e^{-t}$　② $-\frac{5}{8}e^{-t}$　③ $-\frac{5}{8}e^{-0.25t}$

④ $-\frac{8}{5}e^{-0.25t}$　⑤ $-4e^{-0.25t}$

정답과 해설 p.173

PART 02

실력점검
모의고사

실력점검 모의고사 1회

25문항 / 30분

01 다음 a와 같이 비투자율이 2,000이고 단면적이 0.5[m^2], 자로의 길이가 1[m]인 철심을 이용하여 자기회로를 구성하였다. 자기저항을 R_a[AT/wb]라 하고, 이 철심에 b와 같이 철심을 잘라내어 길이 l_g=1[cm]인 공극을 만들었을 때, 자기저항을 R_b[AT/wb]라고 하면 $\frac{R_b}{R_a}$의 값을 고르면?

1 2 3

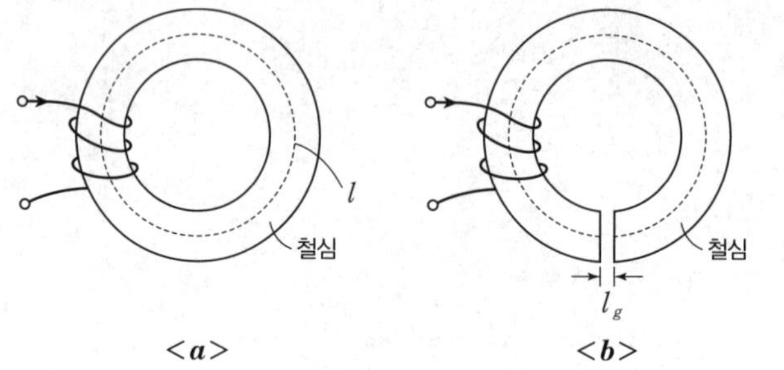

① 약 18 ② 약 21 ③ 약 24 ④ 약 28 ⑤ 약 30

02 다음 설명 중 옳지 <u>않은</u> 것을 고르면?

1 2 3

① 전계는 대전 도체의 면적과 형태가 일정할 때, 전하량이 클수록 커진다.
② 전계는 전하량이 일정할 때, 전하의 작용면적이 작을수록 커진다.
③ 전계는 전하량이 일정할 때, 도체가 뾰족할수록 커진다.
④ 전계는 전하량이 일정할 때, 도체의 곡률이 작을수록 커진다.
⑤ 전계는 전하량이 일정할 때, 도체의 곡률 반경이 작을수록 커진다.

03 300[kVA]의 단상 변압기 4대를 이용하여 3상 부하에 공급할 수 있는 최대 전력[kVA]을 고르면?(단, $\sqrt{2}$=1.41, $\sqrt{3}$=1.73으로 취급한다.)

1 2 3

① 519 ② 819 ③ 900 ④ 1,038 ⑤ 1,200

04 다음 회로의 a단자와 b단자 간의 합성 컨덕턴스 G_{ab}[℧]를 고르면?

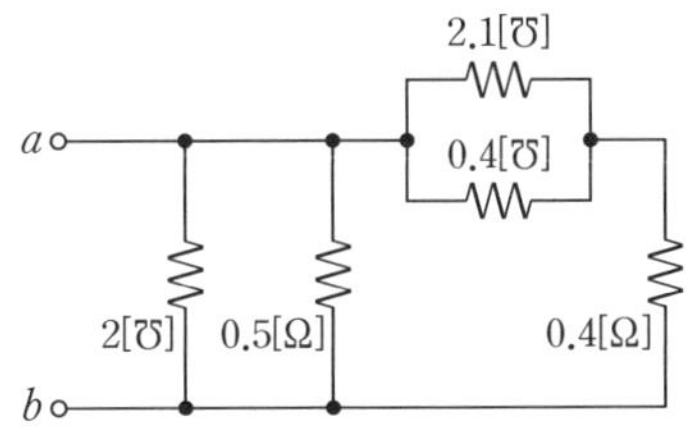

① 2.84 ② 3.75 ③ 4.65 ④ 5.25 ⑤ 5.94

05 주어진 곡선이 표시하는 관계성으로 옳지 않은 것을 고르면?

① 외부 특성 곡선: 단자전압과 계자전류
② 무부하 포화곡선: 무부하 단자전압과 계자전류
③ 단락 곡선: 단락전류와 계자전류
④ 위상 특성 곡선: 전기자전류와 계자전류
⑤ 속도 특성 곡선: 회전속도와 부하전류

06 다음 [보기]의 ⓐ, ⓑ에 해당하는 열역학적 사이클의 종류가 바르게 짝지어진 것을 고르면?

보기

ⓐ 화력발전소에서 기본 사이클로 하며, 2개의 단열변화와 2개의 등압변화로 구성되며, 작동유체가 증기와 액체의 상변화를 수반한다.

ⓑ 가장 이상적인 가역사이클로, 2개의 등온변화와 2개의 단열변화로 이루어진다. 실현 현실성은 없으나 효율이 가장 우수한 열기관의 제작 방향을 제시한다.

	ⓐ	ⓑ
①	재열 사이클	재생 사이클
②	재생·재열 사이클	랭킨 사이클
③	랭킨 사이클	카르노 사이클
④	카르노 사이클	랭킨 사이클
⑤	재생 사이클	카르노 사이클

07 다음 피드백 제어계에서 제동비(감쇠비) ζ와 고유비제동주파수 w_n를 고르면?

1 2 3

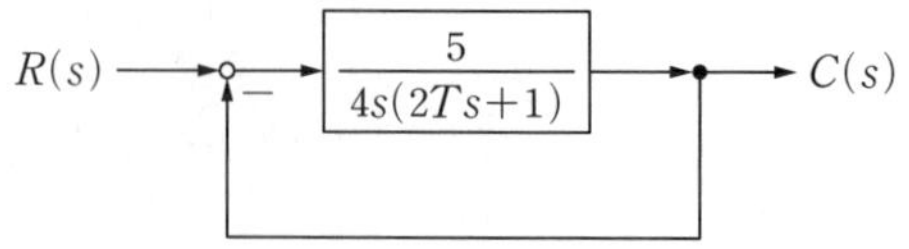

① $\zeta=\dfrac{1}{\sqrt{5T}}$, $w_n=0.5\sqrt{\dfrac{2}{T}}$

② $\zeta=\dfrac{1}{\sqrt{10T}}$, $w_n=0.5\sqrt{\dfrac{2.5}{T}}$

③ $\zeta=\dfrac{1}{\sqrt{5T}}$, $w_n=0.5\sqrt{\dfrac{2}{T}}$

④ $\zeta=\dfrac{1}{\sqrt{10T}}$, $w_n=0.5\sqrt{\dfrac{2.5}{T}}$

⑤ $\zeta=\dfrac{1}{\sqrt{10T}}$, $w_n=\sqrt{\dfrac{2.5}{T}}$

08 다음 [보기] 중에서 옳지 않은 것의 개수를 고르면?

1 2 3

보기

ⓐ 변압기 절연유는 비열이 크고, 점도는 작아야 한다.

ⓑ 변압기의 절연유는 인화점과 응고점이 높아야 한다.

ⓒ 변압기 본체가 공기에 의해 자연적인 냉각이 되는 방식을 건식 풍냉식이라 한다.

ⓓ 비율차동 계전기, 브흐홀츠 계전기는 변압기 내부고장 보호목적으로 사용하는 장치이다.

ⓔ 브흐홀츠 계전기는 오동작의 가능성이 있다.

ⓕ 브흐홀츠 계전기는 전기적인 신호로 동작한다.

① 1개 ② 2개 ③ 3개 ④ 4개 ⑤ 5개

09 다음과 같이 한 변의 길이가 $l=\sqrt{5}$[m]인 정육각형 도체에 전하 Q[C]가 존재할 때, 정육각형 도체의 중심에서 전계의 세기 E[V/m]를 고르면?

1 2 3

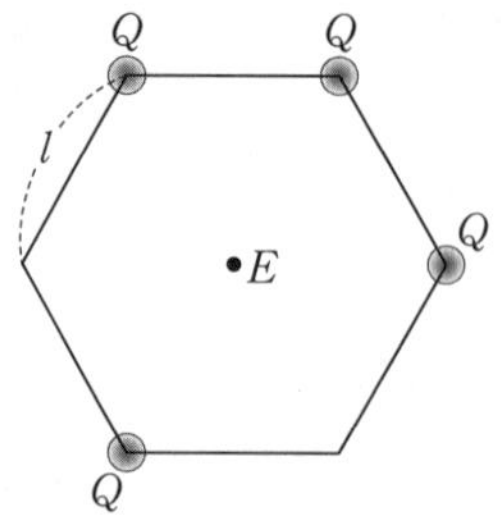

① 0 ② $\dfrac{0.05Q}{\pi\varepsilon}$ ③ $\dfrac{0.1Q}{\pi\varepsilon}$ ④ $\dfrac{0.2Q}{\pi\varepsilon}$ ⑤ $\dfrac{0.6Q}{\pi\varepsilon}$

10 선간전압이 $100\sqrt{3}$[V]인 대칭 3상 Y결선 전원에 평형 부하가 다음과 같이 접속되어 있을 때, F점에서 단선이 발생하였다고 한다. 이 경우, F점 양단의 전압[V]을 고르면?(단, 전원 전압은 변화하지 않는다고 가정한다.)

1 2 3

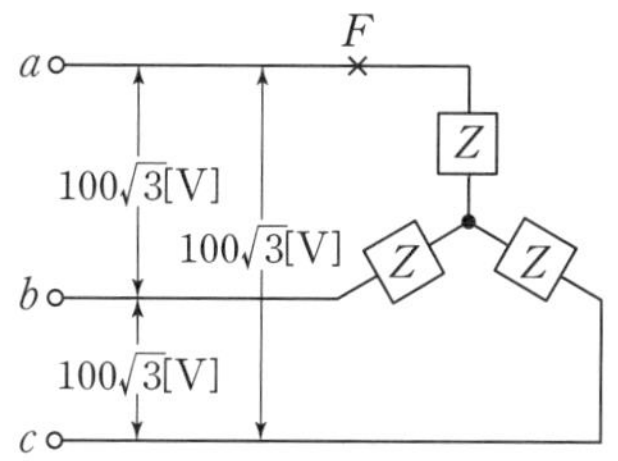

① 100 ② 125 ③ 150 ④ 173 ⑤ 212

11 상태 방정식 $\frac{dx}{dt}=Ax(t)+Br(t)$에서 $A=\begin{bmatrix} 0 & 1 \\ -8 & -6 \end{bmatrix}$, $B=\begin{bmatrix} 0 \\ 1 \end{bmatrix}$일 때, 제어계의 특성 방정식의 해를 고르면?

1 2 3

① -2, -4 ② -2, 4 ③ 2, 4
④ 3, -4 ⑤ 3, 4

12 전선의 단면적이 10[cm^2], 선로의 길이가 500[m]인 단상 2선식 회로에 순저항 부하가 접속되어 있다. 전압이 200[V], 부하전력이 20[W]이고, 선로의 손실이 2[W]라고 할 때, 전선의 고유저항[$\Omega \cdot m^2/m$]을 고르면?

1 2 3

① $\frac{1}{5,000}$ ② $\frac{1}{500}$ ③ $\frac{1}{75}$ ④ $\frac{1}{7.5}$ ⑤ $\frac{1}{0.5}$

13 다음 [조건]이 만족되는 경간[m]을 고르면?

1 2 3

조건

- 전선의 자체 무게: 3.4[kg/m]
- 빙설하중: 0.6[kg/m]
- 풍압하중: 3[kg/m]
- 이도: 2[m]
- 안전율: 2.2
- 인장강도: 17,600[kg]

① 140 ② 160 ③ 180 ④ 200 ⑤ 220

14 T형 중거리 송전선로의 송전단 전압(E_s)을 고르면?(단, E_r=수전단 전압, I_r=수전단 전류, Z=선로의 직렬 임피던스, Y=선로의 병렬 어드미턴스이다.)

1 2 3

① $\left(1+\frac{ZY}{2}\right)E_r+ZI_r$

② $\frac{1}{Z}\left(1+\frac{ZY}{4}\right)E_r+\left(\frac{ZY}{2}+1\right)I_r$

③ $(1+ZY)E_r+Z\left(1+\frac{ZY}{2}\right)I_r$

④ $\left(1+\frac{ZY}{2}\right)E_r+\frac{1}{Z}\left(1+\frac{ZY}{4}\right)I_r$

⑤ $\left(1+\frac{ZY}{2}\right)E_r+Z\left(1+\frac{ZY}{4}\right)I_r$

15 차도의 폭이 15[m]인 도로에 지그재그 배열로 등을 설치하고자 한다. 220[W], 조도 40[lx], 조명률 0.6, 광속 4,400[lm], 감광보상률은 1.2인 나트륨등을 설치할 때, 등 간격을 고르면?

1 2 3

① 약 3[m] ② 약 4[m] ③ 약 5[m]
④ 약 6[m] ⑤ 약 7[m]

16 60[Hz], 6극의 3상 유도 전동기의 2차 기전력 주파수가 6[Hz], 2차 동손이 200[W]라고 한다. 이 전동기의 토크[N·m]를 고르면?

1 2 3

① $\frac{10}{\pi}$ ② $\frac{25}{\pi}$ ③ $\frac{40}{\pi}$ ④ $\frac{50}{\pi}$ ⑤ $\frac{75}{\pi}$

17 다음과 같이 400[Ω]의 부하 임피던스가 접속된 무손실 전송선로가 있다. 무손실 전송선로의 인덕턴스가 $L=1$[mH/km], 커패시턴스가 $C=0.025$[μF/km]이고, $v_0=300$[kV]의 전압파가 입사될 때, 접속점에서의 투과파 전압 v_1[kV], 반사파 전압 v_2[kV]을 고르면?

1 2 3

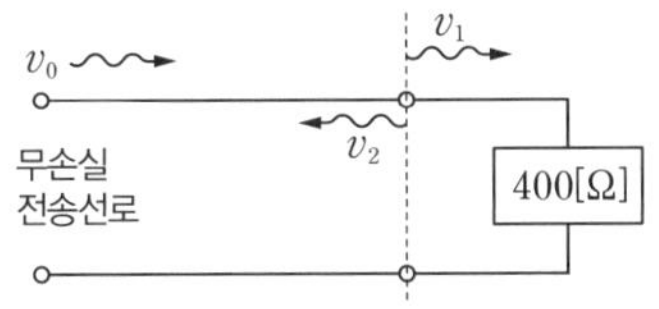

① $v_1=100$[kV], $v_2=400$[kV]
② $v_1=125$[kV], $v_2=175$[kV]
③ $v_1=175$[kV], $v_2=125$[kV]
④ $v_1=300$[kV], $v_2=100$[kV]
⑤ $v_1=400$[kV], $v_2=100$[kV]

18 함수 $F(s)=\dfrac{2s+1}{s(s+2)^2}$의 라플라스 역변환한 함수 $f(t)$를 고르면?

1 2 3

① $\frac{1}{4}-\frac{3}{2}te^{-2t}-\frac{1}{4}e^{-2t}$
② $\frac{1}{4}+\frac{3}{2}te^{-2t}-\frac{1}{4}e^{-2t}$
③ $\frac{1}{4}+\frac{1}{2}te^{-2t}-\frac{1}{4}e^{-2t}$
④ $\frac{1}{2}+\frac{3}{2}te^{-2t}-\frac{1}{2}e^{-2t}$
⑤ $\frac{1}{4}+\frac{2}{3}e^{-2t}-\frac{1}{4}e^{-2t}$

19 다음과 같이 반지름 a[m]의 접지된 도체구가 있다. 도체구 중심으로부터 d[m] 거리에 Q[C]의 전하를 놓았을 때, 전하 Q[C]와 접지된 도체구에 유도되는 전하 간에 작용하는 힘[N]을 고르면?

1 2 3

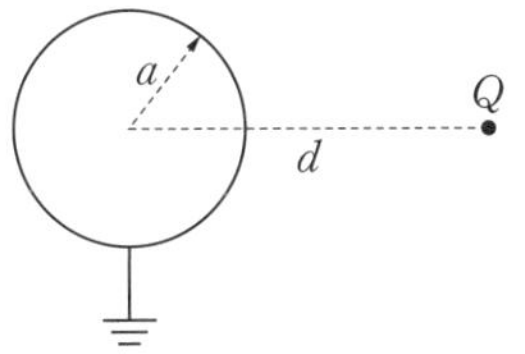

① $\dfrac{-adQ^2}{4\pi\varepsilon(d^2-a^2)^2}$
② $\dfrac{-adQ^2}{4\pi\varepsilon(d-a)^2}$
③ $\dfrac{-aQ^2}{4\pi\varepsilon(d^2-a^2)^2}$
④ $\dfrac{-adQ^2}{8\pi\varepsilon(d^2-a^2)^2}$
⑤ $\dfrac{-adQ^2}{8\pi\varepsilon(d-a)^2}$

20 RLC 직렬회로에서 $R=10\pi[\Omega]$, $L=4[\mathrm{mH}]$, 공진 주파수가 $f_0=17[\mathrm{MHz}]$일 때, 대역폭 $\Delta f[\mathrm{Hz}]$을 고르면?

1 2 3

① 625 ② 755 ③ 865 ④ 1,080 ⑤ 1,250

21 다음 [보기]의 빈칸 ⓐ, ⓑ에 들어갈 값이 바르게 짝지어진 것을 고르면?

1 2 3

보기

용량이 (ⓐ)[kVA] 이상의 발전기를 구동하는 수차의 압유 장치의 유압 또는 전동식 가이드밴 제어장치의 전원전압이 현저히 저하한 경우와 정격출력이 (ⓑ)[kW]를 초과하는 증기터빈은 그 스러스트 베어링이 현저하게 마모되거나 그의 온도가 현저히 상승한 경우에 자동적으로 전로로부터 차단하는 장치를 시설하여야 한다.

	ⓐ	ⓑ
①	100	5,000
②	100	10,000
③	500	5,000
④	500	10,000
⑤	1,000	10,000

22 정격전압이 100[V], 정격출력이 2[kW]인 직류 분권 발전기가 있다. 전기자 저항이 1[Ω], 분권 계자저항이 50[Ω]일 때, 전압 변동률[%]을 고르면?

1 2 3

① 22 ② 20 ③ 18 ④ 15 ⑤ 11

23 발전소의 사용전압이 345[kV]인 경우, 울타리·담 등의 높이와 울타리·담 등으로부터 충전 부분까지의 거리의 합[m]을 고르면?

1 2 3

① 6 ② 6.25 ③ 8 ④ 8.16 ⑤ 8.28

24 다음은 입력 A, B, C에 대한 출력 P의 진리표이다. 진리표를 참고하였을 때, 출력 P의 논리식을 고르면?

1 2 3

A	B	C	P
0	0	0	0
0	0	1	1
0	1	0	1
0	1	1	1
1	0	0	1
1	0	1	1
1	1	0	1
1	1	1	1

① $A \cdot B \cdot C$
② $A+B+C$
③ $\overline{A} \cdot \overline{B} \cdot \overline{C}$
④ $\overline{A}+\overline{B}+\overline{C}$
⑤ $A+B \cdot C+\overline{A \cdot B}$

25 다음은 저압전로 중의 전동기 보호용 과전류보호장치의 시설규정이다. 빈칸 ⓐ, ⓑ에 들어갈 값이 바르게 짝지어진 것을 고르면?

1 2 3

> 정격출력이 (ⓐ)[kW] 이하인 것을 제외한 옥내에 시설하는 전동기에는 손상될 우려가 있는 과전류가 생겼을 때, 자동적으로 이를 저지 또는 경보하는 장치를 하여야 하나, 단상전동기로써 그 전원 측 전로에 시설하는 과전류 차단기의 정격전류가 (ⓑ)[A] 이하인 경우에는 제외한다.

	ⓐ	ⓑ
①	0.1	16
②	0.1	20
③	0.2	16
④	0.2	20
⑤	0.5	16

실력점검 모의고사 1회

정답과 해설 p.183

실력점검 모의고사 2회

25문항 / 30분

01 100[W]의 전구를 책상 위 10[m] 지점에서 점등하였을 때, 전구의 바로 밑의 조도가 20[lx]가 되었다. 이 전구를 책상 위 4[m] 지점에서 점등하였을 경우에 전구 바로 밑의 조도[lx]를 고르면?

1 □ 2 □ 3 □

① 125 ② 100 ③ 75 ④ 50 ⑤ 25

02 다음 [조건]의 직류 타여자 발전기 두 대를 병렬운전할 때, A발전기에 흐르는 전기자 전류 I_A[A]의 값을 고르면?(단, 부하전류는 50[A]이다.)

1 □ 2 □ 3 □

조건

- 발전기 A: 유기 기전력 120[V], 전기자 저항 2[Ω]
- 발전기 B: 유기 기전력 80[V], 전기자 저항 0.5[Ω]

① 16 ② 20 ③ 24 ④ 26 ⑤ 30

03 I_m[A]의 전류를 정전용량이 C[F]인 콘덴서에 흘리면 W[J]의 에너지가 축적된다. 이 경우의 주파수 [Hz]를 고르면?(단, 전류의 파형은 정현파형이다.)

1 □ 2 □ 3 □

① $\dfrac{I_m}{\pi\sqrt{WC}}$ ② $\dfrac{I_m}{2\pi\sqrt{WC}}$ ③ $\dfrac{I_m}{4\pi\sqrt{WC}}$ ④ $\dfrac{I_m}{4\pi C\sqrt{W}}$ ⑤ $\dfrac{I_m C}{4\pi\sqrt{WC}}$

04 비유전율이 4인 액체가 20[V/m]의 평등 전계를 가지며, 그 내부에 구형 기포가 있다. 이때, 구형 기포의 전계[V/m]를 고르면?

1 □ 2 □ 3 □

① $\dfrac{25}{3}$ ② $\dfrac{40}{3}$ ③ $\dfrac{55}{3}$ ④ $\dfrac{70}{3}$ ⑤ $\dfrac{80}{3}$

05 다음의 신호흐름선도에서 전달함수 $\dfrac{C(s)}{R(s)}$를 고르면?

1 2 3

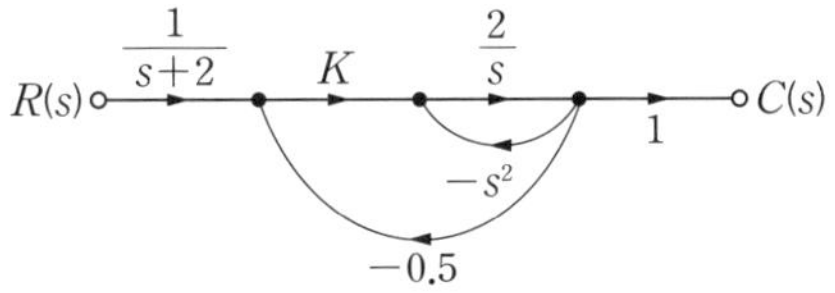

① $\dfrac{0.5K}{(s+2)(2s^2+s+0.5K)}$ ② $\dfrac{K}{(s+2)(2s^2+s+K)}$ ③ $\dfrac{2K}{(s+2)(2s^2+s+K)}$

④ $\dfrac{K}{(s+2)(2s^2-s-2K)}$ ⑤ $\dfrac{2K}{(s+2)(2s^2-s-2K)}$

06 저항 R[Ω]과 커패시턴스 C[F]의 직렬회로에 $v=V_1\sin wt+V_3\sin 3wt$[V]를 인가할 때, 회로에 흐르는 전류의 실횻값[A]을 고르면?

1 2 3

① $wC\sqrt{\dfrac{V_1^2}{w^2C^2R^2+1}+\dfrac{9V_3^2}{9w^2C^2R^2+1}}$ ② $wC\sqrt{\dfrac{V_1^2}{2w^2C^2R^2+2}+\dfrac{9V_3^2}{18w^2C^2R^2+2}}$

③ $wC\sqrt{\dfrac{V_1^2}{2w^2C^2R^2+2}+\dfrac{3V_3^2}{3w^2C^2R^2+2}}$ ④ $wC\left(\dfrac{V_1^2}{w^2C^2R^2+1}+\dfrac{9V_3^2}{9w^2C^2R^2+1}\right)$

⑤ $wC\left(\dfrac{V_1^2}{2w^2C^2R^2+2}+\dfrac{3V_3^2}{18w^2C^2R^2+2}\right)$

07 다음과 같은 왜형파의 실횻값 I[A]를 고르면?(단, 파형에서 0∼π는 $i=\dfrac{1}{\pi}I_m t$[A], π∼2π는 $i=-\dfrac{2}{3}I_m$[A]이며, 계속 반복된다.)

1 2 3

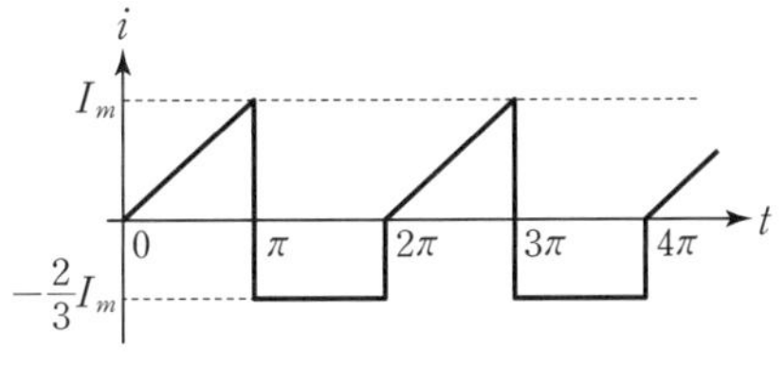

① $I_m\sqrt{\dfrac{7}{3}}$ ② $I_m\sqrt{\dfrac{7}{2}}$ ③ $\dfrac{I_m}{3}\sqrt{\dfrac{7}{4}}$

④ $\dfrac{I_m}{3}\sqrt{\dfrac{7}{3}}$ ⑤ $\dfrac{I_m}{3}\sqrt{\dfrac{7}{2}}$

08 다음 제어 시스템에 대해 단위 포물선 입력에 대한 정상상태오차(e_{ss})를 고르면?

1 2 3

$$G(s)=\frac{2(s+3)}{s^2(s+1)(s+2)}$$

① $\frac{1}{3}$ ② 0 ③ 1 ④ 3 ⑤ ∞

09 다음 그래프를 참고할 때, [보기]에서 옳은 것의 개수를 고르면?

1 2 3

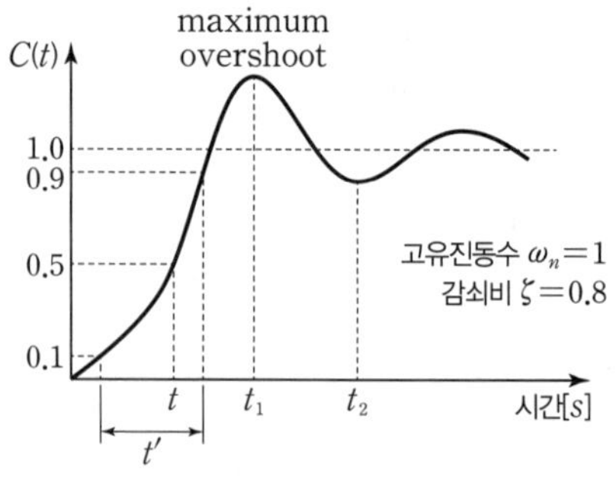

보기

ⓐ 오버슈트란 과도기간 중에 응답이 목푯값을 초과하여 편차량이 생기는 것을 말한다.

ⓑ 오버슈트는 1차, 2차 모든 시스템에서 나타나는 현상이다.

ⓒ 그래프에서 t_1은 최대 오버슈트까지의 시간이며, 그 값은 $\frac{\pi}{0.6}$[s]이다.

ⓓ 그래프에서 t_2는 언더슈트까지의 시간이며, 그 값은 $\frac{\pi}{0.2}$[s]이다.

ⓔ 그래프에서 t는 지연시간이라고 한다.

ⓕ 그래프에서 t'를 응답시간이라 한다.

ⓖ 백분율 오버슈트는 $\frac{\text{최대 오버슈트}}{\text{최종 목푯값}}\times 100$[%]이다.

① 2개 ② 3개 ③ 4개 ④ 5개 ⑤ 6개

10 154[kV], 60[Hz], 선로의 길이가 100[km]인 3상 송전 선로에서 대지 정전용량이 0.01[μF/km], 상호 정전용량이 0.0082[μF/km]일 때, 1선에 흐르는 충전전류[A]를 고르면?(단, $\sqrt{2}=1.41$, $\sqrt{3}=1.73$, $\pi=3$이다.)

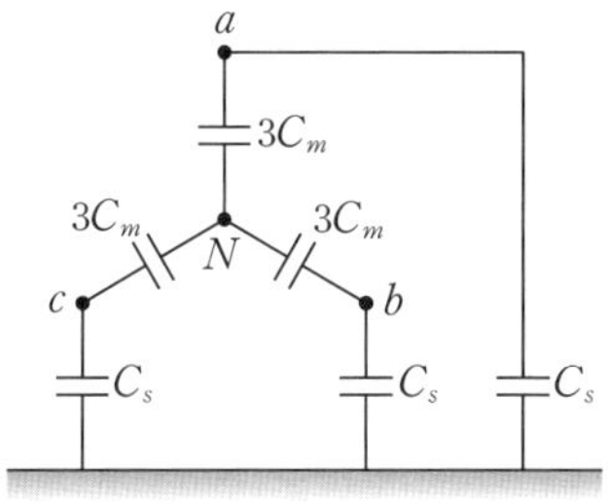

① 87.54 ② 98.76 ③ 102.62 ④ 110.88 ⑤ 122.45

11 자유공간상에 다음과 같이 $\pm q$[C]의 쌍극자가 미소거리 δ[m]만큼 떨어져 있다. 이 쌍극자가 점 P에 형성하는 전위 V[V]와 전계의 세기 E[V/m]를 고르면?

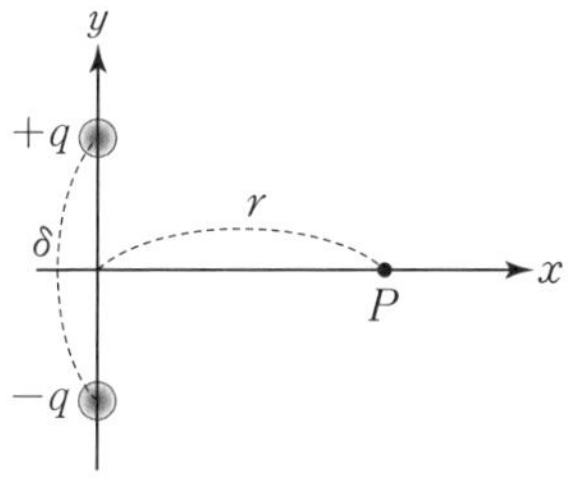

① $V=0,\ E=\dfrac{q\delta}{4\pi\varepsilon_0 r^2}$

② $V=0,\ E=\dfrac{q\delta}{4\pi\varepsilon_0 r^3}$

③ $V=\dfrac{q\delta}{4\pi\varepsilon_0 r},\ E=\dfrac{q\delta}{4\pi\varepsilon_0 r^2}$

④ $V=\dfrac{q\delta}{4\pi\varepsilon_0 r^2},\ E=\dfrac{q\delta}{4\pi\varepsilon_0 r^3}$

⑤ $V=\dfrac{q\delta}{4\pi\varepsilon_0 r^2},\ E=0$

12 길이가 10[cm]이고, 단면적의 지름이 10[mm]인 원통이 길이방향으로 균일하게 자화되어, 양단에 $\pm m$의 자극이 나타났다. 이 원통의 자화의 세기가 4[wb/m^2]일 때, 원통 양단에서의 자극 m의 세기[wb]를 고르면?

① $4\pi\times10^{-5}$ ② $4\pi\times10^{-4}$ ③ $\pi\times10^{-5}$
④ $\pi\times10^{-4}$ ⑤ $\pi\times10^{-3}$

13 **현수애자 4개를 1련으로 한 66[kV] 송전선로에서 현수애자 1개의 절연저항이 500[MΩ]이라면 표준 경간을 200[m]로 할 때, 1[km]당 누설 컨덕턴스[℧]를 고르면?**

1
2
3

① 12.5×10^{-10}　② 25×10^{-10}　③ 12.5×10^{-9}
④ 25×10^{-9}　⑤ 12.5×10^{-8}

14 **다음과 같은 계통의 기기에서 완전 지락이 발생하였을 경우, 기기에 접촉된 사람의 인체에 흐르게 되는 전류[mA]를 고르면?**(단, 다음 그림의 10[Ω], 100[Ω]은 접지극의 저항이며, 2,000[Ω]은 기기에 접촉된 사람의 저항을 의미한다.)

1
2
3

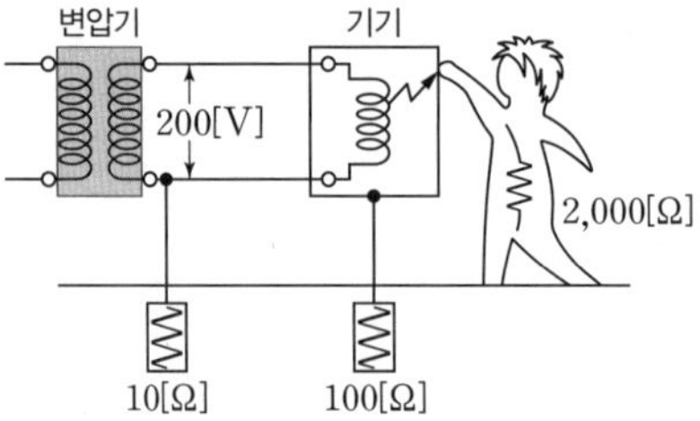

① 약 80[mA]　② 약 85[mA]　③ 약 90[mA]
④ 약 95[mA]　⑤ 약 100[mA]

15 **다음 [보기]에서 동기기의 안정도를 증진시키는 방법에 해당되지 않는 것을 모두 고르면?**

1
2
3

보기

ⓐ 동기기의 단락비를 크게 한다.
ⓑ 영상 임피던스를 작게 한다.
ⓒ 회전자의 플라이 휠 효과를 작게 한다.
ⓓ 속응 여자방식을 채용한다.

① ⓐ, ⓑ　② ⓐ, ⓒ　③ ⓐ, ⓓ　④ ⓑ, ⓒ　⑤ ⓒ, ⓓ

16 **단상 변압기가 지상 역률 80[%]로 운전될 때, 전압 변동률이 3.4[%]라고 한다. 이 변압기를 역률 100[%]의 정격 부하로 운전할 때, 전압 변동률[%]을 고르면?**(단, %저항강하는 %리액턴스강하의 $\frac{1}{10}$이다.)

1
2
3

① 0.1　② 0.2　③ 0.5　④ 1.0　⑤ 2.0

17 다음과 같은 사인파의 라플라스 변환을 고르면?

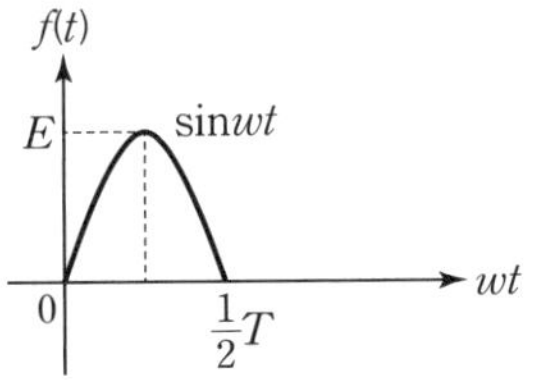

① $\dfrac{Es}{s^2+w^2}(1-e^{-\frac{1}{2}Ts})$ ② $\dfrac{Es}{s^2+w^2}(1+e^{-\frac{1}{2}Ts})$

③ $\dfrac{Ew}{s^2+w^2}(1-e^{-\frac{1}{2}Ts})$ ④ $\dfrac{Ew}{s^2+w^2}(1+e^{-\frac{1}{2}Ts})$

⑤ $\dfrac{Ew}{s^2+w^2}(1+e^{-Ts})$

18 다음 [보기]에서 옳지 <u>않은</u> 것의 개수를 고르면?

보기

ⓐ 방전코일은 콘덴서에 축적된 잔류전하를 방전하여 감전사고를 방지한다.

ⓑ 직렬 리액터는 제3고조파로부터 전력용 콘덴서의 보호 및 파형 개선목적으로 사용된다.

ⓒ 무부하 시 선로의 충전전류의 영향이 커져서 선로의 전류가 진상이 되어 송전단 전압보다 수전단 전압이 높아지는 것을 페란티 현상이라 하고, 분로 리액터로 방지할 수 있다.

ⓓ 단락전류를 제한하는 목적으로 사용하는 리액터를 한류 리액터라 한다.

ⓔ 조상설비 중에서 동기 조상기는 지상과 진상을 보상하는 용도로 사용되며, 연속적인 조정이 가능하고 전력손실이 작은 장점이 있다.

① 0개 ② 1개 ③ 2개 ④ 3개 ⑤ 4개

19 단상 2선식 배선에서 인입구 A점의 전압이 200[V]라고 할 때, D점의 전압[V]을 고르면?(단, 다음 그림에서 주어진 개소별 저항은 1선의 값으로, $A\sim B$ 간 0.02[Ω], $B\sim C$ 간 0.15[Ω], $C\sim D$ 간 0.08[Ω]이다.)

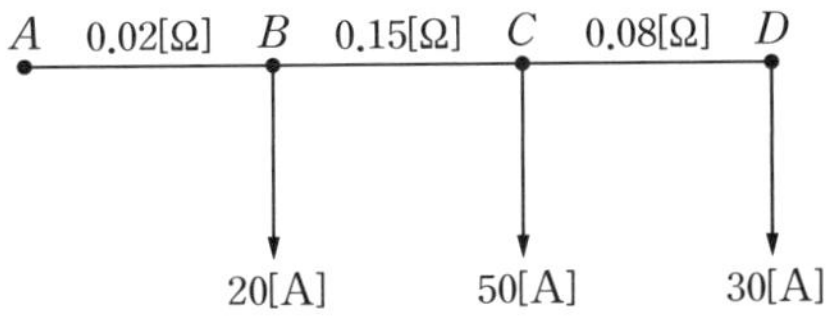

① 153.8 ② 167.2 ③ 179.4 ④ 183.6 ⑤ 189.7

20 다음 회로에서 $\frac{V_2}{V_1}$를 고르면?

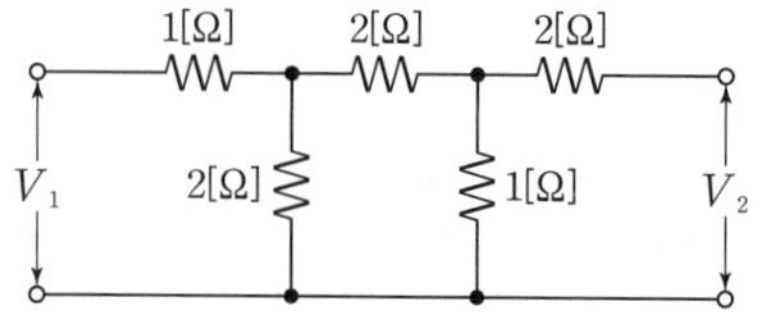

① $\frac{11}{2}$ ② $\frac{5}{2}$ ③ 2 ④ $\frac{5}{2}$ ⑤ $\frac{2}{11}$

21 다음 [보기]에서 계통접지의 구성과 방식에 대한 설명으로 옳지 않은 것을 고르면?

보기

ⓐ 저압전로의 보호도체 및 중성선의 접속방식에 따라 TN, TT, IT, IS계통으로 분류한다.

ⓑ TN-C-S계통은 계통의 일부분에서 PEN도체를 사용하거나, 중성선과 별도의 PE도체를 사용하는 방식이 있다.

ⓒ TN-S계통은 계통 전체에 대하여 중성선과 보호도체의 기능을 동일 도체로 겸용한 PEN도체를 사용하며, 배전계통에서 PEN도체를 추가로 접지할 수 있다.

ⓓ TT계통은 전원의 한 점을 직접접지하고 설비의 노출도전부는 전원의 접지전극과 공통된 접지극에 접속시키며, 배전계통에서 PEN도체를 추가로 접지할 수 있다.

① ⓐ, ⓑ ② ⓑ, ⓓ ③ ⓐ, ⓑ, ⓒ
④ ⓐ, ⓒ, ⓓ ⑤ ⓑ, ⓒ, ⓓ

22 다음과 같이 내측 반지름 $a=4$[cm]이고 외측 반지름 $b=4e^2$[cm]인 동축 케이블이 있을 때, 단위 길이당 인덕턴스[H/m]를 고르면?(단, 투자율은 공기 중의 투자율 μ_0[H/m]로 가정한다.)

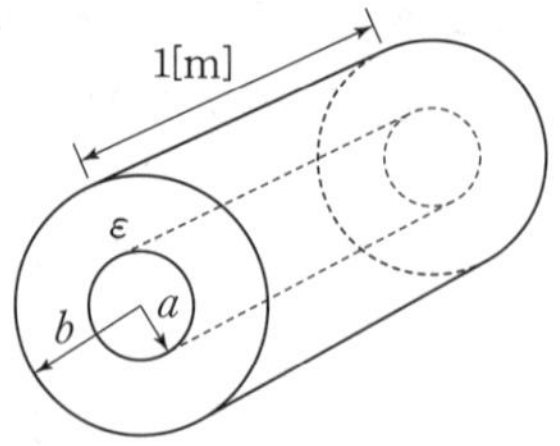

① 0.25×10^{-7} ② 0.5×10^{-7} ③ 10^{-7}
④ 2×10^{-7} ⑤ 4×10^{-7}

23 60[Hz], 1,100/100[V]인 단상 변압기의 1차 측 무부하 전류가 $I=5\sin wt+2\sin 3wt$[A]이다. 이 단상 변압기 3대로 $Y-\Delta$ 결선하여 1차에 평형 전압을 걸고 2차를 무부하로 하는 경우, Δ회로에 순환하는 전류의 실횻값[A]을 고르면?

1☐ 2☐ 3☐

① $11\sqrt{2}$　② $11\sqrt{3}$　③ $15\sqrt{2}$
④ $15\sqrt{3}$　⑤ $22\sqrt{2}$

24 전류분포가 자기 벡터 퍼텐셜 $A=3xy^2a_x+2xza_y+2z^3a_z$[wb/m]를 발생시킬 때, 점(1, 3, 2)[m]에서의 자속밀도[wb/m²]를 고르면?(단, a_x, a_y, a_z는 방향벡터를 의미한다.)

1☐ 2☐ 3☐

① $-2a_x-14a_z$　② $-2a_x+14a_z$
③ $2a_x-14a_z$　④ $-2a_x-6a_y-14a_z$
⑤ $2a_x+6a_y-14a_z$

25 사용전압이 170[kV] 이하의 변압기를 시설하는 변전소로서 기술원이 수시로 순회하거나 그 변전소를 원격감시 제어하는 제어소에서 상시 감시하는 경우에는 변전소에 상주하여 감시할 필요가 없다. 다만, 위에서 규정하는 변전소는 변전제어소 혹은 기술원이 상주하는 장소에 경보장치를 시설해야 한다. 여기에서, 경보장치의 동작조건이 아닌 것을 고르면?

1☐ 2☐ 3☐

① 조상기의 내부에 고장이 생긴 경우
② 옥내 변전소에 화재가 발생한 경우
③ 출력 3,000[kVA]를 초과하는 특고압용 변압기의 온도가 현저히 상승한 경우
④ 주요 변압기의 전원 측 전로가 무전압이 된 경우
⑤ 수소냉각식 조상기 안의 수소 순도가 85[%] 이하로 저하한 경우

정답과 해설 p.193

에듀윌이
너를
지지할게

ENERGY

끝이 좋아야 시작이 빛난다.

– 마리아노 리베라(Mariano Rivera)

※ 본 답안지는 마킹 연습용입니다. 풀이 문항 수에 맞게 활용하시기 바랍니다.

성	명		
ㅏ	ㅏ ㄱ	ㅏ ㄱ	ㅏ ㄱ
ㅑ	ㄱ ㅑ ㄴ	ㄱ ㅑ ㄴ	ㄱ ㅑ ㄴ
ㅓ	ㄴ ㅓ ㄷ	ㄴ ㅓ ㄷ	ㄴ ㅓ ㄷ
ㄱ ㅕ ㄱ	ㄷ ㅕ ㄹ	ㄷ ㅕ ㄹ	ㄷ ㅕ ㄹ
ㄴ ㅗ ㄴ	ㄹ ㅗ ㅁ	ㄹ ㅗ ㅁ	ㄹ ㅗ ㅁ
ㄷ ㅛ ㄷ	ㅁ ㅛ ㅂ	ㅁ ㅛ ㅂ	ㅁ ㅛ ㅂ
ㄹ ㅜ ㄹ	ㅂ ㅜ ㅅ	ㅂ ㅜ ㅅ	ㅂ ㅜ ㅅ
ㅁ ㅠ ㅁ	ㅅ ㅠ ㅇ	ㅅ ㅠ ㅇ	ㅅ ㅠ ㅇ
ㅂ ㅡ ㅂ	ㅇ ㅡ ㅈ	ㅇ ㅡ ㅈ	ㅇ ㅡ ㅈ
ㅅ ㅣ ㅅ	ㅈ ㅣ ㅊ	ㅈ ㅣ ㅊ	ㅈ ㅣ ㅊ
ㅇ ㅐ ㅇ	ㅊ ㅐ ㅋ	ㅊ ㅐ ㅋ	ㅊ ㅐ ㅋ
ㅈ ㅒ ㅈ	ㅋ ㅒ ㅌ	ㅋ ㅒ ㅌ	ㅋ ㅒ ㅌ
ㅊ ㅔ ㅊ	ㅌ ㅔ ㅍ	ㅌ ㅔ ㅍ	ㅌ ㅔ ㅍ
ㅋ ㅖ ㅋ	ㅍ ㅖ ㅎ	ㅍ ㅖ ㅎ	ㅍ ㅖ ㅎ
ㅌ ㅘ ㅌ	ㅎ ㅘ ㄲ	ㅎ ㅘ ㄲ	ㅎ ㅘ ㄲ
ㅍ ㅙ ㅍ	ㄲ ㅙ ㄸ	ㄲ ㅙ ㄸ	ㄲ ㅙ ㄸ
ㅎ ㅚ ㅎ	ㄸ ㅚ ㅃ	ㄸ ㅚ ㅃ	ㄸ ㅚ ㅃ
ㅟ	ㅃ ㅟ ㅆ	ㅃ ㅟ ㅆ	ㅃ ㅟ ㅆ
ㅞ	ㅆ ㅞ ㅉ	ㅆ ㅞ ㅉ	ㅆ ㅞ ㅉ
ㅝ	ㅉ ㅝ ㄺ	ㅉ ㅝ ㄺ	ㅉ ㅝ ㄺ
ㅢ	ㅢ ㄻ	ㅢ ㄻ	ㅢ ㄻ

감 독 확인란	

수	험	번	호		
⓪	⓪	⓪	⓪	⓪	⓪
①	①	①	①	①	①
②	②	②	②	②	②
③	③	③	③	③	③
④	④	④	④	④	④
⑤	⑤	⑤	⑤	⑤	⑤
⑥	⑥	⑥	⑥	⑥	⑥
⑦	⑦	⑦	⑦	⑦	⑦
⑧	⑧	⑧	⑧	⑧	⑧
⑨	⑨	⑨	⑨	⑨	⑨

생	년	월	일		
⓪	⓪	⓪	⓪	⓪	⓪
①	①	①	①	①	①
②	②	②	②	②	②
③	③	③	③	③	③
④	④	④	④	④	④
⑤	⑤	⑤	⑤	⑤	⑤
⑥	⑥	⑥	⑥	⑥	⑥
⑦	⑦	⑦	⑦	⑦	⑦
⑧	⑧	⑧	⑧	⑧	⑧
⑨	⑨	⑨	⑨	⑨	⑨

수험생 유의 사항

(1) 아래와 같은 방식으로 답안지를 바르게 작성한다.
(예) ① ② ● ④ ⑤
(2) 성명란은 왼쪽부터 빠짐없이 순서대로 작성한다.
(3) 수험번호는 각자 자신에게 부여받은 번호를 표기하여 작성한다.
(4) 생년월일은 주민등록상을 기준으로 하여 작성한다.
(예) 1991년 4월 14일은 910414로 표기한다.

01	① ② ③ ④ ⑤	21	① ② ③ ④ ⑤	41	① ② ③ ④ ⑤	61	① ② ③ ④ ⑤
02	① ② ③ ④ ⑤	22	① ② ③ ④ ⑤	42	① ② ③ ④ ⑤	62	① ② ③ ④ ⑤
03	① ② ③ ④ ⑤	23	① ② ③ ④ ⑤	43	① ② ③ ④ ⑤	63	① ② ③ ④ ⑤
04	① ② ③ ④ ⑤	24	① ② ③ ④ ⑤	44	① ② ③ ④ ⑤	64	① ② ③ ④ ⑤
05	① ② ③ ④ ⑤	25	① ② ③ ④ ⑤	45	① ② ③ ④ ⑤	65	① ② ③ ④ ⑤
06	① ② ③ ④ ⑤	26	① ② ③ ④ ⑤	46	① ② ③ ④ ⑤	66	① ② ③ ④ ⑤
07	① ② ③ ④ ⑤	27	① ② ③ ④ ⑤	47	① ② ③ ④ ⑤	67	① ② ③ ④ ⑤
08	① ② ③ ④ ⑤	28	① ② ③ ④ ⑤	48	① ② ③ ④ ⑤	68	① ② ③ ④ ⑤
09	① ② ③ ④ ⑤	29	① ② ③ ④ ⑤	49	① ② ③ ④ ⑤	69	① ② ③ ④ ⑤
10	① ② ③ ④ ⑤	30	① ② ③ ④ ⑤	50	① ② ③ ④ ⑤	70	① ② ③ ④ ⑤
11	① ② ③ ④ ⑤	31	① ② ③ ④ ⑤	51	① ② ③ ④ ⑤	71	① ② ③ ④ ⑤
12	① ② ③ ④ ⑤	32	① ② ③ ④ ⑤	52	① ② ③ ④ ⑤	72	① ② ③ ④ ⑤
13	① ② ③ ④ ⑤	33	① ② ③ ④ ⑤	53	① ② ③ ④ ⑤	73	① ② ③ ④ ⑤
14	① ② ③ ④ ⑤	34	① ② ③ ④ ⑤	54	① ② ③ ④ ⑤	74	① ② ③ ④ ⑤
15	① ② ③ ④ ⑤	35	① ② ③ ④ ⑤	55	① ② ③ ④ ⑤	75	① ② ③ ④ ⑤
16	① ② ③ ④ ⑤	36	① ② ③ ④ ⑤	56	① ② ③ ④ ⑤	76	① ② ③ ④ ⑤
17	① ② ③ ④ ⑤	37	① ② ③ ④ ⑤	57	① ② ③ ④ ⑤	77	① ② ③ ④ ⑤
18	① ② ③ ④ ⑤	38	① ② ③ ④ ⑤	58	① ② ③ ④ ⑤	78	① ② ③ ④ ⑤
19	① ② ③ ④ ⑤	39	① ② ③ ④ ⑤	59	① ② ③ ④ ⑤	79	① ② ③ ④ ⑤
20	① ② ③ ④ ⑤	40	① ② ③ ④ ⑤	60	① ② ③ ④ ⑤	80	① ② ③ ④ ⑤

✂ 절취선

※ 본 답안지는 마킹 연습용입니다. 풀이 문항 수에 맞게 활용하시기 바랍니다.

성 명

ㄱ ㄴ ㄷ ㄹ ㅁ ㅂ ㅅ ㅇ ㅈ ㅊ ㅋ ㅌ ㅍ ㅎ / ㅏ ㅑ ㅓ ㅕ ㅗ ㅛ ㅜ ㅠ ㅡ ㅣ ㅐ ㅒ ㅔ ㅖ ㅘ ㅙ ㅚ ㅝ ㅞ ㅟ ㅢ / ㄱ ㄴ ㄷ ㄹ ㅁ ㅂ ㅅ ㅇ ㅈ ㅊ ㅋ ㅌ ㅍ ㅎ	ㄱ ㄴ ㄷ ㄹ ㅁ ㅂ ㅅ ㅇ ㅈ ㅊ ㅋ ㅌ ㅍ ㅎ ㄲ ㄸ ㅃ ㅆ ㅉ / ㅏ ㅑ ㅓ ㅕ ㅗ ㅛ ㅜ ㅠ ㅡ ㅣ ㅐ ㅒ ㅔ ㅖ ㅘ ㅙ ㅚ ㅝ ㅞ ㅟ ㅢ / ㄱ ㄴ ㄷ ㄹ ㅁ ㅂ ㅅ ㅇ ㅈ ㅊ ㅋ ㅌ ㅍ ㅎ ㄲ ㄸ ㅃ ㅆ ㅉ ㄺ ㄻ	ㄱ ㄴ ㄷ ㄹ ㅁ ㅂ ㅅ ㅇ ㅈ ㅊ ㅋ ㅌ ㅍ ㅎ ㄲ ㄸ ㅃ ㅆ ㅉ / ㅏ ㅑ ㅓ ㅕ ㅗ ㅛ ㅜ ㅠ ㅡ ㅣ ㅐ ㅒ ㅔ ㅖ ㅘ ㅙ ㅚ ㅝ ㅞ ㅟ ㅢ / ㄱ ㄴ ㄷ ㄹ ㅁ ㅂ ㅅ ㅇ ㅈ ㅊ ㅋ ㅌ ㅍ ㅎ ㄲ ㄸ ㅃ ㅆ ㅉ ㄺ ㄻ	ㄱ ㄴ ㄷ ㄹ ㅁ ㅂ ㅅ ㅇ ㅈ ㅊ ㅋ ㅌ ㅍ ㅎ ㄲ ㄸ ㅃ ㅆ ㅉ / ㅏ ㅑ ㅓ ㅕ ㅗ ㅛ ㅜ ㅠ ㅡ ㅣ ㅐ ㅒ ㅔ ㅖ ㅘ ㅙ ㅚ ㅝ ㅞ ㅟ ㅢ / ㄱ ㄴ ㄷ ㄹ ㅁ ㅂ ㅅ ㅇ ㅈ ㅊ ㅋ ㅌ ㅍ ㅎ ㄲ ㄸ ㅃ ㅆ ㅉ ㄺ ㄻ

감 독 확인란	

수 험 번 호

0	0	0	0	0	0
1	1	1	1	1	1
2	2	2	2	2	2
3	3	3	3	3	3
4	4	4	4	4	4
5	5	5	5	5	5
6	6	6	6	6	6
7	7	7	7	7	7
8	8	8	8	8	8
9	9	9	9	9	9

생 년 월 일

0	0	0	0	0	0
1	1	1	1	1	1
2	2	2	2	2	2
3	3	3	3	3	3
4	4	4	4	4	4
5	5	5	5	5	5
6	6	6	6	6	6
7	7	7	7	7	7
8	8	8	8	8	8
9	9	9	9	9	9

수험생 유의 사항

(1) 아래와 같은 방식으로 답안지를 바르게 작성한다.

(예) ① ② ● ④ ⑤

(2) 성명란은 왼쪽부터 빠짐없이 순서대로 작성한다.

(3) 수험번호는 각자 자신에게 부여받은 번호를 표기하여 작성한다.

(4) 생년월일은 주민등록상을 기준으로 하여 작성한다.

(예) 1991년 4월 14일은 910414로 표기한다.

01	① ② ③ ④ ⑤	21	① ② ③ ④ ⑤	41	① ② ③ ④ ⑤	61	① ② ③ ④ ⑤
02	① ② ③ ④ ⑤	22	① ② ③ ④ ⑤	42	① ② ③ ④ ⑤	62	① ② ③ ④ ⑤
03	① ② ③ ④ ⑤	23	① ② ③ ④ ⑤	43	① ② ③ ④ ⑤	63	① ② ③ ④ ⑤
04	① ② ③ ④ ⑤	24	① ② ③ ④ ⑤	44	① ② ③ ④ ⑤	64	① ② ③ ④ ⑤
05	① ② ③ ④ ⑤	25	① ② ③ ④ ⑤	45	① ② ③ ④ ⑤	65	① ② ③ ④ ⑤
06	① ② ③ ④ ⑤	26	① ② ③ ④ ⑤	46	① ② ③ ④ ⑤	66	① ② ③ ④ ⑤
07	① ② ③ ④ ⑤	27	① ② ③ ④ ⑤	47	① ② ③ ④ ⑤	67	① ② ③ ④ ⑤
08	① ② ③ ④ ⑤	28	① ② ③ ④ ⑤	48	① ② ③ ④ ⑤	68	① ② ③ ④ ⑤
09	① ② ③ ④ ⑤	29	① ② ③ ④ ⑤	49	① ② ③ ④ ⑤	69	① ② ③ ④ ⑤
10	① ② ③ ④ ⑤	30	① ② ③ ④ ⑤	50	① ② ③ ④ ⑤	70	① ② ③ ④ ⑤
11	① ② ③ ④ ⑤	31	① ② ③ ④ ⑤	51	① ② ③ ④ ⑤	71	① ② ③ ④ ⑤
12	① ② ③ ④ ⑤	32	① ② ③ ④ ⑤	52	① ② ③ ④ ⑤	72	① ② ③ ④ ⑤
13	① ② ③ ④ ⑤	33	① ② ③ ④ ⑤	53	① ② ③ ④ ⑤	73	① ② ③ ④ ⑤
14	① ② ③ ④ ⑤	34	① ② ③ ④ ⑤	54	① ② ③ ④ ⑤	74	① ② ③ ④ ⑤
15	① ② ③ ④ ⑤	35	① ② ③ ④ ⑤	55	① ② ③ ④ ⑤	75	① ② ③ ④ ⑤
16	① ② ③ ④ ⑤	36	① ② ③ ④ ⑤	56	① ② ③ ④ ⑤	76	① ② ③ ④ ⑤
17	① ② ③ ④ ⑤	37	① ② ③ ④ ⑤	57	① ② ③ ④ ⑤	77	① ② ③ ④ ⑤
18	① ② ③ ④ ⑤	38	① ② ③ ④ ⑤	58	① ② ③ ④ ⑤	78	① ② ③ ④ ⑤
19	① ② ③ ④ ⑤	39	① ② ③ ④ ⑤	59	① ② ③ ④ ⑤	79	① ② ③ ④ ⑤
20	① ② ③ ④ ⑤	40	① ② ③ ④ ⑤	60	① ② ③ ④ ⑤	80	① ② ③ ④ ⑤

✂ 절취선

※ 본 답안지는 마킹 연습용입니다. 풀이 문항 수에 맞게 활용하시기 바랍니다.

성 명											
	ㅏ			ㅏ	ㄱ		ㅏ	ㄱ		ㅏ	ㄱ
	ㅑ		ㄱ	ㅑ	ㄴ	ㄱ	ㅑ	ㄴ	ㄱ	ㅑ	ㄴ
	ㅓ		ㄴ	ㅓ	ㄷ	ㄴ	ㅓ	ㄷ	ㄴ	ㅓ	ㄷ
ㄱ	ㅕ	ㄱ	ㄷ	ㅕ	ㄹ	ㄷ	ㅕ	ㄹ	ㄷ	ㅕ	ㄹ
ㄴ	ㅗ	ㄴ	ㄹ	ㅗ	ㅁ	ㄹ	ㅗ	ㅁ	ㄹ	ㅗ	ㅁ
ㄷ	ㅛ	ㄷ	ㅁ	ㅛ	ㅂ	ㅁ	ㅛ	ㅂ	ㅁ	ㅛ	ㅂ
ㄹ	ㅜ	ㄹ	ㅂ	ㅜ	ㅅ	ㅂ	ㅜ	ㅅ	ㅂ	ㅜ	ㅅ
ㅁ	ㅠ	ㅁ	ㅅ	ㅠ	ㅇ	ㅅ	ㅠ	ㅇ	ㅅ	ㅠ	ㅇ
ㅂ	ㅡ	ㅂ	ㅇ	ㅡ	ㅈ	ㅇ	ㅡ	ㅈ	ㅇ	ㅡ	ㅈ
ㅅ	ㅣ	ㅅ	ㅈ	ㅣ	ㅊ	ㅈ	ㅣ	ㅊ	ㅈ	ㅣ	ㅊ
ㅇ	ㅐ	ㅇ	ㅊ	ㅐ	ㅋ	ㅊ	ㅐ	ㅋ	ㅊ	ㅐ	ㅋ
ㅈ	ㅒ	ㅈ	ㅋ	ㅒ	ㅌ	ㅋ	ㅒ	ㅌ	ㅋ	ㅒ	ㅌ
ㅊ	ㅔ	ㅊ	ㅌ	ㅔ	ㅍ	ㅌ	ㅔ	ㅍ	ㅌ	ㅔ	ㅍ
ㅋ	ㅖ	ㅋ	ㅍ	ㅖ	ㅎ	ㅍ	ㅖ	ㅎ	ㅍ	ㅖ	ㅎ
ㅌ	ㅘ	ㅌ	ㅎ	ㅘ	ㄲ	ㅎ	ㅘ	ㄲ	ㅎ	ㅘ	ㄲ
ㅍ	ㅙ	ㅍ	ㄲ	ㅙ	ㄸ	ㄲ	ㅙ	ㄸ	ㄲ	ㅙ	ㄸ
ㅎ	ㅚ	ㅎ	ㄸ	ㅚ	ㅃ	ㄸ	ㅚ	ㅃ	ㄸ	ㅚ	ㅃ
	ㅝ		ㅃ	ㅝ	ㅆ	ㅃ	ㅝ	ㅆ	ㅃ	ㅝ	ㅆ
	ㅞ		ㅆ	ㅞ	ㅉ	ㅆ	ㅞ	ㅉ	ㅆ	ㅞ	ㅉ
	ㅟ		ㅉ	ㅟ	ㄺ	ㅉ	ㅟ	ㄺ	ㅉ	ㅟ	ㄺ
	ㅢ			ㅢ	ㄻ		ㅢ	ㄻ		ㅢ	ㄻ

감 독 확인란	

수 험 번 호					
⓪	⓪	⓪	⓪	⓪	⓪
①	①	①	①	①	①
②	②	②	②	②	②
③	③	③	③	③	③
④	④	④	④	④	④
⑤	⑤	⑤	⑤	⑤	⑤
⑥	⑥	⑥	⑥	⑥	⑥
⑦	⑦	⑦	⑦	⑦	⑦
⑧	⑧	⑧	⑧	⑧	⑧
⑨	⑨	⑨	⑨	⑨	⑨

생 년 월 일					
⓪	⓪	⓪	⓪	⓪	⓪
①	①	①	①	①	①
②	②	②	②	②	②
③	③	③	③	③	③
④	④	④	④	④	④
⑤	⑤	⑤	⑤	⑤	⑤
⑥	⑥	⑥	⑥	⑥	⑥
⑦	⑦	⑦	⑦	⑦	⑦
⑧	⑧	⑧	⑧	⑧	⑧
⑨	⑨	⑨	⑨	⑨	⑨

수험생 유의 사항

(1) 아래와 같은 방식으로 답안지를 바르게 작성한다.

(예) ① ② ● ④ ⑤

(2) 성명란은 왼쪽부터 빠짐없이 순서대로 작성한다.

(3) 수험번호는 각자 자신에게 부여받은 번호를 표기하여 작성한다.

(4) 생년월일은 주민등록상을 기준으로 하여 작성한다.

(예) 1991년 4월 14일은 910414로 표기한다.

01	① ② ③ ④ ⑤	21	① ② ③ ④ ⑤	41	① ② ③ ④ ⑤	61	① ② ③ ④ ⑤
02	① ② ③ ④ ⑤	22	① ② ③ ④ ⑤	42	① ② ③ ④ ⑤	62	① ② ③ ④ ⑤
03	① ② ③ ④ ⑤	23	① ② ③ ④ ⑤	43	① ② ③ ④ ⑤	63	① ② ③ ④ ⑤
04	① ② ③ ④ ⑤	24	① ② ③ ④ ⑤	44	① ② ③ ④ ⑤	64	① ② ③ ④ ⑤
05	① ② ③ ④ ⑤	25	① ② ③ ④ ⑤	45	① ② ③ ④ ⑤	65	① ② ③ ④ ⑤
06	① ② ③ ④ ⑤	26	① ② ③ ④ ⑤	46	① ② ③ ④ ⑤	66	① ② ③ ④ ⑤
07	① ② ③ ④ ⑤	27	① ② ③ ④ ⑤	47	① ② ③ ④ ⑤	67	① ② ③ ④ ⑤
08	① ② ③ ④ ⑤	28	① ② ③ ④ ⑤	48	① ② ③ ④ ⑤	68	① ② ③ ④ ⑤
09	① ② ③ ④ ⑤	29	① ② ③ ④ ⑤	49	① ② ③ ④ ⑤	69	① ② ③ ④ ⑤
10	① ② ③ ④ ⑤	30	① ② ③ ④ ⑤	50	① ② ③ ④ ⑤	70	① ② ③ ④ ⑤
11	① ② ③ ④ ⑤	31	① ② ③ ④ ⑤	51	① ② ③ ④ ⑤	71	① ② ③ ④ ⑤
12	① ② ③ ④ ⑤	32	① ② ③ ④ ⑤	52	① ② ③ ④ ⑤	72	① ② ③ ④ ⑤
13	① ② ③ ④ ⑤	33	① ② ③ ④ ⑤	53	① ② ③ ④ ⑤	73	① ② ③ ④ ⑤
14	① ② ③ ④ ⑤	34	① ② ③ ④ ⑤	54	① ② ③ ④ ⑤	74	① ② ③ ④ ⑤
15	① ② ③ ④ ⑤	35	① ② ③ ④ ⑤	55	① ② ③ ④ ⑤	75	① ② ③ ④ ⑤
16	① ② ③ ④ ⑤	36	① ② ③ ④ ⑤	56	① ② ③ ④ ⑤	76	① ② ③ ④ ⑤
17	① ② ③ ④ ⑤	37	① ② ③ ④ ⑤	57	① ② ③ ④ ⑤	77	① ② ③ ④ ⑤
18	① ② ③ ④ ⑤	38	① ② ③ ④ ⑤	58	① ② ③ ④ ⑤	78	① ② ③ ④ ⑤
19	① ② ③ ④ ⑤	39	① ② ③ ④ ⑤	59	① ② ③ ④ ⑤	79	① ② ③ ④ ⑤
20	① ② ③ ④ ⑤	40	① ② ③ ④ ⑤	60	① ② ③ ④ ⑤	80	① ② ③ ④ ⑤

✂ 절취선

※ 본 답안지는 마킹 연습용입니다. 풀이 문항 수에 맞게 활용하시기 바랍니다.

성 명

초성: ㄱ ㄴ ㄷ ㄹ ㅁ ㅂ ㅅ ㅇ ㅈ ㅊ ㅋ ㅌ ㅍ ㅎ 중성: ㅏ ㅑ ㅓ ㅕ ㅗ ㅛ ㅜ ㅠ ㅡ ㅣ ㅐ ㅒ ㅔ ㅖ ㅘ ㅙ ㅚ ㅝ ㅞ ㅟ ㅢ 종성: ㄱ ㄴ ㄷ ㄹ ㅁ ㅂ ㅅ ㅇ ㅈ ㅊ ㅋ ㅌ ㅍ ㅎ	초성: ㄱ ㄴ ㄷ ㄹ ㅁ ㅂ ㅅ ㅇ ㅈ ㅊ ㅋ ㅌ ㅍ ㅎ ㄲ ㄸ ㅃ ㅆ ㅉ 중성: ㅏ ㅑ ㅓ ㅕ ㅗ ㅛ ㅜ ㅠ ㅡ ㅣ ㅐ ㅒ ㅔ ㅖ ㅘ ㅙ ㅚ ㅝ ㅞ ㅟ ㅢ 종성: ㄱ ㄴ ㄷ ㄹ ㅁ ㅂ ㅅ ㅇ ㅈ ㅊ ㅋ ㅌ ㅍ ㅎ ㄲ ㄸ ㅃ ㅆ ㅉ ㄺ ㄻ	초성: ㄱ ㄴ ㄷ ㄹ ㅁ ㅂ ㅅ ㅇ ㅈ ㅊ ㅋ ㅌ ㅍ ㅎ ㄲ ㄸ ㅃ ㅆ ㅉ 중성: ㅏ ㅑ ㅓ ㅕ ㅗ ㅛ ㅜ ㅠ ㅡ ㅣ ㅐ ㅒ ㅔ ㅖ ㅘ ㅙ ㅚ ㅝ ㅞ ㅟ ㅢ 종성: ㄱ ㄴ ㄷ ㄹ ㅁ ㅂ ㅅ ㅇ ㅈ ㅊ ㅋ ㅌ ㅍ ㅎ ㄲ ㄸ ㅃ ㅆ ㅉ ㄺ ㄻ	초성: ㄱ ㄴ ㄷ ㄹ ㅁ ㅂ ㅅ ㅇ ㅈ ㅊ ㅋ ㅌ ㅍ ㅎ ㄲ ㄸ ㅃ ㅆ ㅉ 중성: ㅏ ㅑ ㅓ ㅕ ㅗ ㅛ ㅜ ㅠ ㅡ ㅣ ㅐ ㅒ ㅔ ㅖ ㅘ ㅙ ㅚ ㅝ ㅞ ㅟ ㅢ 종성: ㄱ ㄴ ㄷ ㄹ ㅁ ㅂ ㅅ ㅇ ㅈ ㅊ ㅋ ㅌ ㅍ ㅎ ㄲ ㄸ ㅃ ㅆ ㅉ ㄺ ㄻ

감 독 확인란	

수 험 번 호

⓪	⓪	⓪	⓪	⓪	⓪
①	①	①	①	①	①
②	②	②	②	②	②
③	③	③	③	③	③
④	④	④	④	④	④
⑤	⑤	⑤	⑤	⑤	⑤
⑥	⑥	⑥	⑥	⑥	⑥
⑦	⑦	⑦	⑦	⑦	⑦
⑧	⑧	⑧	⑧	⑧	⑧
⑨	⑨	⑨	⑨	⑨	⑨

생 년 월 일

⓪	⓪	⓪	⓪	⓪	⓪
①	①	①	①	①	①
②	②	②	②	②	②
③	③	③	③	③	③
④	④	④	④	④	④
⑤	⑤	⑤	⑤	⑤	⑤
⑥	⑥	⑥	⑥	⑥	⑥
⑦	⑦	⑦	⑦	⑦	⑦
⑧	⑧	⑧	⑧	⑧	⑧
⑨	⑨	⑨	⑨	⑨	⑨

수험생 유의 사항

(1) 아래와 같은 방식으로 답안지를 바르게 작성한다.

(예) ① ② ● ④ ⑤

(2) 성명란은 왼쪽부터 빠짐없이 순서대로 작성한다.

(3) 수험번호는 각자 자신에게 부여받은 번호를 표기하여 작성한다.

(4) 생년월일은 주민등록상을 기준으로 하여 작성한다.

(예) 1991년 4월 14일은 910414로 표기한다.

01	① ② ③ ④ ⑤	21	① ② ③ ④ ⑤	41	① ② ③ ④ ⑤	61	① ② ③ ④ ⑤
02	① ② ③ ④ ⑤	22	① ② ③ ④ ⑤	42	① ② ③ ④ ⑤	62	① ② ③ ④ ⑤
03	① ② ③ ④ ⑤	23	① ② ③ ④ ⑤	43	① ② ③ ④ ⑤	63	① ② ③ ④ ⑤
04	① ② ③ ④ ⑤	24	① ② ③ ④ ⑤	44	① ② ③ ④ ⑤	64	① ② ③ ④ ⑤
05	① ② ③ ④ ⑤	25	① ② ③ ④ ⑤	45	① ② ③ ④ ⑤	65	① ② ③ ④ ⑤
06	① ② ③ ④ ⑤	26	① ② ③ ④ ⑤	46	① ② ③ ④ ⑤	66	① ② ③ ④ ⑤
07	① ② ③ ④ ⑤	27	① ② ③ ④ ⑤	47	① ② ③ ④ ⑤	67	① ② ③ ④ ⑤
08	① ② ③ ④ ⑤	28	① ② ③ ④ ⑤	48	① ② ③ ④ ⑤	68	① ② ③ ④ ⑤
09	① ② ③ ④ ⑤	29	① ② ③ ④ ⑤	49	① ② ③ ④ ⑤	69	① ② ③ ④ ⑤
10	① ② ③ ④ ⑤	30	① ② ③ ④ ⑤	50	① ② ③ ④ ⑤	70	① ② ③ ④ ⑤
11	① ② ③ ④ ⑤	31	① ② ③ ④ ⑤	51	① ② ③ ④ ⑤	71	① ② ③ ④ ⑤
12	① ② ③ ④ ⑤	32	① ② ③ ④ ⑤	52	① ② ③ ④ ⑤	72	① ② ③ ④ ⑤
13	① ② ③ ④ ⑤	33	① ② ③ ④ ⑤	53	① ② ③ ④ ⑤	73	① ② ③ ④ ⑤
14	① ② ③ ④ ⑤	34	① ② ③ ④ ⑤	54	① ② ③ ④ ⑤	74	① ② ③ ④ ⑤
15	① ② ③ ④ ⑤	35	① ② ③ ④ ⑤	55	① ② ③ ④ ⑤	75	① ② ③ ④ ⑤
16	① ② ③ ④ ⑤	36	① ② ③ ④ ⑤	56	① ② ③ ④ ⑤	76	① ② ③ ④ ⑤
17	① ② ③ ④ ⑤	37	① ② ③ ④ ⑤	57	① ② ③ ④ ⑤	77	① ② ③ ④ ⑤
18	① ② ③ ④ ⑤	38	① ② ③ ④ ⑤	58	① ② ③ ④ ⑤	78	① ② ③ ④ ⑤
19	① ② ③ ④ ⑤	39	① ② ③ ④ ⑤	59	① ② ③ ④ ⑤	79	① ② ③ ④ ⑤
20	① ② ③ ④ ⑤	40	① ② ③ ④ ⑤	60	① ② ③ ④ ⑤	80	① ② ③ ④ ⑤

※ 본 답안지는 마킹 연습용입니다. 풀이 문항 수에 맞게 활용하시기 바랍니다.

성 명

	ㅏ			ㅏ	ㄱ		ㅏ	ㄱ	ㅏ	ㄱ
	ㅑ		ㄱ	ㅑ	ㄴ	ㄱ	ㅑ	ㄴ	ㄱ ㅑ	ㄴ
	ㅓ		ㄴ	ㅓ	ㄷ	ㄴ	ㅓ	ㄷ	ㄴ ㅓ	ㄷ
ㄱ	ㅕ	ㄱ	ㄷ	ㅕ	ㄹ	ㄷ	ㅕ	ㄹ	ㄷ ㅕ	ㄹ
ㄴ	ㅗ	ㄴ	ㄹ	ㅗ	ㅁ	ㄹ	ㅗ	ㅁ	ㄹ ㅗ	ㅁ
ㄷ	ㅛ	ㄷ	ㅁ	ㅛ	ㅂ	ㅁ	ㅛ	ㅂ	ㅁ ㅛ	ㅂ
ㄹ	ㅜ	ㄹ	ㅂ	ㅜ	ㅅ	ㅂ	ㅜ	ㅅ	ㅂ ㅜ	ㅅ
ㅁ	ㅠ	ㅁ	ㅅ	ㅠ	ㅇ	ㅅ	ㅠ	ㅇ	ㅅ ㅠ	ㅇ
ㅂ	ㅡ	ㅂ	ㅇ	ㅡ	ㅈ	ㅇ	ㅡ	ㅈ	ㅇ ㅡ	ㅈ
ㅅ	ㅣ	ㅅ	ㅈ	ㅣ	ㅊ	ㅈ	ㅣ	ㅊ	ㅈ ㅣ	ㅊ
ㅇ	ㅐ	ㅇ	ㅊ	ㅐ	ㅋ	ㅊ	ㅐ	ㅋ	ㅊ ㅐ	ㅋ
ㅈ	ㅒ	ㅈ	ㅋ	ㅒ	ㅌ	ㅋ	ㅒ	ㅌ	ㅋ ㅒ	ㅌ
ㅊ	ㅔ	ㅊ	ㅌ	ㅔ	ㅍ	ㅌ	ㅔ	ㅍ	ㅌ ㅔ	ㅍ
ㅋ	ㅖ	ㅋ	ㅍ	ㅖ	ㅎ	ㅍ	ㅖ	ㅎ	ㅍ ㅖ	ㅎ
ㅌ	ㅘ	ㅌ	ㅎ	ㅘ	ㄲ	ㅎ	ㅘ	ㄲ	ㅎ ㅘ	ㄲ
ㅍ	ㅙ	ㅍ	ㄲ	ㅙ	ㄸ	ㄲ	ㅙ	ㄸ	ㄲ ㅙ	ㄸ
ㅎ	ㅚ	ㅎ	ㄸ	ㅚ	ㅃ	ㄸ	ㅚ	ㅃ	ㄸ ㅚ	ㅃ
	ㅝ		ㅃ	ㅝ	ㅆ	ㅃ	ㅝ	ㅆ	ㅃ ㅝ	ㅆ
	ㅞ		ㅆ	ㅞ	ㅉ	ㅆ	ㅞ	ㅉ	ㅆ ㅞ	ㅉ
	ㅟ		ㅉ	ㅟ	ㄺ	ㅉ	ㅟ	ㄺ	ㅉ ㅟ	ㄺ
	ㅢ			ㅢ	ㄻ		ㅢ	ㄻ	ㅢ	ㄻ

감 독 확인란

수 험 번 호

0	0	0	0	0	0
1	1	1	1	1	1
2	2	2	2	2	2
3	3	3	3	3	3
4	4	4	4	4	4
5	5	5	5	5	5
6	6	6	6	6	6
7	7	7	7	7	7
8	8	8	8	8	8
9	9	9	9	9	9

생 년 월 일

0	0	0	0	0	0
1	1	1	1	1	1
2	2	2	2	2	2
3	3	3	3	3	3
4	4	4	4	4	4
5	5	5	5	5	5
6	6	6	6	6	6
7	7	7	7	7	7
8	8	8	8	8	8
9	9	9	9	9	9

수험생 유의 사항

(1) 아래와 같은 방식으로 답안지를 바르게 작성한다.
(예) ① ② ● ④ ⑤
(2) 성명란은 왼쪽부터 빠짐없이 순서대로 작성한다.
(3) 수험번호는 각자 자신에게 부여받은 번호를 표기하여 작성한다.
(4) 생년월일은 주민등록상을 기준으로 하여 작성한다.
(예) 1991년 4월 14일은 910414로 표기한다.

01	① ② ③ ④ ⑤	21	① ② ③ ④ ⑤	41	① ② ③ ④ ⑤	61	① ② ③ ④ ⑤
02	① ② ③ ④ ⑤	22	① ② ③ ④ ⑤	42	① ② ③ ④ ⑤	62	① ② ③ ④ ⑤
03	① ② ③ ④ ⑤	23	① ② ③ ④ ⑤	43	① ② ③ ④ ⑤	63	① ② ③ ④ ⑤
04	① ② ③ ④ ⑤	24	① ② ③ ④ ⑤	44	① ② ③ ④ ⑤	64	① ② ③ ④ ⑤
05	① ② ③ ④ ⑤	25	① ② ③ ④ ⑤	45	① ② ③ ④ ⑤	65	① ② ③ ④ ⑤
06	① ② ③ ④ ⑤	26	① ② ③ ④ ⑤	46	① ② ③ ④ ⑤	66	① ② ③ ④ ⑤
07	① ② ③ ④ ⑤	27	① ② ③ ④ ⑤	47	① ② ③ ④ ⑤	67	① ② ③ ④ ⑤
08	① ② ③ ④ ⑤	28	① ② ③ ④ ⑤	48	① ② ③ ④ ⑤	68	① ② ③ ④ ⑤
09	① ② ③ ④ ⑤	29	① ② ③ ④ ⑤	49	① ② ③ ④ ⑤	69	① ② ③ ④ ⑤
10	① ② ③ ④ ⑤	30	① ② ③ ④ ⑤	50	① ② ③ ④ ⑤	70	① ② ③ ④ ⑤
11	① ② ③ ④ ⑤	31	① ② ③ ④ ⑤	51	① ② ③ ④ ⑤	71	① ② ③ ④ ⑤
12	① ② ③ ④ ⑤	32	① ② ③ ④ ⑤	52	① ② ③ ④ ⑤	72	① ② ③ ④ ⑤
13	① ② ③ ④ ⑤	33	① ② ③ ④ ⑤	53	① ② ③ ④ ⑤	73	① ② ③ ④ ⑤
14	① ② ③ ④ ⑤	34	① ② ③ ④ ⑤	54	① ② ③ ④ ⑤	74	① ② ③ ④ ⑤
15	① ② ③ ④ ⑤	35	① ② ③ ④ ⑤	55	① ② ③ ④ ⑤	75	① ② ③ ④ ⑤
16	① ② ③ ④ ⑤	36	① ② ③ ④ ⑤	56	① ② ③ ④ ⑤	76	① ② ③ ④ ⑤
17	① ② ③ ④ ⑤	37	① ② ③ ④ ⑤	57	① ② ③ ④ ⑤	77	① ② ③ ④ ⑤
18	① ② ③ ④ ⑤	38	① ② ③ ④ ⑤	58	① ② ③ ④ ⑤	78	① ② ③ ④ ⑤
19	① ② ③ ④ ⑤	39	① ② ③ ④ ⑤	59	① ② ③ ④ ⑤	79	① ② ③ ④ ⑤
20	① ② ③ ④ ⑤	40	① ② ③ ④ ⑤	60	① ② ③ ④ ⑤	80	① ② ③ ④ ⑤

✂ 절취선

✂ 절취선

※ 본 답안지는 마킹 연습용입니다. 풀이 문항 수에 맞게 활용하시기 바랍니다.

성 명											
	ㅏ			ㅏ	ㄱ		ㅏ	ㄱ		ㅏ	ㄱ
	ㅑ		ㄱ	ㅑ	ㄴ	ㄱ	ㅑ	ㄴ	ㄱ	ㅑ	ㄴ
	ㅓ		ㄴ	ㅓ	ㄷ	ㄴ	ㅓ	ㄷ	ㄴ	ㅓ	ㄷ
ㄱ	ㅕ	ㄱ	ㄷ	ㅕ	ㄹ	ㄷ	ㅕ	ㄹ	ㄷ	ㅕ	ㄹ
ㄴ	ㅗ	ㄴ	ㄹ	ㅗ	ㅁ	ㄹ	ㅗ	ㅁ	ㄹ	ㅗ	ㅁ
ㄷ	ㅛ	ㄷ	ㅁ	ㅛ	ㅂ	ㅁ	ㅛ	ㅂ	ㅁ	ㅛ	ㅂ
ㄹ	ㅜ	ㄹ	ㅂ	ㅜ	ㅅ	ㅂ	ㅜ	ㅅ	ㅂ	ㅜ	ㅅ
ㅁ	ㅠ	ㅁ	ㅅ	ㅠ	ㅇ	ㅅ	ㅠ	ㅇ	ㅅ	ㅠ	ㅇ
ㅂ	ㅡ	ㅂ	ㅇ	ㅡ	ㅈ	ㅇ	ㅡ	ㅈ	ㅇ	ㅡ	ㅈ
ㅅ	ㅣ	ㅅ	ㅈ	ㅣ	ㅊ	ㅈ	ㅣ	ㅊ	ㅈ	ㅣ	ㅊ
ㅇ	ㅐ	ㅇ	ㅊ	ㅐ	ㅋ	ㅊ	ㅐ	ㅋ	ㅊ	ㅐ	ㅋ
ㅈ	ㅒ	ㅈ	ㅋ	ㅒ	ㅌ	ㅋ	ㅒ	ㅌ	ㅋ	ㅒ	ㅌ
ㅊ	ㅔ	ㅊ	ㅌ	ㅔ	ㅍ	ㅌ	ㅔ	ㅍ	ㅌ	ㅔ	ㅍ
ㅋ	ㅖ	ㅋ	ㅍ	ㅖ	ㅎ	ㅍ	ㅖ	ㅎ	ㅍ	ㅖ	ㅎ
ㅌ	ㅘ	ㅌ	ㅎ	ㅘ	ㄲ	ㅎ	ㅘ	ㄲ	ㅎ	ㅘ	ㄲ
ㅍ	ㅙ	ㅍ	ㄲ	ㅙ	ㄸ	ㄲ	ㅙ	ㄸ	ㄲ	ㅙ	ㄸ
ㅎ	ㅚ	ㅎ	ㄸ	ㅚ	ㅃ	ㄸ	ㅚ	ㅃ	ㄸ	ㅚ	ㅃ
	ㅝ		ㅃ	ㅝ	ㅆ	ㅃ	ㅝ	ㅆ	ㅃ	ㅝ	ㅆ
	ㅞ		ㅆ	ㅞ	ㅉ	ㅆ	ㅞ	ㅉ	ㅆ	ㅞ	ㅉ
	ㅟ		ㅉ	ㅟ	ㄺ	ㅉ	ㅟ	ㄺ	ㅉ	ㅟ	ㄺ
	ㅢ			ㅢ	ㄻ		ㅢ	ㄻ		ㅢ	ㄻ

감 독 확인란	

수 험 번 호					
⓪	⓪	⓪	⓪	⓪	⓪
①	①	①	①	①	①
②	②	②	②	②	②
③	③	③	③	③	③
④	④	④	④	④	④
⑤	⑤	⑤	⑤	⑤	⑤
⑥	⑥	⑥	⑥	⑥	⑥
⑦	⑦	⑦	⑦	⑦	⑦
⑧	⑧	⑧	⑧	⑧	⑧
⑨	⑨	⑨	⑨	⑨	⑨

생 년 월 일					
⓪	⓪	⓪	⓪	⓪	⓪
①	①	①	①	①	①
②	②	②	②	②	②
③	③	③	③	③	③
④	④	④	④	④	④
⑤	⑤	⑤	⑤	⑤	⑤
⑥	⑥	⑥	⑥	⑥	⑥
⑦	⑦	⑦	⑦	⑦	⑦
⑧	⑧	⑧	⑧	⑧	⑧
⑨	⑨	⑨	⑨	⑨	⑨

수험생 유의 사항

(1) 아래와 같은 방식으로 답안지를 바르게 작성한다.

(예) ① ② ● ④ ⑤

(2) 성명란은 왼쪽부터 빠짐없이 순서대로 작성한다.

(3) 수험번호는 각자 자신에게 부여받은 번호를 표기하여 작성한다.

(4) 생년월일은 주민등록상을 기준으로 하여 작성한다.

(예) 1991년 4월 14일은 910414로 표기한다.

01	① ② ③ ④ ⑤	21	① ② ③ ④ ⑤	41	① ② ③ ④ ⑤	61	① ② ③ ④ ⑤
02	① ② ③ ④ ⑤	22	① ② ③ ④ ⑤	42	① ② ③ ④ ⑤	62	① ② ③ ④ ⑤
03	① ② ③ ④ ⑤	23	① ② ③ ④ ⑤	43	① ② ③ ④ ⑤	63	① ② ③ ④ ⑤
04	① ② ③ ④ ⑤	24	① ② ③ ④ ⑤	44	① ② ③ ④ ⑤	64	① ② ③ ④ ⑤
05	① ② ③ ④ ⑤	25	① ② ③ ④ ⑤	45	① ② ③ ④ ⑤	65	① ② ③ ④ ⑤
06	① ② ③ ④ ⑤	26	① ② ③ ④ ⑤	46	① ② ③ ④ ⑤	66	① ② ③ ④ ⑤
07	① ② ③ ④ ⑤	27	① ② ③ ④ ⑤	47	① ② ③ ④ ⑤	67	① ② ③ ④ ⑤
08	① ② ③ ④ ⑤	28	① ② ③ ④ ⑤	48	① ② ③ ④ ⑤	68	① ② ③ ④ ⑤
09	① ② ③ ④ ⑤	29	① ② ③ ④ ⑤	49	① ② ③ ④ ⑤	69	① ② ③ ④ ⑤
10	① ② ③ ④ ⑤	30	① ② ③ ④ ⑤	50	① ② ③ ④ ⑤	70	① ② ③ ④ ⑤
11	① ② ③ ④ ⑤	31	① ② ③ ④ ⑤	51	① ② ③ ④ ⑤	71	① ② ③ ④ ⑤
12	① ② ③ ④ ⑤	32	① ② ③ ④ ⑤	52	① ② ③ ④ ⑤	72	① ② ③ ④ ⑤
13	① ② ③ ④ ⑤	33	① ② ③ ④ ⑤	53	① ② ③ ④ ⑤	73	① ② ③ ④ ⑤
14	① ② ③ ④ ⑤	34	① ② ③ ④ ⑤	54	① ② ③ ④ ⑤	74	① ② ③ ④ ⑤
15	① ② ③ ④ ⑤	35	① ② ③ ④ ⑤	55	① ② ③ ④ ⑤	75	① ② ③ ④ ⑤
16	① ② ③ ④ ⑤	36	① ② ③ ④ ⑤	56	① ② ③ ④ ⑤	76	① ② ③ ④ ⑤
17	① ② ③ ④ ⑤	37	① ② ③ ④ ⑤	57	① ② ③ ④ ⑤	77	① ② ③ ④ ⑤
18	① ② ③ ④ ⑤	38	① ② ③ ④ ⑤	58	① ② ③ ④ ⑤	78	① ② ③ ④ ⑤
19	① ② ③ ④ ⑤	39	① ② ③ ④ ⑤	59	① ② ③ ④ ⑤	79	① ② ③ ④ ⑤
20	① ② ③ ④ ⑤	40	① ② ③ ④ ⑤	60	① ② ③ ④ ⑤	80	① ② ③ ④ ⑤

✂ 절취선

※ 본 답안지는 마킹 연습용입니다. 풀이 문항 수에 맞게 활용하시기 바랍니다.

성 명

ㅏ ㅑ ㅓ / ㄱ ㅕ ㄱ / ㄴ ㅗ ㄴ / ㄷ ㅛ ㄷ / ㄹ ㅜ ㄹ / ㅁ ㅠ ㅁ / ㅂ ㅡ ㅂ / ㅅ ㅣ ㅅ / ㅇ ㅐ ㅇ / ㅈ ㅒ ㅈ / ㅊ ㅔ ㅊ / ㅋ ㅖ ㅋ / ㅌ ㅘ ㅌ / ㅍ ㅙ ㅍ / ㅎ ㅚ ㅎ / ㅝ / ㅞ / ㅟ / ㅢ	ㅏ ㄱ / ㄱ ㅑ ㄴ / ㄴ ㅓ ㄷ / ㄷ ㅕ ㄹ / ㄹ ㅗ ㅁ / ㅁ ㅛ ㅂ / ㅂ ㅜ ㅅ / ㅅ ㅠ ㅇ / ㅇ ㅡ ㅈ / ㅈ ㅣ ㅊ / ㅊ ㅐ ㅋ / ㅋ ㅒ ㅌ / ㅌ ㅔ ㅍ / ㅍ ㅖ ㅎ / ㅎ ㅘ ㄲ / ㄲ ㅙ ㄸ / ㄸ ㅚ ㅃ / ㅃ ㅝ ㅆ / ㅆ ㅞ ㅉ / ㅉ ㅟ ㄺ / ㅢ ㄻ	ㅏ ㄱ / ㄱ ㅑ ㄴ / ㄴ ㅓ ㄷ / ㄷ ㅕ ㄹ / ㄹ ㅗ ㅁ / ㅁ ㅛ ㅂ / ㅂ ㅜ ㅅ / ㅅ ㅠ ㅇ / ㅇ ㅡ ㅈ / ㅈ ㅣ ㅊ / ㅊ ㅐ ㅋ / ㅋ ㅒ ㅌ / ㅌ ㅔ ㅍ / ㅍ ㅖ ㅎ / ㅎ ㅘ ㄲ / ㄲ ㅙ ㄸ / ㄸ ㅚ ㅃ / ㅃ ㅝ ㅆ / ㅆ ㅞ ㅉ / ㅉ ㅟ ㄺ / ㅢ ㄻ	ㅏ ㄱ / ㄱ ㅑ ㄴ / ㄴ ㅓ ㄷ / ㄷ ㅕ ㄹ / ㄹ ㅗ ㅁ / ㅁ ㅛ ㅂ / ㅂ ㅜ ㅅ / ㅅ ㅠ ㅇ / ㅇ ㅡ ㅈ / ㅈ ㅣ ㅊ / ㅊ ㅐ ㅋ / ㅋ ㅒ ㅌ / ㅌ ㅔ ㅍ / ㅍ ㅖ ㅎ / ㅎ ㅘ ㄲ / ㄲ ㅙ ㄸ / ㄸ ㅚ ㅃ / ㅃ ㅝ ㅆ / ㅆ ㅞ ㅉ / ㅉ ㅟ ㄺ / ㅢ ㄻ

감 독 확인란	

수 험 번 호

⓪	⓪	⓪	⓪	⓪	⓪
①	①	①	①	①	①
②	②	②	②	②	②
③	③	③	③	③	③
④	④	④	④	④	④
⑤	⑤	⑤	⑤	⑤	⑤
⑥	⑥	⑥	⑥	⑥	⑥
⑦	⑦	⑦	⑦	⑦	⑦
⑧	⑧	⑧	⑧	⑧	⑧
⑨	⑨	⑨	⑨	⑨	⑨

생 년 월 일

⓪	⓪	⓪	⓪	⓪	⓪
①	①	①	①	①	①
②	②	②	②	②	②
③	③	③	③	③	③
④	④	④	④	④	④
⑤	⑤	⑤	⑤	⑤	⑤
⑥	⑥	⑥	⑥	⑥	⑥
⑦	⑦	⑦	⑦	⑦	⑦
⑧	⑧	⑧	⑧	⑧	⑧
⑨	⑨	⑨	⑨	⑨	⑨

수험생 유의 사항

(1) 아래와 같은 방식으로 답안지를 바르게 작성한다.

(예) ① ② ● ④ ⑤

(2) 성명란은 왼쪽부터 빠짐없이 순서대로 작성한다.

(3) 수험번호는 각자 자신에게 부여받은 번호를 표기하여 작성한다.

(4) 생년월일은 주민등록상을 기준으로 하여 작성한다.

(예) 1991년 4월 14일은 910414로 표기한다.

01	① ② ③ ④ ⑤	21	① ② ③ ④ ⑤	41	① ② ③ ④ ⑤	61	① ② ③ ④ ⑤
02	① ② ③ ④ ⑤	22	① ② ③ ④ ⑤	42	① ② ③ ④ ⑤	62	① ② ③ ④ ⑤
03	① ② ③ ④ ⑤	23	① ② ③ ④ ⑤	43	① ② ③ ④ ⑤	63	① ② ③ ④ ⑤
04	① ② ③ ④ ⑤	24	① ② ③ ④ ⑤	44	① ② ③ ④ ⑤	64	① ② ③ ④ ⑤
05	① ② ③ ④ ⑤	25	① ② ③ ④ ⑤	45	① ② ③ ④ ⑤	65	① ② ③ ④ ⑤
06	① ② ③ ④ ⑤	26	① ② ③ ④ ⑤	46	① ② ③ ④ ⑤	66	① ② ③ ④ ⑤
07	① ② ③ ④ ⑤	27	① ② ③ ④ ⑤	47	① ② ③ ④ ⑤	67	① ② ③ ④ ⑤
08	① ② ③ ④ ⑤	28	① ② ③ ④ ⑤	48	① ② ③ ④ ⑤	68	① ② ③ ④ ⑤
09	① ② ③ ④ ⑤	29	① ② ③ ④ ⑤	49	① ② ③ ④ ⑤	69	① ② ③ ④ ⑤
10	① ② ③ ④ ⑤	30	① ② ③ ④ ⑤	50	① ② ③ ④ ⑤	70	① ② ③ ④ ⑤
11	① ② ③ ④ ⑤	31	① ② ③ ④ ⑤	51	① ② ③ ④ ⑤	71	① ② ③ ④ ⑤
12	① ② ③ ④ ⑤	32	① ② ③ ④ ⑤	52	① ② ③ ④ ⑤	72	① ② ③ ④ ⑤
13	① ② ③ ④ ⑤	33	① ② ③ ④ ⑤	53	① ② ③ ④ ⑤	73	① ② ③ ④ ⑤
14	① ② ③ ④ ⑤	34	① ② ③ ④ ⑤	54	① ② ③ ④ ⑤	74	① ② ③ ④ ⑤
15	① ② ③ ④ ⑤	35	① ② ③ ④ ⑤	55	① ② ③ ④ ⑤	75	① ② ③ ④ ⑤
16	① ② ③ ④ ⑤	36	① ② ③ ④ ⑤	56	① ② ③ ④ ⑤	76	① ② ③ ④ ⑤
17	① ② ③ ④ ⑤	37	① ② ③ ④ ⑤	57	① ② ③ ④ ⑤	77	① ② ③ ④ ⑤
18	① ② ③ ④ ⑤	38	① ② ③ ④ ⑤	58	① ② ③ ④ ⑤	78	① ② ③ ④ ⑤
19	① ② ③ ④ ⑤	39	① ② ③ ④ ⑤	59	① ② ③ ④ ⑤	79	① ② ③ ④ ⑤
20	① ② ③ ④ ⑤	40	① ② ③ ④ ⑤	60	① ② ③ ④ ⑤	80	① ② ③ ④ ⑤

✂ 절취선

※ 본 답안지는 마킹 연습용입니다. 풀이 문항 수에 맞게 활용하시기 바랍니다.

성 명

1	2	3	4
ㅏ	ㅏ ㄱ	ㅏ ㄱ	ㅏ ㄱ
ㅑ	ㄱ ㅑ ㄴ	ㄱ ㅑ ㄴ	ㄱ ㅑ ㄴ
ㅓ	ㄴ ㅓ ㄷ	ㄴ ㅓ ㄷ	ㄴ ㅓ ㄷ
ㄱ ㅕ ㄱ	ㄷ ㅕ ㄹ	ㄷ ㅕ ㄹ	ㄷ ㅕ ㄹ
ㄴ ㅗ ㄴ	ㄹ ㅗ ㅁ	ㄹ ㅗ ㅁ	ㄹ ㅗ ㅁ
ㄷ ㅛ ㄷ	ㅁ ㅛ ㅂ	ㅁ ㅛ ㅂ	ㅁ ㅛ ㅂ
ㄹ ㅜ ㄹ	ㅂ ㅜ ㅅ	ㅂ ㅜ ㅅ	ㅂ ㅜ ㅅ
ㅁ ㅠ ㅁ	ㅅ ㅠ ㅇ	ㅅ ㅠ ㅇ	ㅅ ㅠ ㅇ
ㅂ ㅡ ㅂ	ㅇ ㅡ ㅈ	ㅇ ㅡ ㅈ	ㅇ ㅡ ㅈ
ㅅ ㅣ ㅅ	ㅈ ㅣ ㅊ	ㅈ ㅣ ㅊ	ㅈ ㅣ ㅊ
ㅇ ㅐ ㅇ	ㅊ ㅐ ㅋ	ㅊ ㅐ ㅋ	ㅊ ㅐ ㅋ
ㅈ ㅒ ㅈ	ㅋ ㅒ ㅌ	ㅋ ㅒ ㅌ	ㅋ ㅒ ㅌ
ㅊ ㅔ ㅊ	ㅌ ㅔ ㅍ	ㅌ ㅔ ㅍ	ㅌ ㅔ ㅍ
ㅋ ㅖ ㅋ	ㅍ ㅖ ㅎ	ㅍ ㅖ ㅎ	ㅍ ㅖ ㅎ
ㅌ ㅘ ㅌ	ㅎ ㅘ ㄲ	ㅎ ㅘ ㄲ	ㅎ ㅘ ㄲ
ㅍ ㅙ ㅍ	ㄲ ㅙ ㄸ	ㄲ ㅙ ㄸ	ㄲ ㅙ ㄸ
ㅎ ㅚ ㅎ	ㄸ ㅚ ㅃ	ㄸ ㅚ ㅃ	ㄸ ㅚ ㅃ
ㅝ	ㅃ ㅝ ㅆ	ㅃ ㅝ ㅆ	ㅃ ㅝ ㅆ
ㅞ	ㅆ ㅞ ㅉ	ㅆ ㅞ ㅉ	ㅆ ㅞ ㅉ
ㅟ	ㅉ ㅟ ㄺ	ㅉ ㅟ ㄺ	ㅉ ㅟ ㄺ
ㅢ	ㅢ ㄻ	ㅢ ㄻ	ㅢ ㄻ

감 독 확인란	

수 험 번 호

⓪	⓪	⓪	⓪	⓪	⓪
①	①	①	①	①	①
②	②	②	②	②	②
③	③	③	③	③	③
④	④	④	④	④	④
⑤	⑤	⑤	⑤	⑤	⑤
⑥	⑥	⑥	⑥	⑥	⑥
⑦	⑦	⑦	⑦	⑦	⑦
⑧	⑧	⑧	⑧	⑧	⑧
⑨	⑨	⑨	⑨	⑨	⑨

생 년 월 일

⓪	⓪	⓪	⓪	⓪	⓪
①	①	①	①	①	①
②	②	②	②	②	②
③	③	③	③	③	③
④	④	④	④	④	④
⑤	⑤	⑤	⑤	⑤	⑤
⑥	⑥	⑥	⑥	⑥	⑥
⑦	⑦	⑦	⑦	⑦	⑦
⑧	⑧	⑧	⑧	⑧	⑧
⑨	⑨	⑨	⑨	⑨	⑨

수험생 유의 사항

(1) 아래와 같은 방식으로 답안지를 바르게 작성한다.
(예) ① ② ● ④ ⑤
(2) 성명란은 왼쪽부터 빠짐없이 순서대로 작성한다.
(3) 수험번호는 각자 자신에게 부여받은 번호를 표기하여 작성한다.
(4) 생년월일은 주민등록상을 기준으로 하여 작성한다.
(예) 1991년 4월 14일은 910414로 표기한다.

01	① ② ③ ④ ⑤	21	① ② ③ ④ ⑤	41	① ② ③ ④ ⑤	61	① ② ③ ④ ⑤
02	① ② ③ ④ ⑤	22	① ② ③ ④ ⑤	42	① ② ③ ④ ⑤	62	① ② ③ ④ ⑤
03	① ② ③ ④ ⑤	23	① ② ③ ④ ⑤	43	① ② ③ ④ ⑤	63	① ② ③ ④ ⑤
04	① ② ③ ④ ⑤	24	① ② ③ ④ ⑤	44	① ② ③ ④ ⑤	64	① ② ③ ④ ⑤
05	① ② ③ ④ ⑤	25	① ② ③ ④ ⑤	45	① ② ③ ④ ⑤	65	① ② ③ ④ ⑤
06	① ② ③ ④ ⑤	26	① ② ③ ④ ⑤	46	① ② ③ ④ ⑤	66	① ② ③ ④ ⑤
07	① ② ③ ④ ⑤	27	① ② ③ ④ ⑤	47	① ② ③ ④ ⑤	67	① ② ③ ④ ⑤
08	① ② ③ ④ ⑤	28	① ② ③ ④ ⑤	48	① ② ③ ④ ⑤	68	① ② ③ ④ ⑤
09	① ② ③ ④ ⑤	29	① ② ③ ④ ⑤	49	① ② ③ ④ ⑤	69	① ② ③ ④ ⑤
10	① ② ③ ④ ⑤	30	① ② ③ ④ ⑤	50	① ② ③ ④ ⑤	70	① ② ③ ④ ⑤
11	① ② ③ ④ ⑤	31	① ② ③ ④ ⑤	51	① ② ③ ④ ⑤	71	① ② ③ ④ ⑤
12	① ② ③ ④ ⑤	32	① ② ③ ④ ⑤	52	① ② ③ ④ ⑤	72	① ② ③ ④ ⑤
13	① ② ③ ④ ⑤	33	① ② ③ ④ ⑤	53	① ② ③ ④ ⑤	73	① ② ③ ④ ⑤
14	① ② ③ ④ ⑤	34	① ② ③ ④ ⑤	54	① ② ③ ④ ⑤	74	① ② ③ ④ ⑤
15	① ② ③ ④ ⑤	35	① ② ③ ④ ⑤	55	① ② ③ ④ ⑤	75	① ② ③ ④ ⑤
16	① ② ③ ④ ⑤	36	① ② ③ ④ ⑤	56	① ② ③ ④ ⑤	76	① ② ③ ④ ⑤
17	① ② ③ ④ ⑤	37	① ② ③ ④ ⑤	57	① ② ③ ④ ⑤	77	① ② ③ ④ ⑤
18	① ② ③ ④ ⑤	38	① ② ③ ④ ⑤	58	① ② ③ ④ ⑤	78	① ② ③ ④ ⑤
19	① ② ③ ④ ⑤	39	① ② ③ ④ ⑤	59	① ② ③ ④ ⑤	79	① ② ③ ④ ⑤
20	① ② ③ ④ ⑤	40	① ② ③ ④ ⑤	60	① ② ③ ④ ⑤	80	① ② ③ ④ ⑤

✂ 절취선

※ 본 답안지는 마킹 연습용입니다. 풀이 문항 수에 맞게 활용하시기 바랍니다.

성 명

	ㅏ			ㅏ	ㄱ		ㅏ	ㄱ		ㅏ	ㄱ
	ㅑ		ㄱ	ㅑ	ㄴ	ㄱ	ㅑ	ㄴ	ㄱ	ㅑ	ㄴ
	ㅓ		ㄴ	ㅓ	ㄷ	ㄴ	ㅓ	ㄷ	ㄴ	ㅓ	ㄷ
ㄱ	ㅕ	ㄱ	ㄷ	ㅕ	ㄹ	ㄷ	ㅕ	ㄹ	ㄷ	ㅕ	ㄹ
ㄴ	ㅗ	ㄴ	ㄹ	ㅗ	ㅁ	ㄹ	ㅗ	ㅁ	ㄹ	ㅗ	ㅁ
ㄷ	ㅛ	ㄷ	ㅁ	ㅛ	ㅂ	ㅁ	ㅛ	ㅂ	ㅁ	ㅛ	ㅂ
ㄹ	ㅜ	ㄹ	ㅂ	ㅜ	ㅅ	ㅂ	ㅜ	ㅅ	ㅂ	ㅜ	ㅅ
ㅁ	ㅠ	ㅁ	ㅅ	ㅠ	ㅇ	ㅅ	ㅠ	ㅇ	ㅅ	ㅠ	ㅇ
ㅂ	ㅡ	ㅂ	ㅇ	ㅡ	ㅈ	ㅇ	ㅡ	ㅈ	ㅇ	ㅡ	ㅈ
ㅅ	ㅣ	ㅅ	ㅈ	ㅣ	ㅊ	ㅈ	ㅣ	ㅊ	ㅈ	ㅣ	ㅊ
ㅇ	ㅐ	ㅇ	ㅊ	ㅐ	ㅋ	ㅊ	ㅐ	ㅋ	ㅊ	ㅐ	ㅋ
ㅈ	ㅒ	ㅈ	ㅋ	ㅒ	ㅌ	ㅋ	ㅒ	ㅌ	ㅋ	ㅒ	ㅌ
ㅊ	ㅔ	ㅊ	ㅌ	ㅔ	ㅍ	ㅌ	ㅔ	ㅍ	ㅌ	ㅔ	ㅍ
ㅋ	ㅖ	ㅋ	ㅍ	ㅖ	ㅎ	ㅍ	ㅖ	ㅎ	ㅍ	ㅖ	ㅎ
ㅌ	ㅘ	ㅌ	ㅎ	ㅘ	ㄲ	ㅎ	ㅘ	ㄲ	ㅎ	ㅘ	ㄲ
ㅍ	ㅙ	ㅍ	ㄲ	ㅙ	ㄸ	ㄲ	ㅙ	ㄸ	ㄲ	ㅙ	ㄸ
ㅎ	ㅚ	ㅎ	ㄸ	ㅚ	ㅃ	ㄸ	ㅚ	ㅃ	ㄸ	ㅚ	ㅃ
	ㅝ		ㅃ	ㅝ	ㅆ	ㅃ	ㅝ	ㅆ	ㅃ	ㅝ	ㅆ
	ㅞ		ㅆ	ㅞ	ㅉ	ㅆ	ㅞ	ㅉ	ㅆ	ㅞ	ㅉ
	ㅟ		ㅉ	ㅟ	ㄺ	ㅉ	ㅟ	ㄺ	ㅉ	ㅟ	ㄺ
	ㅢ			ㅢ	ㄻ		ㅢ	ㄻ		ㅢ	ㄻ

감 독 확인란	

수 험 번 호

⓪	⓪	⓪	⓪	⓪	⓪
①	①	①	①	①	①
②	②	②	②	②	②
③	③	③	③	③	③
④	④	④	④	④	④
⑤	⑤	⑤	⑤	⑤	⑤
⑥	⑥	⑥	⑥	⑥	⑥
⑦	⑦	⑦	⑦	⑦	⑦
⑧	⑧	⑧	⑧	⑧	⑧
⑨	⑨	⑨	⑨	⑨	⑨

생 년 월 일

⓪	⓪	⓪	⓪	⓪	⓪
①	①	①	①	①	①
②	②	②	②	②	②
③	③	③	③	③	③
④	④	④	④	④	④
⑤	⑤	⑤	⑤	⑤	⑤
⑥	⑥	⑥	⑥	⑥	⑥
⑦	⑦	⑦	⑦	⑦	⑦
⑧	⑧	⑧	⑧	⑧	⑧
⑨	⑨	⑨	⑨	⑨	⑨

수험생 유의 사항

(1) 아래와 같은 방식으로 답안지를 바르게 작성한다.

(예) ① ② ● ④ ⑤

(2) 성명란은 왼쪽부터 빠짐없이 순서대로 작성한다.

(3) 수험번호는 각자 자신에게 부여받은 번호를 표기하여 작성한다.

(4) 생년월일은 주민등록상을 기준으로 하여 작성한다.

(예) 1991년 4월 14일은 910414로 표기한다.

01	① ② ③ ④ ⑤	21	① ② ③ ④ ⑤	41	① ② ③ ④ ⑤	61	① ② ③ ④ ⑤
02	① ② ③ ④ ⑤	22	① ② ③ ④ ⑤	42	① ② ③ ④ ⑤	62	① ② ③ ④ ⑤
03	① ② ③ ④ ⑤	23	① ② ③ ④ ⑤	43	① ② ③ ④ ⑤	63	① ② ③ ④ ⑤
04	① ② ③ ④ ⑤	24	① ② ③ ④ ⑤	44	① ② ③ ④ ⑤	64	① ② ③ ④ ⑤
05	① ② ③ ④ ⑤	25	① ② ③ ④ ⑤	45	① ② ③ ④ ⑤	65	① ② ③ ④ ⑤
06	① ② ③ ④ ⑤	26	① ② ③ ④ ⑤	46	① ② ③ ④ ⑤	66	① ② ③ ④ ⑤
07	① ② ③ ④ ⑤	27	① ② ③ ④ ⑤	47	① ② ③ ④ ⑤	67	① ② ③ ④ ⑤
08	① ② ③ ④ ⑤	28	① ② ③ ④ ⑤	48	① ② ③ ④ ⑤	68	① ② ③ ④ ⑤
09	① ② ③ ④ ⑤	29	① ② ③ ④ ⑤	49	① ② ③ ④ ⑤	69	① ② ③ ④ ⑤
10	① ② ③ ④ ⑤	30	① ② ③ ④ ⑤	50	① ② ③ ④ ⑤	70	① ② ③ ④ ⑤
11	① ② ③ ④ ⑤	31	① ② ③ ④ ⑤	51	① ② ③ ④ ⑤	71	① ② ③ ④ ⑤
12	① ② ③ ④ ⑤	32	① ② ③ ④ ⑤	52	① ② ③ ④ ⑤	72	① ② ③ ④ ⑤
13	① ② ③ ④ ⑤	33	① ② ③ ④ ⑤	53	① ② ③ ④ ⑤	73	① ② ③ ④ ⑤
14	① ② ③ ④ ⑤	34	① ② ③ ④ ⑤	54	① ② ③ ④ ⑤	74	① ② ③ ④ ⑤
15	① ② ③ ④ ⑤	35	① ② ③ ④ ⑤	55	① ② ③ ④ ⑤	75	① ② ③ ④ ⑤
16	① ② ③ ④ ⑤	36	① ② ③ ④ ⑤	56	① ② ③ ④ ⑤	76	① ② ③ ④ ⑤
17	① ② ③ ④ ⑤	37	① ② ③ ④ ⑤	57	① ② ③ ④ ⑤	77	① ② ③ ④ ⑤
18	① ② ③ ④ ⑤	38	① ② ③ ④ ⑤	58	① ② ③ ④ ⑤	78	① ② ③ ④ ⑤
19	① ② ③ ④ ⑤	39	① ② ③ ④ ⑤	59	① ② ③ ④ ⑤	79	① ② ③ ④ ⑤
20	① ② ③ ④ ⑤	40	① ② ③ ④ ⑤	60	① ② ③ ④ ⑤	80	① ② ③ ④ ⑤

✂ 절취선

※ 본 답안지는 마킹 연습용입니다. 풀이 문항 수에 맞게 활용하시기 바랍니다.

성 명			
ㄱㄴㄷㄹㅁㅂㅅㅇㅈㅊㅋㅌㅍㅎ / ㅏㅑㅓㅕㅗㅛㅜㅠㅡㅣㅐㅒㅔㅖㅘㅙㅚㅝㅞㅟㅢ / ㄱㄴㄷㄹㅁㅂㅅㅇㅈㅊㅋㅌㅍㅎ	ㄱㄴㄷㄹㅁㅂㅅㅇㅈㅊㅋㅌㅍㅎㄲㄸㅃㅆㅉ / ㅏㅑㅓㅕㅗㅛㅜㅠㅡㅣㅐㅒㅔㅖㅘㅙㅚㅝㅞㅟㅢ / ㄱㄴㄷㄹㅁㅂㅅㅇㅈㅊㅋㅌㅍㅎㄲㄸㅃㅆㅉㄺㄻ	ㄱㄴㄷㄹㅁㅂㅅㅇㅈㅊㅋㅌㅍㅎㄲㄸㅃㅆㅉ / ㅏㅑㅓㅕㅗㅛㅜㅠㅡㅣㅐㅒㅔㅖㅘㅙㅚㅝㅞㅟㅢ / ㄱㄴㄷㄹㅁㅂㅅㅇㅈㅊㅋㅌㅍㅎㄲㄸㅃㅆㅉㄺㄻ	ㄱㄴㄷㄹㅁㅂㅅㅇㅈㅊㅋㅌㅍㅎㄲㄸㅃㅆㅉ / ㅏㅑㅓㅕㅗㅛㅜㅠㅡㅣㅐㅒㅔㅖㅘㅙㅚㅝㅞㅟㅢ / ㄱㄴㄷㄹㅁㅂㅅㅇㅈㅊㅋㅌㅍㅎㄲㄸㅃㅆㅉㄺㄻ

감 독 확인란	

수 험 번 호					
⓪①②③④⑤⑥⑦⑧⑨	⓪①②③④⑤⑥⑦⑧⑨	⓪①②③④⑤⑥⑦⑧⑨	⓪①②③④⑤⑥⑦⑧⑨	⓪①②③④⑤⑥⑦⑧⑨	⓪①②③④⑤⑥⑦⑧⑨

생 년 월 일					
⓪①②③④⑤⑥⑦⑧⑨	⓪①②③④⑤⑥⑦⑧⑨	⓪①②③④⑤⑥⑦⑧⑨	⓪①②③④⑤⑥⑦⑧⑨	⓪①②③④⑤⑥⑦⑧⑨	⓪①②③④⑤⑥⑦⑧⑨

수험생 유의 사항

(1) 아래와 같은 방식으로 답안지를 바르게 작성한다.
(예) ① ② ● ④ ⑤
(2) 성명란은 왼쪽부터 빠짐없이 순서대로 작성한다.
(3) 수험번호는 각자 자신에게 부여받은 번호를 표기하여 작성한다.
(4) 생년월일은 주민등록상을 기준으로 하여 작성한다.
(예) 1991년 4월 14일은 910414로 표기한다.

01	① ② ③ ④ ⑤	21	① ② ③ ④ ⑤	41	① ② ③ ④ ⑤	61	① ② ③ ④ ⑤
02	① ② ③ ④ ⑤	22	① ② ③ ④ ⑤	42	① ② ③ ④ ⑤	62	① ② ③ ④ ⑤
03	① ② ③ ④ ⑤	23	① ② ③ ④ ⑤	43	① ② ③ ④ ⑤	63	① ② ③ ④ ⑤
04	① ② ③ ④ ⑤	24	① ② ③ ④ ⑤	44	① ② ③ ④ ⑤	64	① ② ③ ④ ⑤
05	① ② ③ ④ ⑤	25	① ② ③ ④ ⑤	45	① ② ③ ④ ⑤	65	① ② ③ ④ ⑤
06	① ② ③ ④ ⑤	26	① ② ③ ④ ⑤	46	① ② ③ ④ ⑤	66	① ② ③ ④ ⑤
07	① ② ③ ④ ⑤	27	① ② ③ ④ ⑤	47	① ② ③ ④ ⑤	67	① ② ③ ④ ⑤
08	① ② ③ ④ ⑤	28	① ② ③ ④ ⑤	48	① ② ③ ④ ⑤	68	① ② ③ ④ ⑤
09	① ② ③ ④ ⑤	29	① ② ③ ④ ⑤	49	① ② ③ ④ ⑤	69	① ② ③ ④ ⑤
10	① ② ③ ④ ⑤	30	① ② ③ ④ ⑤	50	① ② ③ ④ ⑤	70	① ② ③ ④ ⑤
11	① ② ③ ④ ⑤	31	① ② ③ ④ ⑤	51	① ② ③ ④ ⑤	71	① ② ③ ④ ⑤
12	① ② ③ ④ ⑤	32	① ② ③ ④ ⑤	52	① ② ③ ④ ⑤	72	① ② ③ ④ ⑤
13	① ② ③ ④ ⑤	33	① ② ③ ④ ⑤	53	① ② ③ ④ ⑤	73	① ② ③ ④ ⑤
14	① ② ③ ④ ⑤	34	① ② ③ ④ ⑤	54	① ② ③ ④ ⑤	74	① ② ③ ④ ⑤
15	① ② ③ ④ ⑤	35	① ② ③ ④ ⑤	55	① ② ③ ④ ⑤	75	① ② ③ ④ ⑤
16	① ② ③ ④ ⑤	36	① ② ③ ④ ⑤	56	① ② ③ ④ ⑤	76	① ② ③ ④ ⑤
17	① ② ③ ④ ⑤	37	① ② ③ ④ ⑤	57	① ② ③ ④ ⑤	77	① ② ③ ④ ⑤
18	① ② ③ ④ ⑤	38	① ② ③ ④ ⑤	58	① ② ③ ④ ⑤	78	① ② ③ ④ ⑤
19	① ② ③ ④ ⑤	39	① ② ③ ④ ⑤	59	① ② ③ ④ ⑤	79	① ② ③ ④ ⑤
20	① ② ③ ④ ⑤	40	① ② ③ ④ ⑤	60	① ② ③ ④ ⑤	80	① ② ③ ④ ⑤

✂ 절취선

※ 본 답안지는 마킹 연습용입니다. 풀이 문항 수에 맞게 활용하시기 바랍니다.

성 명

	ㅏ			ㅏ	ㄱ		ㅏ	ㄱ		ㅏ	ㄱ
	ㅑ		ㄱ	ㅑ	ㄴ	ㄱ	ㅑ	ㄴ	ㄱ	ㅑ	ㄴ
	ㅓ		ㄴ	ㅓ	ㄷ	ㄴ	ㅓ	ㄷ	ㄴ	ㅓ	ㄷ
ㄱ	ㅕ	ㄱ	ㄷ	ㅕ	ㄹ	ㄷ	ㅕ	ㄹ	ㄷ	ㅕ	ㄹ
ㄴ	ㅗ	ㄴ	ㄹ	ㅗ	ㅁ	ㄹ	ㅗ	ㅁ	ㄹ	ㅗ	ㅁ
ㄷ	ㅛ	ㄷ	ㅁ	ㅛ	ㅂ	ㅁ	ㅛ	ㅂ	ㅁ	ㅛ	ㅂ
ㄹ	ㅜ	ㄹ	ㅂ	ㅜ	ㅅ	ㅂ	ㅜ	ㅅ	ㅂ	ㅜ	ㅅ
ㅁ	ㅠ	ㅁ	ㅅ	ㅠ	ㅇ	ㅅ	ㅠ	ㅇ	ㅅ	ㅠ	ㅇ
ㅂ	ㅡ	ㅂ	ㅇ	ㅡ	ㅈ	ㅇ	ㅡ	ㅈ	ㅇ	ㅡ	ㅈ
ㅅ	ㅣ	ㅅ	ㅈ	ㅣ	ㅊ	ㅈ	ㅣ	ㅊ	ㅈ	ㅣ	ㅊ
ㅇ	ㅐ	ㅇ	ㅊ	ㅐ	ㅋ	ㅊ	ㅐ	ㅋ	ㅊ	ㅐ	ㅋ
ㅈ	ㅒ	ㅈ	ㅋ	ㅒ	ㅌ	ㅋ	ㅒ	ㅌ	ㅋ	ㅒ	ㅌ
ㅊ	ㅔ	ㅊ	ㅌ	ㅔ	ㅍ	ㅌ	ㅔ	ㅍ	ㅌ	ㅔ	ㅍ
ㅋ	ㅖ	ㅋ	ㅍ	ㅖ	ㅎ	ㅍ	ㅖ	ㅎ	ㅍ	ㅖ	ㅎ
ㅌ	ㅘ	ㅌ	ㅎ	ㅘ	ㄲ	ㅎ	ㅘ	ㄲ	ㅎ	ㅘ	ㄲ
ㅍ	ㅙ	ㅍ	ㄲ	ㅙ	ㄸ	ㄲ	ㅙ	ㄸ	ㄲ	ㅙ	ㄸ
ㅎ	ㅚ	ㅎ	ㄸ	ㅚ	ㅃ	ㄸ	ㅚ	ㅃ	ㄸ	ㅚ	ㅃ
	ㅝ		ㅃ	ㅝ	ㅆ	ㅃ	ㅝ	ㅆ	ㅃ	ㅝ	ㅆ
	ㅞ		ㅆ	ㅞ	ㅉ	ㅆ	ㅞ	ㅉ	ㅆ	ㅞ	ㅉ
	ㅟ		ㅉ	ㅟ	ㄺ	ㅉ	ㅟ	ㄺ	ㅉ	ㅟ	ㄺ
	ㅢ			ㅢ	ㄻ		ㅢ	ㄻ		ㅢ	ㄻ

감 독 확인란	

수 험 번 호

⓪	⓪	⓪	⓪	⓪	⓪
①	①	①	①	①	①
②	②	②	②	②	②
③	③	③	③	③	③
④	④	④	④	④	④
⑤	⑤	⑤	⑤	⑤	⑤
⑥	⑥	⑥	⑥	⑥	⑥
⑦	⑦	⑦	⑦	⑦	⑦
⑧	⑧	⑧	⑧	⑧	⑧
⑨	⑨	⑨	⑨	⑨	⑨

생 년 월 일

⓪	⓪	⓪	⓪	⓪	⓪
①	①	①	①	①	①
②	②	②	②	②	②
③	③	③	③	③	③
④	④	④	④	④	④
⑤	⑤	⑤	⑤	⑤	⑤
⑥	⑥	⑥	⑥	⑥	⑥
⑦	⑦	⑦	⑦	⑦	⑦
⑧	⑧	⑧	⑧	⑧	⑧
⑨	⑨	⑨	⑨	⑨	⑨

수험생 유의 사항

(1) 아래와 같은 방식으로 답안지를 바르게 작성한다.

(예) ① ② ● ④ ⑤

(2) 성명란은 왼쪽부터 빠짐없이 순서대로 작성한다.

(3) 수험번호는 각자 자신에게 부여받은 번호를 표기하여 작성한다.

(4) 생년월일은 주민등록상을 기준으로 하여 작성한다.

(예) 1991년 4월 14일은 910414로 표기한다.

01	① ② ③ ④ ⑤	21	① ② ③ ④ ⑤	41	① ② ③ ④ ⑤	61	① ② ③ ④ ⑤
02	① ② ③ ④ ⑤	22	① ② ③ ④ ⑤	42	① ② ③ ④ ⑤	62	① ② ③ ④ ⑤
03	① ② ③ ④ ⑤	23	① ② ③ ④ ⑤	43	① ② ③ ④ ⑤	63	① ② ③ ④ ⑤
04	① ② ③ ④ ⑤	24	① ② ③ ④ ⑤	44	① ② ③ ④ ⑤	64	① ② ③ ④ ⑤
05	① ② ③ ④ ⑤	25	① ② ③ ④ ⑤	45	① ② ③ ④ ⑤	65	① ② ③ ④ ⑤
06	① ② ③ ④ ⑤	26	① ② ③ ④ ⑤	46	① ② ③ ④ ⑤	66	① ② ③ ④ ⑤
07	① ② ③ ④ ⑤	27	① ② ③ ④ ⑤	47	① ② ③ ④ ⑤	67	① ② ③ ④ ⑤
08	① ② ③ ④ ⑤	28	① ② ③ ④ ⑤	48	① ② ③ ④ ⑤	68	① ② ③ ④ ⑤
09	① ② ③ ④ ⑤	29	① ② ③ ④ ⑤	49	① ② ③ ④ ⑤	69	① ② ③ ④ ⑤
10	① ② ③ ④ ⑤	30	① ② ③ ④ ⑤	50	① ② ③ ④ ⑤	70	① ② ③ ④ ⑤
11	① ② ③ ④ ⑤	31	① ② ③ ④ ⑤	51	① ② ③ ④ ⑤	71	① ② ③ ④ ⑤
12	① ② ③ ④ ⑤	32	① ② ③ ④ ⑤	52	① ② ③ ④ ⑤	72	① ② ③ ④ ⑤
13	① ② ③ ④ ⑤	33	① ② ③ ④ ⑤	53	① ② ③ ④ ⑤	73	① ② ③ ④ ⑤
14	① ② ③ ④ ⑤	34	① ② ③ ④ ⑤	54	① ② ③ ④ ⑤	74	① ② ③ ④ ⑤
15	① ② ③ ④ ⑤	35	① ② ③ ④ ⑤	55	① ② ③ ④ ⑤	75	① ② ③ ④ ⑤
16	① ② ③ ④ ⑤	36	① ② ③ ④ ⑤	56	① ② ③ ④ ⑤	76	① ② ③ ④ ⑤
17	① ② ③ ④ ⑤	37	① ② ③ ④ ⑤	57	① ② ③ ④ ⑤	77	① ② ③ ④ ⑤
18	① ② ③ ④ ⑤	38	① ② ③ ④ ⑤	58	① ② ③ ④ ⑤	78	① ② ③ ④ ⑤
19	① ② ③ ④ ⑤	39	① ② ③ ④ ⑤	59	① ② ③ ④ ⑤	79	① ② ③ ④ ⑤
20	① ② ③ ④ ⑤	40	① ② ③ ④ ⑤	60	① ② ③ ④ ⑤	80	① ② ③ ④ ⑤

✂ 절취선

※ 본 답안지는 마킹 연습용입니다. 풀이 문항 수에 맞게 활용하시기 바랍니다.

성 명			
ㅏ	ㅏ ㄱ	ㅏ ㄱ	ㅏ ㄱ
ㅑ	ㄱ ㅑ ㄴ	ㄱ ㅑ ㄴ	ㄱ ㅑ ㄴ
ㅓ	ㄴ ㅓ ㄷ	ㄴ ㅓ ㄷ	ㄴ ㅓ ㄷ
ㄱ ㅕ ㄱ	ㄷ ㅕ ㄹ	ㄷ ㅕ ㄹ	ㄷ ㅕ ㄹ
ㄴ ㅗ ㄴ	ㄹ ㅗ ㅁ	ㄹ ㅗ ㅁ	ㄹ ㅗ ㅁ
ㄷ ㅛ ㄷ	ㅁ ㅛ ㅂ	ㅁ ㅛ ㅂ	ㅁ ㅛ ㅂ
ㄹ ㅜ ㄹ	ㅂ ㅜ ㅅ	ㅂ ㅜ ㅅ	ㅂ ㅜ ㅅ
ㅁ ㅠ ㅁ	ㅅ ㅠ ㅇ	ㅅ ㅠ ㅇ	ㅅ ㅠ ㅇ
ㅂ ㅡ ㅂ	ㅇ ㅡ ㅈ	ㅇ ㅡ ㅈ	ㅇ ㅡ ㅈ
ㅅ ㅣ ㅅ	ㅈ ㅣ ㅊ	ㅈ ㅣ ㅊ	ㅈ ㅣ ㅊ
ㅇ ㅐ ㅇ	ㅊ ㅐ ㅋ	ㅊ ㅐ ㅋ	ㅊ ㅐ ㅋ
ㅈ ㅒ ㅈ	ㅋ ㅒ ㅌ	ㅋ ㅒ ㅌ	ㅋ ㅒ ㅌ
ㅊ ㅔ ㅊ	ㅌ ㅔ ㅍ	ㅌ ㅔ ㅍ	ㅌ ㅔ ㅍ
ㅋ ㅖ ㅋ	ㅍ ㅖ ㅎ	ㅍ ㅖ ㅎ	ㅍ ㅖ ㅎ
ㅌ ㅘ ㅌ	ㅎ ㅘ ㄲ	ㅎ ㅘ ㄲ	ㅎ ㅘ ㄲ
ㅍ ㅙ ㅍ	ㄲ ㅙ ㄸ	ㄲ ㅙ ㄸ	ㄲ ㅙ ㄸ
ㅎ ㅚ ㅎ	ㄸ ㅚ ㅃ	ㄸ ㅚ ㅃ	ㄸ ㅚ ㅃ
ㅝ	ㅃ ㅝ ㅆ	ㅃ ㅝ ㅆ	ㅃ ㅝ ㅆ
ㅞ	ㅆ ㅞ ㅉ	ㅆ ㅞ ㅉ	ㅆ ㅞ ㅉ
ㅟ	ㅉ ㅟ ㄺ	ㅉ ㅟ ㄺ	ㅉ ㅟ ㄺ
ㅢ	ㅢ ㄻ	ㅢ ㄻ	ㅢ ㄻ

감 독 확인란	

수 험 번 호					
⓪	⓪	⓪	⓪	⓪	⓪
①	①	①	①	①	①
②	②	②	②	②	②
③	③	③	③	③	③
④	④	④	④	④	④
⑤	⑤	⑤	⑤	⑤	⑤
⑥	⑥	⑥	⑥	⑥	⑥
⑦	⑦	⑦	⑦	⑦	⑦
⑧	⑧	⑧	⑧	⑧	⑧
⑨	⑨	⑨	⑨	⑨	⑨

생 년 월 일					
⓪	⓪	⓪	⓪	⓪	⓪
①	①	①	①	①	①
②	②	②	②	②	②
③	③	③	③	③	③
④	④	④	④	④	④
⑤	⑤	⑤	⑤	⑤	⑤
⑥	⑥	⑥	⑥	⑥	⑥
⑦	⑦	⑦	⑦	⑦	⑦
⑧	⑧	⑧	⑧	⑧	⑧
⑨	⑨	⑨	⑨	⑨	⑨

수험생 유의 사항

(1) 아래와 같은 방식으로 답안지를 바르게 작성한다.
(예) ① ② ● ④ ⑤
(2) 성명란은 왼쪽부터 빠짐없이 순서대로 작성한다.
(3) 수험번호는 각자 자신에게 부여받은 번호를 표기하여 작성한다.
(4) 생년월일은 주민등록상을 기준으로 하여 작성한다.
(예) 1991년 4월 14일은 910414로 표기한다.

01	① ② ③ ④ ⑤	21	① ② ③ ④ ⑤	41	① ② ③ ④ ⑤	61	① ② ③ ④ ⑤
02	① ② ③ ④ ⑤	22	① ② ③ ④ ⑤	42	① ② ③ ④ ⑤	62	① ② ③ ④ ⑤
03	① ② ③ ④ ⑤	23	① ② ③ ④ ⑤	43	① ② ③ ④ ⑤	63	① ② ③ ④ ⑤
04	① ② ③ ④ ⑤	24	① ② ③ ④ ⑤	44	① ② ③ ④ ⑤	64	① ② ③ ④ ⑤
05	① ② ③ ④ ⑤	25	① ② ③ ④ ⑤	45	① ② ③ ④ ⑤	65	① ② ③ ④ ⑤
06	① ② ③ ④ ⑤	26	① ② ③ ④ ⑤	46	① ② ③ ④ ⑤	66	① ② ③ ④ ⑤
07	① ② ③ ④ ⑤	27	① ② ③ ④ ⑤	47	① ② ③ ④ ⑤	67	① ② ③ ④ ⑤
08	① ② ③ ④ ⑤	28	① ② ③ ④ ⑤	48	① ② ③ ④ ⑤	68	① ② ③ ④ ⑤
09	① ② ③ ④ ⑤	29	① ② ③ ④ ⑤	49	① ② ③ ④ ⑤	69	① ② ③ ④ ⑤
10	① ② ③ ④ ⑤	30	① ② ③ ④ ⑤	50	① ② ③ ④ ⑤	70	① ② ③ ④ ⑤
11	① ② ③ ④ ⑤	31	① ② ③ ④ ⑤	51	① ② ③ ④ ⑤	71	① ② ③ ④ ⑤
12	① ② ③ ④ ⑤	32	① ② ③ ④ ⑤	52	① ② ③ ④ ⑤	72	① ② ③ ④ ⑤
13	① ② ③ ④ ⑤	33	① ② ③ ④ ⑤	53	① ② ③ ④ ⑤	73	① ② ③ ④ ⑤
14	① ② ③ ④ ⑤	34	① ② ③ ④ ⑤	54	① ② ③ ④ ⑤	74	① ② ③ ④ ⑤
15	① ② ③ ④ ⑤	35	① ② ③ ④ ⑤	55	① ② ③ ④ ⑤	75	① ② ③ ④ ⑤
16	① ② ③ ④ ⑤	36	① ② ③ ④ ⑤	56	① ② ③ ④ ⑤	76	① ② ③ ④ ⑤
17	① ② ③ ④ ⑤	37	① ② ③ ④ ⑤	57	① ② ③ ④ ⑤	77	① ② ③ ④ ⑤
18	① ② ③ ④ ⑤	38	① ② ③ ④ ⑤	58	① ② ③ ④ ⑤	78	① ② ③ ④ ⑤
19	① ② ③ ④ ⑤	39	① ② ③ ④ ⑤	59	① ② ③ ④ ⑤	79	① ② ③ ④ ⑤
20	① ② ③ ④ ⑤	40	① ② ③ ④ ⑤	60	① ② ③ ④ ⑤	80	① ② ③ ④ ⑤

✂ 절취선

※ 본 답안지는 마킹 연습용입니다. 풀이 문항 수에 맞게 활용하시기 바랍니다.

성 명

	ㅏ			ㅏ	ㄱ		ㅏ	ㄱ		ㅏ	ㄱ
	ㅑ		ㄱ	ㅑ	ㄴ	ㄱ	ㅑ	ㄴ	ㄱ	ㅑ	ㄴ
	ㅓ		ㄴ	ㅓ	ㄷ	ㄴ	ㅓ	ㄷ	ㄴ	ㅓ	ㄷ
ㄱ	ㅕ	ㄱ	ㄷ	ㅕ	ㄹ	ㄷ	ㅕ	ㄹ	ㄷ	ㅕ	ㄹ
ㄴ	ㅗ	ㄴ	ㄹ	ㅗ	ㅁ	ㄹ	ㅗ	ㅁ	ㄹ	ㅗ	ㅁ
ㄷ	ㅛ	ㄷ	ㅁ	ㅛ	ㅂ	ㅁ	ㅛ	ㅂ	ㅁ	ㅛ	ㅂ
ㄹ	ㅜ	ㄹ	ㅂ	ㅜ	ㅅ	ㅂ	ㅜ	ㅅ	ㅂ	ㅜ	ㅅ
ㅁ	ㅠ	ㅁ	ㅅ	ㅠ	ㅇ	ㅅ	ㅠ	ㅇ	ㅅ	ㅠ	ㅇ
ㅂ	ㅡ	ㅂ	ㅇ	ㅡ	ㅈ	ㅇ	ㅡ	ㅈ	ㅇ	ㅡ	ㅈ
ㅅ	ㅣ	ㅅ	ㅈ	ㅣ	ㅊ	ㅈ	ㅣ	ㅊ	ㅈ	ㅣ	ㅊ
ㅇ	ㅐ	ㅇ	ㅊ	ㅐ	ㅋ	ㅊ	ㅐ	ㅋ	ㅊ	ㅐ	ㅋ
ㅈ	ㅒ	ㅈ	ㅋ	ㅒ	ㅌ	ㅋ	ㅒ	ㅌ	ㅋ	ㅒ	ㅌ
ㅊ	ㅔ	ㅊ	ㅌ	ㅔ	ㅍ	ㅌ	ㅔ	ㅍ	ㅌ	ㅔ	ㅍ
ㅋ	ㅖ	ㅋ	ㅍ	ㅖ	ㅎ	ㅍ	ㅖ	ㅎ	ㅍ	ㅖ	ㅎ
ㅌ	ㅘ	ㅌ	ㅎ	ㅘ	ㄲ	ㅎ	ㅘ	ㄲ	ㅎ	ㅘ	ㄲ
ㅍ	ㅙ	ㅍ	ㄲ	ㅙ	ㄸ	ㄲ	ㅙ	ㄸ	ㄲ	ㅙ	ㄸ
ㅎ	ㅚ	ㅎ	ㄸ	ㅚ	ㅃ	ㄸ	ㅚ	ㅃ	ㄸ	ㅚ	ㅃ
	ㅝ		ㅃ	ㅝ	ㅆ	ㅃ	ㅝ	ㅆ	ㅃ	ㅝ	ㅆ
	ㅞ		ㅆ	ㅞ	ㅉ	ㅆ	ㅞ	ㅉ	ㅆ	ㅞ	ㅉ
	ㅟ		ㅉ	ㅟ	ㄺ	ㅉ	ㅟ	ㄺ	ㅉ	ㅟ	ㄺ
	ㅢ			ㅢ	ㄻ		ㅢ	ㄻ		ㅢ	ㄻ

감 독 확인란	

수 험 번 호

0	0	0	0	0	0
1	1	1	1	1	1
2	2	2	2	2	2
3	3	3	3	3	3
4	4	4	4	4	4
5	5	5	5	5	5
6	6	6	6	6	6
7	7	7	7	7	7
8	8	8	8	8	8
9	9	9	9	9	9

생 년 월 일

0	0	0	0	0	0
1	1	1	1	1	1
2	2	2	2	2	2
3	3	3	3	3	3
4	4	4	4	4	4
5	5	5	5	5	5
6	6	6	6	6	6
7	7	7	7	7	7
8	8	8	8	8	8
9	9	9	9	9	9

수험생 유의 사항

(1) 아래와 같은 방식으로 답안지를 바르게 작성한다.

(예) ① ② ● ④ ⑤

(2) 성명란은 왼쪽부터 빠짐없이 순서대로 작성한다.

(3) 수험번호는 각자 자신에게 부여받은 번호를 표기하여 작성한다.

(4) 생년월일은 주민등록상을 기준으로 하여 작성한다.

(예) 1991년 4월 14일은 910414로 표기한다.

01	① ② ③ ④ ⑤	21	① ② ③ ④ ⑤	41	① ② ③ ④ ⑤	61	① ② ③ ④ ⑤
02	① ② ③ ④ ⑤	22	① ② ③ ④ ⑤	42	① ② ③ ④ ⑤	62	① ② ③ ④ ⑤
03	① ② ③ ④ ⑤	23	① ② ③ ④ ⑤	43	① ② ③ ④ ⑤	63	① ② ③ ④ ⑤
04	① ② ③ ④ ⑤	24	① ② ③ ④ ⑤	44	① ② ③ ④ ⑤	64	① ② ③ ④ ⑤
05	① ② ③ ④ ⑤	25	① ② ③ ④ ⑤	45	① ② ③ ④ ⑤	65	① ② ③ ④ ⑤
06	① ② ③ ④ ⑤	26	① ② ③ ④ ⑤	46	① ② ③ ④ ⑤	66	① ② ③ ④ ⑤
07	① ② ③ ④ ⑤	27	① ② ③ ④ ⑤	47	① ② ③ ④ ⑤	67	① ② ③ ④ ⑤
08	① ② ③ ④ ⑤	28	① ② ③ ④ ⑤	48	① ② ③ ④ ⑤	68	① ② ③ ④ ⑤
09	① ② ③ ④ ⑤	29	① ② ③ ④ ⑤	49	① ② ③ ④ ⑤	69	① ② ③ ④ ⑤
10	① ② ③ ④ ⑤	30	① ② ③ ④ ⑤	50	① ② ③ ④ ⑤	70	① ② ③ ④ ⑤
11	① ② ③ ④ ⑤	31	① ② ③ ④ ⑤	51	① ② ③ ④ ⑤	71	① ② ③ ④ ⑤
12	① ② ③ ④ ⑤	32	① ② ③ ④ ⑤	52	① ② ③ ④ ⑤	72	① ② ③ ④ ⑤
13	① ② ③ ④ ⑤	33	① ② ③ ④ ⑤	53	① ② ③ ④ ⑤	73	① ② ③ ④ ⑤
14	① ② ③ ④ ⑤	34	① ② ③ ④ ⑤	54	① ② ③ ④ ⑤	74	① ② ③ ④ ⑤
15	① ② ③ ④ ⑤	35	① ② ③ ④ ⑤	55	① ② ③ ④ ⑤	75	① ② ③ ④ ⑤
16	① ② ③ ④ ⑤	36	① ② ③ ④ ⑤	56	① ② ③ ④ ⑤	76	① ② ③ ④ ⑤
17	① ② ③ ④ ⑤	37	① ② ③ ④ ⑤	57	① ② ③ ④ ⑤	77	① ② ③ ④ ⑤
18	① ② ③ ④ ⑤	38	① ② ③ ④ ⑤	58	① ② ③ ④ ⑤	78	① ② ③ ④ ⑤
19	① ② ③ ④ ⑤	39	① ② ③ ④ ⑤	59	① ② ③ ④ ⑤	79	① ② ③ ④ ⑤
20	① ② ③ ④ ⑤	40	① ② ③ ④ ⑤	60	① ② ③ ④ ⑤	80	① ② ③ ④ ⑤

✂ 절취선

※ 본 답안지는 마킹 연습용입니다. 풀이 문항 수에 맞게 활용하시기 바랍니다.

성 명

ㅏ	ㅏ ㄱ	ㅏ ㄱ	ㅏ ㄱ
ㅑ	ㄱ ㅑ ㄴ	ㄱ ㅑ ㄴ	ㄱ ㅑ ㄴ
ㅓ	ㄴ ㅓ ㄷ	ㄴ ㅓ ㄷ	ㄴ ㅓ ㄷ
ㄱ ㅕ ㄱ	ㄷ ㅕ ㄹ	ㄷ ㅕ ㄹ	ㄷ ㅕ ㄹ
ㄴ ㅗ ㄴ	ㄹ ㅗ ㅁ	ㄹ ㅗ ㅁ	ㄹ ㅗ ㅁ
ㄷ ㅛ ㄷ	ㅁ ㅛ ㅂ	ㅁ ㅛ ㅂ	ㅁ ㅛ ㅂ
ㄹ ㅜ ㄹ	ㅂ ㅜ ㅅ	ㅂ ㅜ ㅅ	ㅂ ㅜ ㅅ
ㅁ ㅠ ㅁ	ㅅ ㅠ ㅇ	ㅅ ㅠ ㅇ	ㅅ ㅠ ㅇ
ㅂ ㅡ ㅂ	ㅇ ㅡ ㅈ	ㅇ ㅡ ㅈ	ㅇ ㅡ ㅈ
ㅅ ㅣ ㅅ	ㅈ ㅣ ㅊ	ㅈ ㅣ ㅊ	ㅈ ㅣ ㅊ
ㅇ ㅐ ㅇ	ㅊ ㅐ ㅋ	ㅊ ㅐ ㅋ	ㅊ ㅐ ㅋ
ㅈ ㅒ ㅈ	ㅋ ㅒ ㅌ	ㅋ ㅒ ㅌ	ㅋ ㅒ ㅌ
ㅊ ㅔ ㅊ	ㅌ ㅔ ㅍ	ㅌ ㅔ ㅍ	ㅌ ㅔ ㅍ
ㅋ ㅖ ㅋ	ㅍ ㅖ ㅎ	ㅍ ㅖ ㅎ	ㅍ ㅖ ㅎ
ㅌ ㅘ ㅌ	ㅎ ㅘ ㄲ	ㅎ ㅘ ㄲ	ㅎ ㅘ ㄲ
ㅍ ㅙ ㅍ	ㄲ ㅙ ㄸ	ㄲ ㅙ ㄸ	ㄲ ㅙ ㄸ
ㅎ ㅚ ㅎ	ㄸ ㅚ ㅃ	ㄸ ㅚ ㅃ	ㄸ ㅚ ㅃ
ㅝ	ㅃ ㅝ ㅆ	ㅃ ㅝ ㅆ	ㅃ ㅝ ㅆ
ㅞ	ㅆ ㅞ ㅉ	ㅆ ㅞ ㅉ	ㅆ ㅞ ㅉ
ㅟ	ㅉ ㅟ ㄺ	ㅉ ㅟ ㄺ	ㅉ ㅟ ㄺ
ㅢ	ㅢ ㄻ	ㅢ ㄻ	ㅢ ㄻ

감 독 확인란	

수 험 번 호

⓪	⓪	⓪	⓪	⓪	⓪
①	①	①	①	①	①
②	②	②	②	②	②
③	③	③	③	③	③
④	④	④	④	④	④
⑤	⑤	⑤	⑤	⑤	⑤
⑥	⑥	⑥	⑥	⑥	⑥
⑦	⑦	⑦	⑦	⑦	⑦
⑧	⑧	⑧	⑧	⑧	⑧
⑨	⑨	⑨	⑨	⑨	⑨

생 년 월 일

⓪	⓪	⓪	⓪	⓪	⓪
①	①	①	①	①	①
②	②	②	②	②	②
③	③	③	③	③	③
④	④	④	④	④	④
⑤	⑤	⑤	⑤	⑤	⑤
⑥	⑥	⑥	⑥	⑥	⑥
⑦	⑦	⑦	⑦	⑦	⑦
⑧	⑧	⑧	⑧	⑧	⑧
⑨	⑨	⑨	⑨	⑨	⑨

수험생 유의 사항

(1) 아래와 같은 방식으로 답안지를 바르게 작성한다.

(예) ① ② ● ④ ⑤

(2) 성명란은 왼쪽부터 빠짐없이 순서대로 작성한다.

(3) 수험번호는 각자 자신에게 부여받은 번호를 표기하여 작성한다.

(4) 생년월일은 주민등록상을 기준으로 하여 작성한다.

(예) 1991년 4월 14일은 910414로 표기한다.

01	① ② ③ ④ ⑤	21	① ② ③ ④ ⑤	41	① ② ③ ④ ⑤	61	① ② ③ ④ ⑤
02	① ② ③ ④ ⑤	22	① ② ③ ④ ⑤	42	① ② ③ ④ ⑤	62	① ② ③ ④ ⑤
03	① ② ③ ④ ⑤	23	① ② ③ ④ ⑤	43	① ② ③ ④ ⑤	63	① ② ③ ④ ⑤
04	① ② ③ ④ ⑤	24	① ② ③ ④ ⑤	44	① ② ③ ④ ⑤	64	① ② ③ ④ ⑤
05	① ② ③ ④ ⑤	25	① ② ③ ④ ⑤	45	① ② ③ ④ ⑤	65	① ② ③ ④ ⑤
06	① ② ③ ④ ⑤	26	① ② ③ ④ ⑤	46	① ② ③ ④ ⑤	66	① ② ③ ④ ⑤
07	① ② ③ ④ ⑤	27	① ② ③ ④ ⑤	47	① ② ③ ④ ⑤	67	① ② ③ ④ ⑤
08	① ② ③ ④ ⑤	28	① ② ③ ④ ⑤	48	① ② ③ ④ ⑤	68	① ② ③ ④ ⑤
09	① ② ③ ④ ⑤	29	① ② ③ ④ ⑤	49	① ② ③ ④ ⑤	69	① ② ③ ④ ⑤
10	① ② ③ ④ ⑤	30	① ② ③ ④ ⑤	50	① ② ③ ④ ⑤	70	① ② ③ ④ ⑤
11	① ② ③ ④ ⑤	31	① ② ③ ④ ⑤	51	① ② ③ ④ ⑤	71	① ② ③ ④ ⑤
12	① ② ③ ④ ⑤	32	① ② ③ ④ ⑤	52	① ② ③ ④ ⑤	72	① ② ③ ④ ⑤
13	① ② ③ ④ ⑤	33	① ② ③ ④ ⑤	53	① ② ③ ④ ⑤	73	① ② ③ ④ ⑤
14	① ② ③ ④ ⑤	34	① ② ③ ④ ⑤	54	① ② ③ ④ ⑤	74	① ② ③ ④ ⑤
15	① ② ③ ④ ⑤	35	① ② ③ ④ ⑤	55	① ② ③ ④ ⑤	75	① ② ③ ④ ⑤
16	① ② ③ ④ ⑤	36	① ② ③ ④ ⑤	56	① ② ③ ④ ⑤	76	① ② ③ ④ ⑤
17	① ② ③ ④ ⑤	37	① ② ③ ④ ⑤	57	① ② ③ ④ ⑤	77	① ② ③ ④ ⑤
18	① ② ③ ④ ⑤	38	① ② ③ ④ ⑤	58	① ② ③ ④ ⑤	78	① ② ③ ④ ⑤
19	① ② ③ ④ ⑤	39	① ② ③ ④ ⑤	59	① ② ③ ④ ⑤	79	① ② ③ ④ ⑤
20	① ② ③ ④ ⑤	40	① ② ③ ④ ⑤	60	① ② ③ ④ ⑤	80	① ② ③ ④ ⑤

✂ 절취선

※ 본 답안지는 마킹 연습용입니다. 풀이 문항 수에 맞게 활용하시기 바랍니다.

성 명

감 독 확인란

수 험 번 호

생 년 월 일

번호	답	번호	답	번호	답	번호	답
01	① ② ③ ④ ⑤	21	① ② ③ ④ ⑤	41	① ② ③ ④ ⑤	61	① ② ③ ④ ⑤
02	① ② ③ ④ ⑤	22	① ② ③ ④ ⑤	42	① ② ③ ④ ⑤	62	① ② ③ ④ ⑤
03	① ② ③ ④ ⑤	23	① ② ③ ④ ⑤	43	① ② ③ ④ ⑤	63	① ② ③ ④ ⑤
04	① ② ③ ④ ⑤	24	① ② ③ ④ ⑤	44	① ② ③ ④ ⑤	64	① ② ③ ④ ⑤
05	① ② ③ ④ ⑤	25	① ② ③ ④ ⑤	45	① ② ③ ④ ⑤	65	① ② ③ ④ ⑤
06	① ② ③ ④ ⑤	26	① ② ③ ④ ⑤	46	① ② ③ ④ ⑤	66	① ② ③ ④ ⑤
07	① ② ③ ④ ⑤	27	① ② ③ ④ ⑤	47	① ② ③ ④ ⑤	67	① ② ③ ④ ⑤
08	① ② ③ ④ ⑤	28	① ② ③ ④ ⑤	48	① ② ③ ④ ⑤	68	① ② ③ ④ ⑤
09	① ② ③ ④ ⑤	29	① ② ③ ④ ⑤	49	① ② ③ ④ ⑤	69	① ② ③ ④ ⑤
10	① ② ③ ④ ⑤	30	① ② ③ ④ ⑤	50	① ② ③ ④ ⑤	70	① ② ③ ④ ⑤
11	① ② ③ ④ ⑤	31	① ② ③ ④ ⑤	51	① ② ③ ④ ⑤	71	① ② ③ ④ ⑤
12	① ② ③ ④ ⑤	32	① ② ③ ④ ⑤	52	① ② ③ ④ ⑤	72	① ② ③ ④ ⑤
13	① ② ③ ④ ⑤	33	① ② ③ ④ ⑤	53	① ② ③ ④ ⑤	73	① ② ③ ④ ⑤
14	① ② ③ ④ ⑤	34	① ② ③ ④ ⑤	54	① ② ③ ④ ⑤	74	① ② ③ ④ ⑤
15	① ② ③ ④ ⑤	35	① ② ③ ④ ⑤	55	① ② ③ ④ ⑤	75	① ② ③ ④ ⑤
16	① ② ③ ④ ⑤	36	① ② ③ ④ ⑤	56	① ② ③ ④ ⑤	76	① ② ③ ④ ⑤
17	① ② ③ ④ ⑤	37	① ② ③ ④ ⑤	57	① ② ③ ④ ⑤	77	① ② ③ ④ ⑤
18	① ② ③ ④ ⑤	38	① ② ③ ④ ⑤	58	① ② ③ ④ ⑤	78	① ② ③ ④ ⑤
19	① ② ③ ④ ⑤	39	① ② ③ ④ ⑤	59	① ② ③ ④ ⑤	79	① ② ③ ④ ⑤
20	① ② ③ ④ ⑤	40	① ② ③ ④ ⑤	60	① ② ③ ④ ⑤	80	① ② ③ ④ ⑤

수험생 유의 사항

(1) 아래와 같은 방식으로 답안지를 바르게 작성한다.
(예) ① ② ● ④ ⑤
(2) 성명란은 왼쪽부터 빠짐없이 순서대로 작성한다.
(3) 수험번호는 각자 자신에게 부여받은 번호를 표기하여 작성한다.
(4) 생년월일은 주민등록상을 기준으로 하여 작성한다.
(예) 1991년 4월 14일은 910414로 표기한다.

※ 절취선

※ 본 답안지는 마킹 연습용입니다. 풀이 문항 수에 맞게 활용하시기 바랍니다.

성 명

	ㅏ			ㅏ	ㄱ		ㅏ	ㄱ		ㅏ	ㄱ
	ㅑ		ㄱ	ㅑ	ㄴ	ㄱ	ㅑ	ㄴ	ㄱ	ㅑ	ㄴ
	ㅓ		ㄴ	ㅓ	ㄷ	ㄴ	ㅓ	ㄷ	ㄴ	ㅓ	ㄷ
ㄱ	ㅕ	ㄱ	ㄷ	ㅕ	ㄹ	ㄷ	ㅕ	ㄹ	ㄷ	ㅕ	ㄹ
ㄴ	ㅗ	ㄴ	ㄹ	ㅗ	ㅁ	ㄹ	ㅗ	ㅁ	ㄹ	ㅗ	ㅁ
ㄷ	ㅛ	ㄷ	ㅁ	ㅛ	ㅂ	ㅁ	ㅛ	ㅂ	ㅁ	ㅛ	ㅂ
ㄹ	ㅜ	ㄹ	ㅂ	ㅜ	ㅅ	ㅂ	ㅜ	ㅅ	ㅂ	ㅜ	ㅅ
ㅁ	ㅠ	ㅁ	ㅅ	ㅠ	ㅇ	ㅅ	ㅠ	ㅇ	ㅅ	ㅠ	ㅇ
ㅂ	ㅡ	ㅂ	ㅇ	ㅡ	ㅈ	ㅇ	ㅡ	ㅈ	ㅇ	ㅡ	ㅈ
ㅅ	ㅣ	ㅅ	ㅈ	ㅣ	ㅊ	ㅈ	ㅣ	ㅊ	ㅈ	ㅣ	ㅊ
ㅇ	ㅐ	ㅇ	ㅊ	ㅐ	ㅋ	ㅊ	ㅐ	ㅋ	ㅊ	ㅐ	ㅋ
ㅈ	ㅒ	ㅈ	ㅋ	ㅒ	ㅌ	ㅋ	ㅒ	ㅌ	ㅋ	ㅒ	ㅌ
ㅊ	ㅔ	ㅊ	ㅌ	ㅔ	ㅍ	ㅌ	ㅔ	ㅍ	ㅌ	ㅔ	ㅍ
ㅋ	ㅖ	ㅋ	ㅍ	ㅖ	ㅎ	ㅍ	ㅖ	ㅎ	ㅍ	ㅖ	ㅎ
ㅌ	ㅘ	ㅌ	ㅎ	ㅘ	ㄲ	ㅎ	ㅘ	ㄲ	ㅎ	ㅘ	ㄲ
ㅍ	ㅙ	ㅍ	ㄲ	ㅙ	ㄸ	ㄲ	ㅙ	ㄸ	ㄲ	ㅙ	ㄸ
ㅎ	ㅚ	ㅎ	ㄸ	ㅚ	ㅃ	ㄸ	ㅚ	ㅃ	ㄸ	ㅚ	ㅃ
	ㅝ		ㅃ	ㅝ	ㅆ	ㅃ	ㅝ	ㅆ	ㅃ	ㅝ	ㅆ
	ㅞ		ㅆ	ㅞ	ㅉ	ㅆ	ㅞ	ㅉ	ㅆ	ㅞ	ㅉ
	ㅟ		ㅉ	ㅟ	ㄺ	ㅉ	ㅟ	ㄺ	ㅉ	ㅟ	ㄺ
	ㅢ			ㅢ	ㄻ		ㅢ	ㄻ		ㅢ	ㄻ

감 독 확인란	

수 험 번 호

⓪	⓪	⓪	⓪	⓪	⓪
①	①	①	①	①	①
②	②	②	②	②	②
③	③	③	③	③	③
④	④	④	④	④	④
⑤	⑤	⑤	⑤	⑤	⑤
⑥	⑥	⑥	⑥	⑥	⑥
⑦	⑦	⑦	⑦	⑦	⑦
⑧	⑧	⑧	⑧	⑧	⑧
⑨	⑨	⑨	⑨	⑨	⑨

생 년 월 일

⓪	⓪	⓪	⓪	⓪	⓪
①	①	①	①	①	①
②	②	②	②	②	②
③	③	③	③	③	③
④	④	④	④	④	④
⑤	⑤	⑤	⑤	⑤	⑤
⑥	⑥	⑥	⑥	⑥	⑥
⑦	⑦	⑦	⑦	⑦	⑦
⑧	⑧	⑧	⑧	⑧	⑧
⑨	⑨	⑨	⑨	⑨	⑨

수험생 유의 사항

(1) 아래와 같은 방식으로 답안지를 바르게 작성한다.

(예) ① ② ● ④ ⑤

(2) 성명란은 왼쪽부터 빠짐없이 순서대로 작성한다.

(3) 수험번호는 각자 자신에게 부여받은 번호를 표기하여 작성한다.

(4) 생년월일은 주민등록상을 기준으로 하여 작성한다.

(예) 1991년 4월 14일은 910414로 표기한다.

01	① ② ③ ④ ⑤	21	① ② ③ ④ ⑤	41	① ② ③ ④ ⑤	61	① ② ③ ④ ⑤
02	① ② ③ ④ ⑤	22	① ② ③ ④ ⑤	42	① ② ③ ④ ⑤	62	① ② ③ ④ ⑤
03	① ② ③ ④ ⑤	23	① ② ③ ④ ⑤	43	① ② ③ ④ ⑤	63	① ② ③ ④ ⑤
04	① ② ③ ④ ⑤	24	① ② ③ ④ ⑤	44	① ② ③ ④ ⑤	64	① ② ③ ④ ⑤
05	① ② ③ ④ ⑤	25	① ② ③ ④ ⑤	45	① ② ③ ④ ⑤	65	① ② ③ ④ ⑤
06	① ② ③ ④ ⑤	26	① ② ③ ④ ⑤	46	① ② ③ ④ ⑤	66	① ② ③ ④ ⑤
07	① ② ③ ④ ⑤	27	① ② ③ ④ ⑤	47	① ② ③ ④ ⑤	67	① ② ③ ④ ⑤
08	① ② ③ ④ ⑤	28	① ② ③ ④ ⑤	48	① ② ③ ④ ⑤	68	① ② ③ ④ ⑤
09	① ② ③ ④ ⑤	29	① ② ③ ④ ⑤	49	① ② ③ ④ ⑤	69	① ② ③ ④ ⑤
10	① ② ③ ④ ⑤	30	① ② ③ ④ ⑤	50	① ② ③ ④ ⑤	70	① ② ③ ④ ⑤
11	① ② ③ ④ ⑤	31	① ② ③ ④ ⑤	51	① ② ③ ④ ⑤	71	① ② ③ ④ ⑤
12	① ② ③ ④ ⑤	32	① ② ③ ④ ⑤	52	① ② ③ ④ ⑤	72	① ② ③ ④ ⑤
13	① ② ③ ④ ⑤	33	① ② ③ ④ ⑤	53	① ② ③ ④ ⑤	73	① ② ③ ④ ⑤
14	① ② ③ ④ ⑤	34	① ② ③ ④ ⑤	54	① ② ③ ④ ⑤	74	① ② ③ ④ ⑤
15	① ② ③ ④ ⑤	35	① ② ③ ④ ⑤	55	① ② ③ ④ ⑤	75	① ② ③ ④ ⑤
16	① ② ③ ④ ⑤	36	① ② ③ ④ ⑤	56	① ② ③ ④ ⑤	76	① ② ③ ④ ⑤
17	① ② ③ ④ ⑤	37	① ② ③ ④ ⑤	57	① ② ③ ④ ⑤	77	① ② ③ ④ ⑤
18	① ② ③ ④ ⑤	38	① ② ③ ④ ⑤	58	① ② ③ ④ ⑤	78	① ② ③ ④ ⑤
19	① ② ③ ④ ⑤	39	① ② ③ ④ ⑤	59	① ② ③ ④ ⑤	79	① ② ③ ④ ⑤
20	① ② ③ ④ ⑤	40	① ② ③ ④ ⑤	60	① ② ③ ④ ⑤	80	① ② ③ ④ ⑤

✂ 절취선

※ 본 답안지는 마킹 연습용입니다. 풀이 문항 수에 맞게 활용하시기 바랍니다.

성 명

	ㅏ			ㅏ	ㄱ		ㅏ	ㄱ		ㅏ	ㄱ
	ㅑ		ㄱ	ㅑ	ㄴ	ㄱ	ㅑ	ㄴ	ㄱ	ㅑ	ㄴ
	ㅓ		ㄴ	ㅓ	ㄷ	ㄴ	ㅓ	ㄷ	ㄴ	ㅓ	ㄷ
ㄱ	ㅕ	ㄱ	ㄷ	ㅕ	ㄹ	ㄷ	ㅕ	ㄹ	ㄷ	ㅕ	ㄹ
ㄴ	ㅗ	ㄴ	ㄹ	ㅗ	ㅁ	ㄹ	ㅗ	ㅁ	ㄹ	ㅗ	ㅁ
ㄷ	ㅛ	ㄷ	ㅁ	ㅛ	ㅂ	ㅁ	ㅛ	ㅂ	ㅁ	ㅛ	ㅂ
ㄹ	ㅜ	ㄹ	ㅂ	ㅜ	ㅅ	ㅂ	ㅜ	ㅅ	ㅂ	ㅜ	ㅅ
ㅁ	ㅠ	ㅁ	ㅅ	ㅠ	ㅇ	ㅅ	ㅠ	ㅇ	ㅅ	ㅠ	ㅇ
ㅂ	ㅡ	ㅂ	ㅇ	ㅡ	ㅈ	ㅇ	ㅡ	ㅈ	ㅇ	ㅡ	ㅈ
ㅅ	ㅣ	ㅅ	ㅈ	ㅣ	ㅊ	ㅈ	ㅣ	ㅊ	ㅈ	ㅣ	ㅊ
ㅇ	ㅐ	ㅇ	ㅊ	ㅐ	ㅋ	ㅊ	ㅐ	ㅋ	ㅊ	ㅐ	ㅋ
ㅈ	ㅒ	ㅈ	ㅋ	ㅒ	ㅌ	ㅋ	ㅒ	ㅌ	ㅋ	ㅒ	ㅌ
ㅊ	ㅔ	ㅊ	ㅌ	ㅔ	ㅍ	ㅌ	ㅔ	ㅍ	ㅌ	ㅔ	ㅍ
ㅋ	ㅖ	ㅋ	ㅍ	ㅖ	ㅎ	ㅍ	ㅖ	ㅎ	ㅍ	ㅖ	ㅎ
ㅌ	ㅘ	ㅌ	ㅎ	ㅘ	ㄲ	ㅎ	ㅘ	ㄲ	ㅎ	ㅘ	ㄲ
ㅍ	ㅙ	ㅍ	ㄲ	ㅙ	ㄸ	ㄲ	ㅙ	ㄸ	ㄲ	ㅙ	ㄸ
ㅎ	ㅚ	ㅎ	ㄸ	ㅚ	ㅃ	ㄸ	ㅚ	ㅃ	ㄸ	ㅚ	ㅃ
	ㅝ		ㅃ	ㅝ	ㅆ	ㅃ	ㅝ	ㅆ	ㅃ	ㅝ	ㅆ
	ㅞ		ㅆ	ㅞ	ㅉ	ㅆ	ㅞ	ㅉ	ㅆ	ㅞ	ㅉ
	ㅟ		ㅉ	ㅟ	ㄺ	ㅉ	ㅟ	ㄺ	ㅉ	ㅟ	ㄺ
	ㅢ			ㅢ	ㄻ		ㅢ	ㄻ		ㅢ	ㄻ

감 독
확인란

수 험 번 호

⓪	⓪	⓪	⓪	⓪	⓪
①	①	①	①	①	①
②	②	②	②	②	②
③	③	③	③	③	③
④	④	④	④	④	④
⑤	⑤	⑤	⑤	⑤	⑤
⑥	⑥	⑥	⑥	⑥	⑥
⑦	⑦	⑦	⑦	⑦	⑦
⑧	⑧	⑧	⑧	⑧	⑧
⑨	⑨	⑨	⑨	⑨	⑨

생 년 월 일

⓪	⓪	⓪	⓪	⓪	⓪
①	①	①	①	①	①
②	②	②	②	②	②
③	③	③	③	③	③
④	④	④	④	④	④
⑤	⑤	⑤	⑤	⑤	⑤
⑥	⑥	⑥	⑥	⑥	⑥
⑦	⑦	⑦	⑦	⑦	⑦
⑧	⑧	⑧	⑧	⑧	⑧
⑨	⑨	⑨	⑨	⑨	⑨

수험생 유의 사항

(1) 아래와 같은 방식으로 답안지를 바르게 작성한다.

(예) ① ② ● ④ ⑤

(2) 성명란은 왼쪽부터 빠짐없이 순서대로 작성한다.

(3) 수험번호는 각자 자신에게 부여받은 번호를 표기하여 작성한다.

(4) 생년월일은 주민등록상을 기준으로 하여 작성한다.

(예) 1991년 4월 14일은 910414로 표기한다.

01	① ② ③ ④ ⑤	21	① ② ③ ④ ⑤	41	① ② ③ ④ ⑤	61	① ② ③ ④ ⑤
02	① ② ③ ④ ⑤	22	① ② ③ ④ ⑤	42	① ② ③ ④ ⑤	62	① ② ③ ④ ⑤
03	① ② ③ ④ ⑤	23	① ② ③ ④ ⑤	43	① ② ③ ④ ⑤	63	① ② ③ ④ ⑤
04	① ② ③ ④ ⑤	24	① ② ③ ④ ⑤	44	① ② ③ ④ ⑤	64	① ② ③ ④ ⑤
05	① ② ③ ④ ⑤	25	① ② ③ ④ ⑤	45	① ② ③ ④ ⑤	65	① ② ③ ④ ⑤
06	① ② ③ ④ ⑤	26	① ② ③ ④ ⑤	46	① ② ③ ④ ⑤	66	① ② ③ ④ ⑤
07	① ② ③ ④ ⑤	27	① ② ③ ④ ⑤	47	① ② ③ ④ ⑤	67	① ② ③ ④ ⑤
08	① ② ③ ④ ⑤	28	① ② ③ ④ ⑤	48	① ② ③ ④ ⑤	68	① ② ③ ④ ⑤
09	① ② ③ ④ ⑤	29	① ② ③ ④ ⑤	49	① ② ③ ④ ⑤	69	① ② ③ ④ ⑤
10	① ② ③ ④ ⑤	30	① ② ③ ④ ⑤	50	① ② ③ ④ ⑤	70	① ② ③ ④ ⑤
11	① ② ③ ④ ⑤	31	① ② ③ ④ ⑤	51	① ② ③ ④ ⑤	71	① ② ③ ④ ⑤
12	① ② ③ ④ ⑤	32	① ② ③ ④ ⑤	52	① ② ③ ④ ⑤	72	① ② ③ ④ ⑤
13	① ② ③ ④ ⑤	33	① ② ③ ④ ⑤	53	① ② ③ ④ ⑤	73	① ② ③ ④ ⑤
14	① ② ③ ④ ⑤	34	① ② ③ ④ ⑤	54	① ② ③ ④ ⑤	74	① ② ③ ④ ⑤
15	① ② ③ ④ ⑤	35	① ② ③ ④ ⑤	55	① ② ③ ④ ⑤	75	① ② ③ ④ ⑤
16	① ② ③ ④ ⑤	36	① ② ③ ④ ⑤	56	① ② ③ ④ ⑤	76	① ② ③ ④ ⑤
17	① ② ③ ④ ⑤	37	① ② ③ ④ ⑤	57	① ② ③ ④ ⑤	77	① ② ③ ④ ⑤
18	① ② ③ ④ ⑤	38	① ② ③ ④ ⑤	58	① ② ③ ④ ⑤	78	① ② ③ ④ ⑤
19	① ② ③ ④ ⑤	39	① ② ③ ④ ⑤	59	① ② ③ ④ ⑤	79	① ② ③ ④ ⑤
20	① ② ③ ④ ⑤	40	① ② ③ ④ ⑤	60	① ② ③ ④ ⑤	80	① ② ③ ④ ⑤

✂ 절취선

※ 본 답안지는 마킹 연습용입니다. 풀이 문항 수에 맞게 활용하시기 바랍니다.

성 명

감 독 확인란	

수 험 번 호

생 년 월 일

01	① ② ③ ④ ⑤	21	① ② ③ ④ ⑤	41	① ② ③ ④ ⑤	61	① ② ③ ④ ⑤
02	① ② ③ ④ ⑤	22	① ② ③ ④ ⑤	42	① ② ③ ④ ⑤	62	① ② ③ ④ ⑤
03	① ② ③ ④ ⑤	23	① ② ③ ④ ⑤	43	① ② ③ ④ ⑤	63	① ② ③ ④ ⑤
04	① ② ③ ④ ⑤	24	① ② ③ ④ ⑤	44	① ② ③ ④ ⑤	64	① ② ③ ④ ⑤
05	① ② ③ ④ ⑤	25	① ② ③ ④ ⑤	45	① ② ③ ④ ⑤	65	① ② ③ ④ ⑤
06	① ② ③ ④ ⑤	26	① ② ③ ④ ⑤	46	① ② ③ ④ ⑤	66	① ② ③ ④ ⑤
07	① ② ③ ④ ⑤	27	① ② ③ ④ ⑤	47	① ② ③ ④ ⑤	67	① ② ③ ④ ⑤
08	① ② ③ ④ ⑤	28	① ② ③ ④ ⑤	48	① ② ③ ④ ⑤	68	① ② ③ ④ ⑤
09	① ② ③ ④ ⑤	29	① ② ③ ④ ⑤	49	① ② ③ ④ ⑤	69	① ② ③ ④ ⑤
10	① ② ③ ④ ⑤	30	① ② ③ ④ ⑤	50	① ② ③ ④ ⑤	70	① ② ③ ④ ⑤
11	① ② ③ ④ ⑤	31	① ② ③ ④ ⑤	51	① ② ③ ④ ⑤	71	① ② ③ ④ ⑤
12	① ② ③ ④ ⑤	32	① ② ③ ④ ⑤	52	① ② ③ ④ ⑤	72	① ② ③ ④ ⑤
13	① ② ③ ④ ⑤	33	① ② ③ ④ ⑤	53	① ② ③ ④ ⑤	73	① ② ③ ④ ⑤
14	① ② ③ ④ ⑤	34	① ② ③ ④ ⑤	54	① ② ③ ④ ⑤	74	① ② ③ ④ ⑤
15	① ② ③ ④ ⑤	35	① ② ③ ④ ⑤	55	① ② ③ ④ ⑤	75	① ② ③ ④ ⑤
16	① ② ③ ④ ⑤	36	① ② ③ ④ ⑤	56	① ② ③ ④ ⑤	76	① ② ③ ④ ⑤
17	① ② ③ ④ ⑤	37	① ② ③ ④ ⑤	57	① ② ③ ④ ⑤	77	① ② ③ ④ ⑤
18	① ② ③ ④ ⑤	38	① ② ③ ④ ⑤	58	① ② ③ ④ ⑤	78	① ② ③ ④ ⑤
19	① ② ③ ④ ⑤	39	① ② ③ ④ ⑤	59	① ② ③ ④ ⑤	79	① ② ③ ④ ⑤
20	① ② ③ ④ ⑤	40	① ② ③ ④ ⑤	60	① ② ③ ④ ⑤	80	① ② ③ ④ ⑤

수험생 유의 사항

(1) 아래와 같은 방식으로 답안지를 바르게 작성한다.

(예) ① ② ● ④ ⑤

(2) 성명란은 왼쪽부터 빠짐없이 순서대로 작성한다.

(3) 수험번호는 각자 자신에게 부여받은 번호를 표기하여 작성한다.

(4) 생년월일은 주민등록상을 기준으로 하여 작성한다.

(예) 1991년 4월 14일은 910414로 표기한다.

✂ 절취선

※ 본 답안지는 마킹 연습용입니다. 풀이 문항 수에 맞게 활용하시기 바랍니다.

성 명			

감 독 확인란	

수	험	번	호		
⓪	⓪	⓪	⓪	⓪	⓪
①	①	①	①	①	①
②	②	②	②	②	②
③	③	③	③	③	③
④	④	④	④	④	④
⑤	⑤	⑤	⑤	⑤	⑤
⑥	⑥	⑥	⑥	⑥	⑥
⑦	⑦	⑦	⑦	⑦	⑦
⑧	⑧	⑧	⑧	⑧	⑧
⑨	⑨	⑨	⑨	⑨	⑨

생	년	월	일		
⓪	⓪	⓪	⓪	⓪	⓪
①	①	①	①	①	①
②	②	②	②	②	②
③	③	③	③	③	③
④	④	④	④	④	④
⑤	⑤	⑤	⑤	⑤	⑤
⑥	⑥	⑥	⑥	⑥	⑥
⑦	⑦	⑦	⑦	⑦	⑦
⑧	⑧	⑧	⑧	⑧	⑧
⑨	⑨	⑨	⑨	⑨	⑨

수험생 유의 사항

(1) 아래와 같은 방식으로 답안지를 바르게 작성한다.
(예) ① ② ● ④ ⑤
(2) 성명란은 왼쪽부터 빠짐없이 순서대로 작성한다.
(3) 수험번호는 각자 자신에게 부여받은 번호를 표기하여 작성한다.
(4) 생년월일은 주민등록상을 기준으로 하여 작성한다.
(예) 1991년 4월 14일은 910414로 표기한다.

01	① ② ③ ④ ⑤	21	① ② ③ ④ ⑤	41	① ② ③ ④ ⑤	61	① ② ③ ④ ⑤
02	① ② ③ ④ ⑤	22	① ② ③ ④ ⑤	42	① ② ③ ④ ⑤	62	① ② ③ ④ ⑤
03	① ② ③ ④ ⑤	23	① ② ③ ④ ⑤	43	① ② ③ ④ ⑤	63	① ② ③ ④ ⑤
04	① ② ③ ④ ⑤	24	① ② ③ ④ ⑤	44	① ② ③ ④ ⑤	64	① ② ③ ④ ⑤
05	① ② ③ ④ ⑤	25	① ② ③ ④ ⑤	45	① ② ③ ④ ⑤	65	① ② ③ ④ ⑤
06	① ② ③ ④ ⑤	26	① ② ③ ④ ⑤	46	① ② ③ ④ ⑤	66	① ② ③ ④ ⑤
07	① ② ③ ④ ⑤	27	① ② ③ ④ ⑤	47	① ② ③ ④ ⑤	67	① ② ③ ④ ⑤
08	① ② ③ ④ ⑤	28	① ② ③ ④ ⑤	48	① ② ③ ④ ⑤	68	① ② ③ ④ ⑤
09	① ② ③ ④ ⑤	29	① ② ③ ④ ⑤	49	① ② ③ ④ ⑤	69	① ② ③ ④ ⑤
10	① ② ③ ④ ⑤	30	① ② ③ ④ ⑤	50	① ② ③ ④ ⑤	70	① ② ③ ④ ⑤
11	① ② ③ ④ ⑤	31	① ② ③ ④ ⑤	51	① ② ③ ④ ⑤	71	① ② ③ ④ ⑤
12	① ② ③ ④ ⑤	32	① ② ③ ④ ⑤	52	① ② ③ ④ ⑤	72	① ② ③ ④ ⑤
13	① ② ③ ④ ⑤	33	① ② ③ ④ ⑤	53	① ② ③ ④ ⑤	73	① ② ③ ④ ⑤
14	① ② ③ ④ ⑤	34	① ② ③ ④ ⑤	54	① ② ③ ④ ⑤	74	① ② ③ ④ ⑤
15	① ② ③ ④ ⑤	35	① ② ③ ④ ⑤	55	① ② ③ ④ ⑤	75	① ② ③ ④ ⑤
16	① ② ③ ④ ⑤	36	① ② ③ ④ ⑤	56	① ② ③ ④ ⑤	76	① ② ③ ④ ⑤
17	① ② ③ ④ ⑤	37	① ② ③ ④ ⑤	57	① ② ③ ④ ⑤	77	① ② ③ ④ ⑤
18	① ② ③ ④ ⑤	38	① ② ③ ④ ⑤	58	① ② ③ ④ ⑤	78	① ② ③ ④ ⑤
19	① ② ③ ④ ⑤	39	① ② ③ ④ ⑤	59	① ② ③ ④ ⑤	79	① ② ③ ④ ⑤
20	① ② ③ ④ ⑤	40	① ② ③ ④ ⑤	60	① ② ③ ④ ⑤	80	① ② ③ ④ ⑤

✂ 절취선

※ 본 답안지는 마킹 연습용입니다. 풀이 문항 수에 맞게 활용하시기 바랍니다.

성 명

ㄱ ㄴ ㄷ ㄹ ㅁ ㅂ ㅅ ㅇ ㅈ ㅊ ㅋ ㅌ ㅍ ㅎ / ㅏ ㅑ ㅓ ㅕ ㅗ ㅛ ㅜ ㅠ ㅡ ㅣ ㅐ ㅒ ㅔ ㅖ ㅘ ㅙ ㅚ ㅝ ㅞ ㅟ ㅢ / ㄱ ㄴ ㄷ ㄹ ㅁ ㅂ ㅅ ㅇ ㅈ ㅊ ㅋ ㅌ ㅍ ㅎ	ㄱ ㄴ ㄷ ㄹ ㅁ ㅂ ㅅ ㅇ ㅈ ㅊ ㅋ ㅌ ㅍ ㅎ ㄲ ㄸ ㅃ ㅆ ㅉ / ㅏ ㅑ ㅓ ㅕ ㅗ ㅛ ㅜ ㅠ ㅡ ㅣ ㅐ ㅒ ㅔ ㅖ ㅘ ㅙ ㅚ ㅝ ㅞ ㅟ ㅢ / ㄱ ㄴ ㄷ ㄹ ㅁ ㅂ ㅅ ㅇ ㅈ ㅊ ㅋ ㅌ ㅍ ㅎ ㄲ ㄸ ㅃ ㅆ ㅉ ㄺ ㄻ	ㄱ ㄴ ㄷ ㄹ ㅁ ㅂ ㅅ ㅇ ㅈ ㅊ ㅋ ㅌ ㅍ ㅎ ㄲ ㄸ ㅃ ㅆ ㅉ / ㅏ ㅑ ㅓ ㅕ ㅗ ㅛ ㅜ ㅠ ㅡ ㅣ ㅐ ㅒ ㅔ ㅖ ㅘ ㅙ ㅚ ㅝ ㅞ ㅟ ㅢ / ㄱ ㄴ ㄷ ㄹ ㅁ ㅂ ㅅ ㅇ ㅈ ㅊ ㅋ ㅌ ㅍ ㅎ ㄲ ㄸ ㅃ ㅆ ㅉ ㄺ ㄻ	ㄱ ㄴ ㄷ ㄹ ㅁ ㅂ ㅅ ㅇ ㅈ ㅊ ㅋ ㅌ ㅍ ㅎ ㄲ ㄸ ㅃ ㅆ ㅉ / ㅏ ㅑ ㅓ ㅕ ㅗ ㅛ ㅜ ㅠ ㅡ ㅣ ㅐ ㅒ ㅔ ㅖ ㅘ ㅙ ㅚ ㅝ ㅞ ㅟ ㅢ / ㄱ ㄴ ㄷ ㄹ ㅁ ㅂ ㅅ ㅇ ㅈ ㅊ ㅋ ㅌ ㅍ ㅎ ㄲ ㄸ ㅃ ㅆ ㅉ ㄺ ㄻ

감 독 확인란

수 험 번 호

⓪	⓪	⓪	⓪	⓪	⓪
①	①	①	①	①	①
②	②	②	②	②	②
③	③	③	③	③	③
④	④	④	④	④	④
⑤	⑤	⑤	⑤	⑤	⑤
⑥	⑥	⑥	⑥	⑥	⑥
⑦	⑦	⑦	⑦	⑦	⑦
⑧	⑧	⑧	⑧	⑧	⑧
⑨	⑨	⑨	⑨	⑨	⑨

생 년 월 일

⓪	⓪	⓪	⓪	⓪	⓪
①	①	①	①	①	①
②	②	②	②	②	②
③	③	③	③	③	③
④	④	④	④	④	④
⑤	⑤	⑤	⑤	⑤	⑤
⑥	⑥	⑥	⑥	⑥	⑥
⑦	⑦	⑦	⑦	⑦	⑦
⑧	⑧	⑧	⑧	⑧	⑧
⑨	⑨	⑨	⑨	⑨	⑨

수험생 유의 사항

(1) 아래와 같은 방식으로 답안지를 바르게 작성한다.

(예) ① ② ● ④ ⑤

(2) 성명란은 왼쪽부터 빠짐없이 순서대로 작성한다.

(3) 수험번호는 각자 자신에게 부여받은 번호를 표기하여 작성한다.

(4) 생년월일은 주민등록상을 기준으로 하여 작성한다.

(예) 1991년 4월 14일은 910414로 표기한다.

01	① ② ③ ④ ⑤	21	① ② ③ ④ ⑤	41	① ② ③ ④ ⑤	61	① ② ③ ④ ⑤
02	① ② ③ ④ ⑤	22	① ② ③ ④ ⑤	42	① ② ③ ④ ⑤	62	① ② ③ ④ ⑤
03	① ② ③ ④ ⑤	23	① ② ③ ④ ⑤	43	① ② ③ ④ ⑤	63	① ② ③ ④ ⑤
04	① ② ③ ④ ⑤	24	① ② ③ ④ ⑤	44	① ② ③ ④ ⑤	64	① ② ③ ④ ⑤
05	① ② ③ ④ ⑤	25	① ② ③ ④ ⑤	45	① ② ③ ④ ⑤	65	① ② ③ ④ ⑤
06	① ② ③ ④ ⑤	26	① ② ③ ④ ⑤	46	① ② ③ ④ ⑤	66	① ② ③ ④ ⑤
07	① ② ③ ④ ⑤	27	① ② ③ ④ ⑤	47	① ② ③ ④ ⑤	67	① ② ③ ④ ⑤
08	① ② ③ ④ ⑤	28	① ② ③ ④ ⑤	48	① ② ③ ④ ⑤	68	① ② ③ ④ ⑤
09	① ② ③ ④ ⑤	29	① ② ③ ④ ⑤	49	① ② ③ ④ ⑤	69	① ② ③ ④ ⑤
10	① ② ③ ④ ⑤	30	① ② ③ ④ ⑤	50	① ② ③ ④ ⑤	70	① ② ③ ④ ⑤
11	① ② ③ ④ ⑤	31	① ② ③ ④ ⑤	51	① ② ③ ④ ⑤	71	① ② ③ ④ ⑤
12	① ② ③ ④ ⑤	32	① ② ③ ④ ⑤	52	① ② ③ ④ ⑤	72	① ② ③ ④ ⑤
13	① ② ③ ④ ⑤	33	① ② ③ ④ ⑤	53	① ② ③ ④ ⑤	73	① ② ③ ④ ⑤
14	① ② ③ ④ ⑤	34	① ② ③ ④ ⑤	54	① ② ③ ④ ⑤	74	① ② ③ ④ ⑤
15	① ② ③ ④ ⑤	35	① ② ③ ④ ⑤	55	① ② ③ ④ ⑤	75	① ② ③ ④ ⑤
16	① ② ③ ④ ⑤	36	① ② ③ ④ ⑤	56	① ② ③ ④ ⑤	76	① ② ③ ④ ⑤
17	① ② ③ ④ ⑤	37	① ② ③ ④ ⑤	57	① ② ③ ④ ⑤	77	① ② ③ ④ ⑤
18	① ② ③ ④ ⑤	38	① ② ③ ④ ⑤	58	① ② ③ ④ ⑤	78	① ② ③ ④ ⑤
19	① ② ③ ④ ⑤	39	① ② ③ ④ ⑤	59	① ② ③ ④ ⑤	79	① ② ③ ④ ⑤
20	① ② ③ ④ ⑤	40	① ② ③ ④ ⑤	60	① ② ③ ④ ⑤	80	① ② ③ ④ ⑤

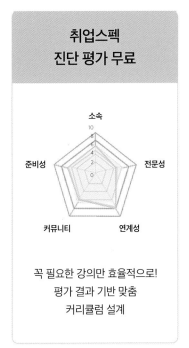

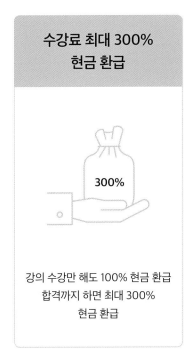

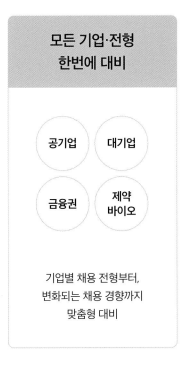

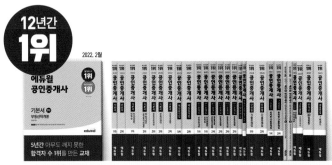

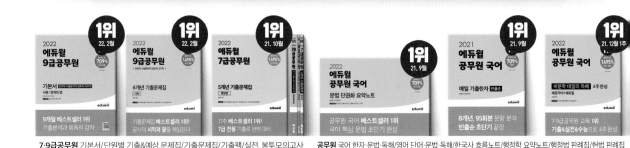

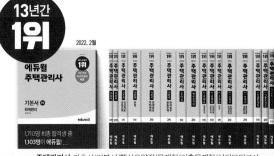

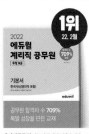

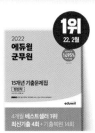

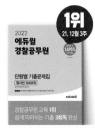

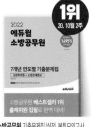

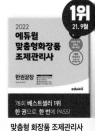

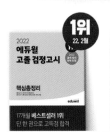

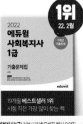

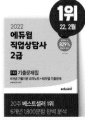

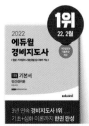

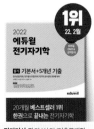

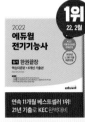

공기업 전기직 전공필기 기출로 끝장 ❶

8대 전력·발전 공기업편

정답과 해설

eduwill

공기업 전기직 전공필기 기출로 끝장 ❶

8대 전력·발전 공기업편

공기업 전기직 전공필기 기출로 끝장 ①

8대 전력·발전 공기업편

정답과 해설

eduwill

2021 하반기 한국전력공사

2021. 10. 30. (토) 시행

정답 확인

p.21

문항	정답	과목	문항	정답	과목	문항	정답	과목	문항	정답	과목	문항	정답	과목
01	②	전력공학	02	④	전력공학	03	④	전기설비	04	③	전기응용	05	②	전기기기
06	①	전력공학	07	④	전력공학	08	④	전기설비	09	①	전력공학	10	③	전기기기
11	②	회로이론	12	④	전기설비	13	⑤	전력공학	14	④	전기설비	15	③	전기설비

세부과목별 실력 점검표

과목	맞은 개수	정답률	취약점 & 체크사항
회로이론	/1	%	
전기기기	/2	%	
전력공학	/6	%	
전기설비	/5	%	
전기응용	/1	%	
합계	/15	%	

01 전력공학 정답 | ②

[피뢰기의 용어]

- 피뢰기 정격전압: 피뢰기 선로단자와 접지단자 간에 인가할 수 있는 상용주파 최대허용전압, 즉 속류를 차단할 수 있는 상용주파수 교류 최고전압
- 피뢰기 제한전압: 피뢰기에 방전전류가 흐르는 동안 피뢰기 단자 간에 나타나는 전압의 파고값
- 상용주파 방전개시전압: 피뢰기에 전류가 흐르기 시작한 최저의 상용주파 전압의 파고치로 실횻값으로 표현하며, 일반적으로 피뢰기 정격 전압의 1.5배임
- 충격 방전개시전압: 피뢰기 단자 간에 충격전압을 인가 시 방전을 개시하는 전압으로, 파고치를 의미함
- 속류: 방전현상이 끝난 후에도 계속해서 전력계통으로부터 공급되는 상용주파 전류

02 전력공학 정답 | ④

[3상 용량 관계식]

- 기준용량(정격용량)

  $P_n=\sqrt{3}\times$공칭전압$\times$정격전류
- 단락용량

  $P_s=\sqrt{3}\times$공칭전압$\times$단락전류$=\dfrac{100}{\%Z}\times P_n$
- 차단용량

  $P_s'=\sqrt{3}\times$정격전압$\times$정격차단전류

  (여기서 정격전압=공칭전압$\times\dfrac{1.2}{1.1}$)

03 전기설비 정답 | ④

– 한국전기설비규정(KEC) –

[341.10 고압 및 특고압 전로 중의 과전류차단기의 시설]

1. 과전류차단기로 시설하는 퓨즈 중 고압전로에 사용하는 포장 퓨즈는 정격전류의 1.3배의 전류에 견디고 또한 2배의 전류로 120분 안에 용단되는 것이어야 한다.
2. 과전류차단기로 시설하는 퓨즈 중 고압전로에 사용하는 비포장 퓨즈는 정격전류의 1.25배의 전류에 견디고 또한 2배의 전류로 2분 안에 용단되는 것이어야 한다.
3. 고압 또는 특고압의 과전류차단기는 그 동작에 따라 그 개폐상태를 표시하는 장치가 되어있는 것이어야 한다.

04 전기응용 정답 | ③

광속, 평균조도 관계식: $FUN=DES$

(여기서 F=광속[lm], U=조명률, N=등 개수, D=감광보상률 $\left(=\dfrac{1}{M}\right)$, E=조도[lx], S=면적, M=보수율(유지율))

주어진 조건에 대하여 계산하면 다음과 같다.

$$E=\frac{FUN}{DS}=\frac{500\times0.6\times15}{\frac{1}{0.8}\times30\times20}=\frac{4{,}500}{750}=6[\mathrm{lx}]$$

05 전기기기 정답 | ②

[변압기 등가회로 작성시험]

시험 종류	시험으로 알 수 있는 요소
무부하 시험	여자 전류, 여자 어드미턴스, 철손(히스테리시스손+와류손)
단락 시험	임피던스 전압, 임피던스 와트, 동손, 전압 변동률
권선 저항 측정 시험	권선의 이상 유무

06 전력공학 정답 | ①

표피두께(침투깊이) $\delta=\dfrac{1}{\sqrt{\pi f\sigma\mu}}$[m]

(여기서 f=주파수[Hz], σ=전도율[℧/m]$\left(=\dfrac{1}{\rho}\right)$, ρ=고유저항 [Ω·m], μ=투자율[H/m])

주어진 조건에 대하여 계산하면 다음과 같다.

$$\delta=\frac{1}{\sqrt{\pi f\sigma\mu}}=\frac{1}{\sqrt{\pi\times10\times10^3\times\frac{1}{2.5\times10^3}\times\frac{4}{\pi}\times10^{-4}}}$$

$$=\frac{1}{\sqrt{16\times10^{-4}}}=\frac{1}{4\times10^{-2}}[\mathrm{m}]=\frac{1}{4\times10^{-4}}\times10^{-2}[\mathrm{m}]$$

$$=\frac{1}{4\times10^{-4}}[\mathrm{cm}]$$

07 전력공학 정답 | ④

[송전계통의 안정도 향상 대책]

- 발전기 및 변압기의 리액턴스를 작게 한다.
- 발전기의 단락비를 크게 한다.
- 선로의 병행회선을 증가시키거나 복도체를 채용한다.

• 직렬콘덴서를 설치하여 선로의 유도성 리액턴스를 보상한다.
• 속응 여자방식을 채용한다.
• 중간 조상방식을 채용한다.
• 적당한 중성점 접지방식을 채용한다.
• 고속도 차단 방식을 채용하여 고장 발생 시 고장구간을 신속히 차단한다.
• 고속도 재폐로 방식을 채용한다.

08 전기설비 정답 | ④

2021년 1월 1일부터 개정된 사항이 적용되었으며, 그 내용은 다음과 같다.
[전기사업법 시행규칙상 전압체계(제2조)]

전압 구분	개정 후(KEC)
저압	AC 1,000[V] 이하 DC 1,500[V] 이하
고압	AC 1,000[V] 초과 7,000[V] 이하 DC 1,500[V] 초과 7,000[V] 이하
특고압	AC·DC 7[kV] 초과

09 전력공학 정답 | ①

경제적인 송전전압(Still 식) $V=5.5\sqrt{0.6l+\frac{P}{100}}$[kV]
(여기서 l=송전거리[km], P=송전전력[kW])
주어진 조건을 이용하여 계산하면 다음과 같다.

$$V=5.5\sqrt{0.6l+\frac{P}{100}}=5.5\sqrt{0.6\times10+\frac{25\times10^3}{100}}$$
$$=5.5\sqrt{6+250}=5.5\sqrt{256}=5.5\times16=88[\text{kV}]$$

10 전기기기 정답 | ③

유도기 회전자 속도 $N=(1-s)N_s=(1-s)\frac{120f}{p}$[rpm]
(여기서 s=슬립, N_s=동기속도(회전자계 속도)[rpm], f=주파수[Hz], p=극수)
유도기 회전자 속도 관계식에 의해 극수는

$$p=(1-s)\frac{120f}{N}=(1-0.25)\times\frac{120\times60}{675}=0.75\times\frac{7,200}{675}=8\text{극}$$

11 회로이론 정답 | ②

• 영상분 V_0

$$V_0=\frac{1}{3}(V_a+V_b+V_c)$$

• 정상분 V_1

$$V_1=\frac{1}{3}(V_a+aV_b+a^2V_c)$$

• 역상분 V_2

$$V_2=\frac{1}{3}(V_a+a^2V_b+aV_c)$$

(여기서 a=벡터 연산자$\left(=1\angle120°=-\frac{1}{2}+j\frac{\sqrt{3}}{2}\right)$, a^2=벡터 연산자$\left(=1\angle240°=-\frac{1}{2}-j\frac{\sqrt{3}}{2}\right)$, $1+a+a^2=0$)
주어진 조건에 대하여 계산하면 다음과 같다.

$$V_0=\frac{1}{3}(V_a+V_b+V_c)$$
$$=\frac{1}{3}\{(20+j5)+(-30-j9)+(-6+j12)\}$$
$$=\frac{1}{3}(-16+j8)\fallingdotseq-5.3+j2.67[\text{V}]$$

12 전기설비 정답 | ④

– 한국전기설비규정(KEC) –
[132 전로의 절연저항 및 절연내력]
표 132–1 전로의 종류 및 시험전압

전로의 종류	절연내력 시험전압
7[kV] 이하	1.5배
7[kV] 초과 25[kV] 이하 (중성점 다중접지식 전로)	0.92배
7[kV] 초과 60[kV] 이하 (다중 접지 제외)	1.25배 (10.5[kV] 미만: 10.5[kV])
60[kV] 초과 중성점 비접지식전로	1.25배
60[kV] 초과 중성점 접지식전로	1.1배 (75[kV] 미만: 75[kV])
60[kV] 초과 중성점 직접접지식전로	0.72배
170[kV] 초과 중성점 직접접지식전로	0.64배

주어진 조건은 70[kV]이고 직류로 시험을 하므로 교류 시험전압의 2배를 적용하면 $70\times1.25\times2=175$[kV]이다.

참고 | 직류의 시험전압은 교류 시험전압 값의 2배를 적용한다.

13 전력공학 정답 | ⑤

[사용전압, 전력, 손실이 일정한 경우의 단상 2선식을 기준으로 한 전선 중량비(소요량 비)]

전송방식	전선 중량 비율
$1\phi 2w$(단상 2선식)	1 (100[%])
$1\phi 3w$(단상 3선식)	$\frac{3}{8}$ (37.5[%])
$3\phi 3w$(3상 3선식)	$\frac{3}{4}$ (75[%])
$3\phi 4w$(3상 4선식)	$\frac{1}{3}$ (33.3[%])

따라서 $\frac{\text{3상 4선식의 전선 소요량 비}}{\text{3상 3선식의 전선 소요량 비}} = \frac{\frac{1}{3}}{\frac{3}{4}} = \frac{4}{9}$이다.

14 전기설비 정답 | ④

– 한국전기설비규정(KEC) –

[123 전선의 접속]

1. 나전선 상호 또는 나전선과 절연전선 또는 캡타이어 케이블과 접속하는 경우에는 전선의 세기를 20[%] 이상 감소시키지 아니할 것
2. 코드 상호, 캡타이어 케이블 상호 또는 이들 상호를 접속하는 경우에는 코드 접속기, 접속함 기타의 기구를 사용할 것
3. 전기화학적 성질이 다른 도체를 접속하는 경우에는 접속 부분에 전기적 부식이 생기지 않도록 할 것
4. 두 개 이상의 전선을 병렬로 사용하는 경우에는 다음에 의하여 시설할 것
   1) 병렬로 사용하는 각 전선의 굵기는 동선 50[mm^2] 이상 또는 알루미늄 70[mm^2] 이상으로 하고, 전선은 같은 도체, 같은 재료, 같은 길이 및 같은 굵기의 것을 사용할 것
   2) 같은 극의 각 전선은 동일한 터미널러그에 완전히 접속할 것
   3) 같은 극인 각 전선의 터미널러그는 동일한 도체에 2개 이상의 리벳 또는 2개 이상의 나사로 접속할 것
   4) 병렬로 사용하는 전선에는 각각에 퓨즈를 설치하지 말 것
   5) 교류회로에서 병렬로 사용하는 전선은 금속관 안에 전자적 불평형이 생기지 않도록 시설할 것

15 전기설비 정답 | ③

– 한국전기설비규정(KEC) –

[232.12.1 – 시설조건]

1. 전선은 절연전선(옥외용 비닐절연전선 제외)일 것
2. 전선은 연선일 것. 다만, 다음의 것은 적용하지 않는다.
   (1) 짧고 가는 금속관에 넣은 것
   (2) 단면적 10[mm^2](알루미늄선은 단면적 16[mm^2]) 이하의 것
3. 전선은 금속관 안에서 접속점이 없도록 할 것

[232.12.2 – 나 금속관 공사(금속관 및 부속품의 선정)]

관의 두께는 다음에 의할 것

(1) 콘크리트에 매입하는 것은 1.2[mm] 이상

(2) '(1)' 이외의 것은 1[mm] 이상. 다만, 이음매가 없는 길이 4[m] 이하인 것을 건조하고 전개된 곳에 시설하는 경우에는 0.5[mm]까지로 감할 수 있다.

2021 상반기 한국전력공사

2021. 5. 15. (토) 시행

정답 확인

p.27

문항	정답	과목	문항	정답	과목	문항	정답	과목	문항	정답	과목	문항	정답	과목
01	③	전력공학	02	①	전력공학	03	⑤	전기기기	04	③	전자기학	05	②	전력공학
06	②	전력공학	07	④	전자기학	08	③	전력공학	09	②	전기기기	10	⑤	전기기기
11	①	전기기기	12	③	전력공학	13	④	회로이론	14	⑤	전기기기	15	④	전기설비

세부과목별 실력 점검표

과목	맞은 개수	정답률	취약점 & 체크사항
전자기학	/2	%	
회로이론	/1	%	
전기기기	/5	%	
전력공학	/6	%	
전기설비	/1	%	
합계	/15	%	

01 전력공학 정답 | ③

차단기는 소호원리에 따라 여러 가지 종류가 있다.

- GCB(가스 차단기; Gas Circuit Breaker): 고성능 절연 특성의 SF_6 가스를 흡수하여 차단
- OCB(유입 차단기; Oil Circuit Breaker): 절연유 분해가스의 흡부력을 이용하여 차단
- MBB(자기 차단기; Magnetic Blow-out circuit Breaker): 전자력을 이용하여 아크를 소호실 내로 유도하여 냉각
- ABB(공기 차단기; Air Blast circuit Breaker): 압축 공기를 아크에 불어 넣어서 차단
- VCB(진공 차단기; Vacuum Circuit Breaker): 고진공 중에서 전자의 고속도 확산에 의해서 차단
- ACB(기중 차단기; Air Circuit Breaker): 공기 중 냉각에 의해서 차단

주의

ACB는 공기 차단기가 아닌 기중 차단기이다.
공기 차단기와 기중 차단기를 혼동하지 않도록 하자!

02 전력공학 정답 | ①

연가란 3상 선로에서 평형전압을 유지하기 위해 송전선의 위치를 바꾸어주는 배치 방식으로, 그에 의한 효과는 다음과 같다.

- 선로 정수의 평형
  (각 상의 전압, 전류 평형 → 임피던스 평형)
- 통신선 유도 장해 경감
- 정전 유도 장해 방지
- 소호 리액터 접지 시 직렬 공진에 의한 이상 전압 방지

오답풀이 |

② 연가의 효과로 각 요소가 평형이 되는 것이지, 그로 인해 정전용량이 감소하는 것은 아니다.

03 전기기기 정답 | ⑤

[계기용 변압기(PT)와 변류기(CT)]

- 계기용 변압기(Potential Transformer, PT)
  - 계측장비로 교류의 전압값을 측정하기 위해 교류의 고전압을 저전압으로 변성하는 측정용 변압기
  - 2차 측의 정격 전압은 110[V]
  - 점검 시 2차 측을 개방하여 대전류로 인한 절연파괴를 방지한다.
- 변류기(Current Transformer, CT)
  - 계측장비로 교류의 전류값을 측정하기 위해 교류의 대전류를 소전류로 변성하는 측정용 변압기
  - 2차 측의 정격 전류는 5[A]
  - 점검 시 2차 측을 단락하여 고전압으로 인한 절연파괴를 방지한다.

04 전자기학 정답 | ③

- 표피효과(Skin effect)
  - 도체에 고주파 전류가 흐를 때, 전류가 도체 표면 가까이에 집중하여 흐르는 현상이다.
  - 도체에 교류 전류가 흐를 때, 전선 중심부일수록 그 전류가 만드는 자속과 쇄교하여 인덕턴스가 커지면서, 내부저항 증가로 인해 도체 중심부보다 도체 표면에 많은 전류가 흐르는 현상이다.
  - 표피효과가 커진다는 것은 도체 표피의 전류 밀도가 더욱 높아지는 것을 의미하며, 실제 전류 밀도가 작용하는 표피두께(침투깊이) δ[m]는 작아짐을 의미한다.
- 표피효과에 대한 관계성
  - 표피두께(침투깊이) $\delta=\frac{1}{\sqrt{\pi f\sigma\mu}}$[m]
  - 주파수 f, 전도율 σ, 투자율 μ가 클수록 표피효과가 커지며, 표피두께는 작아진다.
  - 표피효과 $\propto\sqrt{f\sigma\mu}\propto\frac{1}{\text{표피두께}}$

  (* 표피두께만 반대로 작용한다고 기억!)

따라서 전도율이 클수록 표피효과는 커지며, 표피두께는 작아진다.

05 전력공학 정답 | ②

피뢰기의 제1보호대상은 변압기이며, 피뢰기의 구비조건은 다음과 같다.

- 제한 전압이 낮을 것
- 충격 방전개시 전압이 낮을 것
- 상용주파 방전개시 전압이 높을 것
- 속류 차단능력이 클 것
- 방전내량이 클 것

06 전력공학 정답 | ②

역률 개선 시에 필요한 전력용 콘덴서의 용량 Q_C[kVA]

$$Q_C=P(\tan\theta_1-\tan\theta_2)=P\left(\frac{\sqrt{1-\cos^2\theta_1}}{\cos\theta_1}-\frac{\sqrt{1-\cos^2\theta_2}}{\cos\theta_2}\right)$$

(여기서 P=유효전력[kW], θ_1=개선 전 역률각, θ_2=개선 후 역률각)

주어진 조건에 대하여 계산하면 다음과 같다.

$$Q_C=P\left(\frac{\sqrt{1-\cos^2\theta_1}}{\cos\theta_1}-\frac{\sqrt{1-\cos^2\theta_2}}{\cos\theta_2}\right)$$

$$=100\times\left(\frac{\sqrt{1-0.8^2}}{0.8}-\frac{\sqrt{1-1^2}}{1}\right)=100\times\frac{0.6}{0.8}=75[\text{kVA}]$$

07 전자기학 정답 | ④

- 파동 임피던스(특성 임피던스, 고유 임피던스)

$$Z_0=\frac{V}{I}=\sqrt{\frac{L}{C}}=\frac{E}{H}$$

$$=\sqrt{\frac{\mu}{\varepsilon}}\xrightarrow[\text{(진공 or 공기)}]{\text{자유공간}}\sqrt{\frac{\mu_0}{\varepsilon_0}}\fallingdotseq 120\pi\fallingdotseq 377[\Omega]$$

- 전파속도

$$v=\lambda f=\frac{1}{\sqrt{LC}}$$

$$=\frac{1}{\sqrt{\mu\varepsilon}}\xrightarrow[\text{(진공 or 공기)}]{\text{자유공간}}\frac{1}{\sqrt{\mu_0\varepsilon_0}}\fallingdotseq 3\times10^8[\text{m/s}]$$

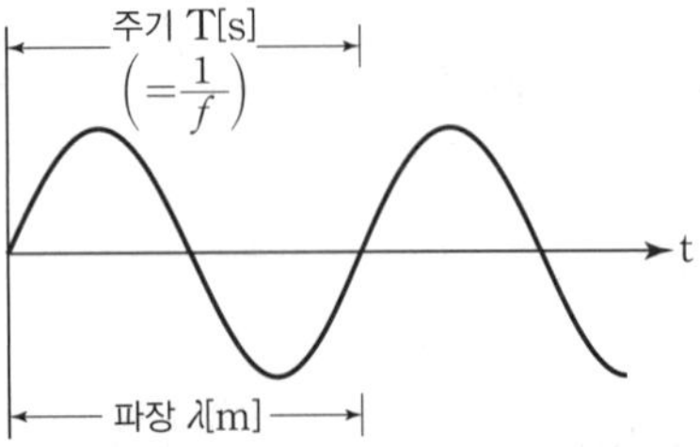

(여기서 파장 λ=한 주기 동안 파동의 진행 거리[m])

주파수가 증가함에 따라 주기가 감소하면서 파장 또한 감소하므로 주파수와 파장은 서로 반비례 관계를 형성한다. 다시 말해 주파수는 전파속도와 무관하다.
따라서 전파속도는 투자율이 클수록 감소한다.

08 전력공학 정답 | ③

송전선의 작용 인덕턴스 L[mH/km]

$$L=L_i+L_m=0.05+0.4605\log\frac{D}{r}[\text{mH/km}]$$

(여기서 L_i=자기 인덕턴스[mH/km], L_m=상호 인덕턴스[mH/km], r=전선의 반지름[m], D=등가 선간 거리[m])

송전선의 작용 인덕턴스 관계식에 의해 전선이 굵을수록 작용 인덕턴스는 감소하고, 등가 선간 거리가 클수록 증가한다.

09 전기기기 정답 | ②

3상 유도전동기 회전자 속도 N[rpm] 관계식

$$N=(1-s)N_s=(1-s)\frac{120f}{p}[\text{rpm}]$$

(여기서 N_s=동기속도[rpm], s=슬립, f=주파수[Hz], p=극수)

주어진 조건을 이용하여 계산하면 다음과 같다.

$$N=(1-s)\frac{120f}{p}=(1-0.2)\times\frac{120\times60}{8}=720[\text{rpm}]$$

10 전기기기 정답 | ⑤

- 변압기의 병렬운전이 가능한 결선조합: 짝수조합
  ($Y-Y$와 $Y-Y$, $\Delta-\Delta$와 $\Delta-\Delta$ 등)
- 변압기의 병렬운전이 불가능한 결선조합: 홀수조합
  ($Y-Y$와 $Y-\Delta$, $\Delta-\Delta$와 $\Delta-Y$ 등)

11 전기기기 정답 | ①

직류(DC)를 교류(AC)로 변환하는 전력 변환장치에는 '인버터'가 있다.

오답풀이 |

② 다이오드(diode): 한쪽 방향의 전류만 흐르게 하여 교류를 직류로 변환하는 정류소자

③ SCR(실리콘 제어 정류기, Silicon Controlled Rectifier): pnpn구조로 되어 있으며 소형이고 응답속도가 빠르며, 대전력을 미소한 압력으로 제어할 수 있는 정류소자로 교류를 직류로 변환함

④ 사이클로 컨버터(cyclo converter): 교류를 다른 주파수의 교류로 변환하는 주파수 변환장치

⑤ 수은 정류기(mercury rectifier): 진공도가 높은 용기 속의 수은증기 안에서 아크방전을 일으켜 교류를 직류로 변환함

12 전력공학 정답 | ③

송전용량(P)의 일반식 $P=\frac{V_sV_r}{X}\sin\delta[\text{MW}]$

(여기서 V_s=송전단 전압[kV], V_r=수전단 전압[kV], X=리액턴스[Ω], δ=송·수전단 위상차(상차각))

문제에서 조건을 pu로 주었으므로 송전용량은 다음과 같이 나타낼 수 있다.

$$P=\frac{V_sV_r}{X}\sin\delta[\text{MW}]=\frac{1\times1}{0.4}\times\sin30°[\text{pu}]$$

$$=\frac{1}{0.4}\times\frac{1}{2}[\text{pu}]=\frac{1}{0.8}[\text{pu}]$$

(* 변전소 A, B의 전압이 모두 1.0[pu]이므로 두 변전소 간의 전압은 $V_s=V_r=1.0$[pu]가 된다.)

위의 값을 실제값으로 변환하면 다음과 같다.

$$\text{실제값}=\text{기준값}\times\text{p.u}=200\times\frac{1}{0.8}=250[\text{MW}]$$

> 참고 | pu(per unit)법
> pu법은 여러 양을 표시할 때, 그 절댓값이 아닌 기준량에 대한 비로써 나타내는 방법이다.
> 즉, 'p.u=$\frac{\text{실제값}}{\text{기준값}}$'으로 표현한다.

13 회로이론 정답 | ④

a상을 기준으로 하였을 때, 3상 평형상태에서의 대칭분은 다음과 같다.

- 영상분 V_0

$$V_0=\frac{1}{3}(V_a+V_b+V_c)=\frac{1}{3}(V_a+a^2V_a+aV_a)$$

$$=\frac{1}{3}(1+a+a^2)V_a=0$$

- 정상분 V_1

$$V_1=\frac{1}{3}(V_a+aV_b+a^2V_c)=\frac{1}{3}(V_a+a^3V_a+a^3V_a)=V_a$$

- 역상분

$$V_2=\frac{1}{3}(V_a+a^2V_b+aV_c)=\frac{1}{3}(V_a+aV_a+a^2V_a)$$

$$=\frac{1}{3}(1+a+a^2)V_a=0$$

(여기서 a=벡터 연산자$\left(=1\angle120°=-\frac{1}{2}+j\frac{\sqrt{3}}{2}\right)$, a^2=벡터 연산자$\left(=1\angle240°=-\frac{1}{2}-j\frac{\sqrt{3}}{2}\right)$, $1+a+a^2=0$)

즉, 3상 평형상태에서는 영상분과 역상분의 값은 $V_0=V_2=0$이 된다. 따라서 영상분, 정상분, 역상분의 합은 $V_0+V_1+V_2=V_a$가 된다.

14 전기기기 정답 | ⑤

풀이방법 ①

동기기의 퍼센트 임피던스($\%Z$) 관계식

$$\%Z=\frac{PZ_s}{10V^2}$$

(여기서 P=정격 출력[kW], V=정격 전압[kV], Z_s=동기 임피던스[Ω])

위 관계식으로부터 $Z_s=\frac{10\cdot\%Z\cdot V^2}{P}=\frac{10\times20\times4^2}{2\times10^3}=1.6[\Omega]$

풀이방법 ②

단락비(k) 관계식 $k=\frac{I_s}{I_n}=\frac{100}{\%Z}=\frac{V^2}{PZ_s}$으로부터

$$Z_s=\frac{\%Z\cdot V^2}{100P}[\Omega]$$

(여기서 P=정격 출력[W], V=정격 전압[V])

주어진 조건을 대입하면 다음과 같다.

$$Z_s=\frac{\%Z\cdot V^2}{100P}=\frac{20\times(4\times10^3)^2}{100\times2\times10^6}=\frac{20\times16\times10^6}{100\times2\times10^6}$$

$$=1.6[\Omega]$$

> 참고 | 풀이방법 ①, ②의 관계식을 구분할 때, 전압과 전력의 단위에 유의하여야 한다.

15 전기설비 정답 | ④

– 한국전기설비규정(KEC) –

[234.5-1.라. 콘센트의 시설]

욕조나 샤워 시설이 있는 욕실 또는 화장실 등 인체가 물에 젖어 있는 상태에서 전기를 사용하는 장소에 콘센트를 시설하는 경우에는 다음에 따라 시설하여야 한다. 인체 감전보호용 누전차단기(정격감도전류 15[mA] 이하, 동작시간 0.03초 이하의 전류 동작형의 것에 한한다) 또는 절연변압기(정격용량 3[kVA] 이하인 것에 한한다)로 보호된 전로에 접속하거나, 인체 감전보호용 누전차단기가 부착된 콘센트를 시설하여야 한다.

2020 하반기 한국전력공사

2020. 10. 24. (토) 시행

정답 확인

p.33

문항	정답	과목	문항	정답	과목	문항	정답	과목	문항	정답	과목	문항	정답	과목
01	②	전자기학	02	①	전자기학	03	①	전자기학	04	③	전력공학	05	③	회로이론
06	②	전력공학	07	③	전력공학	08	⑤	전기응용	09	②	전기기기	10	②	전기기기
11	③	전기기기	12	①	회로이론	13	③	전기설비	14	③	전기설비	15	②	전기설비

세부과목별 실력 점검표

과목	맞은 개수	정답률	취약점 & 체크사항
전자기학	/3	%	
회로이론	/2	%	
전기기기	/3	%	
전력공학	/3	%	
전기설비	/3	%	
전기응용	/1	%	
합계	/15	%	

01 전자기학 정답 | ②

$\delta=\sqrt{\frac{2}{\omega\sigma\mu}}=\frac{1}{\sqrt{\pi f\sigma\mu}}$이므로 σ가 증가하면 δ가 작아진다.

02 전자기학 정답 | ①

$Q=CV$이며, 평행판 콘덴서의 정전용량 $C=\frac{\varepsilon S}{d}$[F]이다.

간격이 3배가 될 때의 정전용량 $C'=\frac{\varepsilon S}{3d}=\frac{1}{3}\cdot\frac{\varepsilon S}{d}=\frac{1}{3}C$이므로 전하량 $Q'=\frac{1}{3}CV=\frac{1}{3}Q$가 된다. 따라서 전하량은 $\frac{1}{3}$배 감소한다.

간단하게 d와 C는 반비례, C와 Q는 비례이므로 d가 3배이면 C와 Q는 $\frac{1}{3}$배가 된다.

03 전자기학 정답 | ①

인덕턴스 $L=\frac{\mu SN^2}{l}$이며, 이때 권수가 3배, 즉 $3N$이 되므로 인덕턴스 $L'=\frac{\mu S(3N)^2}{l}$이 된다. 따라서 $L=L'$이 되기 위해서는 길이가 9배, 또는 투자율이 $\frac{1}{9}$배, 또는 단면적이 $\frac{1}{9}$배가 되어야 한다.

04 전력공학 정답 | ③

환상식 방식은 구분 개폐기를 사용하여 고장 구간의 신속한 분리가 가능하다.

> 참고 | 수지식 방식
> 가지식이라고도 하며, 전력손실과 전압강하가 크고 플리커 현상 발생과 고장에 대한 파급력이 큰 단점이 있다. 농어촌 지역에 주로 사용하며 전선비가 적게 들고 부하증설이 용이하다.

05 회로이론 정답 | ③

$P_L=I^2R_L=\left(\frac{V}{R_0+R_L}\right)^2R_L=\left(\frac{V}{R_0+3R_0}\right)^2\times 3R_0=\frac{3V^2}{16R_0}$이다.

이때 $P_{max}=\frac{V^2}{4R_0}$이므로 $\frac{P_{max}}{P_L}=\frac{\frac{1}{4}}{\frac{3}{16}}=\frac{4}{3}$가 되어 $\frac{4}{3}$배임을 알 수 있다.

06 전력공학 정답 | ②

이도 $D=\frac{WS^2}{8T}=\frac{8\times 100^2}{8\times\frac{5{,}000}{2.5}}=5$[m]이며,

전선의 평균 높이 $h=H-\frac{2}{3}D=10-\frac{2}{3}\times 5=6.67$[m]이다.

> 참고 | T(수평장력)$=\frac{\text{인장강도(인장하중)}}{\text{안전율}}$

07 전력공학 정답 | ③

합성용량은 $\frac{\text{설비용량}\times\text{수용률}\times\text{여유율(전력손실)}}{\text{부등률}\times\text{역률}\times\text{효율}}$로 계산할 수 있다. 따라서 주어진 조건으로 합성용량을 계산하면 다음과 같다.

$\frac{(5{,}000\times 0.3+6{,}000\times 0.4)\times 1.25}{1.25\times 0.8\times 1}\fallingdotseq 4{,}875$[kVA]

08 전기응용 정답 | ⑤

CV는 가교 폴리에틸렌 절연 비닐 시스 케이블의 약호이며, 동심 중성선 수밀형 전력 케이블의 약호는 CNCV−W이다.

09 전기기기 정답 | ②

<u>스코트 결선</u>은 6상이 아닌 2상으로의 변환이 용이하다. 3상에서 2상으로의 상수 변환에는 <u>스코트 결선</u>, 메이어 결선, 우드 브리지 결선이 있다.

10 전기기기 정답 | ②

$$T=0.975\times\frac{P_2}{N_s}=0.975\times\frac{\frac{P_{c2}}{s}}{\frac{120f}{p}}=0.975\times\frac{\frac{540}{0.03}}{\frac{120\times 60}{4}}$$

$=9.75[kg·m]$

> 참고 | 출력비 관계
> $P_2:P_{c2}:P_0=1:s:1-s$에 의해서
> $P_2\cdot s=P_{c2}$
> $P_2=\frac{P_{c2}}{s}$

11 전기기기 정답 | ③

동기전동기는 회전자가 돌극형이므로 난조가 발생하며, 이에 대한 방지책으로 제동권선을 설치한다.

12 회로이론 정답 | ①

직렬 공진 조건 $\omega L=\frac{1}{\omega C}$에서 $C=\frac{1}{\omega^2 L}=\frac{1}{(2\pi f)^2 L}$이므로

$\frac{1}{2^2\times 10^2\times 1{,}000^2\times 250\times 10^{-3}}=1\times 10^{-8}=0.01[\mu F]$이다.

13 전기설비 정답 | ③

– 한국전기설비규정(KEC) –

[222.7 저압 가공 전선의 높이]

1. 도로를 횡단하는 경우에는 지표상 6[m] 이상
2. 철도 또는 궤도를 횡단하는 경우에는 레일면상 6.5[m] 이상
3. 횡단보도교 위에 시설하는 경우에는 저압 가공전선은 그 노면상 3.5[m](전선이 저압 절연전선·다심형 전선 또는 케이블인 경우에는 3[m]) 이상
4. 가공전선을 도로 이외의 곳에 시설하는 경우 또는 절연전선이나 케이블을 사용한 저압 가공전선으로서 옥외 조명용에 공급하는 것으로 교통에 지장이 없도록 시설하는 경우에는 지표상 4[m] 이상

14 전기설비 정답 | ③

– 한국전기설비규정(KEC) –

[142.5 변압기 중성점 접지]

변압기의 중성점 접지 저항값은 다음에 의한다.

가. 일반적으로 변압기의 고압·특고압 측 전로 1선 지락전류로 150을 나눈 값과 같은 저항값 이하(즉, $\frac{150}{I_g}$ 이하)

나. 변압기의 고압·특고압 측 전로 또는 사용전압이 35[kV] 이하의 특고압전로가 저압 측 전로와 혼촉하고 저압전로의 대지전압이 150[V]를 초과하는 경우는 저항값은 다음에 의한다.

(1) 1초 초과 2초 이내에 고압·특고압 전로를 자동으로 차단하는 장치를 설치할 때는 300을 나눈 값 이하(즉, $\frac{300}{I_g}$ 이하)

(2) 1초 이내에 고압·특고압 전로를 자동으로 차단하는 장치를 설치할 때는 600을 나눈 값 이하(즉, $\frac{600}{I_g}$ 이하)

따라서 주어진 조건에 대한 중성점 접지 저항값은 $\frac{300}{I_g}=\frac{300}{60}=5[\Omega]$이 된다.

15 전기설비 정답 | ②

– 한국전기설비규정(KEC) –

1. 지선의 안전율은 2.5 이상일 것
   이 경우 허용 인장하중의 최저는 4.31[kN]
2. 지선에 연선을 사용할 경우에는 다음에 의한다.
   - 소선 3가닥 이상의 연선일 것
   - 소선의 지름 2.6[mm] 이상의 금속선을 사용할 것
3. 지중부분 및 지표상 0.3[m]까지의 부분에는 내식성이 있는 것 또는 아연도금을 한 철봉을 사용한다.
4. 도로 횡단시 지선의 높이는 지표상 5[m] 이상
   기술상 부득이 한 경우로 교통에 지장을 초래할 우려가 없는 경우에는 지표상 4.5[m] 이상, 보도의 경우 2.5[m] 이상으로 할 것

오답풀이 |

① 지선의 안전율은 2.5 이상으로 시설해야 한다.
③ 지선의 최저인장하중은 4.31[kN]이어야 한다.
④ 도로를 횡단하여 시설하는 지선의 높이는 5[m] 이상이어야 한다.
⑤ 지선에 사용되는 소선의 지름은 2.6[mm] 이상의 금속선을 사용해야 한다.

2020 상반기 한국전력공사

2020. 6. 13. (토) 시행

정답 확인

p.39

문항	정답	과목	문항	정답	과목	문항	정답	과목	문항	정답	과목	문항	정답	과목
01	②	전력공학	02	①	회로이론	03	④	전기기기	04	③	전기설비	05	③	전자기학
06	②	회로이론	07	④	전력공학	08	⑤	전기설비	09	①	전자기학	10	③	전력공학
11	④	전력공학	12	②	전기설비	13	③	전기설비	14	⑤	전자기학	15	③	전자기학

세부과목별 실력 점검표

과목	맞은 개수	정답률	취약점 & 체크사항
전자기학	/4	%	
회로이론	/2	%	
전기기기	/1	%	
전력공학	/4	%	
전기설비	/4	%	
합계	/15	%	

01 전력공학 정답 | ②

- 선택 지락 계전기(Selective Ground Relay): 비접지 계통의 배전선 지락사고를 검출하여 사고회로만을 선택 차단하는 방향성 계전기이다. 지락사고 시 계전기 설치점에 나타나는 영상 전압과 영상 지락고장전류(비접지 계통에서는 지락고장 시 계통 충전 전류 및 GPT 2차 저항에 따라 고장전류가 제한)를 검출하여 선택 차단한다.
- 거리 계전기(Distance Relay): 전압과 전류의 비가 일정치 이하인 경우에 동작하는 계전기이다. 실제로 전압과 전류의 비는 전기적인 거리, 임피던스를 나타내므로 거리 계전기라고 하며, 송전선의 경우는 선로의 길이가 전기적인 길이에 비례하므로 이 계전기를 사용하여 보호할 수 있다. 동작 특성에 따라 임피던스형, 모형, 리액턴스형, 옴형, 오프셋모형 등이 있다.
  - 임피던스형 거리 계전기: 계전기 설치점에서 측정된 전압과 전류의 절대치 크기만의 비가 일정치 이하일 때 동작하는 거리 계전기로 방향 특성을 갖지 않는다.
  - 모형 거리 계전기: 방향 특성을 갖는 거리 계전기로 동작원리에서 볼 때 임피던스의 역수인 어드미턴스의 일정 각도에 대한 성분의 크기가 일정치 이상인 경우 동작하여 모형이라고 부른다.
  - 리액턴스형 거리 계전기: 측정된 임피던스 중 리액턴스 성분의 크기가 일정치 이하일 경우에 동작하는 거리 계전기로 방향 특성을 갖지 않는다.
  - 옴형 거리 계전기: 모형 거리계전기와는 반대로 측정된 임피던스의 일정 각도에 대한 성분의 크기가 일정치 이하로 된 경우에 동작하는 계전기이다.
  - 오프셋모형 거리 계전기: 모형 거리 계전기의 동작 특성은 원점을 지나는 원으로 표시되나 약간씩 전후 방향으로 오프셋(off set)된 원 특성을 가지는 거리 계전기를 말하며 주로 후방으로 오프셋된 것을 사용한다.

방향성을 가진 계전기를 고르라고 하였으므로 이에 해당하는 것은 선택 지락 계전기, 거리 계전기이다. 다만, 거리 계전기는 그 동작 특성에 따라 방향성을 가지는 것도 있고, 방향성을 가지지 않는 것도 있으며, 선택지에서 거리 계전기의 정확한 종류가 표현된 것이 아니므로 확실히 방향을 갖는 ② 선택 지락 계전기가 정답이다.

02 회로이론 정답 | ①

전압과 전류를 이용하여 임피던스를 구하면 $Z=\frac{V}{I}=\frac{100}{10}=10[\Omega]$이다. 전압과 전류의 위상차가 $\frac{\pi}{6}$[rad]이므로 $Z=10\angle\frac{\pi}{6}[\Omega]$이다.

따라서 리액턴스는 $X=Z\sin\theta=10\sin\frac{\pi}{6}=10\times\frac{1}{2}=5[\Omega]$가 된다.

03 전기기기 정답 | ④

회전자(2차) 주파수(f_{2s}) 관계식은 $f_{2s}=sf_2$이므로 슬립 s값이 필요하다.

동기속도 관계식 $N_s=\frac{120f}{p}$를 이용하여 동기속도를 구하면 $N_s=\frac{120f}{p}=\frac{120\times60}{6}=1{,}200[\text{rpm}]$이다. 이를 이용하여 슬립 관계식을 통해 슬립을 계산하면 $s=\frac{N_s-N}{N_s}=\frac{1{,}200-1{,}000}{1{,}200}=\frac{1}{6}$이다.

해당 값과 주어진 주파수를 회전자 주파수 관계식에 대입하면 $f_{2s}=\frac{1}{6}\times60=10[\text{Hz}]$이다.

04 전기설비 정답 | ③

– 한국전기설비규정(KEC) –

[표 333.5–1 특고압 가공전선과 지지물 등의 이격거리]

사용전압	이격거리[m]
15[kV] 미만	0.15
15[kV] 이상 – 25[kV] 미만	0.2
25[kV] 이상 – 35[kV] 미만	0.25
35[kV] 이상 – 50[kV] 미만	0.3
50[kV] 이상 – 60[kV] 미만	0.35
60[kV] 이상 – 70[kV] 미만	0.4
70[kV] 이상 – 80[kV] 미만	0.45
80[kV] 이상 – 130[kV] 미만	0.65
130[kV] 이상 – 160[kV] 미만	0.9
160[kV] 이상 – 200[kV] 미만	1.1
200[kV] 이상 – 230[kV] 미만	1.3
230[kV] 이상	1.6

05 전자기학 정답 | ③

톰슨 효과에 대한 설명이다.

오답풀이 |

① 제벡 효과: 다른 두 금속을 접합하여 이에 온도차를 가하면 열기전력이 발생한다.(열전 온도계의 원리)

② 펠티에 효과: 다른 두 금속을 접합하여 이에 전류를 흘리면 각 접합점에서 열의 흡수와 발생이 일어난다.(전자냉동의 원리)

④ 홀 효과: 전류가 흐르고 있는 도체에 수직방향으로 자계를 가하면 전류와 자계에 수직된 방향으로 기전력(분극)이 발생하는 현상이다.

⑤ 핀치 효과: 액체 도체에 직류 인가 시, 자기장의 구심력에 의해 액체 도체 단면이 수축되어 도체 중심부에 전류가 모이며 단면의 수축으로 전류의 흐름이 다시 작게 되고, 전류 흐름이 작게 되면 액체 단면은 원상태로 복귀하고 다시 전류가 흐르면 수축력이 작용하며 이를 반복하는 현상이다.

06 회로이론 정답 | ②

[파형의 종류에 따른 실횻값과 평균값]

파형	정현파	정현반파	구형파	구형반파	삼각파
실횻값	$\frac{V_m}{\sqrt{2}}$	$\frac{V_m}{2}$	V_m	$\frac{V_m}{\sqrt{2}}$	$\frac{V_m}{\sqrt{3}}$
평균값	$\frac{2V_m}{\pi}$	$\frac{V_m}{\pi}$	V_m	$\frac{V_m}{2}$	$\frac{V_m}{2}$

따라서 삼각파의 평균값은 $\frac{V_m}{2}$이다.

07 전력공학 정답 | ④

[피뢰기의 구비조건]

- 제한전압이 낮을 것
- 충격 방전개시전압이 낮을 것
- 상용주파 방전개시전압이 높을 것
- 속류 차단능력이 클 것
- 방전내량이 클 것

따라서 피뢰기의 구비조건에서 상용주파 방전개시전압은 높아야 하므로 정답은 ④이다.

참고 | 피뢰기의 용어

- 피뢰기 정격전압: 피뢰기 선로단자와 접지단자 간에 인가할 수 있는 상용주파 최대허용전압, 즉 속류를 차단할 수 있는 상용주파수 교류 최고전압
- 피뢰기 제한전압: 피뢰기에 방전전류가 흐르는 동안 피뢰기 단자 간에 나타나는 전압의 파고값
- 상용주파 방전개시전압: 피뢰기에 전류가 흐르기 시작한 최저의 상용주파 전압
- 충격 방전개시전압: 피뢰기 단자 간에 충격전압을 인가 시 방전을 개시하는 전압으로 파고치를 의미함
- 속류: 방전현상이 끝난 후에도 계속해서 전력계통으로부터 공급되는 상용주파 전류

08 전기설비 정답 | ⑤

– 한국전기설비규정(KEC) –

[333.24-3.가. 특고압 가공전선과 도로 등의 접근 또는 교차]

1. 보호망은 140의 규정에 준하여 접지공사를 한 금속제의 망상장치로 하고 견고하게 지지할 것
2. 보호망을 구성하는 금속선은 그 외주(外周) 및 특고압 가공전선의 직하에 시설하는 금속선에는 인장강도 8.01[kN] 이상의 것 또는 지름 5[mm] 이상의 경동선을 사용하고 그 밖의 부분에 시설하는 금속선에는 인장강도 5.26[kN] 이상의 것 또는 지름 4[mm] 이상의 경동선을 사용할 것
3. 보호망을 구성하는 금속선 상호의 간격은 가로, 세로 각 1.5[m] 이하일 것
4. 보호망이 특고압 가공전선의 외부에 뻗은 폭은 특고압 가공전선과 보호망과의 수직거리의 2분의 1 이상일 것. 다만, 6m를 넘지 아니하여도 된다.
5. 보호망을 운전이 빈번한 철도선로의 위에 시설하는 경우에는 경동선 그 밖에 쉽게 부식되지 아니하는 금속선을 사용할 것

따라서 특고압 가공전선의 직하에 시설하는 금속선의 인장 강도는 8.01[kN] 이상의 것이어야 한다.

09 전자기학 정답 | ①

전선의 유효단면적을 감소시켜 전력 손실의 원인이 되는 표피효과는 그 효과가 클수록 전류는 전선의 표면으로만 흐르려는 성질이 커지게 된다. 이때 전류가 흐를 수 있는 침투깊이(δ)는 다음과 같다.

$$\delta = \frac{1}{\sqrt{\pi f \mu \sigma}}$$

(여기서 f=주파수, μ=투자율, σ=전도율(혹은 도전율))

주파수와 투자율, 그리고 전도율이 클수록 침투깊이는 작아지게 된다. 즉, 표피효과는 커지게 된다.

이 관계성에 의해 '표피효과$\propto$주파수, 전도율, 투자율$\propto \frac{1}{\text{표피두께}}$'의 관계가 나타난다.

따라서 저항률은 전도율의 역수이므로 표피효과에 반비례하는 관계를 갖는다.

10 전력공학 정답 | ③

각 사고 시에 발생하는 전류는 다음과 같다.

- 1선 지락, 2선 지락: 정상분, 영상분, 역상분
- 선간 단락, 단선: 정상분, 역상분
- 3상 단락, 지락: 정상분

11 전력공학 정답 | ④

[전선의 구비조건]
- 경제적인 가격일 것
- 비중이 작을 것(중량이 가벼울 것)
- 도전율이 클 것
- 가요성이 높을 것
- 기계적 강도가 클 것
- 부식성이 작을 것
- 내구성이 클 것

위 조건에서 도전율이 크려면 고유저항은 작아야 하므로 정답은 ④이다.

12 전기설비 정답 | ②

– 한국전기설비규정(KEC) –
[333.3 특고압 가공케이블의 시설]
1. 케이블은 다음 각 목의 어느 하나에 의하여 시설할 것
   1) 조가용선에 행거에 의하여 시설할 것. 이 경우에 행거의 간격은 0.5[m] 이하로 시설하여야 한다.
   2) 조가용선에 접촉시키고 그 위에 쉽게 부식되지 아니하는 금속 테이프 등을 0.2[m] 이하의 간격을 유지시켜 나선형으로 감아 붙일 것
2. 조가용선은 인장강도 13.93[kN] 이상의 연선 또는 단면적 22[mm^2] 이상의 아연도강연선일 것

13 전기설비 정답 | ③

– 한국전기설비규정(KEC) –
[234.5–1.라. 콘센트의 시설]
욕조나 샤워 시설이 있는 욕실 또는 화장실 등 인체가 물에 젖어 있는 상태에서 전기를 사용하는 장소에 콘센트를 시설하는 경우에는 다음에 따라 시설하여야 한다.
인체 감전보호용 누전차단기(정격감도전류 15[mA] 이하, 동작시간 0.03초 이하의 전류 동작형의 것에 한한다.) 또는 절연변압기(정격용량 3[kVA] 이하인 것에 한한다.)로 보호된 전로에 접속하거나, 인체 감전보호용 누전차단기가 부착된 콘센트를 시설하여야 한다.

14 전자기학 정답 | ⑤

코일에 시간에 대한 전류의 변화가 있을 때, 유기되는 기전력의 관계식은 $e=-L\frac{di}{dt}$[V]이며, 주어진 조건에서 전류값이 5[A]에서 3[A]로 변하였으므로 1[ms] 동안의 전류의 변화값은 −2[A]가 된다. 이와 인덕턴스값을 해당 관계식에 대입하면 다음과 같다.

$$e=-30\times10^{-3}\times\frac{-2}{1\times10^{-3}}=60[\text{V}]$$

따라서 유기 기전력의 크기는 60[V]이며, 부호가 +이므로 전류가 흐르고 있는 방향과 같은 방향으로 형성된다.

15 전자기학 정답 | ③

코일에 축적되는 에너지는 $W=\frac{1}{2}LI^2$[J]의 관계식을 가진다.

다만, 선택지에 주어진 단위가 모두 [Wh]이므로 환산을 해야 한다. W[J]$=Pt$[Ws]의 관계에서 1시간이 3,600초이므로 1[Wh]=3,600[J]이다. 그러므로 1[J]$=\frac{1}{3{,}600}$[Wh]가 된다.

이를 코일에 축적되는 에너지 관계식에 적용하면

$W=\frac{1}{2}LI^2[\text{J}]=\frac{1}{2\times3{,}600}LI^2[\text{Wh}]$가 성립된다.

해당 관계식에 주어진 조건을 대입하여 계산하면 다음과 같다.

$$W=\frac{1}{2\times3{,}600}\times0.6\times60^2=0.3[\text{Wh}]=3\times10^{-1}[\text{Wh}]$$

PART 01 | 기출복원 모의고사

2021 상반기 한국수력원자력

2021. 6. 12. (토) 시행

정답 확인

p.45

문항	정답	과목	문항	정답	과목	문항	정답	과목	문항	정답	과목	문항	정답	과목
01	④	전자기학	02	③	전자기학	03	②	전기기기	04	③	전기기기	05	③	전기기기
06	②	전기기기	07	①	전기기기	08	③	전기기기	09	②	회로이론	10	①	회로이론
11	③	회로이론	12	②	회로이론	13	④	회로이론	14	②	전기응용	15	④	전기설비
16	④	전기응용	17	①	전력공학	18	③	제어공학	19	①	전자통신	20	②	전자통신
21	②	전력공학	22	④	제어계측	23	①	전력공학						

세부과목별 실력 점검표

과목	맞은 개수	정답률	취약점 & 체크사항
전자기학	/2	%	
회로이론	/5	%	
전기기기	/6	%	
전력공학	/3	%	
제어공학	/1	%	
전기설비	/1	%	
전기응용	/2	%	
전자통신	/2	%	
제어계측	/1	%	
합계	/23	%	

01 전자기학

정답 | ④

[전자유도 법칙]

1) 패러데이 법칙
- 도체에 유도되는 기전력의 크기를 결정하는 법칙
- 전자유도에 의해 발생하는 기전력은 시간변화에 대한 자속쇄교수에 비례함
- $e=\frac{d\lambda}{dt}=N\frac{d\phi}{dt}=L\frac{di}{dt}$(여기서 자속쇄교량 $\lambda=N\phi$)

2) 렌츠의 법칙
- 도체에 유도되는 기전력의 방향을 결정하는 법칙
- 전자유도에 의해 발생하는 기전력은 자속변화를 방해하는 방향으로 발생함

3) 패러데이-렌츠의 전자유도 법칙
- 패러데이 법칙과 렌츠의 법칙을 합하여 전자유도 법칙이라 하며, 다르게는 노이만의 법칙이라고도 함
- $e=-N\frac{d\phi}{dt}=-L\frac{di}{dt}$[V]

[자속 관계식]

$\phi=\frac{NI}{R_m}=\frac{\mu SNI}{l}=\frac{\mu SNI}{2\pi r}$[wb]

(여기서 N=권수, I=전류[A], μ=투자율[H/m], R_m=자기저항[AT/wb]$\left(=\frac{l}{\mu S}\right)$, S=단면적[mm^2], l=평균 자로의 길이[m], r=평균 반지름[m])

02 전자기학

정답 | ③

[표피효과(Skin effect)]
- 도체에 고주파 전류가 흐를 때, 전류가 도체 표면 가까이에 집중하여 흐르는 현상
- 도체에 교류 전류가 흐를 때, 전선 중심부일수록 그 전류가 만드는 자속과 쇄교하여 인덕턴스가 커지면서, 내부저항 증가로 인해 도체 중심부보다 도체 표면에 많은 전류가 흐르는 현상
- 표피효과가 커진다는 것은 도체 표피의 전류 밀도가 더욱 높아지는 것을 의미하며, 실제 전류 밀도가 작용하는 표피두께(침투깊이) δ[m]는 작아짐을 의미함

[표피효과에 대한 관계성]
- 표피두께(침투깊이) $\delta=\frac{1}{\sqrt{\pi f\sigma\mu}}$[m]
- 주파수 f, 전도율 σ, 투자율 μ가 클수록 표피효과가 커지며, 표피두께는 작아짐
- 표피효과 $\propto\sqrt{f\sigma\mu}\propto\frac{1}{\text{표피두께(침투깊이)}}$

  (* 표피두께만 반대로 작용한다고 기억!)
- 전선이 굵을수록 표피효과는 커짐

오답풀이 |

① 표피효과는 전선의 굵기와도 관계가 있으며, 전선이 굵을수록 표피효과는 커진다.

② 표피효과는 주파수와 관계가 있으며, 주파수가 클수록 표피효과는 커진다.

④ 전선이 굵을수록 표피효과는 커진다.

03 전기기기

정답 | ②

- 유도 전동기 토크 관계식 $T=\frac{P_o}{2\pi\frac{N}{60}}=\frac{P_2}{2\pi\frac{N_s}{60}}$[N·m]
- 회전자계 속도(동기속도) 관계식 $N_s=\frac{120f}{p}$[rpm]

(여기서 P_o=출력[W], P_2=회전자(2차) 입력[W], N=회전속도[rpm], N_s=동기속도[rpm], f=주파수[Hz], p=극수)

주어진 조건에 대해 계산하면 다음과 같다.
- $N_s=\frac{120f}{p}=\frac{120\times60}{6}=1{,}200$[rpm]
- $T=\frac{P_2}{2\pi\frac{N_s}{60}}=\frac{2{,}200}{2\pi\frac{1{,}200}{60}}=\frac{55}{\pi}$[N·m]

04 전기기기

정답 | ③

무효 순환전류 관계식 $I_c=\frac{E'}{Z_A+Z_B}$[A]

(여기서 E'=기전력 차[V], Z_A, Z_B=각 발전기의 동기 임피던스)

주어진 조건에 대해 계산하면 다음과 같다.

$I_c=\frac{E'}{Z_A+Z_B}=\frac{500}{5+5}=\frac{500}{10}=50$[A]

05 전기기기

정답 | ③

[인가 전압이 일정할 때의 주파수의 관계성]

$f\propto\frac{X,\ Z,\ \%Z}{\phi,\ B,\ \text{철손}}$

(여기서 X=누설 리액턴스[Ω], Z=누설 임피던스[Ω], $\%Z$=퍼센트 누설 임피던스[%], ϕ=자속[wb], B=자속밀도[wb/m^2])

주파수가 50[Hz]에서 60[Hz]로 증가하였으므로 누설 리액턴스, 누설 임피던스, 퍼센트 누설 임피던스는 증가하며, 자속, 자속밀도, 철손은 감소하게 된다.

06 전기기기 정답 | ②

• 동기기 회전속도(동기속도) $N_s=\frac{120f}{p}$[rpm]

• 유도기 회전속도 $N=(1-s)N_s$[rpm]

(여기서 f=주파수[Hz], p=극수, s=슬립)

유도 전동기의 회전속도는 $N=(1-s)N_s=N_s-sN_s$[rpm]으로 동기기의 속도 N_s보다 sN_s만큼 느리다. 따라서 극수를 2극 적게 하여 동기 전동기의 속도와 근접하도록 해준다.

07 전기기기 정답 | ①

[전기기기의 손실(무부하손+부하손)]

1) 무부하손(고정손)

ⓐ 철손 P_i

• 히스테리시스손 $P_h=k_h f B_m^2$

– 감소대책: 최대 4[%]의 규소강판

• 와류손(맴돌이 전류손) $P_e=k_e(ftB_m)^2$

– 감소대책: 성층철심(철심의 두께는 일반적으로 최소 0.35[mm])

ⓑ 기계손 P_m: 변압기에는 없는 손실

• 풍손

• 마찰손

2) 부하손(가변손)

ⓐ 동손(구리손, 저항손, 줄손) $P_c=I^2R$

ⓑ 표류부하손: 발생장소 측정 불가

3) 변압기의 2차 측을 개방한 개방시험(무부하시험)으로 철손을, 2차 측을 단락한 단락시험으로 동손을 측정할 수 있다.

[변압기 효율]

1) 실측 효율 $\eta=\frac{출력}{입력}\times 100[\%]$

2) 규약 효율 $\eta=\frac{출력}{출력+손실}\times 100[\%]$

손실은 정확하게는 무부하손과 부하손의 합이다. 일반적으로 철손과 동손의 합으로 근사적인 계산을 하나, 정확하게는 무부하손과 부하손으로 표현하므로 정답은 ①이다.

08 전기기기 정답 | ③

[다이오드를 여러 개 연결할 경우의 이점]

• 직렬로 여러 개 연결: 과전압으로부터 보호, 회로의 인가전압 증가 가능

여러 개를 직렬로 연결하는 경우, 전압의 분배로 인해 인가전압이 분배가 되므로 각 다이오드 소자에 걸리는 전압은 낮아지게 된다. 그러므로 과전압으로부터 보호가 되며, 회로 전체의 인가전압을 증대시킬 수 있다.

• 병렬로 여러 개 연결: 과전류로부터 보호, 회로의 사용전류 증가 가능

여러 개를 병렬로 연결하는 경우, 전류의 분배로 인해 각 다이오드 소자에 흐르는 전류는 적어지게 된다. 그러므로 과전류로부터 보호가 되며, 회로 전체의 사용 전류를 증가시킬 수 있다.

09 회로이론 정답 | ②

[RLC 직렬 공진회로]

특정 주파수에 있어서 유도성 리액턴스($X_L=2\pi fL$)와 용량성 리액턴스$\left(X_C=\frac{1}{2\pi fC}\right)$의 값이 같아져, L과 C의 영향이 상쇄되며 저항 R만의 회로가 되어 전압 또는 전류가 급격히 변화하는 회로를 말한다.

이때, 회로의 저항성분(임피던스)은 최소가 되며, 전류는 최대가 되고, 회로는 주파수 f와 무관한 회로가 된다.

10 회로이론 정답 | ①

[이상적인 전압원(정전압원)]

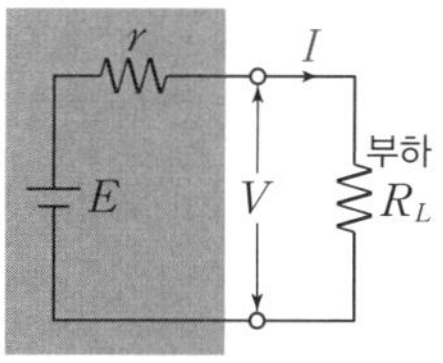

[전압원 회로]

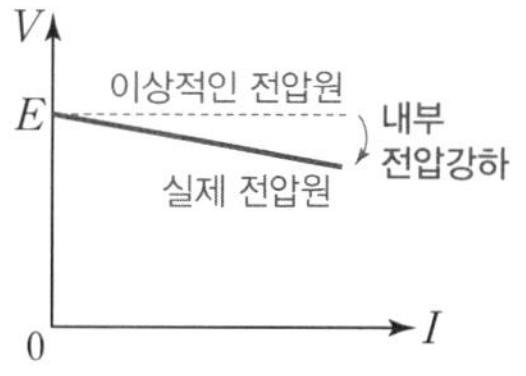

[전압–전류 특성곡선]

• 부하의 상태와 관계없이 항상 전압원의 기전력과 같은 전압을 부하에 공급하는 전원, 즉 $V=E$[V]이다.

• 실제 전압원의 경우, 부하 단자전압 V[V]은 전류가 흐르지 않는 개방(무부하) 상태에서 기전력 E[V]과 같으나($V=E$[V]), 부하에 전류가 공급되는 경우에는 전류가 증가함에 따라 직렬로 연결된 내부저항에 의한 전압강하(Ir[V])가 커지면서 단자전압은 감소하게 된다.

• 이상적인 전압원의 조건을 만족하려면 내부저항이 $r=0$(단락)인 상태이어야 한다. 즉, 내부 전압강하분=0이다.

• 이상적인 전압원에서의 전압은 전류에 대해서 일정하므로 비선형이며, 시간에 대해 일정하므로 시불변의 특성을 갖는다.

오답풀이 |

② 이상적인 전압원의 조건은 내부저항이 0이어야 한다.

③ 전압원은 내부저항이 직렬로 연결된다.

④ 실제 전압원은 부하전류 증가에 따라 직렬로 연결된 내부저항에 의한 전압강하가 커지므로 단자전압은 감소하게 된다.

11 회로이론 정답 | ③

• Δ결선 소비전력 $P=3I_p^2r[\mathrm{W}]=3\dfrac{V_p^2}{r}=3\dfrac{V^2}{r}[\mathrm{W}]$

• Y결선 소비전력 $P=3I_p^2r[\mathrm{W}]=3\dfrac{V_p^2}{r}=3\dfrac{\left(\dfrac{V}{\sqrt{3}}\right)^2}{r}=\dfrac{V^2}{r}[\mathrm{W}]$

(여기서 I_p=상전류[A], V_p=상전압[V], V=선간전압[V], r=부하저항[Ω])

따라서 Δ결선에서 Y결선으로 바꾸었을 경우, 소비전력은 $\dfrac{1}{3}$배가 된다.

12 회로이론 정답 | ②

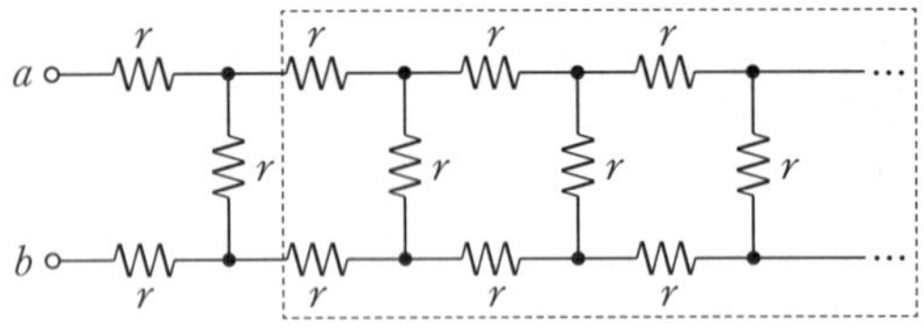

회로에서 저항의 배열이 무한히 반복되는 부분(위 그림에서 점선 부분)의 합성저항을 R[Ω]이라 할 때, 등가회로를 나타내면 다음과 같다.

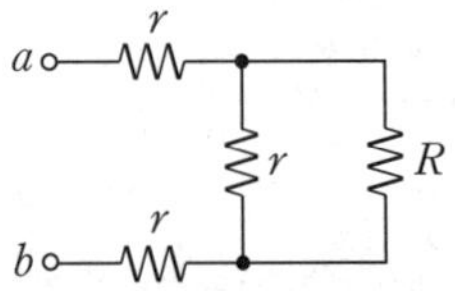

$r=1$이므로 a와 b 사이의 합성저항을 R_{ab}[Ω]이라 하면

$$R_{ab}=r+r+\frac{r\times R}{r+R}=2+\frac{R}{1+R}[\Omega]$$

무한히 반복되는 부분의 합성저항 R에 $2r$이라는 작은 저항이 연결된 것과 같으므로 근사적으로 $R_{ab}\fallingdotseq R$로 취급할 수 있다. 따라서 합성저항 관계식은 다음과 같이 나타낼 수 있다.

$$R=2+\frac{R}{1+R}$$

$$R(1+R)=2(1+R)+R$$

$$R+R^2=2+3R$$

$$R^2-2R-2=0$$

이때 근의 공식을 적용하여 R을 구하면

$$R=\frac{-(-2)\pm\sqrt{(-2)^2-4\times1\times(-2)}}{2\times1}$$

$$=\frac{2\pm\sqrt{4+8}}{2}=\frac{2\pm\sqrt{12}}{2}=\frac{2\pm2\sqrt{3}}{2}=1\pm\sqrt{3}$$

즉, R값은 $1+\sqrt{3}$, $1-\sqrt{3}$으로 2개가 나오지만, 저항값은 음수가 될 수 없으므로 $R=1+\sqrt{3}$[Ω]이 된다.

> 참고 | 근의 공식
>
> 이차방정식의 근을 구하는 공식으로, 예를 들어 $ax^2+bx+c=0$일 때, x의 값을 구하는 공식은 다음과 같다.
>
> $$x=\frac{-b\pm\sqrt{b^2-4ac}}{2a}\ (단,\ a\neq0)$$

13 회로이론 정답 | ④

$$f(t)=1-2e^{-3t}\xrightarrow{\mathcal{L}}F(s)=\frac{1}{s}-2\cdot\frac{1}{s+3}$$

$$=\frac{s+3-2s}{s(s+3)}=\frac{-s+3}{s(s+3)}$$

참고 | 라플라스 변환 표

$f(t)$	$\xrightarrow{\mathcal{L}}$	$F(s)$
$\delta(t)$		1
$u(t)$		$\dfrac{1}{s}$
t		$\dfrac{1}{s^2}$
t^n		$\dfrac{n!}{s^{n+1}}$
$\sin wt$		$\dfrac{w}{s^2+w^2}$
$\cos wt$		$\dfrac{s}{s^2+w^2}$
$e^{\pm at}$		$\dfrac{1}{s\mp a}$
$t^n\cdot e^{\pm at}$		$\dfrac{n!}{(s\mp a)^{n+1}}$
$t\sin wt$		$\dfrac{2ws}{(s^2+w^2)^2}$
$t\cos wt$		$\dfrac{s^2-w^2}{(s^2+w^2)^2}$
$e^{\pm at}\cdot\sin wt$		$\dfrac{w}{(s\mp a)^2+w^2}$
$e^{\pm at}\cdot\cos wt$		$\dfrac{s\mp a}{(s\mp a)^2+w^2}$
$\sinh wt$		$\dfrac{w}{s^2-w^2}$

$\cosh wt$	$\frac{s}{s^2-w^2}$

14 전기응용 정답 | ②

[축전지 충전방식]

- 초기충전: 조립한 축전지에 전해액을 주입한 후, 처음으로 장시간 행하는 충전방식
- 보통충전: 필요할 때 표준 시간율로 소정의 충전을 행하는 방식
- 세류충전: 자기 방전량만 충전하는 부동충전방식의 일종으로 8시간율 방전전류의 0.5~2[%] 정도의 일정한 전류로 충전을 계속하는 방식
- 균등충전: 각 전해조에서 일어나는 전위 차를 보정하기 위해서 보통의 충전이 종료한 다음에도 계속 충전하여 과충전하는 것으로 1~3개월마다 1회 정전압으로 10~12시간 충전하여 각 전해조의 용량을 균일화하기 위한 충전방식
- 부동충전: 축전기가 자기 방전을 보충함과 동시에 상용부하에 대한 전력공급은 충전기가 부담하고, 충전기가 부담하기 힘든 일시적인 대전류는 축전지가 부담하는 방식
- 급속충전: 단시간에 보통전류의 2~3배의 전류로 충전하는 방식, 과대전류로 충전하는 것이므로 축전지에는 좋지 않은 충전방식
- 회복충전: 방전 상태로 오랫동안 방치되었던 축전지의 극판을 원상태로 회복시키기 위하여 실시하는 충전방식으로 정전류 충전에 의하여 약한 전류로 40~50시간 충전 후에 방전시키고 다시 충전하는 방법으로, 여러 번 반복하여 시행하면 극판이 본래 상태로 회복하게 됨

15 전기설비 정답 | ④

– 한국전기설비규정(KEC) –

[351.10 수소냉각식 발전기 등의 시설]

수소냉각식의 발전기·조상기 또는 이에 부속하는 수소 냉각 장치는 다음 각 호에 따라 시설하여야 한다.

가. 발전기 또는 조상기는 기밀구조(氣密構造)의 것이고 또한 수소가 대기압에서 폭발하는 경우에 생기는 압력에 견디는 강도를 가지는 것일 것

나. 발전기 축의 밀봉부에는 질소 가스를 봉입할 수 있는 장치 또는 발전기 축의 밀봉부로부터 누설된 수소 가스를 안전하게 외부에 방출할 수 있는 장치를 시설할 것

다. 발전기 내부 또는 조상기 내부의 수소의 순도가 85[%] 이하로 저하한 경우에 이를 경보하는 장치를 시설할 것

라. 발전기 내부 또는 조상기 내부의 수소의 압력을 계측하는 장치 및 그 압력이 현저히 변동한 경우에 이를 경보하는 장치를 시설할 것

마. 발전기 내부 또는 조상기 내부의 수소의 온도를 계측하는 장치를 시설할 것

바. 발전기 내부 또는 조상기 내부로 수소를 안전하게 도입할 수 있는 장치 및 발전기 안 또는 조상기 안의 수소를 안전하게 외부로 방출할 수 있는 장치를 시설할 것

사. 수소를 통하는 관은 동관 또는 이음매 없는 강판이어야 하며 또한 수소가 대기압에서 폭발하는 경우에 생기는 압력에 견디는 강도의 것일 것

아. 수소를 통하는 관·밸브 등은 수소가 새지 아니하는 구조로 되어있을 것

자. 발전기 또는 조상기에 붙인 유리제의 점검 창 등은 쉽게 파손되지 아니하는 구조로 되어 있을 것

16 전기응용 정답 | ④

스테판-볼츠만 법칙(Stefan-Boltzmann's law)은 흑체가 방출하는 열복사에너지는 절대온도의 4승에 비례하는 것을 말한다.

$W=\sigma T^4$

(여기서 σ=스테판-볼츠만 상수, T=절대온도)

17 전력공학 정답 | ①

1) 차단기: 사고 시에 고장전류가 흐를 때, 이로 인한 사고를 예방하기 위해 회로를 차단하여 전류를 끊는 장치
2) 차단기 동작책무: 1~2회 이상의 투입, 차단의 동작을 일정시간 간격으로 행하는 것
3) 차단기 특성
   ⓐ 차단기의 표준동작책무에 의한 분류
   - 일반 A형: O → 3분 → CO → 3분 → CO
   - 일반 B형: O → 15초 → CO
   - 고속형: O → 0.3초 → CO → 3분 → CO

   (여기서 O(open): 차단동작, C(close): 투입동작, CO(close and open): 투입 직후 차단)

   ⓑ 차단기의 정격
   - 정격전압: 차단기에 인가될 수 있는 계통 최고전압
   - 정격차단전류: 차단기의 정격전압에 해당하는 회복전압 및 정격재기전압 등 규정회로조건에서 규정의 표준동작책무 및 동작상태를 수행할 수 있는 저역율 차단전류의 한도
   - 정격차단시간: 트립 코일 여자로부터 아크 소호까지의 시간(개극시간+아크시간)

18 제어공학 정답 | ③

- 이득: $g=20\log_{10}|G(jw)|$[dB]
- 위상각: $G(jw)$값이 양수일 때 $0°$, j일 때 $90°$, 음수일 때 $180°$, $-j$일 때 $270°$

$G(s)=\dfrac{1}{0.0005s(1+0.1s)^2}$에서 $w=10$[rad/s]이고, $s=jw$이므로 대입하여 계산하면 다음과 같다.

$$G(s)=\frac{1}{jw0.0005(1+jw0.1)^2}$$
$$=\frac{1}{j10\cdot 0.0005(1+j10\cdot 0.1)^2}=\frac{1}{j0.005(1+j)^2}$$
$$=\frac{1}{j0.005(1+2j+j^2)}=\frac{1}{j0.005(1+2j-1)}$$
$$=\frac{1}{j0.005(2j)}=\frac{1}{j^2 0.01}=\frac{1}{-0.01}=\frac{1}{-10^{-2}}=-10^2$$

따라서 이득은 $g=20\log_{10}|G(jw)|=20\log_{10}|-10^2|=20\log_{10}10^2=40$[dB]이고, 위상각은 $G(jw)=-10^2$으로, 음수이기 때문에 $180°$(또는 $-180°$)이 된다.

19 전자통신 정답 | ①

- TRIAC(트라이악): 양방향 3단자 사이리스터로, 양방향성의 전류 제어가 행하여지는 반도체 제어 부품이다. 5층의 PN접합으로 구성되며, 2개의 주전극($MT1$, $MT2$)과 1개의 게이트(G)가 있다. 게이트 신호가 없으면 어느 방향으로든 OFF상태이지만 게이트 신호가 있으면 주전극의 극성에 관계없이 턴온(Turn−On)이 가능하다.

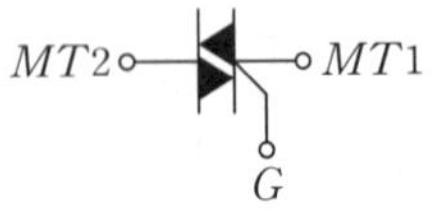

- DIAC(다이악): 양방향 2단자 사이리스터로, 정상동작 시에 양방향으로 전류를 흘릴 수 있으며 PN−PN의 4층 구조로 구성된다. 2단자 양단의 어느 극성에서도 브레이크 오버 전압에 도달되면 도통하며, 전류가 유지전류 이하로 떨어질 때 턴오프(Turn−OFF)된다.

- 포토커플러: 발광소자와 수광소자를 하나로 묶어 입출력 간을 전기적으로 절연시켜 광으로 신호를 전달하는 광결합 장치로, 입력 전기신호와 출력 전기신호를 빛으로써 전달하는 역할을 한다.

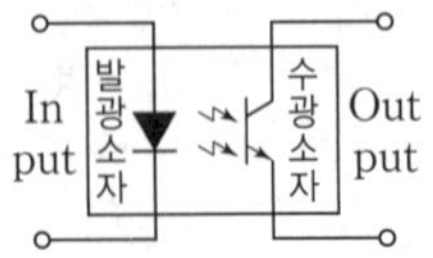

- LASCR: SCR의 일종으로 게이트 신호 외에 빛의 입사에 의해서도 턴온(Turn−On)되는 소자이다.

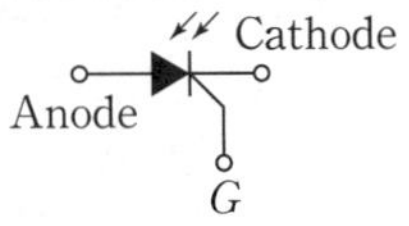

따라서 a는 TRIAC, b는 포토커플러이다.

20 전자통신 정답 | ②

[JK플립플롭의 진리표]

J	K	Q_{t+1}(입력 후 값)
0	0	Q_t (유지)
0	1	0 (Reset)
1	0	1 (Set)
1	1	$\overline{Q_t}$ (반전)

(여기서 Q_t=입력 전 값)

진리표에 의거하여 초기의 Q값 1에서 $J=0$, $K=0$일 경우에는 입력 전의 값이 유지되므로 $Q=1$이 되며, $J=1$, $K=1$일 경우에는 입력 전의 값이 반전되므로 $Q=0$이 된다.

21 전력공학 정답 | ②

원자력 발전소의 다중방벽은 방사성 물질이 발전소 외부로 누출되는 것을 방지하기 위해 5겹의 다중방벽체계를 갖추고 있다.

- 제1방호벽: 핵연료 펠렛으로, 핵분열에 의해 발생된 방사성 물질 대부분을 핵연료 안에 가두어둘 수 있어야 한다.
- 제2방호벽: 핵연료 피복관으로, 핵분열에 의해 발생하는 방사성 물질 중 펠렛을 빠져나온 소량의 가스성분을 차단한다.
- 제3방호벽: 25[cm] 두께의 두꺼운 강철로 된 원자로 용기로, 방사성 물질의 외부 누출을 막아준다.
- 제4방호벽: 6~7[mm] 두께의 강철판으로 이루어진 원자로 건물 내벽으로, 만일의 사고 발생 시에 방사성 물질을 원자로 건물 내에 밀폐시킨다.
- 제5방호벽: 120[cm] 두께의 철근 콘크리트 원자로 건물 외벽으로, 외부의 충격 및 자연재해로부터 원자력 발전소를 보호한다.

22 제어계측

정답 | ④

[차압전송기 교정 절차]

- 전송기 출력 단에 멀티미터, 입력 단에 공기 교정기를 장치하여 전송기의 저압 측은 대기로 개방시킨다.
- 전송기의 각 교정점에 대한 압력을 증가 또는 감소시키면서 출력값을 측정한다.(FULL SCALE의 0[%], 25[%], 50[%], 75[%], 100[%])
- 영점을 조정하여 전송기의 고압 측에 압력을 가하지 않은 상태에서 멀티미터에 DC 4[mA] 출력신호가 나타나야 한다. 출력이 DC 4[mA]가 되지 않으면 출력신호가 4[mA]가 될 때까지 영점 조정나사를 이용하여 영점을 조정한다.
- SPAN을 조정하여 계기사양서에 나타난 전체 범위에 조정압력을 가한다. 이때 전송기 출력은 DC 20[mA]가 되어야 한다. 만일, 허용오차 범위를 초과할 경우에는 출력이 DC 20[mA]가 될 때까지 SPAN 조정나사를 이용하여 SPAN을 맞춘다.
- SPAN 조정 후 영점을 재점검하고, 영점 및 SPAN이 정확할 때까지 반복한다.

23 전력공학

정답 | ①

금속파편감시계통(LPMS; Loose Parts Monitoring System)에 대한 설명이다.

2020 하반기 한국수력원자력

2020. 9. 19. (토) 시행

정답 확인

p.53

문항	정답	과목	문항	정답	과목	문항	정답	과목	문항	정답	과목	문항	정답	과목
01	④	전자기학	02	②	전자기학	03	①	전자기학	04	③	전자기학	05	④	전기설비
06	③	회로이론	07	②	전기기기	08	③	전기기기	09	①	전력공학	10	①	전기기기
11	③	전기기기	12	③	전기기기	13	②	회로이론	14	②	전자통신	15	②	전자통신
16	③	전력공학	17	①	회로이론	18	①	전력공학	19	②	전력공학	20	④	회로이론
21	④	전기기기	22	②	전기응용	23	④	회로이론	24	③	전기기기	25	③	전력공학

세부과목별 실력 점검표

과목	맞은 개수	정답률	취약점 & 체크사항
전자기학	/4	%	
회로이론	/5	%	
전기기기	/7	%	
전력공학	/5	%	
전기설비	/1	%	
전기응용	/1	%	
전자통신	/2	%	
합계	/25	%	

01 전자기학 　정답 | ④

[맥스웰(Maxwell)의 전자방정식]

- $rotE=-\frac{\partial B}{\partial t}=-\mu\frac{\partial H}{\partial t}$
- $rotH=i=i_c+i_d=\sigma E+\frac{\partial D}{\partial t}$
- $divD=\rho$
- $divB=0$

(여기서 i_c=전도전류밀도[A/m²], i_d=변위전류밀도[A/m²], σ=도전율(전도율)[℧/m], μ=투자율[H/m], ρ=체적전하밀도[C/m³])

02 전자기학 　정답 | ②

전하량 관계식 $Q=CV$[C], 전위 관계식 $V=Ed$[V]에 의해 $Q=CV=CEd$의 관계가 성립한다.
이에 따라 전계의 크기를 계산하면 다음과 같다.

$$E=\frac{Q}{Cd}=\frac{600\times10^{-6}}{2\times10^{-6}\times3\times10^{-3}}=\frac{100}{10^{-3}}=100\times10^{3}[\text{V/m}]$$
$$=100[\text{V/mm}]$$

> 참고 | 단위환산
> $1[\text{m}]=10^{3}[\text{mm}]$이므로
> $100\times10^{3}\left[\frac{\text{V}}{\text{m}}\right]=\frac{100\times10^{3}}{10^{3}}\left[\frac{\text{V}}{\text{mm}}\right]=100[\text{V/mm}]$가 된다.

03 전자기학 　정답 | ①

[표피효과(Skin effect)]

- 도체에 고주파 전류가 흐를 때, 전류가 도체 표면 가까이에 집중하여 흐르는 현상
- 도체에 교류 전류가 흐를 때, 전선 중심부일수록 그 전류가 만드는 자속과 쇄교하여 인덕턴스가 커지면서, 내부저항 증가로 인해 도체 중심부보다 도체 표면에 많은 전류가 흐르는 현상
- 표피효과가 커진다는 것은 도체 표피의 전류 밀도가 더욱 높아지는 것을 의미하며, 실제 전류 밀도가 작용하는 표피두께(침투깊이) $\delta[m]$는 작아짐을 의미함

[표피효과에 대한 관계성]

- 표피두께(침투깊이) $\delta=\frac{1}{\sqrt{\pi f\sigma\mu}}$[m]
- 주파수 f, 전도율 σ, 투자율 μ가 클수록 표피효과가 커지며, 표피두께는 작아짐
- 표피효과$\propto\sqrt{f\sigma\mu}\propto\frac{1}{\text{표피두께(침투깊이)}}$

(* 표피두께만 반대로 작용한다고 기억!)

오답풀이 |
② 표피효과가 클수록 표피두께는 작아진다.
③ 도전율이 클수록 표피효과는 커지며, 표피두께는 작아진다.
④ 주파수가 클수록 표피효과는 커지며, 표피두께는 작아진다.

04 전자기학 　정답 | ③

자속 관계식은 $\phi=\frac{NI}{R_m}=\frac{NI}{\frac{l}{\mu S}}=\frac{\mu SNI}{l}=\frac{\mu_s\mu_0SNI}{l}$[wb]

이므로 주어진 조건을 대입하면 다음과 같다.

$$\phi=\frac{\mu_s\mu_0SNI}{l}=\frac{1{,}000\times4\pi\times10^{-7}\times10\times10^{-4}\times800\times2}{4\pi\times10^{-2}}$$
$$=16\times10^{-3}[\text{wb}]=1.6\times10^{-2}[\text{wb}]$$

05 전기설비 　정답 | ④

2021년 1월 1일부터 개정된 사항이 적용되었으며, 그 내용은 다음과 같다.

[전기사업법 시행규칙상 전압체계(제2조)]

전압구분	개정 후(KEC)
저압	AC 1,000[V] 이하 DC 1,500[V] 이하
고압	AC 1,000[V] 초과 7[kV] 이하 DC 1,500[V] 초과 7[kV] 이하
특고압	AC·DC 7[kV] 초과

06 회로이론 　정답 | ③

배율기(multiplier)란 전압계의 측정범위 확장을 위해 전압계에 직렬로 설치하는 저항을 의미하며, 전압계의 내부저항과 배율기의 저항과의 전압 분배법칙을 이용하여 확장된 범위의 전압을 측정할 수 있다.

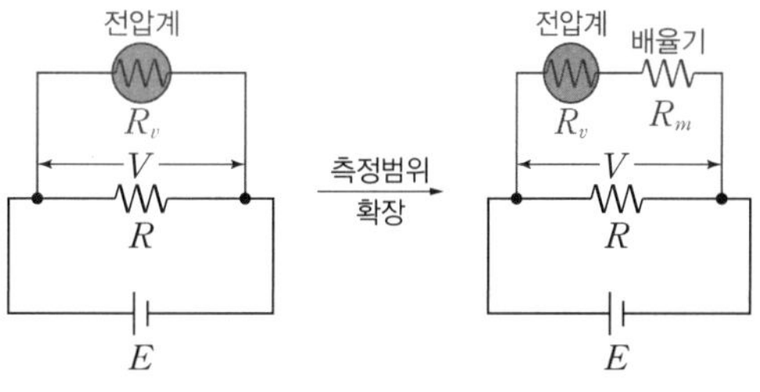

회로소자의 전압을 V, 전압계 정격전압을 V_v라 할 때,

$V_v = \frac{R_v}{R_v+R_m}V$이므로 회로소자의 실제전압 V는 다음과 같다.

$V = \frac{R_v+R_m}{R_v}V_v = \left(1+\frac{R_m}{R_v}\right)V_v = mV_v$

(여기서 m은 전압계의 정격전압(V_v)에 대한 회로소자의 실제전압(V)의 비, 즉 배율기의 배율)

- 배율기의 배율 $m = \frac{V(\text{실제전압})}{V_v(\text{정격전압})} = 1+\frac{R_m}{R_v}$
- 배율기의 저항 $R_m = (m-1)R_v = \left(\frac{V}{V_v}-1\right)R_v[\Omega]$

주어진 조건에 대한 배율기의 저항은 다음과 같다.

$R_m = \left(\frac{V}{V_v}-1\right)R_v = \left(\frac{440}{110}-1\right)\times 1{,}500 = 4{,}500[\Omega]$

07 전기기기 정답 | ②

단상 유도전동기의 기동토크가 큰 순서는 다음과 같다.
반발 기동형 – 반발 유도형 – 콘덴서 기동형 – 분상 기동형 – 셰이딩 코일형 – 모노사이클릭형
따라서 정답은 ②이다.

08 전기기기 정답 | ③

직류 발전기 기전력 관계식 $E = pZ\phi\frac{N}{60a}[\text{V}]$

(여기서 p=극수, Z=전 도체수, ϕ=극당 자속수[wb], N=분당 회전수[rpm], a=병렬 회로수)

병렬 회로수의 경우 파권일 때 $a=2$, 중권일 때 $a=p$가 되므로 각 전기자 권선법의 기전력 관계를 해석하면 다음과 같다.

$E_{\text{파권}} = pZ\phi\frac{N}{60a} = 6Z\phi\frac{N}{60\times 2} = 3Z\phi\frac{N}{60}[\text{V}]$

$E_{\text{중권}} = pZ\phi\frac{N}{60a} = pZ\phi\frac{N}{60p} = Z\phi\frac{N}{60}[\text{V}]$

따라서 파권의 기전력이 중권의 기전력보다 3배 크다.

09 전력공학 정답 | ①

[고장에 따른 대칭분 성질 정리]

- 1선 지락 사고: $I_0 = I_1 = I_2 \neq 0$
- 2선 지락 사고: $V_0 = V_1 = V_2 \neq 0$
- 선간 단락 사고: 정상분, 역상분만 존재
- 3상 단락 사고: 정상분만 존재

사고	정상분$_{(1)}$	역상분$_{(2)}$	영상분$_{(0)}$
1선 지락	○	○	○
선간 단락	○	○	×
3상 단락	○	×	×

3상 단락 사고가 발생한 경우에는 정상분만 존재한다.
즉, $I_0 = I_2 = V_0 = V_2 = 0$

10 전기기기 정답 | ①

[2차 권선을 단락했을 때의 변압기 등가회로]

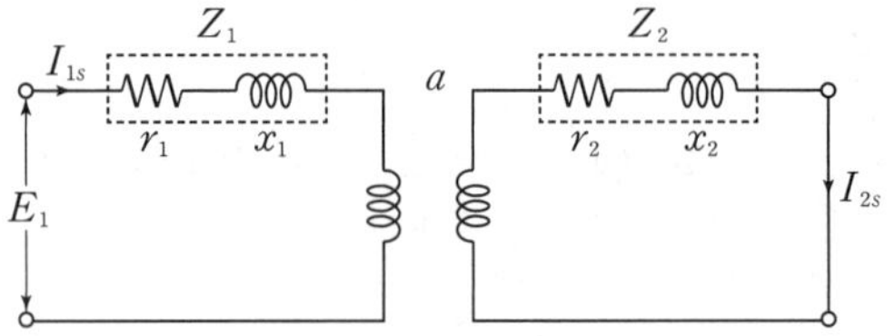

(여기서 I_{1s}=1차 측 단락전류, I_{2s}=2차 측 단락전류)

2차 측의 요소를 1차 측 기준으로 환산하면 다음과 같다.

- 2차 측 임피던스를 1차 측 기준으로 환산: 권수비 $a=\sqrt{\frac{Z_1}{Z_2}}$의 관계에 의해 $Z_1 = a^2Z_2$가 되므로 1차 측 환산 임피던스는 a^2Z_2가 된다.
- 2차 측 단락전류를 1차 측 기준으로 환산: 권수비 $a=\frac{I_2}{I_1}$의 관계에 의해 $I_1 = \frac{I_2}{a}$가 되므로 1차 측 환산 단락전류는 $\frac{I_{2s}}{a}$가 된다.

그러므로 위의 회로를 1차 측 기준으로 환산한 요소에 대해 등가화시키면 다음과 같다.

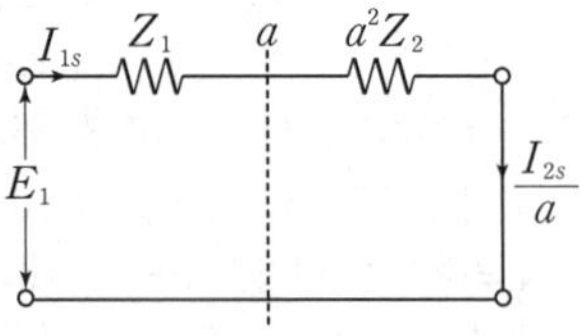

다시, 1차 측과 2차 측의 임피던스를 합성하여 다음과 같이 나타낼 수 있다.

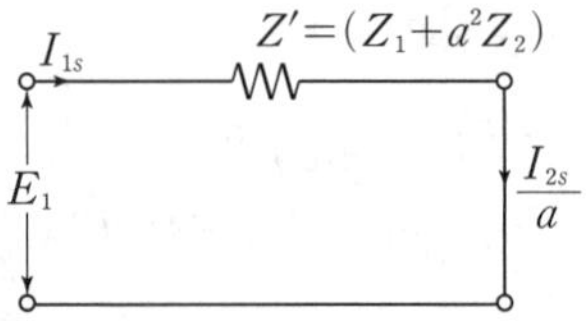

등가회로에서 전압, 전류, 임피던스의 관계식을 나타내면

$E_1 = I_{1s}Z'$가 되어 1차 단락전류는 $I_{1s} = \frac{E_1}{Z'}$가 된다.

1차 기준으로 환산한 합성 임피던스는

$Z'=Z_1+a^2Z_2=(r_1+jx_1)+a^2(r_2+jx_2)$

$=r_1+jx_1+a^2r_2+ja^2x_2$

$=(r_1+a^2r_2)+j(x_1+a^2x_2)$가 되므로

임피던스의 크기는 $Z'=\sqrt{(r_1+a^2r_2)^2+(x_1+a^2x_2)^2}$이 된다.

따라서 1차 단락전류는 $I_{1s}=\dfrac{E_1}{\sqrt{(r_1+a^2r_2)^2+(x_1+a^2x_2)^2}}$[A]가 된다.

11 전기기기 정답 | ③

철손(P_i)은 히스테리시스손(P_h)과 와류손(P_e)의 합이며, 각 손실의 감소대책은 다음과 같다.

1) 히스테리시스손 P_h[W]

- $P_h=k_hfB_m^2$[W]이므로 자속밀도를 작게 하면 손실이 감소한다.
  (여기서 k_h=히스테리시스 상수, f=주파수, B_m=최대자속밀도)
- 최대 4[%]의 규소가 함유된 규소강판을 사용한다.

2) 와류손 P_e[W]

$P_e=k_e\dfrac{(t\cdot f\cdot k_f\cdot B_m)^2}{\rho}$이므로 두께의 제곱에 비례한다.

(* 일반적으로 $P_e=k_e(t\cdot f\cdot B_m)^2$으로 해석한다.)

그러므로 철심을 성층철심(절연된 얇은 판을 쌓아 만든 철심으로 0.35~0.5[mm] 두께로 사용)으로 구성하여 감소시킬 수 있다.

(여기서 k_e=와류상수, t=두께[m], ρ=저항률[Ω/m], k_f=파형률$\left(=\dfrac{\text{실횻값}}{\text{평균값}}\right.$, 정현파 교류=1.11))

따라서 철손과 권선의 수는 관계가 없다.

12 전기기기 정답 | ③

- 전압 변동률 관계식 $\varepsilon=\dfrac{V_0-V_n}{V_n}\times100[\%]$
- 직류 분권 발전기 기전력 관계식

$I_a=I+I_f=\dfrac{P}{V}+\dfrac{V}{R_f}$[A]

$E=V+I_aR_a$[V]

풀이방법 ①

$I_a=\dfrac{P}{V}+\dfrac{V}{R_f}=\dfrac{8\times10^3}{200}+\dfrac{200}{200}=41$[A]

$E=V+I_aR_a=200+41\times0.2=200+8.2=208.2$[V]

$V_0=E$이므로 전압 변동률은 다음과 같이 계산된다.

$\varepsilon=\dfrac{V_0-V_n}{V_n}\times100=\dfrac{208.2-200}{200}\times100=4.1[\%]$

풀이방법 ②

$\varepsilon=\dfrac{V_0-V_n}{V_n}\times100=\dfrac{I_aR_a}{V_n}\times100$이며,

$I_a=\dfrac{P}{V}+\dfrac{V}{R_f}=\dfrac{8\times10^3}{200}+\dfrac{200}{200}=41$[A]이므로 전압 변동률은 다음과 같이 계산된다.

$\varepsilon=\dfrac{V_0-V_n}{V_n}\times100=\dfrac{I_aR_a}{V_n}\times100=\dfrac{41\times0.2}{200}\times100=4.1[\%]$

13 회로이론 정답 | ②

$\dfrac{R}{X}=\dfrac{2}{3}$이므로 $R=2$, $X=3$으로 계산하면 다음과 같다.

$\cos\theta=\dfrac{R}{Z}=\dfrac{R}{\sqrt{R^2+X^2}}=\dfrac{2}{\sqrt{2^2+3^2}}=\dfrac{2}{\sqrt{4+9}}=\dfrac{2}{\sqrt{13}}$

14 전자통신 정답 | ②

디지털 변조란 디지털 데이터를 아날로그 신호로 변환하는 것을 말하며, 크게 진폭 편이 변조방식, 주파수 편이 변조방식, 위상 편이 변조방식, 직교 진폭 변조방식이 있다.

- 진폭 편이 변조방식(ASK, Amplitude Shift Keying): 2진수를 다른 진폭의 신호로 변조하는 방식
- 주파수 편이 변조방식(FSK, Frequency Shift Keying): 2진수를 서로 다른 주파수로 변조하는 방식
- 위상 편이 변조방식(PSK, Phase Shift Keying): 2진수를 서로 다른 위상을 갖는 신호로 변조하는 방식
  - 2상 편이 변조방식(BPSK, Binary Phase Shift Keying): 위상을 2등분하여 각각의 위상에 2진수를 할당하여 전송하는 방식
  - 4상 편이 변조방식(QPSK, Quadrature Phase Shift Keying): 위상을 4등분하여 각각의 위상에 2비트씩 할당하여 전송하는 방식이며, 비트는 00, 01, 10, 11로 할당함
- 직교 진폭 변조방식(QAM, Quadrature Amplitude Modulation): 진폭과 위상을 상호 변환하여 신호를 얻는 변조방식

[연산증폭기(OP－Amp)를 이용한 차동 증폭회로]

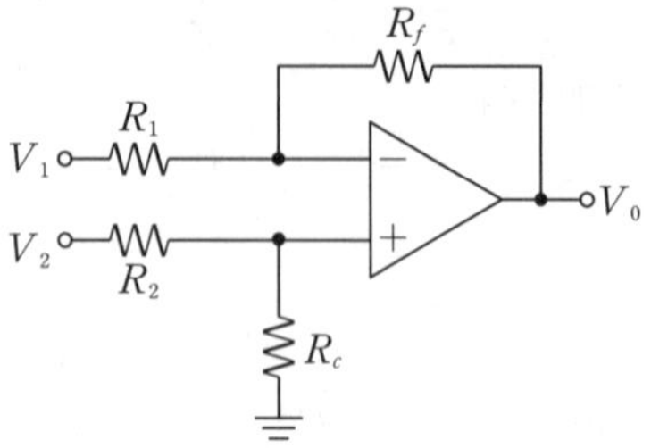

풀이방법 ①

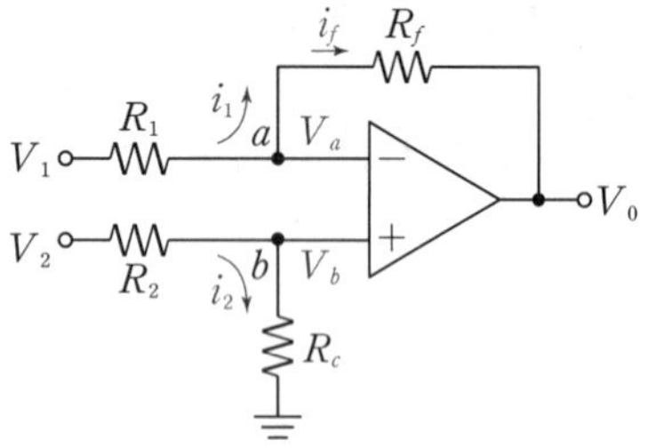

이상적인 연산증폭기는 입력저항이 $R_{in}=\infty$이므로 전류가 거의 유입되지 않아 $i_1 \fallingdotseq i_f$ 관계가 성립한다.

1) a단자 해석

$i_1=\frac{V_1-V_a}{R_1}$, $i_f=\frac{V_a-V_0}{R_f}$이므로

$\frac{V_1-V_a}{R_1}=\frac{V_a-V_0}{R_f}$가 되어

$$V_0=V_a-\frac{V_1-V_a}{R_1}R_f$$
$$=V_a-\frac{R_f}{R_1}V_1+\frac{R_f}{R_1}V_a$$
$$=\left(1+\frac{R_f}{R_1}\right)V_a-\frac{R_f}{R_1}V_1$$

2) b단자 해석

b단자의 전압은 $V_b=\frac{R_c}{R_2+R_c}V_2$이며 연산증폭기의 입력부를 가상 단락하면 $V_a=V_b$이므로 $V_a=V_b=\frac{R_c}{R_2+R_c}V_2$가 된다.

해당 관계식을 '1)'의 V_0식에 대입하면 다음과 같다.

$$V_0=\left(1+\frac{R_f}{R_1}\right)V_a-\frac{R_f}{R_1}V_1$$
$$=\left(1+\frac{R_f}{R_1}\right)\left(\frac{R_c}{R_2+R_c}\right)V_2-\frac{R_f}{R_1}V_1$$
$$=\left(\frac{R_1+R_f}{R_1}\right)\left(\frac{R_c}{R_2+R_c}\right)V_2-\frac{R_f}{R_1}V_1$$
$$=\frac{(R_1+R_f)R_c}{R_1(R_2+R_c)}V_2-\frac{R_f}{R_1}V_1$$

연산증폭기 외부에 연결된 저항의 관계가 $R_1=R_2$, $R_f=R_c$라면 V_0은 다음과 같이 나타난다.

$$V_0=\frac{(R_1+R_f)R_f}{R_1(R_1+R_f)}V_2-\frac{R_f}{R_1}V_1=\frac{R_f}{R_1}V_2-\frac{R_f}{R_1}V_1$$
$$=\frac{R_f}{R_1}(V_2-V_1)$$

주어진 조건의 값을 대입하면 다음과 같다.

$$V_0=\frac{6}{2}(V_2-V_1)=3(V_2-V_1)=-3(V_1-V_2)$$

풀이방법 ②

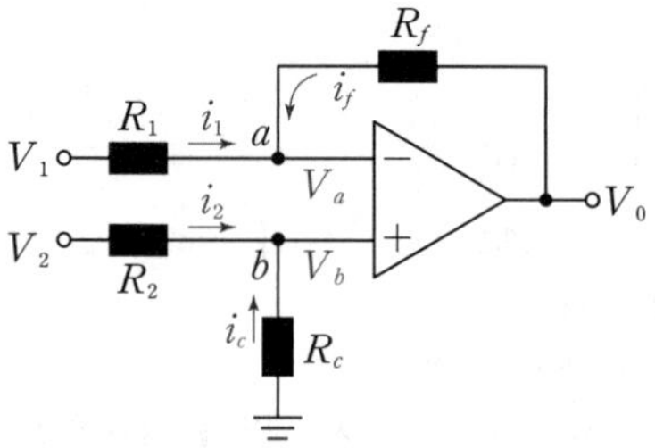

연산증폭기의 입력부를 가상 단락하면 $V_a=V_b$가 되고, 각각의 a, b단자에 키르히호프 전류법칙을 취하여 해석하면 다음과 같다.

1) a단자 해석

$i_1=\frac{V_1-V_a}{R_1}$, $i_f=\frac{V_0-V_a}{R_f}$이고, $i_1+i_f=0$이므로

$\frac{V_1-V_a}{R_1}+\frac{V_0-V_a}{R_f}=\frac{V_1-V_a}{2}+\frac{V_0-V_a}{6}=0$이 된다.

$\frac{V_1-V_a}{2}+\frac{V_0-V_a}{6}=0$에서 양변에 6을 곱하여 수식을 V_0에 대해 정리하면 다음과 같다.

$3(V_1-V_a)+V_o-V_a=3V_1-4V_a+V_o=0$

$V_0=4V_a-3V_1$

2) b단자 해석

$i_2=\frac{V_2-V_b}{R_2}$, $i_c=\frac{0-V_b}{R_c}$이고, $i_2+i_c=0$이므로

$\frac{V_2-V_b}{R_2}+\frac{-V_b}{R_c}=\frac{V_2-V_b}{2}-\frac{V_b}{6}=0$이 된다.

$\frac{V_2-V_b}{2}-\frac{V_b}{6}=0$에서 양변에 6을 곱하여 수식을 V_0에 대해 정리하면 다음과 같다.

$3(V_2-V_b)-V_b=3V_2-4V_b=0$

$V_a=V_b$이므로 $3V_2-4V_b=3V_2-4V_a=0$가 되어

$4V_a=3V_2$의 관계가 나오게 된다.

$4V_a=3V_2$의 관계를 '1)'의 결과식 $V_0=4V_a-3V_1$에 대입하면 다음과 같다.

$V_0=4V_a-3V_1=3V_2-3V_1=3(V_2-V_1)=-3(V_1-V_2)$

16 전력공학

정답 | ③

- 페란티 현상: 장거리 송전선로에서 경부하 또는 무부하 시에 충전전류의 영향이 증대되어 전류가 진상전류로 변하여 수전단 전압이 송전단 전압보다 높아지는 현상을 말한다.
- 페란티 현상의 발생 원인: 송전선로의 대지 정전용량에 의한 충전(진상)전류
- 페란티 현상 방지대책: 진상전류(C성분)가 원인이므로 이를 상쇄시킬 수 있는 L성분을 투입하여 방지한다.
  - 수전단에 분로리액터를 설치한다.
  - 발전소의 동기 발전기를 부족여자(진상)로 운전한다.
  - 동기 조상기를 지상운전(부족여자)한다.
  - 송전선로의 송전방식을 지중송전 방식보다 가공송전 방식을 채용한다.

오답풀이 |

① 동기 조상기를 지상운전(부족여자)한다.

② 동기 발전기를 진상운전(부족여자)한다.

④ 페란티 현상은 경부하 또는 무부하 시에 발생한다. 따라서 경부하 운전을 하는 경우 페란티 현상이 발생하게 되므로 방지대책이 될 수 없다.

17 회로이론

정답 | ①

[회로에 따른 과도현상]

구분	$R-L$ 직렬회로	$R-C$ 직렬회로
$t=0$ 초기상태	개방	단락
$t=\infty$ 정상상태	단락	개방
전원 on 시 충전전하	–	$q=CE(1-e^{-\frac{1}{RC}t})$
전원 on 시 전류	$i=\frac{E}{R}(1-e^{-\frac{R}{L}t})$	$i=\frac{E}{R}e^{-\frac{1}{RC}t}$
시정수	$\tau=\frac{L}{R}$	$\tau=RC$
특성근	$-\frac{R}{L}$	$-\frac{1}{RC}$

저항 R에 걸리는 전압 v_R은 다음과 같다.

스위치를 닫았을 때(on)의 전류는 $i=\frac{E}{R}e^{-\frac{1}{RC}t}$이므로

$$v_R=Ri=R\times\frac{E}{R}e^{-\frac{1}{RC}t}=Ee^{-\frac{1}{RC}t}[\text{V}]$$

18 전력공학

정답 | ①

[송전계통의 안정도 향상 대책]

- 발전기 및 변압기의 리액턴스를 작게 한다.
- 발전기의 단락비를 크게 한다.
- 선로의 병행회선을 증가시키거나 복도체를 채용한다.
- 직렬콘덴서를 설치하여 선로의 유도성 리액턴스를 보상한다.
- 속응 여자방식을 채용한다.
- 중간 조상방식을 채용한다.
- 적당한 중성점 접지방식을 채용한다.
- 고속도 차단방식을 채용하여 고장 발생 시 고장구간을 신속히 차단한다.
- 고속도 재폐로 방식을 채용한다.

19 전력공학

정답 | ②

가스절연 개폐장치(GIS, Gas−Insulated Switch gear)는 SF_6 가스를 절연매체로 하여 충진 밀봉한 개폐설비로 발전소나 변전소에 설치되는 전력설비의 주 보호장치로서 정상개폐는 물론이고 고장 발생 시에도 과도한 전류를 신속하게 차단시켜 전력계통을 보호하는 장치이다.

[가스절연 개폐장치의 특징]

- 충전부가 완전밀폐되어 안전성이 있다.
- 대기 중 오염물의 영향을 받지 않아 신뢰도가 높다.
- 소음이 적고 주변환경과 조화를 이룰 수 있다.
- 소형화할 수 있다.
- 절연거리 축소로 설치면적이 작아진다.
- 공장조립이 가능하여 설치 공사기간이 단축된다.
- 내부를 직접 볼 수 없으므로 내부점검 및 부품교환이 번거롭다.
- 가스 압력, 수분 등을 엄중하게 감시해야 한다.
- 한랭지, 산악지방에서는 액화 방지대책이 필요하다.
- 기기의 가격이 고가이다.

[SF_6 가스의 특징]

- 소호능력이 우수하다.(공기의 약 100배)
- 높은 절연내력을 가진다.(공기의 2~3배)
- 무색, 무취, 무독성, 난연성, 불활성 기체이다.
- 절연 성능 및 안정성이 우수하고, 절연 회복이 빠르다.
- 열 전달성이 우수하다.

20 회로이론

정답 | ④

Δ결선은 $V_l=V_p$의 관계가 있으며, $I_p=\frac{V_p}{Z}$, $Z=\sqrt{R^2+X^2}$이

므로 $I_p = \frac{V_l}{\sqrt{R^2+X^2}}$로 나타낼 수 있다.

주어진 조건에 의해 $I_p = \frac{200}{\sqrt{6^2+8^2}} = \frac{200}{10} = 20[A]$

풀이방법 ①

3상 전력 $P=3I_p^2R=3\times20^2\times6=3\times400\times6=7,200[W]$

풀이방법 ②

3상 전력 $P=3V_PI_P\cos\theta$의 관계식을 이용하면

$\cos\theta=\frac{R}{Z}=\frac{R}{\sqrt{R^2+X^2}}=\frac{6}{\sqrt{6^2+8^2}}=\frac{6}{10}=0.6$이므로

$P=3V_PI_P\cos\theta=3\times200\times20\times0.6=7,200[W]$

21 전기기기

정답 | ④

비율차동 계전기는 고장 시에 발생하는 불평형 차전류가 일정 비율을 넘었을 때 동작하는 계전기로, 발전기와 변압기의 내부고장에 대한 보호용으로 사용된다.

오답풀이 |

① 열동 계전기: 전동기를 과부하(과열)로부터 보호하기 위해 사용하는 계전기이다.

② 과전압 계전기: 전압이 설정된 값 이상으로 인가되는 경우에 동작하는 계전기로, 전기설비를 과전압으로부터 보호하는 용도로 사용된다.

③ 과전류 계전기: 전류가 설정된 값 이상으로 흐를 경우 동작하는 계전기로, 전기설비를 과전류로 보호하는 용도로 사용된다.

22 전기응용

정답 | ②

[축전지 충전방식]

- 초기충전: 조립한 축전지에 전해액을 주입한 후, 처음으로 장시간 행하는 충전방식
- 보통충전: 필요할 때 표준 시간율로 소정의 충전을 행하는 방식
- 세류충전: 자기 방전량만 충전하는 부동충전방식의 일종으로 8시간율 방전전류의 0.5~2[%] 정도의 일정한 전류로 충전을 계속하는 방식
- 균등충전: 각 전해조에서 일어나는 전위 차를 보정하기 위해서 보통의 충전이 종료한 다음에도 계속 충전하여 과충전하는 것으로 1~3개월마다 1회 정전압으로 10~12시간 충전하여 각 전해조의 용량을 균일화하기 위한 충전방식
- 부동충전: 축전지가 자기 방전을 보충함과 동시에 상용부하에 대한 전력공급은 충전기가 부담하고, 충전기가 부담하기 힘든 일시적인 대전류는 축전지가 부담하는 방식
- 급속충전: 단시간에 보통전류의 2~3배의 전류로 충전하는 방식으로 과대전류로 충전하는 것이므로 축전지에는 좋지 않은 충전방식

23 회로이론

정답 | ④

대칭 좌표법은 비대칭성의 불평형 전압이나 전류를 대칭성의 3상 분인 영상분, 정상분, 역상분으로 분해하여 각 성분이 단독으로 존재하는 경우로 등가하여 회로를 해석하는 방법이다.

- 영상분: 크기와 위상이 동일한 각 불형평 상전압의 공통성분으로, 접지선과 중성선에 존재한다. 중성점 비접지 방식은 영상분이 존재하지 않는다.
- 정상분: 각 상순이 전원과 동일한 상회전 방향이고, 120°의 위상차를 갖는 상전압 성분으로, 발전기의 정상 운전 시에 존재하는 것으로 항상 존재하는 성분이다.
- 역상분: 각 상의 순서가 전원과 반대의 방향이고, 120°의 위상차를 갖는 상전압 성분으로, 발전기에 불평형이 발생 시에 나타나는 성분이다.

불평형률은 불평형의 정도를 나타내는 척도로써, 정상분에 대한 불평형 시에 발생하는 성분의 비를 의미하며 불평형 시에 역상분이 발생하게 되므로, 정상분에 대한 역상분의 비로 나타낸다.

불평형률$[\%]=\frac{\text{역상분}}{\text{정상분}}\times100[\%]=\frac{V_2}{V_1}\times100[\%]=\frac{I_2}{I_1}\times100[\%]$

24 전기기기

정답 | ③

속도 변동률 관계식 $\varepsilon=\frac{N_0-N}{N}\times100[\%]$에서 무부하 속도의 관계식으로 나타내면 다음과 같다.

무부하 속도 $N_0=(1+\varepsilon)N$

주어진 조건을 무부하 속도 관계식에 대입하면 다음과 같다.

$N_0=(1+0.2)\times425=510[rpm]$

25 전력공학

정답 | ③

[배전 방식별 요소값의 비교]

방식	전력값	손실값	전선 중량비
$1\phi2w$	$P=VI\cos\theta$	$2I^2R$	1(100[%])
$1\phi3w$	$P=2VI\cos\theta$		$\frac{3}{8}$(37.5[%])
$3\phi3w$	$P=\sqrt{3}VI\cos\theta$	$3I^2R$	$\frac{3}{4}$(75[%])
$3\phi4w$	$P=3VI\cos\theta$		$\frac{1}{3}$(33.3[%])

따라서 $\frac{\text{단상 3선식}}{\text{3상 3선식}}=\frac{\frac{3}{8}}{\frac{3}{4}}=\frac{4}{8}=\frac{1}{2}$이다.

2021 상반기 한국남동발전

2021. 3. 27. (토) 시행

정답 확인

p.61

문항	정답	과목	문항	정답	과목	문항	정답	과목	문항	정답	과목	문항	정답	과목
01	②	전기기기	02	④	회로이론	03	①	전자기학	04	②	전기기기	05	②	전력공학
06	③	전력공학	07	③	전자기학	08	②	전력공학	09	④	전기기기	10	③	전자기학
11	④	전력공학	12	④	전자기학	13	②	전력공학	14	①	전기일반	15	①	회로이론
16	②	전기기기	17	④	전자기학	18	③	전력공학	19	①	전기기기	20	③	회로이론
21	②	회로이론	22	②	제어공학	23	②	전자통신	24	①	전자기학	25	③	회로이론
26	①	전기일반	27	④	전기기기	28	④	전기기기	29	②	전자기학	30	③	전력공학
31	②	전자통신	32	①	제어공학	33	②	회로이론	34	④	제어공학	35	④	전자기학
36	②	제어공학	37	③	전력공학	38	③	회로이론	39	①	전자기학	40	①	전력공학
41	③	전자기학	42	④	전자통신	43	②	전자통신	44	②	제어공학	45	①	전기기기
46	③	전력공학	47	③	제어공학	48	①	전자통신	49	③	제어공학	50	②	전기기기
51	④	전자통신	52	③	전력공학	53	④	전기일반	54	①	전력공학	55	④	전자통신
56	①	전자통신	57	③	전자통신	58	②	제어공학	59	①	전자통신			

세부과목별 실력 점검표

과목	맞은 개수	정답률	취약점 & 체크사항
전자기학	/10	%	
회로이론	/7	%	
전기기기	/9	%	
전력공학	/12	%	
제어공학	/8	%	
전자통신	/10	%	
전기일반	/3	%	
합계	/59	%	

01 전기기기

정답 | ②

동기속도 관계식 $N_s=\frac{120f}{p}$[rpm]에서

$1[\text{rpm}]=\frac{1}{60}[\text{rps}]$이므로

$N_s=60n_s=\frac{120f}{p}$[rpm]로 표현할 수 있다.

여기에서 극수에 관한 수식으로 정리하여 계산하면 다음과 같다.

$p=\frac{120f}{60n_s}=\frac{2f}{n_s}=\frac{2\times 60}{20}=6$극

02 회로이론

정답 | ④

전류가 시간에 따라 변화할 때, 전기량은 $q=\int i\,dt[\text{A}\cdot\text{s}]$로 계산할 수 있다.

0~2초 동안의 전기량을 계산하면 다음과 같다.

$$q=\int_0^2 10(2t^3+3t^2+150)dt$$

$$=10\int_0^2(2t^3+3t^2+150)dt=10\left[\frac{2}{4}t^4+\frac{3}{3}t^3+150t\right]_0^2$$

$$=10\left(\frac{1}{2}\times 2^4+2^3+150\times 2\right)=10(8+8+300)=3{,}160[\text{A}\cdot\text{s}]$$

$1[\text{s}]=\frac{1}{3{,}600}[\text{h}]$이므로 해당 관계로 단위환산을 하면 다음과 같다.

$$q=3{,}160[\text{A}\cdot\text{s}]=3{,}160\times\frac{1}{3{,}600}[\text{A}\cdot\text{h}]\fallingdotseq 0.87[\text{Ah}]$$

03 전자기학

정답 | ①

A와 B의 좌표를 각 위치에 대한 벡터로 표현하면

$\dot{A}=-2i+3j-k$, $\dot{B}=2i+4j+k$이며, $\dot{A}$에서 $\dot{B}$로 향하는 벡터는 $\dot{B}-\dot{A}$로 계산할 수 있다.

$\dot{B}-\dot{A}=(2i+4j+k)-(-2i+3j-k)=4i+j+2k$

04 전기기기

정답 | ②

단락비 k의 관계식은 다음과 같다.

$$k=\frac{I_s}{I_n}=\frac{100}{\%Z}=\frac{V^2}{PZ}$$

(여기서 I_s=단락전류[A], I_n=정격전류[A], V=정격전압[V], P=정격출력[VA])

단락비의 관계식 중 $k=\frac{V^2}{PZ}$의 관계식을 이용하면 $Z=\frac{V^2}{Pk}$가 된다. 문제에서 저항에 대한 언급이 없으므로 동기 리액턴스는 $X\fallingdotseq Z$의 관계로 취급할 수 있으며, 정격출력은 $P=\sqrt{3}VI$[VA]이므로 동기 리액턴스의 관계식은 다음과 같이 나타낼 수 있다.

$$X\fallingdotseq Z=\frac{V^2}{k\sqrt{3}VI}=\frac{V}{k\sqrt{3}I}$$

주어진 조건을 대입하여 동기 리액턴스를 계산하면 다음과 같다.

$$X=\frac{V}{k\sqrt{3}I}=\frac{6{,}000}{2\sqrt{3}\times 500}=\frac{6}{\sqrt{3}}=2\sqrt{3}=2\times 1.73$$

$$=3.46\fallingdotseq 3.5[\Omega]$$

05 전력공학

정답 | ②

주어진 조건에서 지상역률 95[%]에서 콘덴서를 연결하여 진상역률 80[%]가 되었으므로 역률 과보상이 일어난 것으로 볼 수 있다.

역률 과보상 시 발생하는 현상은 다음과 같다.

- 역률 저하 및 앞선 역률에 의한 전력 손실 증가
- 모선 전압의 과상승
- 단자 전압 상승
- 계전기 오동작
- 고조파 왜곡의 증대
- 설비용량 감소로 인한 과부하 발생 우려

따라서 역률 과보상 시 설비용량이 감소하므로 정답은 ②이다.

06 전력공학

정답 | ③

저항이 '0'에 가까운 도체로 중성점을 접지하는 방식을 직접접지 방식이라고 한다.

직접접지 방식의 특징은 다음과 같다.

- 1선 지락사고 시 건전상의 대지전압 상승이 다른 접지 방식에 비해 매우 작다.
- 1선 지락사고 시 중성점의 전위가 거의 영전위로 유지되므로 기기의 절연레벨을 경감시켜 단절연이 가능하다.
- 1선 지락사고 시 지락전류가 매우 크므로 보호계전기(지락계전기)의 동작을 신속하게 할 수 있다.
- 큰 지락전류로 인해 근접한 통신선에 유도장해가 발생하며, 기기에 큰 충격을 주기 쉽다.
- 지락전류가 저역률의 대전류이므로 과도안정도가 나빠진다.
- 차단기의 동작이 빈번하며, 대용량의 차단기가 필요하다.

따라서 1선 지락사고 시 지락전류는 매우 크므로 정답은 ③이다.

07 전자기학

정답 | ③

전기 이중층에서 외부의 한 점에 대한 전위는 다음과 같다.

• 정전하 측의 전위

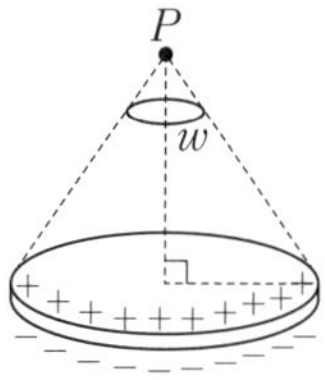

$$V_P=\frac{M}{4\pi\varepsilon_0}w[\mathrm{V}]$$

• 부전하 측의 전위

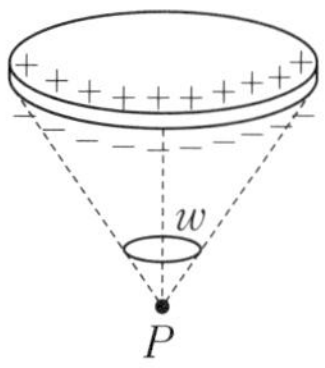

$$V_P=-\frac{M}{4\pi\varepsilon_0}w[\mathrm{V}]$$

따라서 부전하 측의 위치에 대한 전위를 물었으므로 $V_P=-\frac{M}{4\pi\varepsilon_0}w[\mathrm{V}]$가 된다.

08 전력공학

정답 | ②

단상 2선식에서 전압강하 및 전선의 단면적을 구하는 관계식은 다음과 같다.

• 전압강하 $e=\frac{35.6LI}{1{,}000A}$

• 전선 단면적 $A=\frac{35.6LI}{1{,}000e}$

(여기서 e=각 선간의 전압강하[V], A=전선의 단면적[mm^2], L=전선의 길이[m], I=전류[A])

주어진 조건을 전선 단면적의 관계식에 대입하여 계산하면 다음과 같다.

$$A=\frac{35.6LI}{1{,}000e}=\frac{35.6\times200\times10}{1{,}000\times5}=14.24[\mathrm{mm}^2]$$

09 전기기기

정답 | ④

[유도 전동기의 제동법]

• 발전제동: 전동기의 전원을 끊고 회전 관성에 의해 전동기가 회전하면서 발전기로 작용한다. 이때 발생된 전력을 단자에 접속된 저항에서 열로 소비시키면서 제동하는 방법이다.

• 회생제동: 전동기의 전원을 접속한 상태에서 전동기에 유기되는 역기전력을 전원전압보다 높게 하여 발생된 전력을 전원부로 되돌리면서 제동하는 방법이다.

• 역상제동(역전제동, 플러깅 제동): 전동기 전원의 접속을 바꾸어(3상 3선중 임의의 2선의 접속을 바꿈) 역토크를 발생시켜 급정지 시 사용하는 방법이다.

오답풀이 |

① 회생제동에 대한 설명이다.

② 발전제동에 대한 설명이다.

③ 전동기의 역기전력이 전원전압보다 높아야 한다.

10 전자기학

정답 | ③

$grad$, div는 미분연산자 $\nabla=\frac{\partial}{\partial x}i+\frac{\partial}{\partial y}j+\frac{\partial}{\partial z}k$를 의미하며, 이를 이용하여 $div\cdot gradV$를 도출하기 위해서는 우선 $gradV$부터 계산해야 한다.

$$gradV=\left(\frac{\partial}{\partial x}i+\frac{\partial}{\partial y}j+\frac{\partial}{\partial z}k\right)\cdot3x^2y^3z$$
$$=\frac{\partial}{\partial x}(3x^2y^3z)i+\frac{\partial}{\partial y}(3x^2y^3z)j+\frac{\partial}{\partial z}(3x^2y^3z)k$$
$$=6xy^3zi+9x^2y^2zj+3x^2y^3k$$

최종적으로 $div\cdot gradV$를 도출하면 다음과 같다.

$$div\cdot gradV$$
$$=(\frac{\partial}{\partial x}i+\frac{\partial}{\partial y}j+\frac{\partial}{\partial z}k)\cdot(6xy^3zi+9x^2y^2zj+3x^2y^3k)$$

같은 방향 성분의 내적은 $1(i\cdot i=j\cdot j=k\cdot k=1)$,

다른 방향의 내적은 $0(i\cdot j=j\cdot k=k\cdot i=0)$이 되므로

$$div\cdot gradV=\frac{\partial}{\partial x}(6xy^3z)+\frac{\partial}{\partial y}(9x^2y^2z)+\frac{\partial}{\partial z}(3x^2y^3)$$
$$=6y^3z+18x^2yz$$

11 전력공학

정답 | ④

코로나 임계전압 E_0의 관계식은 다음과 같다.

$$E_0=24.3m_0m_1\delta d\log_{10}\frac{\mathrm{D}}{r}[\mathrm{kV}]$$

(여기서 m_0=전선 표면계수(단선≒1, 연선≒0.8), m_1=날씨계수(맑은 날≒1, 우천 시≒0.8), δ=상대공기밀도(* $\delta=\frac{0.386b}{273+t}$, b=기압[mmHg], t=온도[℃]), d=전선의 지름[cm], D=전선의 등가 선간거리[cm], r=전선의 반지름[cm])

해당 관계식에 의해 단선이 연선보다 코로나 임계전압이 큰 것을 알 수 있다.

12 전자기학 정답 | ④

전기력선의 기본적인 성질은 다음과 같다.

- 양 전하(+)에서 시작하여 음 전하(−)에서 종료된다.
- 전위가 높은 점에서 낮은 점으로 이동한다.
- 전기력선은 서로 교차하지 않는다.
- 전하가 없는 곳에서 발생 및 소멸이 없다.
- 그 자신만으로 폐곡선이 되지 않는다.
- 도체 표면(등전위면)에 수직으로 출입한다.
- 도체 내부를 통과할 수 없다.
- 전계의 방향은 전기력선의 방향과 같다.
- 전기력선 밀도는 전계의 세기와 같다.
- Q의 전하에서 나오는 전기력선 개수 $N=\frac{Q}{\varepsilon_0}$

또한, 전기력선 밀도의 경우에는 $\frac{N}{S}$의 관계가 있다.

(여기서 S=도체의 표면적)

구도체에서의 작용거리(반지름)를 r로 놓고 구도체에 작용하는 전기력선 밀도를 고려하면, 구의 표면적은 $S=4\pi r^2$이므로 $\frac{N}{S}=\frac{N}{4\pi r^2}$이 된다. 따라서 구도체에서 작용거리가 클수록 전기력선 밀도는 작아짐을 알 수 있다. 즉, 구도체 표면에서 멀어질수록 전기력선 밀도는 작아지게 된다.

오답풀이 |

③ 단위 정전하는 $+1[C]$을 의미하므로 전기력선 개수는 $N=\frac{1}{\varepsilon_0}$개가 된다.

> 참고 | 매질의 언급이 없는 경우에는 기본적으로 진공 또는 공기를 기준으로 함을 기억하자!

13 전력공학 정답 | ②

고장점의 단락전류 $I_s=\frac{100}{\%Z}\times I_n$으로 구할 수 있으며, 이를 위해서는 회로의 합성 $\%Z$를 먼저 구해야 한다.

풀이방법 ①

기준용량을 $60[MVA]$로 합성 $\%Z$를 계산하는 경우

- 발전기의 $\%Z_G$

$P_s=\frac{100}{\%Z}\times P_n$의 관계식을 이용하여 계산하면 다음과 같다.

$$\%Z_G=\frac{P_n}{P_s}\times 100=\frac{60[MVA]}{400[MVA]}\times 100=15[\%]$$

- Tr_1변압기의 $\%Z_{Tr_1}=10[\%]$
- Tr_2변압기의 $\%Z_{Tr_2}=5[\%]\times\frac{60[MVA]}{30[MVA]}=10[\%]$
- 합성 $\%Z=\%Z_G+\frac{\%Z_{Tr_1}\times\%Z_{Tr_2}}{\%Z_{Tr_1}+\%Z_{Tr_2}}=15+\frac{10\times 10}{10+10}=20[\%]$
- 단락전류
  - 3상 단락전류

$$I_{3s}=\frac{100}{\%Z}\times I_n=\frac{100}{\%Z}\times\frac{P_n}{\sqrt{3}V_n}$$
$$=\frac{100}{20}\times\frac{60\times 10^6}{20\times 10^3\sqrt{3}}=5\times\frac{3\times 10^3}{\sqrt{3}}=\frac{15\times 10^3}{\sqrt{3}}$$
$$=\frac{15\times 10^3\sqrt{3}}{\sqrt{3}\times\sqrt{3}}=5\times 10^3\times\sqrt{3}=5{,}000\sqrt{3}[A]$$

  - 선간 단락전류

$$I_s=\frac{\sqrt{3}}{2}I_{3s}=\frac{\sqrt{3}}{2}\times 5{,}000\sqrt{3}=7{,}500[A]$$

풀이방법 ②

기준용량을 $30[MVA]$로 합성 $\%Z$를 계산하는 경우

- 발전기의 $\%Z_G$

$P_s=\frac{100}{\%Z}\times P_n$의 관계식을 이용하여 계산하면 다음과 같다.

$$\%Z_G=\frac{P_n}{P_s}\times 100=\frac{30[MVA]}{400[MVA]}\times 100=7.5[\%]$$

- Tr_1변압기의 $\%Z_{Tr_1}=10[\%]\times\frac{30[MVA]}{60[MVA]}=5[\%]$
- Tr_2변압기의 $\%Z_{Tr_2}=5[\%]$
- 합성 $\%Z=\%Z_G+\frac{\%Z_{Tr_1}\times\%Z_{Tr_2}}{\%Z_{Tr_1}+\%Z_{Tr_2}}=7.5+\frac{5\times 5}{5+5}=10[\%]$
- 단락전류
  - 3상 단락전류

$$I_{3s}=\frac{100}{\%Z}\times I_n=\frac{100}{\%Z}\times\frac{P_n}{\sqrt{3}V_n}$$
$$=\frac{100}{10}\times\frac{30\times 10^6}{20\times 10^3\sqrt{3}}=\frac{15\times 10^3}{\sqrt{3}}$$
$$=\frac{15\times 10^3\sqrt{3}}{3}=5{,}000\sqrt{3}[A]$$

  - 선간 단락전류

$$I_s=\frac{\sqrt{3}}{2}I_{3s}=\frac{\sqrt{3}}{2}\times 5{,}000\sqrt{3}=7{,}500[A]$$

14 전기일반 정답 | ①

2021년 1월 1일부터 개정된 사항이 적용되었으며, 그 내용은 다음과 같다.

[전기사업법 시행규칙상 전압체계(제2조)]

전압 구분	개정 후(KEC)
저압	AC 1,000[V] 이하 DC 1,500[V] 이하
고압	AC 1,000[V] 초과 7[kV] 이하 DC 1,500[V] 초과 7[kV] 이하
특고압	AC·DC 7[kV] 초과

15 회로이론

정답 | ①

주어진 조건에서 임피던스 성분과 전압이 주어져 있으므로 제5고조파 전력은 $P=\frac{V^2}{Z}\cos\theta=\frac{V^2}{Z}\times\frac{R}{Z}=\frac{V^2R}{Z^2}$[W]의 관계식으로 계산할 수 있다. (여기서 V는 전압의 실횻값)
제5고조파의 임피던스부터 계산하면 다음과 같다.
$Z=\sqrt{R^2+(5wL)^2}=\sqrt{10^2+(5\times6)^2}=\sqrt{1,000}[\Omega]$
임피던스 값과 주어진 전압의 실횻값을 전력 관계식에 대입하여 계산하면 다음과 같다.
$P=\frac{V^2R}{Z^2}=\frac{220^2\times10}{(\sqrt{1,000})^2}=\frac{484,000}{1,000}=484[W]$

16 전기기기

정답 | ②

자기여자작용이란 장거리 고압 송전선을 무부하로 충전하는 동기발전기의 진상 전류에 의해 전압이 점차 상승되어 발전기의 단자전압이 이상 상승하는 현상을 말한다.
이로 인해 절연이 파괴되는 등의 피해가 발생할 수 있다.
자기여자작용의 원인은 충전전류(C성분)이므로 이를 방지하기 위해서는 C성분을 줄일 수 있는 L성분을 증가시키는 방법이 있다.
이에 따라 자기여자작용을 방지하는 방법은 다음과 같다.
- 발전기 또는 변압기를 병렬로 모선에 접속한다.
- 수전단에 동기 조상기를 접속하고 부족여자로 운전한다.
- 수전단에 변압기를 접속한다.
- 수전단에 리액턴스를 병렬로 접속한다.(분로리액터)
- 발전기의 단락비를 크게 한다.

참고 | 분로리액터
지상무효전력을 공급하여 진상무효전력을 조정함

17 전자기학

정답 | ④

주어진 회로에서 C_1, C_3를 합성하여 두 개의 콘덴서로 구성된 등가회로로 나타내면 다음과 같다.
$C_{1+3}=\frac{2\cdot3}{2+3}=\frac{6}{5}=1.2[\mu F]$

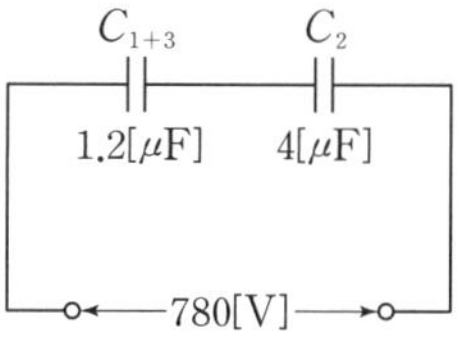

여기서 정전용량의 전압분배법칙을 사용하여 계산하면 다음과 같다.

$V_{c2}=\frac{C_{1+3}}{C_{1+3}+C_2}V=\frac{1.2}{1.2+4}\times780=180[V]$

18 전력공학

정답 | ③

유효전력이 일정할 때의 역률 개선에 필요한 콘덴서의 용량 관계식은 다음과 같다.
콘덴서 용량 $Q_c=P(\tan\theta_1-\tan\theta_2)$[kVA]
(여기서 P=유효전력[kW], θ_1=개선 전 역률각, θ_2=개선 후 역률각)
또한, $\tan\theta=\frac{\sin\theta}{\cos\theta}$, $\sin\theta=\sqrt{1-\cos^2\theta}$이다.
따라서 역률 개선에 필요한 콘덴서의 용량(Q_c)은 다음과 같이 나타낼 수 있다.

$$Q_c=P(\tan\theta_1-\tan\theta_2)$$
$$=P\left(\frac{\sqrt{1-\cos^2\theta_1}}{\cos\theta_1}-\frac{\sqrt{1-\cos^2\theta_2}}{\cos\theta_2}\right)$$
$$=0.75\times50\left(\frac{\sqrt{1-0.75^2}}{0.75}-\frac{\sqrt{1-0.95^2}}{0.95}\right)$$
$$=37.5\left(\frac{\sqrt{1-0.75^2}}{0.75}-\frac{\sqrt{1-0.95^2}}{0.95}\right)[kVA]$$

19 전기기기

정답 | ①

절연유의 열화란 절연유 성능이 저하되는 것을 의미한다.
열화의 원인으로는 변압기 내부와 외부의 온도 차에 의해 절연유가 수축과 팽창을 반복하면서 대기 중의 공기가 변압기 내로 출입하게 되는 호흡작용이 있다. 이로 인해 발생하는 현상은 다음과 같다.
- 공기 속 수분에 의해 절연유의 절연내력이 저하된다.
- 공기 속 산소에 의해 절연유가 산화작용을 하여 화학적인 변화가 발생한다.
- 절연유의 점도가 증가한다.
- 절연유의 냉각효과가 감소한다.
- 절연유에 침전물이 발생된다.

이런 현상을 방지하기 위해서는 다음과 같은 방법이 있다.
- 콘서베이터를 설치하고 내부에 질소봉입한다.
- 수분을 제한하기 위해 수분을 흡수하는 브리더(흡습 호흡기)를 설치한다.

20 회로이론

정답 | ③

- 합성 임피던스 $Z=R+j(X_L-X_C)=6-j8[\Omega]$
- 합성 임피던스의 크기 $Z=\sqrt{6^2+8^2}=10[\Omega]$

• 합성 임피던스의 위상

$$\theta=\tan^{-1}\frac{\text{허수부}}{\text{실수부}}=\tan^{-1}\frac{-8}{6}=-\tan^{-1}\frac{4}{3}=-53.1^\circ$$

• 합성 임피던스의 극좌표 표현 $Z=10\angle-53.1^\circ$
• 전압의 극좌표 표현 $V=20\angle-45^\circ$
• 전류의 크기와 위상

$$I=\frac{V}{Z}=\frac{20\angle-45^\circ}{10\angle-53.1^\circ}=2\angle(-45^\circ+53.1^\circ)=2\angle8.1^\circ$$

따라서 전류를 순시값으로 바꾸어 나타내면 $i(t)=2\sqrt{2}\sin(wt+8.1^\circ)[A]$가 된다.

참고 | 극좌표 표현: 크기∠위상=실횻값∠위상

21 회로이론 정답 | ②

영상 파라미터와 4단자 정수의 관계성은 다음과 같다.

• 1차 영상 임피던스 $Z_{01}=\sqrt{\frac{AB}{CD}}$
• 2차 영상 임피던스 $Z_{02}=\sqrt{\frac{DB}{CA}}$
• 대칭 회로망의 경우 '$A=D$'이므로 $Z_{01}=Z_{02}=\sqrt{\frac{B}{C}}$
• $Z_{01}\cdot Z_{02}=\frac{B}{C},\ \frac{Z_{01}}{Z_{02}}=\frac{A}{D}$
• 영상 전달정수 $\theta=\ln(\sqrt{AD}+\sqrt{BC})=\alpha+j\beta$
(여기서 α=감쇠정수, β=위상정수)

22 제어공학 정답 | ②

동일법칙(멱등법칙)을 사용하여 풀면 다음과 같다.
(* 동일법칙(멱등법칙): 논리회로에서 같은 것의 반복은 하나만 있는 것과 같다. 즉, $A=A+A+\cdots$)

$ABC+A\overline{B}C+ABC̄+\overline{A}B$
$=ABC+ABC+A\overline{B}C+AB\overline{C}+\overline{A}B$
$=(ABC+A\overline{B}C)+(ABC+AB\overline{C})+\overline{A}B$
$=AC(B+\overline{B})+AB(C+\overline{C})+\overline{A}B$
$=AC+AB+\overline{A}B=AC+B(A+\overline{A})=AC+B$

참고 | $A+\overline{A}=1$

23 전자통신 정답 | ②

리플률(또는 맥동률)은 교류를 직류로 정류하였을 때, 그 직류 성분 속에 포함되어 있는 교류 성분 실횻값과의 비를 의미한다. 여기에서 직류 성분 속에 포함되어 있는 교류 성분을 맥류라고도 한다.

$$\text{리플률 }\gamma=\frac{\text{직류분에 포함된 교류분 실횻값}}{\text{직류 평균값}}\times100[\%]$$
$$=\frac{V_{ac}}{V_{dc}}\times100[\%]$$

리플 주파수(맥동 주파수)는 직류분에 포함된 교류분의 전압 또는 전류의 주파수를 의미하며, 정류회로에 따른 리플률과 리플 주파수는 다음과 같다.

구분	단상 반파 정류회로	단상 전파 정류회로	3상 반파 정류회로	3상 전파 정류회로
리플률	121[%]	48[%]	17[%]	4[%]
리플 주파수	f[Hz]	$2f$[Hz]	$3f$[Hz]	$6f$[Hz]

24 전자기학 정답 | ①

유전제 종류별 비유전율은 다음과 같다.

진공	1.00000	고무	2~3.5
공기	1.00059	운모	6.7
종이	1.2~1.6	유리	3.5~10
폴리에틸렌	2.2~2.4	증류수	80
변압기 유		산화티탄자기	100

따라서 선택지 중 비유전율이 가장 큰 유전체는 산화티탄자기이다.

25 회로이론 정답 | ③

1) 비정현파의 푸리에 급수
  • 비정현파를 주파수와 진폭을 달리하는 무수히 많은 정현항과 여현항의 합으로 표현한 것으로 삼각함수로 구성되는 급수로 전개한다.
  * 푸리에 급수 일반론

$$f(t)=a_0+\sum_{n=1}^{\infty}a_n\cos nwt+\sum_{n=1}^{\infty}b_n\sin nwt$$

  • 비정현파 교류=직류분+기본파+고조파
2) 대칭성 비정현파의 푸리에 급수

대칭성 비정현파	조건식	존재하는 항
기함수 (정현대칭)	$f(t)=-f(-t)$	a_n(sin 기본파), b_n(sin 고조파)
반파 정현대칭	$f(t)=-f\left(\frac{T}{2}+t\right)$	a_n(sin 기본파), b_n(sin 홀수 고조파)

우함수 (여현대칭)	$f(t)=f(-t)$	a_0(직류분), a_n(cos 기본파), b_n(cos 고조파)
반파 여현대칭	$f(t)=-f\left(\frac{T}{2}+t\right)$	a_n(cos 기본파), b_n(cos 홀수 고조파)

모든 대칭성 비정현파는 a_n, b_n항이 존재하고 특히 여현대칭은 a_0까지 존재한다.

26 전기일반

정답 | ①

도체에 따른 입체각은 다음과 같다.

- 구: 4π[sr]
- 반구: 2π[sr]
- 원통: π^2[sr]
- 원뿔: $2\pi(1-\cos\theta)$[sr]

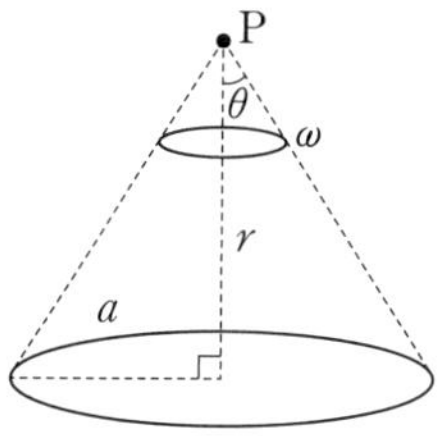

27 전기기기

정답 | ④

타여자 발전기의 기전력과 전기자 전류의 관계식은 다음과 같다.

$E=V+I_aR_a+e_b+e_a$[V]

$I_a=I$[A]

(여기서 E=기전력[V], V=단자전압[V], I_a=전기자 전류[A], I=부하전류[A], R_a=전기자 저항[Ω], e_b=브러시 전압강하[V], e_a=전기자 반작용에 의한 전압강하[V])

위의 기전력 관계식을 단자전압에 대해 정리하여 계산하면 다음과 같다.

$V=E-I_aR_a-e_b-e_a$

$=220-10\times1.5-2-0.5=202.5$[V]

28 전기기기

정답 | ④

[직류 전동기의 속도제어법]

- 전압에 의한 속도제어(전압제어): 정토크 제어라고도 하며, 전원 전압을 조작하여 속도를 제어하는 방식이다. 광범위한 제어가 가능하며 손실이 거의 없어 효율이 좋으며, 전동기의 속도와 회전방향을 쉽게 조절할 수 있다. 워드 레오나드 방식, 일그너 방식, 직·병렬 제어법, 초퍼 제어법이 있다.
- 계자에 의한 속도제어(계자제어): 정출력 제어라고도 하며, 계자에 형성된 자속의 값을 제어하여 속도를 제어하는 방식이다. 계자의 저항값을 변화시켜 계자 전류값을 조절함으로써 자속값을 제어할 수 있으며, 계자저항에 흐르는 전류가 적어 전력손실이 적고 조작이 간편하나 제어 범위가 좁은 단점이 있다.
- 저항에 의한 속도제어(저항제어): 전기자 저항의 값을 조절하여 속도를 제어하는 방식으로 저항으로 인한 손실로 효율이 떨어진다.

오답풀이 |

① 전압제어방식 중 하나이다.

② 저항제어에 대한 설명이다.

③ 전력손실이 적으며 조작이 간단하다.

29 전자기학

정답 | ②

풀이방법 ①

$$H=\frac{m}{4\pi\mu_0r^2}=\frac{\pi}{4\pi\times4\pi\times10^{-7}\times r^2}$$

$$=\frac{1}{16\pi\times10^{-7}r^2}=\frac{10^7}{16\pi r^2}\text{[A/m]}$$

풀이방법 ②

자속밀도 관계식 $B=\frac{\phi}{S}=\mu_0H$의 수식으로부터 $H=\frac{\phi}{\mu_0S}$로 바꾸어 계산할 수 있다.

자하로부터 r[m] 거리에 대하여 모든 방향을 고려하면 구의 반지름과 같이 작용하므로 면적 $S=4\pi r^2$이 된다.

이로 인해 $H=\frac{\phi}{\mu_0\times4\pi r^2}$가 된다.

주어진 조건을 관계식에 대입하면 다음과 같다.

$$H=\frac{\phi}{\mu_0\times4\pi r^2}=\frac{\pi}{4\pi\times10^{-7}\times4\pi r^2}=\frac{10^7}{16\pi r^2}\text{[A/m]}$$

30 전력공학

정답 | ③

위상비교 계전기에 대한 설명이다.

오답풀이 |

① 비율차동 계전기: 총 입력전류와 총 출력전류의 차가 총 입력전류의 일정 비율 이상으로 되었을 때 동작하는 계전기이다.

② 주파수 계전기: 교류의 주파수에 따라 동작하는 계전기이다. 주파수가 일정 값 초과 시 동작하는 것을 과주파수 계전기, 주파수가 일정 값 미만 시 동작하는 것을 저주파수 계전기라고 한다.

④ 방향성 과전류 계전기: 한 방향의 고장전류에 대해서만 동작하며, 반대 방향의 전류에 대해서는 민감하게 동작하지 않는 계전기이다.

31 전자통신

정답 | ②

8진수 265.4를 10진수로 변환하는 과정은 다음과 같다.

1) 각 수의 단위별로 분해한다.
2) 각 단위 자릿수에 1의 단위 자릿수부터 순서대로 8^0, 8^1, 8^2, ⋯을 취해준다.
3) 결괏값을 모두 더한다.

위 과정대로 나타내면 다음과 같다.

$$(2\times8^2)+(6\times8^1)+(5\times8^0)+(4\times8^{-1})$$
$$=(2\times64)+(6\times8)+(5\times1)+\left(4\times\frac{1}{8}\right)$$
$$=128+48+5+0.5=181.5$$

32 제어공학

정답 | ①

[시간 추이 정리]

$f(t)$가 시간에 대해 a만큼 지연이 있을 때의 변환

$$f(t-a)\xrightarrow{\mathcal{L}}e^{-as}F(s)$$

주어진 함수를 라플라스 변환하면 다음과 같다.

$$10u(t-3)+e^{jwt}\xrightarrow{\mathcal{L}}\frac{10}{s}e^{-3s}+\frac{1}{s-jw}$$

참고 | 라플라스 변환/역변환 표

$f(t)$	$\underset{\mathcal{L}^{-1}}{\overset{\mathcal{L}}{\rightleftarrows}}$	$F(s)$
$\delta(t)$		1
$u(t)$		$\frac{1}{s}$
t		$\frac{1}{s^2}$
t^n		$\frac{n!}{s^{n+1}}$
$\sin wt$		$\frac{w}{s^2+w^2}$
$\cos wt$		$\frac{s}{s^2+w^2}$
$e^{\pm at}$		$\frac{1}{s\mp a}$
$t^n\cdot e^{at}$		$\frac{n!}{(s-a)^{n+1}}$
$t\sin wt$		$\frac{2ws}{(s^2+w^2)^2}$
$t\cos wt$		$\frac{s^2-w^2}{(s^2+w^2)^2}$
$e^{\pm at}\cdot\sin wt$		$\frac{w}{(s+a)^2+w^2}$
$e^{\pm at}\cdot\cos wt$		$\frac{s+a}{(s+a)^2+w^2}$
$\sinh wt$		$\frac{w}{s^2-w^2}$
$\cosh wt$		$\frac{s}{s^2-w^2}$

33 회로이론

정답 | ②

- 대칭분 전류의 행렬식 $\begin{bmatrix}I_0\\I_1\\I_2\end{bmatrix}=\frac{1}{3}\begin{bmatrix}1&1&1\\1&a&a^2\\1&a^2&a\end{bmatrix}\begin{bmatrix}I_a\\I_b\\I_c\end{bmatrix}$
- 정상분 전류 $I_1=\frac{1}{3}(I_a+aI_b+a^2I_c)$
- 벡터 연산자 $a=1\angle120^\circ=-\frac{1}{2}+j\frac{\sqrt{3}}{2}$, $a^2=1\angle240^\circ=-\frac{1}{2}-j\frac{\sqrt{3}}{2}$, $a^3=1\angle360^\circ=1$

주어진 조건의 정상분 전류는 다음과 같다.

$$I_1=\frac{1}{3}(I_a+aI_b+a^2I_c)$$
$$=\frac{1}{3}\left(6-j2+\left(-\frac{1}{2}+j\frac{\sqrt{3}}{2}\right)\cdot j4+\left(-\frac{1}{2}-j\frac{\sqrt{3}}{2}\right)\cdot(-2)\right)$$
$$=\frac{1}{3}(6-j2-j2-2\sqrt{3}+1+j\sqrt{3})$$
$$=\frac{1}{3}(7-2\sqrt{3}-j4+j\sqrt{3})$$
$$=\frac{1}{3}(7-2\times1.73-j4+j1.73)=\frac{1}{3}(3.54-j2.27)[\mathrm{A}]$$

34 제어공학

정답 | ④

타이머 계전기의 동작특성을 나타내는 용어의 의미는 다음과 같다.

- 순시 특성: 계전기 코일에 전기가 공급 또는 제거되면 그 즉시 동작하거나 복귀하는 특성
- 한시 특성: 계전기 코일에 전기가 공급 또는 제거되면 설정시간만큼 지연 후 동작하거나 복귀하는 특성

한시동작 한시복귀란 전기 공급 시 설정시간 후 동작, 제거 시 설정시간 후 복귀하는 특성을 의미한다.

오답풀이 |

① 순시동작 순시복귀: 전기 공급 시 즉시 동작, 제거 시 즉시 복귀
② 한시동작 순시복귀: 전기 공급 시 설정시간 후 동작, 제거 시 즉시 복귀
③ 순시동작 한시복귀: 전기 공급 시 즉시 동작, 제거 시 설정시간 후 복귀

35 전자기학 정답 | ④

[맥스웰(Maxwell)의 전자방정식]

- $rotE = -\frac{\partial B}{\partial t} = -\mu\frac{\partial H}{\partial t}$
- $rotH = i = i_c + i_d = \sigma E + \frac{\partial D}{\partial t}$

(여기서 i_c = 전도전류밀도[A/m²], i_d = 변위전류밀도[A/m²], σ = 도전율[℧/m])

- $divD = \rho$
- $divB = 0$

[프와송 방정식(Poisson's equation)]

$\nabla^2 V = -\frac{\rho}{\varepsilon}$

36 제어공학 정답 | ②

블록선도 또는 신호흐름선도는 메이슨 공식으로 간단하게 풀 수 있다.

전달함수 $G(s) = \frac{C(s)}{R(s)} = \frac{\sum G_k \Delta_k}{\Delta}$

G_k = 입력마디에서 출력마디까지의 k번째 전방경로 이득

Δ_k = k번째의 전방경로 이득과 서로 접촉하지 않는 신호흐름선도에 대한 Δ값

$loop$ = 피드백

$\Delta = 1 - L_1 + L_2 - L_3 + \cdots$

L_1 = 서로 다른 루프 이득의 합

L_2 = 서로 만나지 않는 2개 루프의 곱의 합

L_3 = 서로 만나지 않는 3개 루프의 곱의 합

주어진 블록선도의 전달함수 $G(s)$는 다음과 같다.

$$G(s) = \frac{C(s)}{R(s)} = \frac{G_1G_2G_3}{1-(G_1G_2G_5 - G_2G_3G_4)} = \frac{G_1G_2G_3}{1-G_1G_2G_5+G_2G_3G_4}$$

37 전력공학 정답 | ③

스폿 네트워크(spot network) 방식이란 배전용 변전소로부터 2회선 이상의 배전선으로 수전하는 방식이다. 한 회선에 사고가 발생한 경우, 다른 건전한 회선으로부터 수전할 수 있는 무정전 방식으로, 신뢰도가 매우 높은 방식이다.

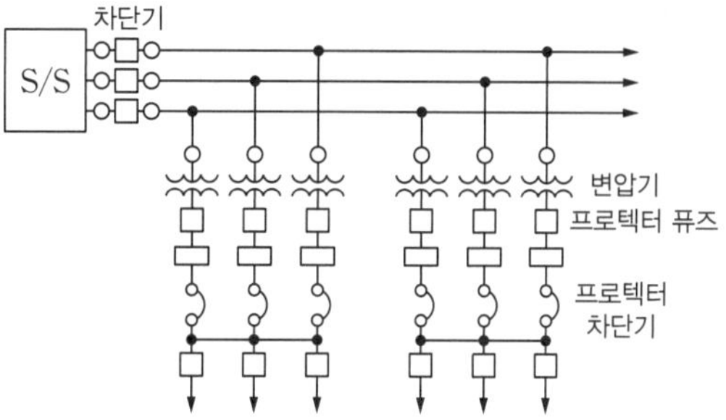

38 회로이론 정답 | ③

[RLC 직렬회로의 과도현상에 대한 미분방정식]

$Ae^{st}\left(Ls^2 + Rs + \frac{1}{C}\right) = 0$

진동 상태는 특성근과 관계가 있으며, 특성근에 따라 다른 상태가 나타난다. 특성근은 회로의 동작특성을 규정하는 값으로 RLC 직렬회로의 경우, 위 미분방정식을 만족하는 조건인 $Ls^2 + Rs + \frac{1}{C} = 0$의 근을 의미한다.

근의 공식을 이용하여 특성근을 구할 수 있으며,

이때 특성근의 해는 $s = \frac{-R \pm \sqrt{R^2 - 4\frac{L}{C}}}{2L}$가 되며, 무리수 부분의 값에 따라 회로의 특성을 다음과 같이 해석할 수 있다.

- $R^2 - 4\frac{L}{C} > 0\left(\text{또는 } R > 2\sqrt{\frac{L}{C}}\right)$일 때: 실수근 2개 - 안정영역, 비진동(과제동)
- $R^2 - 4\frac{L}{C} = 0\left(\text{또는 } R = 2\sqrt{\frac{L}{C}}\right)$일 때: 중근 - 안정영역, 임계진동(임계제동)
- $R^2 - 4\frac{L}{C} < 0\left(\text{또는 } R < 2\sqrt{\frac{L}{C}}\right)$일 때: 허수근 2개 - 불안정영역, 감쇠진동(부족제동)

주어진 값을 이용하여 진동상태를 판별하면 $R^2 - 4\frac{L}{C} = 5^2 - 4\frac{1}{\frac{1}{6}}$ $= 25 - 4 \times 6 = 1 > 0$이므로 비진동 상태가 된다.

39 전자기학 정답 | ①

전자유도 법칙과 관련된 것은 패러데이 – 렌츠의 법칙이다.
[패러데이 법칙]

- 도체에 유도되는 기전력의 크기를 결정하는 법칙
- 전자유도에 의해 발생하는 기전력은 시간변화에 대한 자속쇄교수에 비례함
- $e=\frac{d\lambda}{dt}=N\frac{d\phi}{dt}=L\frac{di}{dt}$ (여기서 자속쇄교량 $\lambda=N\phi$)

[렌츠의 법칙]

- 도체에 유도되는 기전력의 방향을 결정하는 법칙
- 전자유도에 의해 발생하는 기전력은 자속변화를 방해하는 방향으로 발생함

[패러데이 – 렌츠의 전자유도 법칙]

- 패러데이 법칙과 렌츠의 법칙을 합하여 전자유도 법칙이라 하며, 다르게는 노이만의 법칙이라고도함
- $e=-N\frac{d\phi}{dt}=-L\frac{di}{dt}$[V]

40 전력공학 정답 | ①

여자돌입전류란 무부하에서 변압기 투입 시에 순간적으로 흐르는 큰 충격전류(과도전류)를 의미하며, 인가 전압의 위상과 변압기 철심의 잔류자속에 따라 그 크기는 달라지며, 정상상태 값보다 크게 나타나는 경우도 발생한다.
이는 계전기의 오동작을 초래하는 요소가 된다.
[여자돌입전류의 고조파 성분 비]

고조파 성분	기본파에 대한 백분율
제2고조파	약 63[%]
제3고조파	약 27[%]
제4고조파	약 5[%]
제5고조파	약 4[%]

참고 | 계전기 오동작 방지대책

- 비율차동계전기 사용
  - 감도 저하식: 여자전류가 감쇄하는 수 초 동안의 동작감도를 낮추어 오동작을 방지하는 방식
  - 고조파 억제식: 제2고조파 필터를 설치하고 직렬로 억제코일을 삽입하여 동작 억제력을 발생시키는 방식

41 전자기학 정답 | ③

용량계수(q_{11}, q_{22})는 도체에 대해 작용하는 전하의 비례상수로 항상 (+)의 부호로 작용한다. 유도계수(q_{12}, q_{21})는 도체에 의해 다른 도체에 유도되는 전하의 성분을 나타내는 비례상수를 의미하며 다른 도체에 유도되는 전하는 반대 부호로 나타나므로 유도계수는 (−)로 작용한다. 또한, 유도계수는 도체 간에 상호적으로 유도되는 성분을 의미하므로 $q_{12}=q_{21}$의 관계로 작용을 하며, 도체 간의 거리가 무한히 멀거나 차폐가 된 경우에는 존재하지 않는다.
용량계수와 유도계수의 특징을 정리하면 다음과 같다.

- 용량계수 q_{11}, $q_{22}>0$
- 유도계수 $q_{12}=q_{21}\leqq 0$
- 용량계수>유도계수

42 전자통신 정답 | ④

555IC란 단일 칩 타이머로 펄스 신호 발생, 시간 조정, 단안정 멀티바이브레이터를 구성하기 위해 개발된 소자이다.
555IC로 구성된 회로는 이에 연결되는 저항과 캐패시터의 값을 이용하여 펄스폭 시간값을 조정할 수 있으며 이에 대한 관계식은 다음과 같다.
펄스폭 시간 $T=1.1RC$
여기서 시정수 $\tau=RC$이므로 펄스폭 시간은 $T=1.1\tau$의 관계로 표현할 수 있다. 따라서 시정수 $\tau=\frac{T}{1.1}=\frac{0.55}{1.1}=0.5$[sec]가 된다.

43 전자통신 정답 | ②

트랜지스터의 전류이득(전류 증폭률, β)은 컬렉터 전류 I_C 변화량과 베이스 전류 I_B 변화량의 비로 나타낼 수 있다.

$\beta=\frac{I_C}{I_B}$

해당 관계식을 이용하여 컬렉터 전류 I_C를 계산하면 다음과 같다.

$I_C=\beta I_B=80\times 225\times 10^{-6}=18,000\times 10^{-6}=18\times 10^{-3}$
$=18$[mA]

44 제어공학 정답 | ②

$3\frac{dy(t)}{dt}+2y(t)-\int y(t)dt=2u(t)$를 라플라스 변환하면
$3(sY(s)-y(0))+2Y(s)-\frac{Y(s)}{s}=\frac{2}{s}$이 된다.

여기에 초기값 $y(0)=2$를 대입하여 수식을 정리하면 다음과 같다.

$$3(sY(s)-2)+2Y(s)-\frac{Y(s)}{s}=\frac{2}{s}$$

$$3sY(s)-6+2Y(s)-\frac{Y(s)}{s}=\frac{2}{s}$$

양변에 s를 곱하여 정리하면 다음과 같다.

$$3s^2Y(s)-6s+2sY(s)-Y(s)=2$$

$$3s^2Y(s)+2sY(s)-Y(s)=6s+2$$

$$(3s^2+2s-1)Y(s)=6s+2$$

$$Y(s)=\frac{6s+2}{3s^2+2s-1}=\frac{6s+2}{(3s-1)(s+1)}$$

역라플라스 변환을 하기 위해 부분분수 분해법을 사용하면 다음과 같다.

$$Y(s)=\frac{6s+2}{(3s-1)(s+1)}=\frac{a}{3s-1}+\frac{b}{s+1}$$

$$=\frac{a(s+1)+b(3s-1)}{(3s-1)(s+1)}$$

$$=\frac{(a+3b)s+a-b}{(3s-1)(s+1)}$$

$a+3b=6$, $a-b=2$의 관계가 되며,

두 식을 연립하면 $a=3$, $b=1$이 되므로

$$Y(s)=\frac{3}{3s-1}+\frac{1}{s+1}=\frac{3}{3\left(s-\frac{1}{3}\right)}+\frac{1}{s+1}=\frac{1}{s-\frac{1}{3}}+\frac{1}{s+1}$$

다시 역라플라스 변환하면 $y(t)=e^{\frac{1}{3}t}+e^{-t}$이다.

참고 I 32번 해설의 라플라스 변환/역변환 표

45 전기기기 정답 I ①

[동기기 구조에 대한 특징]

- 돌극형(일반적으로 수직형)
  - 축이 바닥에 대해 수직인 구조로 되어있다.
  - 바닥면적이 적어 낙차를 유효하게 이용할 수 있다.
  - 고정자 분할이 가능하여 설계가 편하다.
  - 수력발전에서 사용한다.
- 비돌극형(일반적으로 횡축형)
  - 축이 바닥에 대해 수평인 구조로 되어있다.
  - 고정자의 중량이 크고 대형이므로 가격이 비싸다.
  - 회전자 축을 굵게 하여 축의 휘어짐을 방지한다.
  - 화력 또는 원자력 발전에서 사용한다.

46 전력공학 정답 I ③

가공지선은 낙뢰 등으로부터 송전선을 보호하기 위하여 도체 위쪽에 도선과 평행하게 가설하여 각 철탑에 접지된 금속선으로, 가공지선의 설치 목적은 다음과 같다.

- 직격뢰에 대한 차폐효과
- 유도뢰에 대한 정전 차폐효과
- 통신선 유도 장해 경감

47 제어공학 정답 I ③

보상기란 변수를 갖는 장치의 기능을 수정하여 정확한 제어 성능을 얻기 위해 추가되는 요소 또는 장치이다.
진상-지상 보상기는 과도 및 정상상태 응답특성을 개선하기 위해 사용되며 정상상태 오차(정상편차)가 감소하고, 속응성 및 안정성이 개선된다.

오답풀이 I

① 지상 보상기: 정상상태 응답특성을 개선하기 위해 사용되며 정상상태 오차(정상편차)가 감소하고, 고주파 잡음이 저감된다.
② 진상 보상기: 과도 응답특성을 개선하기 위해 사용되며 대역폭 증가, 안정성 및 반응속도(속응성)이 개선된다.
④ 기동 보상기: 전동기를 전원에 접속하여 기동할 때, 전압을 감소시키기 위해 사용되는 일종의 단권변압기이며, 전동기를 안정적으로 기동시키기 위해 사용되는 장치이다.

48 전자통신 정답 I ①

제시된 선택지 중 회전기를 이용한 증폭기는 직류기의 일종으로 회전기의 틀을 가지고 있는 로토트롤이 해당된다.
로토트롤(rototrol)은 직류기의 일종이며, 제어용으로 널리 이용되는 증폭 발전기이다. 계자 권선에 근소한 전류 변화를 가해 전기자에 속응적으로 큰 전력 변화를 생기게 하여 전력을 증폭시키는 장치이다. 이외에 방식에 따라 HT다이나모, 레귤렉스, 앰프리다인 등이 있다.

오답풀이 I

② 트랜지스터(transistor): 반도체를 접합하여 만든 것으로 전류나 전압의 흐름을 조절하여 증폭하거나 스위치 역할을 한다.
③ 연산 증폭기(operational amplifier, OP-Amp): 각종 비선형 소자와 귀환회로를 집약하여 입출력 사이에 일정 함수 관계의 연산을 수행할 수 있도록 만들어진 증폭기이다.
④ 사이리스터(thyristor): pnpn 접합의 4층 구조 반도체 소자의 총칭으로, 전력 시스템에서 전류 및 전압 제어에 사용되는 소자이며 일반적으로는 SCR(실리콘 제어 정류기)을 의미한다.

49 제어공학 정답 | ③

2차 제어 시스템에서 폐루프 전달함수에 극점과 영점을 추가하였을 때의 영향은 다음과 같다.

- 극점 추가: 상승시간 증가, 최대오버슈트 감소
- 영점 추가: 상승시간 감소, 최대오버슈트 증가

50 전기기기 정답 | ②

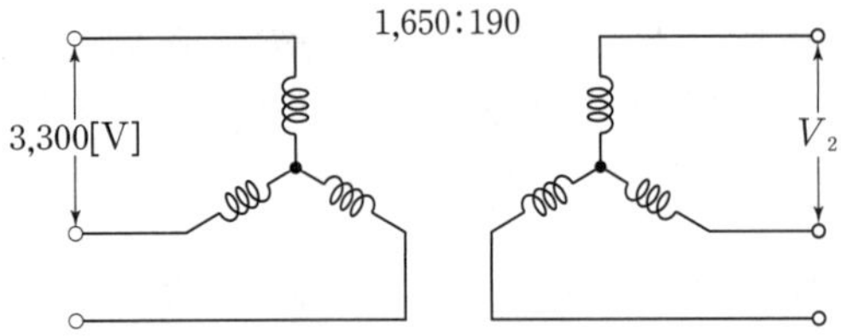

권수비의 관계식 $a=\frac{N_1}{N_2}=\frac{E_1}{E_2}=\frac{V_1}{V_2}=\frac{I_2}{I_1}=\sqrt{\frac{Z_1}{Z_2}}$에서

$a=\frac{1,650}{190}=\frac{3,300}{V_2}$이므로 $V_2=3,300\times\frac{190}{1,650}=380[V]$

51 전자통신 정답 | ④

[코드의 분류]

- 가중치 코드(weight code): 비트의 각 2진수 자리에 고정된 수를 가지는 코드
- 비가중치 코드(unweight code): 비트의 각 2진수 자리에 고정되지 않은 수를 가지는 코드
- 자기 보수 코드(self complement code): 각 자리의 2진수의 0을 1로, 1을 0으로 바꾸는 상호교환으로 보수를 얻을 수 있는 코드
- 에러 검출 코드(error detecting code): 데이터 전송에서 발생하는 전송 오류를 발견하기 위해 사용되는 부호로 오류 검사 비트를 하나의 블록으로 만들어 데이터와 함께 전송함

[코드의 분류에 따른 종류]

분류	가중치 코드
가중치 코드	8421코드, 5421코드, 2421코드, 84$\overline{21}$코드, 7$\overline{421}$코드, 51111코드, 2−5진 코드, 링카운터 코드
비가중치 코드	3초과 코드, 그레이 코드, 2−out−of−5 코드, 3−out−of−5 코드
자기 보수 코드	3초과 코드, 2421 코드, 5211코드, 51111코드, 84$\overline{21}$코드
에러 검출 코드	패리티 비트 코드, 해밍 코드, 2−5진 코드, 링카운터 코드, 2−out−of−5 코드, 3−out−of−5 코드

오답풀이 |

① 에러 검출 코드이다.

② 가중치 코드, 에러 검출 코드이다.

③ 에러 검출 코드이다.

52 전력공학 정답 | ③

- 기저발전: 24시간 연속운전되어 발전의 기반을 이루는 부분으로, 발전원가가 저렴한 원자력, 석탄 등에 의한 발전을 의미한다.
- 첨두발전: 원자력이나 화력발전과 같이 24시간 연속운전하는 것이 아니라 전력이 부족할 경우에 가동할 수 있는 발전방식으로, 양수발전, 복합화력발전, 조정지식이 있다.

53 전기일반 정답 | ④

- MOF(전력 수급용 계기용 변성기): 전력량을 적산하기 위하여 고전압과 대전류를 저전압과 소전류로 변성하는 장치이다.
- GR(접지 계전기): 영상전류에 의해 동작하며, 차단기의 트립코일을 여자시켜 차단기를 동작시킨다.
- LA(피뢰기): 뇌전류를 대지로 방전하고 속류를 차단한다.
- ASS(자동 고장 구분 개폐기): 과부하 시 자동으로 개폐할 수 있고, 돌입전류 억제기능을 가지고 있다.
- AS(전류계용 전환 개폐기): 전류계 1대로 3상의 각 선전류를 측정하기 위한 개폐기이다.

54 전력공학 정답 | ①

- 3권선 변압기
  $Y-Y$결선 변압기에 Δ결선의 3차권선을 설치하여 $Y-Y$결선 변압기의 단점을 보완한 것이다.
- 3차권선(안정권선)
  - 제3고조파의 통로로 이용되어 제3고조파에 의한 통신 유도장해가 억제된다.
  - 영상 임피던스를 작게 한다.
  - 안정권선의 용량은 주권선 용량의 1/3로 한다.
  - 조상설비를 접속하여 송전선의 전압조정과 역률개선에 사용한다.
  - 소내용 전력공급용으로 사용된다.

55 전자통신

정답 | ④

[다이오드 근사해석 모델]

- 제1근사해석(이상적 모델): 순방향 바이어스일 때 완전 도체, 역방향 바이어스일 때 완전 절연체로 해석함

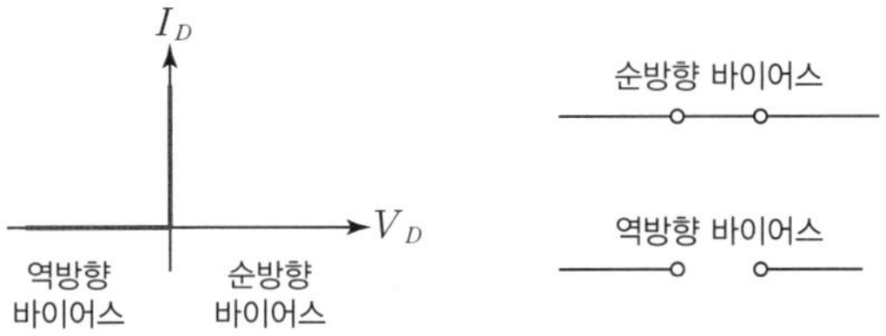

- 제2근사해석(정전압 강하모델): 순방향 바이어스일 때 다이오드에서 0.7[V](문턱전압)의 전압강하를 고려, 역방향 바이어스일 때 개방으로 해석함

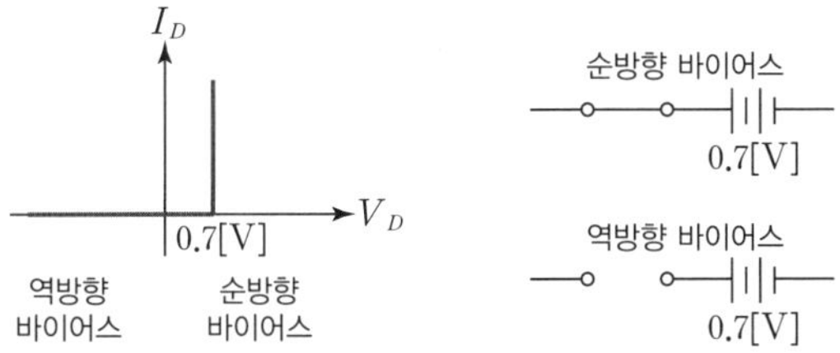

- 제3근사해석(선형 모델 또는 지수 모델): 순방향 바이어스일 때 다이오드에서 0.7[V](문턱전압)의 전압강하와 순방향 다이오드 저항을 고려하고 역방향 바이어스일 때 개방으로 해석함

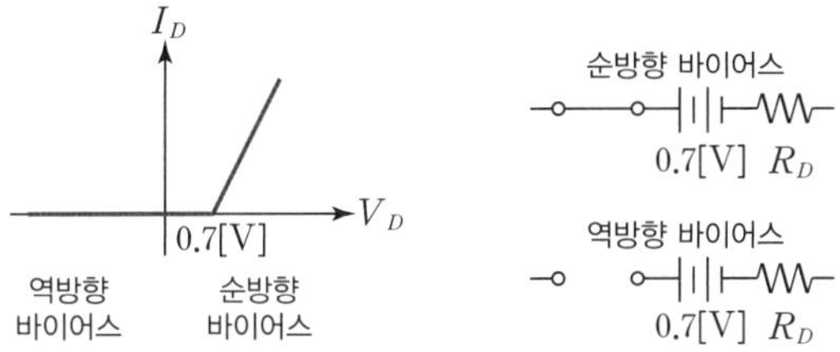

56 전자통신

정답 | ①

링 카운터(ring counter)란 첫 단의 플립플롭 출력은 2단으로, 2단 플립플롭의 출력은 3단으로 연결되어 마지막 단의 플립플롭 출력이 첫 단으로 되돌아가도록 연결하여 플립플롭이 하나의 고리 모양과 같이 형성되는 카운터이다. 즉, 직렬 시프트 레지스터의 최종 플립플롭 출력을 최초 플립플롭에 연결하여, 입력된 데이터가 클록의 펄스마다 한 칸씩 이동하여 데이터가 회전하도록 구성이 된 카운터이다.

[링 카운터 회로도]

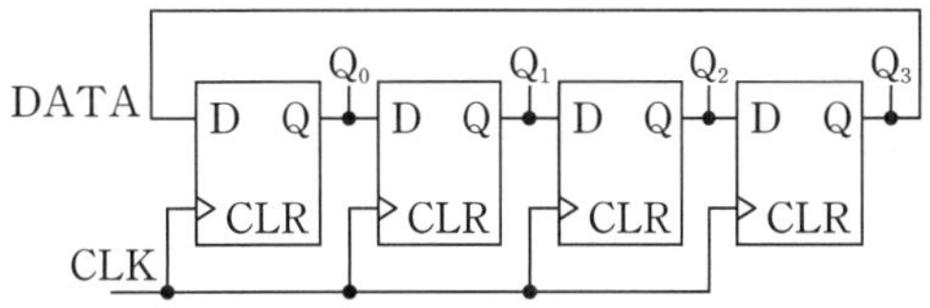

[링 카운터 진리표]

step	Q_0	Q_1	Q_2	Q_3
0	1	0	0	0
1	0	1	0	0
2	0	0	1	0
3	0	0	0	1
0	1	0	0	0
1	0	1	0	0
2	0	0	1	0
3	0	0	0	1

[링 카운터 타임차트]

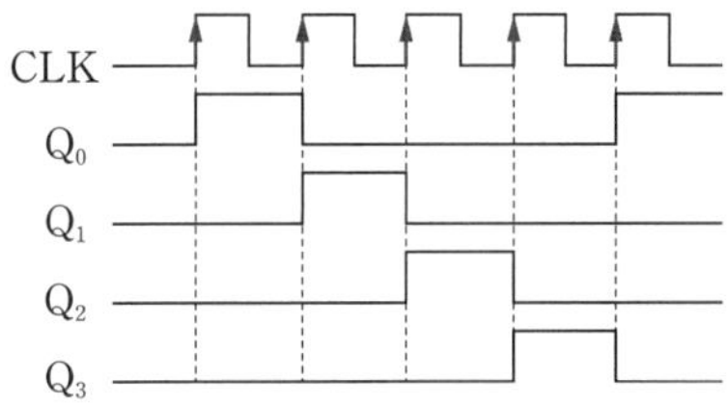

57 전자통신

정답 | ③

레지스터는 외부로부터 들어오는 데이터를 저장하거나 전송하는 목적으로 사용하며, 플립플롭을 여러 개로 배열 및 연결하여 여러 비트로 구성되어 있다.

플립플롭을 직렬로 처리하면 회로가 간단하나, 전송속도가 떨어지는 특성이 있고, 병렬로 처리하면 회로가 복잡하나, 전송속도가 빨라지는 특성이 있다.

58 제어공학

정답 | ②

폐루프 제어란 제어 출력의 일부를 입력 방향으로 피드백하여 목푯값과 비교한 후 수정동작을 하는 제어방식으로, 피드백 제어라고도 한다.

폐루프 제어의 특징은 다음과 같다.

- 오차신호로 구동한다.
- 오차를 줄이도록 제어기가 동작하여 시스템 출력이 원하는 값에 도달한다.
- 시스템 응답이 외란이나 내부 변화에 덜 민감하다.
- 정확한 제어가 가능하다.
- 구조가 복잡하다.

59 전자통신

정답 | ①

클리퍼 회로는 리미터 회로라고도 하며 신호의 진폭을 지정레벨로 제한하는 회로이다.

[회로에 따른 출력 파형]

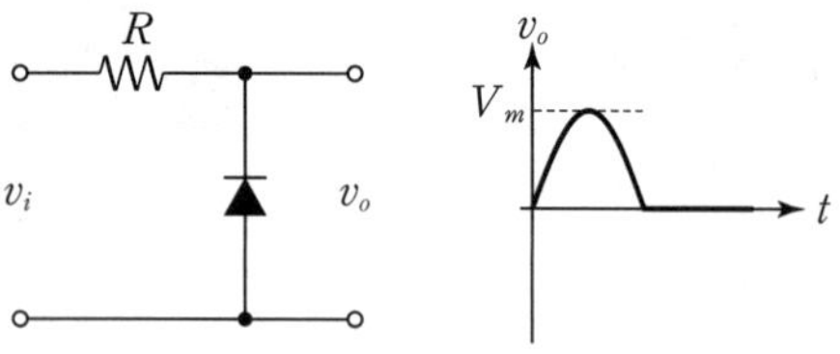

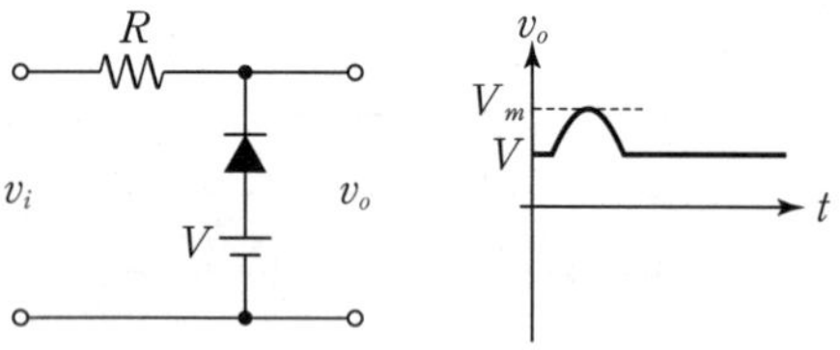

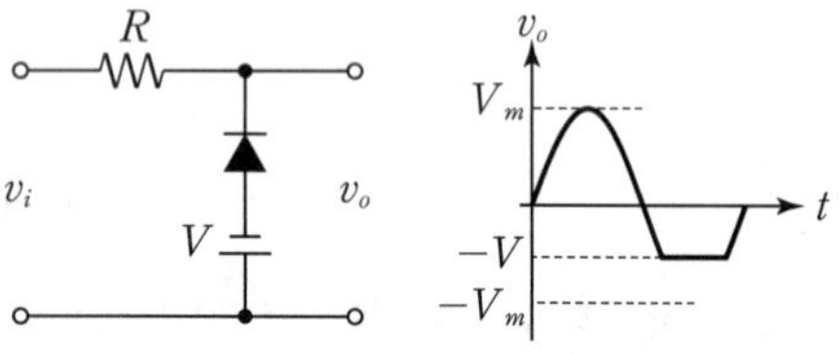

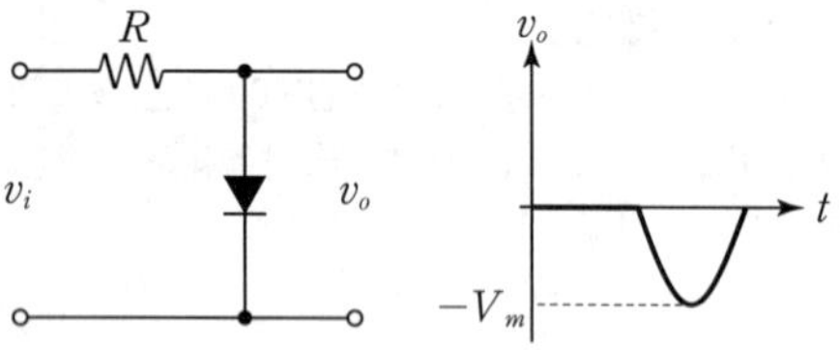

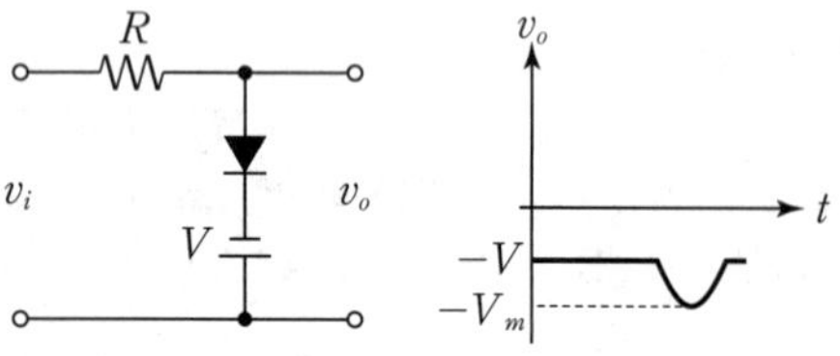

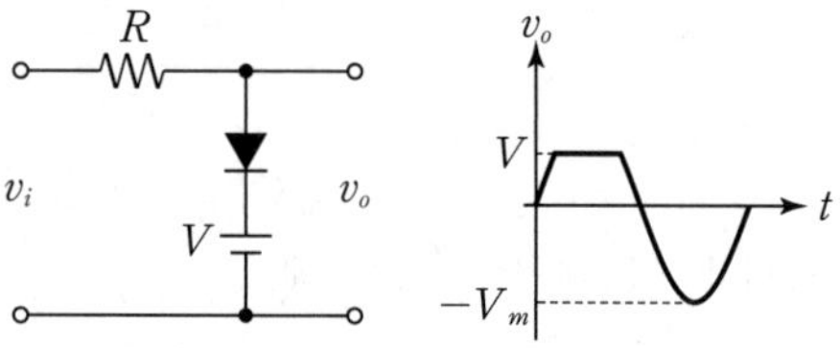

2020 하반기 한국남동발전

2020. 11. 21. (토) 시행

정답 확인

p.77

문항	정답	과목	문항	정답	과목	문항	정답	과목	문항	정답	과목	문항	정답	과목
01	③	전자기학	02	④	전자기학	03	②	전자기학	04	②	전자기학	05	②	전자기학
06	③	전자기학	07	④	전자기학	08	①	전자기학	09	①	전자기학	10	③	전자기학
11	①	전기기기	12	②	전기기기	13	④	전기기기	14	②	전기기기	15	②	전기기기
16	③	전기기기	17	①	전기기기	18	④	전기기기	19	①	전기기기	20	④	전기기기
21	③	전기기기	22	①	전기기기	23	③	회로이론	24	②	회로이론	25	①	회로이론
26	④	회로이론	27	④	회로이론	28	④	회로이론	29	③	회로이론	30	①	회로이론
31	②	제어공학	32	③	제어공학	33	①	제어공학	34	①	제어공학	35	②	제어공학
36	④	제어공학	37	③	제어공학	38	①	제어공학	39	②	전력공학	40	①	전력공학
41	③	전력공학	42	④	전력공학	43	②	전력공학	44	②	전력공학	45	②	전력공학
46	③	전력공학	47	③	전력공학	48	③	전력공학	49	③	회로이론	50	②	회로이론
51	①	전자통신	52	②	전자통신	53	①	전자통신	54	①	전자통신	55	④	전자통신
56	③	전자통신	57	③	전자통신	58	④	전자통신	59	④	전자통신	60	③	전자통신

세부과목별 실력 점검표

과목	맞은 개수	정답률	취약점 & 체크사항
전자기학	/10	%	
회로이론	/10	%	
전기기기	/12	%	
전력공학	/10	%	
제어공학	/8	%	
전자통신	/10	%	
합계	/60	%	

01 전자기학 정답 | ③

[쿨롱의 법칙]

- 거리 r[m] 떨어진 두 개의 점전하 사이에 작용하는 힘을 기술하는 물리법칙
- 쿨롱의 힘(Coulomb's force)
  거리 r[m]만큼 떨어진 두 개의 점전하 사이의 일직선상으로 작용하는 힘은 두 전하의 곱에 비례하고 거리의 제곱에 반비례하며, 전하의 극성에 따라 흡인력 또는 반발력으로 작용한다.
  $F=k\frac{Q_1Q_2}{r^2}=\frac{Q_1Q_2}{4\pi\varepsilon_0 r^2}\fallingdotseq 9\times10^9\times\frac{Q_1Q_2}{r^2}$[N]
  (여기서 k(쿨롱상수)$=\frac{1}{4\pi\varepsilon_0}$)
  – 동일 극성 간의 힘: 반발력(척력)으로 작용
  – 다른 극성 간의 힘: 흡인력(인력)으로 작용

두 전하 간의 힘은 두 전하 사이 거리의 제곱에 반비례하므로 정답은 ③이다.

02 전자기학 정답 | ④

전계와 전하에 의해 발하는 힘의 크기 $F=QE$[N]
주어진 조건을 해당 관계식에 대입하면 다음과 같다.
$F=QE=5\times10^{-6}\times4\times10^3=20\times10^{-3}$[N]$=20$[mN]

03 전자기학 정답 | ②

- 콘덴서에 축적되는 에너지 W[J]
  $W=\frac{1}{2}CV^2=\frac{1}{2}QV=\frac{1}{2}\frac{Q^2}{C}$[J]
- 콘덴서의 단위 체적당 축적 에너지 w[J/m^3]
  $w=\frac{1}{2}\varepsilon E^2=\frac{1}{2}ED=\frac{1}{2}\frac{D^2}{\varepsilon}$[J/m^3]

04 전자기학 정답 | ②

분극의 세기 관계식은 다음과 같다.
$P=\varepsilon_0(\varepsilon_s-1)E=\chi E=\left(1-\frac{1}{\varepsilon_s}\right)D$
(여기서 $\chi=\varepsilon_0(\varepsilon_s-1)$: 분극률)
주어진 조건으로 분극의 세기를 계산하면 다음과 같다.
$P=\varepsilon_0(\varepsilon_s-1)E=\varepsilon_0\times(10-1)\times0.5\times10^3=4.5\varepsilon_0\times10^3$
$=4{,}500\varepsilon_0$[C/m^2]

05 전자기학 정답 | ②

전기력선의 기본적인 성질은 다음과 같다.

- 양 전하(+)에서 시작하여 음 전하(−)에서 종료된다.
- 전위가 높은 점에서 낮은 점으로 이동한다.
- 전기력선은 서로 교차하지 않는다.
- 전하가 없는 곳에서 발생 및 소멸이 없다.
- 그 자신만으로 폐곡선이 되지 않는다.
- 도체 표면(등전위면)에 수직으로 출입한다.
- 도체 내부를 통과할 수 없다.
- 전계의 방향은 전기력선의 방향과 같다.
- 전기력선 밀도는 전계의 세기와 같다.
- Q의 전하에서 나오는 전기력선 개수 $N=\frac{Q}{\varepsilon_0}$

06 전자기학 정답 | ③

동축 케이블의 정전용량 $C=\frac{2\pi\varepsilon_0}{\ln\frac{b}{a}}$[F/m]이므로

$C=\frac{2\pi\varepsilon_0}{\ln\frac{6e^4}{6}}=\frac{2\pi\varepsilon_0}{\ln e^4}=\frac{2\pi\varepsilon_0}{4}=0.5\pi\varepsilon_0$[F/m]

07 전자기학 정답 | ④

무한 평면도체의 전계의 세기 $E=\frac{Q}{2\varepsilon S}=\frac{\sigma}{2\varepsilon}$[V/m]

오답풀이 |
① 무한 평면도체에서의 전계의 세기는 거리와 무관하다.
② 전계의 세기는 표면 전하밀도 σ에 비례한다.
③ 전계의 세기는 유전율에 반비례한다.

08 전자기학 정답 | ①

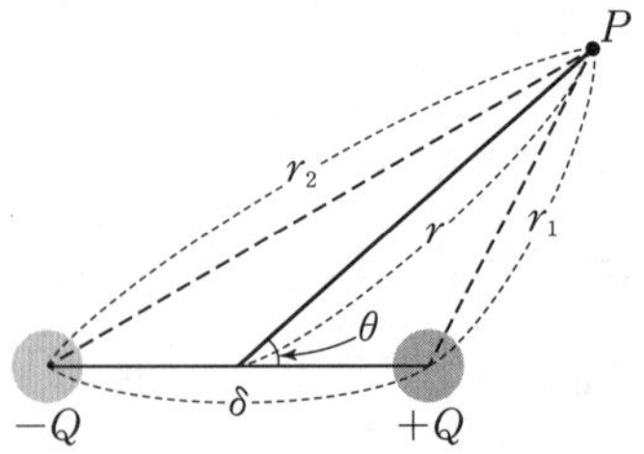

• 전기 쌍극자에 의해 P점에 작용하는 전위

$V_P = \frac{M}{4\pi\varepsilon_0 r^2}\cos\theta$[V]

• 전기 쌍극자에 의해 P점에 작용하는 전계의 세기

$E_P = \frac{M}{4\pi\varepsilon_0 r^3}\sqrt{1+3\cos^2\theta}$[V/m]

주어진 조건에 대한 P점의 전위를 계산하면 다음과 같다.

$$V_P = \frac{M}{4\pi\varepsilon_0 r^2}\cos\theta = \frac{\sqrt{3}\pi\varepsilon_0}{4\pi\varepsilon_0 \times 1^2} \times \cos 30^\circ$$
$$= \frac{\sqrt{3}}{4} \times \frac{\sqrt{3}}{2} = \frac{3}{8}[\text{V}]$$

09 전자기학

정답 | ①

전계는 전위가 높은 점에서 낮은 점으로 향하기 때문에 전계의 방향으로 이동하는 경우에는 그만큼 전위가 낮아지게 된다.
따라서 $V = 80 - Er = 80 - 20 \times 3 = 80 - 60 = 20$[V]

10 전자기학

정답 | ③

온도 변화 시의 저항값: $R_t = R_0(1+\alpha_0 \Delta t)$[Ω]
(여기서 R_0=초기 저항값, α_0=초기 저항 온도계수, Δt=온도 변화값)
주어진 조건에 대한 저항값을 계산하면 다음과 같다.

$$R_t = R_0(1+\alpha_0 \Delta t) = 20 \times (1+0.002 \times (70-10))$$
$$= 20 \times (1+0.002 \times 60) = 20 \times (1+0.12) = 20 \times 1.12$$
$$= 22.4[\Omega]$$

11 전기기기

정답 | ①

전동기 토크 $T = 0.975\frac{P_o}{N}$[kg·m]
(여기서 P_o=(기계적) 출력, N=회전속도[rpm])
주어진 조건에 대한 토크를 계산하면 다음과 같다.

$$T = 0.975\frac{P_o}{N} = 0.975 \times \frac{2.5 \times 10^3}{975} = 2.5[\text{kg·m}]$$

12 전기기기

정답 | ②

속도 변동률 관계식 $\varepsilon = \frac{N_0 - N}{N} \times 100$[%]에서 무부하 속도의 관계식으로 나타내면 다음과 같다.
무부하 속도 $N_0 = (1+\varepsilon)N$
주어진 조건을 무부하 속도 관계식에 대입하면 다음과 같다.
$N_0 = (1+0.05) \times 1{,}500 = 1{,}575$[rpm]

13 전기기기

정답 | ④

[절연물 종별 최고 허용온도]

절연물 종류	최고 허용온도[℃]
Y종	90
A종	105
E종	120
B종	130
F종	155
H종	180
C종	180 초과

14 전기기기

정답 | ②

동기기의 회전속도(동기속도) $N_s = \frac{120f}{p}$[rpm]이므로 제시된 선택지의 회전속도를 구하면 다음과 같다.

① $N_s = \frac{120 \times 50}{6} = 1{,}000$[rpm]

② $N_s = \frac{120 \times 50}{8} = 750$[rpm]

③ $N_s = \frac{120 \times 60}{6} = 1{,}200$[rpm]

④ $N_s = \frac{120 \times 60}{8} = 900$[rpm]

따라서 옳지 않은 것은 ②이다.

15 전기기기

정답 | ②

직류 분권 발전기 관계식

• 기전력 $E = V + I_a R_a$[V]

• 전기자 전류 $I_a = I + I_f = \frac{P}{V} + \frac{V}{R_f}$[A]

(여기서 V=단자전압[V], I=부하전류[A], I_f=계자전류[A], R_a=전기자 저항[Ω], R_f=계자저항[Ω], P=출력[W])
주어진 조건을 분권 발전기 관계식에 대입하면 다음과 같다.
계자전류를 무시하므로 전기자 전류는 $I_a = I = 60$[A]이고,
기전력은 $E = V + I_a R_a = 300 + 60 \times 0.25 = 315$[V]이다.

16 전기기기 정답 | ③

[전절권과 비교한 단절권의 특징]
- 고조파 성분을 제거하여 기전력의 파형을 개선한다.
- 전절권에 비해 동량이 감소한다.
- 전절권에 비해 기전력이 감소된다.

> 참고 | 집중권과 비교한 분포권의 특징
> - 고조파 성분을 감소시켜 기전력의 파형을 개선한다.
> - 집중권에 비해 기전력이 감소된다.
> - 리액턴스 성분이 감소된다.

17 전기기기 정답 | ①

[파권과 중권의 비교]

1) 파권
   - 사용 용도: 고전압 소전류용
   - 병렬 회로수: 기본적으로 2이고 다중(m중) 파권의 경우 $2m$이다.
   - 브러시 수: 병렬 회로수와 같고, 기본적으로 2이다.
   - 파권은 균압환(균압모선)을 필요로 하지 않는다.
2) 중권
   - 사용 용도: 저전압 대전류용
   - 병렬 회로수: 기본적으로 극수(p)와 같으며 다중(m중) 중권의 경우 mp이다.
   - 브러시 수: 병렬 회로수와 같고, 기본적으로 p이다.
   - 4극 이상인 경우, 균압환(균압모선)을 설치하여 권선의 과열과 불꽃(섬락)을 방지한다.

18 전기기기 정답 | ④

동기 발전기 유기 기전력 관계 $E=4.44f\phi Nk_w$[V]
(여기서 f=주파수[Hz], ϕ=극당 자속수[wb], N=권수, k_w=전기자 권선 계수)
동기 발전기는 내부 결선이 Y결선이며, 유기 기전력은 상전압이므로 단자전압은 $V=\sqrt{3}E$[V]가 된다.
주어진 조건을 이용하여 계산하면 다음과 같다.

$$V=\sqrt{3}E=\sqrt{3}\times 4.44f\phi Nk_w$$
$$=\sqrt{3}\times 4.44\times 60\times \frac{\sqrt{3}}{18}\times 100\times 0.9$$
$$=3{,}996[\text{V}]$$

19 전기기기 정답 | ①

[동기 발전기의 전기자 반작용]
- 교차 자화작용(횡축 반작용): 전류와 전압의 위상이 같으며, 계자의 기자력과 전기자의 기자력이 서로 수직으로 나타난다.
- 감자 작용(직축 반작용): 전류의 위상이 전압보다 90° 뒤지며, 주자속이 감소하는 현상이 발생하며, 수전단 전압이 감소하게 된다.
- 증자 작용(직축 반작용): 전류의 위상이 전압보다 90° 앞서며, 주자속이 증가하는 현상이 발생하며, 수전단 전압이 증가하게 된다.

오답풀이 |
② 감자 작용에 대한 설명이다.
③ 증자 작용에 대한 설명이다.

20 전기기기 정답 | ④

직류 발전기 기전력 관계식 $E=pZ\phi\frac{N}{60a}$[V]
(여기서 p=극수, Z=전기자 전 도체수, ϕ=극당 자속수[wb], N=분당 회전수[rpm], a=병렬 회로수)
유기 기전력은 계자의 극수 p와 전기자 전 도체수 Z에 비례하므로 정답은 ④이다.

21 전기기기 정답 | ③

전기자 반작용은 전기자 전류에 의해 발생한 자속이 계자의 주자속을 방해하는 현상이다.

1) 영향
   - 중성축이 이동한다.
     - 발전기: 회전방향으로 이동
     - 전동기: 회전 반대방향으로 이동
   - 주자속이 감소한다.
     - 발전기: 기전력 감소, 출력 감소
     - 전동기: 회전수 증가
   - 국부적인 불꽃 발생으로 인한 정류불량
2) 대책
   - 보상권선(가장 효과적인 방법)
     - 계자극의 표면에 설치
     - 전류의 방향은 전기자 전류와 반대
     - 전기자와 직렬로 연결
   - 보극
     전기자와 직렬로 연결

• 브러시 이동

중성축 이동방향으로 브러시를 이동

전기자 반작용이 발생하였을 때, 직류 전동기의 경우 회전수가 증가하므로 정답은 ③이다.

22 전기기기 정답 | ①

[돌극형과 비돌극형의 요소별 비교]

구분	돌극형	비돌극형
용도	주로 수차발전기	주로 터빈발전기
냉각 방식	공랭식 (공기냉각방식)	수소냉각방식
회전수	저속기 150~1,200[rpm]	고속기 1,800~3,600[rpm]
극수	6~48극	2극 또는 4극
과도 안정도	상대적으로 좋음	상대적으로 나쁨
단락비	큼(1.0~1.2)	작음(0.6~0.8)
축의 형태	굵고 짧음	상대적으로 가늘고 긺
최대 부하각	$\delta=60°$	$\delta=90°$

23 회로이론 정답 | ③

시간 함수 전류에 의한 전하량 $q=\int idt[\text{A}\cdot\text{s}]$

주어진 조건에 대하여 계산하면 다음과 같다.

$$q=\int idt[\text{A}\cdot\text{s}]=\int_0^3 500(6t^2+2t)dt=500[2t^3+t^2]_0^3$$

$$=500\times(2\times3^3+3^2)=31{,}500[\text{A}\cdot\text{s}]$$

시간은 $1[\text{h}]=3{,}600[\text{s}]$에서 $1[\text{s}]=\frac{1}{3{,}600}[\text{h}]$가 되므로

$$q=31{,}500[\text{A}\cdot\text{s}]=\frac{31{,}500}{3{,}600}[\text{A}\cdot\text{h}]=8.75[\text{Ah}]$$

24 회로이론 정답 | ②

[전열기와 화력발전 관계식]

• 전열기 $860PT\eta_h=c'm\Delta t$

• 화력발전 $860PT=cm\eta_t$

(여기서 P=전력[kW], T=시간[h], c'=비열[kcal/kg·℃], c=발열량[kcal/kg], m=질량[kg], η_h=전열기 효율, η_t=발전기 종합효율($=\eta_c\cdot\eta_b\cdot\eta_g$), η_c=사이클 효율, η_b=보일러 효율, η_g=발전기 효율, Δt=온도 변화량(t_2-t_1)[℃])

전열기와 화력발전 관계식은 유사한 형태이므로 수식에서 효율의 위치, 온도 여부를 구분하여 확인해야 한다.

전열기 관계식에서 필요한 전력량은

$W=PT=\frac{c'm\Delta t}{860\eta_h}[\text{kWh}]$이므로

$$W=\frac{c'm\Delta t}{860\eta_h}=\frac{1\times400\times(96-10)}{860\times0.8}=\frac{400\times86}{860\times0.8}=50[\text{kWh}]$$

25 회로이론 정답 | ①

주어진 조건으로 건전지의 회로를 나타내면 다음과 같다.

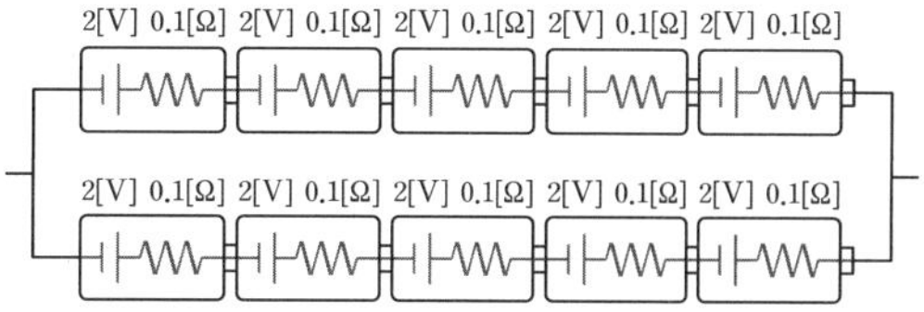

직렬로 연결된 전지의 기전력과 내부저항을 합성하여 등가회로로 나타내면 다음과 같다.

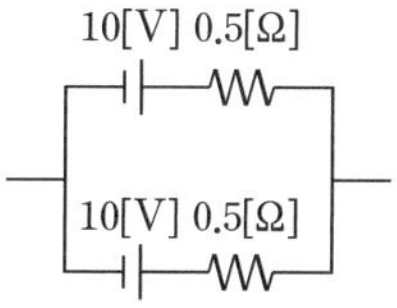

이 회로를 다시 합성하여 등가회로로 나타나면 다음과 같다.

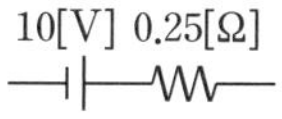

여기에 0.75[Ω]의 부하저항을 접속하면 다음과 같다.

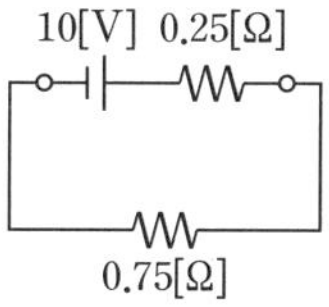

여기에서 부하저항에 흐르는 전류는 $I=\frac{V}{R}=\frac{10}{0.25+0.75}=10$ [A]이다.

26 회로이론 정답 | ④

도체의 처음 저항은 $R_1=\rho\frac{l}{S}[\Omega]$이며, 이것을 4배의 길이로 늘리면 체적은 불변이므로 체적과 길이, 면적의 관계 'v(체적)=

l(길이) $\times S$(면적)'에 의해서 면적은 $\frac{1}{4}$배가 된다.

따라서 $R_2=\rho\frac{4l}{\frac{1}{4}S}=16\rho\frac{l}{S}=16R_1$이 성립하므로

$R_1:R_2=1:16$이 된다.

27 회로이론

정답 | ④

저항과 전압에 의한 전력은 $P=\frac{V^2}{R}$[W]이므로

처음의 전력은 $P_1=\frac{V^2}{R}$[W]이며, 인가전압을 $6V$[V]로 하였을 때의 전력은 $P_2=\frac{(6V)^2}{R}=\frac{36V^2}{R}$[W]이 된다.

따라서 P_2[W]는 P_1[W]에 대해 36배가 된다.

28 회로이론

정답 | ④

회로의 임피던스는 $Z=\frac{V}{I}$[Ω]이므로 주어진 조건을 이용하여 계산하면 다음과 같다.

$$Z=\frac{V}{I}=\frac{60+j20}{5+j5}=\frac{60+j20}{5+j5}\times\frac{5-j5}{5-j5}$$
$$=\frac{300-j300+j100-j^2100}{5^2-(j5)^2}$$
$$=\frac{300-j200+100}{25+25}=\frac{400-j200}{50}$$
$$=8-j4[\Omega]$$

29 회로이론

정답 | ③

[파형의 종류에 따른 실횻값, 평균값]

구분	정현파 정현전파	정현반파	구형파	구형반파	삼각파 톱니파
실횻값 I	$\frac{1}{\sqrt{2}}I_m$	$\frac{1}{2}I_m$	I_m	$\frac{1}{\sqrt{2}}I_m$	$\frac{1}{\sqrt{3}}I_m$
평균값 I_{av}	$\frac{2}{\pi}I_m$	$\frac{1}{\pi}I_m$	I_m	$\frac{1}{2}I_m$	$\frac{1}{2}I_m$

주어진 그림은 삼각파이므로 $\frac{평균값}{실횻값}=\frac{\frac{1}{2}I_m}{\frac{1}{\sqrt{3}}I_m}=\frac{\sqrt{3}}{2}$이다.

30 회로이론

정답 | ①

[L만의 회로의 특징]
- 교류전압이 인가되면 $X_L=wL=2\pi fL[\Omega]$의 저항으로 작용한다.
- 직류는 주파수가 $f=0$[Hz]이므로 직류전압이 인가되면 $X_L=2\pi fL=0[\Omega]$이 되므로 단락이 된다.
- 전류의 위상은 전압보다 90° 뒤진다.(지상)
- L은 에너지를 소비하지 않는다.
- L에 축적되는 에너지는 $W=\frac{1}{2}LI^2$[J]이다.

31 제어공학

정답 | ②

폐루프 제어는 제어 출력의 일부를 입력방향으로 피드백하여 목푯값과 비교한 후 수정동작을 하는 제어방식으로, 피드백 제어라고도 한다.

[폐루프 제어의 특징]
- 오차신호로 구동한다.
- 오차를 줄이도록 제어기가 동작하여 시스템 출력이 원하는 값에 도달한다.
- 시스템 응답이 외란이나 내부변화에 덜 민감하다.
- 정확한 제어가 가능하다.
- 구조가 복잡하다.

32 제어공학

정답 | ③

[자동 제어계의 분류]

1) 목푯값의 종류에 따른 자동 제어계의 분류
   - 정치 제어: 목푯값이 시간에 관계없이 항상 일정한 제어이다.
   - 추치 제어: 목푯값의 크기나 위치가 시간에 따라 변하는 제어이다.
2) 제어량의 종류에 따른 자동 제어계의 분류
   - 서보기구 제어: 제어량이 기계적인 추치 제어이며, 제어량은 각도, 자세, 방향, 거리, 위치 등이 있다.
   - 자동조정 제어: 제어량이 정치 제어이며, 제어량은 전압, 주파수, 장력, 속도 등이 있다.
   - 프로세스 제어: 공정 제어라고도 하며, 제어량이 피드백 제어계로서 주로 정치 제어이다. 제어량은 온도, 압력, 유량, 액면, 습도, 농도 등이 있다.

33 제어공학 정답 | ①

[제어계의 요소(용어)]

- 목푯값: 제어량이 어떤 값을 갖도록 목표를 설정하여 외부에서 주어지는 신호를 의미함
- 기준입력신호: 제어계를 동작시키는 기준이 되는 입력신호
- 동작신호: 기준입력신호와 주궤환신호의 편차 신호로 제어동작을 일으키는 신호
- 제어요소: 동작신호를 조작량으로 변환하는 요소로, 조절부와 조작부로 이루어져 있음
- 조작량: 제어요소가 제어 대상에 가해서 제어량을 변화시키는 양
- 외란: 외부에서 가해지는 신호로 제어량의 값을 직접적으로 변화시키는 원인이 되는 요소
- 제어량: 목표에 맞도록 제어되는 물리량
- 검출부: 제어대상으로부터 제어량을 검출하여 기준입력신호와 비교하는 부분

따라서 회전속도는 목푯값인 1,200[rpm]에 맞도록 제어되는 값이므로 제어량에 해당한다.

34 제어공학 정답 | ①

$$f(t)=\frac{1}{6}t^4 \xrightarrow{\mathcal{L}} F(s)=\frac{1}{6}\times\frac{4!}{s^{4+1}}=\frac{1}{6}\times\frac{24}{s^5}=\frac{4}{s^5}$$

참고 | 라플라스 변환/역변환 표

$f(t)$	$\underset{\mathcal{L}^{-1}}{\overset{\mathcal{L}}{\rightleftarrows}}$ $F(s)$
$\delta(t)$	1
$u(t)$	$\frac{1}{s}$
t	$\frac{1}{s^2}$
t^n	$\frac{n!}{s^{n+1}}$
$\sin wt$	$\frac{w}{s^2+w^2}$
$\cos wt$	$\frac{s}{s^2+w^2}$
$e^{\pm at}$	$\frac{1}{s\mp a}$
$t^n\cdot e^{at}$	$\frac{n!}{(s-a)^{n+1}}$
$t\sin wt$	$\frac{2ws}{(s^2+w^2)^2}$
$t\cos wt$	$\frac{s^2-w^2}{(s^2+w^2)^2}$
$e^{-at}\cdot\sin wt$	$\frac{w}{(s+a)^2+w^2}$
$e^{-at}\cdot\cos wt$	$\frac{s+a}{(s+a)^2+w^2}$
$\sinh wt$	$\frac{w}{s^2-w^2}$
$\cosh wt$	$\frac{s}{s^2-w^2}$

35 제어공학 정답 | ②

최종값 정리는 함수 $f(t)$에 대해서 시간 t가 ∞에 가까워지는 경우의 극한값에 대한 정리를 말한다. 즉, $f(t)$의 최종적인 도달값에 대한 정리이다.

라플라스 변환 함수의 경우 s를 취하고 s의 값이 0에 수렴할 때의 값이 된다.

최종값 $f(\infty)=\lim_{t\to\infty}f(t)=\lim_{s\to0}sF(s)$

주어진 수식에 최종값 정리를 적용하면 다음과 같다.

$$\lim_{s\to0}sF(s)=\lim_{s\to0}s\frac{s+10}{5s(2s^2+3s+1)}=\lim_{s\to0}\frac{s+10}{5(2s^2+3s+1)}$$
$$=\frac{10}{5\times1}=2$$

참고 | 초깃값 정리
함수 $f(t)$에 대해서 시간 t가 0에 가까워지는 경우의 극한값에 대한 정리이다. 즉, 입력이 가해지는 순간에 시간함수가 가지는 값에 대한 정리이다.
초깃값 $f(0+)=\lim_{t\to0}f(t)=\lim_{s\to\infty}sF(s)$

36 제어공학 정답 | ④

$$F(s)=\frac{s+5}{s^2+10s+34}=\frac{s+5}{s^2+10s+25+9}=\frac{s+5}{(s+5)^2+3^2}$$
$$\xrightarrow{\mathcal{L}^{-1}} f(t)=e^{-5t}\cos 3t$$

참고 | 34번 해설 라플라스 변환/역변환 표

37 제어공학 정답 | ③

[전달함수의 요소]

요소	전달함수
비례요소	$G(s)=K$
미분요소	$G(s)=Ts$
적분요소	$G(s)=\frac{1}{Ts}$
1차 지연요소	$G(s)=\frac{1}{1+Ts}$
2차 지연요소	$G(s)=\frac{w_n^2}{s^2+2\zeta w_n s+w_n^2}$
부동작 시간요소	$G(s)=Ke^{-Ls}$

38 제어공학 정답 | ①

미분 방정식 $2\frac{d^2y(t)}{dt^2}+4\frac{dy(t)}{dt}+6y(t)=\frac{dx(t)}{dt}+2x(t)$

의 양변을 모두 라플라스 변환하여 전개하면 다음과 같다.

$2s^2Y(s)+4sY(s)+6Y(s)=sX(s)+2X(s)$

$Y(s)(2s^2+4s+6)=X(s)(s+2)$

전달함수 $G(s)=\frac{Y(s)}{X(s)}=\frac{s+2}{2s^2+4s+6}$

39 전력공학 정답 | ②

특성 임피던스는 $Z_0=\sqrt{\frac{X[\Omega]}{B[℧]}}=\sqrt{\frac{X[\Omega]}{B\left[\frac{1}{\Omega}\right]}}=\sqrt{\frac{X}{B}[\Omega^2]}=\sqrt{\frac{X}{B}}$

[Ω]의 관계로 계산할 수 있다.

따라서 $Z_0=\sqrt{\frac{X}{B}}[\Omega]=\sqrt{\frac{0.1}{4\times10^{-5}}}=\sqrt{2,500}=50[\Omega]$이다.

40 전력공학 정답 | ①

이도(dip)란 전선 지지점 간 연결하는 수평선으로부터 밑으로 내려가 있는 길이를 의미하는데, 이는 온도에 따른 전선의 팽창 또는 수축을 고려하여 단선사고, 선간 단락 등을 사전에 방지하는 중요한 요소이다.

이도의 영향은 다음과 같다.

- 이도의 대소는 지지물의 높이를 좌우한다.
- 이도가 너무 크면 전선은 그만큼 좌우로 크게 진동해서 다른 상의 전선에 접촉하거나 수목에 접촉해서 위험을 준다.
- 이도가 너무 작으면 그와 반비례해서 전선의 장력이 증가하여 심할 경우에는 전선이 단선되기도 한다.

이도는 여러 요소를 고려하여 선정하는데 그 관련된 요소의 식은 다음과 같다.

- 이도 $D=\frac{WS^2}{8T}$[m]

  (여기서 W: 합성하중$(=\sqrt{(W_i+W_e)^2+W_w^2})$[kg/m], T: 수평장력[kg]$=\frac{\text{인장강도(하중)}}{\text{안전율}}$, S: 경간[m])

- 전선의 실장(실제거리) $L=S+\frac{8D^2}{3S}$[m]
- 전선의 평균 높이 $h=H-\frac{2}{3}D$[m]

  (여기서 H=전선 지지점의 높이)

주어진 조건에 대해 이도를 계산하면 다음과 같다.

$$D=\frac{WS^2}{8T}=\frac{\sqrt{(W_i+W_e)^2+W_w^2}\times S^2}{8\times\frac{\text{인장강도}}{\text{안전율}}}$$

$$=\frac{\sqrt{(0.4+2.6)^2+4^2}\times100^2}{8\times\frac{14,000}{2.8}}=\frac{50,000}{40,000}=1.25[\text{m}]$$

41 전력공학 정답 | ③

경제적인 송전전압(Still 식) $V=5.5\sqrt{0.6l+\frac{P}{100}}$[kV]

(여기서 l=송전거리[km], P=송전전력[kW])

주어진 조건을 이용하여 계산하면 다음과 같다.

$$V[\text{kV}]=5.5\sqrt{0.6l+\frac{P}{100}}=5.5\sqrt{0.6\times1,000+\frac{100\times10^3}{100}}$$

$$=5.5\sqrt{600+1,000}=5.5\sqrt{1,600}=5.5\times40=220[\text{kV}]$$

42 전력공학 정답 | ④

- 전력 원선도를 이용하여 구할 수 있는 것
  - 피상전력
  - 유효전력
  - 무효전력
  - 수전단 역률
  - 조상설비 용량
  - 정태 안정 극한 전력
  - 송수전 가능한 최대 전력
  - 송수전단 상차각
- 전력 원선도를 이용하여 구할 수 없는 것
  - 코로나 손실
  - 과도 안정 극한 전력

43 전력공학 정답 | ②

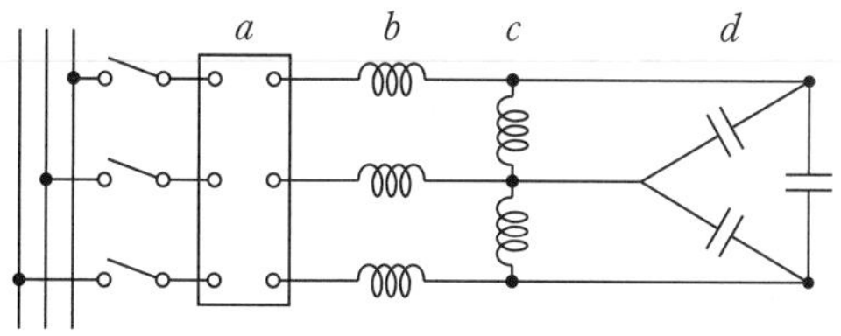

a. CB(차단기, Circuit Breaker): 사고 시에 고장전류가 흐를 때, 이로 인한 사고를 예방하기 위해 회로를 차단하여 전류를 끊는다.
b. SR(직렬 리액터, Series Reactor): 제5고조파를 제거한다.
c. DC(방전코일, Discharge Coil): 콘덴서에 축적된 잔류전하를 방전한다.
d. SC(전력용 콘덴서, Static Capacitor): 역률을 개선한다.

44 전력공학 정답 | ②

[교류 송전방식과 직류 송전방식]

1) 교류 송전방식
- 장점
  - 회전 자계를 쉽게 얻을 수 있다.
  - 대부분 부하가 교류방식이므로 계통을 일관되게 운용할 수 있다.
  - 변압이 쉬워 전압의 승압 및 강압이 용이하다.
- 단점
  - 직류 방식에 비해 계통의 안정도가 저하된다.
  - 표피효과로 인해 전선의 실효저항이 증가하여 전력손실이 커진다.
  - 페란티 현상과 자기여자 현상 등의 이상현상이 발생한다.

2) 직류 송전방식
- 장점
  - 리액턴스가 없어 리액턴스 강하가 없고, 안정도가 높다.
  - 장거리 송전, 케이블 송전에 유리하다.
  - 유도장해가 적고, 송전 효율이 좋다.
  - 절연계급을 낮출 수 있다.
  - 충전전류가 없고, 유전체손이 없다.
  - 주파수가 다른 교류계통을 연계할 수 있다.
- 단점
  - 교류와 같이 전류의 0점이 없어, 직류 전류의 차단이 곤란하다.
  - 승압 및 강압이 곤란하다.
  - 교류 직류 교환 장치에서 발생하는 고조파를 제거하는 설비가 별도로 필요하다.

오답풀이 |
㉡, ㉣ 교류 송전방식에 대한 특징이다.

45 전력공학 정답 | ②

[안정도]
- 정태 안정도: 정상적인 운전상태에서 서서히 부하를 조금씩 증가했을 경우 안정적인 운전을 지속할 수 있는 능력
- 동태 안정도: 고성능의 AVR, 조속기 등이 갖는 제어효과까지 고려하여 제어할 경우의 정태 안정도
- 과도 안정도: 계통에 갑자기 고장사고와 같은 급격한 외란이 발생한 경우에도 탈조하지 않고 안정적으로 운전을 지속할 수 있는 능력

46 전력공학 정답 | ③

[복도체를 사용하였을 경우의 장·단점]

1) 장점
- 선로의 인덕턴스는 감소, 정전용량은 증가한다.
- 송전용량이 증가한다.
- 코로나 손실이 감소한다.
- 코로나 임계전압이 상승하여 코로나가 방지된다.
- 안정도가 증대된다.

2) 단점
- 단락사고 시 대전류가 흘러 소도체 사이에 흡인력이 발생된다.
- 건설비가 증가한다.
- 꼬임현상 및 소도체 사이에 충돌현상이 발생한다.
- 페란티 현상에 의한 수전단 전압상승이 초래된다.

47 전력공학 정답 | ③

전압 강하율이란 송전단과 수전단의 관계에 있어서 수전 전압에 대한 전압강하의 비이다.

$$\varepsilon'=\frac{V_s-V_r}{V_r}\times100=\frac{\sqrt{3}I_r}{V_r}\times(R\cos\theta+X\sin\theta)\times100[\%]$$

(여기서 V_s=송전단 전압[V], V_r=수전단 전압[V], I_r=수전단(부하) 전류[A], $\cos\theta$=역률(유효율), $\sin\theta$=무효율)

$$\varepsilon'=\frac{\sqrt{3}I_r}{V_r}\times(R\cos\theta+X\sin\theta)\times100$$

$$=\frac{\sqrt{3}\times100}{20\times10^3}(5\sqrt{3}\times0.8+10\sqrt{3}\times0.6)\times100$$

$$=\frac{\sqrt{3}}{2}(4\sqrt{3}+6\sqrt{3})=15[\%]$$

48 전력공학 정답 | ③

애자의 능률(η) 관계식

$$\eta=\frac{\text{애자련 섬락전압}}{\text{애자 개수}\times\text{애자 1개의 섬락전압}}\times100[\%]$$

위 관계식과 주어진 조건을 이용하여 애자 1개의 섬락전압을 계산하면 다음과 같다.

애자 1개의 섬락전압

$$=\frac{\text{애자련 섬락전압}}{\text{애자 개수}\times\text{애자의 능률}}\times100$$

$$=\frac{680}{10\times85}\times100=80[\text{kV}]$$

49 회로이론 정답 | ③

전압계 두 대를 직렬로 접속하였을 때, 두 대의 전압계 내부저항은 직렬회로가 되므로 전압 분배법칙이 적용된다.

전압이 최대로 걸리는 전압계는 내부저항이 큰 전압계이므로 해당 전압계를 기준으로 계산하면 최대 측정값이 도출된다.

전압 분배법칙에 의해 $\frac{15}{10+15}\times V=150$의 수식에서

$V=\frac{10+15}{15}\times150=250[\text{V}]$이다.

50 회로이론 정답 | ②

풀이방법 ①

주어진 회로의 등가회로를 그리면 다음과 같다.

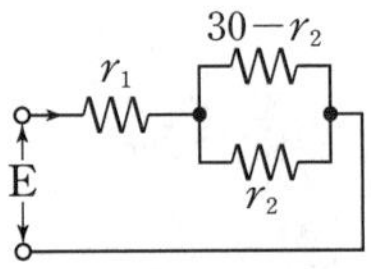

회로의 합성저항은 $R=r_1+\frac{(30-r_2)\times r_2}{30-r_2+r_2}=r_1+\frac{30r_2-r_2^2}{30}$이며, r_1에 흐르는 전류가 최소가 되려면 합성저항을 가변한다고 하였을 때 최대가 되는 조건, 즉 합성저항의 크기가 최대가 되어 더 이상 변하지 않을 때라고 볼 수 있다.

따라서 가변되는 부분의 변화량이 없어야 하므로

$$\frac{dR}{dr_2}=30-2r_2=0\rightarrow 2r_2=30\rightarrow r_2=15[\Omega]$$

풀이방법 ②

쉽게 풀이하는 방법은 다음과 같다.

가변저항 부분에서 회로의 상측과 하측의 저항값이 다른 경우, 전류는 저항이 작은 쪽으로 흐르려는 성질이 있으므로 전류가 흐르는 회로의 합성저항은 작아지게 된다. 이 경우에는 회로에 흐르는 전류가 커지게 되므로 전류값이 최소가 되기 위해서는 상측과 하측의 저항이 같으면 된다. 따라서 가변부분의 전체 저항의 절반값인 15[Ω]가 되어야 한다.

51 전자통신 정답 | ①

[하틀레이(혹은 하틀리) 발진기의 발진 주파수 관계식]

$$f=\frac{1}{2\pi\sqrt{LC}}[\text{Hz}]$$

(여기서 $L=L_a+L_b+k\sqrt{L_aL_b}$, k=결합계수)

주어진 조건에서 L_a, L_b 간에 상호 영향이 없다고 하였으므로 결합계수 $k=0$이 된다.

따라서 발진 주파수 $f=\frac{1}{2\pi\sqrt{(L_a+L_b)C}}[\text{Hz}]$이다.

52 전자통신 정답 | ②

안테나의 이득은 절대이득과 상대이득으로 구분한다.

절대이득은 이론적으로만 가능한 '등방성 안테나(Isotropic Antenna, 상하좌우 사방으로 전력이 똑같이 나오는 안테나)'를 기준으로 하는 경우이며, 대부분 1[GHz] 이상에서 많이 사용한다. 상대이득은 기준 안테나인 '무손실 $\lambda/2$ 안테나(Half-wave Dipole Antenna)'를 기준으로 하는 경우이며, 대부분 1[GHz] 이하에서 많이 사용한다.

53 전자통신 정답 | ①

RMS(Root-Mean-Square)는 다른 말로 실횻값이다.

즉, 비정현파 전류의 실횻값을 묻는 문제이다.

비정현파의 실횻값은 직류분, 기본파 및 고조파 제곱합의 제곱(평방)근이므로 직류분과 각 파형에 대한 실횻값의 벡터합으로 계산한다.

$$v=V_0+\sum_{n=1}^{\infty}V_{mn}\sin(nwt+\theta_n)$$

$=V_0+V_{m1}\sin(wt+\theta_1)+V_{m2}\sin(2wt+\theta_2)+\cdots$ 일 때,

실횻값 $V=\sqrt{V_0^2+\left(\frac{V_{m1}}{\sqrt{2}}\right)^2+\left(\frac{V_{m2}}{\sqrt{2}}\right)^2+\cdots}$

$=\sqrt{V_0^2+V_1^2+V_2^2+\cdots}$ [V]

주어진 조건에 대한 실횻값은 다음과 같다.

$$V=\sqrt{V_0^2+V_1^2+V_2^2}=\sqrt{8^2+\left(\frac{3\sqrt{2}}{\sqrt{2}}\right)^2+\left(\frac{5\sqrt{2}}{\sqrt{2}}\right)^2}$$

$$=\sqrt{8^2+3^2+5^2}=7\sqrt{2}[\text{V}]$$

54 전자통신

정답 | ①

[동조 급전방식과 비동조 급전방식]

1) 동조 급전방식
  - 급전선의 길이를 사용 파장과 일정한 관계를 갖게 하여 급전선상에 정재파가 실려서 급전되는 방식
  - 특징
    - 송신기와 안테나 사이의 거리가 가까울 경우에 많이 사용함
    - 별도의 정합장치가 필요 없음
    - 급전선상에서 손실이 큼
    - 외부방해가 많고 위험함
    - 급전선의 길이를 파장과 일정한 관계를 갖도록 해야 함

2) 비동조 급전방식
  - 송신기와 안테나 사이 거리가 멀 경우 반사파에 의한 전송효율이 나빠지므로 정합장치를 사용하여 급전선상에 진행파가 실리도록 하여 급전하는 방식
  - 특징
    - 급전선의 길이를 파장과 무관하게 임의로 선정 가능
    - 장거리 전송 시 손실이 적고 전송효율이 동조 급전선보다 좋음
    - 동축선로인 경우 외부방해가 없음
    - 별도의 정합장치가 필요함

3) 동조 급전방식과 비동조 급전방식의 비교

구분	동조 급전방식	비동조 급전방식
전송파	정재파	진행파
정합장치	×	○
전송효율	나쁨	좋음
송신안테나 거리	단거리	장거리
급전선 길이와 파장의 관계	고려해야 함	고려 ×
급전선 종류	평행 2선식 급전선	동축케이블

55 전자통신

정답 | ④

[연산 증폭기 저역통과필터(Low-pass filter)]

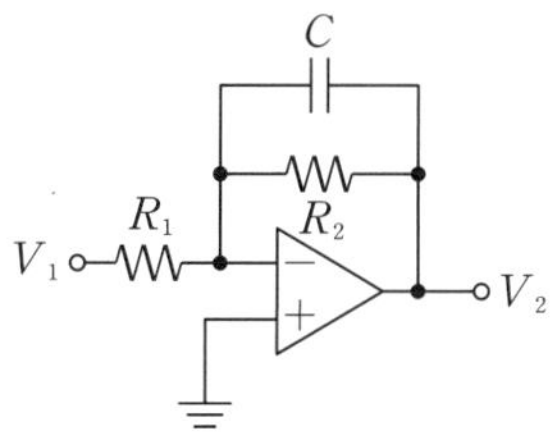

- 차단 주파수 $f_c = \frac{1}{2\pi R_2 C}$[Hz]
- 차단 각주파수 $w_c = \frac{1}{R_2 C}$[rad/s]

56 전자통신

정답 | ③

포락선 검파(Envelope Detection)는 비동기 검파 방식 중 하나로, 매우 간단한 검파 방식이고 비동기 검파는 수신 반송파로부터 정확한 위상을 추출할 필요가 없는 방식을 말한다.

포락선 검파의 특성은 다음과 같다.
- 송신 측은 큰 전력 송출이 필요하나, 수신 측은 간단하다.
- 일대일 통신보다는 방송 등 일대 다수의 용도에 주로 사용한다.

포락선 검파기(Envelope Detector)의 특징은 다음과 같다.
- 정류 특성을 갖는 다이오드와 저역통과필터(LPF)를 조합한 다이오드 검파기이다.
- 대부분 상업용 AM 라디오 수신기에 사용한다.

57 전자통신

정답 | ③

정합필터(Matched Filter)는 신호의 전송과정에서 신호는 최대로 하고, 잡음은 억제하여 성능을 개선할 수 있는 필터이다.

정합필터의 특징은 다음과 같다.
- 입력 신호에 정합된다.
- 샘플링 순간에 수신 신호대잡음비를 최대화시킨다.
  즉, 필요한 신호는 강조, 잡음은 억제시켜 오류의 확률을 최대한 감소시키고 2진 펄스 신호를 오류없이 판별할 수 있도록 한다.
- 시간 지연에 따른 심볼 간의 간섭(Intersymbol-Interference, ISI)에는 취약하다. 신호에너지를 모아서 에너지가 가장 큰 순간에 샘플링 시간을 맞추게 되는데, 이때 인접 심볼들의 에너지가 넘어오기 쉬워 간섭에 취약하게 된다.
- 부가 잡음의 영향을 최소화시킨다.
  정합필터는 수신 측에서 SNR(신호대잡음비)을 최대로 유지시키는 선형 시불변 필터의 일종이다.

58 전자통신

정답 | ④

[베이스 밴드 전송 방식의 유형]
- 단류 RZ(Return to Zero): 1의 신호는 양(+), 0의 신호는 전압이 나타나지 않고, 신호 간에는 전압이 0[V]의 상태를 취한다.

• 복류 RZ(Return to Zero): 1의 신호는 양(+), 0의 신호는 음(−)의 전압을 주어 신호 간에는 전압이 0[V]의 상태를 취한다.
• 단류 NRZ(Non Return to Zero): 1의 신호에 대해서는 양(+)의 전압을, 0의 신호이면 전압이 나타나지 않는다.
• 복류 NRZ(Non Return to Zero): 0의 신호는 음(−)을, 1의 신호에는 양(+)의 전압을 나타낸다.
• Bipolar: 0의 신호일 때는 0[V]을 유지, 1의 신호일 때는 양(+), 음(−)을 교대로 나타낸다.
• Manchester: 0의 신호일 때는 음(−)에서 양(+)으로, 1의 신호일 때는 양(+)에서 음(−)으로 상태가 변한다.

59 전자통신

정답 | ④

잡음지수(Noise Factor)는 시스템에 신호가 통과하면서 신호의 변형 또는 잡음이 얼마나 부가되는지 나타내는 지표로, 시스템의 입력과 출력에서 잡음의 변화량을 나타낸다.

• 잡음지수 $F=1+\frac{T_s}{T_0}\geq 1$

(여기서 T_s=시스템 유효 잡음온도[K], T_o=시스템 입력 잡음온도[K])

- 잡음지수가 적을수록 시스템에서 부가되는 잡음의 양이 적다.
- 잡음이 없는 이상적인 시스템의 잡음지수=1

• 잡음지수의 데시벨 표현

$NF=10\log_{10}(1+\frac{T_s}{T_0})$[dB]

• 종속 연결된 시스템의 전체 잡음지수(다단 증폭 회로의 잡음지수)

$F=F_1+\frac{F_2-1}{G_1}+\frac{F_3-1}{G_1G_2}+\cdots+\frac{F_n-1}{G_1G_2\cdots G_{n-1}}$

(여기서 G=유효 이득)

2단 종속연결된 시스템에서 각각의 잡음지수를 F_1, F_2라 하고 유효 이득을 G_1, G_2라 할 때, 전체 잡음지수는 $F=F_1+\frac{F_2-1}{G_1}$이므로 정답은 ④이다.

60 전자통신

정답 | ③

마이크로파(M/W: Micro Wave) 통신의 특징은 다음과 같다.

• 1[GHz]~30[GHz](파장은 30~1[cm])의 주파수대를 이용하는 통신이다. 광대역 특성을 얻기 쉬운 특성이 있어 이동통신, TV 신호 중계, 고속 데이터 통신, 위성통신 등에 이용된다.
• 높은 주파수를 사용하므로 잡음 특성이 양호하여 안정된 전파 특성을 나타낸다.
• 회선 구성에 융통성이 있고, 재해 등의 영향이 적다.
• 반사없이 직접파만을 사용하고 반사 또는 회절의 우려가 있으므로 장애물이 없어야 한다.

2020 상반기 한국남동발전

2020. 6. 21. (일) 시행

정답 확인

p.93

문항	정답	과목	문항	정답	과목	문항	정답	과목	문항	정답	과목	문항	정답	과목
01	①	회로이론	02	③	회로이론	03	③	전력공학	04	②	전자기학	05	④	전기기기
06	②	회로이론	07	③	회로이론	08	④	전자기학	09	②	전자기학	10	③	회로이론
11	②	전자기학	12	④	전자기학	13	④	전자기학	14	①	회로이론	15	①	전력공학
16	②	전자기학	17	③	전기기기	18	④	전기기기	19	②	회로이론	20	①	전자기학
21	①	전력공학	22	①	제어공학	23	②	전기기기	24	④	전기기기	25	②	전기기기
26	②	전기기기	27	④	전기기기	28	①	전기기기	29	③	전기기기	30	②	전기기기
31	④	제어공학	32	①	제어공학	33	④	제어공학	34	①	전기기기	35	②	회로이론
36	②	전력공학	37	①	전력공학	38	③	전기기기	39	③	전기기기	40	④	전력공학
41	③	회로이론	42	③	전력공학	43	④	전력공학	44	①	전력공학	45	③	전자기학
46	④	전력공학	47	②	전기기기	48	②	전력공학	49	④	전자통신	50	①	전자통신
51	③	전자통신	52	①	전력공학	53	①	전력공학	54	④	전력공학	55	③	전자통신
56	④	전자통신	57	②	전자통신	58	②	전자통신						

세부과목별 실력 점검표

과목	맞은 개수	정답률	취약점 & 체크사항
전자기학	/9	%	
회로이론	/9	%	
전기기기	/15	%	
전력공학	/14	%	
제어공학	/4	%	
전자통신	/7	%	
합계	/58	%	

01 회로이론 정답 | ①

[영상 파라미터와 4단자 정수의 관계성]

- 1차 영상 임피던스 $Z_{01}=\sqrt{\dfrac{AB}{CD}}$
- 2차 영상 임피던스 $Z_{02}=\sqrt{\dfrac{DB}{CA}}$

주어진 회로를 단일 임피던스의 4단자 정수로 표현하면 다음과 같다.

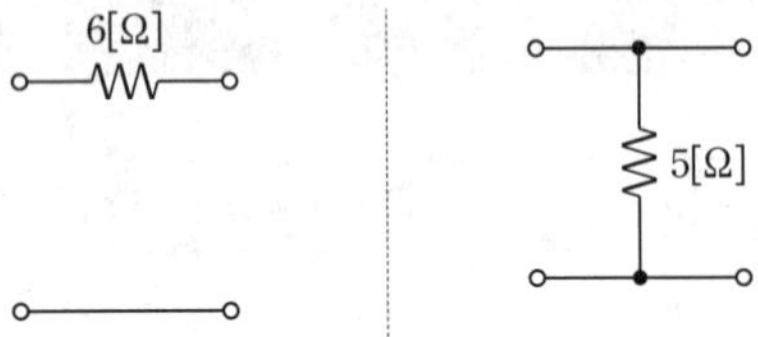

$\begin{bmatrix} 1 & 6 \\ 0 & 1 \end{bmatrix}$ $\begin{bmatrix} 1 & 0 \\ \frac{1}{5} & 1 \end{bmatrix}$

순서대로 행렬을 연산하면 다음과 같다.

$$\begin{bmatrix} 1 & 6 \\ 0 & 1 \end{bmatrix}\begin{bmatrix} 1 & 0 \\ \frac{1}{5} & 1 \end{bmatrix}=\begin{bmatrix} 1+\frac{6}{5} & 6 \\ \frac{1}{5} & 1 \end{bmatrix}=\begin{bmatrix} \frac{11}{5} & 6 \\ \frac{1}{5} & 1 \end{bmatrix}$$

따라서 1차 영상 임피던스를 계산하면 다음과 같다.

$$Z_{01}=\sqrt{\frac{AB}{CD}}=\sqrt{\frac{\frac{11}{5}\times 6}{\frac{1}{5}\times 1}}=\sqrt{\frac{\frac{66}{5}}{\frac{1}{5}}}=\sqrt{66}[\Omega]$$

02 회로이론 정답 | ③

주어진 조건으로 건전지의 회로를 나타내면 다음과 같다.

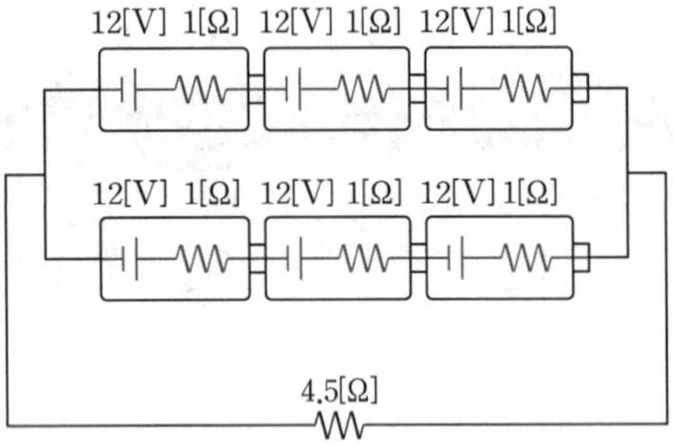

직렬로 연결된 전지의 기전력과 내부저항을 합성하여 등가회로로 나타내면 다음과 같다.

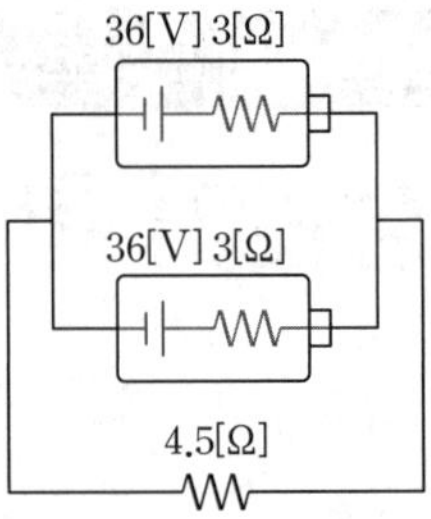

이 회로를 다시 합성하여 등가회로로 나타내면 다음과 같다.

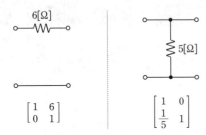

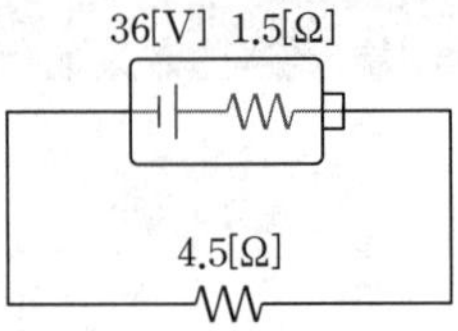

여기에서 부하저항에 흐르는 전류는 $I=\dfrac{V}{R}=\dfrac{36}{1.5+4.5}=\dfrac{36}{6}=6[\mathrm{A}]$이므로 부하저항의 소비전력은 $P=I^2R=6^2\times 4.5=162[\mathrm{W}]$이다.

03 전력공학 정답 | ③

퍼센트 리액턴스($\%X$) 관계식 $\%X=\dfrac{PX}{10V^2}[\%]$

(여기서 P=정격출력[kW], V=정격전압[kV], X=리액턴스[Ω])

위 관계식에서 $X=\dfrac{10V^2\cdot\%X}{P}[\Omega]$가 되며, 이를 이용하여 주어진 조건에 대해 계산하면 다음과 같다.

$$X=\frac{10V^2\cdot\%X}{P}=\frac{10\times 30^2\times 20}{50\times 10^3}=3.6[\Omega]$$

04 전자기학 정답 | ②

원형 코일 중심자계 $H=\dfrac{NI}{2a}[\mathrm{AT/m}]$

(여기서 N=권수, I=전류[A], a=반지름[m])

- 원형 코일 A의 중심자계 $H_A[\mathrm{AT/m}]$

$$H_A=\frac{N_A I_A}{2a_A}=\frac{6\times I_A}{2\times 2}=\frac{3I_A}{2}[\mathrm{AT/m}]$$

- 원형 코일 B의 중심자계 $H_B[\mathrm{AT/m}]$

$$H_B=\frac{N_B I_B}{2a_B}=\frac{8\times I_B}{2\times 4}=I_B[\mathrm{AT/m}]$$

A, B 두 코일의 중심을 겹쳐놓고 전류의 방향이 같은 경우에는 두 코일이 형성하는 자계가 합해지며, 문제에서 A코일만 있을 때의 3배라고 하였으므로 다음과 같은 관계가 성립한다.

$H_A+H_B=3H_A$

위 관계에 의해 $H_B=2H_A$가 되므로 $I_B=2\times\frac{3I_A}{2}=3I_A$이다.

따라서 $\frac{I_B}{I_A}=3$이 된다.

05 전기기기 정답 | ④

[변압기의 규약효율]

- 전부하 시 $\eta=\frac{P_a\cos\theta}{P_a\cos\theta+P_i+P_c}\times100[\%]$
- m부하 시 $\eta=\frac{mP_a\cos\theta}{mP_a\cos\theta+P_i+m^2P_c}\times100[\%]$

(여기서 P_a=피상전력(변압기 용량)[VA], $\cos\theta$=역률, P_i=철손[W], P_c=동손[W], m=부하율)

각 부하율에 따른 관계식을 세우면 다음과 같다.

- 전부하 시

$$\eta=\frac{P_a\cos\theta}{P_a\cos\theta+P_i+P_c}\times100\text{에서}$$

$$80=\frac{5{,}000\times1}{5{,}000\times1+P_i+P_c}\times100$$

$$0.8=\frac{5{,}000}{5{,}000+P_i+P_c}$$

$$0.8(5{,}000+P_i+P_c)=5{,}000$$

$$4{,}000+0.8P_i+0.8P_c=5{,}000$$

$$0.8P_i+0.8P_c=1{,}000 \quad \cdots ⓐ$$

- 50[%] 부하 시

$$\eta=\frac{mP_a\cos\theta}{mP_a\cos\theta+P_i+m^2P_c}\times100\text{에서}$$

$$80=\frac{0.5\times5{,}000\times1}{0.5\times5{,}000\times1+P_i+0.5^2\times P_c}\times100$$

$$0.8=\frac{2{,}500}{2{,}500+P_i+0.25P_c}$$

$$0.8(2{,}500+P_i+0.25P_c)=2{,}500$$

$$2{,}000+0.8P_i+0.2P_c=2{,}500$$

$$0.8P_i+0.2P_c=500 \quad \cdots ⓑ$$

이때 ⓐ−ⓑ를 하면 $0.6P_c=500$이 되므로 $P_c=\frac{500}{0.6}\fallingdotseq833.33[\text{W}]$이고, $4\times$ⓑ−ⓐ를 하면 $2.4P_i=1{,}000$이 되므로 $P_i=\frac{1{,}000}{2.4}\fallingdotseq416.67[\text{W}]$가 된다.

06 회로이론 정답 | ②

밀만의 정리(Millman's theorem)는 전압원과 직렬 저항의 한 조가 여러 개 병렬로 접속된 경우의 전체 단자전압(개방전압)을 구하는 정리이다.

$$V=\frac{\Sigma I}{\Sigma G}=\frac{\Sigma\frac{E}{R}}{\Sigma\frac{1}{R}}$$

주어진 조건에 대하여 계산하면 다음과 같다.

$$V=\frac{\Sigma\frac{E}{R}}{\Sigma\frac{1}{R}}=\frac{\frac{E_1}{R_1}+\frac{E_2}{R_2}+\frac{0}{R_L}}{\frac{1}{R_1}+\frac{1}{R_2}+\frac{1}{R_L}}$$

$$=\frac{\frac{8}{2}+\frac{4}{4}}{\frac{1}{2}+\frac{1}{4}+\frac{1}{2}}=\frac{4+1}{\frac{2+1+2}{4}}=\frac{5}{\frac{5}{4}}=4[\text{V}]$$

07 회로이론 정답 | ③

[파형의 종류에 따른 실횻값, 평균값]

구분	정현파 정현전파	정현반파	구형파	구형반파	삼각파 톱니파
실횻값 I	$\frac{1}{\sqrt{2}}I_m$	$\frac{1}{2}I_m$	I_m	$\frac{1}{\sqrt{2}}I_m$	$\frac{1}{\sqrt{3}}I_m$
평균값 I_{av}	$\frac{2}{\pi}I_m$	$\frac{1}{\pi}I_m$	I_m	$\frac{1}{2}I_m$	$\frac{1}{2}I_m$

정현파 교류전류의 평균값이 20[A]이므로 $\frac{2}{\pi}I_m=20$의 관계식이 성립한다. 따라서 최댓값은 $I_m=20\times\frac{\pi}{2}[\text{A}]$이다.

08 전자기학 정답 | ④

선택지가 벡터로 주어졌으므로 P가 Q에 작용하는 힘은 $\dot{F}=Fa_0$가 되며, 힘의 작용 방향은 거리가 작용하는 방향과 같다. 즉, $\dot{r}=ra_0$에서 각 방향벡터가 같다는 의미이므로 먼저 거리 성분으로 방향벡터를 구하면 $\dot{r}=Q-P=(2i+5k)-(i+2j+3k)=i-2j+2k$이고 거리 $|r|=\sqrt{1^2+2^2+2^2}=3[\text{m}]$이다.

그러므로 방향벡터는 $a_0=\frac{\dot{r}}{r}=\frac{i-2j+2k}{3}$이다.

이를 이용하여 힘을 구하면 다음과 같다.

$$\dot{F}=Fa_0=\frac{Q_1Q_2}{4\pi\varepsilon_0r^2}a_0\fallingdotseq9\times10^9\frac{Q_1Q_2}{r^2}a_0$$

$$=9\times10^9\times\frac{(300\times10^{-6})\times(-100\times10^{-6})}{3^2}\times\frac{i-2j+2k}{3}$$

$$=9\times10^9\times\frac{-3\times10^{-8}}{9}\times\frac{i-2j+2k}{3}$$

$$=-10\times(i-2j+2k)=-10i+20j-20k$$

09 전자기학 정답 | ②

• 프아송 방정식 $\nabla^2 V=-\dfrac{\rho}{\varepsilon_0}$

• 라플라시안 $\nabla^2=\dfrac{\partial^2}{\partial x^2}+\dfrac{\partial^2}{\partial y^2}+\dfrac{\partial^2}{\partial z^2}$

프아송 방정식으로부터 $\rho=-\varepsilon_0\nabla^2 V$이므로

$$\rho=-\varepsilon_0\left(\frac{\partial^2}{\partial x^2}+\frac{\partial^2}{\partial y^2}+\frac{\partial^2}{\partial z^2}\right)\cdot\left(\frac{2}{x}+3y^2z+5z\right)$$

$$=-\varepsilon_0\left[\frac{\partial^2}{\partial x^2}\left(\frac{2}{x}+3y^2z+5z\right)+\frac{\partial^2}{\partial y^2}\left(\frac{2}{x}+3y^2z+5z\right)+\frac{\partial^2}{\partial z^2}\left(\frac{2}{x}+3y^2z+5z\right)\right]$$

$$=-\varepsilon_0(4x^{-3}+6z)$$

$\left(-\dfrac{1}{2},\ 3,\ 1\right)$에서의 값을 물었으므로 $x=-\dfrac{1}{2}$, $z=1$을 대입하면 다음과 같다.

$$\rho=-\varepsilon_0\left(4\times\left(-\frac{1}{2}\right)^{-3}+6\times 1\right)=26\varepsilon_0[\mathrm{C/m^3}]$$

10 회로이론 정답 | ③

전열기는 저항만으로 구성된 기기이다. 즉, 주어진 조건이 전압과 저항이므로 $P=\dfrac{V^2}{R}$의 수식으로 해석할 수 있다. 동일한 회로에 인가 전압만을 바꾸었으므로 회로의 저항은 일정하다고 볼 수 있으며, 소비전력은 $P\propto V^2$이므로 비례식을 세워서 계산하면 다음과 같다.

초기 조건에서 전압과 전력을 각각 V_1, P_1이라 하고,
조건을 바꾸었을 때의 전압과 전력을 V_2, P_2라 하면

$$P_1 : V_1^2 = P_2 : V_2^2$$

$$V_1^2 P_2 = V_2^2 P_1$$

$$P_2=\frac{V_2^2}{V_1^2}P_1=\left(\frac{V_2}{V_1}\right)^2 P_1=\left(\frac{120}{200}\right)^2\times 300=108[\mathrm{W}]$$

11 전자기학 정답 | ②

• 한 변의 길이가 l[m]인 정n각형 중심자계

$$H=\frac{nI}{\pi l}\sin\frac{\pi}{n}\tan\frac{\pi}{n}[\mathrm{AT/m}]$$

(여기서 n=변의 수, I=전류[A], l=한 변의 길이[m])

• 자속밀도 $B=\mu H[\mathrm{wb/m^2}]$

정육각형 중심자계 $H[\mathrm{AT/m}]$

$$H=\frac{6\times 2}{\pi\times 1}\sin\frac{\pi}{6}\tan\frac{\pi}{6}=\frac{12}{\pi}\times\frac{1}{2}\times\frac{1}{\sqrt{3}}=\frac{2\sqrt{3}}{\pi}[\mathrm{AT/m}]$$

정육각형 중심 자속밀도 $B[\mathrm{wb/m^2}]$

$$B=\mu H=\mu_0\frac{2\sqrt{3}}{\pi}[\mathrm{wb/m^2}]$$

12 전자기학 정답 | ④

C_1[F], C_2[F]의 도체를 각각 V_1[V], V_2[V]의 전위로 충전한 후 가느다란 도선으로 연결하였을 때, 도선에 흐르는 전하 Q[C]의 관계식

$$Q=\frac{C_1C_2(V_1-V_2)}{C_1+C_2}\ (\text{단, } V_1>V_2\text{이다.})$$

주어진 조건에 대해 계산하면 다음과 같다.

$$Q=\frac{2\times 4\times(10-4)}{2+4}=8[\mathrm{C}]$$

참고 | $Q=\dfrac{C_1C_2(V_1-V_2)}{C_1+C_2}$ 관계식의 도출

도체1, 도체2의 처음 전하를 각각 Q_1[C], Q_2[C], 전위를 V_1[V], V_2[V]라 하고, 도선으로 두 도체를 연결하면 전위가 높은 도체에서 낮은 도체로 전하가 이동하게 된다.

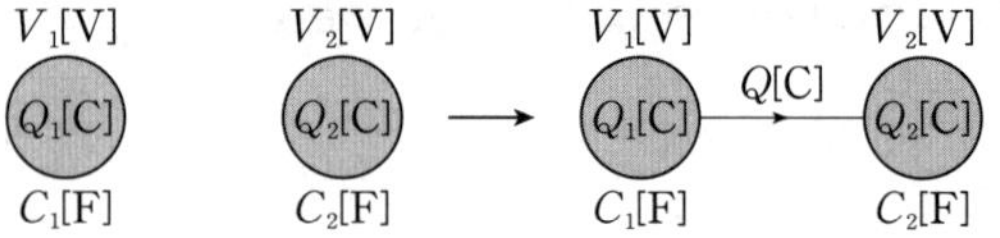

이렇게 두 도체를 연결하게 되면 두 도체의 전위는 같아지게 되고, 이를 공통전위 V라 한다.

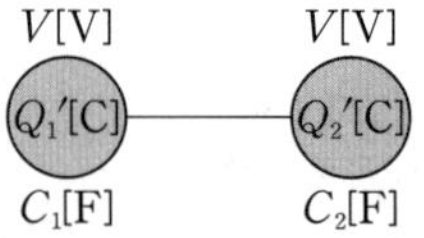

도선으로 연결한 후의 각 도체가 지니게 되는 전하를 Q_1'[C], Q_2'[C]이라 하고, 도선에 흐르는 전하 Q[C]에 대하여 해석하면 다음과 같다.

두 도체를 가느다란 도선을 연결하기 전이나, 연결한 후나 총 전하량 Q_t[C]의 변화는 없으므로

$$Q_t=Q_1+Q_2=Q_1'+Q_2'$$

$Q=CV$의 관계가 있으므로

$$C_1V_1+C_2V_2=C_1V+C_2V$$

$$C_1V_1+C_2V_2=(C_1+C_2)V$$

$$V=\frac{C_1V_1+C_2V_2}{C_1+C_2}[\mathrm{V}]$$

도선에 흐르는 전하 Q[C]는 도체1이 처음 가지고 있던 전하량에 남은 전하량을 뺀 값(Q_1-Q_1')이므로

$$Q=Q_1-Q_1'=C_1V_1-C_1V=C_1(V_1-V)$$

$$=C_1\left(V_1-\frac{C_1V_1+C_2V_2}{C_1+C_2}\right)$$

$$=C_1\left(\frac{C_1V_1+C_2V_1-C_1V_1-C_2V_2}{C_1+C_2}\right)$$

$$=C_1\left(\frac{C_2V_1-C_2V_2}{C_1+C_2}\right)=\frac{C_1C_2(V_1-V_2)}{C_1+C_2}$$

13 전자기학 정답 | ④

- 평행판 콘덴서의 정전용량 $C=\frac{\varepsilon S}{d}$[F]
- 콘덴서에 축적되는 에너지
  $W=\frac{1}{2}CV^2=\frac{1}{2}QV=\frac{1}{2}\frac{Q^2}{C}$[J]
  (여기서 ε=유전율[F/m]($=\varepsilon_s\varepsilon_0$), ε_s=비유전율, ε_0=진공 또는 공기 중의 유전율[F/m], S=전극판 면적[m^2], d=전극판 사이 간격[m], V=전위[V], Q=전하량[C])

축적되는 에너지 관계식 중 $W=\frac{1}{2}\frac{Q^2}{C}$[J]에 의해 전하량이 일정할 경우, 정전용량이 크면 에너지는 작아지므로 정답은 ④이다.

오답풀이 |

① 정전용량 관계식 $C=\frac{\varepsilon S}{d}$[F]에 의해 전극판 사이 간격이 작을수록 정전용량은 커진다.

② 정전용량 관계식 $C=\frac{\varepsilon S}{d}$[F]에 의해 전극판의 면적이 클수록 정전용량은 커진다.

③ 축적되는 에너지 관계식 중 $W=\frac{1}{2}CV^2$[J]에 의해 전위가 일정할 경우, 정전용량이 크면 에너지도 크다.

> 참고 | 전위가 일정한 경우(콘텐서 충전 중)에는 $\frac{1}{2}CV^2$, 전하량이 일정한 경우(콘텐서 충전 후)에는 $\frac{1}{2}\frac{Q^2}{C}$의 관계식을 적용한다.

14 회로이론 정답 | ①

v_1은 사인 함수, v_2는 코사인 함수이므로 위상 차를 계산하기 위해서는 하나의 기준으로 바꾸어야 한다.
$\cos wt=\sin(wt+90°)$이므로 v_2의 전압을 사인 함수로 나타내면 $v_2=190\sin(wt-90°+90°)=190\sin wt$[V]가 된다.

그러므로 v_1, v_2의 위상차 θ는 $\frac{\pi}{6}$가 된다.

위상 관계 $\theta=wt=2\pi ft$를 이용하여 시간으로 표현하면
$\theta=wt=\frac{\pi}{6}$이므로 $t=\frac{\pi}{6w}=\frac{\pi}{6\times120\pi}=\frac{1}{720}$[sec]이다.

15 전력공학 정답 | ①

[전선 재료에 따른 고유저항 ρ]

- 경동선: $\frac{1}{55}$[Ω·mm^2/m]
- 연동선: $\frac{1}{58}$[Ω·mm^2/m]
- 알루미늄: $\frac{1}{35}$[Ω·mm^2/m]

[전선 재료에 따른 전도율(도전율) σ]

전도율은 고유저항의 역$\left(\sigma=\frac{1}{\rho}\right)$이므로

- 경동선: 55[℧·m/mm^2]$=55\times10^6$[℧/m]
- 연동선: 58[℧·m/mm^2]$=58\times10^6$[℧/m]
- 알루미늄 : 35[℧·m/mm^2]$=35\times10^6$[℧/m]

16 전자기학 정답 | ②

자화의 세기 $J=\mu_0(\mu_s-1)H=\chi H$[wb/m^2]
(여기서 μ_0=진공 또는 공기 중의 투자율($4\pi\times10^{-7}$[H/m]), H_0=외부 자계의 세기[AT/m], $\chi=\mu_0(\mu_s-1)$=자화율, μ_s-1=비자화율)
주어진 조건에 대해 계산하면 다음과 같다.
$J=\mu_0(\mu_s-1)H=4\pi\times10^{-7}\times5\times300=6{,}000\pi\times10^{-7}$
$=6\pi\times10^{-4}$[wb/m^2]

17 전기기기 정답 | ③

[직류 타여자 발전기 기전력 관계식]

- $E=pz\phi\frac{N}{60a}$[V]
- $E=V+I_aR_a$[V], $I_a=I\left(=\frac{P}{V}\right)$[A]

(여기서 p=극수, z=전체 도체수, N=분당 회전수[rpm], a=병렬 회로수, V=단자전압[V], I_a=전기자 전류[A], I=부하전류[A], P=출력[W])
이 문제는 위의 두 가지 기전력 관계식을 이용하여 자속수를 계산할 수 있다.

위 두 관계식에 의해 $pz\phi\frac{N}{60a}=V+I_aR_a$의 관계가 성립하며,

이를 자속관계로 바꾸어 주어진 조건을 대입하면 다음과 같다.
$\phi=\frac{60a(V+I_aR_a)}{pzN}$에서 단중 중권의 경우 $a=p$이므로

$\phi=\frac{60(V+I_aR_a)}{zN}=\frac{60\times\left(400+\frac{200\times10^3}{400}\times0.02\right)}{120\times4\times410}$
$=\frac{1}{8}$[wb]

18 전기기기 　정답 | ④

전압 변동률은 부하의 유무에 따른 수전 전압에 대한 전압변동의 비이다.

$\varepsilon = \frac{V_0 - V_n}{V_n} \times 100[\%]$

(여기서 V_0=무부하 시 단자전압[V], V_n=정격부하 시 단자전압[V])

주어진 조건에 대해 계산하면 다음과 같다.

$\varepsilon = \frac{V_0 - V_n}{V_n} \times 100 = \frac{120-100}{100} \times 100 = 20[\%]$

19 회로이론 　정답 | ②

[파형의 종류에 따른 파고율, 파형률]

구분	파고율	파형률
정현파, 정현전파	1.414	1.110
정현반파	2	1.571
구형파(사각파)	1	1
구형반파	1.414	1.414
삼각파, 톱니파	1.732	1.155
반원파	1.225	1.040

20 전자기학 　정답 | ①

- 전파속도 관계식 $v = \lambda f = \frac{w}{\beta} = \frac{1}{\sqrt{LC}} = \frac{1}{\sqrt{\mu\varepsilon}}$[m/s]
- 자유공간에서의 전파속도 $v \fallingdotseq 3 \times 10^8$[m/s]

(여기서 λ=파장[m], f=주파수[Hz], w=각주파수[rad/s] $(=2\pi f)$, β=위상정수[rad/m], L=인덕턴스[H], C=정전용량[F], μ=투자율[H/m], ε=유전율[F/m])

주어진 조건에 대하여 계산하면 다음과 같다.

$v = \lambda f = \frac{w}{\beta} \fallingdotseq 3 \times 10^8$에서

$\beta = \frac{w}{3 \times 10^8} = \frac{2\pi f}{3 \times 10^8} = \frac{2\pi \times 10 \times 10^6}{3 \times 10^8} = \frac{2\pi}{30}$

$= \frac{\pi}{15}$[rad/m]

21 전력공학 　정답 | ①

- A기기의 한 달 동안의 소비전력량 W_A[kWh]

  $W_A = Pt = 500[W] \times 5[hour] \times 30 = 75{,}000[Wh]$

  $= 75[kWh]$
- B기기의 한 달 동안의 소비전력량 W_B[kWh]

  $W_B = Pt = 80[W] \times 10[hour] \times 30 = 24{,}000[Wh]$

  $= 24[kWh]$

따라서 총 소비전력량 W[kWh]은 다음과 같다.

$W = W_A + W_B = 75 + 24 = 99[kWh]$

22 제어공학 　정답 | ①

[라플라스 변환과 z변환]

- 라플라스 변환: 연속시간 신호와 연속시간 시스템을 주파수 영역에서 분석하기 위한 것
- z변환: 이산시간 신호와 이산시간 시스템을 주파수 영역에서 분석하기 위한 것

[라플라스 변환과 z변환 표]

시간함수	라플라스 변환	z변환
$\delta(t)$	1	1
$\delta(t-aT)$	e^{-aTs}	z^{-a}
$u(t)$	$\frac{1}{s}$	$\frac{z}{z-1}$
t	$\frac{1}{s^2}$	$\frac{Tz}{(z-1)^2}$
t^2	$\frac{2}{s^3}$	$\frac{T^2 z(z+1)}{(z-1)^3}$
e^{-at}	$\frac{1}{s+a}$	$\frac{z}{z-e^{-aT}}$
$1-e^{-at}$	$\frac{a}{s(s+a)}$	$\frac{(1-e^{-aT})z}{(z-1)(z-e^{-aT})}$
$t \cdot e^{-at}$	$\frac{1}{(s+a)^2}$	$\frac{Tze^{-aT}}{(z-e^{-aT})^2}$
$\sin wt$	$\frac{w}{s^2+w^2}$	$\frac{z\sin wT}{z^2-2z\cos wT+1}$
$\cos wt$	$\frac{s}{s^2+w^2}$	$\frac{z(z-\cos wT)}{z^2-2z\cos wT+1}$

함수 $f(t) = 1 - e^{-2t}$를 변환하면 다음과 같다.

$F(z) = \frac{(1-e^{-aT})z}{(z-1)(z-e^{-aT})} = \frac{(1-e^{-2T})z}{(z-1)(z-e^{-2T})}$

23 전기기기

정답 | ②

[단권 변압기의 특징]

- 동량이 감소하여 경제적이다.
- 동손이 감소하여 효율이 좋다.
- 전압 변동률이 작다.
- 누설 리액턴스가 작다.
- 1차, 2차 회로가 전기적으로 완전히 절연되지 않는다.
- 1차, 2차가 절연이 되지 않으므로 1차 측에 이상전압 발생 시, 2차 측에 고전압이 걸릴 우려가 있다.
- 단락전류가 크므로 열적 또는 기계적 강도가 커야 한다.

24 전기기기

정답 | ④

단상 전파 정류회로의 직류전압 $V_{dc}=0.9V_{ac}[V]$

변압기의 2차 측 전압은 정류회로의 교류입력 전압을 의미한다. 단상 전파 정류회로의 직류전압 관계식을 이용하여 계산하면 다음과 같다.

$$V_{ac}=\frac{V_{dc}}{0.9}=\frac{90}{0.9}=100[V]$$

25 전기기기

정답 | ②

[전기기기의 손실 (무부하손+부하손≒철손 P_i+동손 P_c)]

1) 무부하손(고정손): 부하와 관계없이 발생하는 손실
   ⓐ 철손 P_i
   - 히스테리시스손 $P_h=k_h f B_m^2$
     – 감소대책: 최대 4[%]의 규소강판
   - 와류손(맴돌이 전류손) $P_e=k_e(ftB_m)^2$
     – 감소대책: 성층철심(철심의 두께는 일반적으로 최소 0.35[mm])

   ⓑ 기계손 P_m: 변압기에는 없는 손실
   - 풍손
   - 마찰손

2) 부하손(가변손): 부하변화에 따라 변화하는 손실
   ⓐ 동손(구리손, 저항손, 줄손) $P_c=I^2R$
   ⓑ 표류부하손: 발생장소 측정 불가

26 전기기기

정답 | ②

정전류 변압기(누설 변압기)에 대한 설명이다.

27 전기기기

정답 | ④

[인가 전압이 일정할 때의 주파수의 관계성]

$$f\propto\frac{X,\ Z,\ \%Z}{\phi,\ B,\ \text{철손}}$$

(여기서 X=누설 리액턴스[Ω], Z=누설 임피던스[Ω], $\%Z$=퍼센트 누설 임피던스[%], ϕ=자속[wb], B=자속밀도[wb/m²])

주어진 조건에서 주파수가 60[Hz]에서 50[Hz]으로 감소하였으므로 누설 리액턴스, 누설 임피던스, 퍼센트 누설 임피던스는 감소하며 자속, 자속밀도, 철손은 증가하게 된다. 이때, 철손이 증가하므로 효율은 감소하게 된다.

28 전기기기

정답 | ①

단락비(k) 관계식 $k=\frac{I_s}{I_n}=\frac{100}{\%Z}=\frac{V^2}{PZ}$

(여기서 I_s=단락전류[A], I_n=정격전류[A]$=\frac{P}{\sqrt{3}V_n}$, P=정격출력[W], V=정격전압[V], $\%Z$=퍼센트 임피던스[%], Z=한 상의 임피던스[Ω])

일반적으로 단락비를 계산할 때, 주어진 조건에 따라 다음 관계를 이용하여 풀 수 있다.

- 단락전류의 언급이 있는 경우: $k=\frac{I_s}{I_n}$
- $\%Z$(퍼센트 강하율 혹은 전압 강하율)의 언급이 있는 경우: $k=\frac{100}{\%Z}$
- 동기기의 내부 임피던스가 주어진 경우: $k=\frac{V^2}{PZ}$

문제에서 단락전류의 값이 주어졌으므로 $k=\frac{I_s}{I_n}$의 관계를 이용하여 풀 수 있다.

$$k=\frac{I_s}{I_n}=\frac{I_s}{\frac{P}{\sqrt{3}V}}=\frac{\sqrt{3}VI_s}{P}=\frac{\sqrt{3}\times 6{,}000\times 400}{3{,}000\times 10^3}=\frac{4\sqrt{3}}{5}$$
$$=0.8\sqrt{3}=0.8\times 1.7=1.36$$

29 전기기기

정답 | ③

- 회전자 주변속도 $v=\pi D\frac{N}{60}[m/s]$
- 동기기 회전속도 $N(=N_s)=\frac{120f}{p}[rpm]$

(여기서 D=회전자 직경[m], N=회전속도[rpm], f=주파수[Hz], p=극수)

위 관계식과 주어진 조건을 이용하면 다음과 같다.

$N=\frac{120f}{p}=\frac{120\times60}{4}=1,800[\text{rpm}]$이므로

$D=\frac{60v}{\pi N}=\frac{60\times628}{\pi\times1,800}\fallingdotseq\frac{60\times628}{3.14\times1,800}\fallingdotseq6.67[\text{m}]$

30 전기기기 정답 | ②

토크 $T[\text{N}\cdot\text{m}]$와 전압 $V[\text{V}]$의 관계: $T\propto V^2$

전전압 시의 기동토크를 $T_{100}=V^2$이라 할 때, 전전압의 60[%]의 전압으로 기동하는 경우에는 $T_{60}=(0.6V)^2=0.36V^2$이 되므로 전전압 시의 0.36배가 된다.

31 제어공학 정답 | ④

• 1계 도함수의 라플라스 변환

$\frac{d}{dt}f(t)\xrightarrow{\mathcal{L}}sF(s)-f(0)$

• 2계 도함수의 라플라스 변환

$\frac{d^2}{dt^2}f(t)\xrightarrow{\mathcal{L}}s^2F(s)-sf(0)-f'(0)$

$\frac{d^2}{dt^2}f(t)+4\frac{d}{dt}f(t)+2f(t)=\delta(t)$를 라플라스 변환하면

$[s^2F(s)-sf(0)-f'(0)]+4[sF(s)-f(0)]+2F(s)=1$

주어진 $f(0)=3$, $f'(0)=2$를 대입하여 식을 정리하면 다음과 같다.

$[s^2F(s)-3s-2]+4[sF(s)-3]+2F(s)=1$

$s^2F(s)-3s-2+4sF(s)-12+2F(s)=1$

$F(s)(s^2+4s+2)=3s+15$

$F(s)=\frac{3s+15}{s^2+4s+2}$

32 제어공학 정답 | ①

최종값 정리는 함수 $f(t)$에 대해서 시간 t가 ∞에 가까워지는 경우의 극한값에 대한 정리를 말한다. 즉, $f(t)$의 최종적인 도달값에 대한 정리이다.

라플라스 변환 함수의 경우 s를 취하고 s의 값이 0에 수렴할 때의 값이 된다. 최종값 $f(\infty)=\lim_{t\to\infty}f(t)=\lim_{s\to0}sF(s)$

주어진 수식에 최종값 정리를 적용하면

$\lim_{s\to0}sF(s)=\lim_{s\to0}s\frac{4(3s+2)}{2s^3+5s^2+4s}=\lim_{s\to0}\frac{12s+8}{2s^2+5s+4}$

$=\frac{8}{4}=2$

> 참고 | 초깃값 정리
>
> 함수 $f(t)$에 대해서 시간 t가 0에 가까워지는 경우의 극한값에 대한 정리이다. 즉, 입력이 가해지는 순간에 시간함수가 가지는 값에 대한 정리이다.
>
> 초깃값 $f(0+)=\lim_{t\to0}f(t)=\lim_{s\to\infty}sF(s)$

33 제어공학 정답 | ④

풀이방법 ①

안정된 시스템은 Routh−Hurwitz 판별법을 이용한다.

예를 들어, 특성 방정식이 $as^3+bs^2+cs+d=0$일 때,

s^3	a	c
s^2	b	d
s^1	$\frac{bc-ad}{b}$	0
s^0	d	

위와 같이 계산하여 좌측열의 부호가 바뀌지 않으면 안정된 시스템으로 볼 수 있다.

①

s^3	1	5
s^2	2	2
s^1	$\frac{10-2}{2}=4$	0
s^0	2	

②

s^3	2	3
s^2	5	5
s^1	$\frac{15-10}{5}=1$	0
s^0	5	

③

s^3	1	3
s^2	4	7
s^1	$\frac{12-7}{4}=\frac{5}{4}$	0
s^0	7	

④

s^3	2	5
s^2	2	6
s^1	$\frac{10-12}{2}=-1$	0
s^0	6	

선택지 중에서 좌측열의 부호가 바뀌어 불안정적인 시스템을 가지는 것은 ④이다.

풀이방법 ②

특성 방정식의 각 항 부호가 동일한 경우

• $bc>ad$의 경우: 안정적인 시스템

• $bc<ad$의 경우: 불안정적인 시스템

주어진 선택지의 각 항의 부호는 모두 '+'이므로, 이 방법으로 풀면 다음과 같이 간단하게 확인할 수 있다.

① $bc=2\times5=10$, $ad=1\times2=2$이므로 $bc>ad$가 성립하여 안정적인 시스템이다.

② $bc=5\times3=15$, $ad=2\times5=10$이므로 $bc>ad$가 성립하여 안정적인 시스템이다.

③ $bc=4\times3=12$, $ad=1\times7=7$이므로 $bc>ad$가 성립하여 안정적인 시스템이다.

④ $bc=2\times5=10$, $ad=2\times6=12$이므로 $bc<ad$가 성립하여 불안정적인 시스템이다.

34 전기기기

정답 | ①

직류 발전기 기전력 $E=pZ\phi\frac{N}{60a}$[V]

(여기서 p=극수, Z=전 도체수, N=회전수[rpm], a=병렬 회로수)

기전력이 일정할 때, 회전수와 자속은 반비례 관계가 성립되므로 기전력을 일정하게 유지하기 위해서는 회전수가 $\frac{1}{3}$배가 될 때, 자속은 3배 증가시켜야 한다.

35 회로이론

정답 | ②

단상 반파 정류회로에서 정류된 전압의 파형은 정현반파가 된다.

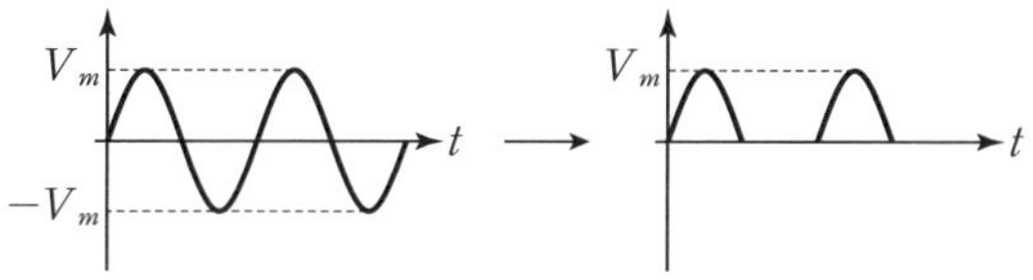

정현반파의 평균값은 $\frac{1}{\pi}V_m$이므로 정류된 전압의 평균값 V_{av}는 다음과 같다.

$$V_{av}=\frac{1}{\pi}V_m=\frac{20}{\pi}[\text{V}]$$

참고 | 파형의 종류에 따른 실횻값, 평균값

파형	정현파	정현반파	구형파	구형반파	삼각파
실횻값	$\frac{V_m}{\sqrt{2}}$	$\frac{V_m}{2}$	V_m	$\frac{V_m}{\sqrt{2}}$	$\frac{V_m}{\sqrt{3}}$
평균값	$\frac{2V_m}{\pi}$	$\frac{V_m}{\pi}$	V_m	$\frac{V_m}{2}$	$\frac{V_m}{2}$

36 전력공학

정답 | ②

피뢰기 여유도

$$=\frac{\text{기기의 충격절연강도[kV]}-\text{피뢰기 제한전압[kV]}}{\text{피뢰기 제한전압[kV]}}\times 100[\%]$$

$$=\frac{900-600}{600}\times 100=50[\%]$$

37 전력공학

정답 | ①

부하 중심거리 $L=\frac{\sum_{i=1}^{n}I_i l_i}{\sum_{i=1}^{n}I_i}=\frac{I_1l_1+I_2l_2+I_3l_3\cdots}{I_1+I_2+I_3\cdots}$[m]

주어진 조건에 대해 각 축에 대한 중심거리를 계산하면 다음과 같다.

• x축

$$L_x=\frac{\sum_{i=1}^{n}I_i l_i}{\sum_{i=1}^{n}I_i}=\frac{(30\times1)+(70\times2)+(100\times2.5)}{30+70+100}$$

$$=\frac{30+140+250}{200}=\frac{420}{200}=2.1[\text{km}]$$

• y축

$$L_y=\frac{\sum_{i=1}^{n}I_i l_i}{\sum_{i=1}^{n}I_i}=\frac{(30\times2)+(70\times2)+(100\times2)}{30+70+100}$$

$$=\frac{60+140+200}{200}=\frac{400}{200}=2[\text{km}]$$

따라서 부하의 중심은 (2.1, 2)[km]가 된다.

38 전기기기

정답 | ③

• VVVF(Variable Voltage Variable Frequency) 인버터: 가변전압, 가변주파수 제어용
• VVCF(Variable Voltage Constant Frequency) 인버터: 가변전압, 정주파수 제어용
• CVCF(Constant Voltage Constant Frequency) 인버터: 정전압, 정주파수 제어용
• CVVF(Constant Voltage Variable Frequency) 인버터: 정전압, 가변주파수 제어용

주어진 조건에서 정주파수, 정전압이 필요한 장치에 사용된다고 하였으므로 CVCF 인버터가 사용된다.

39 전기기기

정답 | ③

안정권선은 $Y-Y$결선에 Δ결선의 3차 (안정)권선을 설치하여 고조파 중 가장 큰 제3고조파의 전압, 전류를 억제하고 영상 임피던스를 작게 한다. 또한, 조상설비를 접속하여 송전선의 전압조정과 역률개선, 소내용 전력공급용으로도 사용된다. 안정권선은 단자를 변압기 외부에 인출하지 않는 경우도 있고, 2개 또는 4개의 단자를 인출하여 접지하는 경우도 있으며, 권선용량은 주권선의 1/3로 한다.

40 전력공학 정답 | ④

[송전단 전압 관계식]

$V_s = V_r + e = V_r + \sqrt{3} I(R\cos\theta + X\sin\theta)[V]$

(여기서 V_s=송전단 전압[V], V_r=수전단 전압[V], e=전압강하[V], I=전류[A], R=저항[Ω], X=리액턴스[Ω], $\cos\theta$=역률, $\sin\theta$=무효율)

3상 선로에서 전류 I[A]는 $P=\sqrt{3}V_r I_r \cos\theta$[W]의 관계식에서

$I_r = \dfrac{P}{\sqrt{3}V_r\cos\theta}$[A]로 나타낼 수 있다.

따라서 송전단 전압은 다음과 같이 나타난다.

$$\begin{aligned} V_s &= V_r + \sqrt{3}\frac{P}{\sqrt{3}V_r\cos\theta}(R\cos\theta + X\sin\theta) \\ &= V_r + \frac{P}{V_r\cos\theta}(R\cos\theta + X\sin\theta) \\ &= 500 + \frac{12\times10^3}{500\times0.8}\times(4\times0.8 + 8\times0.6) \\ &= 500 + \frac{12\times10^3}{400}\times(3.2+4.8) = 740[V] \end{aligned}$$

41 회로이론 정답 | ③

[고조파 교류의 평균(유효)전력]

$$\begin{aligned} P[W] &= V_0 I_0 + \sum_{n=1}^{\infty} V_n I_n \cos\theta_n \\ &= V_0 I_0 + V_1 I_1 \cos\theta_1 + V_2 I_2 \cos\theta_2 + \cdots + V_n I_n \cos\theta_n \end{aligned}$$

즉, 직류분+각 고조파 전력의 합이며, 주파수가 같지 않은 경우에는 전력이 발생하지 않는다.

문제에 주어진 전압과 전류에 있어서 동일한 주파수 성분은 기본파 성분과 제3고조파 성분이다. 따라서 평균전력을 계산하면 다음과 같다.

$$P = 2\times\frac{3}{\sqrt{2}} + 6\times\frac{6}{\sqrt{2}} = 21\sqrt{2}[W]$$

42 전력공학 정답 | ③

%Z 관계식: $\%Z = \dfrac{PZ}{10V^2}$

(여기서 P=정격(기준)용량[kVA], V=정격전압[kV])

처음 조건을 이용하여 임피던스부터 계산하면 다음과 같다.

$$Z = \frac{10V^2\cdot\%Z}{P} = \frac{10\times2^2\times20}{20\times10^3} = \frac{4}{100} = 0.04[\Omega]$$

기준용량 120[MVA], 4[kV]의 %Z를 계산하면 다음과 같다.

$$\%Z = \frac{PZ}{10V^2} = \frac{120\times10^3\times0.04}{10\times4^2} = 30[\%]$$

43 전력공학 정답 | ④

역률 개선 시에 필요한 전력용 콘덴서의 용량 Q_C[kVA]

$$Q_C = P(\tan\theta_1 - \tan\theta_2) = P\left(\frac{\sqrt{1-\cos^2\theta_1}}{\cos\theta_1} - \frac{\sqrt{1-\cos^2\theta_2}}{\cos\theta_2}\right)$$

(여기서 P=유효전력[kW], θ_1=개선 전 역률각, θ_2=개선 후 역률각)

초기에 역률이 $\frac{1}{2}$이라는 것은 $\cos\theta=\frac{1}{2}$이므로 초기의 역률각은 $\theta_1=60°$가 된다. 개선 후의 역률이 $\frac{\sqrt{3}}{2}$이라는 것은 $\cos\theta=\frac{\sqrt{3}}{2}$이므로 개선 후의 역률각은 $\theta_2=30°$가 된다.

풀이방법 ①

$Q_C=P(\tan\theta_1-\tan\theta_2)$의 관계식을 이용하여 풀면 다음과 같다.

$$\begin{aligned} Q_C &= 50\times(\tan60° - \tan30°) = 50\times\left(\sqrt{3}-\frac{1}{\sqrt{3}}\right) \\ &= 50\times\frac{2}{\sqrt{3}} = \frac{100}{\sqrt{3}}[kVA] \end{aligned}$$

풀이방법 ②

$P\left(\dfrac{\sqrt{1-\cos^2\theta_1}}{\cos\theta_1} - \dfrac{\sqrt{1-\cos^2\theta_2}}{\cos\theta_2}\right)$의 관계식을 이용하여 풀면 다음과 같다.

$$\begin{aligned} Q_C &= 50\times\left(\frac{\sqrt{1-\cos^2 60°}}{\cos60°} - \frac{\sqrt{1-\cos^2 30°}}{\cos30°}\right) \\ &= 50\times\left(\frac{\sqrt{1-\left(\frac{1}{2}\right)^2}}{\frac{1}{2}} - \frac{\sqrt{1-\left(\frac{\sqrt{3}}{2}\right)^2}}{\frac{\sqrt{3}}{2}}\right) \\ &= 50\times\left(\frac{\sqrt{1-\frac{1}{4}}}{\frac{1}{2}} - \frac{\sqrt{1-\frac{3}{4}}}{\frac{\sqrt{3}}{2}}\right) \\ &= 50\times\left(\frac{\sqrt{\frac{3}{4}}}{\frac{1}{2}} - \frac{\sqrt{\frac{1}{4}}}{\frac{\sqrt{3}}{2}}\right) = 50\times\left(\frac{\frac{\sqrt{3}}{2}}{\frac{1}{2}} - \frac{\frac{1}{2}}{\frac{\sqrt{3}}{2}}\right) \\ &= 50\times\left(\sqrt{3}-\frac{1}{\sqrt{3}}\right) = \frac{100}{\sqrt{3}}[kVA] \end{aligned}$$

44 전력공학 정답 | ①

수차 발전기 출력 $P=9.8QH\eta_t\eta_g=9.8QH\eta$[kW]

(여기서 Q=유량$[m^3/s]\left(=\dfrac{\text{물의 양}[m^3]}{\text{시간}[sec]}\right)$, H=유효낙차[m], η_t=수차 효율, η_g=발전기 효율, η=수차 및 발전기 종합효율)

- 수차 발전기의 발생 전력 P[kW]

  시간[hour] 기준으로 계산하면 다음과 같다.

$$P=9.8QH\eta=9.8\times\frac{3{,}000}{3{,}600}\times100\times0.72$$

$$=9.8\times\frac{5}{6}\times72=588[\text{kW}]$$

- 수차 발전기의 발생 전력량 $W[\text{kWh}]$
  $W=PT=588[\text{kW}]\times1[\text{hour}]=588[\text{kWh}]$

45 전자기학 정답 | ③

- 코일에 유도되는 기전력: $E=N\frac{d\phi}{dt}[\text{V}]$
- 자속 $\phi=BS[\text{wb}]$

(여기서 N=권수, ϕ=자속[wb], t=시간[sec], B=자속밀도[wb/m²], S=단면적[m²])

기전력 관계식을 이용하여 계산하면 다음과 같다.

$E=N\frac{d\phi}{dt}=N\frac{dB}{dt}S$이므로

$$S=E\frac{dt}{N\cdot dB}=20\times10^{-3}\times\frac{10}{50\times0.01}=0.4[\text{m}^2]$$

46 전력공학 정답 | ④

[수용률, 부등률, 변압기 용량 관계]

- 수용률: 수용가의 최대수용전력과 수용가의 설비용량의 비

  $\text{수용률}=\frac{\text{최대수용전력}}{\text{설비용량}}\times100[\%]$

  (* 최대수용전력=수용률×설비용량)

- 부등률: 최대 전력 발생 시각 또는 시기의 분산을 나타내는 지표

  $\text{부등률}=\frac{\text{각 개별 수용가 최대수용전력의 합}}{\text{합성최대전력}}$

  $\left(*\ \text{합성최대전력}=\frac{\text{최대수용전력 합}}{\text{부등률}}\right)$

- 변압기 용량: 수용가에서 받을 수 있는 합성최대전력[kVA]
  수용가에서 사용할 수 있는 실질적인 전력은 유효전력이므로 수용가의 합성최대전력 단위는 [kW]이며, 변압기 용량은 $\frac{\text{합성최대전력}}{\text{역률}}$[kVA]으로 구할 수 있다.

  위의 수용률과 부등률의 관계를 보아, 변압기의 용량은

  $P_a[\text{kVA}]=\frac{\text{합성최대전력}}{\text{역률}}=\frac{\text{'수용률}\times\text{설비용량' 합}}{\text{부등률}\times\text{역률}}$이 된다.

  또한, 전력 손실을 고려하여 변압기에는 손실분만큼의 여유를 주어야 하므로 변압기 용량은 다음과 같이 표현할 수 있다.

  $P_a[\text{kVA}]=\frac{\text{'수용률}\times\text{설비용량' 합}}{\text{부등률}\times\text{역률}}\times\text{여유율(전력 손실률)}$

  따라서 역률은 다음과 같이 계산된다.

$$\text{역률}=\frac{\text{'수용률}\times\text{설비용량' 합}}{\text{부등률}\times\text{변압기 용량}}\times\text{여유율(전력 손실률)}$$

$$=\frac{(0.6\times50)+(0.5\times120)}{1.1\times100}\times1.1=0.9$$

즉, 역률은 90[%]가 된다.

47 전기기기 정답 | ②

[단상 유도전동기 특징]

- 교번자계를 발생한다.
- 기동 토크가 없어 별도의 기동장치가 필요하다.
- 비례추이가 불가능하다.
- 2차 저항이 증가하면 최대토크가 감소한다.
  (* 3상 유도전동기는 최대토크가 불변이다.)
- 역률과 효율이 3상 유도전동기에 비해 나쁘다.
- 사용이 간단하여 가정용, 소공업용 등의 소동력용으로 사용한다.

②는 3상 유도전동기에 대한 특징이다.

48 전력공학 정답 | ②

[조상설비의 비교]

비교항목	동기 조상기	전력용 콘덴서	분로 리액터
가격	고가	저가	저가
증설	어려움	용이	용이
보수	어려움	간단	간단
용도	진상/지상	진상	지상
조정방법	연속	불연속	불연속
시충전	가능	불가	불가
전력손실	큼	적음	적음
	출력의 약 2~3[%]	출력의 0.3[%] 이하	출력의 0.6[%] 이하

따라서 동기 조상기의 전력손실은 출력의 2~3[%]이므로 정답은 ②이다.

49 전자통신 정답 | ④

[비반전 증폭기 회로]

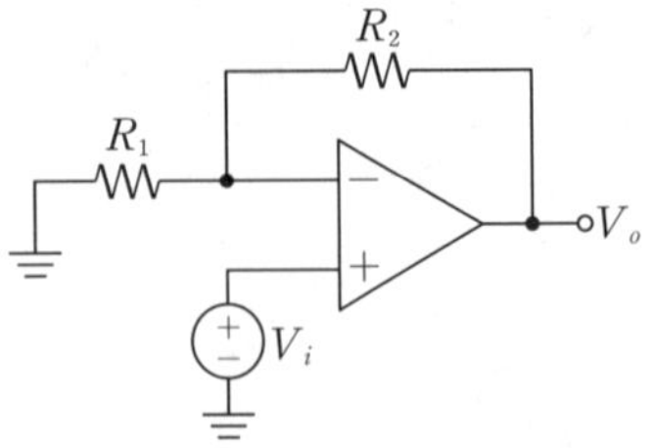

출력 전압 관계식 $V_o=\left(1+\frac{R_2}{R_1}\right)V_i$

주어진 조건을 비반전 증폭기 출력 전압 관계식에 대입하면 다음과 같다.

$V_o=\left(1+\frac{R_2}{R_1}\right)V_i=\left(1+\frac{12}{2}\right)\times 50=350[\text{V}]$

50 전자통신 정답 | ①

제너 다이오드(zener diode)는 제너 항복을 이용하여 전압을 일정하게 유지하기 위해 사용되는 다이오드로, 전압 안정회로에 사용한다. 항복이 일어나도 다이오드가 파괴되지 않고, 정전압 소자로 널리 이용되므로 정전압 다이오드라고도 불린다.

51 전자통신 정답 | ③

[가산기 회로]

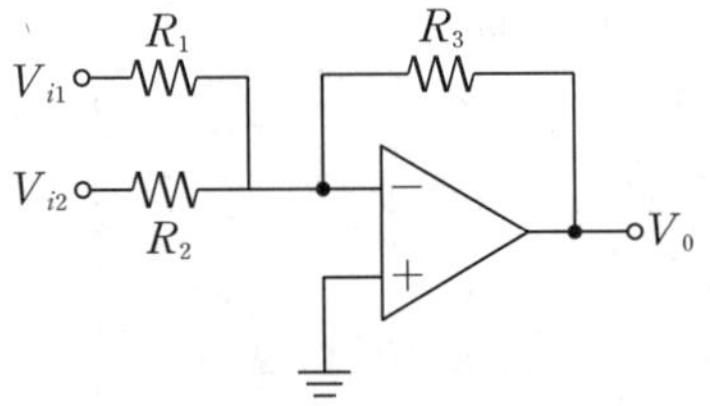

위 회로는 2개 이상의 수를 입력으로 하여 이들의 합을 출력으로 하는 가산기 회로로, 출력전압에 대한 관계식은 다음과 같이 표현된다.

$\frac{V_{i1}}{R_1}+\frac{V_{i2}}{R_2}=-\frac{V_0}{R_3}$에서 $V_0=-\left(\frac{R_3}{R_1}V_{i1}+\frac{R_3}{R_2}V_{i2}\right)$

주어진 조건에 대하여 계산하면 다음과 같다.

$V_0=-\left(\frac{R_3}{R_1}V_{i1}+\frac{R_3}{R_2}V_{i2}\right)=-\left(\frac{12}{3}\times 0.5+\frac{12}{3}\times 0.8\right)$

$=-(4\times 0.5+4\times 0.8)=-(2+3.2)=-5.2[\text{kV}]$

즉, V_0의 크기는 5.2[kV]가 된다.

52 전력공학 정답 | ①

[접지방식의 비교]

1) 비접지 방식과 직접접지 방식

구분	비접지 방식	직접접지 방식
절연레벨	매우 높음	매우 낮음 피뢰기 책임이 경감
지락전류	작음	매우 큼
건전상 전위상승	큼($\sqrt{3}$배)	작음(1.3배 이하)
유도장해	작음	큼
과도안정도	높음	낮음
보호계전기	적용 곤란	적용 가능

2) 저항접지 방식과 소호리액터접지 방식

구분	저항접지 방식	소호리액터접지 방식
절연레벨	높음	높음
지락전류	작음	작음
건전상 전위상승	큼(1.3~$\sqrt{3}$배)	큼($\sqrt{3}$배 이상)
유도장해	저항이 크면 작음 저항이 작으면 큼	작음
과도안정도	저항이 크면 높음 저항이 작으면 낮음	높음
보호계전기	저항이 크면 적용 불가 저항이 작으면 적용 가능	적용 불가

53 전력공학 정답 | ①

배기가스를 다른 장치의 열원으로 이용하기 위하여 배기가스의 압력을 대기압 이상으로 높여서 배출하는 터빈은 배압터빈(back pressure turbine)이다.

오답풀이 |

② 복수터빈(condensing turbine): 증기터빈의 배출 증기를 대기 중에 방출하지 않고 다시 물로 만들어 보일러에 되돌아가도록 한 터빈

③ 재열터빈(reheat turbine): 팽창단 도중에 증기를 빼내어 재열하여 터빈에 돌려보내 다시 팽창시키는 터빈

④ 재생터빈(regenerative turbine): 복수터빈의 중간단으로부터 증기의 일부를 가열용으로 추가하여 보일러의 급수를 가열하는 터빈

54 전력공학 정답 | ④

[이상전압의 종류와 원인]

이상전압 종류	원인
내부 이상전압	1) 개폐서지 • 계통 조작 시 - 무부하 송전선로의 개폐 - 유도성 소전류 차단 • 고장 발생 시 - 고장전류 차단 및 재폐로 시 - 지락 사고 시 2) 상용주파 과전압 • 계통 조작 시 - 송전선의 페란티 효과 - 발전기의 자기여자 • 고장 발생 시 - 기본파 및 고조파의 공진
외부 이상전압	1) 뇌운에 의해 발생하는 직격뢰, 유도뢰 2) 타선과의 혼촉

55 전자통신 정답 | ③

피변조파의 전력: $P=P_c\left(1+\frac{m^2}{2}\right)$[W]

(여기서 P_c=반송파 전력[W], m=변조도)

주어진 조건에 대하여 계산하면 다음과 같다.

$$P=P_c\left(1+\frac{m^2}{2}\right)=200\times\left(1+\frac{0.4^2}{2}\right)$$

$$=200\times(1+0.08)=216[\text{mW}]$$

56 전자통신 정답 | ④

3초과 코드는 BCD코드(8421 코드)로 표현된 값에 3(0011)을 더하여 나타낸 코드이다.

10진수	2진 코드	BCD 코드	+3 → +0011	3초과 코드
0	0000	(0000) 0000		(0000) 0011
1	0001	(0000) 0001		(0000) 0100
2	0010	(0000) 0010		(0000) 0101
3	0011	(0000) 0011		(0000) 0110
4	0100	(0000) 0100		(0000) 0111
5	0101	(0000) 0101		(0000) 1000
6	0110	(0000) 0110		(0000) 1001
7	0111	(0000) 0111		(0000) 1010
8	1000	(0000) 1000		(0000) 1011
9	1001	(0000) 1001		(0000) 1100
10	1010	0001 0000		0001 0011
11	1011	0001 0001		0001 0100
12	1100	0001 0010		0001 0101
13	1101	0001 0011		0001 0110
14	1110	0001 0100		0001 0111
15	1111	0001 0101		0001 1000

1011+1111을 10진수로 나타내면 다음과 같다.

• 1011: $(1\times2^3)+(0\times2^2)+(1\times2^1)+(1\times2^0)$
$=8+2+1=11$

• 1111: $(1\times2^3)+(1\times2^2)+(1\times2^1)+(1\times2^0)$
$=8+4+2+1=15$

풀이방법 ①

11, 15의 BCD 코드는 각각 '0001 0001'과 '0001 0101'이므로 이를 합하면 '0010 0110'이 된다. 3초과 코드로 변환하기 위해 '0011'을 더하면 '0010 1001'이 된다.

풀이방법 ②

11, 15의 10진수를 합하면 26이 된다. 26을 BCD 코드로 표현하면 '2=0010', '6=0110'이므로 26의 BCD 코드는 '0010 0110'이 된다. 3초과 코드로 변환하기 위해 '0011'을 더하면 '0010 1001'이 된다.

57 전자통신 정답 | ②

[차동 증폭기의 입력에 따른 출력]

• 다른 위상의 입력을 가할 때

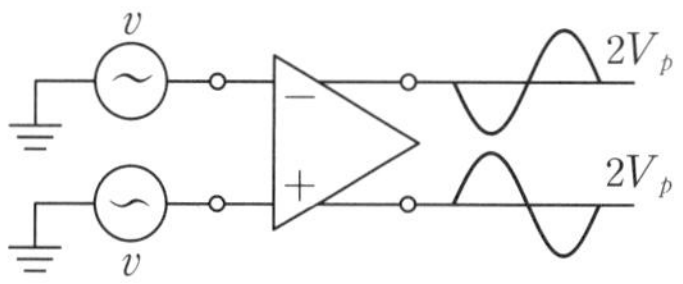

• 동일 위상의 입력을 가할 때

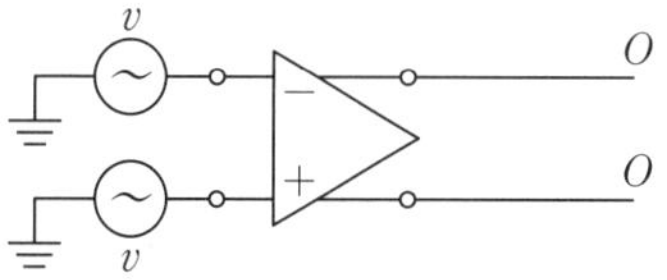

• 단일 입력을 가할 때

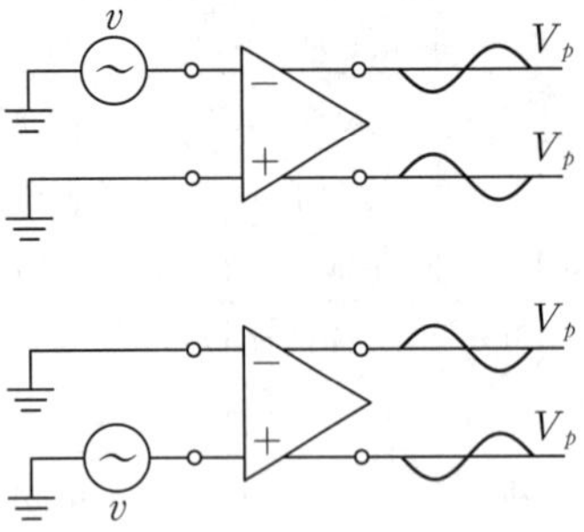

58 전자통신

정답 | ②

[전압제어 발진기(VCO; Voltage Controlled Oscillator)]

- 입력제어 전압에 선형 비례하는 가변 주파수를 발생시키는 발진기로, 입력제어 전압을 변화하여 출력 순간(발진) 주파수를 제어한다.
- VCO 출력 순간 주파수(f_{out}) 관계식: $f_{out}=f_r+KV_{in}$
  (여기서 f_r=기준 발진 주파수, K=VCO이득(고유상수))
  - 1[V], 12[MHz]에서의 관계식
    $12=f_r+K$ … ㉠
  - 0.8[V], 10[MHz]에서의 관계식
    $10=f_r+0.8K$ … ㉡

㉠-㉡을 하여 이득(K)을 구하면 다음과 같다.

$2=0.2K$

$\therefore\ K=\frac{2}{0.2}=10$

2020 하반기 한국서부발전

2020. 11. 21. (토) 시행

정답 확인

p.107

문항	정답	과목	문항	정답	과목	문항	정답	과목	문항	정답	과목	문항	정답	과목
01	①	전자기학	02	②	전자기학	03	③	전자기학	04	③	전자기학	05	②	전자기학
06	①	전자기학	07	④	전자기학	08	②	전자기학	09	③	전자기학	10	④	전기기기
11	③	전기기기	12	①	전기기기	13	③	전기기기	14	②	전기기기	15	④	전기기기
16	③	전기기기	17	①	전기기기	18	①	전기기기	19	④	전기기기	20	②	회로이론
21	③	회로이론	22	①	회로이론	23	④	회로이론	24	②	회로이론	25	③	회로이론
26	①	회로이론	27	③	회로이론	28	④	회로이론	29	②	회로이론	30	②	회로이론
31	②	회로이론	32	④	회로이론	33	①	제어공학	34	②	전력공학	35	③	전력공학
36	④	전력공학	37	②	전력공학	38	④	전력공학	39	①	전력공학	40	③	제어공학
41	③	전력공학	42	②	제어공학	43	②	제어공학	44	④	제어공학	45	①	제어공학
46	③	제어공학	47	①	제어공학	48	③	전기응용	49	④	전기응용	50	②	전기응용
51	①	전기응용	52	③	전기기기	53	④	전기응용	54	①	전기응용	55	③	전기설비
56	③	전기설비	57	②	전기설비	58	③	전기설비	59	④	전기설비	60	①	전기설비
61	①	전기설비	62	④	전기설비	63	④	전기응용	64	③	전기응용	65	③	전기설비
66	①	전기응용	67	③	전기설비									

세부과목별 실력 점검표

과목	맞은 개수	정답률	취약점 & 체크사항
전자기학	/9	%	
회로이론	/13	%	
전기기기	/11	%	
전력공학	/7	%	
제어공학	/8	%	
전기설비	/10	%	
전기응용	/9	%	
합계	/67	%	

01 전자기학 정답 | ①

세 벡터가 이루는 평행육면체의 체적 관계식

$v=\dot{A}\cdot(\dot{B}\times\dot{C})=\dot{B}\cdot(\dot{C}\times\dot{A})=\dot{C}\cdot(\dot{B}\times\dot{A})$

$v=\dot{A}\cdot(\dot{B}\times\dot{C})$의 관계식으로 계산하면 다음과 같다.

$$\dot{B}\times\dot{C}=\begin{vmatrix} i & j & k \\ 3 & 2 & 4 \\ 4 & 2 & 5 \end{vmatrix}$$
$$=(2\cdot5-4\cdot2)i-(3\cdot5-4\cdot4)j+(3\cdot2-4\cdot2)k$$
$$=(10-8)i-(15-16)j+(6-8)k$$
$$=2i+j-2k$$

$$\dot{A}\cdot(\dot{B}\times\dot{C})=(5i+4j+3k)\cdot(2i+j-2k)$$
$$=10+4-6=8$$

따라서 평행육면체의 부피는 $v=8[\mathrm{m^3}]$이 된다.

02 전자기학 정답 | ②

동심구도체의 정전용량 관계식 $C=\dfrac{4\pi\varepsilon ab}{b-a}[\mathrm{F}]$

(* 외측 도체의 외측 반지름 c는 정전용량 값과 관계없다.)

동심구도체의 처음 정전용량을 $C_0=\dfrac{4\pi\varepsilon ab}{b-a}[\mathrm{F}]$라 하고, 정전용량 관계식 $C=\dfrac{4\pi\varepsilon ab}{b-a}[\mathrm{F}]$에 $a\rightarrow 3a$, $b\rightarrow 3b$, $\varepsilon\rightarrow 4\varepsilon$을 대입하면 다음과 같다.

$$C=\frac{4\pi(4\varepsilon)(3a)(3b)}{3b-3a}=12\times\frac{4\pi\varepsilon ab}{b-a}=12C_0$$

03 전자기학 정답 | ③

무한평면에 의해 형성되는 영상전하의 개수 $N=\dfrac{360^\circ}{\theta}-1$

(여기서 θ=평면 사이의 각도[°])

주어진 평면 사이의 각은 45°이므로 영상전하 개수는

$N=\dfrac{360^\circ}{45^\circ}-1=8-1=7$개

45°로 배치된 무한평면에 의해 형성되는 영상전하의 배치는 다음과 같다.

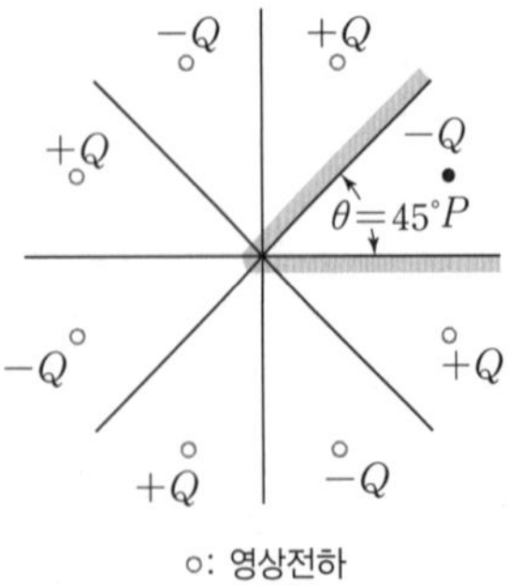

○: 영상전하

영상전하는 '+' 극성이 4개, '−' 극성이 3개이므로 전체 영상전하의 합은 $+Q\times4+(-Q)\times3=+Q$가 된다.

04 전자기학 정답 | ③

- 무한 직선도체에 의한 자계의 세기 $H=\dfrac{I}{2\pi r}[\mathrm{AT/m}]$
- 자속밀도와 자계의 관계식 $B=\mu H[\mathrm{wb/m^2}]$

위의 두 관계식을 이용하여 계산하면 다음과 같다.

$$B=\mu H=\mu\frac{I}{2\pi r}=\mu\frac{3\pi}{2\pi\times6}=\mu\frac{1}{4}$$

매질의 언급이 없는 경우에는 자유공간(진공 또는 공기, $\mu_s=1$)으로 취급하므로 $\mu=\mu_0=4\pi\times10^{-7}[\mathrm{H/m}]$를 대입하면 다음과 같다.

$$B=4\pi\times10^{-7}\times\frac{1}{4}=\pi\times10^{-7}[\mathrm{wb/m^2}]$$

05 전자기학 정답 | ②

전위 관계식 $V=\dfrac{Q}{4\pi\varepsilon r}[\mathrm{V}]$에서 1개의 전하가 만드는 전위를 $V_1=\dfrac{Q}{4\pi\varepsilon r}[\mathrm{V}]$이라 할 때 전위는 스칼라이므로 정사각형 중심의 전체 전위는 각 전하가 만드는 전위를 모두 합하여 계산할 수 있다. 즉, 정사각형 중심의 전체 전위 $V=4\times V_1[\mathrm{V}]$이다.

주어진 조건을 대입하여 계산하면 다음과 같다.

$$V=4\times V_1=4\times\frac{Q}{4\pi\varepsilon r}=\frac{Q}{\pi\varepsilon r}=\frac{12\pi}{\pi\times2\times3}=2[\mathrm{V}]$$

06 전자기학 정답 | ①

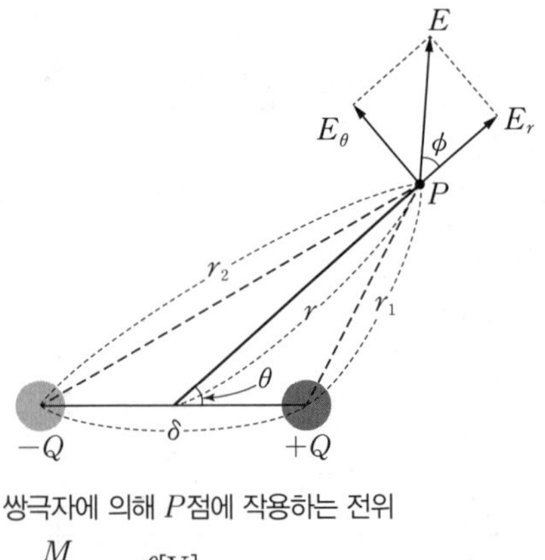

- 전기 쌍극자에 의해 P점에 작용하는 전위

$$V_P=\frac{M}{4\pi\varepsilon_0 r^2}\cos\theta[\mathrm{V}]$$

• 전기 쌍극자에 의해 P점에 작용하는 전계의 세기

– P점에 작용하는 r성분의 변화값

$$\dot{E}_r = -\frac{\partial V_P}{\partial r} = \frac{2M\cos\theta}{4\pi\varepsilon_0 r^3}\dot{a}_r \xrightarrow{\text{크기}} E_r = \frac{M\cos\theta}{2\pi\varepsilon_0 r^3}$$

– P점에 작용하는 θ성분의 변화값

$$\dot{E}_\theta = -\frac{1}{r}\frac{\partial V_P}{\partial \theta} = \frac{M\sin\theta}{4\pi\varepsilon_0 r^3}\dot{a}_\theta \xrightarrow{\text{크기}} E_\theta = \frac{M\sin\theta}{4\pi\varepsilon_0 r^3}$$

따라서 $\tan\phi = \frac{E_\theta}{E_r} = \frac{\frac{M\sin\theta}{4\pi\varepsilon_0 r^3}}{\frac{M\cos\theta}{2\pi\varepsilon_0 r^3}} = \frac{1}{2}\tan\theta$이다.

07 전자기학 정답 | ④

분극의 세기 관계식은 다음과 같다.

$$P = \varepsilon_0(\varepsilon_s - 1)E = \chi E = \left(1 - \frac{1}{\varepsilon_s}\right)D$$

오답풀이 |

① $P = D\left(1 - \frac{1}{1 + \frac{\chi}{\varepsilon_0}}\right) = D\left(1 - \frac{1}{1 + \frac{\varepsilon_0(\varepsilon_s - 1)}{\varepsilon_0}}\right)$

$= D\left(1 - \frac{1}{1 + (\varepsilon_s - 1)}\right) = D\left(1 - \frac{1}{\varepsilon_s}\right)$

08 전자기학 정답 | ②

• 자성체 내부의 자계세기 $H = H_0 - H'$[AT/m]

• 자화의 세기 $J = \mu_0(\mu_s - 1)H = \chi H$[wb/m²]

(여기서 H_0=외부 자계의 세기[AT/m], H'=감자력[AT/m], $\chi = \mu_0(\mu_s - 1)$=자화율)

주어진 조건을 이용하여 자화율을 계산하면 다음과 같다.

$J = \chi H = \chi(H_0 - H') = \chi(6 - 4) = 2\chi$

$\therefore \chi = \frac{J}{2} = \frac{8}{2} = 4$

09 전자기학 정답 | ③

와전류(Eddy Current, 맴돌이 전류; 와류)는 도체에 가해지는 자기장이 급격하게 변화될 때, 전자유도 효과에 의해 금속판에 생기는 소용돌이 형태의 전류이다. 자속의 시간적인 변화가 생길 때, 도체 표면에 수직 방향(자속방향에 수직되는 방향)으로 회전하는 와전류가 발생하게 된다.

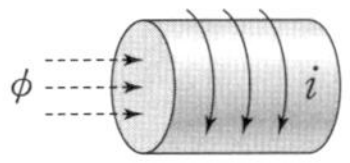

참고 | 와류손(와전류손, 맴돌이 전류손) P_e[W]

• 와전류가 도체의 저항으로 인하여 줄열을 발생하며 생기는 전력손실을 말한다.

$$P_e = k_e\frac{(t \cdot f \cdot k_f \cdot B_m)^2}{\rho}$$

(여기서 k_e=와류상수, k_f=파형률$\left(=\frac{\text{실횻값}}{\text{평균값}}\right.$, 정현파 교류 $\left.=1.11\right)$, t=두께[m], ρ=저항률[Ω/m])

• 와류손의 감소대책: 와류손은 두께의 제곱에 비례하므로 자기회로를 구성할 때, 성층철심(절연된 얇은 판을 쌓아서 만든 철심으로 보통 0.35~0.5[mm] 두께로 사용)으로 구성하여 감소시킬 수 있다.

10 전기기기 정답 | ④

[플레밍의 오른손 법칙]

운동도체에 유도되는 기전력에 관한 법칙으로, 자속밀도 B[wb/m²]가 작용하는 공간에 길이 l[m]인 도체가 v[m/s]의 속도로 운동하면 도체에 자속의 변화가 생기면서 기전력 e[V]가 유도된다. 이를 간단하게 나타낸 정리로 발전기의 원리가 된다.

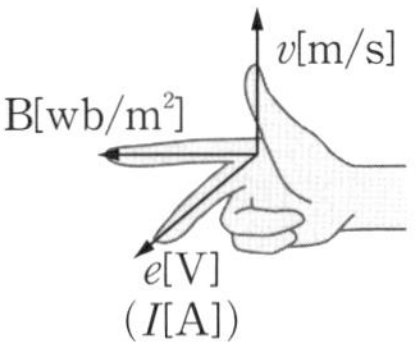

• 각 손가락이 가리키는 의미

– 엄지: 운동방향 v(F)

– 검지: 자속밀도의 방향 B

– 중지: 기전력의 방향 e (전류의 방향 I)

• 운동도체에 유기되는 기전력 $e = (v \times B)l = vBl\sin\theta$[V]

(여기서 l=도체의 길이[m], θ=도체와 자속밀도의 작용 각도[°])

11 전기기기 정답 | ③

동기속도 관계식 $N_s = \frac{120f}{p}$[rpm]을 이용하여 계산하면 다음과 같다.

• 50[Hz]일 때의 동기속도 N_1[rpm]

$N_1 = \frac{120 \times 50}{12} = 500$[rpm]

• 60[Hz]일 때의 동기속도 N_2[rpm]

$N_2 = \frac{120 \times 60}{12} = 600$[rpm]

1[rps]=60[rpm]에서 1[rpm]=$\frac{1}{60}$[rps]이 되므로

$n_2 = \frac{600}{60} = 10$[rps]이다.

12 전기기기

정답 | ①

- 정류자 주변속도 $v_c=\pi D\frac{N}{60}$[m/s]
- 정류주기 $T_c=\frac{\text{브러시 이동거리[m]}}{\text{주변 속도[m/s]}}=\frac{b-\delta}{v_c}$

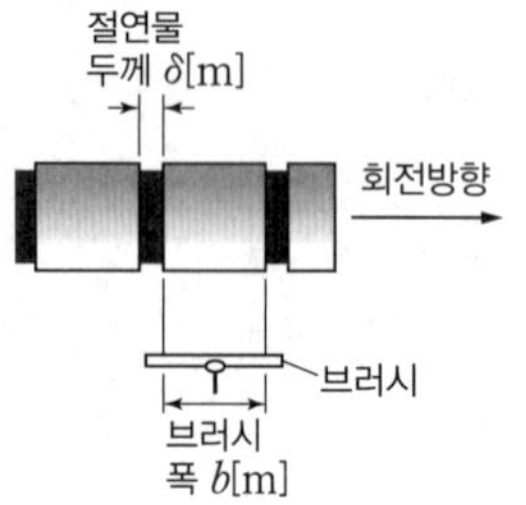

- 절연물 두께 δ[m]

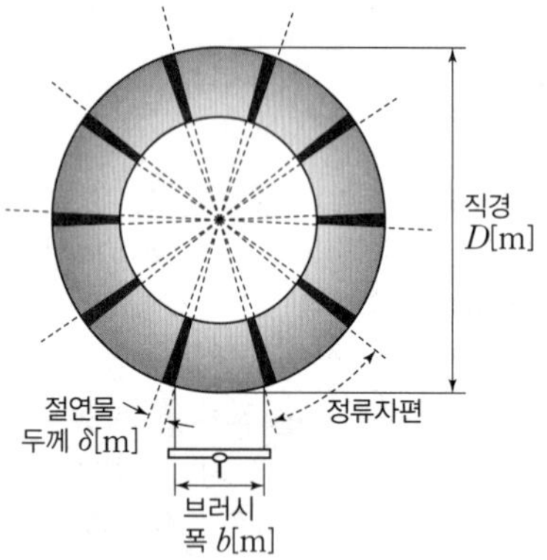

원주의 둘레에 정류자 편수를 나누면 정류자편의 길이가 되며, 여기에서 브러시 폭을 빼면 절연물의 두께가 된다.

즉, 절연물의 두께 $\delta[\text{m}]=\frac{\pi D}{k}-b$가 된다.

정류자 주변속도와 절연물의 두께의 관계식을 정류주기 관계식에 대입하면 다음과 같다.

$$T_c=\frac{b-\delta}{v_c}=\frac{b-\left(\frac{\pi D}{k}-b\right)}{\pi D\frac{N}{60}}=\frac{b-\frac{\pi D}{k}+b}{\pi D\frac{N}{60}}=\frac{2b-\frac{\pi D}{k}}{\pi D\frac{N}{60}}$$

$$=\frac{60\left(2b-\frac{\pi D}{k}\right)}{\pi DN}=\frac{120b-60\frac{\pi D}{k}}{\pi DN}[\text{s}]$$

13 전기기기

정답 | ③

3상 유도 기전력에 포함된 고조파분을 제거하기 위한 동기기의 결선법으로는 단절권이 있으며, 이외에 고조파분을 감소시키기 위한 결선법으로 분포권이 있다.

1) 단절권

- 특징
  - 고조파 제거로 인한 기전력의 파형 개선
  - 동량(권선량) 감소
  - 전절권에 비해 합성 기전력이 감소
- 단절권 계수 k_p

  $k_p=\sin\frac{n\beta\pi}{2}$

  (여기서 n=고조파 차수, $\beta=\frac{\text{코일 간격}}{\text{극간격}}=\frac{\text{코일 간격}}{\text{전슬롯수/극수}}$)

2) 분포권

- 특징
  - 고조파 감소로 인한 기전력의 파형 개선
  - 누설 리액턴스 감소
  - 집중권에 비해 합성 기전력 감소
- 분포권 계수 k_d

  $k_d=\frac{\sin\frac{n\pi}{2m}}{q\sin\frac{n\pi}{2mq}}$

  (여기서 n=고조파 차수, m=상의 수, $q=\frac{\text{슬롯수}}{\text{극수}\times\text{상의 수}}$=매극 매상당(의) 슬롯수)

문제에서 제5고조파를 제거하기 위한 동기기의 권선법을 물었으므로 단절권에 해당하며, 단절권 계수는 다음과 같다.

$k_p=\sin\frac{5\beta\pi}{2}$에서 제5고조파가 제거되기 위해서는 $k_p=0$이 되는 β값을 선정해야 한다.

- $\beta=\frac{2}{5}$인 경우: $k_p=\sin\frac{5\times\frac{2}{5}\pi}{2}=\sin\pi=\sin180°=0$
- $\beta=\frac{1}{5}$인 경우: $k_p=\sin\frac{5\times\frac{1}{5}\pi}{2}=\sin\frac{\pi}{2}=\sin90°=1$

주어진 선택지의 β값 중에서 $k_p=0$을 만족하는 것은 단절권 계수 관계식에 대입하였을 때 $\frac{2}{5}$값이 된다.

14 전기기기

정답 | ②

- 유도전동기 회전속도 $N=(1-s)N_s=(1-s)\frac{120f}{p}$
- 회전자 주파수 $f_{2s}=sf_2=sf_1$
- 2차 저항 r_2와 슬립 s의 관계: $r_2\propto s$

유도전동기의 회전속도를 구하기 위해서 회전자 주파수 관계식을 이용하여 슬립부터 구하면 $s=\frac{f_{2s}}{f_1}=\frac{6}{60}=\frac{1}{10}=0.1$이다.

2차 저항 r_2가 3배가 되면 비례관계에 의해 슬립 s도 3배가 증가되므로 유도전동기 회전속도를 계산하면 다음과 같다.

$$N_s=(1-3s)\frac{120f}{p}=(1-3\times0.1)\times\frac{120\times60}{6}=840[\text{rpm}]$$

15 전기기기

정답 | ④

유도전동기의 출력비 $P_2 : P_{c2} : P_o = 1 : s : 1-s$

$(* P_o = P + P_m)$

(여기서 P_2 = 2차 입력, P_{c2} = 2차 동손, P_o = 전기적 출력, P = 기계적 출력(최종출력), P_m = 기계손)

일반적으로 기계손의 언급이 없는 경우에는 $P_o \fallingdotseq P$로 계산할 수 있으나, 이 문제는 기계손의 언급이 있으므로 기계손을 반드시 고려하여야 한다.

- 2차 동손 P_{c2}

  출력비 관계를 통해 $P_{c2}(1-s) = sP_o$가 되므로

  $$P_{c2} = \frac{sP_o}{1-s} = \frac{s(P+P_m)}{1-s} = \frac{0.2 \times (150+20)}{1-0.2} = 42.5[\text{kW}]$$

- 2차 입력 P_2

  풀이방법 ①

  출력비 관계를 통해 $P_2(1-s) = P_o$이 되므로

  $$P_2 = \frac{P_o}{1-s} = \frac{P+P_m}{1-s} = \frac{150+20}{1-0.2} = 212.5[\text{kW}]$$

  풀이방법 ②

  출력비 관계를 통해 $sP_2 = P_{c2}$가 되므로

  $$P_2 = \frac{P_{c2}}{s} = \frac{42.5}{0.2} = 212.5[\text{kW}]$$

16 전기기기

정답 | ③

풀이방법 ①

최대역전압(PIV)과 교류 입력전압의 관계

$\text{PIV} = \sqrt{2}E$(여기서 E = 교류 입력전압)

위 관계식을 이용하면 $E = \frac{\text{PIV}}{\sqrt{2}} = \frac{628\pi}{\sqrt{2}}[\text{V}]$

단상 반파 정류회로의 직류전압은 $E_d = 0.45E = \frac{\sqrt{2}}{\pi}E$의 관계가 있으므로 $E_d = \frac{\sqrt{2}}{\pi}E = \frac{\sqrt{2}}{\pi} \times \frac{628\pi}{\sqrt{2}} = 628[\text{V}]$가 되며 문제에서 정류기 내의 전압강하를 주어졌으므로 최종적인 직류전압은 $E_d = 628 - 28 = 600[\text{V}]$가 된다.

풀이방법 ②

최대역전압(PIV)과 직류 출력전압의 관계

$\text{PIV} = \pi E_d$(여기서 E_d = 직류 출력전압)

위 관계식을 이용하면 $E_d = \frac{\text{PIV}}{\pi} = \frac{628\pi}{\pi} = 628[\text{V}]$이다.

문제에서 정류기 내의 전압강하가 주어졌으므로 최종적인 직류전압은 $E_d = 628 - 28 = 600[\text{V}]$가 된다.

17 전기기기

정답 | ①

최대 전압 변동률 $\varepsilon = \frac{V_0 - V_n}{V_n} \times 100[\%] = \frac{V_s}{V_n} \times 100[\%]$

(여기서 V_0 = 무부하 단자전압[V], V_n = 정격전압[V], V_s = 임피던스 전압[V])

임피던스 전압 $V_s = I_n Z$이므로

$$\varepsilon = \frac{V_s}{V_n} \times 100 = \frac{I_n Z}{V_n} \times 100 = \frac{I_n}{V_n}(r + jx) \times 100$$

$$= \frac{I_n r}{V_n} \times 100[\%] + j\frac{I_n x}{V_n} \times 100[\%] = \%r + j\%x$$

따라서 $\varepsilon = \%Z = \sqrt{\%r^2 + \%x^2} = \sqrt{6^2 + 8^2} = \sqrt{100} = 10[\%]$이다.

$\varepsilon = \%Z = \frac{I_n Z}{V_n} \times 100 = \frac{V_s}{V_n} \times 100[\%]$이므로

$V_s = \frac{\varepsilon V_n}{100} = \frac{10 \times 1{,}000}{100} = 100[\text{V}]$이다.

18 전기기기

정답 | ①

자구미세화란 자구에 스크래치나 에너지적 충격을 주어 방향성 전기강판이 가지고 있는 큰 자구의 크기를 미세화시키는 것이다. 즉, 철손의 개선을 위해 자구를 강제적으로 분할시키는 것으로 자구미세화의 물리적인 방법은 다음과 같다.

- 화학적 에칭(etching)
- 레이저(laser) 처리
- 기어드롤(geared roll)에 의한 압입

19 전기기기

정답 | ④

단락비가 작은 동기기의 특징은 다음과 같다.

- 동기 리액턴스(임피던스)가 크다.
- 전기자 반작용이 크다.
- 전압 변동률이 크다.
- 기기의 형태, 치수가 작다.
- 효율이 높아진다.
- 안정도가 낮다.
- 공극이 작아진다.
- 과부하 안정도가 작아진다.

참고 | 단락비가 작은 동기기의 여러 가지 특징 중에서 큰 개념으로 나타나는 것은 '동기 리액턴스, 전기자 반작용, 전압 변동률, 효율' 이렇게 4가지이므로 간단하게 '동.전.효율↑, 나머지는 ↓'로 기억하자. 반대로, 단락비가 큰 동기기의 특징은 '동.전.효율↓, 나머지는 ↑'

20 회로이론 정답 | ②

기본파 전류의 실횻값을 I_0[A], 제5고조파분 전류의 실횻값을 I_5[A]라고 할 때, 전체 전류의 실횻값은 $I=\sqrt{I_0^2+I_5^2}$[A]가 된다.

• 기본파 전류의 실횻값 I_0[A]

$$I_0=\frac{V}{X_c}=\frac{V}{\frac{1}{wC}}=wCV=w\times\frac{1}{2w}\times\frac{20}{\sqrt{2}}=\frac{10}{\sqrt{2}}[\mathrm{A}]$$

• 제5고조파 전류의 실횻값 I_5[A]

$$I_5=\frac{V}{X_{5c}}=\frac{V}{\frac{1}{5wC}}=5wCV=5w\times\frac{1}{2w}\times\frac{20}{\sqrt{2}}=\frac{50}{\sqrt{2}}[\mathrm{A}]$$

• 전체 전류의 실횻값 I[A]

$$I=\sqrt{I_0^2+I_5^2}=\sqrt{\left(\frac{10}{\sqrt{2}}\right)^2+\left(\frac{50}{\sqrt{2}}\right)^2}=\sqrt{\frac{100}{2}+\frac{2,500}{2}}$$
$$=\sqrt{50+1,250}=\sqrt{1,300}[\mathrm{A}]$$

21 회로이론 정답 | ③

대칭 n상 교류 회로에서 Y결선 회로의 전압, 전류의 관계식은 다음과 같다.

• $V_l=2\sin\frac{\pi}{n}V_P\angle\frac{\pi}{2}\left(1-\frac{2}{n}\right)$

(여기서 n=상의 수)

• $I_l=I_P$

여기서 선간전압의 위상은 $\theta=\frac{\pi}{2}\left(1-\frac{2}{n}\right)$이므로

$\theta=\frac{\pi}{2}\left(1-\frac{2}{n}\right)=\frac{\pi}{2}\left(1-\frac{2}{9}\right)=\frac{\pi}{2}\times\frac{7}{9}=\frac{7\pi}{18}$[rad]가 되며,

π[rad]$=180°$이므로 $\theta=\frac{7\times180°}{18}=70°$가 된다.

즉, 선간전압은 상전압보다 위상이 $70°$ 앞서므로 선간전압과 상전압의 위상차는 $70°$가 된다.

> 참고 | 그 외 대칭 n상 교류 회로의 관계식
> • Δ결선 회로의 전압, 전류
> $V_l=V_P$
> $I_l=2\sin\frac{\pi}{n}I_P\angle-\frac{\pi}{2}\left(1-\frac{2}{n}\right)$
> • 대칭 n상 교류 회로의 전력
> $P=\frac{n}{2\sin\frac{\pi}{n}}V_lI_l\cos\theta$

22 회로이론 정답 | ①

테브난의 정리(Thevenin's theorem)는 등가 전압원의 정리로, 능동 회로부를 단일 전원 전압과 단일 내부저항의 등가회로로 변환하여 간단한 회로로 해석하는 것을 의미한다.

[테브난의 정리 적용 순서]

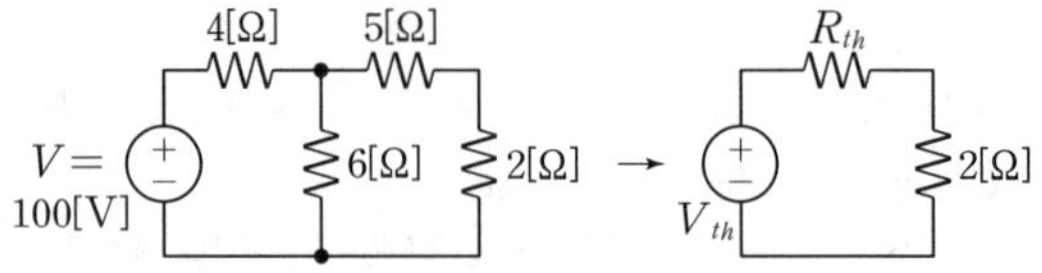

1) 부하저항 R_L을 분리 후, 분리한 단자 사이의 테브난 등가전압(개방전압) V_{th}를 도출한다.

$V_{th}=\frac{6}{4+6}\times100=60[\mathrm{V}]$

2) a−b 단자에서 전원 측을 바라본 테브난 등가저항 R_{th}를 도출한다. 등가저항을 도출할 때, 전압원은 단락, 전류원은 개방하여 구한다.

$R_{th}=5+\frac{4\times6}{4+6}=5+\frac{24}{10}=5+2.4=7.4[\Omega]$

3) 등가전압 V_{th}, 등가저항 R_{th}를 직렬 접속하여 테브난 등가회로를 작성한다.

4) 분리한 부하저항 R_L을 접속하여 회로를 해석한다.

따라서 $R_{th}=7.4[\Omega]$, $V_{th}=60[\mathrm{V}]$이 된다.

23 회로이론 정답 | ④

코일 회로의 어드미턴스를 Y_1[℧], 저항과 콘덴서 회로의 어드미턴스를 Y_2[℧]라 할 때, 전체 회로의 합성 어드미턴스는 $Y=Y_1+Y_2$로 계산할 수 있다.

$Y_1=\frac{1}{Z_1}=\frac{1}{j5}$[℧], $Y_2=\frac{1}{Z_2}=\frac{1}{6-j2}$[℧]이므로

$$Y=Y_1+Y_2=\frac{1}{j5}+\frac{1}{6-j2}=-j\frac{1}{5}+\frac{1}{6-j2}\times\frac{6+j2}{6+j2}$$
$$=-j\frac{1}{5}+\frac{6+j2}{36+4}=-j\frac{1}{5}+\frac{6+j2}{40}=-j0.2+0.15+j0.05$$

$=0.15-j0.15$의 결괏값이 나온다.

24 회로이론 정답 | ②

[파형의 종류에 따른 실횻값, 평균값]

구분	정현파 정현전파	정현반파	구형파	구형반파	삼각파 톱니파
실횻값 I	$\frac{1}{\sqrt{2}}I_m$	$\frac{1}{2}I_m$	I_m	$\frac{1}{\sqrt{2}}I_m$	$\frac{1}{\sqrt{3}}I_m$
평균값 I_{av}	$\frac{2}{\pi}I_m$	$\frac{1}{\pi}I_m$	I_m	$\frac{1}{2}I_m$	$\frac{1}{2}I_m$

정현반파의 평균값 $A=\frac{1}{\pi}I_m$, 실횻값 $B=\frac{1}{2}I_m$,

삼각파의 평균값 $C=\frac{1}{2}I_m$, 실횻값 $D=\frac{1}{\sqrt{3}}I_m$이므로

$$E=\frac{A}{C}=\frac{\frac{1}{\pi}I_m}{\frac{1}{2}I_m}=\frac{2}{\pi},\ F=\frac{B}{D}=\frac{\frac{1}{2}I_m}{\frac{1}{\sqrt{3}}I_m}=\frac{\sqrt{3}}{2}$$ 이 된다.

25 회로이론

정답 | ③

발열량 관계식 $H[\text{cal}]=0.24I^2Rt$을 이용하여 각 저항에서 소모되는 열량의 비를 구하면 다음과 같다.

$$\frac{H_1}{H_2}=\frac{0.24I_1^2R_1t}{0.24I_2^2R_2t}=\frac{I_1^2R_1}{I_2^2R_2}$$

$V=IR$에 의해 전류와 저항은 반비례 관계이므로

$I_1:I_2=R_2:R_1=9:3=3:1$의 관계가 있으므로

$$\frac{H_1}{H_2}=\frac{0.24I_1^2R_1t}{0.24I_2^2R_2t}=\frac{I_1^2R_1}{I_2^2R_2}=\frac{3^2\times1}{1^2\times3}=3$$ 이 되어

$H_1=3H_2$의 관계가 된다.

26 회로이론

정답 | ①

옴의 법칙 $I=\frac{V}{Z}$에 의해 $Z=\frac{V}{I}=\frac{1{,}500}{30}=50[\Omega]$

$Z=\sqrt{R^2+X_L^2}$에서 $X_L=\sqrt{Z^2-R^2}$이므로

$X_L=\sqrt{Z^2-R^2}=\sqrt{50^2-40^2}=\sqrt{2{,}500-1{,}600}$

$=\sqrt{900}=30[\Omega]$

또한, $X_L=wL=2\pi fL$이므로

$f=\frac{X_L}{2\pi L}=\frac{30}{2\pi\times90}=\frac{1}{6\pi}[\text{Hz}]$가 된다.

27 회로이론

정답 | ③

병렬회로에서는 각 병렬회로에 일정한 전압이 걸리며, 여기에 옴의 법칙을 적용하면 다음과 같다.

- 3[A]의 전류가 흐르는 저항

  옴의 법칙 $I=\frac{V}{R}$에 의해 $R=\frac{V}{I}=\frac{90}{3}=30$

  그러므로 3[A]가 흐르는 저항은 30번째 저항이 된다.
- R_{90}에 흐르는 전류

  $R_{90}=90[\Omega]$이므로 $I=\frac{V}{R}=\frac{90}{90}=1[\text{A}]$가 된다.

28 회로이론

정답 | ④

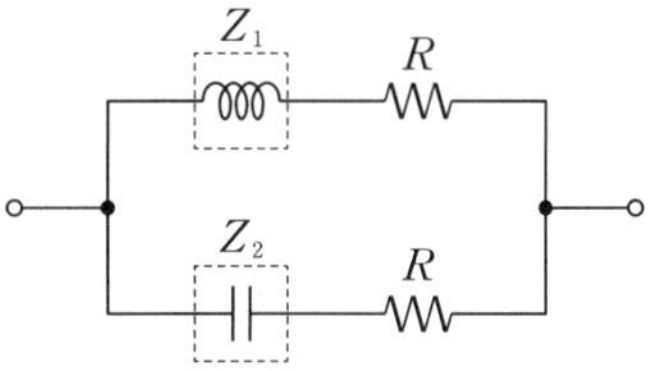

- 정저항 회로: 2단자 구동점 임피던스가 주파수에 관계없이 일정한 순저항으로 될 때의 회로를 의미한다. 즉, 허수부는 존재하지 않고 양의 실수부로만 저항이 나타나는 회로이다.
- 정저항 회로의 조건: $Z_1\cdot Z_2=R^2$

  조건을 만족할 경우, 역회로 관계가 만족된다.
- $Z_1\cdot Z_2=R^2$에서 $R=\sqrt{Z_1\cdot Z_2}$가 되고,

  $Z_1=wL[\Omega]$, $Z_2=\frac{1}{wC}[\Omega]$이므로

  $R=\sqrt{Z_1\cdot Z_2}=\sqrt{wL\cdot\frac{1}{wC}}=\sqrt{\frac{L}{C}}$이 된다.

29 회로이론

정답 | ②

RL 직렬회로의 시정수 $\tau=\frac{L}{R}$

$LI=N\phi$에서 L에 대한 수식으로 바꾸면 $L=\frac{N\phi}{I}$가 되고,

양변을 R로 나누면 $\frac{L}{R}=\frac{N\phi}{IR}$가 된다.

따라서 시정수는 $\tau=\frac{L}{R}=\frac{N\phi}{IR}$이다.

30 회로이론

정답 | ②

[파동의 반사와 투과]

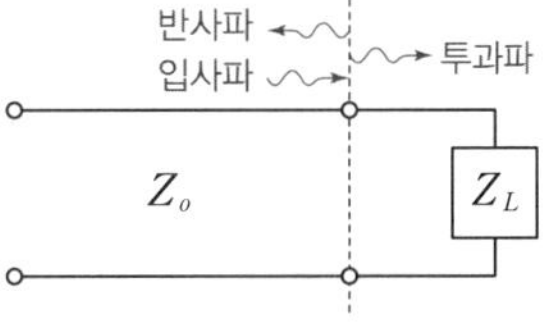

1) 파동의 반사
   - 파동이 진행하다 다른 매질을 만났을 때, 그 경계면에서 일부 또는 전부가 원래 매질로 되돌아오는 현상
   - 반사계수 $\rho=\frac{\text{반사파}}{\text{입사파}}=\frac{Z_L-Z_o}{Z_L+Z_o}$

2) 파동의 투과
   - 파동이 진행하다가 다른 매질을 만났을 때, 다른 매질로 통

과하게 되는 현상

- 투과계수 $\tau = \frac{\text{투과파}}{\text{입사파}} = \frac{2Z_L}{Z_L + Z_o}$

3) 종단의 개방과 접지의 경우

- 종단 개방 시: 종단의 파동 임피던스$=\infty$
- 종단 접지 시: 종단의 파동 임피던스$=0$

종단에 접지가 되어 있으므로 파동 임피던스 $Z_2=0$이다.

따라서 반사계수와 투과계수는 다음과 같다.

- 반사계수 $\rho = \frac{Z_2 - Z_1}{Z_2 + Z_1} = \frac{0 - Z_1}{0 + Z_1} = \frac{-Z_1}{Z_1} = -1$
- 투과계수 $\tau = \frac{2Z_2}{Z_2 + Z_1} = \frac{2 \times 0}{0 + Z_1} = \frac{0}{Z_1} = 0$

31 회로이론 정답 | ②

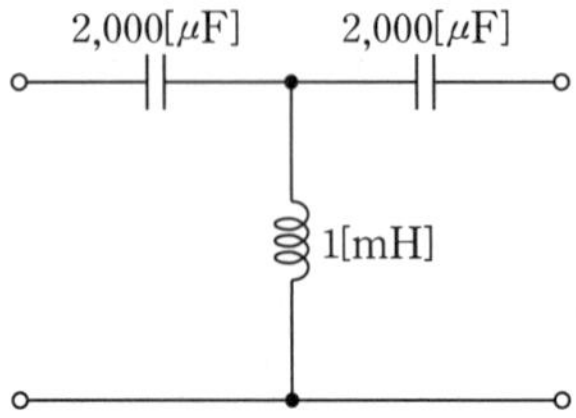

각 회로 소자를 임피던스로 나타내면 다음과 같다.

- 2,000[μF] 콘덴서의 임피던스 Z_1[Ω]

$$Z_1 = X_C = \frac{1}{jwC} = -j\frac{1}{1{,}000 \times 2{,}000 \times 10^{-6}} = -j\frac{1}{2}$$
$$= -j0.5[\Omega]$$

- 1[mH] 코일의 임피던스 Z_2[Ω]

$$Z_2 = X_L = jwL = j1{,}000 \times 1 \times 10^{-3} = j[\Omega]$$

단일 임피던스의 4단자 정수로 표현하면 다음과 같다.

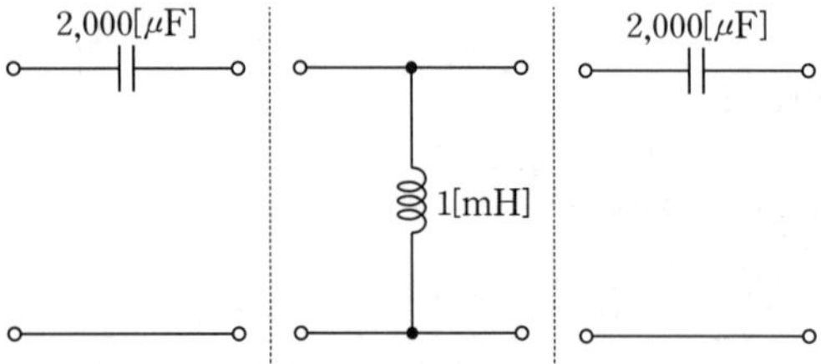

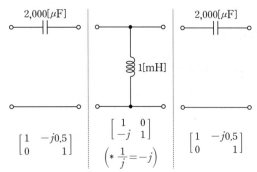

$\begin{bmatrix} 1 & -j0.5 \\ 0 & 1 \end{bmatrix}$ $\begin{bmatrix} 1 & 0 \\ -j & 1 \end{bmatrix}$ $\left(* \frac{1}{j} = -j\right)$ $\begin{bmatrix} 1 & -j0.5 \\ 0 & 1 \end{bmatrix}$

순서대로 행렬을 연산하면 다음과 같다.

$$\begin{bmatrix} 1 & -j0.5 \\ 0 & 1 \end{bmatrix}\begin{bmatrix} 1 & 0 \\ -j & 1 \end{bmatrix}\begin{bmatrix} 1 & -j0.5 \\ 0 & 1 \end{bmatrix}$$
$$= \begin{bmatrix} 0.5 & -j0.5 \\ -j & 1 \end{bmatrix}\begin{bmatrix} 1 & -j0.5 \\ 0 & 1 \end{bmatrix} = \begin{bmatrix} 0.5 & -j0.75 \\ -j & 0.5 \end{bmatrix}$$

32 회로이론 정답 | ④

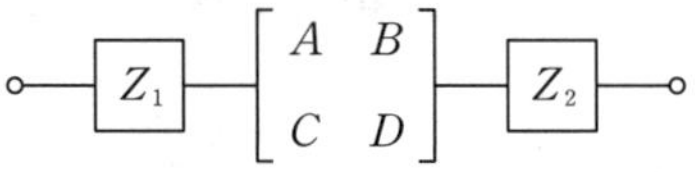

단일 회로의 4단자 정수로 표현하면 다음과 같다.

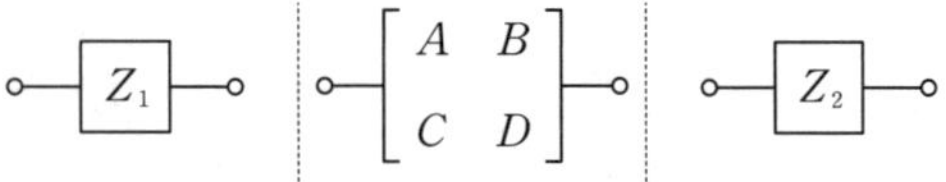

$\begin{bmatrix} 1 & Z_1 \\ 0 & 1 \end{bmatrix}$ $\begin{bmatrix} A & B \\ C & D \end{bmatrix}$ $\begin{bmatrix} 1 & Z_2 \\ 0 & 1 \end{bmatrix}$

순서대로 행렬을 연산하면 다음과 같다.

$$\begin{bmatrix} 1 & Z_1 \\ 0 & 1 \end{bmatrix}\begin{bmatrix} A & B \\ C & D \end{bmatrix}\begin{bmatrix} 1 & Z_2 \\ 0 & 1 \end{bmatrix} = \begin{bmatrix} A+CZ_1 & B+DZ_1 \\ C & D \end{bmatrix}\begin{bmatrix} 1 & Z_2 \\ 0 & 1 \end{bmatrix}$$
$$= \begin{bmatrix} A+CZ_1 & (A+CZ_1)Z_2+B+DZ_1 \\ C & CZ_2+D \end{bmatrix}$$

따라서 $B_0 = (A+CZ_1)Z_2 + B + DZ_1$이 된다.

33 제어공학 정답 | ①

$$F(s) = \frac{s+1}{s^3 - 4s^2 + 3s} = \frac{s+1}{s(s-1)(s-3)}$$

역라플라스 변환하기 위해서 부분분수 분해법을 사용한다.

$$F(s) = \frac{s+1}{s(s-1)(s-3)} = \frac{A}{s} + \frac{B}{s-1} + \frac{C}{s-3}$$

인수를 가려서 판별을 하는 방법을 취하면 다음과 같다.

- $A = \left.\frac{s+1}{(s-1)(s-3)}\right|_{s=0} = \frac{1}{-1 \times (-3)} = \frac{1}{3}$
- $B = \left.\frac{s+1}{s(s-3)}\right|_{s=1} = \frac{1+1}{1 \times (-2)} = \frac{2}{-2} = -1$
- $C = \left.\frac{s+1}{s(s-1)}\right|_{s=3} = \frac{3+1}{3 \times (3-1)} = \frac{4}{3 \times 2} = \frac{2}{3}$

즉, $F(s) = \frac{s+1}{s(s-1)(s-3)} = \frac{\frac{1}{3}}{s} + \frac{-1}{s-1} + \frac{\frac{2}{3}}{s-3}$가 된다.

역라플라스 변환하면 $f(t) = \frac{1}{3} - e^t + \frac{2}{3}e^{3t}$이다.

$\left(* \frac{1}{s \mp a} = e^{\pm at}\right)$

> 참고 | 인수를 가려서 판별하는 방법
> 구하고자 하는 인수(분모항)을 가리고, 그 인수가 0이 되는 s값을 대입하여 미지항을 구하는 방법

34 전력공학 정답 | ②

지락전류 관계식 $I_g = \dfrac{3E}{Z_0+Z_1+Z_2}$ 로부터 주어진 조건을 이용하여 계산하면 다음과 같다.

$$E = \frac{I_g(Z_0+Z_1+Z_2)}{3} = \frac{200\times(1+4+4)}{3}$$

$$= \frac{200\times 9}{3} = 600[V]$$

35 전력공학 정답 | ③

장간애자는 많은 갓을 가지고 있는 원통형의 긴 애자이다. 그 특징은 다음과 같다.

- 구조의 특징상 열화현상이 거의 없다.
- 보수·점검이 용이하여 경비가 절감된다.
- 비에 의한 세척효과가 우수하다.
- 섬락의 경우, 아크가 자기부에 접촉하기 어려운 내아크성이 있다.
- 오손특성이 양호하여 염진피해에 대한 대책으로 사용된다.

36 전력공학 정답 | ④

수력발전은 물이 높은 곳에서 낮은 곳으로 이동할 때 발생하는 위치에너지를 운동에너지로 변환시키고, 다시 전기에너지로 변환하는 발전방식이다.
수력발전의 종류에는 물을 위에서 아래로 흘려보내는 형식의 수로식, 댐식, 댐수로식, 유역변경식이 있으며, 아래에 있는 물을 끌어올려 다시 흘려보내는 양수식이 있다.
따라서 수력발전방식 중 그 종류가 다른 것은, 물을 위에서 아래로 흘려보내는 방식과 다른 양수식이라 할 수 있다.

37 전력공학 정답 | ②

소호리액터의 리액턴스 관계식 $X_L = \dfrac{X_C}{3} - x_t$, $wL = \dfrac{1}{3wC} - x_t$
(여기서 X_L=소호리액터의 리액턴스[Ω], X_C=용량성 리액턴스[Ω], x_t=변압기의 누설 리액턴스[Ω], L=소호리액터의 인덕턴스[H], C=대지정전용량[F])
변압기의 임피던스는 무시하므로 $x_t=0$으로 취급하면
$wL = \dfrac{1}{3wC}$가 되고, 해당 수식을 w에 대해 정리하면
$w^2 = \dfrac{1}{3LC}$가 되므로 $w = \sqrt{\dfrac{1}{3LC}}$이다.

38 전력공학 정답 | ④

작용 정전용량 C_w[F] 관계식

- 단상의 경우: $C_w = C_s + 2C_m$
- 3상의 경우 : $C_w = C_s + 3C_m$

(여기서 C_s=대지정전용량[F], C_m=선간(상호) 정전용량[F])
주어진 조건으로 단상과 3상일 때의 작용 정전용량을 각각 계산하면 다음과 같다.

- 단상의 경우: $C_w = 15+2\times 3 = 21$[F]
- 3상의 경우: $C_w = 15+3\times 3 = 24$[F]

39 전력공학 정답 | ①

고압직류송전(High－Voltage, Direct Current, HVDC)은 발전소에서 생산된 교류전력을 직류로 변환하여 송전 후, 수전점에서 교류로 재변환시켜 공급하는 방식이다. 교류송전에 비해 리액턴스 성분에 의한 영향이 없어 선로의 송전량을 증가시킬 수 있다.
국내에 적용되는 장소와 송전전압은 다음과 같다.

- 제주도 - 해남: $DC\pm 180$[kV] (1998년도 준공)
- 제주도 - 진도: $DC\pm 250$[kV] (2013년도 준공)

40 제어공학 정답 | ③

블록선도 또는 신호 흐름선도는 메이슨 공식으로 간단하게 풀 수 있다.
전달함수 $G(s) = \dfrac{C(s)}{R(s)} = \dfrac{\sum G_k \Delta_k}{\Delta}$
G_k=입력마디에서 출력마디까지의 k번째 전방경로 이득
Δ_k=k번째의 전방경로 이득과 서로 접촉하지 않는 신호 흐름 선도에 대한 Δ값
$loop$=피드백
$\Delta = 1 - L_1 + L_2 - L_3 + \cdots$
L_1=서로 다른 루프 이득의 합
L_2=서로 만나지 않는 2개 루프의 곱의 합
L_3=서로 만나지 않는 3개 루프의 곱의 합
주어진 블록선도의 전달함수 $\dfrac{C(s)}{R(s)}$는 다음과 같다.

$$\frac{C(s)}{R(s)} = \frac{G_1G_2G_3}{1-(G_1G_2G_3 - G_3G_4)} = \frac{G_1G_2G_3}{1-G_1G_2G_3+G_3G_4}$$

41 전력공학

정답 | ③

원자로 안의 중성자 배율 결정식 $k=\varepsilon\rho\eta f$
각 정수가 의미하는 것은 다음과 같다.

- ε: 핵분열 효과
  핵분열 중성자가 감속되는 과정에서 에너지가 1[mev] 정도 이상인 동안은 연료와 충돌하여 핵분열을 일으키게 되어 그 결과로 중성자가 n개에서 εn개로 증가되며, 이때의 증가 비(ε)를 핵분열 효과라 한다.
- ρ: 공명흡수 이탈확률
  원자로 내부에서 고속 중성자에 대한 열중성자의 비율로, 핵분열로 방출된 고속 중성자가 원자로 내의 다른 원자핵에 흡수되지 않은 채로 충분히 감속되는 확률이다.
- η: 중성자 재생률
  연료에 한 개의 중성자가 흡수되어 핵분열을 할 때, 핵분열 중성자를 발생시킬 때 새로 발생하는 중성자의 개수의 정도를 의미한다.
- f: 열중성자 이용률
  열중성자는 연료, 제어재, 냉각재, 감속재 등에 흡수되는데, 이 중에서 연료에 흡수되는 비율을 의미한다.

42 제어공학

정답 | ②

진리표를 참고하여 논리식을 나타내면 다음과 같다.

$X=\overline{A}\,\overline{B}\,\overline{C}+\overline{A}\,\overline{B}\,C+\overline{A}BC+ABC$

논리식을 간략화하기 위해 중복되는 항끼리 묶어서 정리하면 다음과 같이 나타난다.

$X=\overline{A}\,\overline{B}\,\overline{C}+\overline{A}\,\overline{B}\,C+\overline{A}BC+ABC$
$=\overline{A}\,\overline{B}\,(\overline{C}+C)+BC(\overline{A}+A)$
$=\overline{A}\,\overline{B}+BC$

$\overline{A}\,\overline{B}$ 항에 드모르간 정리를 적용하면

$\overline{A}\,\overline{B}=\overline{\overline{\overline{A}\cdot\overline{B}}}=\overline{\overline{\overline{A}}+\overline{\overline{B}}}=\overline{A+B}$가 되므로 $X=\overline{A+B}+BC$이다.

43 제어공학

정답 | ②

2차 계통 시스템의 전달함수 $G(s)=\dfrac{w_n^2}{s^2+2\zeta w_n s+w_n^2}$의 형태로 표현된다.

(여기서 ζ=제동비(또는 감쇠비), w_n=고유비제동주파수)

주어진 전달함수와 비교해보면

$G(s)=\dfrac{w_n^2}{s^2+2\zeta w_n s+w_n^2}=\dfrac{16}{s^2+2s+16}$에서

$w_n^2=16$이므로 $w_n=4$, $2\zeta w_n=2$이므로 $\zeta=\dfrac{2}{2w_n}=\dfrac{1}{w_n}=\dfrac{1}{4}$이 된다.

44 제어공학

정답 | ④

전달함수 $\dfrac{V}{I}$는 결국 임피던스 Z이므로 이 문제는 회로의 전체 임피던스를 구하는 것으로 볼 수 있다.

회로는 R, C의 병렬이므로 임피던스는 다음과 같다.

$X_c=\dfrac{1}{jwC}$을 라플라스 변환하면 $\dfrac{1}{sC}$이므로

$\dfrac{V}{I}=Z=\dfrac{R\times\dfrac{1}{sC}}{R+\dfrac{1}{sC}}=\dfrac{\dfrac{R}{sC}}{\dfrac{sCR+1}{sC}}=\dfrac{R}{sCR+1}$이 되고

분모와 분자에 각각 C를 곱하면 $\dfrac{V}{I}=\dfrac{RC}{C(sCR+1)}$

$T=RC$이므로 $\dfrac{V}{I}=\dfrac{T}{C(sT+1)}$이다.

45 제어공학

정답 | ①

시스템에서 감도란 어떤 하나의 전달요소가 전체 시스템에 미치는 영향의 정도로, 피드백 요소에 대해 회로가 어느 정도로 영향을 받는지에 대한 값을 의미한다.

46 제어공학

정답 | ③

PID 동작회로는 모터의 자동제어회로에 가장 많이 사용되고 있는 제어방법으로, 비례동작, 적분동작, 미분동작을 적절히 조합하여 제어하는 회로이다.

표준형태의 PID제어는 비례항, 적분항, 미분항의 합으로 구성하여 제어값을 계산하도록 구성되어 있으며, 출력은

$y(t)=K_P\left\{x(t)+\dfrac{1}{T_i}\int_0^t x(t)dt+T_d\dfrac{dx(t)}{dt}\right\}$로 구성된다.

(여기서 K_P=비례상수, T_d=미분시간, T_i=적분시간)

해당 수식을 라플라스 변환하여 나타내면 다음과 같다.

$Y(s)=K_P\left\{X(s)+\dfrac{1}{T_i s}X(s)+T_d sX(s)\right\}$
$=K_P\left(1+\dfrac{1}{T_i s}+T_d s\right)X(s)$

여기에서 전달함수는 $G(s)=\dfrac{Y(s)}{X(s)}=K_P\left(1+\dfrac{1}{T_i s}+T_d s\right)$

즉, 주어진 전달함수를 위 관계식의 형태로 변형하면 미분시간과 적분시간을 알 수 있다.

$G(s)=8+4s+\dfrac{2}{s}=8\left(1+\dfrac{1}{2}s+\dfrac{1}{4s}\right)$가 되므로

미분시간 $T_d=\dfrac{1}{2}=0.5$, 적분시간 $T_i=4$가 된다.

47 제어공학 정답 | ①

1) 라플라스 변환과 z변환
- 라플라스 변환: 연속시간 신호와 연속시간 시스템을 주파수 영역에서 분석하기 위한 것
- z변환: 이산시간 신호와 이산시간 시스템을 주파수 영역에서 분석하기 위한 것

2) 라플라스 변환과 z변환 표

시간함수	라플라스 변환	z변환
$\delta(t)$	1	1
$\delta(t-aT)$	e^{-aTs}	z^{-a}
$u(t)$	$\frac{1}{s}$	$\frac{z}{z-1}$
t	$\frac{1}{s^2}$	$\frac{Tz}{(z-1)^2}$
t^2	$\frac{2}{s^3}$	$\frac{T^2z(z+1)}{(z-1)^3}$
e^{-at}	$\frac{1}{s+a}$	$\frac{z}{z-e^{-aT}}$
$1-e^{-at}$	$\frac{a}{s(s+a)}$	$\frac{(1-e^{aT})z}{(z-1)(z-e^{-aT})}$
$t\cdot e^{-at}$	$\frac{1}{(s+a)^2}$	$\frac{Tze^{-at}}{(z-e^{-aT})^2}$
$\sin wt$	$\frac{w}{s^2+w^2}$	$\frac{z\sin wT}{z^2-2z\cos wT+1}$
$\cos wt$	$\frac{s}{s^2+w^2}$	$\frac{z(z-\cos wT)}{z^2-2z\cos wT+1}$

주어진 함수 $f(t)=8te^{-3t}$을 각각 변환하면 다음과 같다.
- 라플라스 변환: $F(s)=\frac{8}{(s+3)^2}$
- z변환: $F(z)=\frac{8Tze^{-3T}}{(z-e^{-3T})^2}$

48 전기응용 정답 | ③

가시광선은 직접 눈으로 관찰할 수 있는 빛으로, 파장은 약 380~760[nm] 정도이다.
시감도는 가시광선이 주는 밝기의 감각이 파장에 따라서 달라지는 정도를 나타낸 것으로, 최대 시감도는 약 555[nm]에서 680[lm/W]이다.

49 전기응용 정답 | ④

완전 확산성 구형 글로브의 광속 발산도 관계식
$R=\frac{I\tau}{r^2(1-\rho)}=\frac{F\tau}{wr^2(1-\rho)}$
(여기서 R=광속 발산도, τ=투과율, ρ=반사율, I=광원의 광도$\left(=\frac{F}{w}\right)$, r=반지름, F=광속, w=입체각)

구의 입체각은 $w=4\pi$이므로 광속 발산도는 $R=\frac{F\tau}{4\pi r^2(1-\rho)}$이다.

50 전기응용 정답 | ②

루소선도에서의 전광속 관계식 $F=\frac{2\pi}{r}S$
(여기서 F=전광속, r=반지름, S=루소선도 면적)
- 상반구 광속 F_1[lm]
  루소선도의 상반구 면적은 $S=\frac{1}{4}\pi r^2=\frac{1}{4}\pi(80)^2$이므로 광도 $F_1=\frac{2\pi}{80}\times\frac{1}{4}\pi(80)^2=40\pi^2$[lm]이다.
- 하반구 광속 F_2[lm]
  루소선도의 하반구 면적은 $S=80^2$이므로 광도 $F_2=\frac{2\pi}{80}\times 80^2=160\pi$[lm]이다.
- 상반구 광속과 하반구 광속의 합 F
  $F=F_1+F_2=40\pi^2+160\pi=40\pi(\pi+4)$

51 전기응용 정답 | ①

[초음파 금속용접의 특징]
- 이종의 금속의 용접이 가능하다.
- 고체상태의 용접이므로 열적 영향이 적고, 주조 조직의 변형이 발생하지 않는다.
- 가열이 필요하지 않다.
- 가압하중이 적어 변형이 적다.
- 가는 선이나 얇은 금속의 용접도 가능하다.
- 단시간에 이루어지므로 에너지 소모가 적다.
- 후처리가 필요없다.

52 전기기기 정답 | ③

[절연물 종별 최고 허용온도]

절연물 종류	최고 허용온도[℃]
Y종	90
A종	105
E종	120
B종	130
F종	155
H종	180
C종	180 초과

53 전기응용 정답 | ④

발열체는 금속 발열체와 비금속 발열체가 있으며, 금속 발열체에는 단일 금속 발열체와 합금 발열체가 있다.

- 단일 금속 발열체: 텅스텐(W), 탄탈(Ta), 몰리브덴(Mo), 백금(Pt)
- 합금 발열체: 철-크롬-알루미늄계, 니켈-크롬계
  각 금속의 함류량에 따라 다른 특성이 나타난다.
- 비금속 발열체: 일반적으로 금속 발열체보다 고온에서 사용된다. 탄화규소, 이규화몰리브덴, 란탄크로마이드, 그래파이트, 티탄산 베릴늄이 있다.

54 전기응용 정답 | ①

리튬(이온) 전지는 양·음극 물질의 산화환원반응으로 화학에너지를 전기에너지로 변환시키는 2차 전지로, 충전 시에는 리튬이온에서 분리된 전자가 양극에서 음극으로 이동하여 음극에서의 에너지 환원을 이용하며, 방전 시에는 음극에서 양극으로 이동하여 양극에서의 에너지 환원이 일어난다.
리튬전지의 에너지 밀도는 니켈-카드뮴 전지의 약 2배, 납축전지의 약 6배로 매우 크며, 자가 방전에 의한 전력 손실이 매우 적다. 즉, 방전이 쉽게 일어나지 않는다.
단점으로는 제조된 직후부터 사용유무에 관계없이 노화가 되며, 온도에 민감하여 온도가 높을수록 노화가 빨리 진행된다.

55 전기설비 정답 | ③

– 한국전기설비규정(KEC) –
[122.5-3. 고압 및 특고압케이블]
특고압 전로의 다중접지 지중 배전계통에 사용하는 동심 중성선 전력케이블의 최대사용전압은 25.8[kV] 이하일 것

56 전기설비 정답 | ③

– 한국전기설비규정(KEC) –
[132-2. 전로의 절연저항 및 절연내력]
고압 및 특고압의 전로는 정해진 시험전압을 전로와 대지 사이(다심케이블은 심선 상호 간 및 심선과 대지 사이)에 연속하여 10분간 가하여 절연내력을 시험하였을 때에 이에 견디어야 한다. 다만, 전선에 케이블을 사용하는 교류 전로로서 정해진 시험전압의 2배의 직류전압을 전로와 대지 사이(다심케이블은 심선 상호 간 및 심선과 대지 사이)에 연속하여 10분간 가하여 절연내력을 시험하였을 때에 이에 견디는 것에 대하여는 그러하지 아니하다.

57 전기설비 정답 | ②

– 한국전기설비규정(KEC) –
[표 331.6-1 구성재의 수직 투영면적 1[m²]에 대한 풍압]

<table>
<tr><th colspan="4">풍압을 받는 구분</th><th>투영면적 1[m²]에 대한 풍압</th></tr>
<tr><td colspan="4">목주</td><td>588[Pa]</td></tr>
<tr><td rowspan="10">지지물</td><td rowspan="4">철주</td><td colspan="2">원형의 것</td><td>588[Pa]</td></tr>
<tr><td colspan="2">삼각형 또는 마름모형의 것</td><td>1,412[Pa]</td></tr>
<tr><td colspan="2">강관에 의하여 구성되는 4각형의 것</td><td>1,117[Pa]</td></tr>
<tr><td colspan="2">기타의 것</td><td>복재(腹材)가 전·후면에 겹치는 경우는 1,627[Pa], 기타의 경우는 1,784[Pa]</td></tr>
<tr><td rowspan="2">철근 콘크리트주</td><td colspan="2">원형</td><td>588[Pa]</td></tr>
<tr><td colspan="2">기타</td><td>882[Pa]</td></tr>
<tr><td rowspan="4">철탑</td><td rowspan="2">단주
(완철류는 제외)</td><td>원형</td><td>588[Pa]</td></tr>
<tr><td>기타</td><td>1,117[Pa]</td></tr>
<tr><td colspan="2">강관으로 구성되는 것
(단주는 제외)</td><td>1,255[Pa]</td></tr>
<tr><td colspan="2">기타의 것</td><td>2,157[Pa]</td></tr>
</table>

전선 기타 가섭선	다도체(구성하는 전선이 2가닥 마다 수평으로 배열되고 또한 그 전선 상호 간의 거리가 전선의 바깥 지름의 20배 이하인 것에 한한다. 이하 같다)를 구성하는 전선	666[Pa]
	기타의 것	745[Pa]
애자장치(특고압 전선용의 것에 한한다)		1,039[Pa]
목주·철주(원형의 것에 한한다) 및 철근 콘크리트주의 완금류(특고압 전선로용의 것에 한한다)		단일재로서 사용하는 경우 1,196[Pa], 기타의 경우 1,627[Pa]

58 전기설비 정답 | ③

– 한국전기설비규정(KEC) –

[341.4–1. 특고압용 기계기구 충전부분의 지표상 높이]

울타리 높이와 울타리로부터 충전부까지의 거리 합계

5[m] 6[m] $6[m]+\dfrac{V-160}{10}\times 0.12[m]$

35[kV] 160[kV]

(* 단수 계산 시 소수점 자리는 절상한다.)

주어진 345[kV] 기준의 거리 합계는 다음과 같다.

- 160[kV] 초과하는 부분의 단수 계산

  $\dfrac{V-160}{10}=\dfrac{345-160}{10}=\dfrac{185}{10}=18.5$

  소수점 자리는 절상하므로 단수는 19가 된다.
- 울타리로부터 충전부분까지 거리의 합

  $6+\dfrac{V-160}{10}\times 0.12=6+19\times 0.12=6+2.28=8.28[m]$

59 전기설비 정답 | ④

– 한국전기설비규정(KEC) –

[232.31 금속덕트공사]

232.31.1 시설조건

1. 전선은 절연전선(옥외용 비닐절연전선을 제외한다)일 것
2. 금속덕트에 넣은 전선의 단면적(절연피복의 단면적을 포함한다)의 합계는 덕트 내부 단면적의 20%(전광표시 장치 기타 이와 유사한 장치 또는 제어회로 등의 배선만을 넣는 경우에는 50%) 이하일 것
3. 금속덕트 안에는 전선에 접속점이 없도록 할 것
   다만, 전선을 분기하는 경우에는 그 접속점을 쉽게 점검할 수 있는 때에는 그러하지 아니하다.
4. 금속덕트 안의 전선을 외부로 인출하는 부분은 금속 덕트의 관통부분에서 전선이 손상될 우려가 없도록 시설할 것
5. 금속덕트 안에는 전선의 피복을 손상할 우려가 있는 것을 넣지 아니할 것
6. 금속덕트에 의해 저압 옥내배선이 건축물의 방화 구획을 관통하거나 인접 조영물로 연장되는 경우, 그 방화벽 또는 조영물 벽면의 덕트 내부는 불연성의 물질로 차폐하여야 함

60 전기설비 정답 | ①

– 한국전기설비규정(KEC) –

[표 222.10–1 저압 보안공사(지지물 종류에 따른 경간)]

[표 332.9–1 고압 가공전선로 경간 제한]

[표 332.10–1 고압 보안공사 경간 제한]

지지물 종류	저압 보안공사	고압 보안공사	고압 가공전선로
목주, A종 철주, A종 철근 콘크리트 주	100[m]	100[m]	150[m]
B종 철주, B종 철근 콘크리트주	150[m]	150[m]	250[m]
철탑	400[m]	400[m]	600[m]

61 전기설비 정답 | ①

– 한국전기설비규정(KEC) –

[242.2.1 폭연성 분진 위험장소]

폭연성 분진: 마그네슘, 알루미늄, 티탄, 지르코늄 등

[242.2.2 가연성 분진 위험장소]

가연성 분진: 소맥분, 전분, 유황 기타 가연성의 먼지로 공중에 떠다니는 상태에서 착화하였을 때에 폭발할 우려가 있는 것을 말하며 폭연성 분진은 제외한다.

62 전기설비 정답 | ④

– 한국전기설비규정(KEC) –

[표 333.5–1 특고압 가공전선과 지지물 등의 이격거리]

사용전압	이격거리[m]
15[kV] 미만	0.15
15[kV] 이상 - 25[kV] 미만	0.2
25[kV] 이상 - 35[kV] 미만	0.25
35[kV] 이상 - 50[kV] 미만	0.3
50[kV] 이상 - 60[kV] 미만	0.35
60[kV] 이상 - 70[kV] 미만	0.4
70[kV] 이상 - 80[kV] 미만	0.45
80[kV] 이상 - 130[kV] 미만	0.65
130[kV] 이상 - 160[kV] 미만	0.9
160[kV] 이상 - 200[kV] 미만	1.1
200[kV] 이상 - 230[kV] 미만	1.3
230[kV] 이상	1.6

63 전기응용

정답 | ④

펠티에 효과를 이용하는 냉동방법은 종류가 다른 금속도체의 접합부에 전류를 통하면 접합부에서 열의 흡수 또는 발생이 일어나는 현상을 이용한 것으로 다르게는 전자냉동 또는 열전기식 방법이라고도 한다.

[전자냉동의 특징]

- 별도의 냉매가 필요없다.
- 증기압축식 냉동기에 있는 압축기, 응축기, 증발기 등이 없다.
- 움직이는 부품이 없어 소형이며, 소음도 없다.
- 수명이 반영구적이다.
- 수리가 간단하다.

64 전기응용

정답 | ③

곡선궤도의 곡선부분에서 원심력과 평형을 이루도록 하여 탈선을 방지하기 위해 바깥쪽 레일을 안쪽 레일보다 높게 설치하는 정도를 캔트라고 하며, 이때의 캔트(고도)의 관계식은 다음과 같다.

$h = \frac{GV^2}{127R}$

(여기서 h=캔트(고도)[mm], G=궤간[mm], V=열차속도[km/h], R=곡선 반지름[m])

위의 관계식을 R 기준으로 바꾸어 조건에 주어진 값을 대입하면 다음과 같다.

$R = \frac{GV^2}{127h} = \frac{1{,}430 \times 127^2}{127 \times 127} = 1{,}430[\text{m}]$이다.

65 전기설비

정답 | ③

리플프리 직류란 교류를 직류로 변환할 때 리플 전압·전류의 실효값이 10[%] 이하로 포함된 직류를 말한다.

실제 교류를 직류로 변환하게 되면 직류분에 교류분과 같이 위아래 진동하는 떨림현상이 발생하고, 이를 리플성분이라 한다. 이 떨림 성분이 10[%] 이하인 경우에는 떨림 성분이 없는 것으로 취급하고, 이를 리플프리라고 한다.

66 전기응용

정답 | ①

열류 관계식은 다음과 같다.

$Q = kS\frac{\Delta T}{l}$

(여기서 Q=열류(열전달률, 열전달속도)[W], k=열전도도[W/m°C], S=면적[m²], l=두께[m], ΔT=온도차[°C])

주어진 조건을 해당 관계식에 대입하면 다음과 같다.

$Q[\text{W}] = 350\left[\frac{\text{W}}{\text{m}^\circ\text{C}}\right] \times 10^{-4}[\text{m}^2] \times \frac{1[^\circ\text{C}]}{10^{-3}[\text{m}]} = 35[\text{W}]$이다.

67 전기설비

정답 | ③

– 한국전기설비규정(KEC) –

[341.2 특고압 배전용 변압기의 시설]

특고압 전선로에 접속하는 배전용 변압기(발전소·변전소·개폐소 또는 이에 준하는 곳에 시설하는 것을 제외한다. 이하 같다)를 시설하는 경우에는 특고압 전선에 특고압 절연전선 또는 케이블을 사용하고 또한 다음에 따라야 한다.

가. 변압기의 1차 전압은 35kV 이하, 2차 전압은 저압 또는 고압일 것

나. 변압기의 특고압 측에 개폐기 및 과전류차단기를 시설할 것. 다만, 변압기를 다음에 따라 시설하는 경우는 특고압 측의 과전류차단기를 시설하지 아니할 수 있다.

(1) 2 이상의 변압기를 각각 다른 회선의 특고압 전선에 접속할 것

(2) 변압기의 2차 측 전로에는 과전류차단기 및 2차 측 전로로부터 1차 측 전로에 전류가 흐를 때에 자동적으로 2차 측 전로를 차단하는 장치를 시설하고 그 과전류차단기 및 장치를 통하여 2차 측 전로를 접속할 것

다. 변압기의 2차 전압이 고압인 경우에는 고압 측에 개폐기를 시설하고 또한 쉽게 개폐할 수 있도록 할 것

2020 상반기 한국서부발전

2020. 6. 7. (일) 시행

정답 확인

p.127

문항	정답	과목	문항	정답	과목	문항	정답	과목	문항	정답	과목	문항	정답	과목
01	①	전자기학	02	②	전자기학	03	②	전자기학	04	③	전자기학	05	③	전자기학
06	①	전자기학	07	④	전자기학	08	②	회로이론	09	④	전자기학	10	③	회로이론
11	②	회로이론	12	④	회로이론	13	③	회로이론	14	④	회로이론	15	②	회로이론
16	③	회로이론	17	①	제어공학	18	①	전기기기	19	①	전자기학	20	④	전기기기
21	①	전기기기	22	②	전기응용	23	②	전력공학	24	③	전력공학	25	①	전력공학
26	②	전기기기	27	②	회로이론	28	③	전력공학	29	①	전력공학	30	③	제어공학
31	③	전기기기	32	④	전기기기	33	②	전기기기	34	③	전기기기	35	①	전기기기
36	①	전기기기	37	③	전자기학	38	④	전기기기	39	③	제어공학	40	④	제어공학
41	②	회로이론	42	④	전기응용	43	④	전기응용	44	②	전기응용	45	③	전기기기
46	④	전기기기	47	①	전기응용	48	②	전기응용	49	①	전기응용	50	①	전기응용
51	②	전력공학	52	③	전력공학	53	③	전력공학	54	④	제어공학	55	①	제어공학
56	③	제어공학	57	①	제어공학	58	④	제어공학	59	②	전력공학	60	①	전력공학
61	②	전기설비	62	④	전기설비	63	③	전기설비	64	②	전기설비	65	①	전기설비
66	④	전기설비	67	③	전기설비	68	②	전기설비						

세부과목별 실력 점검표

과목	맞은 개수	정답률	취약점 & 체크사항
전자기학	/10	%	
회로이론	/10	%	
전기기기	/13	%	
전력공학	/10	%	
제어공학	/9	%	
전기응용	/8	%	
전기설비	/8	%	
합계	/68	%	

01 전자기학

정답 | ①

콘덴서에 축적되는 에너지

$W=\frac{1}{2}CV^2=\frac{1}{2}QV=\frac{1}{2}\frac{Q^2}{C}$[J]

(여기서 C=정전용량[F], V=전압[V], Q=전하량[C])

축적되는 에너지 관계식에 의해

$C=\frac{2W}{V^2}=\frac{2\times2}{200^2}=\frac{1}{10^4}=100\times10^{-6}$[F]=100[$\mu$F]

02 전자기학

정답 | ②

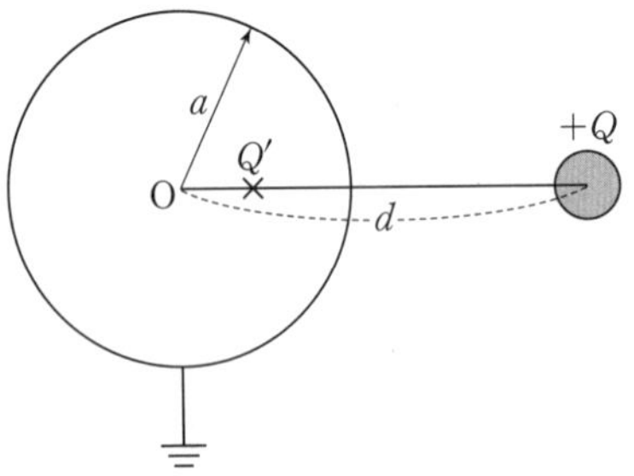

접지구도체 근처에 점전하가 있는 경우, 접지구도체 내부에 점전하와 극성이 반대인 유도전하(영상전하)가 형성된다.
이로 인해 접지구도체와 점전하 간에는 서로 다른 전하 간의 힘이 작용하게 되므로 항상 흡인력으로 작용한다.

참고 | • 유도전하(영상전하) $Q'=-\frac{a}{d}Q$[C]

• 도체 중심에서 유도전하까지의 거리 $b=\frac{a^2}{d}$[m]

03 전자기학

정답 | ②

1) 표피효과(Skin effect)
   - 도체에 고주파 전류가 흐를 때, 전류가 도체 표면 가까이에 집중하여 흐르는 현상
   - 도체에 교류 전류가 흐를 때, 전선 중심부일수록 그 전류가 만드는 자속과 쇄교하여 인덕턴스가 커지면서, 내부저항 증가로 인해 도체 중심부보다 도체 표면에 많은 전류가 흐르는 현상
   - 표피효과가 커진다는 것은 도체 표피의 전류 밀도가 더욱 높아지는 것을 의미하며, 실제 전류 밀도가 작용하는 표피두께(침투깊이) δ[m]는 작아짐을 의미함

2) 표피효과에 대한 관계성
   - 표피두께(침투깊이) $\delta=\frac{1}{\sqrt{\pi f\sigma\mu}}$[m]
   - 주파수 f, 전도율 σ, 투자율 μ가 클수록 표피효과가 커지며, 표피두께는 작아짐
   - 표피효과$\propto\sqrt{f\sigma\mu}\propto\frac{1}{\text{표피두께(침투깊이)}}$

   (* 표피두께만 반대로 작용한다고 기억!)

오답풀이 |
① 표피효과가 클수록 표피두께가 작다.
③ 전도율이 클수록 표피효과가 크다.
④ 투자율이 클수록 표피효과가 크다.

04 전자기학

정답 | ③

동심구도체의 정전용량 관계식 $C=\frac{4\pi\varepsilon ab}{b-a}$[F]

동심구도체의 처음 정전용량을 $C_0=\frac{4\pi\varepsilon ab}{b-a}$[F]라 하고,

정전용량 관계식 $C=\frac{4\pi\varepsilon ab}{b-a}$[F]에 $a\rightarrow5a$, $b\rightarrow5b$를 대입하면 다음과 같다.

$C=\frac{4\pi\varepsilon(5a)(5b)}{5b-5a}=5\times\frac{4\pi\varepsilon ab}{b-a}=5C_0$

05 전자기학

정답 | ③

[쌍극자 $\pm Q$ 중심으로부터 거리 r[m]의 점 P에 형성되는 전계와 전위]

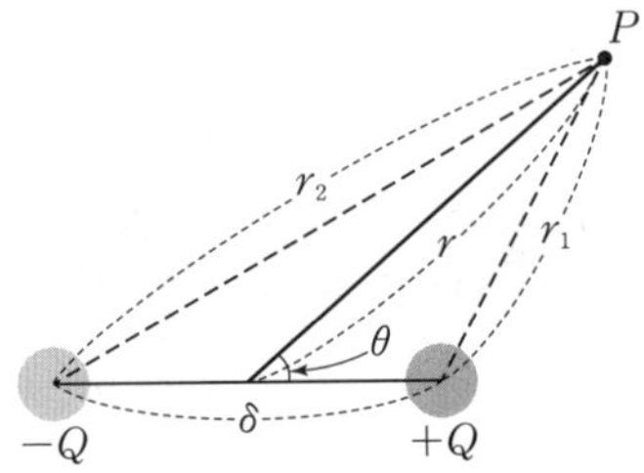

1) 전기 쌍극자 모멘트 $M=Q\delta$[C·m]
2) P점에 형성되는 전위 $V_P=\frac{Q\delta}{4\pi\varepsilon_0r^2}\cos\theta=\frac{M}{4\pi\varepsilon_0r^2}\cos\theta$[V]
3) P점에 형성되는 전계의 세기 $E_P=\frac{M}{4\pi\varepsilon_0r^3}\sqrt{1+3\cos^2\theta}$[V/m]
4) 그 외의 관계성
   ⓐ 거리와의 관계성
   - 전위 $V\propto\frac{1}{r^2}$
   - 전계 $E\propto\frac{1}{r^3}$

   ⓑ 전위와 전계는 $\cos\theta$의 함수
   - $\theta=0°$일 때: 최댓값

• $\theta=90^\circ\left(\text{또는 } \frac{\pi}{2}[\text{rad}]\right)$: 최솟값(단, 전위는 0)

따라서 빈칸 a에는 $\frac{1}{r^3}$, b에는 0°가 들어가야 한다.

06 전자기학

정답 | ①

1) 자성체의 종류

- 강자성체: 내부에 자기 모멘트가 평행하게 작용하는 작은 자발성 영역인 자구(Magnetic domain)가 형성되어 있어, 외부에서 자계를 가하게 되면 자구의 자기 모멘트가 동일한 방향으로 향하며 강하게 자화되고, 외부 자기장이 사라져도 자화가 남는 물질을 의미한다. 그러므로 영구자석의 재료로 사용된다.
- 상자성체: 외부에서 자기장을 가하면 그 방향으로 내부의 자기 모멘트가 불규칙하게 배열되어 약하게 자화되고, 외부 자기장이 사라지면 자화하지 않는 물질을 의미한다.
- 반자성체: 외부에서 자기장을 가하면 그 반대 방향으로 자화하여 외부 자기장과 반발하는 형태를 띠는 물질을 의미한다.

2) 자성체에 따른 물질의 종류

자성체	비투자율	물질의 종류
강자성체	$\mu_s \gg 1$	철, 니켈, 코발트, 망간
상자성체	$\mu_s > 1$	알루미늄, 텅스텐, 백금
반자성체	$\mu_s < 1$	금, 은, 동, 안티몬, 아연, 비스무트

3) 자석재료의 구비조건

구분	영구자석	전자석
잔류 자기	↑	↑
보자력	↑	↓
히스테리시스 면적	↑	↓

따라서 영구자석의 재료로 사용되는 자성체는 잔류 자기는 크고 보자력도 커야 한다.

07 전자기학

정답 | ④

[맥스웰 방정식과 관계된 법칙]

- $rotE=-\frac{\partial B}{\partial t}$: 패러데이 법칙
- $rotH=i+\frac{\partial D}{\partial t}$: 암페어 주회적분 법칙
- $divD=\rho$: 가우스 (전계) 법칙
- $divB=0$: 가우스 (자계) 법칙

08 회로이론

정답 | ②

- 발열량 관계식 $H=0.24Pt[\text{cal}]$
- 소비전력 $P=VI=I^2R=\frac{V^2}{R}[\text{W}]$

풀이방법 ①

위 관계식에 의해 발열량과 전력은 $H\propto P\left(=\frac{V^2}{R}\right)$의 관계가 있으며, 병렬회로에서는 전압이 일정하므로 각 저항에서 발생하는 열은 저항과 반비례$\left(H\propto\frac{1}{R}\right)$가 된다.

$12[\Omega]$의 저항에 발생하는 열량을 $H_1[\text{cal}]$, $4[\Omega]$의 저항에 발생하는 열량을 $H_2[\text{cal}]$라 하면 $12[\Omega]$의 저항은 $4[\Omega]$의 저항의 3배이므로 반비례 관계에 의하여 $3H_1=H_2$의 관계가 된다. 따라서 $12[\Omega]$의 저항에 발생하는 열은 $4[\Omega]$의 저항에 발생하는 열의 $\frac{1}{3}$배가 된다.

풀이방법 ②

1) $12[\Omega]$ 저항의 소비전력 $P_1[\text{W}]$

$$P_1=\frac{200^2}{12}[\text{W}]$$

2) $4[\Omega]$ 저항의 소비전력 $P_2[\text{W}]$

$$P_2=\frac{200^2}{4}$$

$H\propto P$의 관계이므로 $12[\Omega]$의 저항에 발생하는 열은 $4[\Omega]$의 저항에 발생하는 열의 $\frac{1}{3}$배가 된다.

09 전자기학

정답 | ④

[전하의 원운동]

원운동 조건: 원심력=구심력, 즉 $\frac{mv^2}{r}=vBq$

- 원운동 반경 $r[\text{m}]=\frac{mv}{Bq}$
- 각속도 $w[\text{rad/s}]=\frac{v}{r}=\frac{Bq}{m}$
- 주파수 $f[\text{Hz}]=\frac{w}{2\pi}=\frac{Bq}{2\pi m}$
- 주기 $T[\text{sec}]=\frac{1}{f}=\frac{2\pi m}{Bq}$

주기와 자속밀도는 $T=\frac{2\pi m}{Bq}[\text{sec}]$의 관계에 의해 서로 반비례 관계이며, 자속밀도에 대해 이항하면 $B=\frac{2\pi m}{qT}$이 되고, 전하 $q[\text{C}]$와 질량 $m[\text{kg}]$의 비는 $\frac{q}{m}=2\times10^6$으로 주어졌으므로

$$B=\frac{2\pi m}{qT}=\frac{2\pi}{T}\times\frac{m}{q}=\frac{2\pi}{2\pi\times10^{-4}}\times\frac{1}{2\times10^6}$$

$$=\frac{1}{2\times10^2}=0.5\times10^{-2}=5\times10^{-3}[\text{wb/m}^2]$$

따라서 빈칸 a에는 반비례, b에는 5×10^{-3}이 들어가야 한다.

10 회로이론 정답 | ③

[이상적인 전원의 조건]

- 이상적인 전압원: 내부저항 $r=0$[Ω](단락상태)
- 이상적인 전류원: 내부저항 $r=\infty$[Ω](개방상태)

11 회로이론 정답 | ②

직렬 공진회로의 선택도(전압 확대비, 첨예도, 양호도) Q

$$Q=\frac{V_L}{V}=\frac{V_C}{V}=\frac{1}{R}\sqrt{\frac{L}{C}}$$

> 참고 | 선택도 Q
>
> 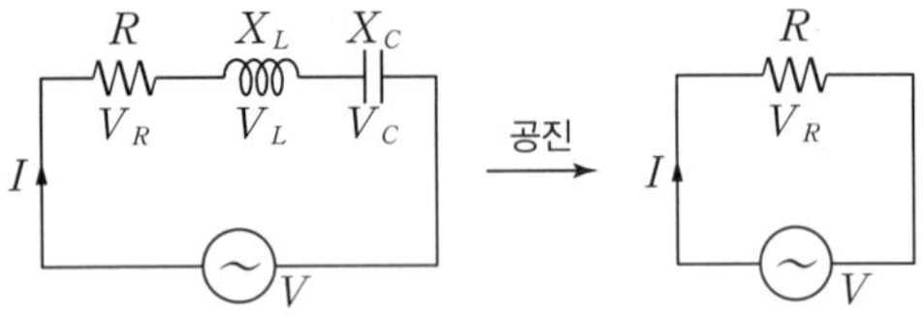
>
>
> 인가전압 V에 대한 L, C의 단자전압 V_L, V_C의 비 $Q=\frac{V_L}{V}=\frac{V_C}{V}$로 정의한다.
>
> 공진 시에는 $X_L=X_C$이므로 $V_L=V_C(IX_L=IX_C)$ 관계가 성립하며, 공진 시 인가전압은 $V=V_R=IR$이 된다.
>
> 해당 관계를 이용하여 전압 확대비의 관계성을 정리하면 $Q=\frac{IX_L}{IR}=\frac{X_L}{R}=\frac{w_0L}{R}$, $Q=\frac{IX_C}{IR}=\frac{X_C}{R}=\frac{1}{w_0CR}$이므로 $Q=\frac{w_0L}{R}=\frac{1}{w_0CR}$의 관계가 된다.
>
> 공진 각주파수 $w_0=\frac{1}{\sqrt{LC}}$을 대입하면 다음과 같이 R, L, C의 관계로 나타낼 수 있다.
>
> $Q=\frac{1}{R}\sqrt{\frac{L}{C}}$

12 회로이론 정답 | ④

[최대 전력 전달조건]

회로 구성	저항 회로	임피던스 회로
최대 전력 전달조건	$R_L=R_s$	$Z_L=\overline{Z}_s$
최대 전력 P_m[W]	$P_m=\frac{V_s^2}{4R_s}=\frac{V_s^2}{4R_L}$	

(여기서 R_L=부하저항[Ω], R_s=내부저항[Ω], Z_L=부하 임피던스[Ω], Z_s=내부 임피던스[Ω])

발전기의 내부 임피던스와 선로의 임피던스를 합하면 $Z=2+j10$[Ω]이 되므로 최대 전력 전달조건을 만족하는 부하 임피던스는 $2-j10$[Ω]이 된다.

> 참고 | 공액 복소수
>
> 복소수가 실수부, 허수부로 표현될 때, 허수부의 부호가 반대인 복소수
>
> | 복소수 | | 공액 복소수 |
> |---|---|---|
> | $A=x\pm jy$ | ⟶ | $\overline{A}=x\mp jy$ |
> | $\dot{A}=A\angle\pm\theta$ | ⟶ | $\dot{A}^*=A\angle\mp\theta$ |

13 회로이론 정답 | ③

- $R-L$ 직렬회로의 시정수: $\tau=\frac{L}{R}$[sec]
- 인덕턴스 관계식 $LI=N\phi$

위 관계식에 의해 $L=\frac{N\phi}{I}$[H]이므로 주어진 조건에 대해 계산하면 다음과 같다.

$$\tau=\frac{L}{R}=\frac{N\phi}{RI}=\frac{200\times4\times10^{-2}}{5\times2}=80\times10^{-2}=0.8[\text{sec}]$$

14 회로이론 정답 | ④

- Δ결선의 전압 관계 $V_l=V_p$
- Δ결선의 전류 관계 $I_l=\sqrt{3}I_p$
- Δ결선의 상전류 관계성 $I_p=\frac{V_p}{Z}$

(여기서 V_l=선간전압[V], V_p=상전압[V], I_l=선전류[A], I_p=상전류[A], Z=부하의 한상 임피던스[Ω])

주어진 조건에 대해 계산하면 다음과 같다.

- 상전류 $I_p=\frac{V_p}{Z}=\frac{V_l}{Z}=\frac{300}{\sqrt{8^2+6^2}}=\frac{300}{10}=30$[A]
- 선전류 $I_l=\sqrt{3}I_p=\sqrt{3}\times30≒1.73\times30=51.9$[A]

15 회로이론 정답 | ②

1) 비정현파의 푸리에 급수
   - ⓐ 비정현파를 주파수와 진폭을 달리하는 무수히 많은 정현항과 여현항의 합으로 표현한 것으로 삼각함수로 구성되는 급수로 전개한다.
     - 푸리에 급수 일반론

       $$f(t)=a_0+\sum_{n=1}^{\infty}a_n\cos nwt+\sum_{n=1}^{\infty}b_n\sin nwt$$
   - ⓑ 비정현파 교류=직류분+기본파+고조파

2) 대칭성 비정현파의 푸리에 급수

대칭성 비정현파	조건식	존재하는 항
기함수 (정현대칭)	$f(t)=-f(-t)$	a_n(sin기본파), b_n(sin고조파)
반파 정현대칭	$f(t)=-f\left(\frac{T}{2}+t\right)$	a_n(sin기본파), b_n(sin 홀수 고조파)
우함수 (여현대칭)	$f(t)=f(-t)$	a_0(직류분), a_n(cos기본파), b_n(cos고조파)
반파 여현대칭	$f(t)=-f\left(\frac{T}{2}+t\right)$	a_n(cos기본파), b_n(cos 홀수 고조파)

모든 대칭성 비정현파는 a_n, b_n항이 존재하고 특히 여현대칭은 a_0까지 존재한다.

16 회로이론 정답 | ③

1) 무손실 선로
- 무손실 조건: $R=G=0$
- 특성 임피던스 $Z_0=\sqrt{\frac{L}{C}}$
- 전파정수 $\gamma=\alpha+j\beta=jw\sqrt{LC}$(감쇠정수 $\alpha=0$, 위상정수 $\beta=w\sqrt{LC}$)

2) 무왜형 선로
- 무왜형 조건: $RC=LG$
- 특성 임피던스 $Z_0=\sqrt{\frac{L}{C}}$
- 전파정수 $\gamma=\alpha+j\beta=\sqrt{RG}+jw\sqrt{LC}$(감쇠정수 $\alpha=\sqrt{RG}$, 위상정수 $\beta=w\sqrt{LC}$)

17 제어공학 정답 | ①

[자동제어계의 분류]

1) 목푯값의 종류에 따른 자동제어계의 분류
- 정치제어: 목푯값이 시간에 관계없이 항상 일정한 제어
- 추치제어: 목푯값의 크기나 위치가 시간에 따라 변하는 제어

2) 제어량의 종류에 따른 자동제어계의 분류
- 서보기구 제어: 제어량이 기계적인 추치제어이며, 제어량은 각도, 자세, 방향, 거리, 위치 등이 있음
- 자동조정제어: 제어량이 정치제어이며, 제어량은 전압, 주파수, 장력, 속도 등이 있음
- 프로세스제어: 공정제어라고도 하며, 제어량이 피드백제어계로써 주로 정치제어이고, 제어량은 온도, 압력, 유량, 액면, 습도, 농도 등이 있음

18 전기기기 정답 | ①

[분포권의 특징]
- 고조파 감소로 인한 기전력의 파형 개선
- 누설 리액턴스 감소
- 집중권에 비해 합성 기전력 감소
- 권선이 고르게 분포되어, 전기자에서 발생하는 열이 분산되므로 과열이 방지된다.

19 전자기학 정답 | ①

- 유전체구 내의 전계의 세기 $E=\frac{3\varepsilon_1}{2\varepsilon_1+\varepsilon_2}E_0$[V/m]

(여기서 ε_1=유전체구 외부 유전율[F/m], ε_2=유전체구 내부 유전율[F/m], E_0=외부의 평등전계[V/m])

- 유전체구 중의 분극의 세기

$$P=\varepsilon_0(\varepsilon_s-1)E=\varepsilon_0(\varepsilon_s-1)\frac{3\varepsilon_1}{2\varepsilon_1+\varepsilon_2}E_0$$

유전체구 외부는 자유공간(진공)이므로 $\varepsilon_1=\varepsilon_0$로 하여 수식을 정리하면 다음과 같다.

$$P=\varepsilon_0(\varepsilon_s-1)\frac{3\varepsilon_0}{2\varepsilon_0+\varepsilon_2}E_0=\frac{3\varepsilon_0^2(\varepsilon_s-1)}{2\varepsilon_0+\varepsilon_2}E_0=\frac{3\varepsilon_0(\varepsilon_s-1)}{2+\varepsilon_s}E_0$$

참고 | 쌍극자 이론(유전체구 내의 전계의 세기 도출과정)

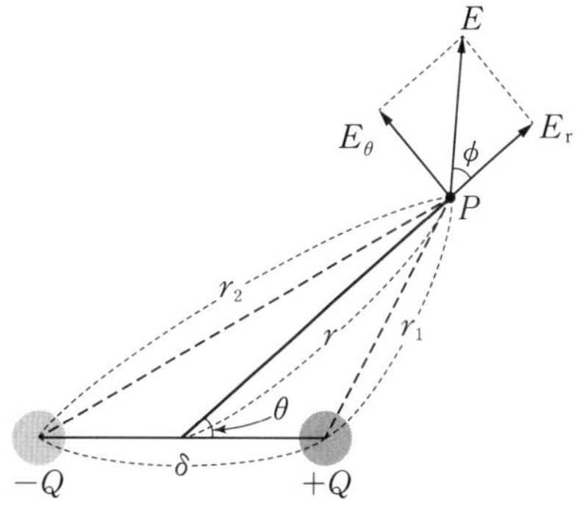

- 전기 쌍극자에 의해 P점에 작용하는 전위

$$V_P=\frac{M}{4\pi\varepsilon_0 r^2}\cos\theta[\text{V}]$$

- 전기 쌍극자에 의해 P점에 작용하는 전계의 세기
  - P점에 작용하는 r성분의 변화값

$$\dot{E}_r=-\frac{\partial V_P}{\partial r}=\frac{2M\cos\theta}{4\pi\varepsilon_0 r^3}\dot{a}_r \xrightarrow{\text{크기}} E_r=\frac{M\cos\theta}{2\pi\varepsilon_0 r^3}[\text{V/m}]$$

– P점에 작용하는 θ성분의 변화값

$$\dot{E}_\theta = -\frac{1}{r}\frac{\partial V_P}{\partial \theta} = \frac{M\sin\theta}{4\pi\varepsilon_0 r^3}\dot{a}_\theta \xrightarrow{\text{크기}} E_\theta = \frac{M\sin\theta}{4\pi\varepsilon_0 r^3}[\text{V/m}]$$

– P점의 합성 전계 E_P[V/m]

$$E_P = \sqrt{\dot{E}_r^2 + \dot{E}_\theta^2} = \frac{M}{4\pi\varepsilon_0 r^3}\sqrt{1+3\cos^2\theta}[\text{V/m}]$$

평등전계 E_0[V/m]인 자유공간에 비유전율이 ε_s인 유전체구가 있는 경우, 평등전계 E_0[V/m]에 의해 유전체구 내부에는 $\pm Q$[C]의 전기 쌍극자가 나타난다.

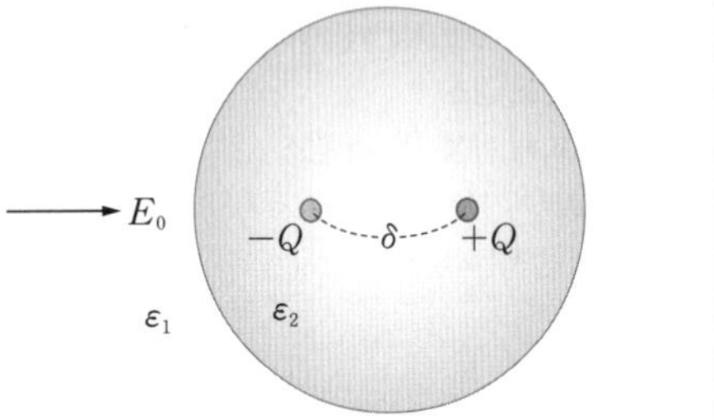

1) 유전체구 표면의 임의 점 P 기준의 합성 외부전계

유전체구 중심에서 r방향(표면의 법선방향)과 θ방향(표면의 접선방향)의 전계성분으로 나누어, 각 성분에 대해 합성하면 다음과 같다.

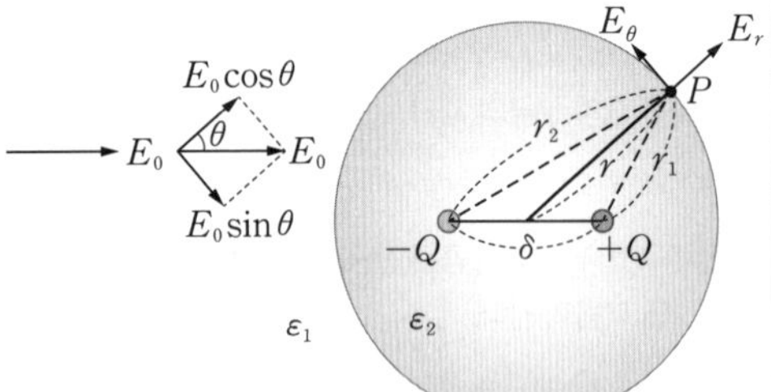

• r방향(법선성분) E_n[V/m]

$$E_n = E_r + E_0\cos\theta = \left(\frac{M}{2\pi\varepsilon_1 r^3} + E_0\right)\cos\theta[\text{V/m}]$$

• θ방향(접선성분) E_t[V/m]

$$E_t = E_\theta - E_0\sin\theta = \left(\frac{M}{4\pi\varepsilon_1 r^3} - E_0\right)\sin\theta[\text{V/m}]$$

2) 유전체구 표면의 임의 점 P 기준의 합성 내부전계

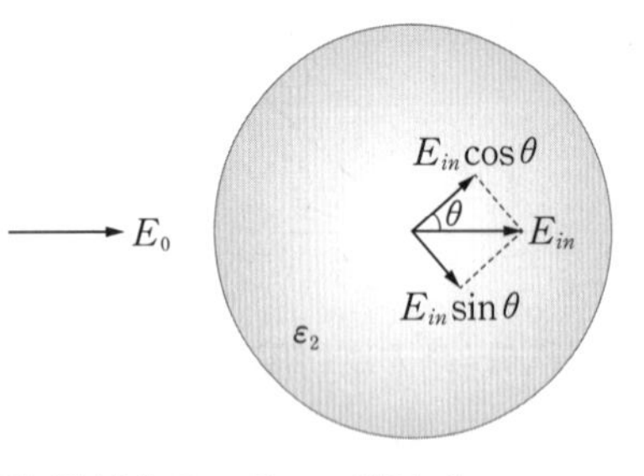

• r방향(법선성분) $E_n = E_{in}\cos\theta$[V/m]

• θ방향(접선성분) $E_t = -E_{in}\sin\theta$[V/m]

3) 전속밀도($D = \varepsilon E$) 성분

경계면에서 전속밀도는 법선성분이 연속이므로 '유전체구 외부의 r방향 전속밀도=유전체구 내부의 r방향 전속밀도'

$$\varepsilon_1\left(\frac{M}{2\pi\varepsilon_1 r^3} + E_0\right)\cos\theta = \varepsilon_2 E_{in}\cos\theta$$

$$\varepsilon_1\left(\frac{M}{2\pi\varepsilon_1 r^3} + E_0\right) = \varepsilon_2 E_{in} \quad \cdots ⓐ$$

4) 전계 성분

경계면에서 전계의 세기는 접선성분이 연속이므로, '유전체구 외부의 θ방향 전계=유전체구 내부의 θ방향 전계'

$$\left(\frac{M}{4\pi\varepsilon_1 r^3} - E_0\right)\sin\theta = -E_{in}\sin\theta$$

$$\frac{M}{4\pi\varepsilon_1 r^3} - E_0 = -E_{in} \quad \cdots ⓑ$$

5) 유전체구 내의 전계 E_{in}[V/m]

ⓑ의 수식을 '$E_{in} = E_0 - \frac{M}{4\pi\varepsilon_1 r^3}$'으로 하여 ⓐ의 수식에 대입하여 정리하면 다음과 같은 쌍극자모멘트 M의 식이 나타난다.

$$M = \frac{4\pi r^3\varepsilon_1(\varepsilon_2 - \varepsilon_1)}{2\varepsilon_1 + \varepsilon_2}E_0 \quad \cdots ⓒ$$

ⓒ의 수식을 ⓑ의 수식에 대입하여 정리하면 다음과 같다.

$$E_{in} = E_0 - \frac{1}{4\pi\varepsilon_1 r^3} \times \frac{4\pi r^3\varepsilon_1(\varepsilon_2 - \varepsilon_1)}{2\varepsilon_1 + \varepsilon_2}E_0$$

$$= E_0 - \frac{\varepsilon_2 - \varepsilon_1}{2\varepsilon_1 + \varepsilon_2}E_0 = \frac{2\varepsilon_1 + \varepsilon_2 - \varepsilon_2 + \varepsilon_1}{2\varepsilon_1 + \varepsilon_2}E_0$$

$$= \frac{3\varepsilon_1}{2\varepsilon_1 + \varepsilon_2}E_0[\text{V/m}]$$

20 전기기기

정답 | ④

1) 타여자 발전기

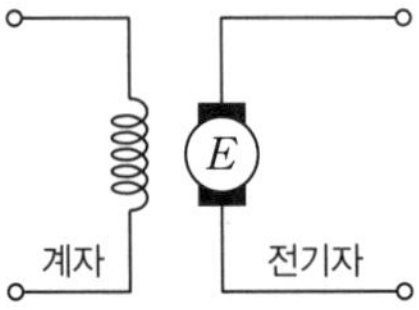

• 잔류자기 불필요
• 정전압 특성
• 광범위한 전압제어

2) 분권 발전기

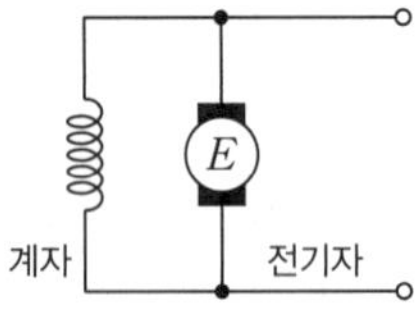

• 전압확립
• 역회전 시 발전 불가 (잔류자기 소멸)
• 정전압 특성

3) 직권 발전기

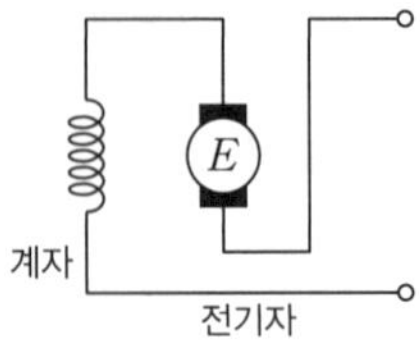

무부하 시 발전 불가

4) 직류 발전기 기전력 관계식 $E=pZ\phi\frac{N}{60a}$[V]

(여기서 p=극수, Z=전 도체수, ϕ=극당 자속수[wb], a=병렬 회로수(* 파권=2, 중권=p), N=분당 회전수[rpm])

따라서 타여자 발전기는 계자와 전기자가 연결되지 않는다.

오답풀이 |

③ 기전력 관계식에 의해, 계자저항을 이용하여 자속을 조정하면 기전력이 조정되며 이로 인해 단자전압이 조정된다.

21 전기기기 정답 | ①

1) 다이오드의 연결
  - 여러 개 직렬 연결: 과전압으로부터 보호
  - 여러 개 병렬 연결: 과전류로부터 보호

2) SCR(Silicon Controlled Rectifier)

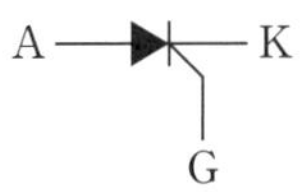

  - PNPN 접합의 정류기능의 소자
  - 스위칭 기능: G(+)신호로 도통
  - 단방향 3단자 소자, 직/교류 겸용
  - 열용량이 작아 열, 과전압에 약함
  - 자기소호 불가
  - Turn-off
    - 역전압 인가 또는 유지전류 이하
    - 애노드 전압을 0 또는 (−)

3) GTO(Gate Turn Off thyristor)

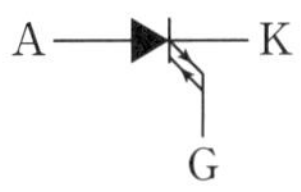

  - SCR+자기소호 기능
  - 단방향 3단자 소자
  - 가장 높은 전압용으로 개발되어 사용되고 있음
  - 고전압 대전류 계통에서 사용

4) 래칭전류(Latching Current): 사이리스터를 턴온하기 위해 필요한 최소한의 순방향 전류

5) 유지전류(Holding Current): 사이리스터의 ON 상태를 유지하기 위한 최소의 양극전류

22 전기응용 정답 | ②

광속, 평균조도 관계식: $FUN=DES$

(여기서 F=광속[lm], U=조명률, N=등 개수, D=감광보상률, E=조도[lx], S=면적[m^2])

주어진 조건에 대하여 계산하면 다음과 같다.

$$E=\frac{FUN}{DS}=\frac{600\times0.6\times16}{1.2\times30\times20}=8[\text{lx}]$$

23 전력공학 정답 | ②

[송전계통의 안정도 향상 대책]

- 발전기 및 변압기의 리액턴스를 작게 한다.
- 발전기의 단락비를 크게 한다.
- 선로의 병행회선을 증가시키거나 복도체를 채용한다.
- 직렬콘덴서를 설치하여 선로의 유도성 리액턴스를 보상한다.
- 속응 여자방식을 채용한다.
- 중간 조상방식을 채용한다.
- 적당한 중성점 접지방식을 채용한다.
- 고속도 차단방식을 채용하여 고장 발생 시 고장구간을 신속히 차단한다.
- 고속도 재폐로 방식을 채용한다.

24 전력공학 정답 | ③

- 전압 강하율: 송전단과 수전단의 관계에 있어서 수전 전압에 대한 전압강하의 비

  $\varepsilon'=\frac{V_s-V_r}{V_r}\times100[\%]$

  (여기서 V_s=송전단 전압[V], V_r=수전단 전압[V])
- 전압 변동률: 부하의 유무에 따른 수전 전압에 대한 전압변동의 비

  $\varepsilon=\frac{V_{r0}-V_r}{V_r}\times100[\%]$

  (여기서 V_{r0}=무부하 시 수전단 전압[V], V_r=정격부하 시 수전단 전압[V])

주어진 조건을 이용하여 전압 강하율과 전압 변동률을 구하면 다음과 같다.

- 전압 강하율

  $\varepsilon'=\frac{V_s-V_r}{V_r}\times100=\frac{6{,}600-6{,}000}{6{,}000}\times100$

  $=\frac{600}{6{,}000}\times100=10[\%]$
- 전압 변동률

  $\varepsilon=\frac{V_{r0}-V_r}{V_r}\times100=\frac{6{,}150-6{,}000}{6{,}000}\times100$

  $=\frac{150}{6{,}000}\times100=2.5[\%]$

25 전력공학 정답 | ①

연가란 3상 선로에서 평형전압을 유지하기 위해 송전선의 위치를 바꾸어주는 배치 방식으로, 그에 의한 효과는 다음과 같다.

- 선로 정수의 평형(각 상의 전압, 전류 평형 → 임피던스 평형)
- 통신선 유도 장해 경감
- 정전 유도 장해 방지
- 소호 리액터 접지 시 직렬 공진에 의한 이상전압 방지

[복도체를 사용하였을 경우의 장·단점]

1) 장점
   - 선로의 인덕턴스는 감소, 정전용량은 증가한다.
   - 송전용량이 증가한다.
   - 코로나 손실이 감소한다.
   - 코로나 임계전압이 상승하여 코로나가 방지된다.
   - 안정도가 증대된다.
2) 단점
   - 단락사고 시 대전류가 흘러 소도체 사이에 흡인력이 발생된다.
   - 건설비가 증가한다.
   - 꼬임현상 및 소도체 사이에 충돌현상이 발생한다.
   - 페란티 현상에 의한 수전단 전압상승이 초래된다.

[코로나 현상(코로나 방전)]

송전선에 접하는 부분의 공기의 절연이 파괴되어 빛과 소리를 동반하여 방전되는 현상

- 코로나로 인한 전력손실 발생 – P_c(peek식)

  $$P_c = \frac{241}{\delta}(f+25)\sqrt{\frac{d}{2D}}(E-E_0)^2 \times 10^{-5}[\text{kW/km/line}]$$

  (여기서 δ=상대 공기밀도, f=주파수[Hz], d=전선의 지름[cm], D=선간 거리[cm], E=전선의 대지전압[kV], E_0=코로나 임계전압[kV])
- 코로나 현상에 의해 발생한 오존이 전선이나 바인드를 부식시킨다.

26 전기기기 정답 | ②

[서보모터의 특징]

- 기동 토크가 크다.
- 가늘고 긴 회전자를 이용하여 회전자 관성 모멘트가 작다.
- 직류 서보모터는 교류 서보모터보다 기동 토크가 크다.
- 시정수가 짧고, 속응성과 기계적 응답이 좋아 신속한 정지 및 반전이 가능하다.

[스테핑 모터의 특징]

- 입력 펄스 수에 비례한 각도로 동작한다.
- 타기기와의 상호 인터페이스가 용이하다.
- 오차가 적고 누적되지 않는다.
- 정회전·역회전이 용이하다.
- 가속·감속이 용이하다.
- 기동·정지 특성이 우수하다.

27 회로이론 정답 | ②

$$f(t)=\sin 2t \xrightarrow{\mathcal{L}} F(s)=\frac{2}{s^2+4}$$

참고 | 라플라스 변환 표

$f(t)$ $\xrightarrow{\mathcal{L}}$	$F(s)$
$\delta(t)$	1
$u(t)$	$\frac{1}{s}$
t	$\frac{1}{s^2}$
t^n	$\frac{n!}{s^{n+1}}$
$\sin wt$	$\frac{w}{s^2+w^2}$
$\cos wt$	$\frac{s}{s^2+w^2}$
$e^{\pm at}$	$\frac{1}{s\mp a}$
$t^n \cdot e^{\pm at}$	$\frac{n!}{(s\mp a)^{n+1}}$
$t\sin wt$	$\frac{2ws}{(s^2+w^2)^2}$
$t\cos wt$	$\frac{s^2-w^2}{(s^2+w^2)^2}$
$e^{\pm at}\cdot\sin wt$	$\frac{w}{(s\mp a)^2+w^2}$
$e^{\pm at}\cdot\cos wt$	$\frac{s\mp a}{(s\mp a)^2+w^2}$
$\sinh wt$	$\frac{w}{s^2-w^2}$
$\cosh wt$	$\frac{s}{s^2-w^2}$

28 전력공학

정답 | ③

[접지방식의 비교]

1) 비접지 방식과 직접접지 방식

구분	비접지 방식	직접접지 방식
절연레벨	매우 높음	매우 낮음 피뢰기 책임이 경감
지락전류	작음	매우 큼
건전 상 전위상승	큼($\sqrt{3}$배)	작음(1.3배 이하)
유도장해	작음	큼
과도안정도	높음	낮음
보호계전기	적용 곤란	적용 가능

2) 저항접지 방식과 소호리액터접지 방식

구분	저항접지 방식	소호리액터접지 방식
절연레벨	높음	높음
지락전류	작음	작음
건전 상 전위상승	큼(1.3~$\sqrt{3}$배)	큼($\sqrt{3}$배 이상)
유도장해	저항이 크면 작음 저항이 작으면 큼	작음
과도안정도	저항이 크면 높음 저항이 작으면 낮음	높음
보호계전기	저항이 크면 적용 불가 저항이 작으면 적용 가능	적용 불가

29 전력공학

정답 | ①

수용가의 수용률, 수용가 사이의 부등률, 총합의 부하율은 다음과 같다.

- 수용률: 수용가의 최대수용전력과 수용가의 설비용량의 비

$$\text{수용률}=\frac{\text{최대수용전력}}{\text{설비용량}}\times 100[\%]$$

- 부등률: 최대 전력 발생 시각 또는 시기의 분산을 나타내는 지표

$$\text{부등률}=\frac{\text{각 개별 수용가 최대수용전력의 합}}{\text{합성 최대 전력}}\geq 1$$

- 부하율: 일정 기간 중의 부하의 변동의 정도

$$\text{부하율}=\frac{\text{평균 전력}}{\text{최대 전력}}\times 100[\%]=\frac{\text{사용 전력량/시간}}{\text{최대 전력}}\times 100[\%]$$

수용률은 최대 전력량과 비례하는 반면, 부하율과 부등률에 있어서는 반비례하는 관계를 가지므로 그 관계성은 다음과 같다.

$$\text{부하율}\propto\text{부등률}\propto\frac{1}{\text{수용률}}$$

주어진 조건에서 변압기 용량과 부하설비용량이 다르므로 역률을 이용하여 단위환산하여야 한다.

또한, 주어진 조건에서 부등률의 언급이 없으므로 변압기 용량은 수용가에서 받을 수 있는 최대수용전력[kVA]을 의미하며, 이 조건들을 고려하여 수용률을 계산하면 다음과 같다.

$$\text{수용률}=\frac{\text{최대수용전력[kVA]}}{\text{설비 용량[kW]}}\times 100[\%]$$
$$=\frac{\text{변압기 용량[kVA]}}{\text{설비 용량[kW]}}\times 100[\%]$$
$$=\frac{(\text{변압기 용량}\times\cos\theta)\text{[kW]}}{\text{설비 용량[kW]}}\times 100[\%]$$
$$=\frac{500\times 0.6}{600}\times 100=50[\%]$$

30 제어공학

정답 | ③

초깃값 정리는 함수 $f(t)$에 대해서 시간 t가 0에 가까워지는 경우의 극한값에 대한 정리이다. 즉, 입력이 가해지는 순간에 시간 함수가 가지는 값에 대한 정리이다.

초깃값 $f(0+)=\lim_{t\to 0}f(t)=\lim_{s\to\infty}sF(s)$

주어진 함수에 대해 초깃값을 구하면 다음과 같다.

$$\lim_{s\to\infty}sF(s)=\lim_{s\to\infty}s\frac{5(s+3)}{s^2+6s+1}=\lim_{s\to\infty}\frac{5s+15}{s+6+\frac{1}{s}}=5$$

31 전기기기

정답 | ③

기전력 $E=pZ\phi\frac{N}{60a}$[V]

(여기서 p=극수, Z=전 도체수, ϕ=극당 자속수[wb], a=병렬회로수(* 파권=2, 중권=p), N=분당 회전수[rpm])

주어진 조건에 대하여 계산하면 다음과 같다.

$$E=pZ\phi\frac{N}{60a}=10\times 50\times 0.2\times\frac{1,200}{60\times 2}=1,000[\text{V}]$$

32 전기기기

정답 | ④

- 변압기의 병렬운전이 가능한 결선조합: 짝수조합
  ($Y-Y$와 $Y-Y$, $\Delta-\Delta$와 $\Delta-\Delta$ 등)
- 변압기의 병렬운전이 불가능한 결선조합: 홀수조합
  ($Y-Y$와 $Y-\Delta$, $\Delta-\Delta$와 $\Delta-Y$ 등)

33 전기기기

정답 | ②

[슬립의 범위]

- $s<0$: 발전기
- $s=0$: 동기속도 회전 시, 무부하 시
- $0<s<1$: 정회전(전동기)
- $s=1$: 정지 시, 기동 시
- $1<s<2$: 역회전(제동기)

34 전기기기

정답 | ③

- (실측) 효율 관계식

$$\eta=\frac{\text{출력}[W]}{\text{입력}[W]}=\frac{\text{출력}[VA]}{\text{입력}[VA]}$$

- 효율 관계에서 입·출력의 단위가 다른 경우
 '$P=P_a\cos\theta$'를 이용하여 단위 환산한다.
 (여기서 각 단위는 P[W], P_a[VA])

원동기란 자연계에 존재하는 수력, 풍력 등의 에너지를 기계에너지로 바꾸는 장치로, 발전기를 돌려주는 역할을 한다. 즉, 원동기의 출력은 발전기의 입력이 된다.

(실측) 효율 관계식에 의해 원동기의 출력은 $\text{입력}_m\times\eta_m$이며, 발전기의 입력은 $\frac{\text{출력}_g}{\eta_g}$이므로 원동기의 출력과 발전기의 입력에 대한 관계식은 다음과 같이 표현할 수 있다.

원동기 출력=발전기 입력

$$\text{입력}_m\times\eta_m=\frac{\text{출력}_g}{\eta_g}$$

그러므로 원동기의 입력은 $\text{입력}_m[kW]=\frac{\text{출력}_g[kVA]}{\eta_m\eta_g}$이다.

주어진 조건을 확인하였을 때, 위 관계식에서 입력_m의 단위가 [kW]이므로 출력_g의 단위를 [kVA]에서 [kW]로 환산하여야 한다.

단위 환산을 위해 역률을 취하여 계산하면 다음과 같다.

$$\text{입력}_m=\frac{(\text{출력}_g\times\cos\theta)[kW]}{\eta_m\eta_g}=\frac{100\times0.9}{0.8\times0.9}=125[kW]$$

35 전기기기

정답 | ①

- 단락전류 $I_s=\frac{100}{\%Z}I_n[A]\left(*\,I_n=\frac{P}{V_n}\right)$
- 권수비 $a=\frac{N_1}{N_2}=\frac{E_1}{E_2}=\frac{V_1}{V_2}=\frac{I_2}{I_1}=\sqrt{\frac{Z_1}{Z_2}}$

(여기서 I_n=정격전류[A], P=출력[VA])

1) 2차 단락전류 I_{2s}[A]

$$I_{2s}=\frac{100}{\%Z}\times\frac{P}{V_{2n}}=\frac{100}{5}\times\frac{3\times10^3}{300}=200[A]$$

2) 1차 단락전류 I_{1s}[A]

권수비 $a=\frac{V_1}{V_2}=\frac{3{,}000}{300}=10$이므로 $I_{1s}=\frac{I_{2s}}{a}=\frac{200}{10}=20[A]$

36 전기기기

정답 | ①

- 유도 전동기 회전속도 $N=(1-s)N_s$
- 동기속도(회전자계 속도) $N_s=\frac{120f}{p}$[rpm]
- 슬립 $s=\frac{N_s-N}{N_s}$

(여기서 f=주파수[Hz], p=극수)

1) 극수 p

동기속도 관계식에 의해 $p=\frac{120f}{N_s}=\frac{120\times60}{900}=8$극

2) 슬립 s

$$s=\frac{N_s-N}{N_s}=\frac{900-882}{900}=\frac{18}{900}=0.02$$

37 전자기학

정답 | ③

1) 쿨롱의 힘 F[N]

거리 r[m] 떨어진 두 개의 점전하 사이에 작용하는 힘으로 두 전하의 곱에 비례하고 거리의 제곱에 반비례하며, 전하의 극성에 따라 흡인력 또는 반발력으로 작용한다.

$$F=\frac{Q_1Q_2}{4\pi\varepsilon_0r^2}[N]$$

2) 전계의 세기 E[V/m]

- 임의의 공간에서 Q[C]의 전하와 단위 정전하(+1[C]) 간에 작용하는 힘

$$E=\frac{Q}{4\pi\varepsilon_0r^2}[V/m]$$

- 쿨롱의 힘과의 관계: $F=QE$
- 전계의 세기 단위

$$E=\frac{F}{Q}\left[\frac{N}{C}\right]=\left[\frac{N\cdot m}{C\cdot m}\right]=[J/C\cdot m]=[V/m]=[A\cdot\Omega/m]$$

3) 전위 V[V]

전계 내에서 단위 전하가 갖는 위치에너지

$$V=\frac{Q}{4\pi\varepsilon_0r}[V]$$

평등전계(E)의 정지된 전하(Q)가 받는 힘의 크기는 QE, 힘의 방향은 전계의 방향과 같다. 전자(e)의 경우, '−'에서 '+'로 향하는 성질을 지니므로 평등 전계 (E)에서 받는 힘의 크기는 eE가 되고 그 방향은 전계의 방향과 반대가 된다.

38 전기기기 정답 | ④

[Y결선의 관계식]
- 선간전압(V_L)과 상전압(V_P)의 관계: $V_L=\sqrt{3}V_P\angle 30°$
- 선전류(I_L)와 상전류(I_P)의 관계: $I_L=I_P$
- 상전압(V_P)과 상전류(I_P), 부하 임피던스 (Z_P)의 관계: $V_P=I_PZ_P$

[Δ결선의 관계식]
- 선간전압(V_L)과 상전압(V_P)의 관계: $V_L=V_P$
- 선전류(I_L)와 상전류(I_P)의 관계: $I_L=\sqrt{3}I_P\angle -30°$
- 상전압(V_P)과 상전류(I_P), 부하 임피던스 (Z_P)의 관계: $V_P=I_PZ_P$

1) Y결선

$I_P=I_L=\frac{V_P}{Z_P}=\frac{V_L}{\sqrt{3}Z_P}$이므로 선전류는 $I_Y=\frac{V_L}{\sqrt{3}Z_P}$[A]

2) Δ결선

$I_P=\frac{I_L}{\sqrt{3}}=\frac{V_P}{Z_P}=\frac{V_L}{Z_P}$이므로 선전류는 $I_\Delta=\frac{\sqrt{3}V_L}{Z_P}$[A]

따라서 선전류 비는 $\frac{I_Y}{I_\Delta}=\frac{\frac{V_L}{\sqrt{3}Z_P}}{\frac{\sqrt{3}V_L}{Z_P}}=\frac{1}{3}$이 된다.

39 제어공학 정답 | ③

근궤적의 수는 개루프 전달함수 $G(s)H(s)$의 영점과 극점 중 큰 개수와 같다. 또는 다항식의 차수와 같거나 특성 방정식의 차수와 같으며, 또는 특성 방정식의 근의 수와 동일하다.

[영점과 극점]

영(0)점	극점
• $Z(s)=0$이 되는 s값 $Z(s)=\frac{A(s)}{B(s)}$라면 $A(s)=0$ • 분자항$=0$ • 단락상태가 되는 점 • 전압 최소	• $Z(s)=\infty$가 되는 s값 $Z(s)=\frac{A(s)}{B(s)}$라면 $B(s)=0$ • 분모항$=0$ • 개방상태가 되는 점 • 전류 최소

풀이방법 ①

영점과 극점의 개수로 해석한다.
- 분자항이 0이 되는 영점: $s=-5$
- 분모항이 0이 되는 극점: $s=0$(중근), $s=-1$, $s=-6$

영점의 개수는 1, 극점의 개수는 중근을 포함하여 4이므로 근궤적의 수는 4가 된다.

풀이방법 ②

특성 방정식의 차수로 해석한다.

$s^2(s+6)(s+1)$의 최고차항은 s^4이므로 근궤적의 수는 4가 된다.

40 제어공학 정답 | ④

[논리 대수 및 드 모르간(De Morgan) 정리]
- 교환 법칙: $A+B=B+A$, $A\cdot B=B\cdot A$
- 결합 법칙: $(A+B)+C=A+(B+C)$, $(A\cdot B)\cdot C=A\cdot(B\cdot C)$
- 분배 법칙: $A\cdot(B+C)=A\cdot B+A\cdot C$, $A+(B\cdot C)=(A+B)\cdot(A+C)$
- 동일 법칙: $A+A=A$, $A\cdot A=A$
- 공리 법칙: $A+0=A$, $A\cdot 0=0$, $A+1=1$, $A\cdot 1=A$, $A+\overline{A}=1$, $A\cdot\overline{A}=0$
- 드 모르간 정리: $\overline{A\cdot B}=\overline{A}+\overline{B}$, $\overline{A+B}=\overline{A}\cdot\overline{B}$

선택지에 제시된 논리식을 정리하면 다음과 같다.

① $(X+Y)\cdot X=X\cdot X+Y\cdot X=X+Y\cdot X$
$=X(1+Y)=X$

② $(X+\overline{X})\cdot X=1\cdot X=X$

③ $(X+Y)\cdot\overline{Y}+X=X\cdot\overline{Y}+Y\cdot\overline{Y}+X=X\cdot\overline{Y}+X$
$=X(\overline{Y}+1)=X$

④ $(X\cdot\overline{Y})+Y=(X+Y)\cdot(\overline{Y}+Y)=X+Y$

따라서 논리식이 다른 하나는 ④이다

41 회로이론 정답 | ②

[대칭분 행렬식]

$$\begin{bmatrix}V_0\\V_1\\V_2\end{bmatrix}=\frac{1}{3}\begin{bmatrix}1&1&1\\1&a&a^2\\1&a^2&a\end{bmatrix}\begin{bmatrix}V_a\\V_b\\V_c\end{bmatrix}$$

- 영상분: $V_0=\frac{1}{3}(V_a+V_b+V_c)$
- 정상분: $V_1=\frac{1}{3}(V_a+aV_b+a^2V_c)$
- 역상분: $V_2=\frac{1}{3}(V_a+a^2V_b+aV_c)$

42 전기응용 정답 | ④

[전기가열의 종류]
- 아크가열: 아크에 의해 발생하는 고온의 열을 이용한 가열방식으로 직접가열방식과 간접가열방식이 있다.
- 저항가열: 도체에 전류를 통하였을 때 발생하는 줄열을 이용하여 가열하는 방식으로, 도전성 물질의 경우 직접 전류를 통하여 가열하는 직접저항가열방식과 비전도성 물질의 경우 전열선 또는 흑연과 같은 발열체(저항체)에 전류를 통하여 발생하는 열을 복사·대류·전도에 의해 가열하는 간접저항가열 방식이 있다.

• 유도가열: 교류자기장 내에 놓여진 도체에 발생하는 히스테리시스손과 와류손을 이용하여 도체를 가열하는 방식으로, 직접식과 간접식이 있다.
• 유전가열: 고주파 교류 전기장 내에 놓인 유전체 내에 발생하는 유전체 손실을 이용하여 유전체를 가열하는 방식으로, 유전체 내부를 가열하는 특징이 있으며, 직접식만 있는 가열방식이다.

따라서 유전가열은 직접식만 있는 가열방식이므로 정답은 ④이다.

43 전기응용

정답 | ④

글로브 효율 $\eta=\frac{\tau}{1-\rho}\times 100[\%]$

(여기서 τ=투과율, ρ=반사율)

주어진 조건에 대하여 계산하면 다음과 같다.

$$\eta=\frac{\tau}{1-\rho}\times 100=\frac{0.7}{1-0.2}\times 100=87.5[\%]$$

44 전기응용

정답 | ②

[전열기와 화력발전 관계식]
• 전열기 $860PT\eta_h=c'm\Delta t$
• 화력발전 $860PT=cm\eta_t$

(여기서 P=전력[kW], T=시간[h], c'=비열[kcal/kg·°C], c=발열량[kcal/kg], m=질량[kg](또는 [L]), η_h=전열기 효율, η_t=발전기 종합효율($=\eta_c\cdot\eta_b\cdot\eta_g$), η_c=사이클 효율, η_b=보일러 효율, η_g=발전기 효율)

전열기와 화력발전 관계식은 유사한 형태이므로 수식에서 효율의 위치, 온도 여부를 구분하여 확인해야 한다.

주어진 조건으로 전열기의 효율을 계산하면 다음과 같다.

$860PT\eta_h=c'm\Delta t$에서 $\eta_h=\frac{c'm\Delta t}{860PT}$이므로

$$\eta_h=\frac{1\times 10\times(96-10)}{860\times 4\times 0.5}=\frac{10\times 86}{860\times 2}=0.5$$

따라서 전열기의 효율은 50[%]가 된다.

45 전기기기

정답 | ③

[절연물 종별 최고 허용온도]

절연물 종류	최고 허용온도[°C]
Y종	90
A종	105
E종	120
B종	130
F종	155
H종	180
C종	180 초과

따라서 B종의 최고 허용온도는 130[°C]이다.

46 전기기기

정답 | ④

[직류 전동기의 속도제어법]
• 전압에 의한 속도제어(전압제어): 정토크 제어라고도 하며, 전원 전압을 조작하여 속도를 제어하는 방식이다. 광범위한 제어가 가능하고 손실이 거의 없어 효율이 좋으며, 전동기의 속도와 회전방향을 쉽게 조절할 수 있다. 워드 레오나드 방식, 일그너 방식, 직·병렬 제어법, 초퍼 제어법이 있다.
• 계자에 의한 속도제어(계자제어): 정출력 제어라고도 하며, 계자에 형성된 자속의 값을 제어하여 속도를 제어하는 방식이다. 계자의 저항값을 변화시켜 계자 전류값을 조절함으로써 자속값을 제어할 수 있다. 계자저항에 흐르는 전류가 적어 전력손실이 적고 조작이 간편하나 제어 범위가 좁은 단점이 있다.
• 저항에 의한 속도제어(저항제어): 전기자 저항의 값을 조절하여 속도를 제어하는 방식이다. 저항으로 인한 손실로 효율이 떨어지는 방식이다.

따라서 손실로 인해 효율이 떨어지는 방식은 저항제어 방식이다.

47 전기응용

정답 | ①

견인력 $F=gW$[kg]

(여기서 g=경사(구배), W=전차의 중량[kg])

1[ton]=1,000[kg]이므로 $F=gW=\frac{30}{1,000}\times 30\times 10^3=900$[kg]

48 전기응용

정답 | ②

• 전기 영동(electrophoresis): 액체 중에 미립자를 부유시키고 직류전압을 가하면 많은 입자가 양극을 향해 이동하는 현상
• 전기 도금(electroplating): 전기 분해의 원리를 이용하여 물체의 표면을 다른 금속의 얇은 막으로 덮어씌우는 것
• 전기 집진(electrical dust sample): 기체나 액체 속의 미립자를 전기적으로 채집하고 제거하는 일

• 전기 침투(electroosmosis): 격막 또는 모세관 등으로 칸막이가 된 용기의 양쪽에 액체를 넣고, 직류전압을 가하면 액체가 이동하여 액면의 높낮이가 생기는 현상

49 전기응용 정답 | ①

[알칼리 축전지의 특징]

• 공칭전압: 1.2[V/cell], 공칭용량 5[Ah]
• 납축전지에 비해 수명이 길다.
• 진동과 충격에 강하다.
• 충방전 특성이 양호하다.
• 방전 시 전압변동이 작다.
• 사용온도 범위가 넓다.
• 납축전지에 비해 공칭전압이 낮고 비싸다.

> 참고 | 연(납)축전지 → 공칭전압: 2.0[V/cell]
> → 공칭용량: 10[Ah]

50 전기응용 정답 | ①

[전식방지 대책]

1) 전차선 측 대책
  • 레일 본드·크로스 본드를 시설하여 귀선의 저항을 감소시킨다.
  • 보조귀선을 시설하여 귀선의 저항을 감소시킨다.
  • 레일과 대지 간의 절연을 증가시킨다.
  • 귀선의 극성을 정기적으로 변경한다.
  • 변전소의 간격을 좁힌다.

2) 지중관로 측 대책
  • 배류법을 실시한다.
    - 선택 배류법: 매몰된 금속 물체와 레일을 전기적으로 직접 연결하여 누설전류가 전해질인 대지에 유출되지 않고 전기적인 경로만 통하게 하여 전해 부식을 방지한다. 역전류가 흐르는 것을 방지하기 위해 다이오드를 설치한다.
    - 강제 배류법: 외부의 전원을 사용하여 그 양극을 대지에 접속하고 땅 속에 있는 금속체에 음극을 접속함으로써 땅 속에 매설된 금속체로 전류를 흘려보내 전기부식을 일으키는 전류를 상쇄하는 방법이다.
  • 매설관을 대지와 절연한다.
  • 매설관에 누설전류가 흐르지 못하도록 매설관 위에 저전위 금속을 매설한다.

51 전력공학 정답 | ②

1) 단로기
부하전류를 제거한 후 회로를 격리하도록 하기 위한 장치로, 고장전류나 부하전류와 같은 대전류는 차단 또는 개폐할 수 없으며, 무부하 충전전류나 변압기 여자 전류 등을 개폐할 수 있다.

2) 차단기 특성
  ⓐ 차단기의 표준동작 책무에 의한 분류
    • 일반 A형: O → 3분 → CO → 3분 → CO
    • 일반 B형: O → 15초 → CO
    • 고속형: O → 0.3초 → CO → 3분 → CO
  (여기서 O(open): 차단동작, C(close): 투입동작, CO(close and open): 투입 직후 차단)
  ⓑ 차단기의 정격
    • 정격전압: 차단기에 인가될 수 있는 계통 최고전압
    • 정격차단전류: 차단기의 정격전압에 해당하는 회복전압 및 정격재기 전압 등 규정 회로 조건에서 규정의 표준동작책무 및 동작상태를 수행할 수 있는 저역률 차단전류의 한도
    • 정격차단시간: 트립 코일 여자로부터 아크 소호까지의 시간

3) 개폐저항기
개폐서지의 이상 전압을 감쇄할 목적으로 사용하는 장치

4) 영상변류기(ZCT)
지락사고 발생 시 나타나는 영상전류를 검출하여 보호 계전기에 입력시키는 전류 변성기

52 전력공학 정답 | ③

1) 네트워크 배전방식
2회선 이상의 배전선으로 변압기군에 전력을 공급하여 2차 측을 망상으로 접속시키는 방식
  ⓐ 장점
    • 무정전 공급이 가능하므로 공급 신뢰도가 높다.
    • 플리커 현상이 적고 전압 변동률이 작다.
    • 전압강하 및 전력손실이 적다.
    • 기기 이용률이 향상된다.
    • 부하 증가에 대한 적응성이 좋다.
  ⓑ 단점
    • 인축의 접지사고가 증가한다.
    • 건설비가 비싸다.
    • 고장 시 고장전류가 역류한다.
      - 방지 대책: 네트워크 프로텍터 설치

2) 저압 뱅킹방식

동일 고압 배전선로에 접속되어 있는 2대 이상의 배전용 변압기를 경유하여 저압 측 간선을 병렬접속하여 부하의 융통성을 도모한 방식

ⓐ 장점

- 변압기의 용량이 저감된다.
- 전압변동, 전력손실이 경감된다.
- 전압변동에 의한 플리커 현상이 경감된다.
- 부하 증가에 대한 탄력성이 향상된다.
- 고장보호방식이 적당할 때 공급 신뢰도가 향상된다.

ⓑ 단점

- 캐스케이딩 현상의 우려가 있다.

3) 환상식 배전방식

변전소 또는 변압기를 중심으로 하여 환상으로 선로를 시설하여 양쪽 방향으로 전력을 공급해주는 배전 방식

ⓐ 장점

- 공급 신뢰도가 향상된다.
- 전력손실과 전압강하가 감소된다.
- 전압변동에 의한 플리커 현상이 경감된다.
- 고장구간을 빠르게 차단할 수 있다.
- 중소도시에 적합하다.

ⓑ 단점

- 설비가 복잡하고 부하증설이 어렵다.

53 전력공학

정답 | ③

랭킨 사이클은 2개의 단열변화와 2개의 등압변화로 구성되는 사이클 중 작동 유체가 증기와 액체의 상변화를 수반하는 것으로, 증기터빈에 의한 화력발전소에서 기본 사이클로 하고 있다.

보일러, 증기터빈, 복수기 펌프에 의해 구성되며, 보일러 및 과열기에서 발생한 증기에 의해 터빈에서 일을 한 뒤, 배출증기를 복수기로 복수시켜 펌프로 되돌리는 과정을 의미한다.

이 과정은 보일러 및 과열기의 등압가열, 터빈의 단열팽창, 복수기의 등압냉각, 급수펌프의 단열압축 순으로 진행된다.

54 제어공학

정답 | ④

함수 $f(t)=1-1.2e^{-4t}+0.2e^{-9t}$의 라플라스 변환은 다음과 같다.

$$F(s)=\frac{1}{s}-\frac{1.2}{s+4}+\frac{0.2}{s+9}$$

$$=\frac{(s+4)(s+9)-1.2s(s+9)+0.2s(s+4)}{s(s+4)(s+9)}$$

$$=\frac{s^2+13s+36-1.2s^2-10.8s+0.2s^2+0.8s}{s(s+4)(s+9)}$$

$$=\frac{3s+36}{s(s+4)(s+9)}$$

참고	27번 해설 라플라스 변환 표

55 제어공학

정답 | ①

블록선도 또는 신호 흐름선도는 메이슨 공식으로 간단하게 풀 수 있다.

전달함수 $G(s)=\dfrac{C(s)}{R(s)}=\dfrac{\sum G_k \Delta_k}{\Delta}$

G_k= 입력마디에서 출력마디까지의 k번째 전방경로 이득

Δk= k번째의 전방경로 이득과 서로 접촉하지 않는 신호흐름 선도에 대한 Δ값

$loop$= 피드백

$\Delta=1-L_1+L_2-L_3+\cdots$

L_1= 서로 다른 루프 이득의 합

L_2= 서로 만나지 않는 2개 루프의 곱의 합

L_3= 서로 만나지 않는 3개 루프의 곱의 합

주어진 블록선도의 전달함수 $\dfrac{C(s)}{R(s)}$는 다음과 같다.

$$\frac{C(s)}{R(s)}=\frac{G(s)}{1-(-G(s))}=\frac{G(s)}{1+G(s)}$$

주어진 조건에서 입력과 출력이 같다($R(s)=C(s)$)고 하였으므로 $\dfrac{C(s)}{R(s)}=\dfrac{G(s)}{1+G(s)}=1$이 된다.

해당 관계를 만족하는 값은 $G(s)=\infty$가 된다.

56 제어공학

정답 | ③

55번 해설을 참고하여 풀면 $\dfrac{C(s)}{R(s)}$는 다음과 같다.

$$\frac{C(s)}{R(s)}=\frac{G_1G_2+G_2+1}{1-0}=G_1G_2+G_2+1$$

57 제어공학

정답 | ①

이득: $g=20\log_{10}|G(jw)|$[dB]

주어진 조건에 대해 계산하면 다음과 같다.

$$g=20\log_{10}|G(jw)|=20\log_{10}|j0.1w|$$

$$=20\log_{10}|0.1\times0.01|=20\log_{10}10^{-3}$$

$$=-60[\text{dB}]$$

58 제어공학 정답 | ④

상태방정식 $\frac{dx}{dt}=Ax(t)+Br(t)$의 특성 방정식의 해는

'$|sI-A|=0$'을 이용하여 구할 수 있다.

(여기서 s=라플라스 연산자, I=항등 행렬(자기 자신으로 만드는 행렬))

주어진 조건에 대해 계산하면 다음과 같다.

$|sI-A|=0$

$\left|\begin{bmatrix} s & 0 \\ 0 & s \end{bmatrix}-\begin{bmatrix} 0 & 1 \\ -6 & -5 \end{bmatrix}\right|=0$

$\left|\begin{bmatrix} s & -1 \\ 6 & s+5 \end{bmatrix}\right|=0$

$s(s+5)-(-1)\cdot 6=0$

$s^2+5s+6=0$

$(s+2)(s+3)=0$

따라서 특성 방정식의 해는 -2, -3이 된다.

59 전력공학 정답 | ②

압력의 세기 $P=wH[\text{kg/m}^2]$

(여기서 w=비중량$[\text{kg/m}^3]$(물의 경우 $1,000[\text{kg/m}^3]$), H=수두[m])

주어진 조건에 대해 계산하면 다음과 같다.

$P=wH=1,000\times 100=10^5[\text{kg/m}^2]$

이때 $[\text{m}^2]=10^4[\text{cm}^2]$이므로

$P=10^5[\text{kg/m}^2]=10^5\times\frac{1}{10^4}[\text{kg/cm}^2]=10[\text{kg/cm}^2]$

60 전력공학 정답 | ①

[선로의 말단 집중부하와 비교한 선로의 균등부하의 특성]

- 전압강하: $\frac{1}{2}$배
- 전력손실: $\frac{1}{3}$배

61 전기설비 정답 | ②

– 한국전기설비규정(KEC) –

[322.1–3. 고압 또는 특고압과 저압의 혼촉에 의한 위험방지시설]

가. 가공공동지선은 인장강도 5.26[kN] 이상 또는 지름 4[mm] 이상의 경동선을 사용하여 저압 가공전선에 관한 규정에 준하여 시설할 것

나. 접지공사는 각 변압기를 중심으로 하는 지름 400[m] 이내의 지역으로서 그 변압기에 접속되는 전선로 바로 아래의 부분에서 각 변압기의 양쪽에 있도록 할 것. 다만, 그 시설장소에서 접지공사를 한 변압기에 대해선 그러하지 아니하다.

다. 1[km]를 지름으로 하는 지역 안마다 각 접지도체를 가공공동지선으로부터 분리하였을 경우의 각 접지도체와 대지 사이의 전기저항 값은 300[Ω] 이하로 할 것

62 전기설비 정답 | ④

– 한국전기설비규정(KEC) –

[351.10–다. 수소냉각식 발전기 등의 시설]

발전기 내부 또는 조상기 내부의 수소의 순도가 85[%] 이하로 저하한 경우에 이를 경보하는 장치를 시설할 것

63 전기설비 정답 | ③

– 한국전기설비규정(KEC) –

[132. 전로의 절연저항 및 절연내력]

표 132–1 전로의 종류 및 시험전압

전로의 종류	절연내력 시험전압
7[kV] 이하	1.5배
7[kV] 초과 25[kV] 이하 (중성점 다중접지식 전로)	0.92배
7[kV] 초과 60[kV] 이하	1.25배 (10.5[kV] 미만: 10.5[kV])
60[kV] 초과 중성점 비접지식 전로	1.25배
60[kV] 초과 중성점 접지식 전로	1.1배 (75[kV] 미만: 75[kV])
60[kV] 초과 중성점 직접접지식 전로	0.72배
170[kV] 초과 중성점 직접접지식 전로	0.64배

주어진 조건은 '7[kV] 초과 25[kV] 이하(중성점 다중접지식 전로)'이므로 절연내력 시험전압은 $22\times 10^3\times 0.92=20,240[\text{V}]$이다.

64 전기설비

정답 I ②

– 한국전기설비규정(KEC) –

[331.11-3. 지선의 시설]

가공전선로의 지지물에 시설하는 지선의 안전율은 2.5 이상일 것. 이 경우에 허용 인장하중의 최저는 4.31[kN]로 한다.

65 전기설비

정답 I ①

– 한국전기설비규정(KEC) –

[333.7-1. 특고압 가공전선의 높이]

사용전압	지표상 높이
35[kV] 이하	5[m] • 철도(궤도) 횡단 시 6.5[m] • 도로 횡단 시 6[m] • 횡단보도(특고압 절연전선, 케이블) 4[m]
35[kV] 초과 160[kV] 이하	6[m] • 철도(궤도) 횡단 시 6.5[m] • 사람이 쉽게 들어갈 수 없는 장소 5[m] • 횡단보도(케이블) 5[m]
160[kV] 초과	$6[m]+\frac{V-160[kV]}{10}$(절상)$\times 0.12[m]$ • 철도(궤도) 횡단 시 6.5[m] • 사람이 쉽게 들어갈 수 없는 장소 5[m]

66 전기설비

정답 I ④

– 한국전기설비규정(KEC) –

[333.22-1. 특고압 보안공사]

제1종 특고압 보안공사 시 전선의 단면적

사용전압	전선
100[kV] 미만	인장강도 21.67[kN] 이상의 연선 또는 단면적 55[mm^2] 이상의 경동연선 또는 동등 이상의 인장강도를 갖는 알루미늄 전선이나 절연전선
100[kV] 이상 300[kV] 미만	인장강도 58.84[kN] 이상의 연선 또는 단면적 150[mm^2] 이상의 경동연선 또는 동등 이상의 인장강도를 갖는 알루미늄 전선이나 절연전선
300[kV] 이상	인장강도 77.47[kN] 이상의 연선 또는 단면적 200[mm^2] 이상의 경동연선 또는 동등 이상의 인장강도를 갖는 알루미늄 전선이나 절연전선

67 전기설비

정답 I ③

– 한국전기설비규정(KEC) –

[234.12 네온방전등]

1. 네온방전등에 공급하는 전로의 대지전압은 300[V] 이하
2. 전선은 자기 또는 유리제 등의 애자로 견고하게 지지하여 조영재의 아랫면 또는 옆면에 부착하고 또한 다음과 같이 시설할 것. 다만, 전선을 노출장소에 시설할 경우로 공사 여건상 부득이한 경우는 조영재 윗면에 부착할 수 있다.
   (1) 전선 상호 간 이격거리는 60[mm] 이상일 것
   (2) 전선과 조영재 이격거리는 노출장소에서 표에 따를 것

전압의 구분	이격거리
6[kV] 이하	20[mm] 이상
6[kV] 초과 9[kV] 이하	30[mm] 이상
9[kV] 초과	40[mm] 이상

   (3) 전선 지지점 간 거리는 1[m] 이하
   (4) 애자는 절연성·난연성 및 내수성이 있는 것일 것

68 전기설비

정답 I ②

– 한국전기설비규정(KEC) –

[351.1-2. 발전소 등의 울타리·담 등의 시설]

가. 울타리·담 등의 높이는 2[m] 이상으로 하고 지표면과 울타리·담 등의 하단 사이의 간격은 0.15[m] 이하로 할 것

나. 울타리·담 등과 고압 및 특고압의 충전부분이 접근하는 경우에는 울타리·담 등의 높이와 울타리·담 등으로부터 충전부분까지 거리의 합계는 표에서 정한 값 이상으로 할 것

사용전압	울타리·담 등의 높이와 울타리·담 등으로부터 충전부분까지의 거리 합계
35[kV] 이하	5[m]
35[kV] 초과 160[kV] 이하	6[m]
160[kV] 초과	$6[m]+\frac{V-160[kV]}{10}$(절상)$\times 0.12[m]$

2020 하반기 1차 한국중부발전

2020. 9. 20. (일) 시행

정답 확인

p.145

문항	정답	과목	문항	정답	과목	문항	정답	과목	문항	정답	과목	문항	정답	과목
01	①	회로이론	02	③	회로이론	03	①	회로이론	04	②	회로이론	05	③	회로이론
06	②	회로이론	07	③	회로이론	08	①	회로이론	09	③	전력공학	10	①	회로이론
11	③	전력공학	12	④	회로이론	13	②	회로이론	14	①	회로이론	15	①	전기기기
16	③	전기기기	17	②	전기기기	18	④	제어공학	19	④	전기응용	20	①	회로이론
21	③	회로이론	22	②	회로이론	23	②	전기기기	24	①	전기기기	25	④	전기기기
26	④	전기기기	27	①	전기기기	28	③	전기기기	29	②	전기기기	30	③	전기기기
31	②	전기기기	32	③	전기기기	33	④	전력공학	34	②	전력공학	35	③	전력공학
36	④	전력공학	37	②	전력공학	38	②	전력공학	39	②	전력공학	40	①	전력공학
41	①	전력공학	42	③	제어공학	43	③	전력공학	44	④	전력공학	45	②	전력공학
46	①	전력공학	47	③	전력공학	48	④	전력공학	49	③	전기기기	50	④	전력공학
51	①	전력공학	52	②	제어공학	53	②	전기기기	54	④	전력공학	55	②	전력공학
56	②	전력공학	57	④	전력공학	58	①	전력공학	59	④	전력공학			

세부과목별 실력 점검표

과목	맞은 개수	정답률	취약점 & 체크사항
회로이론	/15	%	
전기기기	/15	%	
전력공학	/25	%	
제어공학	/3	%	
전기응용	/1	%	
합계	/59	%	

01 회로이론

정답 | ①

주어진 조건이 전압과 저항이므로 $P=\frac{V^2}{R}$의 수식으로 해석할 수 있다.
동일한 회로에 인가 전압만을 바꾸었으므로 회로의 저항은 일정하다고 볼 수 있으며, 소비전력은 $P \propto V^2$이므로 비례식을 세워서 계산하면 다음과 같다.
초기의 조건에서 전압과 전력을 각각 V_1, P_1이라 하고, 조건을 바꾸었을 때의 전압과 전력을 V_2, P_2라 하면

$$P_1 : V_1^2 = P_2 : V_2^2$$
$$V_1^2 P_2 = V_2^2 P_1$$
$$P_2 = \frac{V_2^2}{V_1^2} P_1 = \left(\frac{V_2}{V_1}\right)^2 P_1 = \left(\frac{160}{200}\right)^2 \times 2 = 1.28[\text{kW}]$$

02 회로이론

정답 | ③

[파형의 종류에 따른 실횻값, 평균값]

구분	정현파 정현전파	정현반파	구형파	구형반파	삼각파 톱니파
실횻값 I	$\frac{1}{\sqrt{2}}I_m$	$\frac{1}{2}I_m$	I_m	$\frac{1}{\sqrt{2}}I_m$	$\frac{1}{\sqrt{3}}I_m$
평균값 I_{av}	$\frac{2}{\pi}I_m$	$\frac{1}{\pi}I_m$	I_m	$\frac{1}{2}I_m$	$\frac{1}{2}I_m$

따라서 구형반파의 평균값은 $\frac{1}{2}I_m$이다.

03 회로이론

정답 | ①

전압, 전류, 임피던스의 관계는 $V=IZ$이므로 주어진 값을 대입하여 계산하면 다음과 같다.

$$V=(6+j5)\cdot(3+j2)=18+j12+j15+j^2 10$$
$$=18+j27-10=8+j27[\text{V}]$$

04 회로이론

정답 | ②

회로에 인가되는 전압과 회로에 흐르는 전류의 위상을 비교하면 전류의 위상이 전압보다 30° 뒤진다.
따라서 이 회로는 RL회로임을 알 수 있다.

오답풀이 |

- L만의 회로인 경우에는 전류의 위상이 전압보다 90° 뒤진다.
- R만의 회로인 경우에는 전류와 전압의 위상이 같다.
- C만의 회로인 경우에는 전류의 위상이 전압보다 90° 앞선다.

05 회로이론

정답 | ③

분류기(shunt)는 전류계의 측정범위 확장을 위해 전류계와 병렬로 설치하는 저항을 말하며, 전류계의 내부저항과 분류기의 저항과의 전류 분배법칙을 이용하여 확장된 범위의 전류를 측정할 수 있다.

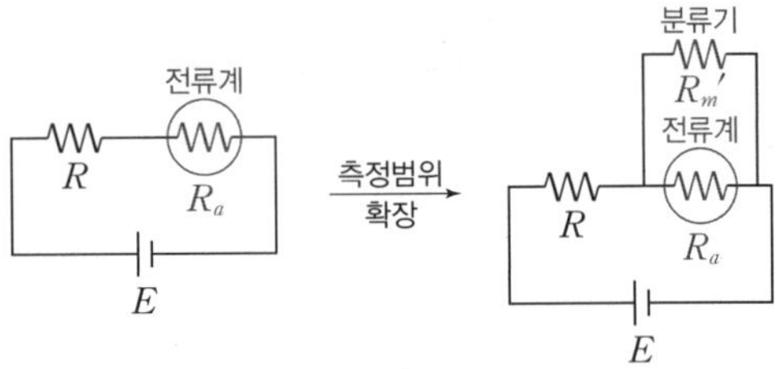

회로소자의 전류를 I, 전류계 지시전류를 I_a라 할 때,
$I_a=\frac{R_m'}{R_a+R_m'}I$이므로 회로소자에 흐르는 실제전류 I는 다음과 같다.

$$I=\frac{R_a+R_m'}{R_m'}I_a=\left(1+\frac{R_a}{R_m'}\right)I_a=mI_a$$

(여기서 m은 전류계의 지시전류(I_a)에 대한 회로소자의 실제전류(I)의 비, 즉 분류기의 배율)

- 분류기의 배율 $m=\frac{I\,(\text{실제전류})}{I_a(\text{지시전류})}=1+\frac{R_a}{R_m'}$
- 분류기의 저항 $R_m'=\frac{R_a}{m-1}[\Omega]$

주어진 조건에 대한 분류기의 배율(m)을 계산하면 다음과 같다.

$$m=1+\frac{R_a}{R_m'}=1+\frac{0.6}{0.1}=7$$

06 회로이론

정답 | ②

[RLC 병렬회로]

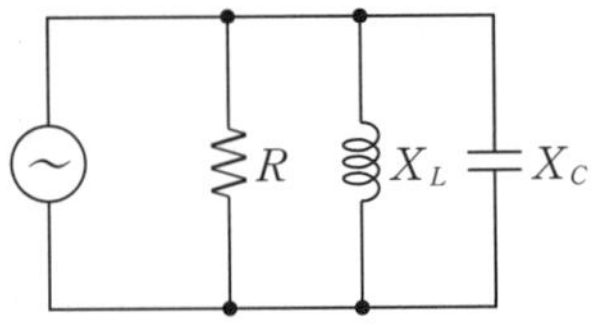

- 합성 어드미턴스

$$Y=G+j(B_C-B_L)=\frac{1}{R}+j\left(wC-\frac{1}{wL}\right)[℧]$$

$\left(\text{여기서 } G=\text{컨덕턴스}[℧]\left(=\frac{1}{R}\right),\ B_L=\text{유도성 서셉턴스}[℧]\right.$

$\left.\left(=\frac{1}{X_L}=\frac{1}{wL}\right),\ B_C=\text{용량성 서셉턴스}[℧]\left(=\frac{1}{X_C}=wC\right)\right)$

• 위상각

$\theta=\tan^{-1}\frac{\text{허수부}}{\text{실수부}}=\tan^{-1}\frac{B_C-B_L}{G}$

$=\tan^{-1}R\left(\frac{1}{X_C}-\frac{1}{X_L}\right)=\tan^{-1}R\left(wC-\frac{1}{wL}\right)$

• $X_L=X_C(B_L=B_C)$의 경우
허수부가 서로 상쇄되므로 $Y=G=\frac{1}{R}[℧]$이고 저항 성분만의 회로가 된다. (병렬공진회로)

• $X_L>X_C(B_L<B_C)$의 경우
전류가 전압보다 위상이 θ만큼 앞서는 용량성 회로가 된다.

• $X_L<X_C(B_L>B_C)$의 경우
전류가 전압보다 위상이 θ만큼 뒤지는 유도성 회로가 된다.

07 회로이론

정답 | ③

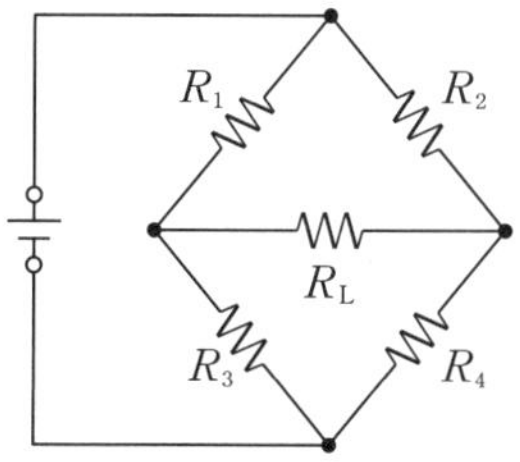

(휘트스톤) 브리지 회로의 값을 계산할 때, 우선적으로 평형인지 불평형인지 확인해야 한다.
브리지 회로의 평형조건은 '대각에 위치한 저항 간의 곱이 같다.'이다. 즉, $R_1R_4=R_2R_3$이며, 평형조건을 만족하는 경우에는 R_L에 전류가 흐르지 않으므로 생략하여 해석할 수 있다.
문제에 주어진 회로의 경우, 평형조건을 만족하므로 7[Ω]의 저항을 생략하고 등가회로로 나타내면 다음과 같다.

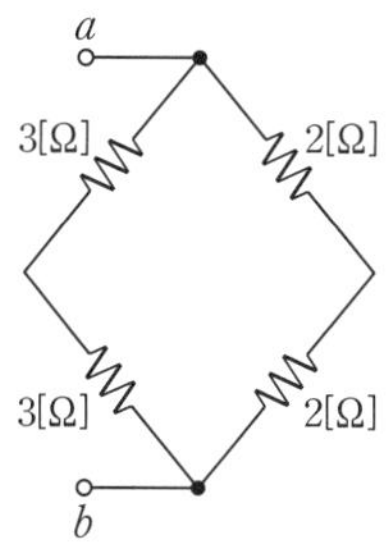

3[Ω]과 3[Ω]의 회로와 2[Ω]과 2[Ω]의 회로의 병렬연결로 볼 수 있으므로 각 회로의 저항을 합성하여 보다 간단한 등가회로로 나타내면 다음과 같다.

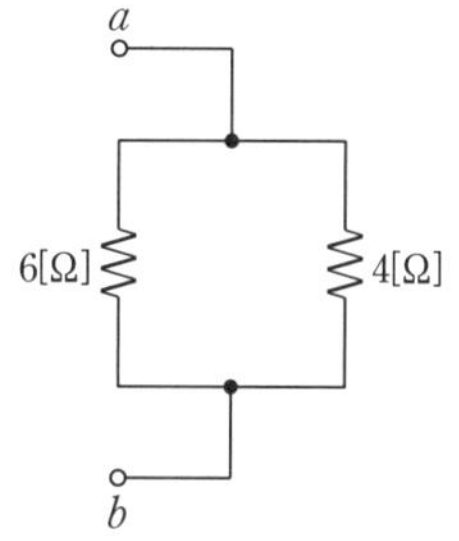

따라서 a, b단자 사이의 합성저항 $R[\Omega]$을 계산하면 다음과 같다.

$R=\frac{6\times4}{6+4}=\frac{24}{10}=2.4[\Omega]$

08 회로이론

정답 | ①

전자유도 법칙 $e=-L\frac{di}{dt}[\mathrm{V}]$로부터 자기 인덕턴스 $L=-e\frac{dt}{di}[\mathrm{H}]$로 나타낼 수 있다.
주어진 조건을 대입하여 자기 인덕턴스를 계산하면 다음과 같다.

$L=-e\frac{dt}{di}=-10\times\frac{2\times10^{-3}}{-4}=5\times10^{-3}[\mathrm{H}]=5[\mathrm{mH}]$

09 전력공학

정답 | ③

부하율은 일정 기간 중의 부하의 변동의 정도를 나타내며, 관계식은 다음과 같다.

$\text{부하율}=\frac{\text{평균 전력}[\mathrm{kW}]}{\text{최대 전력}[\mathrm{kW}]}\times100$

$=\frac{\text{사용 전력량}[\mathrm{kWh}]/\text{시간}[\mathrm{h}]}{\text{최대 전력}[\mathrm{kW}]}\times100[\%]$

주어진 조건을 이용하여 계산하면 다음과 같다.

$\text{부하율}=\frac{\text{사용 전력량}[\mathrm{kWh}]/\text{시간}[\mathrm{h}]}{\text{최대 전력}[\mathrm{kW}]}\times100$

$=\frac{\frac{216{,}000}{30\times24}}{500}\times100=\frac{216{,}000}{720\times5}=60[\%]$

10 회로이론

정답 | ①

정저항 회로는 2단자 구동점 임피던스가 주파수에 관계없이 일정한 순저항으로 될 때의 회로를 의미한다. 즉, 허수부는 존재하지 않고 양의 실수부로만 저항이 나타나는 회로이다.

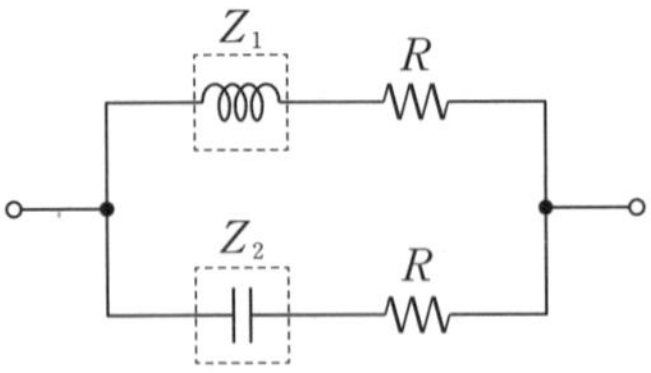

• 정저항 회로의 조건: $Z_1 \cdot Z_2 = R^2$
 조건을 만족할 경우, 역회로 관계가 만족된다.
• $Z_1 \cdot Z_2 = R^2$에서 $R = \sqrt{Z_1 \cdot Z_2}$가 되고,

$Z_1 = wL[\Omega]$, $Z_2 = \dfrac{1}{wC}[\Omega]$이므로

$R = \sqrt{Z_1 \cdot Z_2} = \sqrt{wL \cdot \dfrac{1}{wC}} = \sqrt{\dfrac{L}{C}}$이 된다.

주어진 조건에 대한 저항 $R[\Omega]$을 계산하면 다음과 같다.

$$R = \sqrt{\frac{L}{C}} = \sqrt{\frac{0.08 \times 10^{-3}}{0.002 \times 10^{-6}}} = \sqrt{\frac{4}{10^{-4}}} = \sqrt{4 \times 10^4} = 200[\Omega]$$

11 전력공학

정답 | ③

[전열기와 화력발전 관계식]
• 전열기 $860PT\eta_h = c'm\Delta t$
• 화력발전 $860PT = cm\eta_t$
(여기서 P=전력[kW], T=시간[h], c'=비열[kcal/kg·℃], c=발열량[kcal/kg], m=질량[kg], η_h=전열기 효율, η_t=발전기 종합효율($=\eta_c \cdot \eta_b \cdot \eta_g$), η_c=사이클 효율, η_b=보일러 효율, η_g=발전기 효율)
전열기와 화력발전 관계식은 유사한 형태이므로 수식에서 효율의 위치, 온도 여부를 구분해서 확인해야 한다.
주어진 조건으로 화력발전에 필요한 석탄량을 계산하면 다음과 같다.

$860PT = cm\eta_t$에서 $m = \dfrac{860PT}{c\eta_t} = \dfrac{860PT}{c\eta_c\eta_b\eta_g}$이므로

$$m = \frac{860 \times 80 \times 10^3[\text{kW}] \times 60\text{일} \times 24[\text{h}]}{6{,}000[\text{kcal/kg}] \times 0.4 \times 0.8 \times 0.86}$$
$$= 6 \times 10^7[\text{kg}] = 60{,}000[\text{ton}]$$

12 회로이론

정답 | ④

테브난의 정리(Thevenin's theorem)는 등가 전압원의 정리로, 능동 회로부를 단일 전원 전압과 단일 내부저항의 등가회로로 변환하여 간단한 회로로 해석하는 것을 의미한다.

[테브난 정리 적용순서]

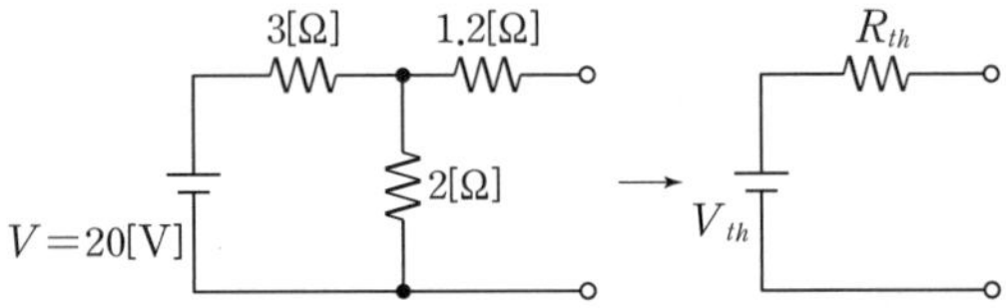

1) 부하저항 R_L이 있는 경우에는 R_L을 분리한 후, 분리한 단자 사이의 테브난 등가전압(개방전압) V_{th}를 도출한다.

$V_{th} = \dfrac{2}{2+3} \times 20 = 8[\text{V}]$

2) $a-b$ 단자에서 전원 측을 바라본 테브난 등가저항 R_{th}를 도출한다. 등가저항을 도출할 때 전압원은 단락, 전류원은 개방하여 구한다.

$R_{th} = 1.2 + \dfrac{2 \times 3}{2+3} = 1.2 + \dfrac{6}{5} = 2.4[\Omega]$

3) 등가전압 V_{th}, 등가저항 R_{th}를 직렬접속하여 테브난 등가회로를 작성한다.
4) 분리한 부하저항 R_L을 접속하여 회로를 해석한다.
 따라서 $R_{th} = 2.4[\Omega]$, $V_{th} = 8[\text{V}]$이 된다.

13 회로이론

정답 | ②

왜형률은 기본파에 대한 고조파의 비율이며, 정현파를 기준으로 할 때, 그 일그러짐 정도의 척도이다.

왜형률 $D = \dfrac{\text{고조파 실횻값}}{\text{기본파 실횻값}} = \dfrac{\sqrt{V_2^2 + V_3^2 + V_4^2 + \cdots + V_n^2}}{V_1}$

주어진 조건에 대한 왜형률을 계산하면 다음과 같다.

$$D = \frac{\sqrt{\left(\frac{30\sqrt{2}}{\sqrt{2}}\right)^2 + \left(\frac{40\sqrt{2}}{\sqrt{2}}\right)^2}}{\frac{100\sqrt{2}}{\sqrt{2}}} = \frac{\sqrt{30^2 + 40^2}}{100} = \frac{50}{100} = 0.5$$

14 회로이론

정답 | ①

[RC 직렬회로]

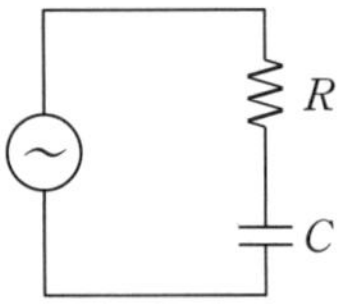

• 합성 임피던스

$Z = R - jX_C = R - j\dfrac{1}{wC}[\Omega]$

• 위상각

$\theta = \tan^{-1}\dfrac{\text{허수부}}{\text{실수부}} = \tan^{-1}\dfrac{X_C}{R} = \tan^{-1}\dfrac{1}{wCR}$

• 전류의 위상이 전압보다 앞서는 용량성 회로
• RC 직렬회로의 과도현상

$t=0$ 초기상태	단락
$t=\infty$ 정상상태	개방
전원 on 시 충전전하	$q=CE(1-e^{-\frac{1}{RC}t})$
전원 on 시 전류	$i=\frac{E}{R}e^{-\frac{1}{RC}t}$
전원 off 시 전류	$i=-\frac{E}{R}e^{-\frac{1}{RC}t}$
전원 on 시 전압	$v_C=E(1-e^{-\frac{1}{RC}t})$
시정수	$\tau=RC$
특성근	$-\frac{1}{RC}$

직류 인가 시 처음에는 단락상태이므로 전류가 순간 흐르나, 잠시 뒤에는 개방으로 작용하여 전류가 흐르지 않는다.

15 전기기기 정답 | ①

[절연물 종별 최고 허용온도]

절연물 종류	최고 허용온도[℃]
Y종	90
A종	105
E종	120
B종	130
F종	155
H종	180
C종	180 초과

125[℃]에서 절연이 불가능한 절연물은 Y종, A종, E종이 있다.

16 전기기기 정답 | ③

유도전동기의 출력비 $P_2:P_{c2}:P_o=1:s:1-s$

($*$ $P_o=P+P_m$)

(여기서 P_2=2차 입력, P_{c2}=2차 동손, P_o=전기적 출력, P=기계적 출력(최종출력), P_m=기계손)

일반적으로 기계손의 언급이 없는 경우에는 $P_o \fallingdotseq P$로 계산할 수 있으나, 해당 문제는 기계손의 언급이 있으므로 기계손을 반드시 고려하여야 한다.

2차 동손 P_{c2}과 전기적 출력 P_o의 관계를 이용하여 풀 수 있다.

출력비 관계를 통해 $P_{c2}(1-s)=sP_o$가 되므로

$$P_{c2}=\frac{sP_o}{1-s}=\frac{s(P+P_m)}{1-s}=\frac{0.04\times(38+0.4)}{1-0.04}$$

$$=\frac{0.04\times38.4}{0.96}=1.6[\text{kW}]$$이다.

17 전기기기 정답 | ②

m부하일 때의 변압기 전손실 $P_l=P_i+m^2P_c[\text{W}]$

(여기서 P_i=철손(무부하손)[W], P_c=동손(부하손)[W], m=부하율)

• 80[%] 부하율에서의 손실 $P_{80}[\text{W}]$

$P_{80}=P_i+0.8^2P_c=P_i+0.64P_c=321$ ⋯ ⓐ

• 60[%] 부하율에서의 손실 $P_{60}[\text{W}]$

$P_{60}=P_i+0.6^2P_c=P_i+0.36P_c=279$ ⋯ ⓑ

• 50[%] 부하율에서의 손실 $P_{50}[\text{W}]$

$P_{50}=P_i+0.5^2P_c=P_i+0.25P_c$ ⋯ ⓒ

50[%] 부하율에서의 손실 $P_{50}[\text{W}]$을 계산하기 위해서는 P_i, P_c의 값을 먼저 구해야 하며, 이는 ⓐ, ⓑ 두 식을 연립해서 구할 수 있다.

$$\begin{array}{rl} & P_i+0.64P_c=321 \\ -) & P_i+0.36P_c=279 \\ \hline & 0.28P_c=42 \end{array}$$

$$P_c=\frac{42}{0.28}=150[\text{W}]$$

P_c의 값을 ⓐ 또는 ⓑ 식에 대입하여 P_i를 계산하면 $P_i=225[\text{W}]$이다.

따라서 $P_i=225[\text{W}]$, $P_c=150[\text{W}]$를 ⓒ 식에 대입하여 50[%] 부하율에서의 손실 $P_{50}[\text{W}]$을 계산하면 다음과 같다.

$$P_{50}=P_i+0.25P_c=225+0.25\times150=225+37.5=262.5[\text{W}]$$

18 제어공학 정답 | ④

최종값 정리는 함수 $f(t)$에 대해서 시간 t가 ∞에 가까워지는 경우의 극한값에 대한 정리를 말한다. 즉, $f(t)$의 최종적인 도달값에 대한 정리이다.

라플라스 변환 함수의 경우 s를 취하고 s의 값이 0에 수렴할 때의 값이 된다.

최종값 $f(\infty)=\lim_{t\to\infty}f(t)=\lim_{s\to0}sF(s)$

주어진 수식에 최종값 정리를 적용하면 다음과 같다.

$$\lim_{s\to0}sF(s)=\lim_{s\to0}s\frac{s+10}{s(s^2+5s+4)}=\lim_{s\to0}\frac{s+10}{s^2+5s+4}$$

$$=\frac{10}{4}=2.5$$

> 참고 | 초깃값 정리
> 함수 $f(t)$에 대해서 시간 t가 0에 가까워지는 경우의 극한값에 대한 정리이다. 즉, 입력이 가해지는 순간에 시간함수가 가지는 값에 대한 정리이다.
> 초깃값 $f(0+)=\lim_{t\to 0} f(t)=\lim_{s\to\infty} sF(s)$

19 전기응용 정답 | ④

축전지 용량 관계식 $C[\mathrm{Ah}]=\frac{1}{L}\Sigma(KI)$, 즉 '그래프 면적/$L$'

(여기서 L=보수율, K=용량 환산 시간[h], I=방전전류[A])

주어진 조건을 이용하여 축전지의 용량을 계산하면 다음과 같다.

$$C[\mathrm{Ah}]=\frac{1}{0.8}\times(1.4\times80+0.6\times(100-80)+0.2\times(200-100))$$
$$=\frac{1}{0.8}\times(1.4\times80+0.6\times20+0.2\times100)$$
$$=\frac{144}{0.8}=180[\mathrm{Ah}]$$

20 회로이론 정답 | ①

복소전력을 계산할 때에는 위상값의 오류를 방지하기 위해 공액을 취하여 계산한다.

즉, $\dot{P}=V\bar{I}[\mathrm{VA}]$ (여기서 $\bar{I}$=전류 공액)

전류 $I=6+j5[\mathrm{A}]$의 공액 복소수는 $\bar{I}=6-j5[\mathrm{A}]$이므로

$\dot{P}=V\bar{I}=(8+j2)\cdot(6-j5)=48-j40+j12-j^2 10$

$=48-j28+10=58-j28[\mathrm{VA}]$

여기에서 실수부는 유효전력, 허수부는 무효전력이므로

유효전력 $P[\mathrm{W}]=58$, 무효전력 $P_r[\mathrm{Var}]=28$이다.

> 참고 | 공액 복소수
> 복소수가 실수부, 허수부로 표현될 때, 허수부의 부호가 반대인 복소수
>
> | 〈복소수〉 | | 〈공액 복소수〉 |
> |---|---|---|
> | $A=x\pm jy$ | ⟶ | $\bar{A}=x\mp jy$ |
> | $\dot{A}=A\angle\pm\theta$ | ⟶ | $\dot{A}^*=A\angle\mp\theta$ |

21 회로이론 정답 | ③

• 2 전력계법
  – 유효전력 $P=P_1+P_2[\mathrm{W}]$
  – 무효전력 $P_r=\sqrt{3}(P_1-P_2)[\mathrm{Var}]$ (단, $P_1>P_2$)
  – 피상전력 $P_a=\sqrt{P^2+P_r^2}=2\sqrt{P_1^2+P_2^2-P_1P_2}[\mathrm{VA}]$

• 역률 $\cos\theta=\frac{P}{P_a}$

풀이방법 ①

유효전력과 무효전력을 이용하여 계산하면 다음과 같다.

• 유효전력 $P=P_1+P_2=60+0=60[\mathrm{W}]$

• 무효전력 $P_r=\sqrt{3}(P_1-P_2)=\sqrt{3}(60-0)=60\sqrt{3}[\mathrm{Var}]$

• 역률 $\cos\theta=\frac{P}{P_a}=\frac{P}{\sqrt{P^2+P_r^2}}=\frac{60}{\sqrt{60^2+(60\sqrt{3})^2}}$
$=\frac{60}{\sqrt{60^2(1+3)}}=\frac{60}{60\cdot2}=\frac{1}{2}$

풀이방법 ②

유효전력과 피상전력을 이용하여 계산하면 다음과 같다.

• 유효전력 $P=P_1+P_2=60+0=60[\mathrm{W}]$

• 피상전력 $P_a=2\sqrt{P_1^2+P_2^2-P_1P_2}=2\sqrt{60^2+0^2-60\cdot0}$
$=2\sqrt{60^2}=2\cdot60=120[\mathrm{VA}]$

• 역률 $\cos\theta=\frac{P}{P_a}=\frac{60}{120}=\frac{1}{2}$

22 회로이론 정답 | ②

[Y결선의 관계식]

• 선간전압(V_L)과 상전압(V_P)의 관계: $V_L=\sqrt{3}V_P\angle30°$

• 선전류(I_L)와 상전류(I_P)의 관계: $I_L=I_P$

• 상전압(V_P)과 상전류(I_P), 부하 임피던스(Z_P)의 관계: $V_P=I_PZ_P$

부하에 흐르는 선전류는 $I_L=I_P=\frac{V_P}{Z_P}$로 나타낼 수 있으며, 상전압의 크기는 $V_P=\frac{V_L}{\sqrt{3}}$이므로 선전류 관계식에 대입하여 계산하면 다음과 같다.

$$I_L=I_P=\frac{V_P}{Z_P}=\frac{\frac{V_L}{\sqrt{3}}}{Z_P}=\frac{\frac{110\sqrt{3}}{\sqrt{3}}}{\sqrt{8^2+6^2}}=\frac{110}{10}=11[\mathrm{A}]$$

23 전기기기 정답 | ②

직류기에서 양호한 정류를 얻는 조건, 즉 정류를 개선하기 위한 방법은 다음과 같다.

• 보극을 이용한 전압 정류

• 탄소 브러시를 이용한 저항 정류(브러시의 접촉저항을 크게 할 것)

• 리액턴스 전압 e_L을 감소하는 방법
  – 정류 주기를 길게 할 것
  – 코일의 인덕턴스를 작게 선정할 것

따라서 리액턴스 전압은 정류불량을 일으키는 요소로, 감소시켜야 하는 성분이다.

24 전기기기

정답 | ①

권수비의 관계식 $a=\frac{N_1}{N_2}=\frac{E_1}{E_2}=\frac{V_1}{V_2}=\frac{I_2}{I_1}=\sqrt{\frac{Z_1}{Z_2}}$으로부터

$a=\sqrt{\frac{Z_1}{Z_2}}=\sqrt{\frac{18\times10^3}{20}}=\sqrt{900}=30$

25 전기기기

정답 | ④

[파권과 중권의 비교]

1) 파권
- 사용용도: 고전압 소전류용
- 병렬 회로수: 기본적으로 2이고 다중(m중) 파권의 경우 $2m$이다.
- 브러시 수: 병렬 회로수와 같고, 기본적으로 2이다.
- 파권은 균압환을 필요로 하지 않는다.

2) 중권
- 사용용도: 저전압 대전류용
- 병렬 회로수: 기본적으로 극수(p)와 같으며 다중(m중) 중권의 경우 mp이다.
- 브러시 수: 병렬 회로수와 같고, 기본적으로 p이다.
- 4극 이상인 경우, 균압환(균압모선)을 설치하여 권선의 과열과 불꽃(섬락)을 방지한다.

따라서 파권의 경우 균압환을 필요로 하지 않고 중권의 경우에는 필요로 한다.

26 전기기기

정답 | ④

타여자 발전기의 기전력과 전기자 전류의 관계식은 다음과 같다.

$E=V+I_aR_a+e_b+e_a[\mathrm{V}]$

$I_a=I[\mathrm{A}]$

(여기서 E=기전력[V], V=단자전압[V], I_a=전기자 전류[A], I=부하전류[A], R_a=전기자 저항[Ω], e_b=브러시 전압강하[V], e_a=전기자 반작용에 의한 전압강하[V])

주어진 조건을 기전력 관계식에 대입하여 계산하면 다음과 같다.

$E=V+I_aR_a+e_b+e_a=250+20\times0.2+2+5=261[\mathrm{V}]$

27 전기기기

정답 | ①

수하특성이란 부하전류가 증가하면 단자전압이 저하되면서 옴의 법칙에 의해 전류가 일정하게 유지되는 현상을 의미한다. 수하특성을 지니는 직류 발전기는 타여자 발전기, 분권 발전기, 차동복권 발전기가 있다. 또한, 전류가 일정하게 유지되는 것을 정전류 특성이라고도 한다.

28 전기기기

정답 | ③

[전기기기의 손실(무부하손+부하손≒철손 P_i+동손 P_c)]

1) 무부하손(고정손)

ⓐ 철손 P_i
- 히스테리시스손 $P_h=k_hfB_m^2$
  - 감소대책: 최대 4[%]의 규소강판
- 와류손(맴돌이 전류손) $P_e=k_e(ftB_m)^2$
  - 감소대책: 성층철심
    (철심의 두께는 일반적으로 최소 0.35[mm])

ⓑ 기계손 P_m: 변압기에는 없는 손실
- 풍손
- 마찰손

2) 부하손(가변손)

ⓐ 동손(구리손, 저항손, 줄손) $P_c=I^2R$

ⓑ 표류부하손: 발생장소 측정 불가

따라서 무부하손에 해당되지 않는 것은 줄손이다.

29 전기기기

정답 | ②

[직류 전동기의 토크]

- 출력 $P=EI_a=wT[\mathrm{W}]\left(*\ w=2\pi n=2\pi\frac{N}{60}\right)$
- 기전력 $E=pZ\phi\frac{N}{60a}[\mathrm{V}]$

위 관계식에 의해 토크는 다음과 같이 나타낼 수 있다.

$$T=\frac{P}{w}=\frac{EI_a}{w}=\frac{pZ\phi\frac{N}{60a}I_a}{2\pi\frac{N}{60}}=\frac{pZ\phi I_a}{2\pi a}[\mathrm{N\cdot m}]$$

(여기서 p=극수, Z=전 도체수, ϕ=극당 자속수[wb], a=병렬 회로수, w=각속도[rad/s], n=초당 회전수[rps], N=분당 회전수[rpm], I_a=전기자 전류[A])

주어진 조건으로 토크를 계산하면 다음과 같다.

$$T=\frac{pZ\phi I_a}{2\pi a}=\frac{4\times100\times0.4\pi\times5}{2\pi\times4}=100[\mathrm{N\cdot m}]$$

30 전기기기 정답 | ③

병렬운전 조건: 용량 임의

병렬운전 조건	불일치 시의 현상
기전력의 주파수 일치	난조발생 – 대책: 제동권선
기전력의 위상 일치	• 유효 순환전류(동기화전류) 발생 • 원인: 원동기 출력변화 • 위상 앞선 동기기가 늦은 동기기에 전력공급 • 순환전류 $I_c=\frac{E}{X_s}\sin\frac{\delta}{2}$[A]
기전력의 파형 일치	고조파 무효 순환전류
기전력의 크기 일치	• 무효 순환전류 • 원인: 여자(계자)전류의 변화 • 기전력 큰 동기기: 지상분↑, 역률↓ 기전력 작은 동기기: 진상분↑, 역률↑ • 순환전류 $I_c=\frac{E'(\text{기전력차})}{Z_A+Z_B}$[A]
상회전 방향과 그 변위 일치	

31 전기기기 정답 | ②

부하분담비 관계식 $\frac{P_a'}{P_b'}=\frac{P_a}{P_b}\frac{\%Z_b}{\%Z_a}$

(여기서 $P_a'=a$변압기의 부하분담비, $P_b'=b$변압기의 부하분담비, $P_a=a$변압기의 용량[kVA], $P_b=b$변압기의 용량[kVA], $\%Z_a=a$변압기의 퍼센트 임피던스, $\%Z_b=b$변압기의 퍼센트 임피던스)

따라서 부하분담비 관계식에 의해 부하분담은 용량에 비례, %임피던스(혹은 누설 임피던스)에 반비례한다.

32 전기기기 정답 | ③

유도 전동기 회전속도

$$N=(1-s)N_s=(1-s)\frac{120f}{p}=(1-0.1)\times\frac{120\times 60}{4}$$
$$=0.9\times 1{,}800=1{,}620[\text{rpm}]$$

33 전력공학 정답 | ④

1) 표피효과(Skin effect)
  - 도체에 고주파 전류가 흐를 때, 전류가 도체 표면 가까이에 집중하여 흐르는 현상
  - 도체에 교류 전류가 흐를 때, 전선 중심부일수록 그 전류가 만드는 자속과 쇄교하여 인덕턴스가 커지면서, 내부저항 증가로 인해 도체 중심부보다 도체 표면에 많은 전류가 흐르는 현상
  - 표피효과가 커진다는 것은 도체 표피의 전류 밀도가 더욱 높아지는 것을 의미하며, 실제 전류 밀도가 작용하는 표피두께(침투깊이) δ[m]는 작아짐을 의미함

2) 표피효과에 대한 관계성
  - 표피두께(침투깊이) $\delta=\frac{1}{\sqrt{\pi f\sigma\mu}}$[m]
  - 주파수 f, 전도율 σ, 투자율 μ가 클수록 표피효과가 커지며, 표피두께는 작아진다.
  - 표피효과 $\propto\sqrt{f\sigma\mu}\propto\frac{1}{\text{표피두께(침투깊이)}}$

  (* 표피두께만 반대로 작용한다고 기억!)

34 전력공학 정답 | ②

네트워크 배전방식은 2회선 이상의 배전선으로 변압기군에 전력을 공급하여 2차 측을 망상으로 접속시키는 방식이다.

- 장점
  - 무정전 공급이 가능하므로 공급 신뢰도가 높다.
  - 플리커 현상이 적고 전압 변동률이 작다.
  - 전압강하 및 전력손실이 적다.
  - 기기 이용률이 향상된다.
  - 부하 증가에 대한 적응성이 좋다.
- 단점
  - 인축의 접지 사고가 증가한다.
  - 건설비가 비싸다.
  - 고장 시 고장전류가 역류한다.
  (방지 대책: 네트워크 프로텍터 설치)

35 전력공학 정답 | ③

이도(dip)란 전선 지지점 간 연결하는 수평선으로부터 밑으로 내려가 있는 길이를 의미하는데, 이는 온도에 따른 전선의 팽창 또는 수축을 고려하여 단선사고, 선간 단락 등을 사전에 방지하는 중요한 요소이다.

이도의 영향은 다음과 같다.

- 이도의 대소는 지지물의 높이를 좌우한다.
- 이도가 너무 크면 전선은 그만큼 좌우로 크게 진동해서 다른 상의 전선에 접촉하거나 수목에 접촉해서 위험을 준다.
- 이도가 너무 작으면 그와 반비례해서 전선의 장력이 증가하여 심할 경우에는 전선이 단선되기도 한다.

이도는 여러 요소를 고려하여 선정하는데 그 관련된 요소의 식은 다음과 같다.

- 이도 $D=\frac{WS^2}{8T}$[m]

  (여기서 W: 합성하중[kg/m], S: 경간[m], T: 수평장력[kg] $=\frac{\text{인장강도(하중)}}{\text{안전율}}$)
- 전선의 실장(실제거리) $L=S+\frac{8D^2}{3S}$[m]
- 전선의 평균 높이 $h=H-\frac{2}{3}D$[m]

  (여기서 H: 전선 지지점의 높이)

따라서 이도 관계식 $D=\frac{WS^2}{8T}$에 의해 합성하중에는 비례하고 수평장력에는 반비례한다.

36 전력공학

정답 | ④

작용 정전용량 C_w[F] 관계식

- 단상의 경우: $C_w=C_s+2C_m$
- 3상의 경우 : $C_w=C_s+3C_m$

(여기서 C_s=대지 정전용량[F], C_m=선간(상호) 정전용량[F])

주어진 조건으로 3상일 때의 작용 정전용량을 계산하면 다음과 같다.

$C_w=0.015+3\times0.02=0.015+0.06=0.075[\mu F/km]$

37 전력공학

정답 | ②

코로나로 인한 전력손실 P_c(peek식)

$P_c=\frac{241}{\delta}(f+25)\sqrt{\frac{d}{2D}}(E-E_0)^2\times10^{-5}$[kW/km/line]

(여기서 δ=상대 공기밀도, f=주파수[Hz], d=전선의 지름[cm], D=선간 거리[cm], E=전선의 대지전압[kV], E_0=코로나 임계전압[kV])

따라서 위 관계식에 의거하여 선간 거리가 클수록 코로나로 인한 손실이 작아짐을 알 수 있다.

38 전력공학

정답 | ②

전압강하 관계식

$e=\sqrt{3}I(R\cos\theta+X\sin\theta)$[V]

$=\sqrt{3}\times20\left(\frac{1}{2\sqrt{3}}\times0.8+\frac{\sqrt{3}}{5}\times0.6\right)=10\times0.8+12\times0.6$

$=15.2$[V]

39 전력공학

정답 | ②

특성 임피던스 관계식은 $Z_0=\sqrt{\frac{L}{C}}[\Omega]$이고,

용량성 서셉턴스 $B_C=\frac{1}{X_C}=wC$에서 $C=\frac{B_C}{w}$이므로

$Z_0=\sqrt{\frac{L}{C}}=\sqrt{\frac{L}{\frac{B_C}{w}}}=\sqrt{\frac{wL}{B_C}}[\Omega]$이 된다.

주어진 조건을 대입하여 계산하면 다음과 같다.

$Z_0=\sqrt{\frac{wL}{B_C}}=\sqrt{\frac{1,000\times0.04\times20}{0.1\times20}}=\sqrt{400}=20[\Omega]$

40 전력공학

정답 | ①

- 유효전력 $P=P_a\cos\theta=100\times0.6=60$[kW]
- 무효전력 $P_r=P_a\sin\theta=100\times0.8=80$[kVar]

50[kVA] 전력용 콘덴서를 연결하였으므로

전체 무효전력은 $P_r'=80-50=30$[kVar]이다.

41 전력공학

정답 | ①

풀이방법 ①

기준용량을 30[MVA]으로 계산하는 경우

- 발전기의 합성 퍼센트 임피던스 $\%Z_G$[%]

  발전기 G_1, G_2는 병렬연결이므로

  $\%Z_G=\frac{20\times30}{20+30}=12$[%]
- 차단기 B_1의 용량 P_s[MVA]

  차단용량 관계식 $P_s=\frac{100}{\%Z}P_n$이므로

  (여기서 P_n=기준용량)

  $P_s=\frac{100}{\%Z}P_n=\frac{100}{12}\times30=250$[MVA]

풀이방법 ②

기준용량을 15[MVA]로 계산하는 경우

• 발전기의 합성 퍼센트 임피던스 $\%Z_G[\%]$
각 발전기의 퍼센트 임피던스를 15[MVA] 기준으로 환산하면 다음과 같다.

– 발전기 G_1: $\%Z_{G_1}=\frac{15[\text{MVA}]}{30[\text{MVA}]}\times 20=10[\%]$

– 발전기 G_2: $\%Z_{G_2}=\frac{15[\text{MVA}]}{30[\text{MVA}]}\times 30=15[\%]$

발전기 G_1, G_2는 병렬연결이므로 $\%Z_G=\frac{10\times 15}{10+15}=6[\%]$

• 차단기 B_1의 용량 $P_s[\text{MVA}]$
차단용량 관계식 $P_s=\frac{100}{\%Z}P_n$이므로
(여기서 P_n=기준용량)

$$P_s=\frac{100}{\%Z}P_n=\frac{100}{6}\times 15=250[\text{MVA}]$$

42 제어공학

정답 | ③

• 개루프 시스템

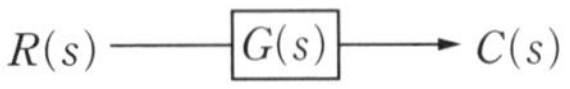

전달함수 $=G(s)$

• 폐루프 시스템

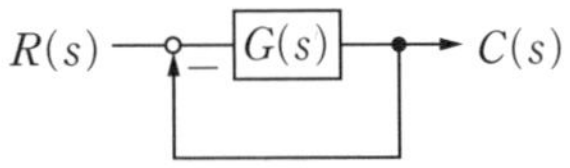

$$\text{전달함수}=\frac{G(s)}{1+G(s)}$$

주어진 개루프 전달함수를 이용하여 폐루프 전달함수를 나타내면 다음과 같다.

$$\frac{G(s)}{1+G(s)}=\frac{\frac{s+3}{s(4s+2)}}{1+\frac{s+3}{s(4s+2)}}=\frac{\frac{s+3}{s(4s+2)}}{\frac{s(4s+2)+(s+3)}{s(4s+2)}}$$
$$=\frac{s+3}{s(4s+2)+(s+3)}=\frac{s+3}{4s^2+2s+s+3}$$
$$=\frac{s+3}{4s^2+3s+3}$$

43 전력공학

정답 | ③

고압직류송전(High-Voltage, Direct Current, HVDC)은 발전소에서 생산된 교류전력을 고압의 직류로 변환하여 송전 후, 수전점에서 교류로 재변환시켜 공급하는 방식이다. 교류송전에 비해 리액턴스 성분에 의한 영향이 없어 선로의 송전량을 증가시킬 수 있다.

• 장점
– 전압의 최대치가 교류보다 낮아 절연이 유리하다.
– 유전체 손실이 없다.
– 표피효과가 발생하지 않는다.
– 정전용량의 영향을 받지 않는다.
– 무효전력이 없으므로 자기여자 현상, 페란티 현상이 나타나지 않는다.
– 송전효율이 높다.
– 선로에 리액턴스가 없으므로 안정도가 향상된다.
– 교류 계통 간 연계 시에 직류 연계에 의해 단락용량의 증가가 없다.
– 주파수가 다른 계통의 연계운전이 가능하다.

• 단점
– 전압 변성이 어렵다.
– 고장 시 고장전류의 차단이 어려우며 차단기 용량이 커진다.
– 변환장치가 고가이므로 단거리 또는 소용량의 송전에 비경제적이다.

44 전력공학

정답 | ④

[전력퓨즈의 특징]

• 장점
– 소형, 경량이며 가격이 저렴하다.
– 소형으로 큰 차단용량을 가진다.
– 고속도 차단이 가능하다.
– 유지 보수가 용이하다.
– 릴레이나 변성기가 필요없다.

• 단점
– 재투입이 불가능하다.
– 비보호 영역이 있다.
– 최소 차단전류 영역이 있다.
– 차단 시에 과전압(이상전압)이 발생한다.
– 동작시간, 전류특성을 자유로이 조정할 수 없다.
– 과도전류에 용단되기 쉽고, 결상을 일으킬 염려가 있다.

45 전력공학

정답 | ②

수용가의 수용률, 수용가 사이의 부등률, 총합의 부하율은 다음과 같다.

• 수용률: 수용가의 최대수용전력과 수용가의 설비용량의 비

$$\text{수용률}=\frac{\text{최대수용전력}}{\text{설비용량}}\times 100[\%]$$

• 부등률: 최대 전력 발생 시각 또는 시기의 분산을 나타내는 지표

$$\text{부등률}=\frac{\text{각 개별 수용가 최대수용전력의 합}}{\text{합성최대전력}}\geq 1$$

• 부하율: 일정 기간 중의 부하의 변동의 정도

$$\text{부하율}=\frac{\text{평균 전력}}{\text{최대 전력}}\times 100=\frac{\text{사용 전력량/시간}}{\text{최대 전력}}\times 100[\%]$$

수용률은 최대 전력량과 비례하는 반면, 부하율과 부등률에 있어서는 반비례하는 관계를 가지므로 그 관계성은 다음과 같다.

$$\text{부하율}\propto\text{부등률}\propto\frac{1}{\text{수용률}}$$

문제에서 구하고자 하는 것은 최대수용전력이며, 이는 수용률 관계식으로 도출할 수 있다.

$$\text{최대수용전력}=\frac{\text{수용률}\times\text{설비용량}}{100}=\frac{80\times 300}{100}=240[\text{kW}]$$

46 전력공학 정답 | ①

피뢰기 여유도

$$=\frac{\text{기기의 충격 절연강도}[\text{kV}]-\text{피뢰기 제한전압}[\text{kV}]}{\text{피뢰기 제한전압}[\text{kV}]}\times 100$$

$$=\frac{870-500}{500}\times 100=\frac{370}{5}=74[\%]$$

47 전력공학 정답 | ③

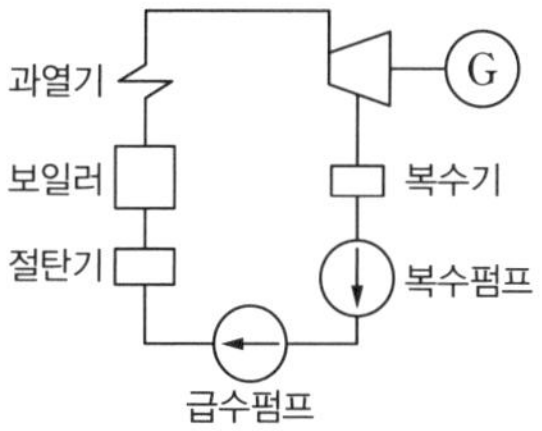

• 과열기: 보일러 안의 증기온도를 끓는점 이상으로 올리는 장치이다.
• 보일러: 물을 가열하여 고온, 고압의 증기나 온수를 발생시키는 장치이다.
• 절탄기: 보일러 전열면을 가열하고 난 연도가스에 의하여 보일러 급수를 가열하는 장치이다. 열 이용률을 증가시켜 연료 소비량의 감소, 증발량의 증가 등의 효과를 볼 수 있게 하는 장치이다.
• 급수 펌프: 보일러의 급수를 위해 사용하는 펌프이다.
• 복수기: 수증기를 냉각시켜 물로 되돌리는 장치이다.
• 복수 펌프: 복수기 속의 복수를 보일러의 급수 계통으로 재공급하기 위한 펌프이다.

급수 펌프를 이용하여 물을 보일러에 급수하고, 이 물을 가열하여 증기로 만들어 원동기를 돌려 발전기를 운전하는데, 열효율을 증가시키기 위해 보일러를 돌리고 나온 가스의 열을 이용하여 사전에 미리 데우는 절탄기를 사용한다.
미리 데워 보일러로 보내야 하므로 급수 펌프와 보일러 사이에 설치되며, 보일러로 물을 가열한 후 과열기를 통해 증기로 확실하게 변환을 시켜 원동기를 돌려 발전기를 운전한다.
원동기를 돌리고 난 증기를 다시 이용하기 위해 증기를 냉각시키는 복수기를 설치하여 물로 되돌리고, 이 물을 복수 펌프를 이용하여 급수라인으로 보내게 된다.

48 전력공학 정답 | ④

• CT(변류기, Current Transformer): 대전류를 소전류로 변성하여 계측기기에 공급한다.
• DC(방전코일, Discharge Coil): 콘덴서에 축적된 잔류전하를 방전한다.
• SR(직렬 리액터, Series Reactor): 제5고조파를 제거한다.
• SC(전력용 콘덴서, Static Capacitor): 역률을 개선한다.

49 전기기기 정답 | ③

[동기 발전기를 회전계자형으로 사용하는 이유]
• 전기자가 고정되어 절연하기 쉬우며 기계적으로 튼튼해진다.
• 계자가 회전자이고 저전압 소용량의 직류이므로 구조가 간단하다.
• 고장 시 과도 안정도를 높이기 위해 회전자 관성을 크게 하기 쉽다.
• 브러시 사용이 감소되어 브러시에 대한 부담이 감소한다.

기전력의 파형을 개선시키는 것은 일반적으로 단절권, 분포권의 전기자 권선법에 해당한다.

50 전력공학 정답 | ④

[전송방식별 전력전송 경제성 비교 (* 비교기준: 단상 2선식)]
• 송전선로
일반적으로 부하가 3상이므로 선간전압(V) 기준
(다음 표에서 $P=VI\cos\theta$)

전송방식	전송전력 P	1선당 전력	비율[%]
$1\phi 2w$	P	$\frac{P}{2}$	100
$1\phi 3w$	P	$\frac{P}{3}$	66.7
$3\phi 3w$	$\sqrt{3}P$	$\frac{\sqrt{3}P}{3}$	115.5
$3\phi 4w$	$\sqrt{3}P$	$\frac{\sqrt{3}P}{4}$	86.6

• 배전선로
일반적으로 부하가 단상이므로 상전압(E) 기준
다음 표의 $P = EI\cos\theta$

전송방식	전송전력 P	1선당 전력	비율[%]
$1\phi 2w$	P	$\frac{P}{2}$	100
$1\phi 3w$	$2P$	$\frac{2P}{3}$	133
$3\phi 3w$	$\sqrt{3}P$	$\frac{\sqrt{3}P}{3}$	115
$3\phi 4w$	$3P$	$\frac{3P}{4}$	150

따라서 배전선로의 1선당 전송전력의 비율이 큰 순서는 ㉣-㉡-㉢-㉠이다.

51 전력공학 정답 | ①

[비접지 방식과 직접접지 방식의 비교]

구분	비접지	직접접지
중성점 저항	$Z \fallingdotseq \infty$	$Z \fallingdotseq 0$
지락전류	작음	큼
건전상 전위상승	큼	작음
유도장해	작음	큼
절연레벨	높음	낮음
과도안정도	높음	낮음
보호계전기	적용 곤란	적용 가능

52 제어공학 정답 | ②

[제어계의 요소(용어)]
• 목푯값: 제어량이 어떤 값을 갖도록 목표를 설정하여 외부에서 주어지는 신호를 의미한다.
• 기준입력신호: 제어계를 동작시키는 기준이 되는 입력신호이다.
• 동작신호: 기준입력신호와 주궤환신호의 편차 신호로 제어동작을 일으키는 신호이다.
• 제어요소: 동작신호를 조작량으로 변환하는 요소로, 조절부와 조작부로 이루어져 있다.
• 조작량: 제어요소가 제어대상에 가해서 제어량을 변화시키는 양이다.
• 외란: 외부에서 가해지는 신호로 제어량의 값을 직접적으로 변화시키는 원인이 되는 요소이다.
• 제어량: 목표에 맞도록 제어되는 물리량이다.
• 검출부: 제어대상으로부터 제어량을 검출하여 기준입력신호와 비교하는 부분이다.

따라서 온도는 목푯값에 맞도록 제어되는 값이므로 제어량에 해당한다.

53 전기기기 정답 | ②

[동기 발전기 구조에 대한 특징]
1) 수직형(일반적으로 돌극형)
  • 축이 바닥에 대해 수직인 구조로 되어 있다.
  • 바닥면적이 적어 낙차를 유효하게 이용할 수 있다.
  • 고정자 분할이 가능하여 설계가 편하다.
  • 수력발전(수차 발전기)에서 사용한다.
2) 횡축형(일반적으로 비돌극형)
  • 축이 바닥에 대해 수평인 구조로 되어 있다.
  • 고정자의 중량이 크고 대형이므로 가격이 비싸다.
  • 회전자 축을 굵게 하여 축의 휘어짐을 방지한다.
  • 화력 또는 원자력발전(터빈 발전기)에서 사용한다.
3) 수직형과 횡축형의 요소별 비교

구분	수직형 (수차 발전기)	횡축형 (터빈 발전기)
회전수	저속기 50~1,200[rpm]	고속기 1,800~3,600[rpm]
극수	6~48극	2극 또는 4극
회전자 구조	돌극형	원통형(비돌극형)
과도 안정도	상대적으로 좋음	상대적으로 나쁨
단락비	큼(1.0~1.2)	작음(0.6~0.8)

따라서 횡축형 발전기는 극수가 적은 구조로 제작된다.

54 전력공학 정답 | ④

1) 피뢰기의 구비조건
   - 제한전압이 낮을 것
   - 충격 방전개시전압이 낮을 것
   - 상용주파 방전개시전압이 높을 것
   - 속류 차단능력이 클 것
   - 방전내량이 클 것

2) 피뢰기 시설장소

   – 한국전기설비규정(KEC) –

   [341.13-1. 피뢰기의 시설]

   고압 및 특고압의 전로 중 다음에 열거하는 곳 또는 이에 근접한 곳에는 피뢰기를 시설하여야 한다.

   가. 발전소·변전소 또는 이에 준하는 장소의 가공전선 인입구 및 인출구

   나. 특고압 가공전선로에 접속하는 배전용 변압기의 고압 측 및 특고압 측

   다. 고압 및 특고압 가공전선로로부터 공급을 받는 수용장소의 인입구

   라. 가공전선로와 지중전선로가 접속되는 곳

3) 피뢰기의 용어
   - 피뢰기 정격전압: 피뢰기 선로단자와 접지단자 간에 인가할 수 있는 상용주파 최대허용전압, 즉 속류를 차단할 수 있는 상용주파수 교류 최고전압
   - 피뢰기 제한전압: 피뢰기에 방전전류가 흐르는 동안 피뢰기 단자 간에 나타나는 전압의 파고값
   - 상용주파 방전개시전압: 피뢰기에 전류가 흐르기 시작한 최저의 상용주파 전압
   - 충격 방전개시전압: 피뢰기 단자 간에 충격전압을 인가 시 방전을 개시하는 전압
   - 속류: 방전현상이 끝난 후에도 계속해서 전력계통으로부터 공급되는 상용주파 전류

따라서 상용주파 방전개시전압은 피뢰기에 전류가 흐르기 시작한 최고의 상용주파 전압이 아니라, 최저의 상용주파 전압을 말한다.

55 전력공학 정답 | ②

[3상 3선식의 설비 불평형률]

- 설비 불평형률은 $30[\%]$ 이하가 원칙(단상 3선식은 $40[\%]$ 이하)
- 설비 불평형률

$$=\frac{\text{각 선간에 접속되는 설비용량의 최대와 최소의 차}}{\text{총 부하설비 용량의 }\frac{1}{3}}\times 100[\%]$$

주어진 조건에 대한 설비 불평형률을 계산하면 다음과 같다.

ⓐ 각 선간에 접속되는 설비용량
- $a-b$: $5+2=7[\text{kVA}]$
- $b-c$: $1+5+3=9[\text{kVA}]$
- $c-a$: $8[\text{kVA}]$

ⓑ 각 선간에 접속되는 설비용량의 최대와 최소
- 최대 설비용량: $9[\text{kVA}]$
- 최소 설비용량: $7[\text{kVA}]$

ⓒ 설비 불평형률

$$\frac{9-7}{(7+9+8+6)\times\frac{1}{3}}\times 100=\frac{2}{10}\times 100=20[\%]$$

56 전력공학 정답 | ②

자가 발전기 정격용량$[\text{kVA}]\geq\left(\frac{1}{e}-1\right)\times x_d\times$기동용량$[\text{kVA}]$ $\times$ 여유율

(여기서 e=허용 전압강하, x_d=과도 리액턴스)

주어진 조건에 대한 자가 발전기의 정격용량을 계산하면 다음과 같다.

$\left(\frac{1}{0.2}-1\right)\times 0.25\times 800[\text{kVA}]\times 1.1$

$=4\times 0.25\times 800[\text{kVA}]\times 1.1=880[\text{kVA}]$

57 전력공학 정답 | ④

비율 차동 계전기는 고장에 의해 생긴 불평형 차 전류가 일정 비율 이상일 때 동작하는 계전기로 발전기, 변압기의 내부고장 보호용으로 사용한다.

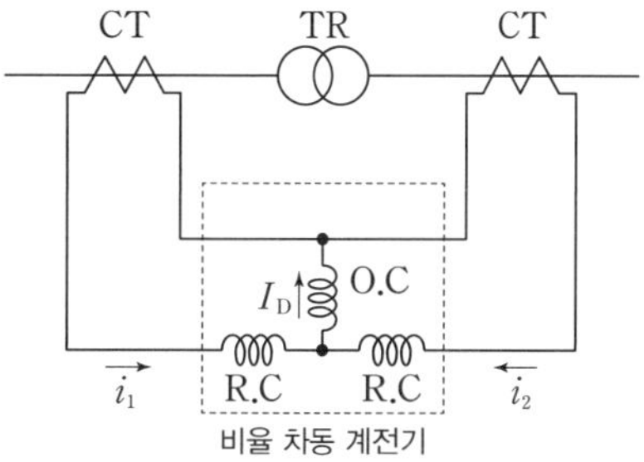

비율 차동 계전기

(회로도에서 CT=변류기(current transformer), TR=변압기(electric transformer), O.C=동작코일(operation coil), R.C=억제코일(restraint coil)을 의미함)

변압기 내부고장 발생 시, O.C(동작코일)에 $I_D=|i_1-i_2|$의 전류가 흐르게 되고, 일정 비율 이상일 경우에 계전기가 동작하여 변압기를 보호한다.

[비율 차동 계전기의 문제점과 대책]

- 문제점: 변압기 무부하 투입 시 순간적인 여자 돌입전류로 인해

오동작할 우려가 있다.

• 대책: 고조파 억제법, 감도저하법, 비대칭파 저지법

따라서 비율 차동 계전기의 결선은 CT 2차 측 전류의 크기, 위상이 동일해야 하므로 변압기의 결선이 $Y-\Delta$ 또는 $\Delta-Y$인 경우에 CT의 결선을 변압기와 반대로 해야 한다.

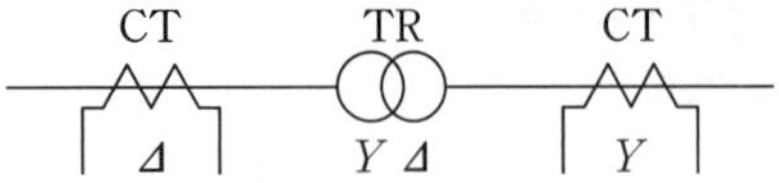

58 전력공학

정답 | ①

GPT(Ground Potential Transformer, 접지형 계기용 변압기)는 비접지 선로의 영상전압을 검출하기 위한 변압기로, 1차, 2차, 3차 순으로 $Y-Y-$open Δ결선으로 구성된다.

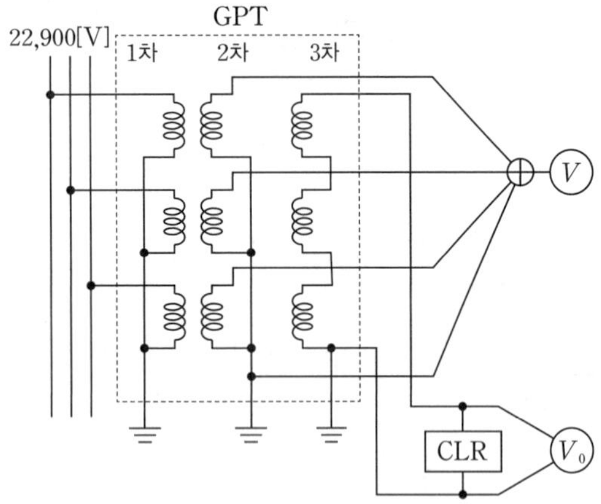

• GPT 정격 1차 전압 E_1

1차는 Y결선이므로 선간전압(V)과 상전압(E) 간에 $V=\sqrt{3}E$의 관계가 성립한다. 따라서 정격 1차 전압은 다음과 같다.

$$E_1=\frac{V_1}{\sqrt{3}}=\frac{22{,}900}{\sqrt{3}}[\text{V}]$$

• GPT 정격 2차 전압 E_2

전압계의 정격 전압은 110[V]이며, 위 결선에서 전압계 V는 전압계용 전환개폐기를 이용하여 3상의 전압을 측정하므로 2차 측의 정격전압은 전압계의 정격전압과 같은 110[V]$\left(\fallingdotseq\frac{190}{\sqrt{3}}\right)$이 된다.

$$E_2=\frac{190}{\sqrt{3}}[\text{V}]$$

• GPT 정격 3차 전압 E_3

전압계의 정격전압은 110[V]이고, 한상이 완전 지락 시 중성점 이동으로 인해 개방단에는 $110\sqrt{3}$[V]의 전압이 나타나게 된다. 여기에서 3차의 변압기 3대는 직렬로 연결된 것과 같으므로 1대의 정격전압은 $\frac{110\sqrt{3}}{3}\fallingdotseq\frac{110}{\sqrt{3}}\fallingdotseq\frac{190}{3}$[V]이 된다.

따라서 GPT의 정격 1차, 2차, 3차 전압은 순서대로 $\frac{22{,}900}{\sqrt{3}}$[V], $\frac{190}{\sqrt{3}}$[V], $\frac{110}{\sqrt{3}}$[V]이 된다.

59 전력공학

정답 | ④

[변류기(CT)의 결선]

가동접속 (정상접속)	차동접속 (교차접속)
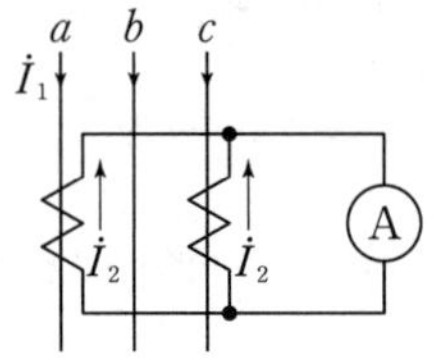	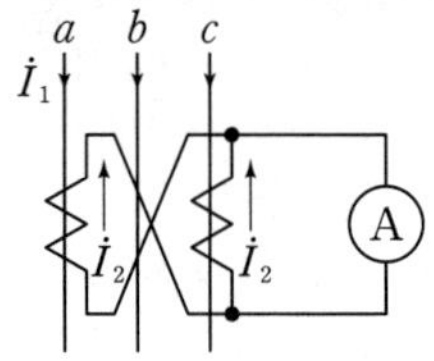
I_1=전류계 지시값×CT비	I_1=전류계 지시값×CT비×$\frac{1}{\sqrt{3}}$
정격 2차 전류=5[A]	

따라서 A결선은 가동접속, B결선은 차동접속이고 B결선에서 1차 전류는 I_1=전류계 지시값×CT비×$\frac{1}{\sqrt{3}}$이므로 정답은 ④이다.

2020 하반기 2차 한국중부발전

2020. 10. 31. (토) 시행

정답 확인

p.161

문항	정답	과목	문항	정답	과목	문항	정답	과목	문항	정답	과목	문항	정답	과목
01	①	전자기학	02	③	전자기학	03	④	전자기학	04	④	전력공학	05	④	전력공학
06	②	전기기기	07	③	전기기기	08	③	전기기기	09	①	회로이론	10	③	전력공학
11	②	전력공학	12	②	전력공학	13	②	전자기학	14	③	전자기학	15	②	전기기기
16	①	전자기학	17	①	전기기기	18	③	전기기기	19	④	전기기기	20	②	전기기기
21	③	전기기기	22	②	전자기학	23	①	전기기기	24	②	전력공학	25	④	전기기기
26	④	전기기기	27	①	전기기기	28	③	회로이론	29	②	회로이론	30	①	회로이론
31	①	전기기기	32	④	회로이론	33	①	전자기학	34	②	전자기학	35	④	전기기기
36	①	전자기학	37	②	전자기학	38	③	전자기학	39	①	전자기학	40	③	전자기학
41	③	전기기기	42	④	전자기학	43	④	전자통신	44	①	전자통신	45	①	전자기학
46	②	전자기학	47	③	전자기학	48	④	전기응용	49	③	전기응용	50	④	전기설비
51	②	전자통신	52	①	전기기기	53	④	전자기학	54	③	전력공학			

세부과목별 실력 점검표

과목	맞은 개수	정답률	취약점 & 체크사항
전자기학	/19	%	
회로이론	/5	%	
전기기기	/17	%	
전력공학	/7	%	
전기설비	/1	%	
전자통신	/3	%	
전기응용	/2	%	
합계	/54	%	

01 전자기학

정답 | ①

[유전체의 경계조건 관계식]

- $E_1\sin\theta_1 = E_2\sin\theta_2$: 전계의 접선성분이 연속
- $D_1\cos\theta_1 = D_2\cos\theta_2$: 전속밀도의 법선성분이 연속
- $\frac{\tan\theta_1}{\tan\theta_2} = \frac{\varepsilon_1}{\varepsilon_2}$(굴절법칙)

  * $\varepsilon_1 > \varepsilon_2$인 경우: $E_1 < E_2$, $D_1 > D_2$, $\theta_1 > \theta_2$

  * $\varepsilon_1 < \varepsilon_2$인 경우: $E_1 > E_2$, $D_1 < D_2$, $\theta_1 < \theta_2$

오답풀이 |

② 굴절법칙에 의해 유전율이 큰 매질의 전계는 작게 나타난다.

③ 굴절법칙에 의해 유전율이 큰 매질의 전속밀도는 크게 나타난다.

④ 굴절법칙에 의해 입사각이 굴절각보다 큰 경우에, 전계는 각도에 반비례하므로 굴절 측의 전계는 입사 측의 전계보다 크게 나타난다.

02 전자기학

정답 | ③

- 코일에 축적되는 에너지 $W[\text{J}] = \frac{1}{2}LI^2$
- 인덕턴스, 전류, 자속, 권수 관계식 $LI = N\phi$

$W[\text{J}] = \frac{1}{2}LI^2 = \frac{1}{2}(LI)I = \frac{1}{2}N\phi I$

03 전자기학

정답 | ④

- 프아송 방정식 $\nabla^2 V = -\frac{\rho}{\varepsilon_0}$
- 라플라시안 $\nabla^2 = \frac{\partial^2}{\partial x^2} + \frac{\partial^2}{\partial y^2} + \frac{\partial^2}{\partial z^2}$

프아송 방정식으로부터 $\rho = -\varepsilon_0 \nabla^2 V$이므로

$$\rho = -\varepsilon_0\left(\frac{\partial^2}{\partial x^2} + \frac{\partial^2}{\partial y^2} + \frac{\partial^2}{\partial z^2}\right)2x^4$$

$$= -\varepsilon_0\left(\frac{\partial^2}{\partial x^2}2x^4 + \frac{\partial^2}{\partial y^2}2x^4 + \frac{\partial^2}{\partial z^2}2x^4\right) = -24x^2\varepsilon_0$$

주어진 조건에서 $(1, 1, 2)$에서의 값을 물었으므로 $x=1$을 대입하면 $\rho = -24\varepsilon_0[\text{C/m}^3]$이다.

04 전력공학

정답 | ④

이도(dip)란 전선 지지점 간 연결하는 수평선으로부터 밑으로 내려가 있는 길이를 의미하는데, 이는 온도에 따른 전선의 팽창 또는 수축을 고려하여 단선사고, 선간 단락 등을 사전에 방지하는 중요한 요소이다.

이도의 영향으로는 다음과 같다.

- 이도의 대소는 지지물의 높이를 좌우한다.
- 이도가 너무 크면 전선은 그만큼 좌우로 크게 진동해서 다른 상의 전선에 접촉하거나 수목에 접촉해서 위험을 준다.
- 이도가 너무 작으면 그와 반비례해서 전선의 장력이 증가하여 심할 경우에는 전선이 단선되기도 한다.

이도는 여러 요소를 고려하여 선정하는데 그 관련된 요소의 식은 다음과 같다.

- 이도 $D = \frac{WS^2}{8T}[\text{m}]$

  (여기서 W: 합성하중[kg/m], S: 경간[m], T: 수평장력[kg] $= \frac{\text{인장강도(하중)}}{\text{안전율}}$)

- 전선의 실장(실제거리) $L = S + \frac{8D^2}{3S}[\text{m}]$
- 전선의 평균 높이 $h = H - \frac{2}{3}D[\text{m}]$

  (여기서 H: 전선 지지점의 높이)

이도 관계식에 따라 수평장력을 계산하면 다음과 같다.

$$T = \frac{WS^2}{8D} = \frac{0.4 \times 80^2}{8 \times 0.8} = \frac{0.4 \times 6400}{6.4} = 400[\text{kg}]$$

05 전력공학

정답 | ④

단락용량 관계식 $P_s = \frac{100}{\%Z} \times P_n$

$$P_s = \frac{100}{\%Z} \times P_n = \frac{100}{4} \times 200 = 5{,}000[\text{MVA}]$$

06 전기기기

정답 | ②

[절연물 종별 최고 허용온도]

절연물 종류	최고 허용온도[℃]
Y종	90
A종	105
E종	120
B종	130
F종	155
H종	180
C종	180 초과

절연물의 최고 허용온도가 130[℃]인 것은 B종이다.

07 전기기기 정답 | ③

직류기에서 양호한 정류를 얻는 조건, 즉 정류를 개선하기 위한 방법으로는 다음과 같다.

- 보극을 이용한 전압 정류
- 탄소 브러시를 이용한 저항 정류(브러시의 접촉저항을 크게 할 것)
- 리액턴스 전압 e_L을 감소하는 방법
  - 정류주기를 길게 한다.
  - 정류기 주변속도를 낮춘다.
  - 코일의 인덕턴스를 작게 선정한다.

08 전기기기 정답 | ③

유도 전동기 회전속도 $N=(1-s)N_s=(1-s)\dfrac{120f}{p}$[rpm]

회전속도 관계식을 통해 주파수를 계산하면 다음과 같다.

$$f=\frac{pN}{(1-s)\times120}=\frac{8\times900}{(1-0.2)\times120}=\frac{7,200}{0.8\times120}=75[\text{Hz}]$$

09 회로이론 정답 | ①

[파형의 종류에 따른 실횻값, 평균값]

구분	정현파 정현전파	정현반파	구형파	구형반파	삼각파 톱니파
실횻값 I	$\frac{1}{\sqrt{2}}I_m$	$\frac{1}{2}I_m$	I_m	$\frac{1}{\sqrt{2}}I_m$	$\frac{1}{\sqrt{3}}I_m$
평균값 I_{av}	$\frac{2}{\pi}I_m$	$\frac{1}{\pi}I_m$	I_m	$\frac{1}{2}I_m$	$\frac{1}{2}I_m$

정현파 교류의 실횻값은 $\frac{1}{\sqrt{2}}I_m$, 평균값은 $\frac{2}{\pi}I_m$이므로 A와의 관계식을 구성하여 계산하면 다음과 같다.

$$\frac{1}{\sqrt{2}}I_m\times\text{A}=\frac{2}{\pi}I_m$$

$$\text{A}=\frac{\frac{2}{\pi}I_m}{\frac{1}{\sqrt{2}}I_m}=\frac{2\sqrt{2}}{\pi}$$

10 전력공학 정답 | ③

역률 개선 시에 필요한 전력용 콘덴서의 용량 Q_C[kVA]

$$Q_C=P(\tan\theta_1-\tan\theta_2)=P\left(\frac{\sqrt{1-\cos^2\theta_1}}{\cos\theta_1}-\frac{\sqrt{1-\cos^2\theta_2}}{\cos\theta_2}\right)$$

(여기서 P=유효전력[kW], θ_1=개선 전 역률각, θ_2=개선 후 역률각)

주어진 조건에 대하여 계산하면 다음과 같다.

$$Q_C=P\left(\frac{\sqrt{1-\cos^2\theta_1}}{\cos\theta_1}-\frac{\sqrt{1-\cos^2\theta_2}}{\cos\theta_2}\right)$$

$$=300\times\left(\frac{\sqrt{1-0.6^2}}{0.6}-\sqrt{\frac{1-1^2}{1}}\right)=300\times\frac{0.8}{0.6}=400[\text{kVA}]$$

11 전력공학 정답 | ②

1) 송전선의 작용 인덕턴스 L[mH/km]

$$L=L_i+L_m=0.05+0.4605\log\frac{D_0}{r}[\text{mH/km}]$$

(여기서 L_i=자기 인덕턴스[mH/km], L_m=상호 인덕턴스[mH/km], r=전선의 반지름[m], D_0=등가 선간거리[m])

2) 등가 선간거리 D_0[m]

- 직선 배치

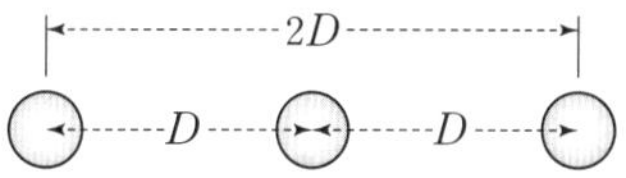

$$D_0=\sqrt[3]{D\cdot D\cdot 2D}=\sqrt[3]{2D^3}=D\sqrt[3]{2}$$

- 정삼각형 배치

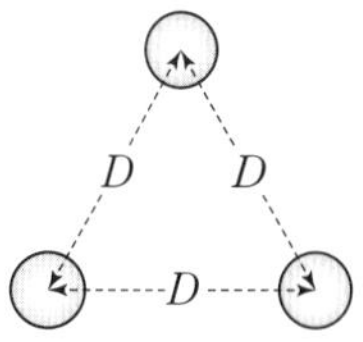

$$D_0=\sqrt[3]{D\cdot D\cdot D}=\sqrt[3]{D^3}=D$$

- 정사각형 배치

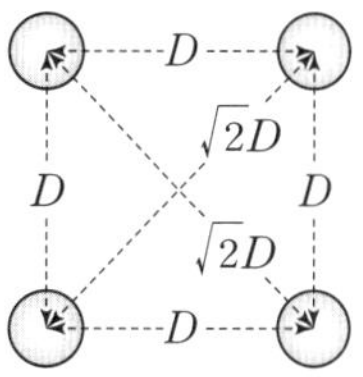

$$D_0=\sqrt[6]{D\cdot D\cdot D\cdot D\cdot\sqrt{2}D\cdot\sqrt{2}D}=\sqrt[6]{2D^6}=D\sqrt[6]{2}$$

주어진 조건에서 정삼각형 배치라고 하였으므로 등가 선간거리는 $D_0=\sqrt[3]{50\cdot50\cdot50}=\sqrt[3]{50^3}=50$[m]이고 1선당 작용 인덕턴스를 계산하면 다음과 같다.

$$L=0.05+0.4605\log\frac{50}{5\times10^{-3}}$$

$$=0.05+0.4605\log10^4=0.05+0.4605\times4$$

$$=0.05+1.842=1.892[\text{mH/km}]$$

12 전력공학 정답 | ②

1) 전압 강하율
  - 송전단과 수전단의 관계에 있어서 수전 전압에 대한 전압강하의 비
  - $\varepsilon'=\frac{V_s-V_r}{V_r}\times 100[\%]$
  (여기서 V_s=송전단 전압[V], V_r=수전단 전압[V])

2) 전압 변동률
  - 부하의 유무에 따른 수전 전압에 대한 전압변동의 비
  - $\varepsilon=\frac{V_{r0}-V_r}{V_r}\times 100[\%]$
  (여기서 V_{r0}=무부하 시 수전단 전압[V], V_r=정격부하 시 수전단 전압[V])

주어진 조건을 이용하여 전압 강하율과 전압 변동률을 구하면 다음과 같다.

- 전압 강하율

$$\varepsilon'=\frac{V_s-V_r}{V_r}\times 100=\frac{3{,}300-3{,}000}{3{,}000}\times 100$$
$$=\frac{300}{3{,}000}\times 100=10[\%]$$

- 전압 변동률

$$\varepsilon=\frac{V_{r0}-V_r}{V_r}\times 100=\frac{3{,}100-3{,}000}{3{,}000}\times 100$$
$$=\frac{100}{3{,}000}\times 100\fallingdotseq 3.33[\%]$$

13 전자기학 정답 | ②

전자기장에서 운동하는 전하가 받는 힘(로렌츠 힘)

$$F=F_m+F_e=(v\times B)q+qE=q\{E+(v\times B)\}[\text{N}]$$
$$F=q\{E+(v\times B)\}=3\{10a_y+(5a_x\times 3a_x)\}$$
$$=3(10a_y+0)=30a_y$$

14 전자기학 정답 | ③

전류밀도와 전계의 관계성(옴 법칙의 미분형)

$$i[\text{A/m}^2]=\frac{I}{S}=\frac{1}{\rho}E=\sigma E$$

(여기서 ρ=고유저항[Ω·m], σ=전도율[℧/m][S/m], E=전계[V/m])

주어진 조건에서 전류밀도와 전계, 전도율의 단위가 모두 [cm] 기준이기 때문에 단위환산을 고려할 필요가 없다.

위의 관계식으로 인해 전도율을 계산하면 다음과 같다.

$$\sigma=\frac{i}{E}=\frac{\frac{I}{S}}{E}=\frac{I}{ES}=\frac{5}{10\times 10}=0.05[\text{S/cm}]$$

15 전기기기 정답 | ②

풀이방법 ①

실측효율 관계식 $\eta=\frac{\text{출력}}{\text{입력}}\times 100[\%]$

출력은 '입력−손실'이므로 출력$=20-(2.2+0.8+1.5+0.5)$
$=20-5=15[\text{kW}]$

따라서 효율은 $\eta=\frac{\text{출력}}{\text{입력}}\times 100=\frac{15}{20}\times 100=75[\%]$이다.

풀이방법 ②

규약효율 $\eta=\frac{\text{입력}-\text{손실}}{\text{입력}}\times 100[\%]$

직류기의 전 손실은 $2.2+0.8+1.5+0.5=5[\text{kW}]$

따라서 효율은 $\eta=\frac{\text{입력}-\text{손실}}{\text{입력}}\times 100=\frac{20-5}{20}\times 100=75[\%]$이다.

16 전자기학 정답 | ①

- 평행판 콘덴서 정전용량 $C=\frac{\varepsilon S}{d}[\text{F}]$
- 직렬연결 시 합성 정전용량 $C=\frac{C_1\times C_2}{C_1+C_2}[\text{F}]$

ε_1 매질에 대한 정전용량을 $C_1[\text{F}]$, ε_2 매질에 대한 정전용량을 $C_2[\text{F}]$라고 하면

$$C_1=\frac{\varepsilon_1 S_1}{d_1}=\frac{\varepsilon_1 S_1}{a}=\frac{2\times 12}{6}=4[\text{F}]$$
$$C_2=\frac{\varepsilon_2 S_2}{d_2}=\frac{\varepsilon_2 S_2}{b}=\frac{4\times 12}{12}=4[\text{F}]$$

따라서 평행판 콘덴서의 합성 정전용량을 계산하면 다음과 같다.

$$C=\frac{C_1\times C_2}{C_1+C_2}=\frac{4\times 4}{4+4}=\frac{16}{8}=2[\text{F}]$$

17 전기기기 정답 | ①

교류 발전기(동기 발전기)는 병렬운전할 때, 주파수가 일치해야 한다. 교류 발전기 회전속도 관계식 $N_s=\frac{120f}{p}$(여기서 f=주파수[Hz], p=극수)에서 주파수는 $f=\frac{pN_s}{120}[\text{Hz}]$이므로 A발전기의 주파수를 계산하면 다음과 같다.

$f=\frac{pN_s}{120}=\frac{8\times900}{120}=\frac{7,200}{120}=60[\text{Hz}]$

따라서 B발전기의 회전속도는 $N_s=\frac{120f}{p}=\frac{120\times60}{10}=720$ [rpm]이다.

18 전기기기

정답 | ③

- 변압기 과부하율$=\frac{\text{최대 부하}-\text{변압기 용량}}{\text{변압기 용량}}\times100[\%]$
- V결선 시의 변압기 총 용량$=\sqrt{3}\times1$대의 용량

Δ결선으로 운전하다가 1대의 고장으로 인해 2대로 운전한다고 하였으므로 변압기 2대로 V결선하여 운전하는 것으로 볼 수 있다.

이때, 변압기 전체 용량 P는 $P=\sqrt{3}P_1=10\sqrt{3}[\text{kW}]$이다.

따라서 변압기 과부하율을 계산하면 다음과 같다.

과부하율$=\frac{12\sqrt{3}-10\sqrt{3}}{10\sqrt{3}}\times100=\frac{2\sqrt{3}}{10\sqrt{3}}\times100=20[\%]$

19 전기기기

정답 | ④

출력과 토크 관계 $P=wT[\text{W}]\left(*\ w=2\pi n=2\pi f=2\pi\frac{N}{60}\right)$

(여기서 w=각속도[rad/s], n=초당 회전수[rps], N=분당 회전수[rpm], f=주파수[Hz], P=출력[W], T=토크[N·m])

위 관계식에 의해 토크는 $T=\frac{P}{w}=\frac{P}{2\pi f}[\text{N}\cdot\text{m}]$, 주파수는 주기[sec]의 역수 관계이므로 $f=\frac{1}{T}$이다. 이에 따라 위의 토크 관계식 $T=\frac{P}{2\pi f}=\frac{P}{2\pi\frac{1}{T}}=\frac{PT}{2\pi}[\text{N}\cdot\text{m}]$로 표현할 수 있다.

따라서 주어진 값을 대입하여 계산하면 다음과 같다.

$T=\frac{PT}{2\pi}=\frac{4\times10^3\times0.01}{2\pi}=\frac{20}{\pi}[\text{N}\cdot\text{m}]$

20 전기기기

정답 | ②

[변압기의 전압 변동률]

- 부하의 유무에 따른 수전 전압에 대한 전압변동의 비, 즉 2차 측 전압에 대한 무부하 시 2차 측 전압과 부하 시 2차 측 전압의 차이에 대한 비율
- $\varepsilon=\frac{V_{20}-V_{2n}}{V_{2n}}\times100[\%]$

  (여기서 V_{20}=무부하 시 2차 측 전압[V], V_{2n}=정격부하 시 2차 측 전압[V])

권수비 관계 $a=\frac{V_1}{V_2}$을 이용하여 무부하 시 2차 측 전압을 계산하면 $V_{20}=\frac{V_{10}}{a}=\frac{2,000}{10}=200[\text{V}]$이다.

따라서 전압 변동률을 계산하면 다음과 같다.

$\varepsilon=\frac{V_{20}-V_{2n}}{V_{2n}}\times100=\frac{200-180}{180}\times100≒11.1[\%]$

즉, 전압 변동률은 약 11[%]가 된다.

21 전기기기

정답 | ③

코일의 기전력 관계식 $E=4.44f\phi N=4.44fBSN[\text{V}]$

(여기서 f=주파수[Hz], ϕ=자속[wb], B=자속밀도[wb/m^2], N=권수, S=단면적[m^2])

위 관계식에서 자속밀도는 $B=\frac{E}{4.44fSN}[\text{wb/m}^2]$이므로 주어진 조건을 대입하여 계산하면 다음과 같다.

$B=\frac{E}{4.44fSN}=\frac{240}{4.44\times60\times2\times10^{-4}\times100}$

$=\frac{2}{444\times10^{-4}}=\frac{10^4}{222}≒45.04[\text{wb/m}^2]$

즉, 자속밀도는 약 45[wb/m^2]가 된다.

22 전자기학

정답 | ②

자유공간에서 동심구의 정전용량 $C=\frac{4\pi\varepsilon_0 ab}{b-a}[\text{F}]$

주어진 조건에 대해 계산하면 다음과 같다.

$C=\frac{4\pi\varepsilon_0 ab}{b-a}=\frac{4\pi\varepsilon_0\times0.2\times0.4}{0.4-0.2}=4\pi\varepsilon_0\times0.4$

$=1.6\pi\varepsilon_0[\text{F}]$

23 전기기기

정답 | ①

동기 발전기 한상의 출력 $P=\frac{EV}{X_s}\sin\delta[\text{W}]$

(여기서 E=기전력[V], V=단자전압[V], X_s=동기 리액턴스[Ω], δ=상차각[°])

주어진 조건을 위 관계식에 대입하면 다음과 같다.

$P=\frac{EV}{X_s}\sin\delta=\frac{125\times10^3\times125\times10^3}{50}\times\sin70°[\text{W}]$

$=\frac{15,625\times10^6}{50}\times0.94=312.5\times10^6\times0.94$

$=293.75[\text{MW}]$

따라서 약 294[MW]가 된다.

24 전력공학 정답 | ②

• 전압강하 $e=V_s-V_r=\sqrt{3}I_r(R\cos\theta+X\sin\theta)$[V]

• 부하 전력 $P=\sqrt{3}V_rI_r\cos\theta$[W]

• 저항 $R=\rho\dfrac{l}{S}$[Ω]

(여기서 V_s=송전단 전압[V], V_r=수전단 전압[V], ρ=저항률[Ω·mm²/m], l=전선의 길이[m], S=전선의 단면적[mm²])

주어진 조건에서 전선의 굵기를 구하기 위해서 전압강하 관계식을 전선의 굵기에 대하여 나타내면 다음과 같다.

$P=\sqrt{3}V_rI_r\cos\theta$[W]에서 $I_r=\dfrac{P}{\sqrt{3}V_r\cos\theta}$[A]이므로

전압강하 $e=V_s-V_r=\sqrt{3}I_r(R\cos\theta+X\sin\theta)$

$$=\sqrt{3}\frac{P}{\sqrt{3}V_r\cos\theta}(R\cos\theta+X\sin\theta)$$

$$=\frac{P}{V_r}(R+X\tan\theta)$$

선로의 리액턴스는 무시이므로 $X=0$으로 놓으면

$$e=V_s-V_r=\frac{P}{V_r}R=\frac{P}{V_r}\rho\frac{l}{S}$$

따라서 전선의 굵기를 계산하면 다음과 같다.

$$S=\frac{P\rho l}{V_r(V_s-V_r)}=\frac{2{,}000\times10^3\times\frac{1}{50}\times5\times10^3}{3{,}000\times(3{,}300-3{,}000)}$$

$$=\frac{2{,}000\times10^5}{3{,}000\times300}=\frac{2{,}000}{9}\fallingdotseq222.22[\text{mm}^2]$$

25 전기기기 정답 | ④

• 분권 전동기 기전력 관계식

$E=V-I_aR_a$[V], $I_a=I-I_f$[A]

• 기전력과 회전속도의 관계성

$E=pZ\phi\dfrac{N}{60a}$[V]에 의해 $E\propto N$

(여기서 V=단자전압[V], I_a=전기자 전류[A], R_a=전기자 저항[Ω], I=부하전류[A]$\left(=\dfrac{P}{V}\right)$, I_f=계자전류[A]$\left(=\dfrac{V}{R_f}\right)$, p=극수, Z=전 도체수, ϕ=극당 자속수[wb], N=(분당) 회전속도[rpm], a=병렬 회로수)

직류 분권 전동기의 초기의 회전속도를 N_1, 기전력을 E_1이라 하고, 전기자 저항을 추가하였을 때의 회전속도를 N_2, 기전력을 E_2라고 하였을 때, 기전력과 회전속도는 비례관계이므로 비례식으로 나타내면 $E_1:N_1=E_2:N_2$가 된다.

비례관계를 통해 전기자 저항 추가 후의 회전속도 $N_2=\dfrac{E_2}{E_1}N_1$[rpm]이다.

N_2를 구하기 위해 E_1과 E_2를 구하면 다음과 같다.

ⓐ 초기의 기전력 E_1[V]

• $I_a=I-I_f=I-\dfrac{V}{R_f}=12-2=10$[A]

• $E_1=V-I_aR_a=200-10\times1.2=188$[V]

ⓑ 전기자 저항을 추가하였을 때의 기전력 E_2[V]

• $I_a=I-I_f=I-\dfrac{V}{R_f}=12-\dfrac{200}{100}=12-2=10$[A]

• $E_2=V-I_aR_a=200-10\times(1.2+4.7)=200-10\times5.9$
$=200-59=141$[V]

따라서 전기자 저항 추가 후의 회전속도 N_2를 계산하면 다음과 같다.

$$N_2=\frac{E_2}{E_1}N_1=\frac{141}{188}\times2{,}000=0.75\times2{,}000=1{,}500[\text{rpm}]$$

26 전기기기 정답 | ④

• 전압 변동률 $\varepsilon=\dfrac{V_0-V_n}{V_n}\times100$[%]

• 무부하 단자전압 $V_0=(1+\varepsilon)V_n$[V]

• 기전력 관계식 $E=V+I_aR_a$[V], $I_a=I$[A]

• 출력 $P=VI$[W]

기전력 관계식에 의해 무부하 시에는 부하전류가 흐르지 않으므로 $I_aR_a=IR_a=0$이 되어 전압강하가 발생하지 않는다. 그러므로 $E=V_0$가 되어 무부하 시 단자전압은 기전력과 같게 된다.

• 타여자 발전기의 기전력 $E(=V_0)$[V]

$E(=V_0)=(1+\varepsilon)V_n=(1+0.1)\times200=220$[V]

• 부하전류 I[A]

전압강하 $e=I_aR_a=IR_a$에서

$$I=\frac{e}{R_a}=\frac{V_0-V_n}{R_a}=\frac{220-200}{0.5}=\frac{20}{0.5}=40[\text{A}]$$

• 타여자 발전기 출력 P[W]

$P=VI=200\times40=8{,}000$[W]$=8$[kW]

27 전기기기 정답 | ①

• (실측) 효율 관계식 $\eta=\dfrac{\text{출력[W]}}{\text{입력[W]}}=\dfrac{\text{출력[VA]}}{\text{입력[VA]}}$

• 효율 관계에서 입·출력의 단위가 다른 경우 '$P=P_a\cos\theta$' 이용하여 단위 환산

(여기서 각 단위는 P[W], P_a[VA])

원동기란 자연계에 존재하는 수력, 풍력 등의 에너지를 기계 에너지로 바꾸는 장치로, 발전기를 돌려주는 역할을 한다. 즉, 원동기의 출력은 발전기의 입력이 된다.

(실측) 효율 관계식에 의해 원동기의 출력은 '$\text{입력}_m\times\eta_m$'이고 발전기의 입력은 '$\dfrac{\text{출력}_g}{\eta_g}$'이므로 원동기의 출력과 발전기의 입력에 대한 관계식은 다음과 같이 표현할 수 있다.

원동기 출력=발전기 입력

$$입력_m \times \eta_m = \frac{출력_g}{\eta_g}$$

$$\eta_g = \frac{출력_g[\mathrm{kVA}]}{입력_m[\mathrm{kW}] \times \eta_m}$$

주어진 조건을 확인하였을 때, 위 관계식에서 $입력_m$의 단위가 [kW]이므로 $출력_g$의 단위를 [kVA]에서 [kW]로 환산하여야 한다.

단위 환산을 위해 역률을 취하여 계산하면 다음과 같다.

$$\eta_g = \frac{(출력_g \times \cos\theta)[\mathrm{kW}]}{입력_m[\mathrm{kW}] \times \eta_m} = \frac{800 \times 0.8}{1{,}200 \times 0.8} \fallingdotseq 0.67$$

28 회로이론 정답 | ③

다이오드가 1개 있는 회로는 단상 반파 정류회로이며, 정현파 교류가 입력될 때, 그 출력 파형은 정현반파가 된다.

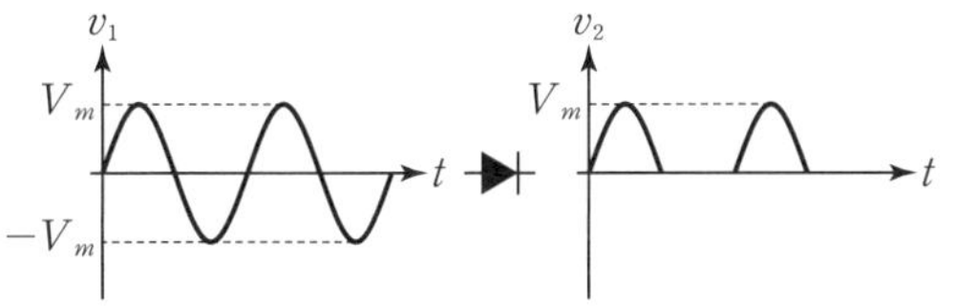

정현반파의 평균값은 $\frac{1}{\pi}V_m$이므로 v_2의 평균값 V_{2av}는 다음과 같다.

$$V_{2av} = \frac{1}{\pi}V_m = \frac{1}{\pi} \times 60 = \frac{60}{\pi}[\mathrm{V}]$$

참고 | 파형의 종류에 따른 실횻값, 평균값

구분	정현파 정현전파	정현반파	구형파	구형반파	삼각파 톱니파
실횻값 V	$\frac{1}{\sqrt{2}}V_m$	$\frac{1}{2}V_m$	V_m	$\frac{1}{\sqrt{2}}V_m$	$\frac{1}{\sqrt{3}}V_m$
평균값 V_{av}	$\frac{2}{\pi}V_m$	$\frac{1}{\pi}V_m$	V_m	$\frac{1}{2}V_m$	$\frac{1}{2}V_m$

29 회로이론 정답 | ②

풀이방법 ①

V_{th}[V]는 테브난 등가 전압(개방단 전압)으로, 이를 구하기 위해 전류원과 병렬로 연결된 저항을 합성하여 등가회로로 나타내면 다음과 같다.

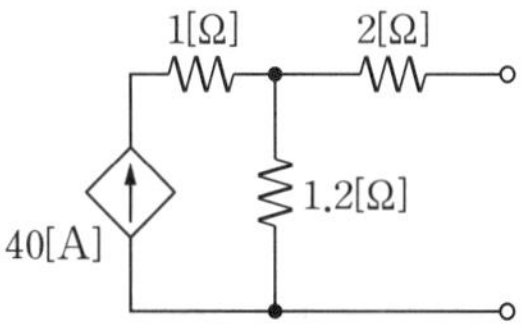

$$병렬\ 합성\ 저항 = \frac{2 \times 3}{2+3} = \frac{6}{5} = 1.2[\Omega]$$

개방단 전압 V_{th}[V]는 1.2[Ω]의 저항에 걸리는 전압이므로 1.2[Ω]의 값과 여기에 흐르는 전류의 곱으로 구할 수 있다.

1.2[Ω]의 저항에 흐르는 전류는 40[A]이므로 $V_{th} = 1.2 \times 40 = 48$[V]이다.

풀이방법 ②

V_{th}[V]는 테브난 등가 전압(개방단 전압)으로 전류원과 병렬로 연결된 저항에 걸리는 전압이므로, 병렬로 연결된 저항과 그 저항에 흐르는 전류의 곱으로 구할 수 있다.

• 2[Ω]의 병렬저항을 기준으로 계산하는 경우

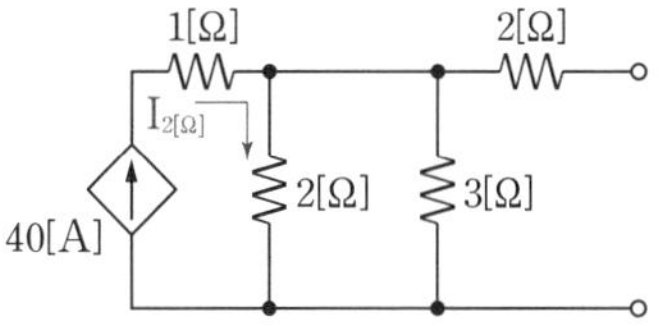

2[Ω]에 흐르는 전류 $I_{2[\Omega]}$를 계산하면 $I_{2[\Omega]} = \frac{3}{2+3} \times 40 = \frac{120}{5} = 24$[A]이다.

따라서 2[Ω]에 걸리는 전압 V_{th}는 $V_{th} = 2[\Omega] \times 24[\mathrm{A}] = 48[\mathrm{V}]$이다.

• 3[Ω]의 병렬저항을 기준으로 계산하는 경우

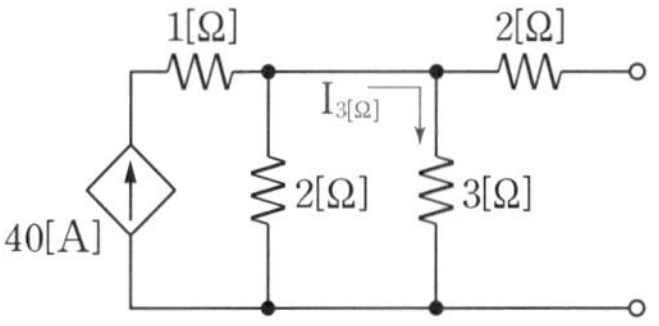

3[Ω]에 흐르는 전류 $I_{3[\Omega]}$를 계산하면 $I_{3[\Omega]} = \frac{2}{2+3} \times 40 = \frac{80}{5} = 16$[A]이다. 따라서 3[Ω]에 걸리는 전압 V_{th}는 $V_{th} = 3[\Omega] \times 16[\mathrm{A}] = 48[\mathrm{V}]$이다.

30 회로이론 정답 | ①

회로의 각 저항의 jw를 s로 치환하면 $R_1 = 2$, $R_2 = 3$, $X_L = jwL = jw2 = 2s$가 되므로 이를 이용하여 구동점 임피던스를 나타내면 다음과 같다.

$$Z(s) = \frac{2 \times 2s}{2+2s} + 3 = \frac{4s}{2(s+1)} + 3 = \frac{2s}{s+1} + \frac{3(s+1)}{s+1}$$

$$= \frac{2s+3s+3}{s+1} = \frac{5s+3}{s+1}$$

31 전기기기 정답 | ①

3상 동기기 출력 $P=\frac{3EV}{X_s}\sin\delta[\mathrm{W}]$

(여기서 E=기전력[V], V=단자전압[V], X_s=동기 리액턴스[Ω], δ=상차각[°])

변경 전의 기전력을 E_1, 상차각을 δ_1, 조건 변경 후의 기전력을 E_2, 상차각을 δ_2라 하면 위 관계식에 의해 출력이 일정하므로 '$E_1\sin\delta_1=E_2\sin\delta_2$'의 관계가 성립한다.

따라서 조건 변경 후의 기전력 E_2를 계산하면 다음과 같다.

$$E_2=E_1\frac{\sin\delta_1}{\sin\delta_2}=180\times\frac{\sin30^\circ}{\sin60^\circ}=180\times\frac{\frac{1}{2}}{\frac{\sqrt{3}}{2}}=\frac{180}{\sqrt{3}}=60\sqrt{3}[\mathrm{V}]$$

32 회로이론 정답 | ④

라플라스 변환표를 이용하기 위해 $f(t)=\sin^2 4wt$의 함수를 제곱이 없는 형태로 바꿀 필요가 있다.

삼각함수의 반각공식을 이용하여 제곱이 없는 형태로 변경하여 라플라스 변환하면 다음과 같다.

$$f(t)=\sin^2 4wt=\frac{1-\cos 8wt}{2}=\frac{1}{2}-\frac{1}{2}\cos 8wt$$

$$\xrightarrow{\mathcal{L}} F(s)=\frac{1}{2}\cdot\frac{1}{s}-\frac{1}{2}\cdot\frac{s}{s^2+(8w)^2}$$

$$=\frac{1}{2s}-\frac{s}{2(s^2+64w^2)}=\frac{1}{2}\left(\frac{1}{s}-\frac{s}{s^2+64w^2}\right)$$

참고1 | 반각공식

- $\sin^2\frac{x}{2}=\frac{1-\cos x}{2}$
- $\cos^2\frac{x}{2}=\frac{1+\cos x}{2}$
- $\tan^2\frac{x}{2}=\frac{\sin^2\frac{x}{2}}{\cos^2\frac{x}{2}}=\frac{1-\cos x}{1+\cos x}$

참고2 | 라플라스 변환/역변환 표

$f(t)$	$\underset{\mathcal{L}^{-1}}{\overset{\mathcal{L}}{\rightleftarrows}}$ $F(s)$
$\delta(t)$	1
$u(t)$	$\frac{1}{s}$
t	$\frac{1}{s^2}$
t^n	$\frac{n!}{s^{n+1}}$
$\sin wt$	$\frac{w}{s^2+w^2}$
$\cos wt$	$\frac{s}{s^2+w^2}$
$e^{\pm at}$	$\frac{1}{s\mp a}$
$t^n\cdot e^{at}$	$\frac{n!}{(s-a)^{n+1}}$
$t\sin wt$	$\frac{2ws}{(s^2+w^2)^2}$
$t\cos wt$	$\frac{s^2-w^2}{(s^2+w^2)^2}$
$e^{-at}\cdot\sin wt$	$\frac{w}{(s+a)^2+w^2}$
$e^{-at}\cdot\cos wt$	$\frac{s+a}{(s+a)^2+w^2}$
$\sinh wt$	$\frac{w}{s^2-w^2}$
$\cosh wt$	$\frac{s}{s^2-w^2}$

33 전자기학 정답 | ①

- 전속밀도와 전계의 관계 $D=\varepsilon E[\mathrm{C/m^2}]$
- 무한 직선도체의 전계 $E=\frac{\lambda}{2\pi\varepsilon r}[\mathrm{V/m}]$
- 무한 평면도체의 전계 $E=\frac{\sigma}{2\varepsilon}[\mathrm{V/m}]$

(여기서 ε=유전율[F/m], λ=선전하 밀도[C/m], σ=면전하 밀도[C/m²], r=도체와의 거리[m])

주어진 무한 직선도체와 무한 평면도체에 작용하는 전하의 부호에 따른 전계의 방향은 다음과 같다.

- 무한 직선도체

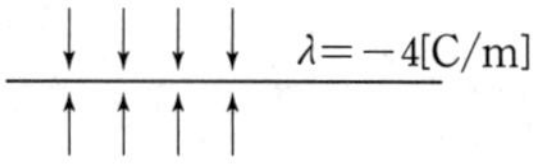

- 무한 평면도체

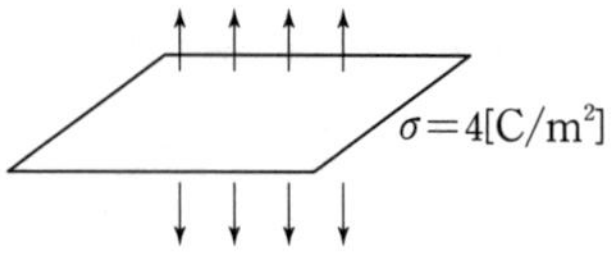

(0, 0, 2) 지점에서 각 도체가 영향을 주는 전계의 방향이 같으므로 무한 직선도체와 무한 평면도체에서 발하는 전계의 크기를 더해서 구할 수 있다.

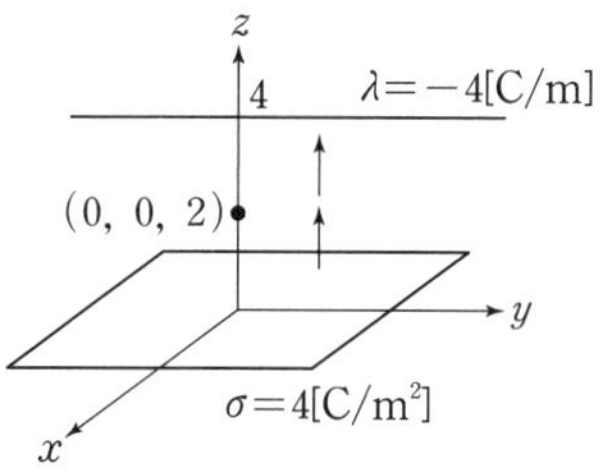

- 무한 직선도체의 전계 E_l[V/m]

$$E_l=\frac{\lambda}{2\pi\varepsilon r}=\frac{4}{2\pi\varepsilon\times2}=\frac{4}{4\pi\varepsilon}=\frac{1}{\pi\varepsilon}[\mathrm{V/m}]$$

- 무한 평면도체의 전계 E_s[V/m]

$$E_s=\frac{\sigma}{2\varepsilon}=\frac{4}{2\varepsilon}=\frac{2}{\varepsilon}[\mathrm{V/m}]$$

- (0, 0, 2) 지점에서의 전계 E_t[V/m]

$$E_t=E_l+E_s=\frac{1}{\pi\varepsilon}+\frac{2}{\varepsilon}=\frac{1}{\pi\varepsilon}+\frac{2\pi}{\pi\varepsilon}=\frac{1+2\pi}{\pi\varepsilon}[\mathrm{V/m}]$$

따라서 (0, 0, 2) 지점에서의 전속밀도를 계산하면 다음과 같다.

$$D=\varepsilon E_t=\varepsilon\times\frac{1+2\pi}{\pi\varepsilon}=\frac{1+2\pi}{\pi}[\mathrm{C/m^2}]$$

주의

무한 직선도체의 선전하 밀도에서 '−'는 방향을 의미하며, 처음에 부호에 의한 방향을 고려하여 (0, 0, 2) 지점의 전계를 합으로 판별한 것이므로 무한직선도체의 전계세기를 구할 때 이미 고려한 '−'를 다시 넣어 계산하지 않도록 한다.

34 전자기학

정답 | ②

- 자계의 세기 H[A/m]와 전류밀도 J[A/m²]의 관계
  $rot H=\nabla\times H=J$
- 미분연산자 $\nabla=\frac{\partial}{\partial x}i+\frac{\partial}{\partial y}j+\frac{\partial}{\partial z}k$

주어진 조건에 대해 계산하면 다음과 같다.

$$\nabla\times H=\begin{vmatrix} a_x & a_y & a_z \\ \frac{\partial}{\partial x} & \frac{\partial}{\partial y} & \frac{\partial}{\partial z} \\ x^2z & 0 & 0 \end{vmatrix}$$

$$=\left(\frac{\partial}{\partial y}\cdot0-\frac{\partial}{\partial z}\cdot0\right)a_x-\left(\frac{\partial}{\partial x}\cdot0-\frac{\partial}{\partial z}\cdot x^2z\right)a_y+\left(\frac{\partial}{\partial x}\cdot 0-\frac{\partial}{\partial y}\cdot x^2z\right)a_z$$

$$=\frac{\partial}{\partial z}\cdot x^2za_y-\frac{\partial}{\partial y}\cdot x^2za_z=x^2a_y$$

즉, 전류밀도 $J=x^2a_y$[A/m²]의 관계식이 나오게 되며, 문제에서 (1, 4, 2)에서의 값을 물었으므로 $J=a_y$[A/m²]가 된다.
따라서 전류밀도의 크기는 1[A/m²]이 된다.

35 전기기기

정답 | ④

단락비(k) 관계식 $k=\frac{I_s}{I_n}=\frac{100}{\%Z}=\frac{V^2}{PZ_s}$으로부터 $Z_s=\frac{V^2}{Pk}[\Omega]$
(여기서 P=정격 출력[VA], V=정격 전압[V])
주어진 조건을 대입하여 계산하면 다음과 같다.

$$Z_s=\frac{V^2}{Pk}=\frac{(3\times10^3)^2}{2\times10^6\times1.8}=\frac{9\times10^6}{2\times10^6\times1.8}=\frac{9}{3.6}=2.5[\Omega]$$

36 전자기학

정답 | ①

[도체 형태에 따른 전계의 세기]
* 해석 기준: 일반해석 → 전하가 도체 표면에만 존재,
특수해석 → 전하가 도체 내부에도 균일하게 존재

도체 형태	전계의 세기[V/m]	
(임의 도체) 표면	$E=\frac{Q}{\varepsilon_0S}=\frac{\sigma}{\varepsilon_0}$	외부거리와 무관
무한 평면도체	$E=\frac{Q}{2\varepsilon_0S}=\frac{\sigma}{2\varepsilon_0}$	외부거리와 무관
2개의 무한 평면 도체 사이	$E=\frac{Q}{\varepsilon_0S}=\frac{\sigma}{\varepsilon_0}$	외부거리와 무관

구 도체(점 도체)

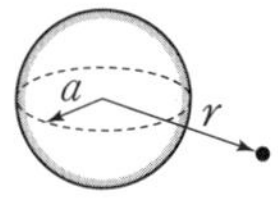

구분	도체 내부	도체 외부
일반 해석	$E=0$	$E=\frac{Q}{4\pi\varepsilon_0r^2}$
특수 해석	$E=\frac{rQ}{4\pi\varepsilon_0a^3}$	

(여기서 a=도체의 기준 반지름)

선 도체(원통 도체, 원주 도체)

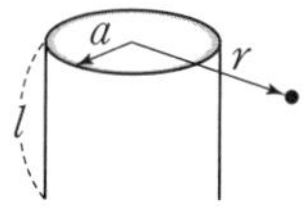

구분	도체 내부	도체 외부
일반 해석	$E=0$	$E=\frac{\lambda}{2\pi\varepsilon_0r}$
특수 해석	$E=\frac{r\lambda}{2\pi\varepsilon_0a^2}$	

(여기서 a=도체의 기준 반지름, λ=선전하밀도[C/m])

따라서 도체 표면에 대해 물었으므로 전계의 세기는 $E=\frac{Q}{\varepsilon_0S}=\frac{\sigma}{\varepsilon_0}$[V/m]가 된다.

37 전자기학

정답 | ②

전계는 전위가 높은 점에서 낮은 점으로 이동하므로 전계 방향으

로 진행할수록 전위는 낮아지게 된다. 또한, 전계 방향의 수직방향은 등전위이므로 전위의 변화가 없고 전위의 변화는 전계의 진행방향만 고려하면 된다.
전위와 전계의 관계는 $V=Er$이므로 전계방향으로 0.8[m] 향하면 전위는 $V=200\times0.8=160$[V]만큼 감소한다.
따라서 B점의 전위 $V_B=250-160=90$[V]이 된다.

38 전자기학 정답 | ③

(평행판) 콘덴서 정전용량 $C=\frac{\varepsilon S}{d}$[F]

(여기서 ε=유전율[F/m]$(=\varepsilon_s\varepsilon_0)$, S=극판 면적[m^2], d=극판 간격(콘덴서 두께)[m])
C_0[F]의 공기 콘덴서에 비유전율 ε_s인 매질을 병렬로 삽입하였으므로 각 매질의 정전용량을 병렬합성하여 계산할 수 있다.
처음 상태의 공기 콘덴서의 정전용량을 $C_0=\frac{\varepsilon_0 S}{d}$[F], 매질 삽입 후 공기 부분의 정전용량을 C_1[F], 비유전율 ε_s인 매질의 정전용량을 C_2[F]라고 하였을 때, 전체 합성 정전용량 C_t[F]는 다음과 같이 계산할 수 있다.

- $C_1=\frac{\varepsilon_0\cdot\frac{1}{2}S}{d}=\frac{1}{2}\frac{\varepsilon_0 S}{d}=\frac{1}{2}C_0$[F]
- $C_2=\frac{\varepsilon_s\varepsilon_0\cdot\frac{1}{2}S}{d}=\frac{1}{2}\varepsilon_s\frac{\varepsilon_0 S}{d}=\frac{1}{2}\varepsilon_s C_0$[F]
- $C_t=C_1+C_2=\frac{1}{2}C_0+\frac{1}{2}\varepsilon_s C_0=\frac{1}{2}(1+\varepsilon_s)C_0$[F]

39 전자기학 정답 | ①

두 벡터가 수직 관계, 즉 90°로 배치되었을 때는 두 벡터의 내적이 0이 되는 것을 이용하여 a값을 계산할 수 있다.
A, B 두 벡터를 내적하여 a값을 계산하면 다음과 같다.
$A\cdot B=(4i+aj)\cdot(2i-j+4k)=0$
같은 방향 성분의 내적은 $1(i\cdot i=j\cdot j=k\cdot k=1)$, 다른 방향의 내적은 $0(i\cdot j=j\cdot k=k\cdot i=0)$이 되므로
$A\cdot B=8-a=0$
따라서 $a=8$이다.

40 전자기학 정답 | ③

환상 솔레노이드 철심 내부 자계의 세기 관계식
$H=\frac{NI}{l}=\frac{NI}{2\pi a}$[AT/m]
(여기서 N=권수, I=전류[A], l=자로의 길이[m], a=평균 반지름[m])
주어진 조건에 대한 자계의 세기를 계산하면 다음과 같다.
$H=\frac{NI}{2\pi a}=\frac{400\times1}{2\pi\times40\times10^{-2}}=\frac{10\times10^2}{2\pi}=\frac{500}{\pi}$[AT/m]

41 전기기기 정답 | ③

탈출토크에 대한 설명이다.

오답풀이 |
① 기동토크: 전동기가 기동하는 순간에 발생하는 토크이다.
② 정지토크: 여자 상태에서 상대 운동 없이 전자 토크 전달 장치가 입출력 부분에 전달하는 최소 토크이다.
④ 인입토크: 동기 전동기에서 정격 전압 및 정격 주파수로 계자에 전류를 흘릴 때, 접속되는 관성 부하를 동기속도로 인입시킬 수 있는 최대 정토크이다.

42 전자기학 정답 | ④

부호가 같은 전하가 각 꼭짓점에 있을 때, 정육각형 중심에서의 전계는 마주보고 있는 전하가 형성하는 전계의 방향이 서로 반대되므로 상쇄된다.

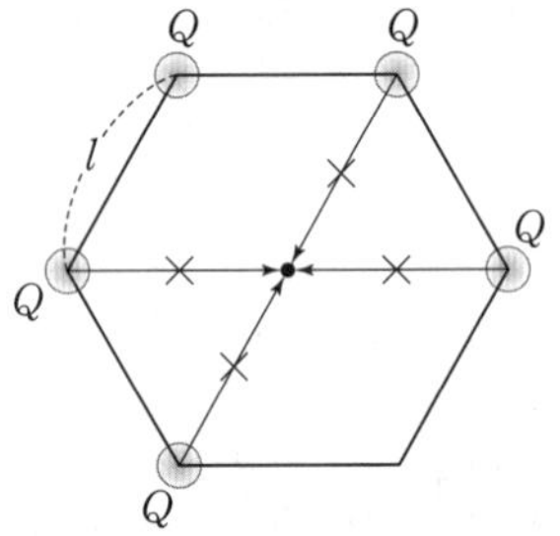

그러므로 다음 그림과 같이 마주보는 것이 없는 전하가 형성하는 전계만 고려하면 된다.

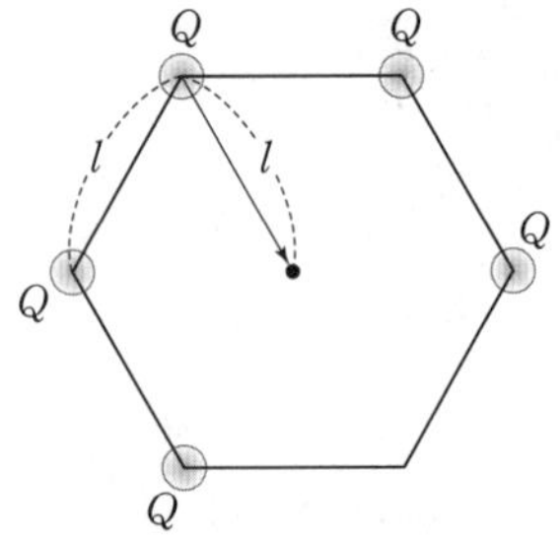

정육각형 한 변의 길이는 각 꼭짓점에서 중심까지의 거리와 같으므로 전계를 계산하면 다음과 같다.
$E=\frac{Q}{4\pi\varepsilon r^2}=\frac{Q}{4\pi\varepsilon(\sqrt{3})^2}=\frac{Q}{12\pi\varepsilon}$[V/m]

43 전자통신 정답 | ④

[Boost converter]

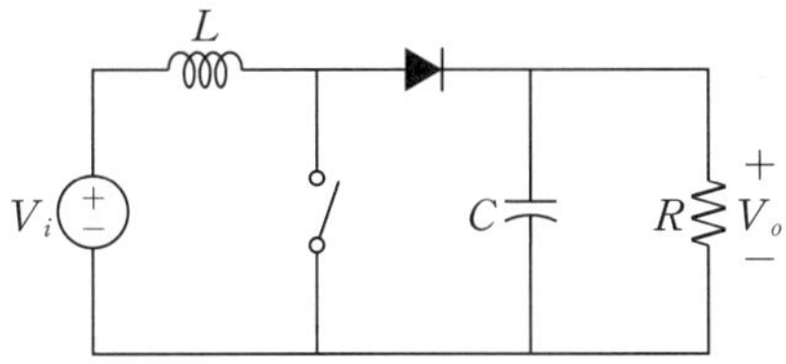

• Boost converter 출력전압

$V_{out}=\frac{1}{1-D}V_{in}$[V]

• Boost converter 출력전압의 맥동

$\Delta V_{out}=\frac{D}{RCf}V_{out}$[V]

(여기서 D=듀티비)

주어진 조건에 대해 Boost converter 출력전압의 맥동값을 계산하면 다음과 같다.

출력전압은 $V_{out}=\frac{1}{1-D}V_{in}=\frac{1}{1-0.8}\times 200=1{,}000$[V]이므로

맥동전압은 $\Delta V_{out}=\frac{D}{RCf}V_{out}=\frac{0.8}{20\times 4\times 10^{-3}\times 1\times 10^{3}}\times 1{,}000$

$=\frac{0.8}{80}\times 1{,}000=10$[V]

44 전자통신 정답 | ①

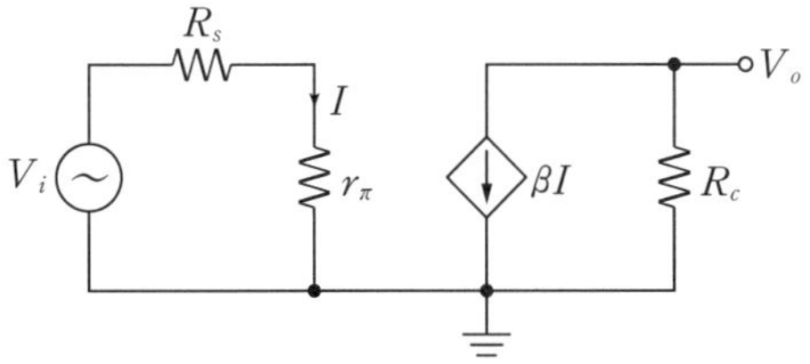

주어진 회로에서 V_o[V]를 구하기 위한 조건은 다음과 같다.

• $I=\frac{V_i}{r_\pi+R_s}$[A]

• $V_o=-\beta IR_c$[V]

주어진 조건에 대해 계산하면 다음과 같다.

$I=\frac{V_i}{r_\pi+R_s}=\frac{10}{10+10}=\frac{10}{20}=0.5$[A]이므로

$V_o=-\beta IR_c=-15\times 0.5\times 10=-75$[V]이다.

45 전자기학 정답 | ①

자기저항 $R_m=\frac{NI}{\phi}=\frac{l}{\mu S}$[AT/wb]

(여기서 N=권수, I=전류[A], ϕ=자속[wb], l=자로의 길이[m](원형인 경우 $l=2\pi r$), S=철심 단면적[m^2], μ=투자율[H/m]($=\mu_s\mu_0$), r=평균 반지름[m])

자기저항은 다음과 같이 표현할 수 있다.

$R_m=\frac{l}{\mu S}=\frac{2\pi r}{\mu_s\mu_0 S}$[AT/wb]

철심의 단면적은 $S=\pi a^2$[m^2]이므로 자기저항을 계산하면 다음과 같다.

$$R_m=\frac{2\pi r}{\mu_s\mu_0 S}=\frac{2\pi r}{\mu_s\times 4\pi\times 10^{-7}\times\pi a^2}=\frac{r}{2\mu_s\pi a^2\times 10^{-7}}$$

$$=\frac{10^7 r}{2\mu_s\pi a^2}=\frac{5\times 10^6}{\mu_s\pi a^2}r\text{[AT/wb]}$$

46 전자기학 정답 | ②

보존장(보존벡터장)은 스칼라장의 $grad$로 나타낼 수 있는 벡터장으로, 모든 점에서 회전이 0인 벡터장을 의미한다.

정전계에서 보존장이 성립되면 전계는 폐회로를 일주할 때 하는 일이 경로와 관계없이 0이 되므로 보존장일 때의 정전계의 조건은 $\oint E\cdot dl=0$이 된다.

47 전자기학 정답 | ③

[암페어 주회 적분법칙]

$\int Hdl=I$에 의해 $H\cdot l=I$ 또는 $H\cdot 2\pi r=I$

(여기서 H=자계의 세기[A/m], I=전류[A], l=자로의 길이[m], r=반지름[m])

r지점의 자계를 구하기 위해 전류 I를 계산하여야 한다.

내부도체와 외부도체의 전류방향은 서로 반대이며, 각 도체 내에 흐르는 전류의 작용체적을 고려하면 총 전류 I_t는 다음과 같다.

$I_t=I-\frac{\pi r^2-\pi b^2}{\pi c^2-\pi b^2}I=\left(1-\frac{r^2-b^2}{c^2-b^2}\right)I$[A]

따라서 r지점의 작용자계의 세기 H는 다음과 같다.

$H\cdot 2\pi r=I_t$에서

$$H=\frac{1}{2\pi r}I_t=\frac{1}{2\pi r}\left(1-\frac{r^2-b^2}{c^2-b^2}\right)I$$

$$=\frac{1}{2\pi\times 3}\times\left(1-\frac{3^2-2^2}{4^2-2^2}\right)\times 9$$

$$=\frac{1}{6\pi}\times\left(1-\frac{9-4}{16-4}\right)\times 9$$

$=\frac{1}{6\pi}\times\left(1-\frac{5}{12}\right)\times 9=\frac{1}{6\pi}\times\frac{7}{12}\times 9$

$=\frac{7}{8\pi}$[A/cm]

48 전기응용 정답 | ④

[방폭구조의 종류]

- 본질안전 방폭구조: 전기에 의한 스파크나 단락 등에 의한 전기적 에너지를 제한하여 전기적인 점화원 발생을 억제하며, 점화원이 발생할 경우에도 위험물질을 점화할 수 없는 것이 시험을 통해 확인할 수 있는 구조
- 충전 방폭구조: 점화원 주위를 충전재로 충전하여 점화를 방지하기 위한 구조
- 몰드 방폭구조: 스파크 또는 열로 인한 점화를 방지하기 위해 콤파운드 또는 기타 비금속 용기로 완전히 둘러싼 구조
- 안전증 방폭구조: 정상 운전 중에 폭발성 가스 또는 증기에 의한 전기불꽃, 아크 등의 발생을 방지하기 위해 기계적/전기적인 구조상으로 안전도를 증가시킨 것
- 내압 방폭구조: 용기 내부에서 폭발성 가스 등의 폭발 시 용기가 폭발압력에 견디고 그 주위의 폭발성 가스 등에 의해 점화될 우려가 없도록 전기설비를 전폐구조의 특수 용기에 넣어 보호하는 구조
- 압력 방폭구조: 용기 내부에 보호가스를 봉입하여 높은 압력을 유지하여 용기 내부에 가연성 가스 등이 침입하지 못하도록 한 구조
- 유입 방폭구조: 전기불꽃, 아크, 고온 등이 발생하는 부분을 기름 속에 넣어 폭발성 가스가 점화되지 않도록 한 구조
- 비점화 방폭구조: 특정 조건에서 또는 정상작동 시 주위의 폭발성 가스 등에 점화되지 않고, 점화시킬 수 있는 고장을 방지할 수 있도록 전기기기를 보호하는 형태의 구조

49 전기응용 정답 | ③

OC는 옥외용 가교폴리에틸렌 절연전선이다.

50 전기설비 정답 | ④

– 한국전기설비규정(KEC) –

[151.1 피뢰시스템의 적용범위]

다음에 시설되는 피뢰시스템에 적용한다.

1. 전기전자설비가 설치된 건축물·구조물로서 낙뢰로부터 보호가 필요한 것 또는 지상으로부터 높이가 20[m] 이상인 것
2. 전기설비 및 전자설비 중 낙뢰로부터 보호가 필요한 설비

51 전자통신 정답 | ②

MTTR(Mean Time To Repair): 평균수리시간

수리를 4회 진행하였으므로 각 수리에 걸린 시간의 합에 수리 횟수를 나누어 계산할 수 있다.

$\mathrm{MTTR}=\frac{0.1+0.2+0.3+0.4}{4}=\frac{1}{4}=0.25$[hour/회]

52 전기기기 정답 | ①

부족여자 제한기(UEL; Under Excitation Limiter)는 부족여자 영역에서 운전 시, 발전기의 전기자 철심 단부에 과열과 발전기의 정태안정도가 떨어지는 문제를 방지하기 위해 설치하는 장치이다.

53 전자기학 정답 | ④

상호 인덕턴스 관계식 $M=k\sqrt{L_1L_2}$[H]

(여기서 k=결합계수)

상호 인덕턴스 관계식에 의해 $k=\frac{M}{\sqrt{L_1L_2}}$이며, 주어진 조건을 대입하여 계산하면 다음과 같다.

$k=\frac{M}{\sqrt{L_1L_2}}=\frac{0.36}{\sqrt{0.4\times 0.9}}=\frac{0.36}{\sqrt{0.36}}=0.6$

54 전력공학 정답 | ③

송전용량 계수법에 의한 송전용량

$P=k\frac{V_r^2}{l}n$[kW]

(여기서 k=송전용량 계수, V_r=수전단 선간전압[kV], l=송전길이[km], n=회선수)

주어진 조건에 대하여 계산하면 다음과 같다.

$P=k\frac{V_r^2}{l}n=1{,}200\times\frac{154^2}{154}\times 2=1{,}200\times 154\times 2$

$=369{,}600$[kW]$=369.6$[MW]

2021 하반기 한국동서발전

2021. 8. 28. (토) 시행

정답 확인

p.175

문항	정답	과목	문항	정답	과목	문항	정답	과목	문항	정답	과목	문항	정답	과목
01	④	전력공학	02	①	전기기기	03	④	전기기기	04	③	전기기기	05	③	전자기학
06	④	전기설비	07	②	전기설비	08	②	전기설비	09	③	전자기학	10	①	전력공학
11	③	회로이론	12	④	전자기학	13	①	전자기학	14	①	전자기학	15	②	전자기학
16	④	전자기학	17	②	전기기기	18	④	전기기기	19	③	회로이론	20	④	회로이론
21	③	전기기기	22	②	제어공학	23	④	전력공학	24	①	전기설비	25	③	전기설비
26	①	전기설비	27	②	전기설비	28	④	전기설비	29	②	전기설비	30	④	전기기기
31	③	제어공학	32	②	전력공학	33	④	제어공학	34	③	전력공학	35	④	전자기학
36	②	전기설비	37	③	전자기학	38	①	제어공학	39	②	전력공학	40	③	제어공학

세부과목별 실력 점검표

과목	맞은 개수	정답률	취약점 & 체크사항
전자기학	/9	%	
회로이론	/3	%	
전기기기	/7	%	
전력공학	/6	%	
제어공학	/5	%	
전기설비	/10	%	
합계	/40	%	

01 전력공학 정답 | ④

[교류 송전방식과 직류 송전방식]

1) 교류 송전방식

ⓐ 장점

- 회전 자계를 쉽게 얻을 수 있다.
- 대부분 부하가 교류방식이므로 계통을 일관되게 운용할 수 있다.
- 변압이 쉬워 전압의 승압 및 강압이 용이하다.

ⓑ 단점

- 직류방식에 비해 계통의 안정도가 저하된다.
- 표피 효과로 인해 전선의 실효저항이 증가하여 전력손실이 커진다.
- 페란티 현상과 자기여자 현상 등의 이상현상이 발생한다.

2) 직류 송전방식

ⓐ 장점

- 리액턴스가 없어 리액턴스 강하가 없고, 안정도가 높다.
- 장거리 송전, 케이블 송전에 유리하다.
- 유도장해가 적고, 송전 효율이 좋다.
- 절연계급을 낮출 수 있다.
- 충전전류가 없고, 유전체손이 없다.
- 주파수가 다른 교류계통을 연계할 수 있다.

ⓑ 단점

- 교류와 같이 전류의 0점이 없어, 직류 전류의 차단이 곤란하다.
- 승압 및 강압이 곤란하다.
- 교류 직류 교환 장치에서 발하는 고조파를 제거하는 설비가 별도로 필요하다.

따라서 직류 송전방식에서는 교류 직류 교환 장치에서 발하는 고조파를 제거하는 설비가 별도로 필요하므로 정답은 ④이다.

02 전기기기 정답 | ①

%리액턴스 강하는 $\%x=\frac{I_1x}{V_1}\times100[\%]$

우선 단상 변압기에서의 출력 관계식 $P=V_1I_1$에 의해

$$I_1=\frac{P}{V_1}=\frac{15\times10^3}{3,000}=5[\text{A}]$$

$$\%x=\frac{I_1x}{V_1}\times100=\frac{5\times6}{3,000}\times100=1[\%]$$

03 전기기기 정답 | ④

[변압기 병렬운전 조건]

- 극성이 일치할 것
- 권수비가 일치할 것(1차, 2차 정격전압 일치할 것)
- $\%Z$가 일치할 것
- R과 X의 비가 일치할 것
- (3상) 상회전 방향과 그 변위가 일치할 것

따라서 변압기의 병렬운전과 각 변압기의 용량과는 무관하다.

04 전기기기 정답 | ③

- 유도 전동기 회전속도 $N=(1-s)N_s[\text{rpm}]$
- 회전자계 속도 (동기속도) $N_s=\frac{120f}{p}[\text{rpm}]$
- 슬립 $s=\frac{N_s-N}{N_s}$
- 2차 저항과 슬립의 관계 $r_2\propto s$

(여기서 s=슬립, f=주파수[Hz], p=극수, r_2=2차 저항)

1) 동기속도

$$N_s=\frac{120f}{p}=\frac{120\times60}{4}=1,800[\text{rpm}]$$

2) 기존 상태의 슬립

$$s=\frac{N_s-N}{N_s}=\frac{1,800-1,764}{1,800}=\frac{36}{1,800}=0.02$$

3) 2차 저항을 4배로 할 때의 회전속도

2차 저항과 슬립은 비례관계이므로 슬립 또한 4배가 된다.

따라서 2차 저항을 4배로 하면 슬립은 $s=0.08$이 되므로

$N=(1-s)N_s=(1-0.08)\times1,800=1,656[\text{rpm}]$이다.

05 전자기학 정답 | ③

[전기력선의 기본적인 성질]

- 양 전하(+)에서 시작하여 음 전하(−)에서 종료된다.
- 전위가 높은 점에서 낮은 점으로 이동한다.
- 전기력선은 서로 교차하지 않는다.
- 전하가 없는 곳에서 발생 및 소멸이 없다.
- 그 자신만으로 폐곡선이 되지 않는다.
- 도체 표면(등전위면)에 수직으로 출입한다.
- 도체 내부를 통과할 수 없다.
- 전계의 방향은 전기력선의 방향과 같다.
- 전기력선 밀도는 전계의 세기와 같다.
- Q의 전하에서 나오는 전기력선 개수는 $N=\frac{Q}{\varepsilon_0}$개이다.

[도체 형태에 따른 전계의 세기]

* 해석 기준
  - 일반해석: 전하가 도체 표면에만 존재
  - 특수해석: 전하가 도체 내부에도 균일하게 존재

도체 형태	전계의 세기[V/m]	
(임의 도체) 표면	$E=\dfrac{Q}{\varepsilon_0 S}=\dfrac{\sigma}{\varepsilon_0}$	외부거리와 무관
무한 평면도체	$E=\dfrac{Q}{2\varepsilon_0 S}=\dfrac{\sigma}{2\varepsilon_0}$	
2개의 무한 평면 도체 사이	$E=\dfrac{Q}{\varepsilon_0 S}=\dfrac{\sigma}{\varepsilon_0}$	

구 도체(점 도체)

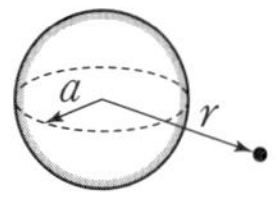

구분	도체 내부	도체 외부
일반해석	$E=0$	$E=\dfrac{Q}{4\pi\varepsilon_0 r^2}$
특수해석	$E=\dfrac{rQ}{4\pi\varepsilon_0 a^3}$	

(여기서 a=도체의 기준 반지름)

선 도체(원통 도체, 원주 도체)

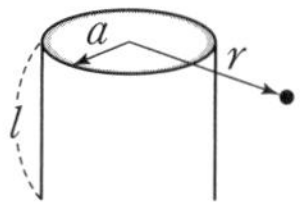

구분	도체 내부	도체 외부
일반해석	$E=0$	$E=\dfrac{\lambda}{2\pi\varepsilon_0 r}$
특수해석	$E=\dfrac{r\lambda}{2\pi\varepsilon_0 a^2}$	

(여기서 a=도체의 기준 반지름, λ=선 전하밀도[C/m])

따라서 무한 평면도체에 분포된 전하밀도를 σ[C/m^2]라 할 때, 이로 인한 전계의 세기는 $\dfrac{\sigma}{2\varepsilon_0}$[V/m]이다.

06 전기설비　　정답 | ④

– 한국전기설비규정(KEC) –

[142.2-7. 접지극의 시설 및 접지저항]

지중에 매설되어 있고 대지와의 전지저항 값이 3[Ω] 이하의 값을 유지하고 있는 금속제 수도관로가 다음에 따르는 경우 접지극으로 사용이 가능하다.

- 접지도체와 금속제 수도관로의 접속은 안지름 75[mm] 이상인 부분 또는 여기에서 분기한 안지름 75[mm] 미만인 분기점으로부터 5[m] 이내의 부분에서 하여야 한다. 다만, 금속제 수도관로와 대지 사이의 전기저항 값이 2[Ω] 이하인 경우에는 분기점으로부터의 거리는 5[m]를 넘을 수 있다.

정리하면, 다음 조건의 경우에 접지극으로 사용가능하다.

ⓐ 수도관로의 안지름 75[mm] 이상이고, 대지와의 전기저항 값이 3[Ω] 이하의 경우

ⓑ 안지름이 75[mm] 이상의 수도관로에서 분기한 안지름 75[mm] 미만의 수도관으로 길이가 5[m] 이하이고, 전기저항 값이 3[Ω] 이하인 것(2[Ω] 이하 시 5[m] 이상 가능)

07 전기설비　　정답 | ②

– 한국전기설비규정(KEC) –

[132. 전로의 절연저항 및 절연내력]

표 132-1 전로의 종류 및 시험전압

전로의 종류	절연내력 시험전압
7[kV] 이하	1.5배
7[kV] 초과 25[kV] 이하 (중성점 다중접지식 전로)	0.92배
7[kV] 초과 60[kV] 이하 (다중 접지 제외)	1.25배 (10.5[kV] 미만: 10.5[kV])
60[kV] 초과 중성점 비접지식 전로	1.25배
60[kV] 초과 중성점 접지식 전로	1.1배 (75[kV] 미만: 75[kV])
60[kV] 초과 중성점 직접접지식 전로	0.72배
170[kV] 초과 중성점 직접접지식 전로	0.64배

주어진 조건은 사용전압 66[kV]의 중성점 접지식 선로이므로 한국전기설비규정에서 '60[kV] 초과 중성점 접지식 전로'의 항으로 볼 수 있다.

따라서 절연내력 시험전압은 $66\times1.1=72.6$[kV]이 되며, 75[kV] 미만이므로 시험전압은 75[kV]가 된다.

08 전기설비　　정답 | ②

– 한국전기설비규정(KEC) –

[331.11-3. 지선의 시설]

1. 가공전선로의 지지물에 시설하는 지선은 다음에 따라야 한다.
   가. 지선의 안전율은 2.5 이상일 것
      이 경우 허용 인장하중의 최저는 4.31[kN]으로 한다.
   나. 지선에 연선을 사용할 경우에는 다음에 의한다.
      - 소선 3가닥 이상의 연선일 것
      - 소선의 지름이 2.6[mm] 이상의 금속선을 사용할 것
        다만, 소선의 지름이 2[mm] 이상인 아연도강연선으로서 소선의 인장강도가 0.68[kN/mm^2] 이상인 것을 사

용하는 경우에는 적용하지 않는다.

다. 지중 부분 및 지표상 0.3[m]까지의 부분에는 내식성이 있는 것 또는 아연도금을 한 철봉을 사용하고 쉽게 부식되지 않는 근가에 견고하게 붙일 것(목주 적용 제외)

라. 지선근가는 지선의 인장하중에 충분히 견디도록 시설할 것

2. 도로를 횡단하여 시설하는 지선의 높이는 지표상 5[m] 이상 기술상 부득이한 경우로 교통에 지장을 초래할 우려가 없는 경우에는 지표상 4.5[m] 이상, 보도의 경우 2.5[m] 이상으로 할 것

따라서 허용 인장하중의 최저가 4.31[kN]이다.

09 전자기학

정답 | ③

풀이방법 ①

각 콘덴서에 충전되는 전하량은 $Q=CV$이므로

- 0.1[μF], 2[kV] 콘덴서
  $Q=0.1[\mu F]\times 2{,}000[V]=200[\mu C]$
- 0.2[μF], 2[kV] 콘덴서
  $Q=0.2[\mu F]\times 2{,}000[V]=400[\mu C]$
- 0.5[μF], 2[kV] 콘덴서
  $Q=0.5[\mu F]\times 2{,}000[V]=1{,}000[\mu C]$

이 세 개의 콘덴서를 직렬로 연결하면 전하량은 일정하며, 이 경우 세 콘덴서 중 전하량이 제일 작은 것이 기준이 된다. 즉, 세 콘덴서의 직렬회로의 전하량은 200[μC]으로 일정하게 나타난다.

그러므로 세 개의 콘덴서를 직렬로 연결하였을 때, 각 콘덴서에 걸리는 전압은 다음과 같다.

- 0.1[μF] 콘덴서 $V=\dfrac{Q}{C}=\dfrac{200[\mu C]}{0.1[\mu F]}=2{,}000[V]$
- 0.2[μF] 콘덴서 $V=\dfrac{Q}{C}=\dfrac{200[\mu C]}{0.2[\mu F]}=1{,}000[V]$
- 0.5[μF] 콘덴서 $V=\dfrac{Q}{C}=\dfrac{200[\mu C]}{0.5[\mu F]}=400[V]$

따라서 전체 내압은 $2{,}000+1{,}000+400=3{,}400$[V]이 된다.

풀이방법 ②

콘덴서의 직렬연결 시 $V=\dfrac{Q}{C}$의 관계성에 의해 정전용량이 작은 콘덴서에 가장 큰 전압이 걸린다.

즉, 정전용량이 가장 작은 0.1[μF]의 콘덴서에 내압만큼의 전압 2,000[V]이 그대로 걸리게 되며, 나머지 콘덴서에는 정전용량의 비만큼 작은 전압이 걸리게 된다.

즉, 0.1[μF]의 콘덴서에 2,000[V]의 전압이 걸리므로 정전용량이 2배인 0.2[μF]의 콘덴서에는 전압이 $\dfrac{1}{2}$배만큼, 정전용량이 5배인 0.5[μF]의 콘덴서에는 전압이 $\dfrac{1}{5}$배만큼 걸리게 된다.

그러므로 각각 콘덴서에 걸리는 전압은 다음과 같다.

- 0.1[μF] 콘덴서: 2,000[V]
- 0.2[μF] 콘덴서: $2{,}000\times\dfrac{1}{2}=1{,}000[V]$
- 0.5[μF] 콘덴서: $2{,}000\times\dfrac{1}{5}=400[V]$

따라서 전체 내압은 $2{,}000+1{,}000+400=3{,}400$[V]이 된다.

10 전력공학

정답 | ①

이도(dip)란 전선 지지점 간 연결하는 수평선으로부터 밑으로 내려가 있는 길이를 의미하는데, 이는 온도에 따른 전선의 팽창 또는 수축을 고려하여 단선사고, 선간 단락 등을 사전에 방지하는 중요한 요소이다.

이도의 영향은 다음과 같다.

- 이도의 대소는 지지물의 높이를 좌우한다.
- 이도가 너무 크면 전선은 그만큼 좌우로 크게 진동해서 다른 상의 전선에 접촉하거나 수목에 접촉해서 위험을 준다.
- 이도가 너무 작으면 그와 반비례해서 전선의 장력이 증가하여 심할 경우에는 전선이 단선되기도 한다.

이도는 여러 요소를 고려하여 선정하는데 그 관련된 요소의 식은 다음과 같다.

- 이도 $D=\dfrac{WS^2}{8T}$[m]
  (여기서 W: 합성하중[kg/m], S: 경간[m], T: 수평장력[kg] $=\dfrac{\text{인장강도(하중)}}{\text{안전율}}$)
- 전선의 실장(실제거리) $L=S+\dfrac{8D^2}{3S}$[m]
- 전선의 평균 높이 $h=H-\dfrac{2}{3}D$[m]
  (여기서 H: 전선 지지점의 높이)

전선의 실제길이는 $L=S+\dfrac{8D^2}{3S}$[m]이므로 경간에서 추가되는 길이 성분은 $\dfrac{8D^2}{3S}$이 된다. 여기에 주어진 조건을 대입하면 다음과 같다.

- 이도 D
  $$D=\frac{WS^2}{8T}=\frac{1\times 200^2}{8\times\dfrac{5{,}000}{2.5}}=\frac{40{,}000}{8\times 2{,}000}=\frac{5}{2}[m]$$
- 경간에서 추가되는 길이 성분
  $$\frac{8D^2}{3S}=\frac{8\times\left(\dfrac{5}{2}\right)^2}{3\times 200}=\frac{8\times\dfrac{25}{4}}{600}=\frac{1}{12}[m]$$

11 회로이론 정답 | ③

[파동의 반사와 투과]

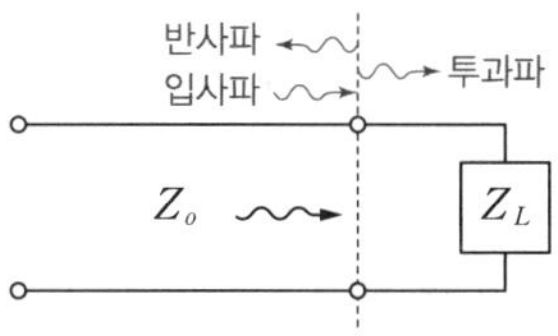

1) 파동의 반사
   - 파동이 진행하다 다른 매질을 만났을 때, 그 경계면에서 일부 또는 전부가 원래 매질로 되돌아오는 현상
   - 반사계수 $\rho=\frac{\text{반사파}}{\text{입사파}}=\frac{Z_L-Z_o}{Z_L+Z_o}$

2) 파동의 투과
   - 파동이 진행하다 다른 매질을 만났을 때, 다른 매질로 통과하게 되는 현상
   - 투과계수 $\tau=\frac{\text{투과파}}{\text{입사파}}=\frac{2Z_L}{Z_L+Z_o}$

3) 종단의 개방과 접지의 경우
   - 종단 개방 시: 종단의 파동임피던스 $=\infty$
   - 종단 접지 시: 종단의 파동임피던스 $=0$

주어진 조건에 대하여 계산하면 다음과 같다.

- 특성 임피던스 $Z_o=\sqrt{\frac{L}{C}}=\sqrt{\frac{4\times10^{-3}}{0.1\times10^{-6}}}=200[\Omega]$
- 반사계수 $\rho=\frac{\text{반사파}}{\text{입사파}}=\frac{Z_L-Z_o}{Z_L+Z_o}=\frac{600-200}{600+200}=\frac{400}{800}=0.5$

12 전자기학 정답 | ④

[반지름 a[m]인 무한장 직선도체에 흐르는 전류가 형성하는 자계]

1) 도체 외부자계: $H=\frac{NI}{l}=\frac{NI}{2\pi r}$[AT/m][A/m]

2) 도체 내부자계
   - 전류가 도체 표면에만 흐를 때: $H=0$
   - 전류가 도체 내부에 균일하게 흐를 때: $H=\frac{rNI}{2\pi a^2}$

(여기서 N=도체 수(언급이 없을 경우 1로 가정), I=전류[A], l=자로의 길이[m], r=평균 반지름(도선 중심으로부터의 거리)[m], a=도체의 기준 반지름[m])

주어진 조건에 대하여 계산하면 다음과 같다.

- 전선 중심으로부터 $2a$[m] 지점의 자계 H_1

  전선의 반지름이 a[m]이므로 H_1은 도체 외부의 자계가 된다.

  $H_1=\frac{NI}{2\pi r}=\frac{I}{2\pi(2a)}=\frac{I}{4\pi a}$[A/m]

- 전선 중심으로부터 $0.5a$[m] 지점의 자계 H_2

  전선의 반지름이 a[m]이므로 H_2는 도체 내부의 자계가 된다.

  전류가 도체 내부에 균일하게 흐르므로

  $H_2=\frac{rNI}{2\pi a^2}=\frac{0.5aI}{2\pi a^2}=\frac{I}{4\pi a}$[A/m]

- H_1과 H_2의 비

  $\frac{H_1}{H_2}=\frac{\frac{I}{4\pi a}}{\frac{I}{4\pi a}}=1$

따라서 H_1은 H_2의 1배가 된다.

13 전자기학 정답 | ①

전자기장에서 운동하는 전하가 받는 힘(로렌츠 힘)

$F=F_m+F_e=(v\times B)q+qE=q\{E+(v\times B)\}$[N]

1) $v\times B$

$$v\times B=\begin{vmatrix} a_x & a_y & a_z \\ 4 & 1 & -2 \\ 2 & 1 & -4 \end{vmatrix}$$
$$=(-4-(-2))a_x-(-16-(-4))a_y+(4-2)a_z$$
$$=(-4+2)a_x-(-12)a_y+2a_z$$
$$=-2a_x+12a_y+2a_z$$

2) $E+(v\times B)$

$(a_x-6a_y+5a_z)+(-2a_x+12a_y+2a_z)$

$=-a_x+6a_y+7a_z$

3) $q\{E+(v\times B)\}$

$2\cdot(-a_x+6a_y+7a_z)=-2a_x+12a_y+14a_z$

14 전자기학 정답 | ①

1) 자성체의 종류
   - 강자성체는 내부에 자기 모멘트가 평행하게 작용하는 작은 자발성 영역인 자구(Magnetic domain)가 형성되어 있어, 외부에서 자계를 가하게 되면 자구의 자기 모멘트가 동일한 방향으로 향하며 강하게 자화되고, 외부 자기장이 사라져도 자화가 남는 물질을 의미한다. 그러므로 영구자석의 재료로 사용된다.
   - 상자성체는 외부에서 자기장을 가하면 그 방향으로 내부의 자기 모멘트가 불규칙하게 배열되어 약하게 자화되고, 외부 자기장이 사라지면 자화하지 않는 물질을 의미한다.
   - 반자성체는 외부에서 자기장을 가하면 그 반대 방향으로 자화하여 외부 자기장과 반발하는 형태를 띠는 물질을 의미한다.

2) 자성체에 따른 물질의 종류

자성체	비투자율	물질의 종류
강자성체	$\mu_s \gg 1$	철, 니켈, 코발트, 망간
상자성체	$\mu_s > 1$	알루미늄, 텅스텐, 백금
반자성체	$\mu_s < 1$	금, 은, 동, 안티몬, 아연, 비스무트

3) 자석재료의 구비조건

구분	영구자석	전자석
잔류 자기	↑	↑
보자력	↑	↓
히스테리시스 면적	↑	↓

따라서 강자성체는 자기 모멘트가 평행하게 작용하는 자구가 형성되어 있다.

15 전자기학

정답 | ②

1) 점자극에 의한 자위 U[A][AT]

$U=\dfrac{m}{4\pi\mu_0 r}$[A][AT]

(여기서 m=점자극[wb], μ_0=공기 중의 투자율[H/m], r=점자극으로부터의 거리[m])

2) 자기력선의 성질

- (일반적 해석: 외부) 정자하($+m$; N)에서 부자하($-m$; S)로 향한다.
- 자기력선의 방향은 자계의 방향과 같다.
- 자계가 0이 아닌 곳에서는 자기력선은 서로 교차하지 않는다.
- 그 자신만으로 폐곡선이 될 수 있다.
- 자기력선은 도체 내부에도 존재하며, 내부에서의 방향은 부자하($-m$; S)에서 정자하($+m$; N)로 향한다.
- 도체면(등자위면)에서 자기력선은 수직으로 출입한다.
- 자기력선 밀도는 자계의 세기와 같다.

  $\dfrac{N}{S}=H$ (여기서 N=자기력선 개수)
- m[wb]의 자하에서 나오는 자기력선 개수는 $N=\dfrac{m}{\mu_0}$개다.

3) 자계가 존재하는 공간에서 점자극 $+m$[wb]이 받게 되는 힘은 $F=mH$가 되며, 점자극에 의한 자계와 자속밀도는 $B=\mu H$이므로 점자극이 받게 되는 힘은 $F=mH=m\dfrac{B}{\mu}$[N]로 표현할 수 있다.

(여기서 H=자계의 세기[AT/m][A/m], B=자속밀도[wb/m²], μ=투자율[H/m])

4) 전류에 의해 형성되는 자계의 세기는 '비오 – 사바르'의 법칙을 따른다. 전류에 의해 형성되는 자계의 방향은 '암페어의 오른나사 법칙'을 따른다.

따라서 공기 중에서 점자극 $+m$[wb]에 의한 자기력선의 개수는 $\dfrac{m}{\mu_0}=\dfrac{m}{4\pi\times10^{-7}}=\dfrac{m}{4\pi}\times10^{7}$개다.

> 참고 | 점자극 $+m$[wb]에 의한 자위는 점자극으로부터의 거리 r[m]에 반비례한다.
> 만일, 쌍극자로 주어진 경우에는 쌍극자로 인한 자위는 거리 r[m]의 제곱에 반비례한다.
> 따라서 쌍극자인지, 점자극인지 구분하는 것이 중요하다.

16 전자기학

정답 | ④

자속밀도 관계식 $B=\mu H=\dfrac{\phi}{S}$[wb/m²]

(여기서 μ=투자율[H/m]($=\mu_s\mu_0$), μ_0=공기 중의 투자율[H/m]($=4\pi\times10^{-7}$), μ_s=비투자율, H=자계의 세기[AT/m], S=단면적[m²], ϕ=자속[wb])

문제에서 자속과 단면적, 그리고 자계의 세기가 주어졌으므로 자속밀도 관계식을 이용하여 풀 수 있다.

자속밀도 관계식에서 '$\mu H=\mu_s\mu_0 H=\dfrac{\phi}{S}$'이므로

$$\mu_s=\frac{\phi}{\mu_0 HS}=\frac{8\pi\times10^{-3}}{4\pi\times10^{-7}\times4{,}000\times10\times10^{-4}}$$
$$=\frac{8\pi}{4\pi\times10^{-4}\times4}=\frac{1}{2\times10^{-4}}$$
$$=\frac{10^4}{2}=5{,}000$$

17 전기기기

정답 | ②

[동기기 권선법(단절권, 분포권의 특징)]

1) 단절권

- 고조파 제거로 인한 기전력의 파형 개선
- 동량(권선량) 감소
- 전절권에 비해 합성 기전력이 감소
- 전절권과 단절권의 형태

전절권　　　　단절권

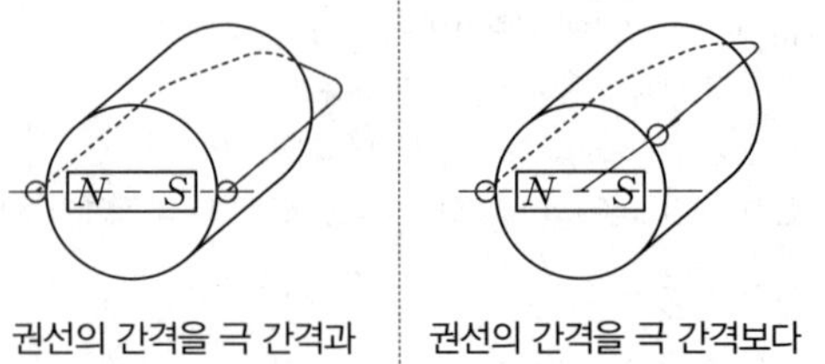

권선의 간격을 극 간격과 동일하게 감는 방식　　　　권선의 간격을 극 간격보다 작게 감는 방식

2) 분포권
- 고조파 감소로 인한 기전력의 파형 개선
- 누설 리액턴스 감소
- 집중권에 비해 합성 기전력 감소
- 매극 매상당 슬롯수 $q>1$
  (* 집중권의 경우 매극 매상당 슬롯수 $q=1$)

따라서 전절권은 권선의 간격과 극 간격이 같으며, 단절권은 권선의 간격이 극 간격보다 작다.

18 전기기기 　　정답 | ④

직류 타여자 발전기 기전력 관계식 $E=V+I_aR_a$[V]
(여기서 E=기전력[V], V=단자전압[V], I_a=전기자 전류[A], R_a=전기자 저항[Ω])
[직류 발전기 병렬운전 조건]
- 극성이 일치할 것
- 정격전압(단자전압)이 일치할 것
- 외부 특성이 거의 일치할 것(수하특성일 것)
- 직권과 복권의 경우 균압선을 시설할 것

각 타여자 발전기의 기전력을 E_A, E_B라 할 때,
$E_A=V_A+I_{aA}R_{aA}$[V]
$E_B=V_B+I_{aB}R_{aB}$[V]
직류 발전기의 병렬운전 조건에서 정격전압(단자전압)이 일치하여야 하므로 다음과 같은 관계가 성립한다.
$V=V_A=V_B=E_A-I_{aA}R_{aA}=E_B-I_{aB}R_{aB}$
$150-I_{aA}=120-0.5I_{aB}$
$I_{aA}-0.5I_{aB}=30$ … ㉠
조건에서 부하전류가 45[A]라고 주어졌으므로
$I_{aA}+I_{aB}=45$ … ㉡
위 두 식 ㉠, ㉡을 연립하여 계산하면 $I_{aA}=35$[A], $I_{aB}=10$[A]이므로 구하고자 하는 A발전기에 흐르는 전기자 전류는 $I_A=35$[A]가 된다.

19 회로이론 　　정답 | ③

주어진 회로의 맨 우측의 저항을 합성하면 다음과 같다.
$$\frac{(2+2)\times 4}{(2+2)+4}=\frac{4\times 4}{8}=2[\Omega]$$

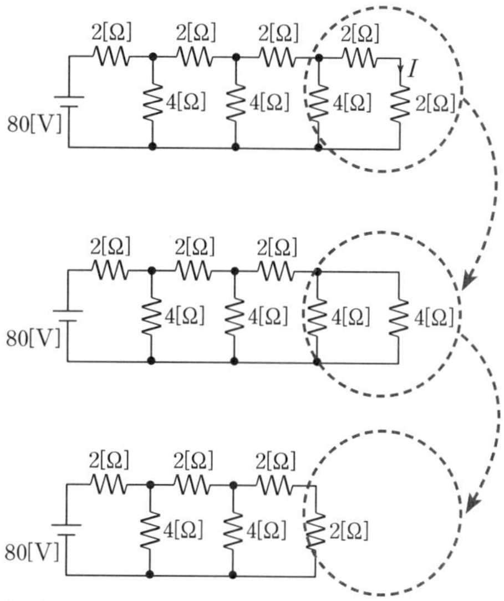

같은 회로가 반복되어 나타나므로 전체 회로의 합성저항은 다음과 같이 나타낼 수 있다.

ⓐ
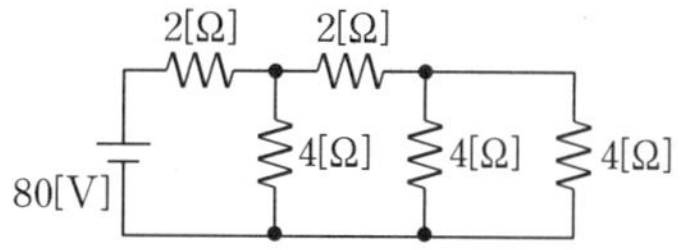

ⓑ
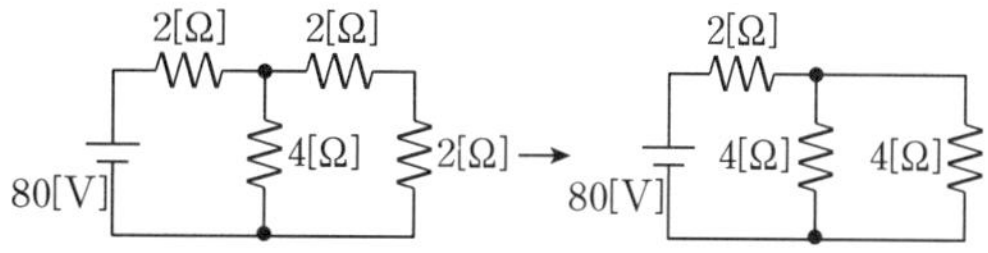

ⓒ
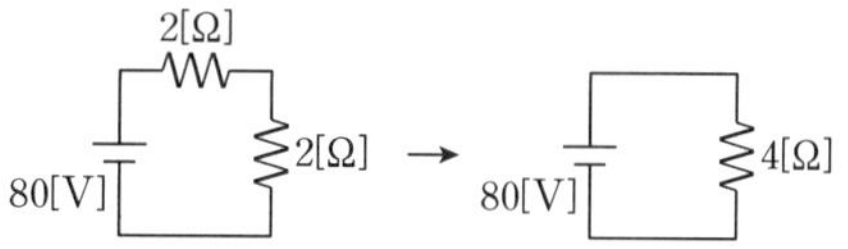

회로의 전류는 $\frac{80}{4}=20$[A]이 되며, 같은 저항의 회로가 반복되는 것과 같으므로 전류가 반씩 분배가 되어 맨 우측 저항에 흐르는 전류는 2.5[A]가 된다.

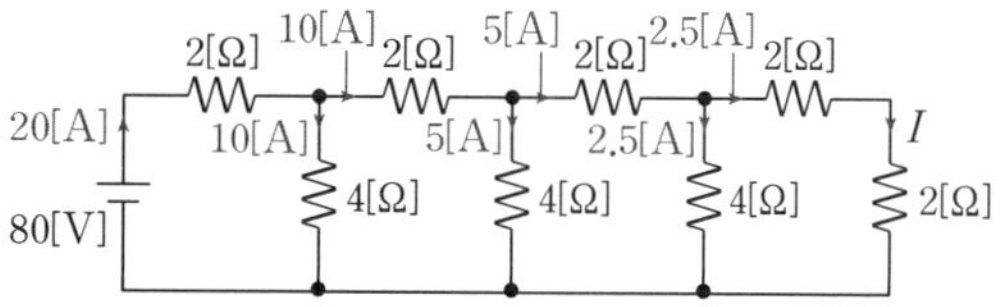

따라서 $I=2.5$[A]이다.

20 회로이론 　　정답 | ④

[노드 해석법을 이용한 풀이방법]
노드 해석법은 노드의 전압을 미지수로 설정하고, 각 노드에서 키르히호프 전류 방정식을 세워서 각 부분의 전압을 구하여 회로를

해석하는 방법이다.

전류 방정식을 세우기 위해 다음 그림과 같이 V_a, V_b, I_1~I_4까지 지정한다.

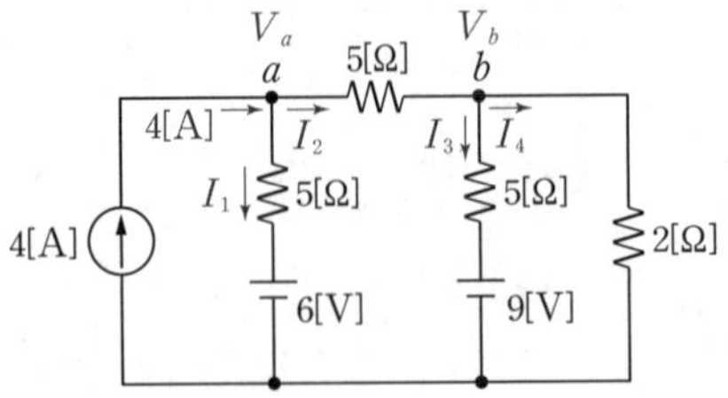

각 노드에서의 전류 방정식은 다음과 같이 세울 수 있다.

- a점: 키르히호프 전류 법칙에서

$$I_1+I_2=4$$
$$I_1+I_2-4=0$$
$$\frac{V_a-6}{5}+\frac{V_a-V_b}{5}-4=0$$
$$V_a-6+V_a-V_b-20=0$$
$$2V_a-V_b=26 \quad \cdots ㉠$$

- b점: 키르히호프 전류 법칙에서

$$I_2=I_3+I_4$$
$$I_2-I_3-I_4=0$$
$$\frac{V_a-V_b}{5}-\frac{V_b-9}{5}-\frac{V_b-0}{2}=0$$
$$2V_a-2V_b-2(V_b-9)-5V_b=0$$
$$2V_a-2V_b-2V_b+18-5V_b=0$$
$$2V_a-9V_b+18=0$$
$$2V_a-9V_b=-18 \quad \cdots ㉡$$

위 두 식 ㉠, ㉡을 연립하여 계산하면 $V_a=15.75[V]$, $V_b=5.5[V]$가 된다.

따라서 a와 b 사이의 전압(V_{ab})은 $V_{ab}=V_a-V_b=15.75-5.5=10.25[V]$이다.

21 전기기기 정답 | ③

동기 발전기의 전기자 반작용은 전기자 전류에 의해 발생하는 자속이 주자속 분포에 영향을 주는 현상이다.

- 교차 자화작용(횡축 반작용): 전류와 전압의 위상이 같을 때 발생하며, 전기자 전류에 의한 자기장이 주자속에 횡축으로 영향을 주어, 계자의 기자력과 전기자의 기자력이 서로 수직으로 나타난다.
- 감자작용(직축 반작용): 전류의 위상이 전압보다 90° 뒤지는 지상 부하일 때 발생하며, 전기자 전류에 의한 자기장이 주자속을 감소시키는 감자작용이 나타나, 수전단 전압이 감소하게 된다. 전기자 전류에 의한 자기장이 주자속에 직축으로 영향을 주므로 직축 반작용이라고도 한다.
- 증자작용(직축 반작용): 전류의 위상이 전압보다 90° 앞서는 진상 부하일 때 발생하며, 전기자 전류에 의한 자기장이 주자속을 증가시키는 증자작용이 나타나, 수전단 전압이 증가하게 된다. 전기자 전류에 의한 자기장이 주자속에 직축으로 영향을 주므로 직축 반작용이라고도 한다.

22 제어공학 정답 | ②

분모항에 중근이 있는 경우, 역라플라스 변환 방법은 다음과 같다.

[부분분수 전개(인수 가려서 판별하는 방법)]

$$F(s)=\frac{K}{(s+a)^2(s+b)}=\frac{A}{(s+a)^2}+\frac{B}{s+a}+\frac{C}{s+b}\text{에서}$$

'$\frac{B}{s+a}$'는 미분으로 적용한다.

예를 들어 $F(s)=\frac{1}{(s+1)^2(s+2)}$일 때, $f(t)$를 구한다고 하면 $F(s)$에서 구해야 할 미지수의 인수항을 가리고, 그 인수가 0이 되는 s값을 대입하여 각 미지수를 도출한다.

$$A:\ \frac{1}{s+2}\Big|_{s=-1}=1$$

$$B:\ \frac{d}{ds}\frac{1}{s+2}\Big|_{s=-1}=\frac{-1}{(s+2)^2}\Big|_{s=-1}=-1$$

$$\left(*\text{ 분수항의 미분 }\left[\frac{f(x)}{g(x)}\right]'=\frac{f(x)'g(x)-f(x)g(x)'}{[g(x)]^2}\right)$$

$$C:\ \frac{1}{(s+1)^2}\Big|_{s=-2}=1$$

∴ 역라플라스 변환 결괏값

$$F(s)=\frac{1}{(s+1)^2}-\frac{1}{s+1}+\frac{1}{s+2}$$

$$\xrightarrow{\mathcal{L}^{-1}} f(t)=te^{-t}-e^{-t}+e^{-2t}$$

주어진 함수를 역라플라스 변환하면 다음과 같다.

$$F(s)=\frac{10}{s(s+1)(s+2)^2}=\frac{A}{s}+\frac{B}{s+1}+\frac{C}{(s+2)^2}+\frac{D}{s+2}$$

$$A:\ \frac{10}{(s+1)(s+2)^2}\Big|_{s=0}=\frac{10}{1\times2^2}=\frac{5}{2}$$

$$B:\ \frac{10}{s(s+2)^2}\Big|_{s=-1}=\frac{10}{(-1)\times(-1+2)^2}=-10$$

$$C:\ \frac{10}{s(s+1)}\Big|_{s=-2}=\frac{10}{(-2)\times(-2+1)}=\frac{10}{2}=5$$

$$D:\ \frac{d}{ds}\frac{10}{s(s+1)}\Big|_{s=-2}=\frac{-10(2s+1)}{s^2(s+1)^2}\Big|_{s=-2}$$
$$=\frac{-10\{2\times(-2)+1\}}{(-2)^2\times(-2+1)^2}$$
$$=\frac{30}{4}=\frac{15}{2}$$

따라서 역라플라스 변환한 결괏값은 다음과 같다.

$$F(s)=\frac{\frac{5}{2}}{s}-\frac{10}{s+1}+\frac{5}{(s+2)^2}+\frac{\frac{15}{2}}{s+2}$$

$$\xrightarrow{\mathcal{L}^{-1}} f(t)=\frac{5}{2}-10e^{-t}+5te^{-2t}+\frac{15}{2}e^{-2t}$$

23 전력공학

정답 | ④

1) 아킹혼(소호환 또는 소호각)
   애자가 섬락되었을 때 아크열로 인해 애자가 손상되는 것을 방지하기 위한 장치
2) 애자련의 전압분담
   - 전압부담이 최대인 애자: 전선로에 가장 가까운 애자
   - 전압부담이 최소인 애자: 전선로로부터 대략 2/3 지점의 애자
3) 애자 1련의 개수

전압	22.9[kV]	66[kV]	154[kV]	345[kV]
애자개수	2~3개	4~6개	9~11개	19~23개

4) 애자의 절연내력 시험전압(250[mm] 현수애자 1개 기준)
   - 주수 섬락시험: 50[kV]
   - 건조 섬락시험: 80[kV]
   - 충격 섬락시험: 125[kV]
   - 유중 섬락시험: 140[kV]

따라서 ④에서 유중 섬락시험 전압은 130[kV]이 아닌 140[kV]이다.

24 전기설비

정답 | ①

[계통접지의 방식]

1) 계통접지 구성
   저압전로의 보호도체 및 중성선의 접속방식에 따라 TN계통, TT계통, IT계통으로 분류한다.
2) 계통접지에서 사용되는 문자의 정의
   - 제1문자 – 전원계통과 대지의 관계
     - T: 한 점을 대지에 직접접속
     - I: 모든 충전부를 대지와 절연시키거나 높은 임피던스를 통하여 한 점을 대지에 직접접속
   - 제2문자 – 전기설비의 노출도전부와 대지의 관계
     - T: 노출도전부를 대지로 직접접속, 전원계통의 접지와는 무관
     - N: 노출도전부를 전원계통의 접지점(교류 계통에서는 통상적으로 중성점, 중성점이 없으면 선도체)에 직접접속
   - 그 다음 문자(있는 경우) – 중성선과 보호도체의 배치
     - S: 중성선 또는 접지된 선도체 외에 별도의 도체에 의해 제공되는 보호 기능
     - C: 중성선과 보호 기능을 한 개의 도체로 겸용(PEN 도체)
3) 계통접지 방식의 종류
   - TN–S계통: 계통 전체에 대하여 별도의 중성선 또는 PE 도체를 사용하며, 배전계통에서 PE도체를 추가로 접지할 수 있는 계통접지 방식이다.
   - TN–C계통: 그 계통 전체에 대하여 중성선과 보호도체의 기능을 동일 도체로 겸용한 PEN도체를 사용하며, 배전계통에서 PEN도체를 추가로 접지할 수 있는 계통접지 방식이다.
   - TN–C–S계통: 계통의 일부분에서 PEN도체를 사용하거나, 중성선과 별도의 PE도체를 사용하는 방식이 있으며, 배전계통에서 PEN, PE도체를 추가로 접지할 수 있는 계통접지 방식이다.
   - TT계통: 전원의 한 점을 직접접지하고 설비의 노출도전부는 전원의 접지전극과 전기적으로 독립적인 접지극에 접속시키며, 배전계통에서 PE도체를 추가로 접지할 수 있는 계통접지 방식이다.
   - IT계통: 충전부 전체를 대지로부터 절연시키거나, 한 점을 임피던스를 통해 대지에 접속시키고, 전기설비의 노출도전부를 단독 또는 일괄적으로 계통의 PE도체에 접속시키며, 배전계통에서 추가 접지가 가능한 계통접지 방식이다. 계통은 충분히 높은 임피던스를 통하여 접지할 수 있고, 이 접속은 중성점, 인위적 중성점, 선도체 등에서 할 수 있다. 중성선은 배선할 수도 있고, 배선하지 않을 수도 있다.

따라서 TT계통은 전원의 한 점을 직접접지하고 설비의 노출도전부는 전원의 접지전극과 전기적으로 독립적인 접지극에 접속시키며, 배전계통에서 PE도체를 추가로 접지할 수 있는 계통접지 방식이다.

25 전기설비

정답 | ③

– 한국전기설비규정(KEC) –

[351.3–1. 발전기 등의 보호장치]

발전기에는 다음의 경우에 자동적으로 이를 전로로부터 차단하는 장치를 시설하여야 한다.

가. 발전기에 과전류나 과전압이 생긴 경우
나. 용량이 500[kVA] 이상의 발전기를 구동하는 수차의 압유장치의 유압 또는 전동식 가이드밴 제어장치, 전동식 니이들 제어장치 또는 전동식 디플렉터 제어 장치의 전원전압이 현저히 저하한 경우
다. 용량이 100[kVA] 이상의 발전기를 구동하는 풍차의 압유장치의 유압, 압축공기장치의 공기압 또는 전동식 브레이드 제어장치의 전원전압이 현저히 저하한 경우
라. 용량이 2,000[kVA] 이상인 수차 발전기의 스러스트 베어링의 온도가 현저히 상승한 경우
마. 용량이 10,000[kVA] 이상인 발전기의 내부에 고장이 생긴 경우
바. 정격출력이 10,000[kW]를 초과하는 증기터빈은 그 스러스트 베어링이 현저하게 마모되거나 그의 온도가 현저히 상승한 경우

차단장치의 동작기준은 용량이 2,000[kVA] 이상인 수차 발전기

의 스러스트 베어링의 온도가 현저히 상승한 경우이므로 정답은 ③이다.

26 전기설비

정답 | ①

– 한국전기설비규정(KEC) –

[123 전선의 접속]

1. 나전선 상호 또는 나전선과 절연전선 또는 캡타이어 케이블과 접속하는 경우에는 전선의 세기를 20[%] 이상 감소시키지 아니할 것
2. 코드 상호, 캡타이어 케이블 상호 또는 이들 상호를 접속하는 경우에는 코드 접속기, 접속함 기타의 기구를 사용할 것
3. 전기 화학적 성질이 다른 도체를 접속하는 경우에는 접속 부분에 전기적 부식이 생기지 않도록 할 것
4. 두 개 이상의 전선을 병렬로 사용하는 경우에는 다음에 의하여 시설할 것
   1) 병렬로 사용하는 각 전선의 굵기는 동선 50[mm^2] 이상 또는 알루미늄 70[mm^2] 이상으로 하고, 전선은 같은 도체, 같은 재료, 같은 길이 및 같은 굵기의 것을 사용할 것
   2) 같은 극의 각 전선은 동일한 터미널러그에 완전히 접속할 것
   3) 같은 극인 각 전선의 터미널러그는 동일한 도체에 2개 이상의 리벳 또는 2개 이상의 나사로 접속할 것
   4) 병렬로 사용하는 전선에는 각각에 퓨즈를 설치하지 말 것
   5) 교류회로에서 병렬로 사용하는 전선은 금속관 안에 전자적 불평형이 생기지 않도록 시설할 것

따라서 전선의 세기는 20[%] 이상 감소시키지 않아야 한다.

27 전기설비

정답 | ②

– 한국전기설비규정(KEC) –

[234.11.9 접지(1[kV] 이하 방전등)]

다음에 해당될 경우는 접지공사를 생략할 수 있다.

가. 관등회로의 사용전압이 대지전압 150[V] 이하의 것을 건조한 장소에서 시공할 경우

나. 관등회로의 사용전압이 400[V] 이하의 것을 사람이 쉽게 접촉될 우려가 없는 건조한 장소에서 시설할 경우로 그 안정기의 외함 및 등기구의 금속제 부분이 금속제의 조영재와 전기적으로 접속되지 않도록 시설할 경우

다. 관등회로의 사용전압이 400[V] 이하 또는 변압기의 정격 2차 단락전류 혹은 회로의 동작전류가 50[mA] 이하의 것으로 안정기를 외함에 넣고, 이것을 등기구와 전기적으로 접속되지 않도록 시설할 경우

28 전기설비

정답 | ④

– 한국전기설비규정(KEC) –

[112 용어 정의] 중에서

'특별저압(ELV; Extra Low Voltage)'이란 인체에 위험을 초래하지 않을 정도의 저압을 말한다.

여기서 SELV(Safety Extra Low Voltage)는 비접지회로에 해당되며, PELV(Protective Extra Low Voltage)는 접지회로에 해당된다.

'단독운전'이란 전력계통의 일부가 전력계통의 전원과 전기적으로 분리된 상태에서 분산형 전원에 의해서만 운전되는 상태를 말한다.

'관등회로'란 방전등용 안정기 또는 방전등용 변압기로부터 방전관까지의 전로를 말한다.

'노출도전부(Exposed Conductive Part)'란 충전부는 아니지만 고장 시에 충전될 위험이 있고, 사람이 쉽게 접촉할 수 있는 기기의 도전성 부분을 말한다.

29 전기설비

정답 | ②

– 한국전기설비규정(KEC) –

[표 333.7–1 특고압 가공전선의 높이]

사용전압	지표상의 높이
35[kV] 이하	5[m] – 철도 또는 궤도 횡단의 경우 6.5[m] – 도로 횡단의 경우 6[m] – 횡단보도교 위에 시설(특고압 절연전선/케이블) 시 4[m]
35[kV] 초과 160[kV] 이하	6[m] – 철도 또는 궤도 횡단의 경우 6.5[m] – 산지 등에서 사람이 쉽게 들어갈 수 없는 장소의 경우 5[m] – 횡단보도교 위에 시설(케이블) 시 5[m]
160[kV] 초과	6[m] – 철도 또는 궤도 횡단의 경우 6.5[m] – 산지 등에서 사람이 쉽게 들어갈 수 없는 장소의 경우 5[m] – 위 값에 160[kV]을 초과하는 10[kV] 또는 그 단수마다 0.12[m]를 더한 값

30 전기기기

정답 | ④

[직류 분권 발전기]

• 계자 권선과 전기자 권선이 병렬로 접속된 직류 발전기
• 기전력 관계식 $E=V+I_aR_a=k\phi N$[V]

$$I_a=I+I_f=\frac{P}{V}+\frac{V}{R_f}[\mathrm{A}]$$

(여기서 E=기전력(무부하 전압)[V], V=단자(정격)전압[V], I_f=계자전류[A], I_a=전기자 전류[A], I=부하전류[A], R_a=전기자 저항[Ω], R_f=계자저항[Ω], k=상수)

• 역회전 운전 금지
잔류자기 소멸로 인하여 발전이 불가하게 되므로 역회전 운전 금지

따라서 기전력 관계식에서 $I_f=\frac{V}{R_f}$이므로 $V=I_fR_f$[V]가 된다. 해당 식에서 단자전압과 계자전류는 비례관계이므로 단자에서 전압강하가 클수록 계자전류는 감소하게 된다.

오답풀이 |
② 계자 권선과 전기자 권선이 병렬로 접속된 직류 발전기를 직류 분권 발전기라 한다.
③ 기전력 관계식에서 $I_f=I_a-I$에 의해 부하전류가 커질수록 계자전류가 감소하게 되고, 이로 인해 계자의 자속이 감소하면서 $E=k\phi N$[V]에 의해 발전기의 유기기전력이 감소하게 된다.

31 제어공학 정답 | ③

[제어계 조절부 동작에 의한 제어 종류]
• P제어(비례제어): 검출값 편차에 비례하여 조작부를 제어하며, 오차가 크고 동작 속도가 늦고 잔류편차가 발생하는 단점이 있다.
• D제어(미분제어): 오차 검출 시에 오차의 변화속도에 대응하여 오차 변화를 억제하는 제어이다. 단독으로는 사용되지 않고, P와 I제어를 결합하여 PD제어 또는 PID제어로 사용된다.
• I제어(적분제어): 오차 발생 시, 그 크기와 발생하고 있는 시간에 대한 면적을 계산하고, 이 적분값의 크기에 비례하여 조작부를 제어하는 것으로, 잔류편차를 제거하여 정확도를 높이는 제어이다. 단독으로는 사용되지 않고, P와 D제어를 결합하여 PI제어 또는 PID제어로 사용된다.
• PD제어(비례미분 제어): P제어의 동작 속도가 느린 점을 보완하기 위해 미분동작을 추가한 것으로 제어장치의 응답 속응성을 높일 수 있는 제어이다.
• PI제어(비례적분 제어): P제어의 오차가 큰 점을 보완하기 위해 적분동작을 추가한 것으로 제어장치의 잔류편차를 제거하여 정확도를 높일 수 있는 제어이다.
• PID제어(비례미분적분 제어): PD제어와 PI제어의 장점을 조합한 것으로, 잔류편차를 제거하고 제어장치의 정확도 및 속응성을 향상시킨 최적의 제어이다.

따라서 PI제어에는 응답 속응성을 개선할 수 있는 기능은 없으므로 정답은 ③이다.

32 전력공학 정답 | ②

1) 피뢰기의 종류
ⓐ Gap형 피뢰기(직렬갭과 특성요소로 구성됨)
• 직렬갭: 정상 시에는 방전을 하지 않고 대지에 대한 절연유지, 이상전압 발생 시 신속히 대지로 방전하고 속류 차단
• 특성요소: 탄화규소(SiC)를 각종 결합체와 혼합하여 비저항 특성을 가지고 있어 큰 방전전류에는 저항이 작아져 제한전압을 낮게 억제하고 낮은 전압계통에는 높은 저항값으로 갭의 속류를 차단에 기여
ⓑ Gapless형 피뢰기
산화아연(ZnO)을 주성분으로 하여 특정 전압 이하에서는 전류가 거의 흐르지 않고, 선로 전압을 조정하면 속류를 차단할 필요가 없어 직렬갭이 필요 없게 되어, 직렬갭이 존재하지 않는 피뢰기

2) 피뢰기의 구비조건
• 제한전압이 낮을 것
• 충격 방전개시전압이 낮을 것
• 상용주파 방전개시전압이 높을 것
• 속류 차단능력이 클 것
• 방전내량이 클 것

3) 피뢰기의 용어
• 피뢰기 정격전압: 피뢰기 선로단자와 접지단자 간에 인가할 수 있는 상용주파 최대허용전압, 즉 속류를 차단할 수 있는 상용주파수 교류 최고전압
• 피뢰기 제한전압: 피뢰기에 방전전류가 흐르는 동안 피뢰기 단자 간에 나타나는 전압의 파고값
• 상용주파 방전개시전압: 피뢰기에 전류가 흐르기 시작한 최저의 상용주파 전압
• 충격 방전개시전압: 피뢰기 단자 간에 충격전압을 인가 시 방전을 개시하는 전압
• 속류: 방전현상이 끝난 후에도 계속해서 전력계통으로부터 공급되는 상용주파 전류

4) 피뢰기의 공칭방전전류

설치 장소	공칭방전 전류	적용조건
변전소	10[kA]	154[kV] 이상의 계통, 66[kV] 이하의 계통에서 Bank용량 3,000[kVA]을 초과하거나 특히 중요한 곳, 장거리 송전선 케이블 및 축전지 Bank를 개폐하는 곳
변전소	5[kA]	66[kV] 이하의 계통에서 Bank용량 3,000[kVA] 이하인 곳
변전소, 선로	2.5[kA]	22.9[kV] 이하의 배전선로, 일반수용가

피뢰기의 방전용량은 피뢰기가 각 부에 손상을 주는 일 없이 견

딜 수 있는 특정 파형의 최대방전전류의 파고값이므로 [A] 단위로 나타낸다.

33 제어공학

정답 | ④

[전달함수의 성질]

- 전달함수는 선형 시불변 시스템의 입출력을 비로써 나타낸 함수로 무차원량이며, 시변 시스템이나 비선형 시스템에서는 전달함수로 표현이 불가능하다.
- 초기조건이 0이 아니면 비 표현이 어렵기 때문에 초기조건을 0으로 가정한다.
- 시스템의 입출력 관계만 나타내므로 시스템의 내부구조 및 상태에 대한 정보는 알 수 없다.
- 전달함수는 시스템 그 자체의 성질을 표현하는 것이므로 입력의 크기나 종류에는 무관하다.

따라서 전달함수는 선형 시불변 시스템의 입출력을 비로써 나타낸 함수로, 시변 시스템, 비선형 시스템에서는 전달함수로 표현이 불가능하다.

34 전력공학

정답 | ③

작용 정전용량 C_w[F] 관계식

- 단상의 경우: $C_w=C_s+2C_m$
- 3상의 경우: $C_w=C_s+3C_m$

(여기서 C_s=대지 정전용량[F], C_m=선간(상호) 정전용량[F])

주어진 조건으로 단상과 3상일 때의 작용 정전용량을 각각 계산하면 다음과 같다.

- 단상의 경우
  $C_w=0.12+2\times0.07=0.12+0.14=0.26[\mu F]$
- 3상의 경우
  $C_w=0.12+3\times0.07=0.12+0.21=0.33[\mu F]$

35 전자기학

정답 | ④

[전속, 전속밀도의 특징]

- 전속 ψ[C]은 주위 매질에 관계없이 전하량 Q[C]와 같은 개수로 나타난다.
- 전속은 유전율이 큰 매질로 모이는 성질이 있다.
- 전속밀도는 주위 매질로부터의 영향을 받지 않는다.
- 전속밀도 관계식 $D=\frac{Q}{S}=\varepsilon E=\varepsilon_s\varepsilon_0 E[C/m^2]$

(여기서 Q=전하량[C], S=작용면적[m^2], ε=유전율[F/m], ε_s=비유전율, ε_0=공기 또는 진공 중의 유전율[F/m])

> 참고 | 분극의 세기($P[C/m^2]$) 관계식을 이용한 표현
> 유전체에 작용하는 전계 세기 $E=\frac{D-P}{\varepsilon_0}$[V/m]에서
> $D=\varepsilon_0E+P$가 되며, $P=\varepsilon_0(\varepsilon_s-1)E[C/m^2]$이므로
> $D=\varepsilon_0E+\varepsilon_0(\varepsilon_s-1)E=\varepsilon_0\varepsilon_sE$가 된다.

36 전기설비

정답 | ②

– 한국전기설비규정(KEC) –

[342.1 고압 옥내배선 등의 시설]

1. 고압 옥내배선은 다음에 따라 시설하여야 한다.
   1) 고압 옥내배선은 다음 중 하나에 의하여 시설할 것
      - 애자사용배선(건조한 장소로서 전개된 장소에 한함)
      - 케이블배선
      - 케이블트레이배선
   2) 애자사용배선에 의한 고압 옥내배선은 다음에 의하고, 사람이 접촉할 우려가 없도록 시설할 것
      - 전선은 공칭단면적 6[mm^2] 이상의 연동선 또는 이와 동등 이상의 세기 및 굵기의 고압 절연전선이나 특고압 절연전선일 것
      - 전선의 지지점 간의 거리는 6[m] 이하일 것. 다만, 전선을 조영재의 면을 따라 붙이는 경우에는 2[m] 이하이어야 한다.
      - 전선 상호 간의 간격은 0.08[m] 이상, 전선과 조영재 사이의 이격거리는 0.05[m] 이상일 것
      - 애자사용배선에 사용하는 애자는 절연성, 난연성, 내수성의 것일 것
      - 고압 옥내배선은 저압 옥내배선과 쉽게 식별되도록 시설할 것
      - 전선이 조영재를 관통하는 경우에는 그 관통하는 부분의 전선을 전선마다 각각 별개의 난연성 및 내수성이 있는 견고한 절연관에 넣을 것
2. 고압 옥내배선이 다른 고압 옥내배선, 저압 옥내전선, 관등회로의 배선, 약전류 전선 등 또는 수관, 가스관이나 이와 유사한 것과 접근하거나 교차하는 경우의 이격거리는 0.15[m](애자사용배선에 의하여 시설하는 저압 옥내전선이 나전선인 경우에는 0.3[m], 가스계량기 및 가스관의 이음부와 전력량계 및 개폐기와는 0.6[m]) 이상이어야 한다.

37 전자기학

정답 | ③

- 암페어의 오른나사 법칙

전류에 의해 발생되는 자계의 방향을 결정하는 법칙으로 전류의 방향을 나사 진행방향이라 할 때, 전류에 의해 발생한 자계의 방향은 나사가 도는 방향이 된다.

- 비오 – 사바르 법칙
  도체에 흐르는 전류에 의해 형성되는 자계의 세기를 도출하는 법칙이다.
- 플레밍 법칙
  - 오른손 법칙: 운동도체에 유도되는 기전력에 관한 법칙이다. 자속 밀도가 작용하는 공간에 어떤 길이를 갖는 도체가 어떤 속도로 운동하면 도체에는 기전력이 유도되는데 이를 간단하게 나타낸 정리이며, 발전기의 원리가 된다.
  - 왼손 법칙: 자속 밀도가 작용하는 공간에 전류가 흐르는 도체가 있을 때, 도체에 흐르는 전류에 의한 자속과 공간상에 작용하는 자속의 작용으로 인해 도체를 움직이게 하는 힘이 형성되는데, 이의 방향을 간단하게 나타낸 정리로, 전동기의 원리가 된다.
- 무한장 솔레노이드의 자계 관계
  - 솔레노이드 외부자계 $H \fallingdotseq 0$
  - 솔레노이드 내부자계 $H=\frac{NI}{l}[\mathrm{AT/m}]$

  (여기서 N=도체 감은 수, I=전류[A], l=자로의 길이[m])

따라서 ③은 플레밍의 왼손 법칙에 대한 내용이다.

38 제어공학

정답 | ①

$\frac{d^3}{dt^3}c(t)+4\frac{d^2}{dt^2}c(t)+2\frac{d}{dt}c(t)+3c(t)=r(t)$에서

1) 상태변수는 다음과 같다.

- $c(t)=x_1(t)$
- $\frac{d}{dt}c(t)=\dot{x}_1(t)=x_2(t)$
- $\frac{d^2}{dt^2}c(t)=\dot{x}_2(t)=x_3(t)$
- $\frac{d^3}{dt^3}c(t)=\dot{x}_3(t)$

그러므로 주어진 수식은 다음과 같다.

$\dot{x}_3(t)+4\dot{x}_2(t)+2\dot{x}_1(t)+3x_1(t)=r(t)$

$\dot{x}_3(t)+4x_3(t)+2x_2(t)+3x_1(t)=r(t)$

2) 각 식을 다시 표현하면 다음과 같다.

- $\dot{x}_1(t)=0\cdot x_1(t)+x_2(t)+0\cdot x_3(t)+0\cdot r(t)$
- $\dot{x}_2(t)=0\cdot x_1(t)+0\cdot x_2(t)+x_3(t)+0\cdot r(t)$
- $\dot{x}_3(t)=-3x_1(t)-2x_2(t)-4x_3(t)+r(t)$

3) 2)의 식을 행렬식으로 작성하면 다음과 같다.

$$\dot{x}(t)=\begin{bmatrix}\dot{x}_1(t)\\ \dot{x}_2(t)\\ \dot{x}_3(t)\end{bmatrix}=\begin{bmatrix}0&1&0\\0&0&1\\-3&-2&-4\end{bmatrix}\begin{bmatrix}x_1(t)\\x_2(t)\\x_3(t)\end{bmatrix}+\begin{bmatrix}0\\0\\1\end{bmatrix}r(t)$$

따라서 $A=\begin{bmatrix}0&1&0\\0&0&1\\-3&-2&-4\end{bmatrix}$, $B=\begin{bmatrix}0\\0\\1\end{bmatrix}$가 된다.

> 참고 | 간단한 풀이 방법
>
> $\frac{d^3}{dt^3}c(t)+4\frac{d^2}{dt^2}c(t)+2\frac{d}{dt}c(t)+3c(t)=r(t)$에서 최고차항을 제외한 나머지
>
> $4\frac{d^2}{dt^2}c(t)+2\frac{d}{dt}c(t)+3c(t)=r(t)$에서 A행렬의 마지막 항은 좌변의 상수 부호를 반대로 하여 순서를 역순으로 한 것과 같고 B행렬의 마지막 행은 우변의 상수항과 같다.
>
> 즉, $\underline{4\frac{d^2}{dt^2}c(t)+2\frac{d}{dt}c(t)+3c(t)}=\underline{1}r(t)$
>
> $A=\begin{bmatrix} & & \\ -3 & -2 & -4\end{bmatrix}$ $B=\begin{bmatrix} \\ 1\end{bmatrix}$

39 전력공학

정답 | ②

부하율은 일정 기간 중의 부하의 변동의 정도를 나타내며, 관계식은 다음과 같다.

$$\text{부하율}=\frac{\text{평균 전력[kW]}}{\text{최대 전력[kW]}}\times100[\%]$$

$$=\frac{\text{사용 전력량[kWh]/시간[h]}}{\text{최대 전력[kW]}}\times100[\%]$$

주어진 조건을 이용하여 계산하면 다음과 같다.

$$\text{부하율}=\frac{\text{사용 전력량[kWh]/시간[h]}}{\text{최대 전력[kW]}}\times100[\%]$$

$$=\frac{\frac{252{,}000}{30\times24}}{700}\times100=50[\%]$$

40 제어공학

정답 | ③

이득여유 $g_m=20\log_{10}\left|\frac{1}{G(jw)H(jw)}\right|[\mathrm{dB}]$

$G(s)H(s)=\frac{2}{(2s+5)(s+4)}$에서 $s=jw$이므로

$G(jw)H(jw)=\frac{2}{(2jw+5)(jw+4)}$가 되며

$w=0$이므로 $G(jw)H(jw)=\frac{2}{20}=\frac{1}{10}$이 된다.

따라서 이득여유 g_m[dB]은 다음과 같다.

$$g_m=20\log_{10}\left|\frac{1}{G(jw)H(jw)}\right|=20\log_{10}|10|=20[\mathrm{dB}]$$

2020 하반기 한국동서발전

2020. 11. 1. (일) 시행

정답 확인

p.187

문항	정답	과목	문항	정답	과목	문항	정답	과목	문항	정답	과목	문항	정답	과목
01	①	전자기학	02	③	전자기학	03	②	전자기학	04	④	전자기학	05	①	전자기학
06	③	전자기학	07	①	전자기학	08	②	전자기학	09	②	전기기기	10	③	전기기기
11	③	전기기기	12	①	전기기기	13	②	전기기기	14	③	전기기기	15	④	전기기기
16	①	전기기기	17	④	회로이론	18	③	회로이론	19	①	회로이론	20	②	회로이론
21	①	전력공학	22	③	전력공학	23	④	전력공학	24	②	전력공학	25	②	회로이론
26	①	전력공학	27	②	회로이론	28	②	전력공학	29	③	전기설비	30	①	전기설비
31	①	전력공학	32	④	전기설비	33	③	전력공학	34	④	제어공학	35	②	회로이론
36	③	전기설비	37	④	전기설비	38	③	전기설비	39	④	전기설비	40	④	전기설비

세부과목별 실력 점검표

과목	맞은 개수	정답률	취약점 & 체크사항
전자기학	/8	%	
회로이론	/7	%	
전기기기	/8	%	
전력공학	/8	%	
제어공학	/1	%	
전기설비	/8	%	
합계	/40	%	

01 전자기학

정답 | ①

- 전위경도 관계식 $gradV=\nabla\cdot V$
- 미분연산자 $\nabla=\frac{\partial}{\partial x}i+\frac{\partial}{\partial y}j+\frac{\partial}{\partial z}k$

주어진 조건으로 전위경도를 계산하면 다음과 같다.

$$\nabla\cdot V=\left(\frac{\partial}{\partial x}i+\frac{\partial}{\partial y}j+\frac{\partial}{\partial z}k\right)\cdot(4x^2y^2+2y^4z+10)$$
$$=\frac{\partial}{\partial x}(4x^2y^2+2y^4z+10)i+\frac{\partial}{\partial y}(4x^2y^2+2y^4z+10)j$$
$$+\frac{\partial}{\partial z}(4x^2y^2+2y^4z+10)k$$
$$=8xy^2i+(8x^2y+8y^3z)j+2y^4k$$

점 $(1, -1, 2)$에서의 전위경도를 물었으므로

$x=1$, $y=-1$, $z=2$를 대입하여 계산하면 다음과 같다.

$$\nabla\cdot V=8\cdot1\cdot(-1)^2i+(8\cdot1^2\cdot(-1)+8\cdot(-1)^3\cdot2)j+2\cdot(-1)^4k$$
$$=8i-24j+2k$$

02 전자기학

정답 | ③

[쿨롱의 법칙]

- 거리 r[m] 떨어진 두 개의 점전하 사이에 작용하는 힘을 기술하는 물리법칙
- 쿨롱의 힘(Coulomb's force)

  거리 r[m] 떨어진 두 개의 점전하 사이의 일직선상으로 작용하는 힘은 두 전하의 곱에 비례하고 거리의 제곱에 반비례하며, 전하의 극성에 따라 흡인력 또는 반발력으로 작용한다.

  $$F=k\frac{Q_1Q_2}{r^2}=\frac{Q_1Q_2}{4\pi\varepsilon_0r^2}\fallingdotseq9\times10^9\times\frac{Q_1Q_2}{r^2}[\text{N}]$$

  $\left(\text{여기서 } k(\text{쿨롱상수})=\frac{1}{4\pi\varepsilon_0}\right)$

  – 동일 극성 간의 힘: 반발력(척력)으로 작용

  – 다른 극성 간의 힘: 흡인력(인력)으로 작용

03 전자기학

정답 | ②

[유전체의 경계조건 관계식]

- $E_1\sin\theta_1=E_2\sin\theta_2$: 전계의 접선성분이 연속
- $D_1\cos\theta_1=D_2\cos\theta_2$: 전속밀도의 법선성분이 연속
- $\frac{\tan\theta_1}{\tan\theta_2}=\frac{\varepsilon_1}{\varepsilon_2}$ (굴절법칙)

주어진 조건은 유전율과 입사·굴절각이므로 이 조건을 적용할 수 있는 관계식은 $\frac{\tan\theta_1}{\tan\theta_2}=\frac{\varepsilon_1}{\varepsilon_2}$이다.

해당 관계식을 이용하여 굴절 측의 유전율 ε_2를 계산하면 다음과 같다.

$$\varepsilon_2=\frac{\tan\theta_2}{\tan\theta_1}\varepsilon_1=\frac{\tan45^\circ}{\tan30^\circ}\times5\varepsilon_0$$

$\tan45^\circ=1$, $\tan30^\circ=\frac{1}{\sqrt{3}}$이므로

$$\varepsilon_2=\frac{1}{\frac{1}{\sqrt{3}}}\times5\varepsilon_0=5\sqrt{3}\varepsilon_0$$

04 전자기학

정답 | ④

전류가 흐르는 원형코일 중심 자계 관계식 $H=\frac{NI}{2a}$[AT/m]

(여기서 N=권수, I=코일에 흐르는 전류[A], a=원형코일의 반지름[m])

주어진 조건을 관계식에 대입하면 다음과 같다.

$$H=\frac{NI}{2a}=\frac{100\times2}{2\times5\times10^{-2}}=2{,}000[\text{AT/m}]$$

05 전자기학

정답 | ①

[쌍극자 $\pm Q$ 중심으로부터 거리 r[m]의 점 P에 형성되는 전계와 전위]

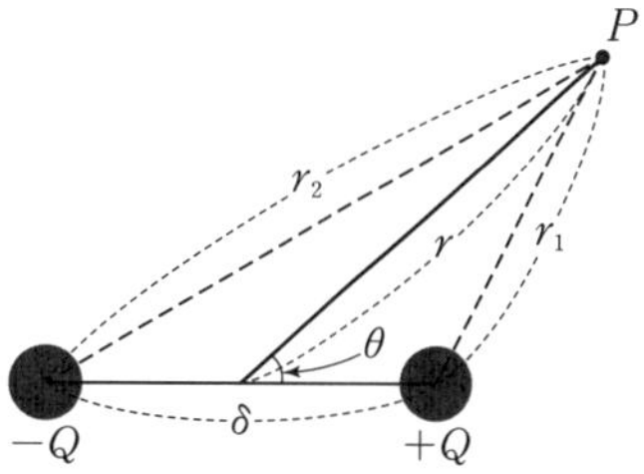

1) 전기 쌍극자 모멘트 $M=Q\delta[\text{C}\cdot\text{m}]$
2) P점에 형성되는 전위 V_P[V]

   $$V_P=\frac{Q\delta}{4\pi\varepsilon_0r^2}\cos\theta=\frac{M}{4\pi\varepsilon_0r^2}\cos\theta[\text{V}]$$

3) P점에 형성되는 전계의 세기 E_P[V/m]

   $$E_P=\frac{M}{4\pi\varepsilon_0r^3}\sqrt{1+3\cos^2\theta}[\text{V/m}]$$

4) 그 외의 관계성
   - 거리와의 관계성

     – 전위 $V\propto\frac{1}{r^2}$

     – 전계 $E\propto\frac{1}{r^3}$
   - 전위와 전계는 $\cos\theta$의 함수

     – $\theta=0^\circ$일 때: 최댓값

     – $\theta=90^\circ\left(\text{또는 }\frac{\pi}{2}[\text{rad}]\right)$: 최솟값(단, 전위는 0)

06 전자기학 정답 | ③

- 콘덴서에 축적되는 에너지 관계식
  $W=\frac{1}{2}CV^2=\frac{1}{2}QV=\frac{1}{2}\frac{Q^2}{C}$[J]
- 평행판 콘덴서의 정전용량 관계식은 $C=\frac{\varepsilon_0 S}{d}$[F]

(여기서 C=정전용량[F], V=전압[V], Q=전하량[C], ε_0=(진공 또는 공기 중의) 유전율, S=극판의 면적[m²], d=극판의 간격[m])

주어진 조건에서 전위와 정전용량을 구할 수 있는 면적과 간격이 주어졌으므로 $W=\frac{1}{2}CV^2$의 관계식을 이용하여 계산할 수 있다.

$$W=\frac{1}{2}CV^2=\frac{1}{2}\frac{\varepsilon_0 S}{d}V^2=\frac{1}{2}\times\frac{40\times10^{-4}}{1\times10^{-2}}\varepsilon_0\times90^2$$
$$=1{,}620\varepsilon_0[\mathrm{J}]$$

07 전자기학 정답 | ①

자화의 세기 $J=\mu_0(\mu_s-1)H=\chi H=\left(1-\frac{1}{\mu_s}\right)B$[wb/m²]

(여기서 μ_0=진공 또는 공기 중의 투자율[H/m], μ_s=비투자율, $\chi=\mu_0(\mu_s-1)$=자화율, H=자계의 세기[AT/m], B=자속밀도[wb/m²])

주어진 조건을 이용하여 계산하면 다음과 같다.

- 자화율 $\chi=\mu_0(\mu_s-1)=\mu_0(250-1)=249\mu_0$
- 자화의 세기 $J=\left(1-\frac{1}{\mu_s}\right)B=\left(1-\frac{1}{250}\right)\times500$

$$=\frac{249}{250}\times500=498[\mathrm{wb/m^2}]$$

08 전자기학 정답 | ②

- 전자유도 법칙
  하나의 회로에 쇄교하는 자속 ϕ[wb]의 시간적 변화에 의해 기전력이 유기되는 현상
- 패러데이 법칙
  기전력의 크기를 결정하는 법칙으로, 전자유도에 의해 발생하는 기전력은 시간변화에 대한 자속쇄교수(량)에 비례한다.
  $e=\frac{d\lambda}{dt}=N\frac{d\phi}{dt}=L\frac{di}{dt}$(여기서 자속쇄교량 $\lambda=N\phi$)
- 렌츠의 법칙
  전자유도에 의해 발생하는 기전력은 자속 변화를 방해하려는 방향으로 발생한다. 유기 기전력의 방향을 결정하는 법칙이다.
- 패러데이 – 렌츠의 법칙
  $e=-N\frac{d\phi}{dt}=-L\frac{di}{dt}$[V]

따라서 빈칸 ⓐ에는 전자유도 법칙, ⓑ에는 렌츠의 법칙, ⓒ에는 패러데이 법칙이 들어가야 한다.

09 전기기기 정답 | ②

[직류 분권 발전기 관계식]

- 기전력 $E=V+I_aR_a$[V]
- 전기자 전류 $I_a=I+I_f=\frac{P}{V}+\frac{V}{R_f}$[A]

(여기서 V=단자전압[V], I=부하전류[A], I_f=계자전류[A], R_a=전기자 저항[Ω], R_f=계자저항[Ω], P=출력[W])

주어진 조건을 분권 발전기 관계식에 대입하여 계산하면 다음과 같다.

$$I_a=\frac{P}{V}+\frac{V}{R_f}=\frac{60\times10^3}{300}+\frac{300}{100}=200+3=203[\mathrm{A}]$$
$$E=V+I_aR_a=300+203\times0.1=300+20.3=320.3[\mathrm{V}]$$

10 전기기기 정답 | ③

일반적인 동기기에서 사용하는 권선법에는 고상권, 폐로권, 이층권, 분포권, 단절권이 있다.

11 전기기기 정답 | ③

단상 유도기의 기동토크가 큰 순서는 '반발 기동형 – 반발 유도형 – 콘덴서 기동형 – 분상 기동형 – 셰이딩 코일형 – 모노사이클릭형'이다.

12 전기기기 정답 | ①

[전동기의 속도 제어방식]

1) 직류 전동기
   전압제어, 계자제어, 저항제어
2) 유도 전동기
   - 농형 유도 전동기: 극수 변환(제어)법, 주파수 변환(제어)법, 전압 제어법(사이리스터를 이용한 전압의 위상 제어)
   - 권선형 유도 전동기: 2차 저항제어, 2차 여자제어, 종속법

3) 동기 전동기

동기 속도로 회전하는 전동기이므로 별도의 속도제어 방법이 없다.

13 전기기기 정답 | ②

동기속도 $N_s=\frac{120f}{p}$

(여기서 N_s=동기속도[rpm], f= 주파수[Hz], p=극수)

주어진 조건을 이용하여 계산하면 다음과 같다.

$N_s=\frac{120f}{p}=\frac{120\times60}{10}=720$[rpm]

14 전기기기 정답 | ③

권수비의 관계식 $a=\frac{N_1}{N_2}=\frac{E_1}{E_2}=\frac{V_1}{V_2}=\frac{I_2}{I_1}=\sqrt{\frac{Z_1}{Z_2}}$에서

$I_2=I_1\sqrt{\frac{Z_1}{Z_2}}=20\times\sqrt{\frac{900}{1}}=600$[A]이다.

15 전기기기 정답 | ④

- 회전자 주파수 $f_{2s}=sf_2=sf_1$
- 슬립 $s=\frac{N_s-N}{N_s}$
- 동기속도 $N_s=\frac{120f}{p}$

(여기서 f_{2s}=회전자(2차) 주파수[Hz], f_1=1차 주파수[Hz], f_2=2차 주파수[Hz], s=슬립, N_s=동기속도[rpm], N=회전속도[rpm], p=극수)

주어진 조건과 위의 관계식을 이용하여 계산하면 다음과 같다.

- 동기속도 $N_s=\frac{120f}{p}=\frac{120\times60}{8}=900$[rpm]
- 슬립 $s=\frac{N_s-N}{N_s}=\frac{900-720}{900}=\frac{180}{900}=0.2$
- 회전자 주파수 $f_{2s}=sf_2=sf_1=0.2\times60=12$[Hz]

16 전기기기 정답 | ①

단락비 k의 관계식은 다음과 같다.

$k=\frac{I_s}{I_n}=\frac{100}{\%Z}=\frac{V^2}{PZ}$

(여기서 I_s=단락전류[A], I_n=정격전류[A], V=정격전압[V], P=정격출력[VA])

주어진 조건에 의해 단락전류는 $\frac{I_s}{I_n}=\frac{100}{\%Z}$의 관계를 이용하여 구할 수 있다.

$I_s=\frac{100}{\%Z}I_n=\frac{100}{\%Z}\times\frac{P}{\sqrt{3}V}=\frac{100}{5}\times\frac{11\times10^3}{\sqrt{3}\times220}=\frac{1,000}{\sqrt{3}}$[A]

17 회로이론 정답 | ④

처음의 저항을 $R=\rho\frac{l}{S}$라 하면 체적은 v[m³]$=S$(면적[m²])$\times$ l(길이[m])이므로 체적이 불변이라면 길이가 3배가 되었을 때 면적은 $\frac{1}{3}$배가 된다.

이 경우의 저항은 $R=\rho\frac{3l}{\frac{1}{3}S}=9\rho\frac{l}{S}$이 되므로 처음 저항의 9배가 된다.

18 회로이론 정답 | ③

[비정현파의 실횻값]

직류분, 기본파 및 고조파 제곱합의 제곱(평방)근, 즉 직류분과 각 파형에 대한 실횻값의 벡터합으로 계산한다.

$v=V_0+\sum_{n=1}^{\infty}V_{mn}\sin(nwt+\theta_n)$

$=V_0+V_{m1}\sin(wt+\theta_1)+V_{m2}\sin(2wt+\theta_2)+\cdots$일 때,

실횻값 $V=\sqrt{V_0^2+\left(\frac{V_{m1}}{\sqrt{2}}\right)^2+\left(\frac{V_{m2}}{\sqrt{2}}\right)^2+\cdots}$

$=\sqrt{V_0^2+V_1^2+V_2^2+\cdots}$ [V]

따라서 주어진 조건에 대한 실횻값을 계산하면 다음과 같다.

$V=\sqrt{V_0^2+V_1^2+V_3^2+V_5^2}=\sqrt{10^2+6^2+8^2+20^2}$

$=\sqrt{100+36+64+400}=\sqrt{600}=10\sqrt{6}$[V]

19 회로이론 정답 | ①

역률(유효율) 관계식 $\cos\theta=\frac{R}{Z}=\frac{R}{\sqrt{R^2+X^2}}$

(여기서 합성 리액턴스 $X=X_L-X_C$)

주어진 조건을 역률 관계식에 대입하여 계산하면 다음과 같다.

$\cos\theta=\frac{R}{\sqrt{R^2+X^2}}=\frac{30}{\sqrt{30^2+(75-35)^2}}=\frac{30}{\sqrt{30^2+40^2}}$

$=\frac{30}{50}=0.6$

20 회로이론

정답 | ②

[RLC 직렬공진회로]
특정 주파수에 있어서 유도성 리액턴스($X_L=2\pi fL$)와 용량성 리액턴스$\left(X_C=\frac{1}{2\pi fC}\right)$의 값이 같아져, L과 C의 영향이 상쇄되어 저항 R만의 회로가 되며 전압 또는 전류가 급격히 변화하는 회로를 말한다.
이때, 회로의 저항성분(임피던스)은 최소가 되고 회로는 주파수 f와 무관한 회로가 된다.

- 임피던스는 최소가 된다.(R만의 회로가 된다.)
- 어드미턴스는 최대가 된다.
- 전류는 최대가 된다.
- 전압과 전류의 위상은 동상이 된다.
- 역률이 1이 된다.
- 주파수와 무관한 회로가 된다.
- 공진 각주파수 $w_0=\frac{1}{\sqrt{LC}}$[rad/s]
- 공진 주파수 $f_0=\frac{1}{2\pi\sqrt{LC}}$[Hz]

21 전력공학

정답 | ①

켈빈의 법칙에 대한 설명이다.

22 전력공학

정답 | ③

[복도체를 사용하였을 경우의 장·단점]
1) 장점
- 선로의 인덕턴스는 감소, 정전용량은 증가한다.
- 송전용량이 증가한다.
- 코로나 손실이 감소한다.
- 코로나 임계전압이 상승하여 코로나가 방지된다.
- 안정도가 증대된다.

2) 단점
- 단락사고 시 대전류가 흘러 소도체 사이에 흡인력이 발생된다.
- 건설비가 증가한다.
- 꼬임현상 및 소도체 사이에 충돌현상이 발생한다.
- 페란티 현상에 의한 수전단 전압상승이 초래된다.

23 전력공학

정답 | ④

[송전계통의 안정도 향상 대책]
- 발전기 및 변압기의 리액턴스를 작게 한다.
- 발전기의 단락비를 크게 한다.
- 선로의 병행회선을 증가시키거나 복도체를 채용한다.
- 직렬 콘덴서를 설치하여 선로의 유도성 리액턴스를 보상한다.
- 속응 여자방식을 채용한다.
- 중간 조상방식을 채용한다.
- 적당한 중성점 접지방식을 채용한다.
- 고속도 차단방식을 채용하여 고장발생 시 고장구간을 신속히 차단한다.
- 고속도 재폐로 방식을 채용한다.

오답풀이 |
ⓛ 직렬 콘덴서를 설치하면 유도성 리액턴스가 보상된다.
ⓡ 발전기의 단락비를 크게 하여 전압 변동률을 감소시킨다.

24 전력공학

정답 | ②

[열역학적 사이클의 종류]
- 재열 사이클: 증기터빈에서 팽창된 증기를 추출하여 재열기에서 재가열함으로써 열효율을 증가시키는 사이클이다.
- 재생 사이클: 증기터빈에서 증기의 팽창 도중에 일부를 유출해 급수의 가열을 하게 하여 열효율을 증가시킨 사이클이다.
- 재생·재열 사이클: 열효율이 높은 열역학적 사이클이다. 재생 사이클에서 팽창 도중의 증기를 재가열하기 위해 재열기를 첨가한 사이클로 재생과 재열을 복합시킨 것이다.
- 랭킨 사이클: 2개의 단열변화와 2개의 등압변화로 구성되는 사이클 중 작동유체가 증기와 액체의 상변화를 수반하는 것으로, 증기터빈에 의한 화력발전소에서 기본 사이클로 하고 있다.
- 카르노 사이클: 열역학적 사이클 중 가장 이상적인 가역사이클로, 실현 현실성이 없는 이론적 사이클이다. 카르노 사이클은 효율이 가장 우수한 열기관을 제작할 수 있는 방향을 제시하므로 매우 중요한 사이클이며, 2개의 등온변화와 2개의 단열변화로 이루어진다.

25 회로이론

정답 | ②

[이상적인 인덕턴스 회로의 특징]
- 교류 인가 시에 $X_L=wL=2\pi fL$[Ω]의 유도성 리액턴스로 작용하며, 주파수에 비례한다.
- 자속의 시간적인 변화에 따라 유도 기전력이 형성된다.

(전자유도 법칙 $e=-N\dfrac{d\phi}{dt}=-L\dfrac{di}{dt}$)

- 전류의 위상은 전압의 위상보다 90° 늦다. (지상)
- 인덕턴스 회로는 전력의 소비가 일어나지 않는다.
- 직류는 주파수가 0이므로 직류 인가 시에는 $X_L=wL=2\pi fL$에서 $X_L=0[\Omega]$이 되므로 단락으로 작용한다.

따라서 유도성 리액턴스는 $X_L=wL=2\pi fL[\Omega]$의 관계에 의해 주파수에 비례한다.

26 전력공학 정답 | ①

단로기(DS)는 부하전류를 제거한 후 회로를 격리하도록 하기 위한 장치로, 고장전류나 부하전류와 같은 대전류는 차단 또는 개폐할 수 없으며, 무부하 충전전류나 변압기 여자전류 등을 개폐할 수 있다.

27 회로이론 정답 | ②

[저항만의 회로에서 최대전력 전달조건]
부하저항 $R=$내부저항 r일 때 최대전력이 전달되며,
이때의 최대전력은 $P_m=\dfrac{E^2}{4r}=\dfrac{E^2}{4R}[\mathrm{W}]$이다.
여기에서 부하저항을 전원 내부저항과 일치시켜 부하에 최대전력을 전달하도록 하는 것을 정합(matching)이라 한다.
주어진 조건으로 부하저항 R에 전달되는 최대전력[W] 값을 계산하면 다음과 같다.

$$P_m=\frac{E^2}{4r}=\frac{200^2}{4\times10}=\frac{40{,}000}{40}=1{,}000[\mathrm{W}]$$

28 전력공학 정답 | ②

변압기 용량은 수용가에서 받을 수 있는 합성최대전력[kVA]을 의미한다.
수용가에서 사용할 수 있는 실질적인 전력은 유효전력이므로 수용가의 합성최대전력 단위는 [kW]이고
변압기 용량은 '$\dfrac{\text{합성최대전력}}{\text{역률}}[\mathrm{kVA}]$'으로 구할 수 있다.
주어진 조건에서 수용률과 부등률 또한 주어졌으므로 각각의 관계성을 기인한 수식이 필요하며, 이는 다음과 같다.

- 수용률: 수용가의 최대수용전력과 수용가의 설비용량의 비

$$\text{수용률}=\frac{\text{최대수용전력}}{\text{설비용량}}\times100[\%]$$

(* 최대수용전력=수용률×설비용량)

- 부등률: 최대전력 발생 시각 또는 시기의 분산을 나타내는 지표

$$\text{부등률}=\frac{\text{각 개별 수용가 최대수용전력의 합}}{\text{합성최대전력}}$$

$$\left(*\ \text{합성최대전력}=\frac{\text{최대수용전력 합}}{\text{부등률}}\right)$$

위의 수용률과 부등률의 관계를 보아, 변압기의 용량은

$$P_a=\frac{\text{합성최대전력}}{\text{역률}}=\frac{\text{'수용률}\times\text{설비용량 합'}}{\text{부등률}\times\text{역률}}[\mathrm{kVA}]\text{이 된다.}$$

따라서 주어진 조건을 위의 식에 대입하면 다음과 같다.

$$P_a=\frac{(50\times0.6)+(100\times0.8)+(200\times0.5)}{1.5\times0.8}=\frac{210}{1.2}$$

$$=175[\mathrm{kVA}]$$

29 전기설비 정답 | ③

– 한국전기설비규정(KEC) –
[133 회전기 및 정류기의 절연내력]

구분	종류		시험전압	시험방법
회전기	발전기, 전동기, 조상기, 기타 회전기(회전변류기 제외)	최대사용전압 7[kV] 이하	최대사용전압의 1.5배의 전압(500[V] 미만의 경우에는 500[V])	권선과 대지 사이에 연속하여 10분간 가한다.
		최대사용전압 7[kV] 초과	최대사용전압의 1.25배의 전압(10.5[kV] 미만의 경우에는 10.5[kV])	
	회전 변류기		직류 측의 최대사용전압의 1배의 교류전압(500[V] 미만의 경우 500[V])	
정류기	최대사용전압 60[kV] 이하			충전부분과 외함 간에 연속하여 10분간 가한다.
	최대사용전압 60[kV] 초과		교류 측의 최대사용전압의 1.1배의 교류전압 또는 직류 측 최대사용전압의 1.1배의 직류전압	교류 측 및 직류 고전압 측 단자와 대지 사이에 연속하여 10분간 가한다.

30 전기설비 정답 | ①

– 한국전기설비규정(KEC) –
[101 목적]
한국전기설비규정(Korea Electro-technical Code, KEC)은 전기설비기술기준 고시에서 정하는 전기설비("발전, 송전, 변전,

배전 또는 전기사용을 위하여 설치하는 기계, 기구, 댐, 수로, 저수지, 전선로, 보안통신선로 및 그 밖의 설비"를 말한다)의 안전성능과 기술적 요구사항을 구체적으로 정하는 것을 목적으로 한다.

31 전력공학

정답 | ①

조속기(Governor)는 수차 발전기의 출력의 증감에 관계없이 수차의 회전수를 일정하게 유지하기 위해 출력의 변화에 따라 유량을 자동적으로 조정할 수 있게 하는 장치로, 기계식, 전기식, 디지털식이 있다.

1) 기계식 조속기의 동작 순서

평속기 – 배압밸브 – 서보모터 – 복원기구

2) 기계식 조속기 각부 설명

- 평속기: 수차의 회전속도 변화를 검출하는 부분으로, 회전수에 따라 원심추의 작용 원심력이 변화하게 되고 이로 인한 활동환이 상하 변화로 회전속도 편차를 검출한다.
- 배압밸브: 평속기에서 검출된 속도변화에 따라 서보모터의 유압을 적당하게 조정한다.
- 서보모터: 유압에 따라 수차의 니들밸브를 조정하여 유량을 적당하게 조절한다.
- 복원기구: 서보모터에 의해 제어되는 니들밸브의 진동을 방지한다.

32 전기설비

정답 | ④

– 한국전기설비규정(KEC) –

[표 333.5-1 특고압 가공전선과 지지물 등의 이격거리]

사용전압	이격거리[m]
15[kV] 미만	0.15
15[kV] 이상 – 25[kV] 미만	0.2
25[kV] 이상 – 35[kV] 미만	0.25
35[kV] 이상 – 50[kV] 미만	0.3
50[kV] 이상 – 60[kV] 미만	0.35
60[kV] 이상 – 70[kV] 미만	0.4
70[kV] 이상 – 80[kV] 미만	0.45
80[kV] 이상 – 130[kV] 미만	0.65
130[kV] 이상 – 160[kV] 미만	0.9
160[kV] 이상 – 200[kV] 미만	1.1
200[kV] 이상 – 230[kV] 미만	1.3
230[kV] 이상	1.6

33 전력공학

정답 | ③

1) 전압 강하율

- 송전단과 수전단의 관계에 있어서 수전 전압에 대한 전압강하의 비
- $\varepsilon'=\dfrac{V_s-V_r}{V_r}\times 100[\%]$

$$=\frac{\sqrt{3}I_r}{V_r}(R\cos\theta+X\sin\theta)\times 100[\%]$$

(여기서 V_s=송전단 전압[V], V_r=수전단 전압[V], I_r=수전단(부하) 전류[A], $\cos\theta$=역률(유효율), $\sin\theta$=무효율)

2) 전압 변동률

- 부하의 유무에 따른 수전 전압에 대한 전압변동의 비
- $\varepsilon=\dfrac{V_{r0}-V_r}{V_r}\times 100[\%]$

(여기서 V_{r0}=무부하 시 수전단 전압[V], V_r=정격부하 시 수전단 전압[V])

주어진 조건을 이용하여 전압 강하율과 전압 변동률을 구하면 다음과 같다.

- 전압 강하율

$$\varepsilon'=\frac{\sqrt{3}I_r}{V_r}(R\cos\theta+X\sin\theta)\times 100$$
$$=\frac{\sqrt{3}\times 200}{6{,}000}(1.5\times 0.8+3\times 0.6)\times 100$$
$$=\frac{\sqrt{3}}{30}\times(1.2+1.8)\times 100=\frac{3\sqrt{3}}{30}\times 100$$
$$=10\sqrt{3}[\%]$$

- 전압 변동률

$$\varepsilon=\frac{V_{r0}-V_r}{V_r}\times 100=\frac{6{,}300-6{,}000}{6{,}000}\times 100$$
$$=\frac{300}{6{,}000}\times 100=5[\%]$$

34 제어공학

정답 | ④

[시간 추이 정리]

$f(t)$가 시간에 대해 a만큼 지연이 있을 때의 변환

$$f(t-a)\xrightarrow{\mathcal{L}} e^{-as}F(s)$$

주어진 함수를 라플라스 변환하면 다음과 같다.

$$f(t)=5u(t-2)-5u(t-4)$$
$$\xrightarrow{\mathcal{L}} F(s)=\frac{5}{s}e^{-2s}-\frac{5}{s}e^{-4s}=\frac{5}{s}(e^{-2s}-e^{-4s})$$

참고 | 라플라스 변환표

$f(t)$	$\xrightarrow{\mathcal{L}}$	$F(s)$
$\delta(t)$		1
$u(t)$		$\frac{1}{s}$
t		$\frac{1}{s^2}$
t^n		$\frac{w}{s^2+w^2}$
$\sin wt$		$\frac{w}{s^2+w^2}$
$\cos wt$		$\frac{s}{s^2+w^2}$
$e^{\pm at}$		$\frac{1}{s\mp a}$
$t^n \cdot e^{at}$		$\frac{n!}{(s-a)^{n+1}}$
$t\sin wt$		$\frac{2ws}{(s^2+w^2)^2}$
$t\cos wt$		$\frac{s^2-w^2}{(s^2+w^2)^2}$
$e^{-at}\cdot\sin wt$		$\frac{w}{(s+a)^2+w^2}$
$e^{-at}\cdot\cos wt$		$\frac{s+a}{(s+a)^2+w^2}$
$\sinh wt$		$\frac{w}{s^2-w^2}$
$\cosh wt$		$\frac{s}{s^2-w^2}$

35 회로이론

정답 | ②

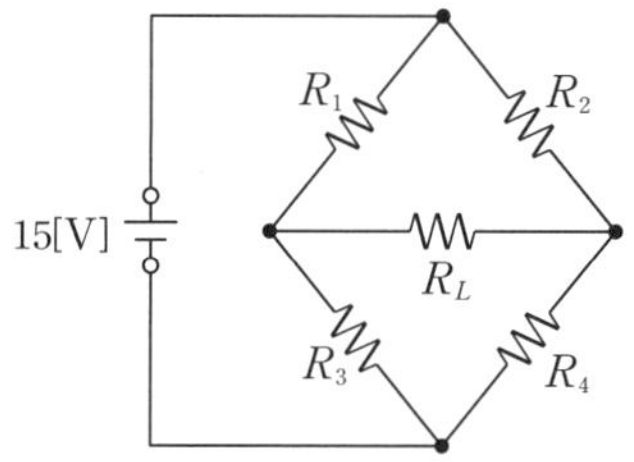

(휘트스톤) 브리지 회로의 값을 계산할 때, 우선적으로 평형인지 불평형인지 확인해야 한다.

브리지 회로의 평형 조건은 '대각에 위치한 저항 간의 곱이 같다.' 이다. 즉, $R_1R_4=R_2R_3$이며, 주어진 저항 값을 기준으로 계산하면 평형 조건이 성립되지 않는다.

즉, 불평형 브리지 회로에서의 전류값 계산 문제로 볼 수 있다. 테브난 정리를 이용하여 계산하면 다음과 같다.

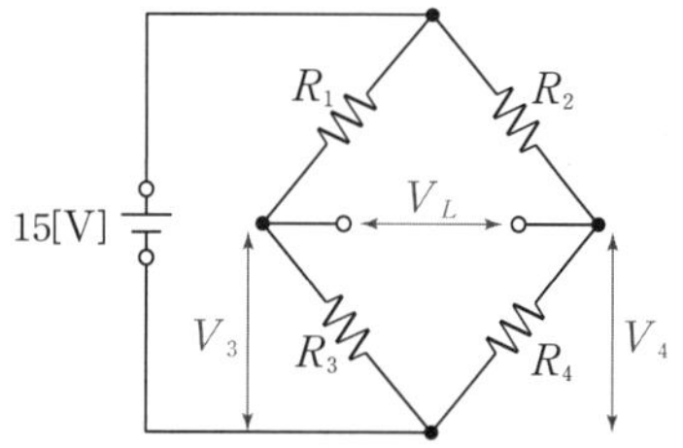

• 저항 R_L 양단에 걸리는 전압 V_L

저항 R_L을 개방하여 R_L의 양단에 걸리는 전압 V_L을 계산하면 다음과 같다.

$$V_3=\frac{R_3}{R_1+R_3}V=\frac{3}{2+3}\times 15=\frac{3}{5}\times 15=9[\mathrm{V}]$$

$$V_4=\frac{R_4}{R_2+R_4}V=\frac{2}{3+2}\times 15=\frac{2}{5}\times 15=6[\mathrm{V}]$$

V_L은 V_3와 V_4의 차이므로 $V_L=9-6=3[\mathrm{V}]$

• 저항 R_L 양단에 나타나는 회로의 합성저항 R

$$R=\frac{R_1\times R_3}{R_1+R_3}+\frac{R_2\times R_4}{R_2+R_4}=\frac{2\times 3}{2+3}+\frac{3\times 2}{3+2}$$

$$=\frac{6}{5}+\frac{6}{5}=\frac{12}{5}[\Omega]$$

• 저항 R_L에 흐르는 전류 I_L

$$I_L=\frac{V_L}{R+R_L}=\frac{3}{\frac{12}{5}+\frac{3}{5}}=\frac{3}{\frac{15}{5}}=1[\mathrm{A}]$$

36 전기설비

정답 | ③

– 한국전기설비규정(KEC) –

[142.2-3. 접지극의 시설 및 접지저항(접지극의 매설)]

접지극의 매설은 다음에 의한다.

가. 접지극은 매설하는 토양을 오염시키지 않아야 하며, 가능한 다습한 부분에 설치한다.

나. 접지극은 동결 깊이를 감안하여 시설하되 고압 이상의 전기설비와 142.5에 의하여 시설하는 접지극의 매설 깊이는 지표면으로부터 지하 0.75[m] 이상으로 한다.

다. 접지도체를 철주 기타의 금속체를 따라서 시설하는 경우에는 접지극을 철주의 밑면으로부터 0.3[m] 이상의 깊이에 매설하는 경우 이외에는 접지극을 지중에서 그 금속체로부터 1[m] 이상 떼어 매설하여야 한다.

37 전기설비

정답 | ④

– 한국전기설비규정(KEC) –

[351.3–1. 발전기 등의 보호장치]

발전기에는 다음의 경우에 자동적으로 이를 전로로부터 차단하는 장치를 시설하여야 한다.

가. 발전기에 과전류나 과전압이 생긴 경우

나. 용량이 500[kVA] 이상의 발전기를 구동하는 수차의 압유장치의 유압 또는 전동식 가이드밴 제어장치, 전동식 니이들 제어장치 또는 전동식 디플렉터 제어장치의 전원전압이 현저히 저하한 경우

다. 용량이 100[kVA] 이상의 발전기를 구동하는 풍차의 압유장치의 유압, 압축공기장치의 공기압 또는 전동식 브레이드 제어장치의 전원전압이 현저히 저하한 경우

라. 용량이 2,000[kVA] 이상인 수차 발전기의 스러스트 베어링의 온도가 현저히 상승한 경우

마. 용량이 10,000[kVA] 이상인 발전기의 내부에 고장이 생긴 경우

바. 정격출력이 10,000[kW]을 초과하는 증기터빈은 그 스러스트 베어링이 현저하게 마모되거나 그의 온도가 현저히 상승한 경우

38 전기설비

정답 | ③

– 한국전기설비규정(KEC) –

[241.10 아크 용접기]

이동형의 용접 전극을 사용하는 아크 용접장치는 다음에 따라 시설하여야 한다.

가. 용접변압기는 절연변압기일 것

나. 용접변압기의 1차 측 전로의 대지전압은 300[V] 이하일 것

다. 용접변압기의 1차 측 전로에는 용접 변압기에 가까운 곳에 쉽게 개폐할 수 있는 개폐기를 시설할 것

라. 용접변압기의 2차 측 전로 중 용접변압기로부터 용접 전극에 이르는 부분 및 용접 변압기로부터 피용접재에 이르는 부분(전기기계기구 안의 전로를 제외한다)은 다음에 의하여 시설할 것

(1) 전선은 용접용 케이블에 적합한 것 또는 캡타이어 케이블일 것
다만, 용접 변압기로부터 피용접재에 이르는 전로에 전기적으로 완전하고 또한 견고하게 접속된 철골 등을 사용하는 경우에는 그러하지 아니하다.

(2) 전로는 용접 시 흐르는 전류를 안전하게 통할 수 있는 것일 것

(3) 중량물이 압력 또는 현저한 기계적 충격을 받을 우려가 있는 곳에 시설하는 전선에는 적당한 방호 장치를 할 것

39 전기설비

정답 | ④

– 한국전기설비규정(KEC) –

[231.6–2. 옥내전로의 대지전압의 제한(주택의 옥내전로)]

주택의 옥내전로(전기기계기구 내의 전로를 제외한다)의 대지전압은 300[V] 이하이어야 하며 다음 각 호에 따라 시설하여야 한다. 다만, 대지전압 150[V] 이하의 전로인 경우에는 다음에 따르지 않을 수 있다.

가. 사용전압은 400[V] 이하여야 한다.

나. 주택의 전로 인입구에는 「전기용품 및 생활용품 안전관리법」에 적용을 받는 감전보호용 누전차단기를 시설하여야 한다.
다만, 전로의 전원 측에 정격용량이 3[kVA] 이하인 절연 변압기(1차 전압이 저압이고 2차 전압이 300[V] 이하인 것에 한한다)를 사람이 쉽게 접촉할 우려가 없도록 시설하고 또한 그 절연 변압기의 부하 측 전로를 접지하지 않는 경우에는 예외로 한다.

다. “나”의 누전차단기를 지하주택에 시설하는 경우에는 침수 시 위험의 우려가 없도록 지상에 시설하여야 한다.

라. 전기기계기구 및 옥내의 전선은 사람이 쉽게 접촉할 우려가 없도록 시설하여야 한다.
다만, 전기기계기구로서 사람이 쉽게 접촉할 우려가 있는 부분이 절연성이 있는 재료로 견고하게 제작되어 있는 것 또는 건조한 곳에서 취급하도록 시설된 것은 예외로 한다.

마. 백열전등의 전구소켓은 키나 그 밖의 점멸기구가 없는 것이어야 한다.

바. 정격 소비 전력 3[kW] 이상의 전기기계기구에 전기를 공급하기 위한 전로에는 전용의 개폐기 및 과전류 차단기를 시설하고 그 전로의 옥내배선과 직접 접속하거나 적정 용량의 전용콘센트를 시설하여야 한다.

40 전기설비

정답 | ④

– 한국전기설비규정(KEC) –

[333.23 특고압 가공전선과 건조물의 접근]

1. 제1종 특고압 보안공사
제2차 접근상태일 경우에 사용전압 35[kV] 초과 400[kV] 미만에서 실시한다.
2. 제2종 특고압 보안공사
제2차 접근상태일 경우에 사용전압 35[kV] 이하에서 실시한다.
3. 제3종 특고압 보안공사
제1차 접근상태일 경우에 실시한다.

2021 하반기 한국남부발전

2021. 10. 23. (토) 시행

정답 확인

p.199

문항	정답	과목	문항	정답	과목	문항	정답	과목	문항	정답	과목	문항	정답	과목
01	①	전기기기	02	③	전력공학	03	①	전력공학	04	①	전자통신	05	②	전기설비
06	②	전력공학	07	④	전기기기	08	②	회로이론	09	③	전기기기	10	②	전기기기
11	④	전기기기	12	④	제어공학	13	③	전자통신	14	①	제어공학	15	③	전기기기
16	②	회로이론	17	④	회로이론	18	③	제어공학	19	①	제어공학	20	①	제어공학
21	④	전력공학	22	④	회로이론	23	④	전기기기	24	②	제어공학	25	②	전력공학
26	①	회로이론	27	②	전자통신	28	②	회로이론	29	④	제어공학	30	③	제어공학
31	①	회로이론	32	③	제어공학	33	③	제어공학	34	③	전자통신	35	④	제어공학
36	②	전자통신	37	①	회로이론	38	①	전자통신	39	④	제어공학	40	③	제어공학
41	④	전력공학	42	④	전자통신	43	③	전자통신	44	①	제어공학	45	④	전자통신
46	②	전자통신	47	③	전자통신	48	①	전자통신						

세부과목별 실력 점검표

과목	맞은 개수	정답률	취약점 & 체크사항
회로이론	/8	%	
전기기기	/7	%	
전력공학	/6	%	
제어공학	/14	%	
전기설비	/1	%	
전자통신	/12	%	
합계	/48	%	

01 전기기기 정답 | ①

[전동기 종류에 따른 토크 관계성]

- 직류 직권 전동기 $T \propto I_a^2 \propto \frac{1}{N^2}$
- 직류 분권 전동기 $T \propto I_a \propto \frac{1}{N}$
- 동기 전동기 $T \propto V$
- 유도 전동기 $T \propto V^2$

(여기서 I_a=전기자 전류[A], N=회전속도[rpm], V=공급전압[V])

02 전력공학 정답 | ③

[송전선로에서 중성점 접지의 목적]

- 지락 고장 시에 건전상의 대지 전위상승을 억제하여 전선로 및 기기의 절연레벨을 경감시킨다.
- 뇌, 아크 지락 등에 의한 이상전압의 경감 및 발생을 방지한다.
- 지락 고장 시 접지계전기의 동작을 확실하게 한다. (보호계전기의 확실한 동작)
- 소호 리액터 접지방식에서는 1선 지락 시의 아크 지락을 재빨리 소멸시켜 송전을 계속할 수 있게 한다.

03 전력공학 정답 | ①

등가 선간거리 D_0[m](기하학적 평균거리)

- 직선 배치

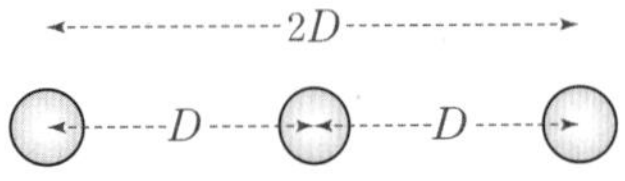

$$D_0=\sqrt[3]{D\cdot D\cdot 2D}=\sqrt[3]{2D^3}=D\sqrt[3]{2}$$

- 정삼각형 배치

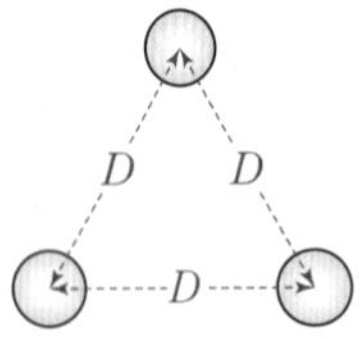

$$D_0=\sqrt[3]{D\cdot D\cdot D}=\sqrt[3]{D^3}=D$$

- 정사각형 배치

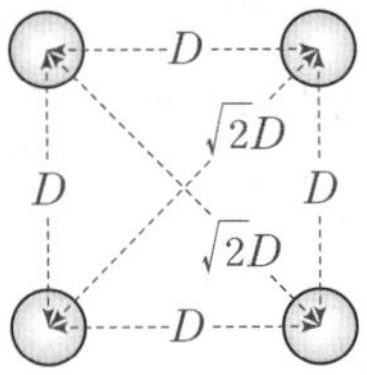

$$D_0=\sqrt[6]{D\cdot D\cdot D\cdot D\cdot \sqrt{2}D\cdot \sqrt{2}D}=\sqrt[6]{2D^6}=D\sqrt[6]{2}$$

직선 배치의 등가 선간거리를 D_1이라 하고 정삼각형 배치의 등가 선간거리를 D_3라고 하면, $D_1=D\sqrt[3]{2}$, $D_3=D$이므로 직선 배치의 등가 선간거리 D_1은 정삼각형 배치의 등가 선간거리 D_3의 $\sqrt[3]{2}$배가 된다.

04 전자통신 정답 | ①

- PTC 서미스터(Positive Temperature Coefficient): 저항이 온도와 비례하는 성질을 갖는다.
- NTC 서미스터(Negative Temperature Coefficient): 저항이 온도와 반비례하는 성질을 갖는다.

05 전기설비 정답 | ②

– 한국전기설비규정(KEC) –

[362.11 전력선 반송 통신용 결합장치의 보안장치]

전력선 반송 통신용 결합 커패시터에 접속하는 회로에는 그림의 보안장치 또는 이에 준하는 보안장치를 시설하여야 한다.

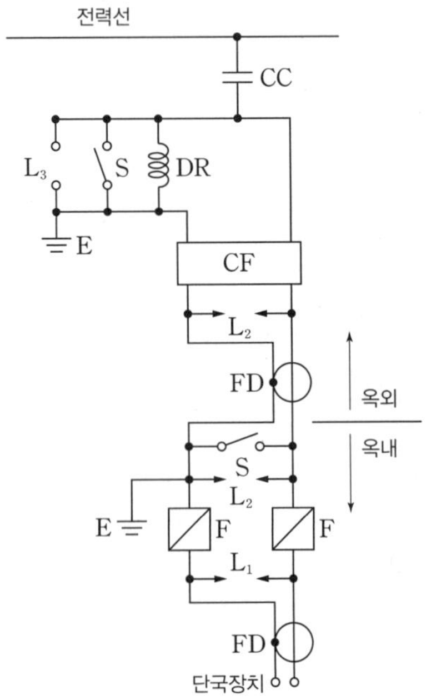

– FD: 동축케이블
– F: 정격전류 10[A] 이하의 포장 퓨즈
– DR: 전류 용량 2[A] 이상의 배류 선륜
– L_1: 교류 300[V] 이하에서 동작하는 피뢰기
– L_2: 동작 전압이 교류 1.3[kV]을 초과하고 1.6[kV] 이하로 조정된 방전갭
– L_3: 동작 전압이 교류 2[kV]를 초과하고 3[kV] 이하로 조정된 구상 방전갭
– S: 접지용 개폐기
– CF: 결합 필터
– CC: 결합 커패시터(결합 안테나 포함)
– E: 접지

06 전력공학 정답 | ②

[피뢰기의 종류]

1) Gap형 피뢰기(직렬갭과 특성요소로 구성됨)
   - 직렬갭: 정상 시에는 방전을 하지 않고 대지에 대한 절연유지, 이상전압 발생 시 신속히 대지로 방전하고 속류 차단
   - 특성요소: 탄화규소(SiC)를 각종 결합체와 혼합하여 비저항 특성을 가지고 있어 큰 방전전류에는 저항이 작아져 제한전압을 낮게 억제하고 낮은 전압계통에는 높은 저항값으로 갭의 속류를 차단에 기여
2) Gapless형 피뢰기
   산화아연(ZnO)을 주성분으로 하여 특정 전압 이하에서는 전류가 거의 흐르지 않고, 선로 전압을 조정하면 속류를 차단할 필요가 없어 직렬갭이 필요 없게 되어, 직렬갭이 존재하지 않는 피뢰기

07 전기기기 정답 | ④

[직류 발전기의 전기자 반작용]

1) 전기자 반작용의 영향
   - 중성축 이동 – 편자작용
   - 자속 감소 – 기전력, 출력 감소
   - 국부적인 불꽃 발생 – 정류불량
2) 전기자 반작용의 대책
   - 보상권선(가장 확실한 대책 방안)
     – 계자극 표면에 설치한다.
     – 보상권선의 전류방향은 전기자 전류와 반대로 한다.
     – 전기자와 직렬로 연결한다.
   - 보극
     전기자와 직렬로 연결한다.
   - 브러시 이동
     중성축 이동방향으로 브러시를 이동한다.

08 회로이론 정답 | ②

전하량 관계식 $Q=CV$[C]
(여기서 C=정전용량[F], V=전압[V])
주어진 조건에 대하여 계산하면 다음과 같다.
$Q=CV=2\times10^{-12}\times50=10^{-10}$[C]

09 전기기기 정답 | ③

직류 전동기 회전속도 관계식 $N=k\dfrac{V-I_aR_a}{\phi}$[rpm]
(여기서 k=기계적 상수, V=인가전압[V], I_a=전기자 전류[A], R_a=전기자 저항[Ω], ϕ=자속[wb])
전기자 전류가 감소하게 되면 회전속도 관계식에서 분자항 $(V-I_aR_a)$이 증가하므로 회전속도는 증가하게 된다.

10 전기기기 정답 | ②

[직류기의 분류]

- 타여자: 계자가 전기자와 관계없이 구성되고, 계자가 별도로 구성된 외부전원에서 전원을 공급받아 자속을 형성함
- 직권기: 계자가 전기자와 직렬로 구성됨
- 분권기: 계자가 전기자와 병렬로 구성됨
- 복권기: 병렬로 연결되는 분권 계자와 직렬로 연결되는 직권 계자로 구성됨

11 전기기기 정답 | ④

[2차 권선을 단락했을 시의 변압기 등가회로]

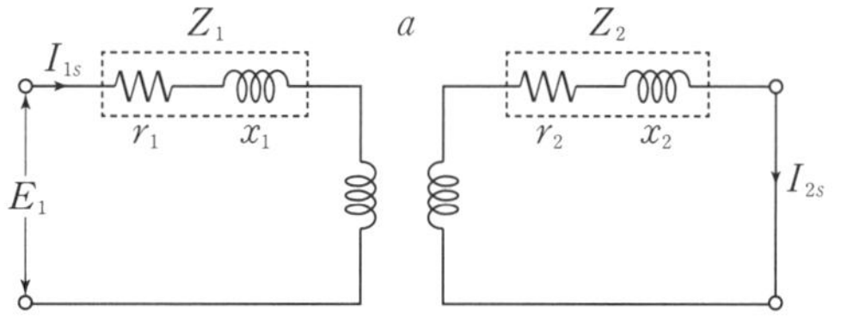

(여기서 I_{1s}=1차 측 단락전류, I_{2s}=2차 측 단락전류)

2차 측의 요소를 1차 측 기준으로 환산하면 다음과 같다.

• 2차 임피던스를 1차 측 기준으로 환산

권수비 $a=\sqrt{\frac{Z_1}{Z_2}}$의 관계에 의해 $Z_1=a^2Z_2$가 되므로 1차 측 환산 임피던스는 a^2Z_2가 된다.

• 2차 측 단락전류를 1차 측 기준으로 환산

권수비 $a=\frac{I_2}{I_1}$의 관계에 의해 $I_1=\frac{I_2}{a}$가 되므로 1차 측 환산 단락 전류는 $\frac{I_{2s}}{a}$가 된다.

그러므로 위의 회로를 1차 측 기준으로 환산한 요소에 대해 등가화시키면 다음과 같다.

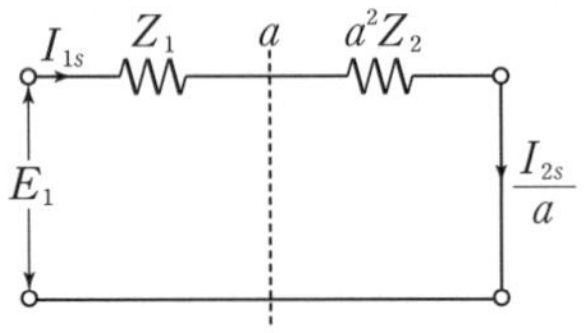

다시, 1차 측과 2차 측의 임피던스를 합성하여 1차 측으로 환산한 임피던스 Z'로 표현하면 다음과 같다.

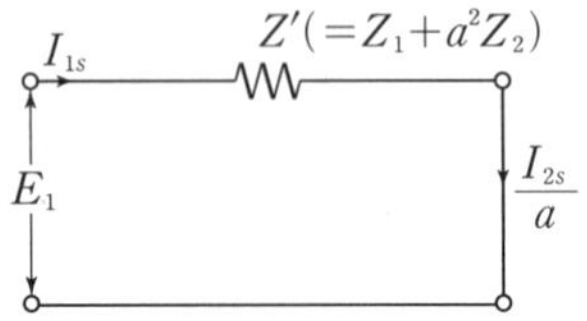

따라서 1차 측의 단락전류 I_{1s}는 다음과 같이 나타낼 수 있다.

$$I_{1s}=\frac{E_1}{Z'}=\frac{E_1}{Z_1+a^2Z_2}[\mathrm{A}]$$

12 제어공학

정답 | ④

함수 $f(t)=4\sin t\cos t$에 배각공식을 적용하면

$f(t)=4\sin t\cos t=2\times 2\sin t\cos t=2\sin 2t$가 된다.

이를 라플라스 변환하면 다음과 같다.

$$f(t)=2\sin 2t \xrightarrow{\mathcal{L}} F(s)=2\times\frac{2}{s^2+2^2}=\frac{4}{s^2+4}$$

참고1 | 배각공식

$\sin 2t=2\sin t\cos t$

$\cos 2t=\cos^2 t-\sin^2 t$

$\tan 2t=\frac{2\tan t}{1-\tan^2 t}$

참고2 | 라플라스 변환/역변환 표

$f(t)$	$\overset{\mathcal{L}}{\underset{\mathcal{L}^{-1}}{\rightleftarrows}}$	$F(s)$
$\delta(t)$		1
$u(t)$		$\frac{1}{s}$
t		$\frac{1}{s^2}$
t^n		$\frac{n!}{s^{n+1}}$
$\sin wt$		$\frac{w}{s^2+w^2}$
$\cos wt$		$\frac{s}{s^2+w^2}$
$e^{\pm at}$		$\frac{1}{s\mp a}$
$t^n\cdot e^{at}$		$\frac{n!}{(s-a)^{n+1}}$
$t\sin wt$		$\frac{2ws}{(s^2+w^2)^2}$
$t\cos wt$		$\frac{s^2-w^2}{(s^2+w^2)^2}$
$e^{-at}\cdot\sin wt$		$\frac{w}{(s+a)^2+w^2}$
$e^{-at}\cdot\cos wt$		$\frac{s+a}{(s+a)^2+w^2}$
$\sinh wt$		$\frac{w}{s^2-w^2}$
$\cosh wt$		$\frac{s}{s^2-w^2}$

13 전자통신

정답 | ③

[페르미 준위(Fermi Level)]

$$E_f=\frac{E_c+E_v}{2}-\frac{kT}{2}\ln\frac{N_c}{N_v}[\mathrm{eV}]$$

(여기서 E_c=전도대의 준위[eV], E_v=가전자대의 준위[eV], k=볼츠만 상수, T=온도[K], N_c=전도대 불순물 농도, N_v=가전자대 불순물 농도)

주어진 조건에서 전자나 전공의 농도가 같다고 하였으므로 전도대의 불순물 농도는 같다고 취급할 수 있다.

이 경우, 페르미 준위 관계식에서 $\ln\frac{N_c}{N_v}=\ln 1=0$이 된다.

따라서 페르미 준위를 계산하면 다음과 같다.

$$E_f=\frac{E_c+E_v}{2}=\frac{0.5+0.9}{2}=\frac{1.4}{2}=0.7[\mathrm{eV}]$$

14 제어공학 정답 | ①

시퀀스 제어에 대한 설명이다.

15 전기기기 정답 | ③

[서보모터의 특징]

- 기동 토크가 크다.
- 가늘고 긴 회전자를 이용하여 회전자 관성 모멘트가 작다.
- 직류 서보모터는 교류 서보모터보다 기동 토크가 크다.
- 시정수가 짧고, 속응성과 기계적 응답이 좋아 신속한 정지 및 반전이 가능하다.

서보모터는 직류 서보모터, 교류 서보모터 둘 다 제작되므로 정답은 ③이다.

16 회로이론 정답 | ②

- ABCD - 파라미터(전송 파라미터)

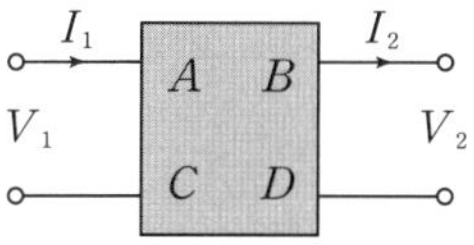

$$\begin{bmatrix} V_1 \\ I_1 \end{bmatrix} = \begin{bmatrix} A & B \\ C & D \end{bmatrix} \begin{bmatrix} V_2 \\ I_2 \end{bmatrix} \qquad \begin{matrix} V_1 = AV_2 + BI_2 \\ I_1 = CV_2 + DI_2 \end{matrix}$$

- 임피던스 파라미터

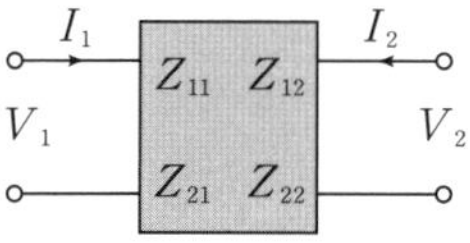

$$\begin{bmatrix} V_1 \\ V_2 \end{bmatrix} = \begin{bmatrix} Z_{11} & Z_{12} \\ Z_{21} & Z_{22} \end{bmatrix} \begin{bmatrix} I_1 \\ I_2 \end{bmatrix} \qquad \begin{matrix} V_1 = Z_{11}I_1 + Z_{12}I_2 \\ V_2 = Z_{21}I_1 + Z_{22}I_2 \end{matrix}$$

- 어드미턴스 파라미터

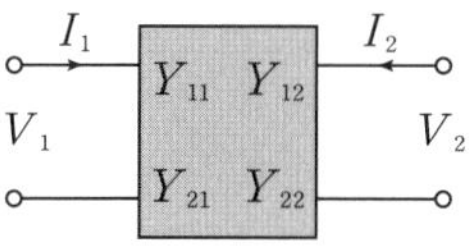

$$\begin{bmatrix} I_1 \\ I_2 \end{bmatrix} = \begin{bmatrix} Y_{11} & Y_{12} \\ Y_{21} & Y_{22} \end{bmatrix} \begin{bmatrix} V_1 \\ V_2 \end{bmatrix} \qquad \begin{matrix} I_1 = Y_{11}V_1 + Y_{12}V_2 \\ I_2 = Y_{21}V_1 + Y_{22}V_2 \end{matrix}$$

17 회로이론 정답 | ④

선형 회로망에서는 항상 $AD-BC=1$의 관계를 만족하므로 $B=\dfrac{AD-1}{C}$을 이용하여 구할 수 있다.

$$B=\frac{AD-1}{C}=\frac{0.5\times0.3-1}{j10}=\frac{0.15-1}{j10}=\frac{j0.85}{10}$$
$$=j0.085=j8.5\times10^{-2}$$

18 제어공학 정답 | ③

1) 지상보상기
- 극점이 영점보다 허수축에 더 가까이 있기 때문에 위상이 항상 0보다 작은 값을 갖는다.
- 위상이 뒤지는 특성에 의해 폐로 시스템의 대역폭을 줄이는 효과를 가지므로 시스템 출력에서 고주파 잡음의 영향이 줄어든다.
- 저주파 영역에서 시스템의 이득을 증가시킨다.
- 출력의 정상상태오차를 줄여준다.
- 과도 응답속도가 느려지고 심한 경우 과도 응답이 불안정해지는 경우가 발생할 수 있다.

2) 진상보상기
- 영점이 극점보다 허수축에 더 가까이 있기 때문에 위상은 항상 0보다 큰 값을 갖는다.
- 전체 시스템의 위상 여유를 커지게 하여 안정성 여유를 증가시킨다.
- 대역폭을 증가시켜서 응답속도를 빠르게 한다.
- 대역폭이 넓어질수록 출력에서 잡음의 영향이 커질 수 있다.

19 제어공학 정답 | ①

- 연속 제어: P, D, I, PD, PI, PID 제어
- 불연속 제어: on-off 제어(2위치 제어), 샘플링 제어

20 제어공학 정답 | ①

초깃값 정리는 함수 $f(t)$에 대해서 시간 t가 0에 가까워지는 경우의 극한값에 대한 정리이다. 즉, 입력이 가해지는 순간에 시간함수가 가지는 값에 대한 정리이다.

초깃값 $f(0+)=\lim_{t\to0}f(t)=\lim_{s\to\infty}sF(s)$

주어진 함수에 대해 초깃값을 구하면 다음과 같다.

$$\lim_{s\to\infty}sF(s)=\lim_{s\to\infty}s\frac{6(s+2)}{s^2+7s+3}=\lim_{s\to\infty}\frac{6s+12}{s+7+\dfrac{3}{s}}=6$$

21 전력공학 정답 | ④

- 지락전류 계산 시의 정전용량: 대지 정전용량
- 충전용량 계산 시의 정전용량: 작용 정전용량

문제에서 언급된 충전전류는 곧 지락전류를 의미하므로 충전전류를 계산하는 데 사용되는 정전용량은 대지 정전용량이 된다.

22 회로이론 정답 | ④

[비정현파의 실횻값]

직류분, 기본파 및 고조파 제곱합의 제곱(평방)근으로, 즉 직류분과 각 파형에 대한 실횻값의 벡터합으로 계산한다.

$v=V_0+\sum_{n=1}^{\infty}V_{mn}\sin(nwt+\theta_n)$

$=V_0+V_{m1}\sin(wt+\theta_1)+V_{m2}\sin(2wt+\theta_2)+\cdots$ 일 때,

실횻값 $V=\sqrt{V_0^2+\left(\frac{V_{m1}}{\sqrt{2}}\right)^2+\left(\frac{V_{m2}}{\sqrt{2}}\right)^2+\cdots}$

$=\sqrt{V_0^2+V_1^2+V_2^2+\cdots}$ [V]

주어진 조건에서 비정현파 전압 $v=2+\sqrt{6}\sin t+x\sin 3t$[V]의 실횻값 y[V]를 나타내면 다음과 같다.

$y=\sqrt{2^2+\left(\frac{\sqrt{6}}{\sqrt{2}}\right)^2+\left(\frac{x}{\sqrt{2}}\right)^2}$

수식을 정리하면

$y=\sqrt{2^2+(\sqrt{3})^2+\left(\frac{x}{\sqrt{2}}\right)^2}=\sqrt{4+3+\frac{x^2}{2}}=\sqrt{7+\frac{x^2}{2}}$

$y^2=7+\frac{x^2}{2}$

$2y^2=x^2+14$

따라서 선택지에 제시된 값 중 해당 수식을 만족하는 x와 y의 값은 $x=\sqrt{6}$, $y=\sqrt{10}$이 된다.

23 전기기기 정답 | ④

유도 전동기 2차 측 전류의 1차 측 환산전류 $I_2'=I_1=\frac{I_2}{ab}$

(여기서 I_1=1차 측 전류[A], I_2=2차 측 전류[A], a=권수비, b=상수비$\left(=\frac{m_1}{m_2}\right)$, m_1=1차 측 상수, m_2=2차 측 상수)

24 제어공학 정답 | ②

최종값 정리는 함수 $f(t)$에 대해서 시간 t가 ∞에 가까워지는 경우의 극한값에 대한 정리를 말한다. 즉, $f(t)$의 최종적인 도달값에 대한 정리이다.

라플라스 변환 함수의 경우 s를 취하고 s의 값이 0에 수렴할 때의 값이 된다.

최종값 $f(\infty)=\lim_{t\to\infty}f(t)=\lim_{s\to 0}sF(s)$

주어진 함수에 최종값 정리를 적용하면 다음과 같다.

$$\lim_{s\to 0}sF(s)=\lim_{s\to 0}s\frac{(s+4)^2}{2s(3s+2)^2}=\lim_{s\to 0}\frac{(s+4)^2}{2(3s+2)^2}$$

$$=\frac{4^2}{2\times 2^2}=\frac{16}{8}=2$$

참고 | 20번 해설 초깃값 정리와 비교, 구분할 것

25 전력공학 정답 | ②

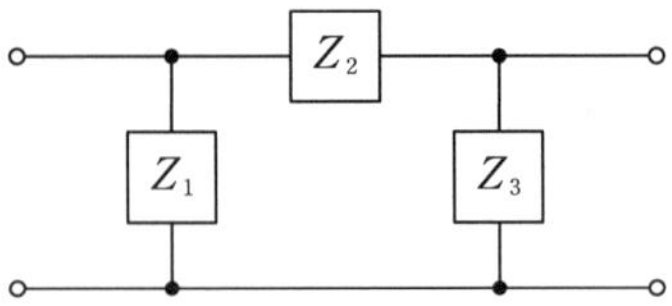

4단자 정수

$$\begin{bmatrix}A & B\\ C & D\end{bmatrix}=\begin{bmatrix}1 & 0\\ \frac{1}{Z_1} & 1\end{bmatrix}\begin{bmatrix}1 & Z_2\\ 0 & 1\end{bmatrix}\begin{bmatrix}1 & 0\\ \frac{1}{Z_3} & 1\end{bmatrix}$$

$$=\begin{bmatrix}1 & Z_2\\ \frac{1}{Z_1} & \frac{Z_2}{Z_1}+1\end{bmatrix}\begin{bmatrix}1 & 0\\ \frac{1}{Z_3} & 1\end{bmatrix}$$

$$=\begin{bmatrix}1+\frac{Z_2}{Z_3} & Z_2\\ \frac{1}{Z_1}+\left(\frac{Z_2}{Z_1}+1\right)\frac{1}{Z_3} & \frac{Z_2}{Z_1}+1\end{bmatrix}$$

26 회로이론 정답 | ①

[RLC 공진회로]

회로	직렬공진	병렬공진
공진조건	$X_L=X_C$	
공진 각주파수	$w_0=\frac{1}{\sqrt{LC}}$	
공진 주파수	$f_0=\frac{1}{2\pi\sqrt{LC}}$	
저항회로	저항 R만의 회로	
특성	임피던스 Z − 최소 전류 I − 최대	임피던스 Z − 최대 전류 I − 최소
양호도 (선택도)	$Q=\frac{1}{R}\sqrt{\frac{L}{C}}$	$Q=R\sqrt{\frac{C}{L}}$

RLC 직렬회로에서 전류의 값이 최대가 되는 조건은 회로가 공진상태일 때이다. 공진 시에는 유도성 리액턴스와 용량성 리액턴스의 값이 같아 서로 상쇄되어 저항성분 R만 작용하므로 전류는 다음과 같이 계산할 수 있다.

$I=\frac{V}{Z}=\frac{V}{R+j(X_L-X_C)}=\frac{V}{R}=\frac{80}{20}=4[\text{A}]$

기존의 공진 주파수를 $f_0=\frac{1}{2\pi\sqrt{LC}}[\text{Hz}]$, 회로의 L과 C의 값을 4배로 했을 경우의 공진 주파수를 f_0'라고 할 때,

$f_0'=\frac{1}{2\pi\sqrt{4L\cdot 4C}}=\frac{1}{4\cdot 2\pi\sqrt{LC}}=\frac{1}{4}f_0[\text{Hz}]$가 되므로 회로의 L과 C의 값을 4배로 할 때의 공진 주파수는 기존 공진 주파수의 $\frac{1}{4}$배가 된다.

27 전자통신

정답 | ②

- 공통 베이스 회로의 전류이득(증폭률) $\alpha=\frac{\beta}{1+\beta}$
- 공통 이미터 회로의 전류이득(증폭률) $\beta=\frac{\alpha}{1-\alpha}$

주어진 조건에 대하여 계산하면 다음과 같다.

$\alpha=\frac{\beta}{1+\beta}=\frac{19}{1+19}=\frac{19}{20}=0.95$

28 회로이론

정답 | ②

- 유효전력 관계식 $P=VI\cos\theta[\text{W}]$
- 무효전력 관계식 $P_r=VI\sin\theta[\text{Var}]$
- 코사인과 사인의 관계 $\cos wt=\sin(wt+90°)$

(여기서 V=전압의 실횻값[V], I=전류의 실횻값[A], θ=전압과 전류의 위상차($=\theta_v-\theta_i$))

전압이 $v=20\sin(wt+20°)[\text{V}]$, 전류가 $i=8\cos(wt-100°)[\text{A}]$로 주어졌으므로 전력을 계산하기 위해 전류의 코사인 함수를 사인 함수로 바꾸어 줄 필요가 있다.

코사인과 사인의 관계로부터 전류는 $i=8\sin(wt-100°+90°)=8\sin(wt-10°)[\text{A}]$가 된다.

전압의 실횻값은 $V=\frac{20}{\sqrt{2}}[\text{V}]$, 전류의 실횻값은 $I=\frac{8}{\sqrt{2}}[\text{A}]$, 전압과 전류의 위상차는 $\theta=20°-(-10°)=30°$이므로 유효전력 $P[\text{W}]$와 무효전력 $P_r[\text{Var}]$은 다음과 같이 나타난다.

유효전력 $P=VI\cos\theta=\frac{20}{\sqrt{2}}\cdot\frac{8}{\sqrt{2}}\cdot\cos 30°$
$=80\cdot\frac{\sqrt{3}}{2}=40\sqrt{3}[\text{W}]$

무효전력 $P_r=VI\sin\theta=\frac{20}{\sqrt{2}}\cdot\frac{8}{\sqrt{2}}\cdot\sin 30°$
$=80\cdot\frac{1}{2}=40[\text{Var}]$

29 제어공학

정답 | ④

- 입력: 단위 임펄스 함수 $\delta(t)\xrightarrow{\mathcal{L}}1$
- 출력: $e^{-5t}\xrightarrow{\mathcal{L}}\frac{1}{s+5}$

전달함수 $G(s)=\frac{\text{출력 }C(s)}{\text{입력 }R(s)}=\frac{\frac{1}{s+5}}{1}=\frac{1}{s+5}$

참고 | 12번 라플라스 변환/역변환 표

30 제어공학

정답 | ③

[변환 요소에 따른 변환장치]

변환량	변환장치(변환요소)
온도 → 임피던스	측온저항 (열선, 서미스터, 백금, 니켈)
온도 → 전압	열전대
압력 → 변위	벨로스, 다이어프램, 스프링
변위 → 압력	노즐 플래퍼, 유압 분사관, 스프링

31 회로이론

정답 | ①

[회로에 따른 과도현상]

구분	$R-L$ 직렬회로	$R-C$ 직렬회로
$t=0$ 초기상태	개방	단락
$t=\infty$ 정상상태	단락	개방
전원 on 시 충전전하	−	$q=CE(1-e^{-\frac{1}{RC}t})$
전원 on 시 전류	$i=\frac{E}{R}(1-e^{-\frac{R}{L}t})$	$i=\frac{E}{R}e^{-\frac{1}{RC}t}$
전원 off 시 전류	$i=\frac{E}{R}e^{-\frac{R}{L}t}$	$i=-\frac{E}{R}e^{-\frac{1}{RC}t}$

전원 on 시 전압	$v_L=Ee^{-\frac{R}{L}t}$	$v_C=E(1-e^{-\frac{1}{RC}t})$
시정수	$\tau=\frac{L}{R}$	$\tau=RC$
특성근	$-\frac{R}{L}$	$-\frac{1}{RC}$

과도전류는 $i=\frac{E}{R}e^{-\frac{1}{RC}t}=\frac{10}{10}e^{-\frac{1}{10\times10^{-6}}t}=e^{-\frac{1}{10^{-5}}t}$이고 $i=\frac{1}{e}$인 것은 $i=e^{-1}$을 의미하므로 $\frac{1}{10^{-5}}t=1$을 만족하면 된다.

따라서 $t=10^{-5}$[sec]이다.

32 제어공학 정답 | ③

[논리 대수 및 드 모르간(De Morgan) 정리]

- 교환 법칙: $A+B=B+A$, $A\cdot B=B\cdot A$
- 결합 법칙: $(A+B)+C=A+(B+C)$, $(A\cdot B)\cdot C=A\cdot(B\cdot C)$
- 분배 법칙: $A\cdot(B+C)=A\cdot B+A\cdot C$, $A+(B\cdot C)=(A+B)\cdot(A+C)$
- 동일 법칙: $A+A=A$, $A\cdot A=A$
- 공리 법칙: $A+0=A$, $A\cdot 0=0$, $A+1=1$, $A\cdot 1=A$, $A+\overline{A}=1$, $A\cdot\overline{A}=0$
- 드 모르간 정리: $\overline{A\cdot B}=\overline{A}+\overline{B}$, $\overline{A+B}=\overline{A}\cdot\overline{B}$

선택지에 주어진 논리식을 정리하면 다음과 같다.

① $(A+\overline{A})\cdot A=1\cdot A=A$

② $(A+B)\cdot A=A\cdot A+B\cdot A=A+B\cdot A=A(1+B)=A$

③ $(A\cdot\overline{B})+B=(A+B)\cdot(\overline{B}+B)=A+B$

④ $(A+B)\cdot\overline{B}+A=A\cdot\overline{B}+B\cdot\overline{B}+A=A\cdot\overline{B}+A$
$=A(\overline{B}+1)=A$

따라서 선택지 중에서 논리식이 다른 하나는 ③이다.

33 제어공학 정답 | ③

[개루프 제어계와 폐루프 제어계의 특징]

1) 개루프 제어계
- 제어동작이 출력과 관계없이 순차적으로 진행되는 제어계이다.
- 시스템이 간단하며, 제어계가 안정하다.
- 설치비가 저렴하다.
- 제어동작이 출력과 관계가 없어 오차가 많이 생기며 오차를 교정할 수 없다.

2) 폐루프 제어계
- 출력신호를 입력신호로 되돌려서 제어량이 목푯값과 비교하여 정확한 제어가 가능하도록 한 제어계이다.
- 정확성이 높아지고 대역폭이 증가한다.
- 계의 특성 변화에 대한 입력 대 출력비의 감도가 감소한다.
- 외부조건의 변화에 대한 영향을 줄일 수 있다.
- 제어계의 특성을 향상시킬 수 있다.
- 구조가 복잡하고 설치비가 고가이다.

34 전자통신 정답 | ③

IEEE 802.11 RTS/CTS

RTS/CTS(Request to Send/Clear to Send)는 802.11 무선 네트워크 프로토콜에서 선택적으로 사용할 수 있는 통신 매커니즘으로, 은닉 노드 문제(hidden terminal problem)로 알려진 프레임 충돌을 막기 위해 사용한다.

35 제어공학 정답 | ④

정상상태오차 $e_{ss}=\lim_{s\to0}\frac{sR(s)}{1+G(s)}$

- 단위 계단 입력(정상 위치 편차): $R(s)=\frac{1}{s}$
- 단위 램프 입력(정상 속도 편차): $R(s)=\frac{1}{s^2}$
- 단위 포물선 입력(정상 가속도 편차): $R(s)=\frac{1}{s^3}$

입력이 단위 계단 입력이므로 $R(s)=\frac{1}{s}$이 되며, 이에 대한 정상상태오차(e_{ss})는 다음과 같다.

$$e_{ss}=\lim_{s\to0}\frac{sR(s)}{1+G(s)}=\lim_{s\to0}\frac{s\frac{1}{s}}{1+G(s)}=\lim_{s\to0}\frac{1}{1+G(s)}$$
$$=\lim_{s\to0}\frac{1}{1+\frac{2(s+3)}{(s+2)(s+1)}}=\frac{1}{1+\frac{2\cdot3}{2\cdot1}}=\frac{1}{1+3}=\frac{1}{4}$$

36 전자통신 정답 | ②

SQL(Structured Query Language, 구조화 질의 언어)은 사용자와 관계형 데이터 베이스를 연결시켜 주는 표준 검색 언어로, 관계형 데이터 베이스 관리 시스템의 데이터를 관리하기 위한 특수 목적의 프로그래밍 언어이다.

SQL에서 평균값을 계산하는 함수는 'AVG'로 n개의 항목에서 NULL의 항은 무시하고 평균값을 계산하는 명령어이다.

주어진 표에서 D항이 NULL 값으로 주어졌으므로 D항이 무시된다. 따라서 A, B, C, E항에 대해서만 계산이 되므로 평균값은 $\frac{60+20+40+40}{4}=\frac{160}{4}=40$이 된다.

37 회로이론

정답 | ①

[임피던스 파라미터]

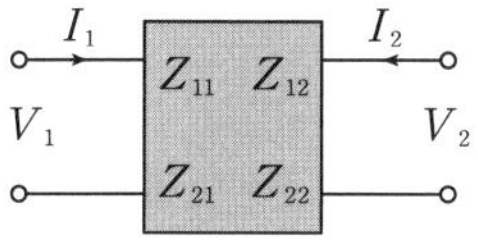

$$\begin{bmatrix} V_1 \\ V_2 \end{bmatrix}=\begin{bmatrix} Z_{11} & Z_{12} \\ Z_{21} & Z_{22} \end{bmatrix}\begin{bmatrix} I_1 \\ I_2 \end{bmatrix} \qquad \begin{matrix} V_1=Z_{11}I_1+Z_{12}I_2 \\ V_2=Z_{21}I_1+Z_{22}I_2 \end{matrix}$$

주어진 회로의 각 접속점에 구분을 위해 a, b, c, d로 표시하고, 회로의 해석을 쉽게 하기 위하여 등가회로로 나타내면 다음과 같다.

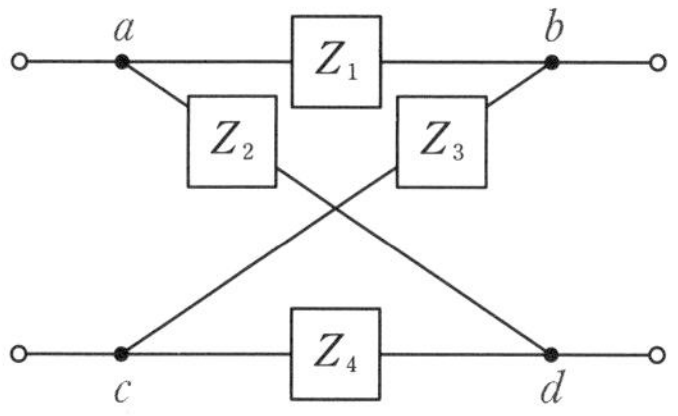

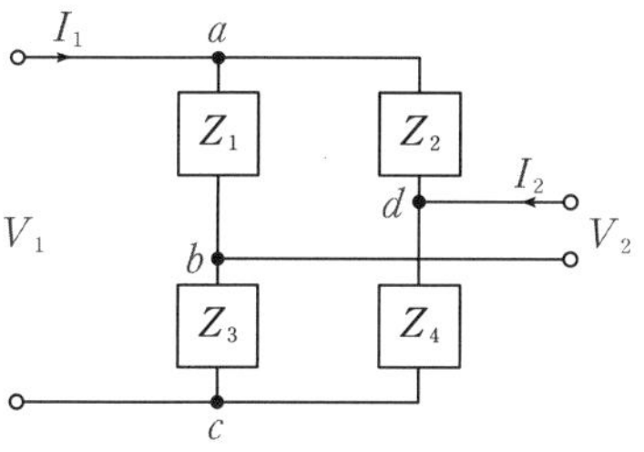

위 회로에서 $I_2=0$일 때 $Z_{11}=\frac{V_1}{I_1}$을 구할 수 있다.

$I_2=0$일 때, $V_1=I_1\times\frac{(Z_1+Z_3)\times(Z_2+Z_4)}{(Z_1+Z_3)+(Z_2+Z_4)}$[V]이므로

$$Z_{11}=\frac{V_1}{I_1}=\frac{I_1\times\frac{(Z_1+Z_3)\times(Z_2+Z_4)}{(Z_1+Z_3)+(Z_2+Z_4)}}{I_1}$$
$$=\frac{(Z_1+Z_3)\times(Z_2+Z_4)}{Z_1+Z_2+Z_3+Z_4}$$

38 전자통신

정답 | ①

- DSB(Double Side Band): 상, 하 측파대(Side Band) 신호를 함께 혼합시켜 변조 전송하는 방식의 총칭
- SSB(Single Side Band): 상, 하 측파대(Side Band) 신호 중 1개 측파대만을 전송하는 방식
- DSB와 비교한 SSB의 특징
  - 주파수 이용효율과 전력효율이 좋다.
  - 적은 전력으로도 양질의 통신이 가능하다.
  - 대역폭이 작아 잡음의 영향이 줄어든다.
  - 변조전력이 작아 소형화가 용이하다.
  - 회로구성이 복잡하다.
  - 다단변조를 하게 되어 가격이 비싸진다.
  - 복조기에 국부 발진기가 추가로 필요하다.
  - 동기가 잘 맞지 않는 경우, 왜곡이 심해진다.

39 제어공학

정답 | ④

$f(t)=2e^{-2t}+6e^{-4t}$

$$\xrightarrow{\mathcal{L}} F(s)=\frac{2}{s+2}+\frac{6}{s+4}=\frac{2(s+4)+6(s+2)}{(s+2)(s+4)}$$
$$=\frac{2s+8+6s+12}{s^2+4s+2s+8}=\frac{8s+20}{s^2+6s+8}$$

참고 ㅣ 12번 라플라스 변환/역변환 표

40 제어공학

정답 | ③

$F(s)=\frac{4}{s(s+2)(s+3)}$에서

역라플라스 변환하기 위해서 부분분수 분해법을 사용한다.

$$F(s)=\frac{4}{s(s+2)(s+3)}=\frac{A}{s}+\frac{B}{s+2}+\frac{C}{s+3}$$

인수를 가려서 판별을 하는 방법을 취하면 다음과 같다.

- $A=\frac{4}{(s+2)(s+3)}\Big|_{s=0}=\frac{4}{6}=\frac{2}{3}$
- $B=\frac{4}{s(s+3)}\Big|_{s=-2}=\frac{4}{-2\cdot 1}=-2$
- $C=\frac{4}{s(s+2)}\Big|_{s=-3}=\frac{4}{-3\cdot(-1)}=\frac{4}{3}$

즉, $F(s)=\frac{4}{s(s+2)(s+3)}=\frac{2}{3s}-\frac{2}{s+2}+\frac{4}{3(s+3)}$가 된다.

이 함수를 역라플라스 변환하면 다음과 같다.

$$f(t)=\frac{2}{3}-2e^{-2t}+\frac{4}{3}e^{-3t}=\frac{2}{3}(1-3e^{-2t}+2e^{-3t})$$

참고1 | 인수를 가려서 판별하는 방법
구하고자 하는 인수(분모항)를 가리고, 그 인수가 0이 되는 s값을 대입하여 미지항을 구하는 방법이다.

참고2 | 12번 라플라스 변환/역변환 표

41 전력공학

정답 | ④

[직접접지 방식]

구분	직접접지
중성점 저항	$Z \fallingdotseq 0$
지락전류	큼
건전상 전위상승	작음
유도장해	큼
절연레벨	낮음
과도안정도	낮음
보호계전기	적용 가능

따라서 직접접지 방식은 지락사고 시 지락전류가 크며, 근접한 통신선에 유도장해가 크게 발생한다.

42 전자통신

정답 | ④

다중화(multiplexing) 기법은 데이터 링크의 효율성을 극대화하기 위해 다수 디바이스가 단일 채널을 공유하여 효율적으로 데이터를 전송하는 기법이다.

1) 주파수 분할 다중화(FDM; Frequency Division Multiplexing): 채널의 주파수 대역폭을 몇 개의 작은 주파수 대역으로 나누어 부채널로 재구성 후, 여러 디바이스에 할당함으로써 각 디바이스의 신호를 동시에 전송하는 방식
   - 특징
     - 비교적 구조가 간단하다.
     - 시분할 다중화 장비에 비해 가격이 저렴하다.
     - 사용자의 추가가 편리하다.
     - 주파수 분할 다중화 자체가 주파수 편이 변복조기의 역할을 하므로 별도의 변조기나 복조기가 불필요하다.
     - 전송에 있어 시간의 지연이 발생하지 않는다.
     - 한 채널에 주파수 대역별로 전송로가 구성되며, 여러 개의 신호를 한 전송선로에서 동시 전송이 가능하다.
     - 대역폭 낭비로 채널의 이용률이 저하된다.

2) 시분할 다중화(TDM; Time Division Multiplexing): 채널에 할당된 데이터 전송 허용시간을 일정한 시간 슬롯으로 나누고 채널을 부채널로 나누어 각 시간 슬롯을 부채널에 순차적으로 할당하여 사용하는 방식
   ⓐ 동기식 시분할 다중화(STDM; Synchronous TDM): 통상적으로 사용하는 시분할 다중화 방식으로, 하나의 전송로 대역폭을 시간 슬롯으로 나누어 채널에 할당함으로써 여러 채널이 한 전송로 시간을 분할하여 사용
   - 특징
     - 전송이 불필요한 장치에도 타임 슬롯을 고정적으로 할당하므로 타임 슬롯이 낭비될 수 있다.
     - 매체의 데이터 전송률이 전송 디지털 신호의 데이터 전송을 능가할 때 사용된다.
     - 송/수신 스위치가 정확히 동기 되도록 하기 위해 동기 비트가 필요하다.

   ⓑ 비동기식 시분할 다중화(ATDM; Asynchronous TDM): 사용자의 요구에 따라 타임 슬롯을 동적으로 할당하여 데이터를 전송하는 다중화 방식
   - 특징
     - 실제 전송할 데이터가 있는 단말장치에만 타임 슬롯을 할당하므로 전송효율과 속도를 높인다.
     - 제어회로가 복잡하다.
     - 동일 시간에 많은 양의 데이터 전송이 가능하다.
     - 버퍼 기억 장치 및 주소 제어장치 등이 필요하다.
     - 가격이 상대적으로 비싸다.

따라서 ④는 동기식 시분할 다중화의 특징이다.

43 전자통신

정답 | ③

- 변조속도[baud]=데이터 신호속도[bps]/bit수
- 데이터 신호속도[bps]=변조속도[baud]×bit수

8위상과 2진폭을 비트수로 표현하면 다음과 같다.

8위상 → 2^3 → 3bit

2진폭 → 2^1 → 1bit

8위상 2진폭 변조는 총 4bit가 되므로 신호속도는 다음과 같다.

(데이터) 신호속도=1,600×4=6,400[bps]

44 제어공학

정답 | ①

주어진 회로망은 C_1, L_1회로와 C_2, L_2회로의 병렬회로이므로 어드미턴스 관계를 이용하여 계산할 수 있다.

$$Y_{LC}(s)=\frac{1}{Z_{LC}(s)}=\frac{2s(s^2+3)}{(s^2+1)(s^2+7)}$$

위 함수에 부분분수 분해법을 적용하여 분해하면 다음과 같다.

$Y_{LC}(s)=\dfrac{2s(s^2+3)}{(s^2+1)(s^2+7)}=\dfrac{As}{s^2+1}+\dfrac{Bs}{s^2+7}$

구하고자 하는 값에 해당하는 항의 역수를 곱하고 특성근을 대입하여 A, B를 계산하면 다음과 같다.

- $A=Y_{LC}(s)\times\dfrac{s^2+1}{s}\Big|_{s^2=-1}=\dfrac{2(s^2+3)}{s^2+7}\Big|_{s^2=-1}$
  $=\dfrac{2(-1+3)}{-1+7}=\dfrac{2}{3}$
- $B=Y_{LC}(s)\times\dfrac{s^2+7}{s}\Big|_{s^2=-7}=\dfrac{2(s^2+3)}{s^2+1}\Big|_{s^2=-7}$
  $=\dfrac{2(-7+3)}{-7+1}=\dfrac{4}{3}$

그러므로 $Y_{LS}(s)=\dfrac{As}{s^2+1}+\dfrac{Bs}{s^2+7}=\dfrac{2s}{3(s^2+1)}+\dfrac{4s}{3(s^2+7)}$

$=\dfrac{1}{\frac{3}{2}s+\frac{3}{2s}}+\dfrac{1}{\frac{3}{4}s+\frac{21}{4s}}$

주어진 회로는 $\dfrac{1}{Z}=Y=Y_1+Y_2$의 형태이므로

$Y_{LC}(s)$함수에서 $\dfrac{1}{\frac{3}{2}s+\frac{3}{2s}}=Y_1$, $\dfrac{1}{\frac{3}{4}s+\frac{21}{4s}}=Y_2$라고 하면

분모항에서 $\dfrac{3}{2}s$와 $\dfrac{3}{4}s$가 Ls를, $\dfrac{3}{2s}$와 $\dfrac{21}{4s}$이 $\dfrac{1}{Cs}$의 꼴을 나타내므로 $L_1=\dfrac{3}{2}$, $L_2=\dfrac{3}{4}$, $C_1=\dfrac{2}{3}$, $C_2=\dfrac{4}{21}$가 된다.

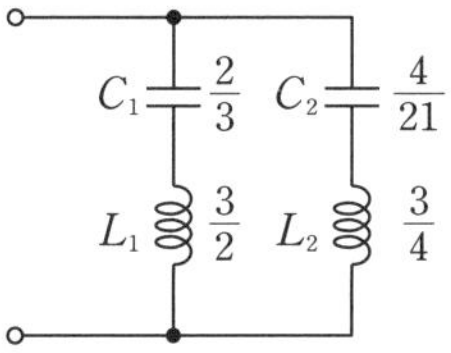

따라서 $C_1\times C_2\times L_1\times L_2=\dfrac{2}{3}\times\dfrac{4}{21}\times\dfrac{3}{2}\times\dfrac{3}{4}=\dfrac{1}{7}$이 된다.

45 전자통신

정답 | ④

[비반전 증폭기 회로]

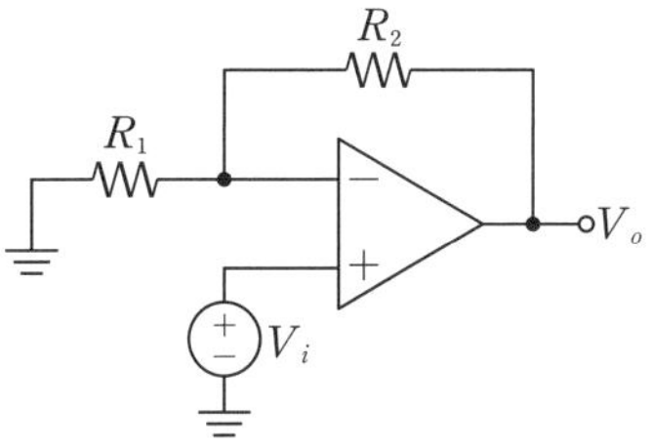

출력 전압 관계식 $V_o=\left(1+\dfrac{R_2}{R_1}\right)V_i$

주어진 조건에 대하여 계산하면 다음과 같다.

$V_o=\left(1+\dfrac{R_2}{R_1}\right)V_i=\left(1+\dfrac{11}{5}\right)\times30=(1+2.2)\times30=3.2\times30$
$=96[\mathrm{V}]$

46 전자통신

정답 | ②

트랜지스터의 전류이득(전류 증폭률, β)은 컬렉터 전류 I_C 변화량과 베이스 전류 I_B 변화량의 비로 나타낼 수 있다.

$\beta=\dfrac{I_C}{I_B}$

해당 관계식을 이용하여 컬렉터 전류 I_C를 구하면 다음과 같다.

$I_C=\beta I_B=75\times152\times10^{-6}=11{,}400\times10^{-6}=11.4\times10^{-3}$
$=11.4[\mathrm{mA}]$

47 전자통신

정답 | ③

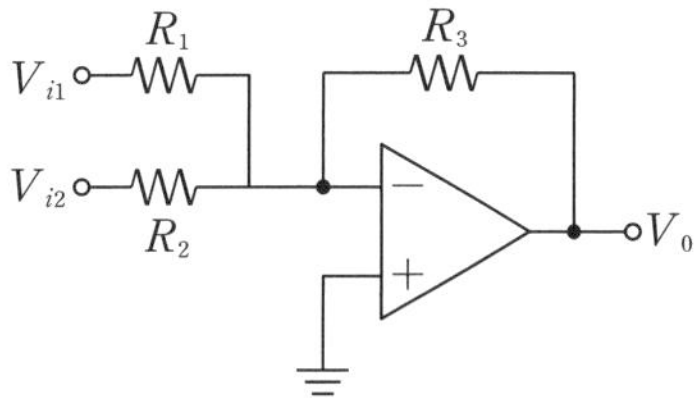

위 회로는 2개 이상의 수를 입력으로 하여 이들의 합을 출력으로 하는 가산기 회로로, 출력전압에 대한 관계식은 다음과 같이 표현된다.

$\dfrac{V_{i1}}{R_1}+\dfrac{V_{i2}}{R_2}=-\dfrac{V_0}{R_3}$에서 $V_0=-\left(\dfrac{R_3}{R_1}V_{i1}+\dfrac{R_3}{R_2}V_{i2}\right)$

주어진 조건에 대하여 계산하면 다음과 같다.

$V_0=-\left(\dfrac{R_3}{R_1}V_{i1}+\dfrac{R_3}{R_2}V_{i2}\right)=-\left(\dfrac{10}{5}\times0.3+\dfrac{10}{5}\times0.6\right)$
$=-(2\times0.3+2\times0.6)=-(0.6+1.2)=-1.8[\mathrm{kV}]$

따라서 V_0의 크기는 $1.8[\mathrm{kV}]$이 된다.

48 전자통신

정답 | ①

1) 연산 증폭기 저역통과필터(low-pass filter)

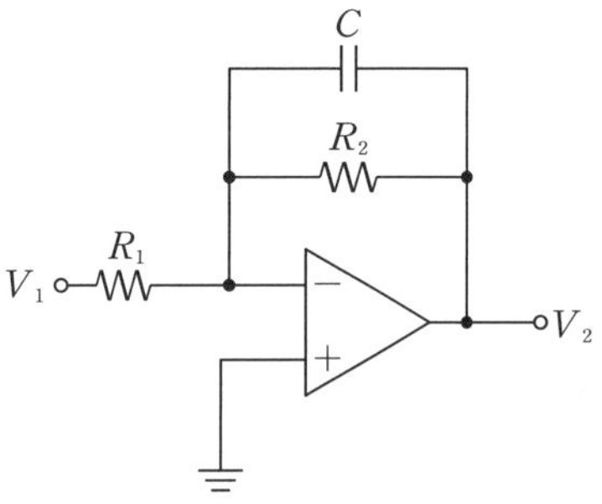

- 차단 주파수 $f_c=\dfrac{1}{2\pi R_2C}[\mathrm{Hz}]$
- 차단 각주파수 $w_c=\dfrac{1}{R_2C}[\mathrm{rad/s}]$

2) 연산 증폭기 고역통과필터(high-pass filter)

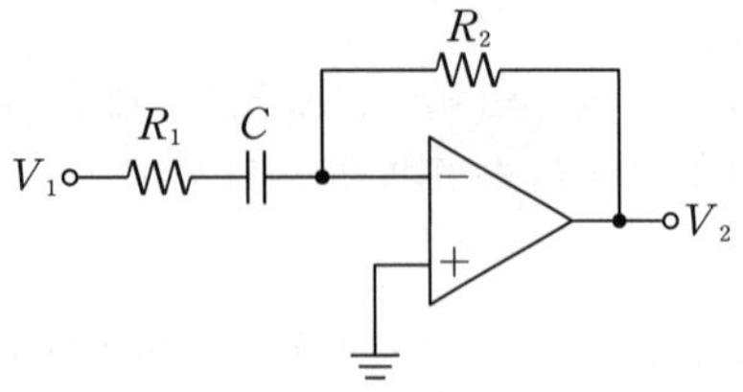

• 차단 주파수 $f_c = \frac{1}{2\pi R_1 C}$ [Hz]

• 차단 각주파수 $w_c = \frac{1}{R_1 C}$ [rad/s]

2021 하반기 한전KPS(G3)

2021. 10. 16. (토) 시행

정답 확인

p.213

문항	정답	과목	문항	정답	과목	문항	정답	과목	문항	정답	과목	문항	정답	과목
01	①	전기기기	02	②	전자기학	03	④	회로이론	04	②	회로이론	05	②	회로이론
06	⑤	전기기기	07	③	회로이론	08	①	전자기학	09	⑤	회로이론	10	②	전자기학
11	③	전자기학	12	⑤	전기기기	13	⑤	전기기기	14	④	전력공학	15	②	전력공학
16	⑤	전력공학	17	①	전력공학	18	①	전기설비	19	③	전자기학	20	③	전력공학
21	④	전력공학	22	③	전자기학	23	①	전자기학	24	④	전기기기	25	②	전기기기
26	⑤	전자기학	27	④	전력공학	28	⑤	전기기기	29	③	전기기기	30	⑤	전력공학
31	④	회로이론	32	④	전력공학	33	②	전자기학	34	④	전자기학	35	④	전기기기
36	②	회로이론	37	③	전력공학	38	①	전자기학	39	⑤	회로이론	40	④	전기기기
41	③	전기기기	42	②	회로이론	43	④	전기설비	44	①	회로이론	45	②	전기기기
46	④	전기기기	47	③	회로이론	48	①	전기기기	49	④	전자기학	50	①	전자기학

세부과목별 실력 점검표

과목	맞은 개수	정답률	취약점 & 체크사항
전자기학	/13	%	
회로이론	/11	%	
전기기기	/14	%	
전력공학	/10	%	
전기설비	/2	%	
합계	/50	%	

01 전기기기 정답 | ①

1) 실측 효율 $\eta=\frac{출력}{입력}\times100[\%]$

2) 규약 효율

- 발전기, 변압기 $\eta=\frac{출력}{출력+손실}\times100[\%]$
- 전동기 $\eta=\frac{입력-손실}{입력}\times100[\%]$

참고	• 입력=출력+손실 • 출력=입력−손실

02 전자기학 정답 | ②

분극의 세기 $P[C/m^2]$

- 유전체에 전계를 가하여 분극을 일으켰을 때, 유전체의 '단위 체적당의 모멘트'를 의미한다.
- 유전체 내 임의의 한 점에서 전계방향에 대하여 수직인 단위 면적에 나타나는 분극 전하량으로 나타낼 수 있다.

$P=\frac{M}{v}=\frac{Q\delta}{v}[C\cdot m/m^3][C/m^2]$

03 회로이론 정답 | ④

1) 저항의 직렬회로
- 각 저항에 흐르는 전류의 값이 동일하다.
- 합성저항이 $R=R_1+R_2$의 꼴로 계산되므로 큰 값의 단독저항보다 크게 나타난다.
- 각 저항에 전압 분배법칙이 적용되며, $V=IR$의 관계성에 의해 분배전압은 저항에 비례한다.

2) 저항의 병렬회로
- 각 저항에 걸리는 전압의 값이 동일하다.
- 합성저항이 $R=\frac{R_1R_2}{R_1+R_2}$의 꼴로 계산되므로 작은 값의 단독저항보다 작게 나타난다.
- 각 저항에 전류 분배법칙이 적용되며, $I=\frac{V}{R}$의 관계성에 의해 분배전류는 저항에 반비례한다.

04 회로이론 정답 | ②

주어진 회로의 합성 임피던스는 $Z=R+j(X_L-X_C)=30+j(60-20)=30+j40[\Omega]$이므로 합성 임피던스의 크기는 $Z=\sqrt{30^2+40^2}=50[\Omega]$이 된다.

회로에서 전압의 최댓값은 $200[V]$이고, 전류의 최댓값 I_m은 $\frac{전압의\ 최댓값}{합성\ 임피던스}$이므로 각각의 수치를 대입하면 다음과 같다.

$I_m=\frac{V_m}{Z}=\frac{200}{50}=4[A]$

05 회로이론 정답 | ②

- $R-L$ 병렬회로의 합성 어드미턴스

$Y[℧]=G-jB_L=\frac{1}{R}-j\frac{1}{X_L}$

- $R-L$ 병렬회로의 역률

$\cos\theta=\frac{G}{Y}$

주어진 조건에 대하여 나타내면 다음과 같다.

$$\cos\theta=\frac{G}{Y}=\frac{G}{\sqrt{G^2+B_L^2}}=\frac{\frac{1}{R}}{\sqrt{\left(\frac{1}{R}\right)^2+\left(\frac{1}{X_L}\right)^2}}$$

$$=\frac{\frac{1}{R}}{\sqrt{\frac{1}{R^2}+\frac{1}{X_L^2}}}=\frac{\frac{1}{R}}{\sqrt{\frac{R^2+X_L^2}{R^2X_L^2}}}=\frac{\frac{1}{R}}{\frac{\sqrt{R^2+X_L^2}}{RX_L}}$$

$$=\frac{X_L}{\sqrt{R^2+X_L^2}}$$

06 전기기기 정답 | ⑤

[동기 발전기의 안정도를 증진시키는 방법]
- 단락비를 크게 한다.
- 회전자의 플라이 휠 효과를 크게 하여 관성 모멘트를 크게 한다.
- 동기 임피던스를 작게 한다.
- 속응 여자방식을 채용한다.
- 영상 및 역상 임피던스를 크게 한다.
- 발전기의 조속기 동작을 신속하게 한다.

07 회로이론 정답 | ③

전압, 전류, 저항 관계식 $V=IR$

처음의 가변저항 값을 R_1, 조건에 따라 변경한 가변저항의 값을 R_2라고 하면 다음과 같은 관계가 형성된다.

$V = I_1R_1 = I_2R_2$
위 관계를 이용하여 R_2의 값을 구하면 다음과 같다.
$R_2 = \frac{I_1R_1}{I_2} = \frac{5\times R}{6} \fallingdotseq 0.83R$

08 전자기학 정답 | ①

[콘덴서에 축적되는 에너지]
$W = \frac{1}{2}CV^2 = \frac{1}{2}QV = \frac{1}{2}\frac{Q^2}{C}$[J]
(여기서 C=정전용량[F], V=인가전압[V], Q=전하량[C])
콘덴서에 전압을 인가하여 충전하면 에너지가 축적되며, 여기에 저항을 연결하면 저항은 콘덴서에 축적된 에너지를 소비하게 된다.
즉, 저항에서 소비되는 에너지는 곧 콘덴서에 축적되는 에너지와 같다.
주어진 조건을 이용하여 콘덴서에 축적되는 에너지를 계산하면 다음과 같다.
$W = \frac{1}{2}CV^2 = \frac{1}{2}\times 5\times 10^{-6}\times 1{,}000^2 = \frac{1}{2}\times 5 = 2.5$[J]

09 회로이론 정답 | ⑤

[파형의 종류에 따른 실횻값, 평균값]

구분	정현파 정현전파	정현반파	구형파	구형반파	삼각파 톱니파
실횻값 I	$\frac{1}{\sqrt{2}}I_m$	$\frac{1}{2}I_m$	I_m	$\frac{1}{\sqrt{2}}I_m$	$\frac{1}{\sqrt{3}}I_m$
평균값 I_{av}	$\frac{2}{\pi}I_m$	$\frac{1}{\pi}I_m$	I_m	$\frac{1}{2}I_m$	$\frac{1}{2}I_m$

주어진 전류의 파형은 삼각파이므로 실횻값은 $\frac{1}{\sqrt{3}}I_m$, 평균값은 $\frac{1}{2}I_m$이 된다.

10 전자기학 정답 | ②

• 인덕턴스 관계식 $L = \frac{N\phi}{I} = \frac{N^2}{R_m} = \frac{\mu SN^2}{l}$[H]
• 리액턴스 관계식 $X_L = wL$[Ω]
인덕턴스 관계식에 의해 권수와 $L \propto N^2$의 관계에 있으며, 이로 인해 리액턴스 또한 권수와 $X_L \propto N^2$의 관계를 갖는다.

11 전자기학 정답 | ③

평행판 콘덴서의 정전용량 $C = \frac{\varepsilon S}{d} = \frac{\varepsilon_s\varepsilon_0 S}{d}$[F]
(여기서 ε=유전율[F/m]($=\varepsilon_s\varepsilon_0$), ε_s=비유전율, ε_0=공기 또는 진공 중의 유전율[F/m], S=극판의 면적[m^2], d=극판의 간격[m])
공기 콘덴서의 정전용량을 $C_0 = \frac{\varepsilon_0 S}{d}$[F]라 할 때, 면적이 S[m^2], 두께가 $d/2$[m], 비유전율 ε_s인 매질을 삽입하였을 때의 콘덴서는 다음과 같이 표현된다.

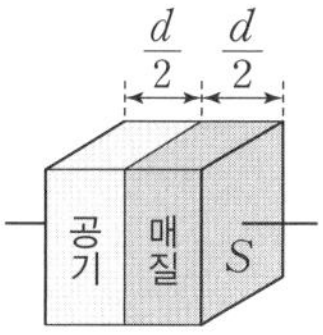

이 경우, 공기 부분의 정전용량을 C_1[F], 비유전율 ε_s인 매질 부분의 정전용량을 C_2[F]라고 할 때, 각각의 정전용량은 다음과 같다.
• $C_1 = \frac{\varepsilon_0 S}{\frac{d}{2}} = 2\frac{\varepsilon_0 S}{d} = 2C_0$[F]
• $C_2 = \frac{\varepsilon_s\varepsilon_0 S}{\frac{d}{2}} = 2\varepsilon_s\frac{\varepsilon_0 S}{d} = 2\varepsilon_s C_0 = 2\times 6\times C_0 = 12C_0$[F]
두 매질의 정전용량은 직렬로 연결되어 있으므로 합성 정전용량(C)은 다음과 같이 계산된다.
$C = \frac{C_1C_2}{C_1+C_2} = \frac{2C_0\times 12C_0}{2C_0+12C_0} = \frac{24C_0^2}{14C_0} = \frac{12}{7}C_0$
기존의 공기 콘덴서 정전용량이 $C_0 = \frac{\varepsilon_0 S}{d} = 7$[μF]로 주어졌으므로 $C = \frac{12}{7}C_0 = \frac{12}{7}\times 7$[μF]$=12$[μF]이다.

12 전기기기 정답 | ⑤

• 슬립 $s = \frac{N_s - N}{N_s} = \frac{n_s - n}{n_s}$
• 동기속도(회전자계 속도) $N_s = \frac{120f}{p}$[rpm]
$n_s = \frac{2f}{p}$[rps]
• 회전자 도체에 유기되는 기전력의 주파수 $f_{2s} = sf$[Hz]
(여기서 N_s=동기속도(회전자계 속도)[rpm], n_s=동기속도(회전자계 속도)[rps]$\left(=\frac{N_s}{60}\right)$, N=회전자 속도[rpm], n=회전자 속도[rps]$\left(=\frac{N}{60}\right)$, f=주파수[Hz], p=극수)

주어진 조건에 대하여 계산하면 다음과 같다.

1) 슬립 s

$$s=\frac{n_s-n}{n_s}=\frac{60-54}{60}=\frac{6}{60}=\frac{1}{10}$$

2) 주파수 f[Hz]

회전자계 속도 관계식에 의해 $f=\frac{n_s p}{2}$이고, 주어진 그림에서 극수는 2극을 확인할 수 있으므로 $f=\frac{n_s p}{2}=\frac{60\times 2}{2}=60$[Hz]

3) 회전자 도체에 유기되는 기전력의 주파수 f_{2s}[Hz]

$$f_{2s}=sf=\frac{1}{10}\times 60=6[\text{Hz}]$$

13 전기기기

정답 | ⑤

[다이오드(Diode)]

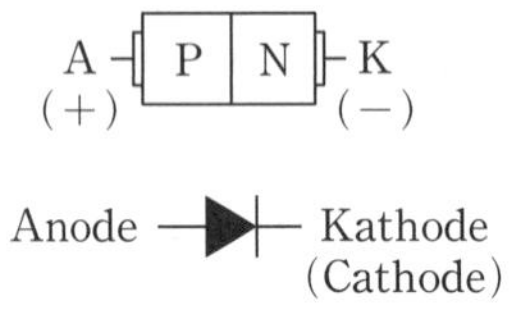

- PN접합의 정류기능을 가지는 직류, 교류 겸용의 소자이다.
- 양(+)극의 전압이 음(−)극보다 높을 때, 순방향 도통상태가 된다.
- 순방향 도통상태일 때, 전압강하가 약간 발생한다.
- 양(+)극의 전압이 음(−)극보다 낮을 때, 역방향 저지상태가 된다.
- 역방향 저지상태일 때, 누설전류가 약간 흐른다.
- 다이오드 관련 용어
  - 정격전압: 다이오드가 견딜 수 있는 역방향의 최대 전압이며, 항복 전압이라고도 한다.
  - 정격전류: 다이오드가 파괴되지 않는 순방향의 최대 전류를 의미한다.
  - 누설전류: 역방향 저지상태일 때 흐르게 되는 [nA]~[mA]의 아주 작은 전류이다.

14 전력공학

정답 | ④

송전선로에서 전선을 수직 배치할 때, 일정 간격을 이격하는 것을 오프셋이라 하며 전선 간에 상하 단락이 발생하는 것을 방지하기 위함이다.

15 전력공학

정답 | ②

이도(dip)란 전선 지지점 간 연결하는 수평선으로부터 밑으로 내려가 있는 길이를 의미하는데, 이는 온도에 따른 전선의 팽창 또는 수축을 고려하여 단선사고, 선간 단락 등을 사전에 방지하는 중요한 요소이다.

이도의 영향은 다음과 같다.

- 이도의 대소는 지지물의 높이를 좌우한다.
- 이도가 너무 크면 전선은 그만큼 좌우로 크게 진동해서 다른 상의 전선에 접촉하거나 수목에 접촉해서 위험을 준다.
- 이도가 너무 작으면 그와 반비례해서 전선의 장력이 증가하여 심할 경우에는 전선이 단선되기도 한다.

이도는 여러 요소를 고려하여 선정하는데 그 관련된 요소의 식은 다음과 같다.

- 이도 $D=\frac{WS^2}{8T}$[m]

  (여기서 W: 합성하중[kg/m], S: 경간[m], T: 수평장력[kg] $=\frac{\text{인장강도(하중)}}{\text{안전율}}$)
- 전선의 실장(실제거리) $L=S+\frac{8D^2}{3S}$[m]
- 전선의 평균 높이 $h=H-\frac{2}{3}D$[m]

  (여기서 H: 전선 지지점의 높이)

이도 관계식에 의해 수평장력에 반비례하고, 경간의 제곱에 비례한다.

16 전력공학

정답 | ⑤

[교류 송전방식과 직류 송전방식]

1) 교류 송전방식

ⓐ 장점
- 회전 자계를 쉽게 얻을 수 있다.
- 대부분 부하가 교류방식이므로 계통을 일관되게 운용할 수 있다.
- 변압이 쉬워 전압의 승압 및 강압이 용이하다.

ⓑ 단점
- 직류 방식에 비해 계통의 안정도가 저하된다.
- 표피효과로 인해 전선의 실효저항이 증가하여 전력손실이 커진다.
- 페란티 현상과 자기여자 현상 등의 이상현상이 발생한다.

2) 직류 송전방식

ⓐ 장점
- 리액턴스가 없어 리액턴스 강하가 없고, 안정도가 높다.
- 장거리 송전, 케이블 송전에 유리하다.

- 유도장해가 적고, 송전 효율이 좋다.
- 절연계급을 낮출 수 있다.
- 충전전류가 없고, 유전체손이 없다.
- 주파수가 다른 교류계통을 연계할 수 있다.
- 표피효과가 발생하지 않는다.

ⓑ 단점
- 교류와 같이 전류의 영점이 없어, 직류 전류의 차단이 곤란하다.
- 승압 및 강압이 곤란하다.
- 교류 직류 교환 장치에서 발하는 고조파를 제거하는 설비가 별도로 필요하다.

17 전력공학 정답 I ①

1) 전압 강하율
- 송전단과 수전단의 관계에 있어서 수전 전압에 대한 전압강하의 비
- $\varepsilon'=\dfrac{V_s-V_r}{V_r}\times 100[\%]$

(여기서 V_s=송전단 전압[V], V_r=수전단 전압[V])

2) 전압 변동률
- 부하의 유무에 따른 수전 전압에 대한 전압변동의 비
- $\varepsilon=\dfrac{V_{r0}-V_r}{V_r}\times 100[\%]$

(여기서 V_{r0}=무부하 시 수전단 전압[V], V_r=정격부하 시 수전단 전압[V])

주어진 조건을 이용하여 전압 강하율과 전압 변동률을 구하면 다음과 같다.

- 전압 강하율

$$\varepsilon'=\frac{V_s-V_r}{V_r}\times 100=\frac{280-250}{250}\times 100=\frac{30}{250}\times 100=12[\%]$$

- 전압 변동률

$$\varepsilon=\frac{V_{r0}-V_r}{V_r}\times 100=\frac{260-250}{250}\times 100=\frac{10}{250}\times 100=4[\%]$$

따라서 A=12[%], B=4[%]가 된다.

18 전기설비 정답 I ①

– 한국전기설비규정(KEC) –

[132 전로의 절연저항 및 절연내력]

표 132-1 전로의 종류 및 시험전압

전로의 종류(최대 사용전압)	절연내력 시험전압
7[kV] 이하	1.5배
7[kV] 초과 25[kV] 이하 (중성점 다중접지식 전로)	0.92배
7[kV] 초과 60[kV] 이하 (다중 접지제외)	1.25배 (10.5[kV] 미만: 10.5[kV])
60[kV] 초과 중성점 비접지식 전로	1.25배
60[kV] 초과 중성점 접지식 전로	1.1배 (75[kV] 미만: 75[kV])
60[kV] 초과 중성점 직접접지식 전로	0.72배
170[kV] 초과 중성점 직접접지식 전로	0.64배

19 전자기학 정답 I ③

1) 인덕턴스의 가동접속

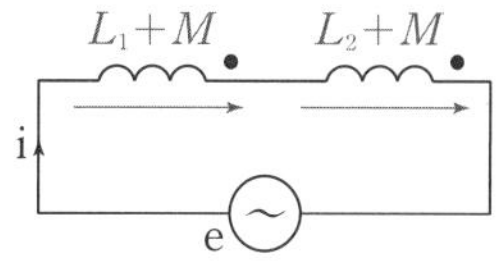

합성 인덕턴스 $L_{가동}=L_1+L_2+2M$

2) 인덕턴스의 차동접속

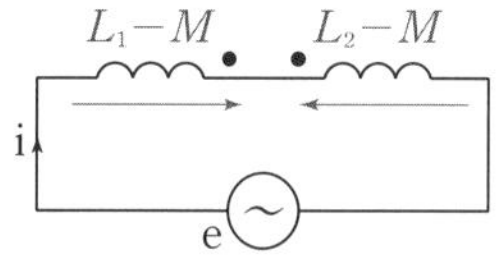

합성 인덕턴스 $L_{차동}=L_1+L_2-2M$

주어진 회로의 단자를 잡고 양끝으로 잡아당긴다고 생각하여 등가회로를 나타내면 다음과 같다.

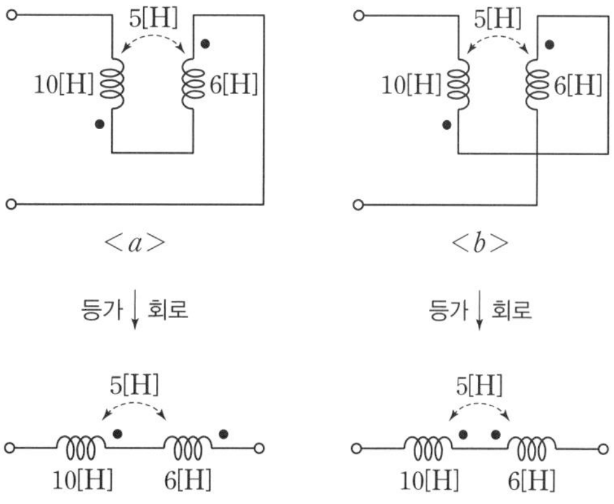

회로 a는 가동접속에 해당하고, 회로 b는 차동접속에 해당하므로 각 회로의 합성 인덕턴스는 다음과 같다.

- 회로 a: $L_a = 10+6+2\times5=16+10=26$[H]
- 회로 b: $L_b = 10+6-2\times5=16-10=6$[H]

20 전력공학 정답 | ③

선로정수는 저항, 인덕턴스, 정전용량, 누설컨덕턴스의 4가지 정수를 말하며, 전선의 종류, 굵기, 배치, 선간거리에 따라 정해지고 일반적으로 송전전압, 주파수, 전류, 역률, 기상 등에는 영향을 받지 않는다.

21 전력공학 정답 | ④

1) 피뢰기의 구비조건
   - 제한전압이 낮을 것
   - 충격 방전개시전압이 낮을 것
   - 상용주파 방전개시전압이 높을 것
   - 속류 차단능력이 클 것
   - 방전내량이 클 것
2) 피뢰기의 용어
   - 피뢰기 정격전압: 피뢰기 선로단자와 접지단자 간에 인가할 수 있는 상용주파 최대허용전압이다. 즉, 속류를 차단할 수 있는 상용주파수 교류 최고전압이다.
   - 피뢰기 제한전압: 피뢰기에 방전전류가 흐르는 동안 피뢰기 단자 간에 나타나는 전압의 파고값이다.
   - 상용주파 방전개시전압: 피뢰기에 전류가 흐르기 시작한 최저의 상용주파 전압이다.
   - 충격 방전개시전압: 피뢰기 단자 간에 충격전압을 인가 시 방전을 개시하는 최고전압이다.
   - 속류: 방전현상이 끝난 후에도 계속해서 전력계통으로부터 공급되는 상용주파 전류이다.

22 전자기학 정답 | ③

두 벡터 $\vec{A}$, $\vec{B}$의 내적 관계식

$\vec{A}\cdot\vec{B}=AB\cos\theta$

(여기서 A=벡터 $\vec{A}$의 크기, B=벡터 $\vec{B}$의 크기, θ=두 벡터가 이루는 각도[°])

두 벡터가 이루는 각도는 두 벡터의 내적 관계를 이용하여 계산할 수 있다.

$$\cos\theta=\frac{\vec{A}\cdot\vec{B}}{AB}=\frac{(-3i-j)\cdot(-2i+j)}{\sqrt{(-3)^2+(-1)^2}\sqrt{(-2)^2+1^2}}$$

$$=\frac{6-1}{\sqrt{10}\sqrt{5}}=\frac{5}{\sqrt{50}}=\frac{5}{5\sqrt{2}}=\frac{1}{\sqrt{2}}$$

cos함수에서 $\frac{1}{\sqrt{2}}$의 값을 갖는 각도는 45°이다.

즉, $\cos^{-1}\left(\frac{1}{\sqrt{2}}\right)=45°$이다.

23 전자기학 정답 | ①

전속밀도 $D=\varepsilon E$[C/m^2]

(여기서 ε=유전율[F/m]($=\varepsilon_s\varepsilon_0$), ε_s=비유전율, ε_0=진공 또는 공기 중의 유전율[F/m], E=전계의 세기[V/m])

대전 도체의 전하는 도체의 표면에만 고르게 분포하므로 대전 도체 내부의 전계 세기는 0[V/m]이 된다.

따라서 도체 내부의 전속밀도 또한 0[C/m^2]이 된다.

24 전기기기 정답 | ④

1) SUS(실리콘 일면 스위치, Silicon Unilateral Switch)
   단방향(역저지) 2단자 사이리스터

2) DIAC(다이악, Diode Alternating Current switch)
   양방향 2단자 사이리스터(양방향 SUS)

3) TRIAC(트라이악, Triode Alternating Current switch)
   양방향 3단자 사이리스터

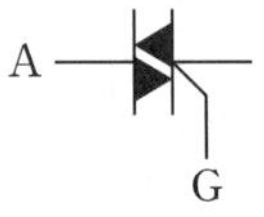

4) SCR(실리콘 제어 정류기, Silicon Controlled Rectifier)

P – Gate Type (일반적인 SCR)	N – Gate Type
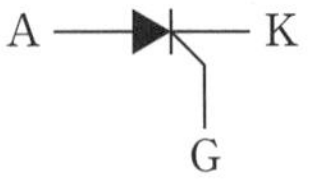	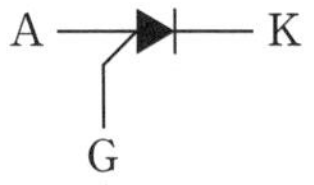

5) GTO(Gate Turn – Off thyrister)
   단방향(역저지) 3단자 사이리스터

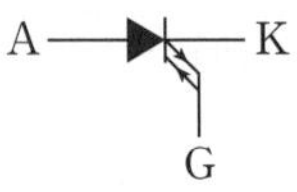

6) SCS(실리콘 제어 스위치, Silicon Controlled Switch)
단방향(역저지) 4단자 사이리스터

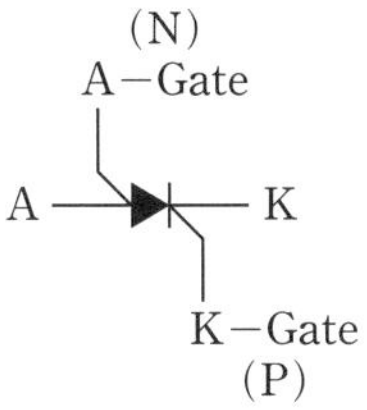

7) Transistor

ⓐ BJT(접합형 트랜지스터, Bipolar Junction Transistor)

NPN 접합형 트랜지스터	PNP 접합형 트랜지스터
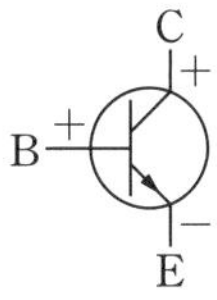	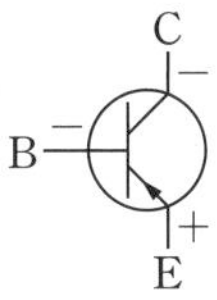

ⓑ FET(전계효과 트랜지스터, Field Effect Transistor)

• JFET(Junction Field Effect Transistor)

N − channel	P − channel
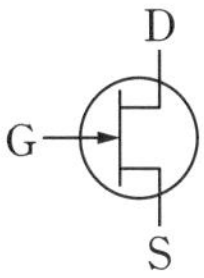	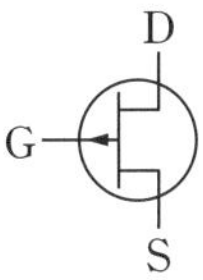

• MOSFET(Metal − Oxide Semiconductor FET)

− MOSFET − 공핍형(Depletion)

N − channel	P − channel
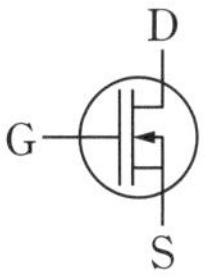	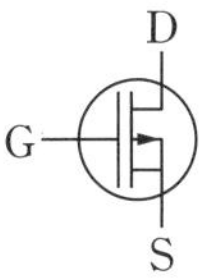

− MOSFET − 증가형(Enhancement)

N − channel		P − channel	
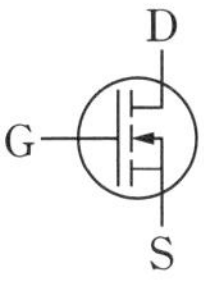	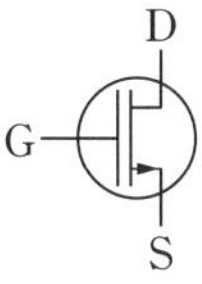	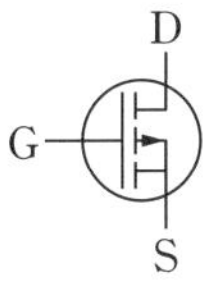	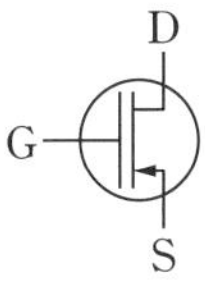

따라서 정리하면 다음과 같다.

• 2단자 소자: SUS, SSS, Diode, DIAC
• 3단자 소자: SCR, LASCR, TRIAC, GTO, Transistor
• 4단자 소자: SCS

25 전기기기 정답 | ②

• 유도 전동기 토크 관계식

$T=0.975\frac{P_o}{N}[\text{kg}\cdot\text{m}]=0.975\frac{P_2}{N_s}[\text{kg}\cdot\text{m}]$

• 유도 전동기 회전속도 관계식

$N=(1-s)N_s[\text{rpm}]$

(여기서 P_o=출력[W], N=회전속도[rpm], P_2=2차 입력[W], N_s=동기속도(회전자계 속도)[rpm], s=슬립)

유도 전동기의 토크는 $T=0.975\frac{P_o}{N}=0.975\frac{P_o}{(1-s)N_s}[\text{kg}\cdot\text{m}]$로 표현되므로 동기속도에는 반비례하고, 출력에는 비례하는 관계가 형성된다.

26 전자기학 정답 | ⑤

코일에 유기되는 기전력 $e=-L\frac{di}{dt}[\text{V}]$

주어진 조건에 대하여 계산하면 다음과 같다.

$e=-L\frac{di}{dt}=-5\times\frac{d}{dt}(4e^{-3t})=-5\times(-12e^{-3t})=60e^{-3t}[\text{V}]$

27 전력공학 정답 | ④

열역학적 사이클의 종류는 다음과 같다.

• 재열 사이클: 증기터빈에서 팽창된 증기를 추출하여 재열기에서 재가열함으로써 열효율을 증가시키는 사이클이다.
• 재생 사이클: 증기터빈에서 증기의 팽창 도중에 일부를 유출해 급수의 가열을 하게 하여 열효율을 증가시킨 사이클이다.
• 재생·재열 사이클: 열효율이 높은 열역학적 사이클로, 재생 사이클에서 팽창 도중의 증기를 재가열하기 위해 재열기를 첨가한 사이클로, 재생과 재열을 복합시킨 것이다.
• 랭킨 사이클: 2개의 단열변화와 2개의 등압변화로 구성되는 사이클 중 작동유체가 증기와 액체의 상변화를 수반하는 것으로, 증기터빈에 의한 화력발전소에서 기본 사이클로 하고 있다.
• 카르노 사이클: 열역학적 사이클 중 가장 이상적인 가역사이클로, 실현 현실성이 없는 이론적 사이클이다. 카르노 사이클은 효율이 가장 우수한 열기관을 제작할 수 있는 방향을 제시하므로 매우 중요한 사이클이며, 2개의 등온변화와 2개의 단열변화로 이루어진다.
• 오토 사이클: 2개의 단열과정과 2개의 정적과정으로 이루어지는 사이클로, 불꽃 점화기관의 기본이 되는 이론 사이클이다.

28 전기기기 정답 | ⑤

• 직류 전동기의 출력 $P=EI_a$[W]
• 직류 전동기의 기전력 $E=V-I_aR_a$[V]
(여기서 I_a=전기자 전류[A], V=인가(단자)전압[V], R_a=전기자 저항[Ω])
주어진 조건에 대하여 계산하면 다음과 같다.
• 직류 분권 전동기의 기전력 E[V]
$E=V-I_aR_a=90-25\times0.4=90-10=80$[V]
• 직류 분권 전동기의 출력 P[W]
$P=EI_a=80\times25=2{,}000$[W]

29 전기기기 정답 | ③

• 변압기 기전력 관계식: $E=4.44f\phi_mN=4.44fB_mSN$[V]
(여기서 f=주파수[Hz], ϕ_m=최대 자속[wb], B_m=최대 자속밀도[wb/m²], S=철심의 단면적[m²], N=권수)
변압기의 1차 유기 기전력 관계식은 $E_1=4.44f\phi_mN_1$[V]가 되므로

$$E_1=4.44f\phi_mN_1=4.44\times60\times\frac{1}{6}\times10^{-2}\times1{,}000$$
$$=4.44\times100=444[\text{V}]$$

주의

변압기 기전력(실횻값)의 관계식에서 자속과 자속밀도는 최대자속과 최대 자속밀도라는 것을 주의하자.
$E=4.44f\phi_mN=4.44fB_mSN$[V]
잘못 기억하는 경우 최대 자속이라는 말에 $\frac{\phi}{\sqrt{2}}$로 계산하는 경우 오답이 된다.

30 전력공학 정답 | ⑤

수차 발전기 출력 $P=9.8qH\eta_h\eta_g=9.8qH\eta_t$[kW]
(여기서 q=유량[m³/s]$\left(=\frac{\text{물의 양[m}^3]}{\text{시간[sec]}}\right)$, H=유효낙차[m], η_h=수차 효율, η_g=발전기 효율, η_t=수차 및 발전기 종합효율$(=\eta_h\eta_g)$)
주어진 조건에 대하여 계산하면 다음과 같다.
$P=9.8qH\eta_t=9.8\times50\times25\times0.8=9{,}800$[kW]$=9.8$[MW]

31 회로이론 정답 | ④

• 정재파(standing wave): 입사파와 반사파가 서로 겹쳐 간섭하게 되는 경우, 파동(파형)이 매질을 통하여 더 이상 진행하지 못하고, 일정한 곳에 머물러 진동하는 파동
• 정재파비(standing wave ratio): 전송 선로상에 발생하고 있는 정재파의 크기를 나타내는 것으로, 정재파의 최댓값과 최솟값의 비로 반사가 거의 없는 경우 1에 가깝고, 반사량이 늘어날수록 무한대에 가깝게 나타난다.

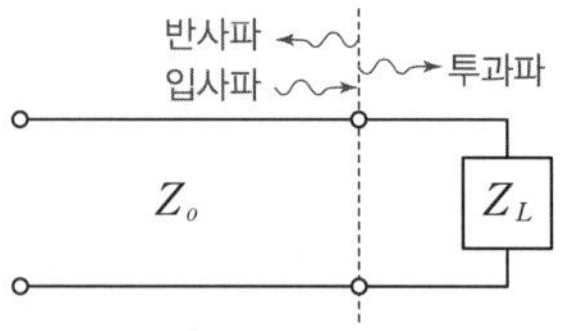

$$\text{정재파비 } S=\frac{1+\rho}{1-\rho}$$

$\left(\text{여기서 } \rho=\text{반사계수}\left(\frac{\text{반사파}}{\text{입사파}}=\frac{Z_L-Z_o}{Z_L+Z_o}\right)\right)$
주어진 조건에 대해 계산하면 다음과 같다.
• 반사계수 $\rho=\frac{400-100}{400+100}=\frac{300}{500}=0.6$
• 정재파비 $S=\frac{1+0.6}{1-0.6}=\frac{1.6}{0.4}=4$

32 전력공학 정답 | ④

[계기용 변압기(PT)와 변류기(CT)]
1) 계기용 변압기(Potential Transformer, PT)
  • 계측장비로 교류의 전압값을 측정하기 위해 교류의 고전압을 저전압으로 변성하는 측정용 변압기이다.
  • 2차 측의 정격 전압은 110[V]이다.
  • 점검 시 2차 측을 개방하여, 대전류로 인한 절연파괴를 방지한다.
2) 변류기(Current Transformer, CT)
  • 계측장비로 교류의 전류값을 측정하기 위해 교류의 대전류를 소전류로 변성하는 측정용 변압기이다.
  • 2차 측의 정격 전류는 5[A]이다.
  • 점검 시 2차 측을 단락하여 고전압으로 인한 절연파괴를 방지한다.

33 전자기학 정답 | ②

[콘덴서의 단위 면적당 작용하는 힘]
$f=\frac{1}{2}\varepsilon E^2=\frac{1}{2}DE=\frac{1}{2}\frac{D^2}{\varepsilon}$[N/m²]
(여기서 ε=유전율[F/m]$(=\varepsilon_s\varepsilon_0)$, ε_s=비유전율(자유공간(공기 또는 진공)에서는 1), ε_0=자유공간(공기 또는 진공)의 유전

율[F/m], E=전계의 세기[V/m]$\left(=\frac{V}{d}\right)$, V=전위[V], d=간격 또는 거리[m], D=전속밀도[C/m^2])

전계와 전위의 관계 $E=\frac{V}{d}$를 이용하면 단위 면적당 작용하는 힘은 다음과 같다.

$$f=\frac{1}{2}\varepsilon_0 E^2=\frac{1}{2}\varepsilon_0\left(\frac{V}{d}\right)^2[\text{N/m}^2]$$

34 전자기학

정답 | ④

[(완전 유전체 혹은 자유공간에서) 전자기파의 성질]

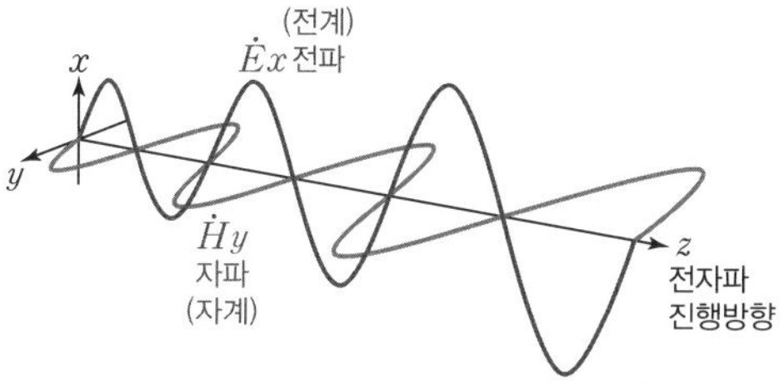

- 전파(전계), 자파(자계)가 서로 90°로 작용한다.
- 전파(전계), 자파(자계)는 동위상으로 작용한다. 즉, 서로 간의 위상 차는 없다.
- 전자기파 진행 방향은 $\dot{E}\times\dot{H}$이다.
- 전자기파 진행 방향의 E, H의 성분은 0이다.
- 전파(전계), 자파(자계)의 축에 대한 전체적인 변화량(도함수)은 0이다.
- 전자기파 진행 방향의 전체적인 변화량(도함수)은 0이 아니다.

따라서 전자기파의 진행 방향은 $\dot{E}\times\dot{H}$이므로 전파와 자파의 외적 방향이 된다.

35 전기기기

정답 | ④

- 유도 전동기 회전속도 N[rpm]

  $N=(1-s)N_s=(1-s)\frac{120f}{p}$[rpm]
- 유도 전동기 2차 측에 유도되는 기전력의 주파수 f_{2s}[Hz]

  $f_{2s}=sf$
- 슬립과 2차 저항의 관계

  $s\propto r_2$

주어진 조건에 대하여 계산하면 다음과 같다.

- 주파수 f[Hz]

  회전속도 관계식에 의해 주파수는

  $f=\frac{Np}{120(1-s)}=\frac{1{,}620\times 4}{120\times(1-0.1)}=\frac{54}{0.9}=60$[Hz]이다.
- 2차 저항을 처음의 5배로 할 때의 2차 측에 유도되는 기전력의 주파수 f_{2s}[Hz]

  슬립과 2차 저항은 비례관계이므로 2차 저항이 5배가 되면 슬립도 5배가 된다. 즉, 2차 저항이 5배가 되었을 때의 슬립(s')은 $s'=5s=5\times 0.1=0.5$이다. 따라서 $f_{2s}=s'f=0.5\times 60=30$[Hz]이다.

36 회로이론

정답 | ②

- 영상분 I_0

  $I_0=\frac{1}{3}(I_a+I_b+I_c)$[A]
- 정상분 V_1

  $I_1=\frac{1}{3}(I_a+aI_b+a^2I_c)$[A]
- 역상분 V_2

  $I_2=\frac{1}{3}(I_a+a^2I_b+aI_c)$[A]

(여기서 a=벡터 연산자$\left(=1\angle 120°=-\frac{1}{2}+j\frac{\sqrt{3}}{2}\right)$, a^2=벡터 연산자$\left(=1\angle 240°=-\frac{1}{2}-j\frac{\sqrt{3}}{2}\right)$, $1+a+a^2=0$)

주어진 조건에 대하여 계산하면 다음과 같다.

$$I_0=\frac{1}{3}(I_a+I_b+I_c)=\frac{1}{3}\{(10)+(6-j9)+(5+j9)\}$$
$$=\frac{1}{3}\times 21=7[\text{A}]$$

37 전력공학

정답 | ③

차단용량 $P_s'=\sqrt{3}\times$정격전압$\times$정격차단전류[VA]

차단용량 관계식에 의해 차단기의 정격차단전류는

'정격차단전류$=\frac{\text{차단용량}}{\sqrt{3}\times\text{정격전압}}$[A]'이므로 주어진 값을 해당 관계식에 대입하면 다음과 같다.

정격차단전류$=\frac{77\sqrt{3}\times 10^6}{\sqrt{3}\times 154\times 10^3}=500$[A]$=0.5$[kA]

38 전자기학

정답 | ①

- 콘덴서 직렬연결 시 합성 정전용량

  $C=\frac{C_1C_2}{C_1+C_2}$[F]
- 콘덴서 병렬연결 시 합성 정전용량

  $C=C_1+C_2$[F]

• 콘덴서에 축적되는 에너지

$W=\frac{1}{2}CV^2[\mathrm{J}]$

1) 합성 정전용량

$C=C_1+C_2=10+8=18[\mathrm{F}]$

2) 콘덴서에 축적되는 에너지

$W=\frac{1}{2}CV^2=\frac{1}{2}\times 18\times 10^2=9\times 100=900[\mathrm{J}]$

39 회로이론 정답 | ⑤

임피던스 관계식 $Z=\sqrt{R^2+X_L^2}=\sqrt{R^2+(wL)^2}[\Omega]$

주어진 조건에 대하여 계산하면 다음과 같다.

$$Z=\sqrt{R^2+(wL)^2}=\sqrt{R^2+(2\pi fL)^2}$$
$$=\sqrt{20^2+\left(2\pi\times\frac{300}{\pi}\times 0.1\right)^2}=\sqrt{20^2+60^2}=\sqrt{400+3{,}600}$$
$$=\sqrt{4{,}000}=20\sqrt{10}[\Omega]$$

40 전기기기 정답 | ④

[각 소자의 특성 곡선]

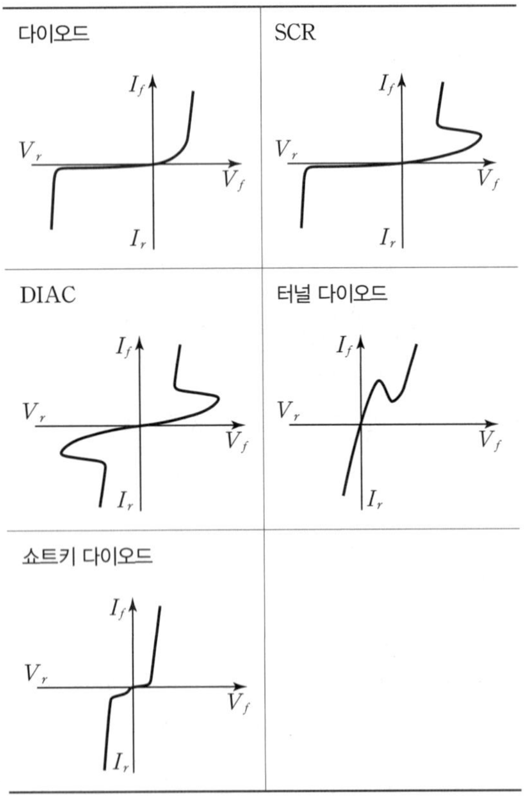

41 전기기기 정답 | ③

• 단상 반파 정류회로의 직류전압 $E_d=0.45E=\frac{\sqrt{2}}{\pi}E[\mathrm{V}]$

• 전압의 실횻값 $E=\frac{E_m}{\sqrt{2}}[\mathrm{V}]$

(여기서 E=입력(교류)전압[V], E_m=전압의 최댓값[V])

주어진 조건에 대하여 계산하면 다음과 같다.

$$E_d=\frac{\sqrt{2}}{\pi}E=\frac{\sqrt{2}}{\pi}\times\frac{E_m}{\sqrt{2}}=\frac{E_m}{\pi}=\frac{6\pi}{\pi}=6[\mathrm{V}]$$

42 회로이론 정답 | ②

$$F(s)=\frac{s}{s^2+4}=\frac{s}{s^2+2^2}\xrightarrow{\mathcal{L}^{-1}}f(t)=\cos 2t$$

참고 | 라플라스 변환/역변환 표

$f(t)$	$\underset{\mathcal{L}^{-1}}{\overset{\mathcal{L}}{\rightleftarrows}}$	$F(s)$
$\delta(t)$		1
$u(t)$		$\frac{1}{s}$
t		$\frac{1}{s^2}$
t^n		$\frac{n!}{s^{n+1}}$
$\sin wt$		$\frac{w}{s^2+w^2}$
$\cos wt$		$\frac{s}{s^2+w^2}$
$e^{\pm at}$		$\frac{1}{s\mp a}$
$t^n\cdot e^{at}$		$\frac{n!}{(s-a)^{n+1}}$
$t\sin wt$		$\frac{2ws}{(s^2+w^2)^2}$
$t\cos wt$		$\frac{s^2-w^2}{(s^2+w^2)^2}$
$e^{-at}\cdot\sin wt$		$\frac{w}{(s+a)^2+w^2}$
$e^{-at}\cdot\cos wt$		$\frac{s+a}{(s+a)^2+w^2}$
$\sinh wt$		$\frac{w}{s^2-w^2}$
$\cosh wt$		$\frac{s}{s^2-w^2}$

43 전기설비

정답 | ④

– 한국전기설비규정(KEC) –

[표 333.7-1 특고압 가공전선의 높이]

사용전압	지표상 높이
35[kV] 이하	5[m] • 철도(궤도) 횡단 시 6.5[m] • 도로 횡단 시 6[m] • 횡단보도(특고압 절연전선, 케이블) 4[m]
35[kV] 초과 160[kV] 이하	6[m] • 철도(궤도) 횡단 시 6.5[m] • 사람이 쉽게 들어갈 수 없는 장소 5[m] • 횡단보도(케이블) 5[m]
160[kV] 초과	$6[m]+\frac{V-160[kV]}{10}$(절상)$\times 0.12[m]$ • 철도(궤도) 횡단 시 6.5[m] • 사람이 쉽게 들어갈 수 없는 장소 5[m]

44 회로이론

정답 | ①

[회로에 따른 과도현상]

구분	$R-L$ 직렬회로	$R-C$ 직렬회로
$t=0$ 초기상태	개방	단락
$t=\infty$ 정상상태	단락	개방
전원 on 시 충전전하	–	$q=CE(1-e^{-\frac{1}{RC}t})$
전원 on 시 전류	$i=\frac{E}{R}(1-e^{-\frac{R}{L}t})$	$i=\frac{E}{R}e^{-\frac{1}{RC}t}$
전원 off 시 전류	$i=\frac{E}{R}e^{-\frac{R}{L}t}$	$i=-\frac{E}{R}e^{-\frac{1}{RC}t}$
전원 on 시 전압	$v_R=E(1-e^{-\frac{R}{L}t})$ $v_L=Ee^{-\frac{R}{L}t}$	$v_R=Ee^{-\frac{1}{RC}t}$ $v_C=E(1-e^{-\frac{1}{RC}t})$
시정수	$\tau=\frac{L}{R}$	$\tau=RC$
특성근	$-\frac{R}{L}$	$-\frac{1}{RC}$

45 전기기기

정답 | ②

[다이오드를 여러 개 연결할 경우의 이점]

• 직렬로 여러 개 연결

과전압으로부터 보호, 회로의 인가전압 증가 가능

여러 개를 직렬로 연결하는 경우, 전압의 분배로 인해 인가전압이 분배가 되므로 각 다이오드 소자에 걸리는 전압은 낮아지게 된다. 그러므로 과전압으로부터 보호가 되며, 회로 전체의 인가전압을 증대시킬 수 있다.

• 병렬로 여러 개 연결

과전류로부터 보호, 회로의 사용전류 증가 가능

여러 개를 병렬로 연결하는 경우, 전류의 분배로 인해 각 다이오드 소자에 흐르는 전류는 적어지게 된다. 그러므로 과전류로부터 보호가 되며, 회로 전체의 사용 전류를 증가시킬 수 있다.

46 전기기기

정답 | ④

슬립과 공급전압의 관계성 $s\propto\frac{1}{V^2}$

조건 변경 전의 슬립과 전압을 각각 s_1, V_1으로, 조건 변경 후의 슬립과 전압을 각각 s_2, V_2로 놓고 비례식을 세워 계산하면 다음과 같다.

$$s_1:\frac{1}{V_1^2}=s_2:\frac{1}{V_2^2}$$

$$\frac{s_2}{V_1^2}=\frac{s_1}{V_2^2}$$

$$s_2=s_1\left(\frac{V_1}{V_2}\right)^2$$

공급전압을 20[%] 감소시킨 것은 공급전압이 0.8배된 것과 같으므로 $V_1=1$이라 할 때, $V_2=0.8$로 나타낼 수 있다.

즉, $s_2=s_1\left(\frac{V_1}{V_2}\right)^2=4\times\left(\frac{1}{0.8}\right)^2=4\times1.25^2=6.25$이다. 따라서 공급전압을 20[%] 감소시켰을 때의 슬립은 6.25[%]가 된다.

47 회로이론

정답 | ③

소비전력 $P=VI\cos\theta=V\cdot\frac{V}{Z}\cdot\frac{R}{Z}=\frac{V^2R}{Z^2}=\frac{V^2R}{R^2+X^2}$[W]

주어진 조건에 대하여 계산하면 다음과 같다.

• 기본파

기본파 전압의 실횻값은 $V_1=\frac{20\sqrt{2}}{\sqrt{2}}=20$[V]이므로

$$P_1=\frac{V^2R}{R^2+X^2}=\frac{20^2\times4}{4^2+3^2}=\frac{1,600}{25}=64[W]$$

• 제5고조파

제5고조파 전압의 실횻값은 $V_5=\frac{10\sqrt{2}}{\sqrt{2}}=10$[V]이므로

$$P_5=\frac{V^2R}{R^2+(5X)^2}=\frac{10^2\times 4}{4^2+(5\times 3)^2}=\frac{400}{241}\fallingdotseq 1.66[\mathrm{W}]$$

따라서 회로의 전체 소비전력은 $P=P_1+P_5=64+1.66=65.66$[W]이므로 약 66[W]이다.

48 전기기기

정답 | ①

[유도 전동기의 제동법]

- 발전제동: 전동기의 전원을 끊고 회전 관성에 의해 전동기가 회전하면서 발전기로 작용한다. 이때 발생된 전력을 단자에 접속된 저항에서 열로 소비시키면서 제동시키는 방법이다.
- 회생제동: 전동기의 전원을 접속한 상태에서 전동기에 유기되는 역기전력을 전원 전압보다 높게 하여 발생된 전력을 전원부로 되돌리면서 제동하는 방법이다.
- 역상제동(역전제동, 플러깅 제동): 전동기 전원의 접속을 바꾸어(3상 3선 중 임의의 2선의 접속을 바꿈) 역토크를 발생시켜 급정지 시 사용한다.

49 전자기학

정답 | ④

(자유공간) 전위 관계식 $V=\frac{Q}{4\pi\varepsilon_0 r}\fallingdotseq 9\times10^9\times\frac{Q}{r}$[V]

(여기서 Q=전하량[C], ε_0=자유공간(공기 또는 진공)의 유전율[F/m], r=전하로부터 거리[m])

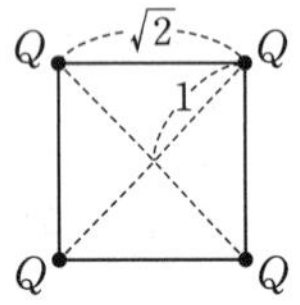

전위는 스칼라이므로 방향에 관계없이 중첩된다.

즉, 각 꼭짓점에 있는 전하가 사각형 중심을 향하여 전위를 형성하므로 전하 한 개의 전위에 그 개수를 곱하여 구할 수 있다.

한 변의 길이가 $\sqrt{2}$이면 중심까지의 거리는 1이므로

$$V=\frac{Q}{4\pi\varepsilon_0 r}\times 4\fallingdotseq 9\times10^9\times\frac{Q}{r}\times 4$$

$$=9\times10^9\times\frac{2\times10^{-10}}{1}\times 4=7.2[\mathrm{V}]$$

50 전자기학

정답 | ①

[도체 형태에 따른 전계의 세기]

* 해석 기준

- 일반해석: 전하가 도체 표면에만 존재
- 특수해석: 전하가 도체 내부에도 균일하게 존재

<table>
<tr><th>도체 형태</th><th colspan="2">전계의 세기[V/m]</th></tr>
<tr><td>(임의 도체) 표면</td><td>$E=\frac{Q}{\varepsilon_0 S}=\frac{\sigma}{\varepsilon_0}$</td><td rowspan="3">외부거리와 무관</td></tr>
<tr><td>무한 평면도체</td><td>$E=\frac{Q}{2\varepsilon_0 S}=\frac{\sigma}{2\varepsilon_0}$</td></tr>
<tr><td>2개의 무한 평면 도체 사이</td><td>$E=\frac{Q}{\varepsilon_0 S}=\frac{\sigma}{\varepsilon_0}$</td></tr>
<tr><td>구 도체(점 도체)
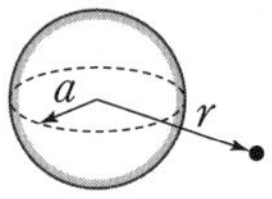</td><td colspan="2"><table><tr><th>구분</th><th>도체 내부</th><th>도체 외부</th></tr><tr><td>일반 해석</td><td>$E=0$</td><td rowspan="2">$E=\frac{Q}{4\pi\varepsilon_0 r^2}$</td></tr><tr><td>특수 해석</td><td>$E=\frac{rQ}{4\pi\varepsilon_0 a^3}$</td></tr></table>(여기서 a=도체의 기준 반지름)</td></tr>
<tr><td>선 도체
(원통 도체,
원주 도체)
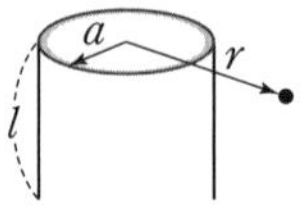</td><td colspan="2"><table><tr><th>구분</th><th>도체 내부</th><th>도체 외부</th></tr><tr><td>일반 해석</td><td>$E=0$</td><td rowspan="2">$E=\frac{\lambda}{2\pi\varepsilon_0 r}$</td></tr><tr><td>특수 해석</td><td>$E=\frac{r\lambda}{2\pi\varepsilon_0 a^2}$</td></tr></table>(여기서 a=도체의 기준 반지름, λ=선전하밀도[C/m])</td></tr>
</table>

문제에서 무한 평면도체에 대해 물었으므로 전계의 세기는 $E=\frac{Q}{2\varepsilon_0 S}=\frac{\sigma}{2\varepsilon_0}$[V/m]가 된다.

2020 하반기 한전KPS(G3)

2020. 10. 17. (토) 시행

정답 확인

p.227

문항	정답	과목	문항	정답	과목	문항	정답	과목	문항	정답	과목	문항	정답	과목
01	③	전자기학	02	①	전자기학	03	①	전자기학	04	④	전자기학	05	⑤	전자기학
06	⑤	전자기학	07	③	전자기학	08	④	전자기학	09	⑤	전기기기	10	①	전기기기
11	②	전기기기	12	③	전기기기	13	③	전기기기	14	②	전기기기	15	②	전기기기
16	③	전기기기	17	④	전자기학	18	⑤	회로이론	19	①	회로이론	20	②	회로이론
21	⑤	회로이론	22	⑤	회로이론	23	②	전력공학	24	④	전자통신	25	①	회로이론
26	②	회로이론	27	③	제어공학	28	①	회로이론	29	④	회로이론	30	⑤	회로이론
31	③	회로이론	32	④	회로이론	33	③	회로이론	34	①	전력공학	35	②	제어공학
36	④	전기기기	37	④	전력공학	38	①	회로이론	39	①	전자기학	40	②	전자통신
41	⑤	회로이론	42	②	회로이론	43	①	제어공학	44	①	회로이론	45	④	전자통신
46	③	회로이론												

과목별 실력 점검표

과목	맞은 개수	정답률	취약점 & 체크사항
전자기학	/10	%	
회로이론	/18	%	
전기기기	/9	%	
전력공학	/3	%	
제어공학	/3	%	
전자통신	/3	%	
합계	/46	%	

01 전자기학 정답 | ③

움직이는 도체의 유기 기전력 관계식 $e=Bvl\sin\theta[\mathrm{V}]$
(여기서 B=자속밀도[wb/m²], v=도체 운동속도[m/s], l=도체 길이[m], θ=자속밀도와 도체의 사이각)
주어진 조건을 해당 관계식에 대입하면 다음과 같다.

$e=0.5\times30\times0.3\times\sin30^{\circ}=0.5\times30\times0.3\times\frac{1}{2}=2.25[\mathrm{V}]$

02 전자기학 정답 | ①

무한장 직선도선으로부터 a[m] 지점의 자계의 세기 관계식

$H=\frac{I}{2\pi a}[\mathrm{AT/m}]$

주어진 조건을 해당 관계식에 대입하면 다음과 같다.

$H=\frac{I}{2\pi a}=\frac{18.84}{2\pi\times3}=1[\mathrm{AT/m}]$

03 전자기학 정답 | ①

콘덴서에 축적되는 에너지 관계식

$W=\frac{1}{2}CV^2=\frac{1}{2}QV=\frac{1}{2}\frac{Q^2}{C}[\mathrm{J}]$

주어진 조건에서 정전용량과 전하량에 대해 언급되어 있으므로

$W=\frac{1}{2}\frac{Q^2}{C}[\mathrm{J}]$의 관계식으로 해석할 수 있다.

평행판 콘덴서의 정전용량은 $C=\frac{\varepsilon_0 S}{d}[\mathrm{F}]$이므로 콘덴서에 축적되는 에너지는 다음과 같다.

$W=\frac{1}{2}\frac{Q^2}{C}=\frac{1}{2}\frac{Q^2}{\frac{\varepsilon_0 S}{d}}=\frac{Q^2 d}{2\varepsilon_0 S}[\mathrm{J}]$

04 전자기학 정답 | ④

점전하로부터 r[m] 떨어진 지점의 전계 관계식

$E=\frac{Q}{4\pi\varepsilon_0 r^2}\fallingdotseq9\times10^9\times\frac{Q}{r^2}[\mathrm{V/m}]$

주어진 조건을 해당 관계식에 대입하면 다음과 같다.

$E=9\times10^9\times\frac{Q}{r^2}=9\times10^9\times\frac{8\times10^{-9}}{4^2}=\frac{9\times8}{16}=4.5[\mathrm{V/m}]$

05 전자기학 정답 | ⑤

점전하로부터 r[m] 떨어진 지점의 전위 관계식

$V=\frac{Q}{4\pi\varepsilon_0 r}\fallingdotseq9\times10^9\times\frac{Q}{r}[\mathrm{V}]$

전위는 전하로부터의 거리 r[m]에 반비례한다.

따라서 거리를 $\frac{1}{4}$배하면 전위는 4배 증가하며 $4V$[V]가 된다.

06 전자기학 정답 | ⑤

자기 인덕턴스 관계식은 $L=\frac{N\phi}{I}=\frac{N^2}{R_m}=\frac{\mu SN^2}{l}[\mathrm{H}]$이므로
자기 인덕턴스는 권수의 제곱에 비례함을 알 수 있다.
즉, $L\propto N^2$이므로 처음의 자기 인덕턴스를 L, 권수를 N이라 하고, 바뀐 권수를 N', 이때의 자기 인덕턴스를 L'이라 하여 비례식을 세우면 다음과 같다.

$L:N^2=L':N'^2$

$L'N^2=LN'^2$

$L'=L\frac{N'^2}{N^2}=L\left(\frac{N'}{N}\right)^2=0.03\times\left(\frac{540}{180}\right)^2=0.03\times3^2$

$=0.03\times9=0.27[\mathrm{H}]$

07 전자기학 정답 | ③

콘덴서의 전압분배 법칙을 사용하여 문제에서 묻는 값을 계산할 수 있다. 콘덴서 직렬연결의 합성을 이용하여 주어진 회로를 콘덴서 2개의 직렬회로로 등가하여 나타내면 다음과 같다.

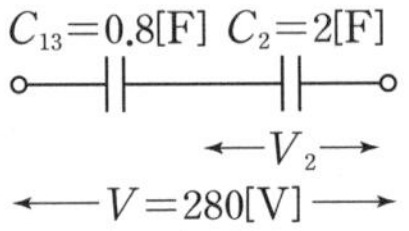

(* C_1과 C_3의 합성 정전용량 $C_{13}=\frac{C_1C_3}{C_1+C_3}=\frac{1\times4}{1+4}=\frac{4}{5}=0.8$)

콘덴서의 전압분배 법칙을 이용하여 V_2 값을 계산하면 다음과 같다.

$V_2=\frac{C_{13}}{C_{13}+C_2}V=\frac{0.8}{0.8+2}\times280=\frac{0.8}{2.8}\times280=80[\mathrm{V}]$

08 전자기학 정답 | ④

접지된 도체에는 진전하로부터 영상전하가 유도가 되며, 무한 평면도체에서의 영상전하는 진전하와 크기가 같고 부호가 반대이며, 도체로부터 진전하까지의 거리와 같은 거리로 반대의 위치에

유도된다.

따라서 P점의 전위는 진전하 Q가 형성하는 전위와 영상전하 Q'가 형성하는 전위를 모두 고려하여야 한다.

전위는 스칼라 값이므로 중첩의 정리가 적용되어 각 전하가 형성하는 전위값을 서로 더하여 나타낼 수 있다.

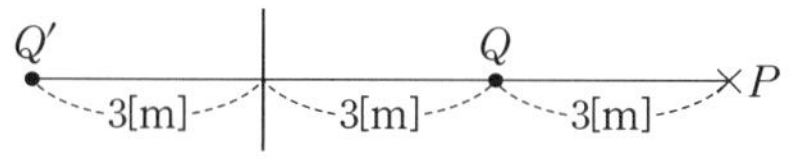

- 진전하 Q가 P점에 형성하는 전위 V_Q[V]

  $V_Q = \dfrac{Q}{4\pi\varepsilon_0 r} = \dfrac{Q}{4\pi\varepsilon_0 \times 3} = \dfrac{Q}{12\pi\varepsilon_0}$[V]

- 영상전하 Q'이 P점에 형성하는 전위 $V_{Q'}$[V]

  영상전하 $Q' = -Q$[C]이므로

  $V_{Q'} = \dfrac{Q'}{4\pi\varepsilon_0 r} = \dfrac{-Q}{4\pi\varepsilon_0 \times 9} = \dfrac{-Q}{36\pi\varepsilon_0}$[V]

- P점에 형성되는 전위 V[V]

  $V = V_Q + V_{Q'} = \dfrac{Q}{12\pi\varepsilon_0} + \dfrac{-Q}{36\pi\varepsilon_0} = \dfrac{3Q-Q}{36\pi\varepsilon_0} = \dfrac{2Q}{36\pi\varepsilon_0}$

  $= \dfrac{Q}{18\pi\varepsilon_0}$[V]

09 전기기기 정답 | ⑤

[Δ결선의 특징]

- 선간전압과 상전압의 크기가 같다. $(V_L = V_P)$
- 선전류의 크기는 상전류보다 $\sqrt{3}$배 크며, 위상은 30° 뒤진다. $(I_L = \sqrt{3}I_P \angle -30°)$
- 3상 전력 관계식
  - 피상전력 $P_a = 3V_P I_P = \sqrt{3}V_L I_L$[VA]
  - 유효전력 $P = 3V_P I_P \cos\theta = \sqrt{3}V_L I_L \cos\theta$[W]
  - 무효전력 $P_r = 3V_P I_P \sin\theta = \sqrt{3}V_L I_L \sin\theta$[Var]
- 중성점이 없으므로 중성점 접지가 불가하다.
- 중성점 접지가 안되므로 이상전압 방지가 어렵다. 보호계전시스템이 복잡하게 구성된다.
- 변압기 1대 고장 시 나머지 2대로 $V-V$결선하여 변압기 2대로 3상 전력공급이 가능하다.
- 제3고조파 전류가 Δ결선 내를 순환하므로 선에 제3고조파 전류가 나타나지 않는다.
- 대전류 부하에 적합한 결선방식이다.

고전압 부하에 적합하며 절연이 용이한 결선은 Y결선이므로 정답은 ⑤이다.

10 전기기기 정답 | ①

단절권 계수 관계식 $K_p = \sin\dfrac{n\beta\pi}{2}$(기본파 경우는 $n=1$)

(여기서 $\beta = \dfrac{\text{권선간격}}{\text{극간격}} = \dfrac{\text{권선간격}}{\text{전슬롯수/극수}}$)

주어진 조건을 이용하여 단절권 계수를 구하면 다음과 같다.

전기자 코일의 두 변이 제1슬롯과 제8슬롯에 위치하고 있으므로 권선(코일)의 간격은 '7슬롯' 간격이 된다.

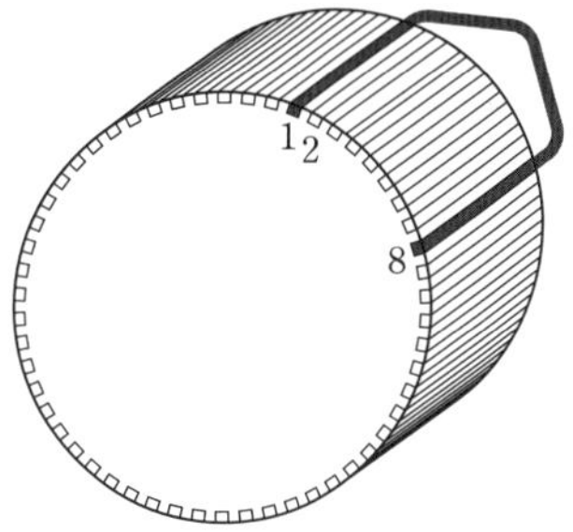

따라서 $\beta = \dfrac{\text{권선간격}}{\text{전슬롯수/극수}} = \dfrac{\text{7슬롯}}{\text{72슬롯/8}} = \dfrac{7}{9}$이 되고, 단절권 계수는 $K_p = \sin\dfrac{\beta\pi}{2} = \sin\dfrac{\frac{7}{9}\pi}{2} = \sin\dfrac{7\pi}{18}$가 된다.

11 전기기기 정답 | ②

동기기의 주변속도 관계식 $v = \pi D\dfrac{N}{60}$[m/s]$= \pi D\dfrac{N_s}{60}$[m/s]

(여기서 D=직경[m], N=회전속도[rpm], N_s=동기속도[rpm] $\left(= \dfrac{120f}{p}\text{[rpm]}\right)$, p=극수, f=주파수[Hz])

주어진 조건을 이용하여 동기기의 직경을 구하면 다음과 같다.

주변속도 관계식 $v = \pi D\dfrac{N_s}{60}$[m/s]에 의해

직경은 $D = \dfrac{60v}{\pi N_s}$[m]로 표현할 수 있으며,

동기속도는 $N_s = \dfrac{120f}{p} = \dfrac{120 \times 60}{6} = 1{,}200$[rpm]이다.

따라서 직경은 $D = \dfrac{60v}{\pi N_s} = \dfrac{60 \times 31.4}{3.14 \times 1{,}200} = \dfrac{1}{2} = 0.5$[m]가 된다.

12 전기기기

정답 | ③

1) 동기 전동기의 특징(장/단점)

장점	단점
• 역률 조정 가능 (최대 1로 조정 가능) • 교류 전동기 중에서 효율이 가장 좋음 • 정속도 운전 가능	• 기동토크≒0 (별도 기동장치 필요) • 직류 여자기 필요 • 속도 제어 불가 • 난조 발생 빈번함

2) 동기 조상기

- 동기 전동기를 무부하 운전하여 역률 조정용으로 사용한다.
- 계자 전류를 조정하여 전기자 전류의 크기와 역률을 조정할 수 있으며, 지상 또는 진상 운전을 할 수 있다.
- 위상 특성 곡선: 계자전류 I_f – 전기자전류 I_a, P 일정

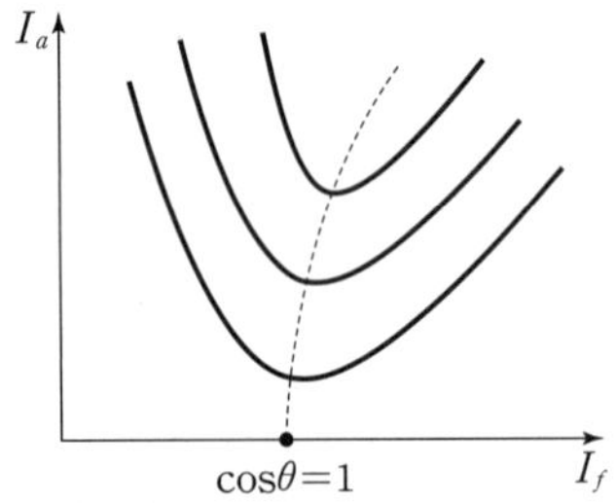

부족여자(지상, L)	과여자(진상, C)
리액터 역할	콘덴서 역할
자기여자 방지	부하 역률 개선

13 전기기기

정답 | ③

1) 실측 효율 $\eta=\dfrac{\text{출력}}{\text{입력}}\times100[\%]$

2) 규약 효율

- 발전기, 변압기 $\eta=\dfrac{\text{출력}}{\text{출력}+\text{전 손실}}\times100[\%]$
- 전동기 $\eta=\dfrac{\text{입력}-\text{전 손실}}{\text{입력}}\times100[\%]$

주어진 조건에 의해 변압기의 규약 효율은

$\eta=\dfrac{\text{출력}}{\text{출력}+\text{전 손실}}\times100=\dfrac{P_o}{P_o+P_l}\times100[\%]$이 된다.

14 전기기기

정답 | ②

[직류 분권 발전기 관계식]

- 기전력 $E=V+I_aR_a[\mathrm{V}]$
- 전기자 전류 $I_a=I+I_f=\dfrac{P}{V}+\dfrac{V}{R_f}[\mathrm{A}]$

(여기서 V=단자전압[V], I=부하전류[A], I_f=계자전류[A], R_a=전기자 저항[Ω], R_f=계자 저항[Ω], P=출력[W])

무부하 분권 발전기의 경우 전기자와 계자가 하나의 폐회로가 되므로 $I_a=I_f$가 된다.

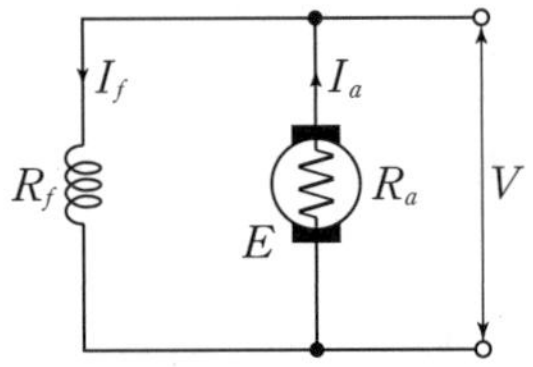

따라서 기전력은 $E=V+I_aR_a=V+I_fR_a$로 표현이 되며, 주어진 조건을 대입하면 다음과 같다.

$E=V+I_fR_a=110+2\times1=110+2=112[\mathrm{V}]$

15 전기기기

정답 | ②

[전압강하가 있을 때의 직류 타여자 발전기 관계식]

- 기전력 $E=V+I_aR_a+e[\mathrm{V}]$
- 전기자 전류 $I_a=I=\dfrac{P}{V}[\mathrm{A}]$

(여기서 V=단자전압[V], e=전압강하[V], I=부하전류[A], R_a=전기자 저항[Ω], P=출력[W])

주어진 조건을 이용하여 단자전압 V[V]를 계산하면 다음과 같다.

기전력 관계식에 의해 $V=E-I_aR_a-e$가 되므로

$V=E-I_aR_a-e=150-20\times0.5-(2+5)=150-10-7$
$=133[\mathrm{V}]$이다.

16 전기기기

정답 | ③

[동기기의 안정도를 증진시키는 방법]

- 단락비를 크게 한다.
- 회전자의 플라이 휠 효과를 크게 하여 관성모멘트를 크게 한다.
- 동기 임피던스를 작게 한다.
- 속응 여자방식을 채용한다.
- 영상 및 역상 임피던스를 크게 한다.

17 전자기학

정답 | ④

[전기력선의 성질]

- 양 전하(+)에서 시작하여 음 전하(−)에서 종료된다.

• 전위가 높은 점에서 낮은 점으로 이동한다.
• 전기력선은 서로 교차하지 않는다.
• 전하가 없는 곳에서 발생 및 소멸이 없다.
• 그 자신만으로 폐곡선이 되지 않는다.
• 도체 표면(등전위면)에 수직으로 출입한다.
• 도체 내부를 통과할 수 없다.
• 전계의 방향은 전기력선의 방향과 같다.
• 전기력선 밀도는 전계의 세기와 같다. (가우스 정리)
• Q의 전하에서 나오는 전기력선 개수는 $N=\frac{Q}{\varepsilon_0}$개이다.

18 회로이론 정답 | ⑤

RLC 직렬회로에서 양호도 Q는 다른 말로 선택도(또는 첨예도, 전압확대비)라고 하며, 그 관계식은 다음과 같다.

$$Q=\frac{V_L}{V}=\frac{V_C}{V}=\frac{w_0L}{R}=\frac{1}{w_0RC}=\frac{1}{R}\sqrt{\frac{L}{C}}$$

주어진 조건으로는 $Q=\frac{1}{R}\sqrt{\frac{L}{C}}$의 관계식을 사용하는 것이 더 간단하게 풀 수 있는 방법이 된다.

$$Q=\frac{1}{R}\sqrt{\frac{L}{C}}=\frac{1}{20}\times\sqrt{\frac{360\times10^{-3}}{100\times10^{-6}}}=\sqrt{\frac{360\times10^{-3}}{400\times100\times10^{-6}}}$$
$$=\sqrt{9}=3$$

19 회로이론 정답 | ①

[Δ결선의 관계식]
• 선간전압(V_L)과 상전압(V_P)의 관계: $V_L=V_P$
• 선전류(I_L)와 상전류(I_P)의 관계: $I_L=\sqrt{3}I_P\angle-30°$
• 상전압(V_P)과 상전류(I_P), 부하 임피던스 (Z_P)의 관계: $V_P=I_PZ_P$

$$I_L=\sqrt{3}I_P=\sqrt{3}\frac{V_P}{Z_P}=\sqrt{3}\times\frac{220}{\sqrt{6^2+8^2}}=\sqrt{3}\times\frac{220}{10}=22\sqrt{3}[\text{A}]$$

20 회로이론 정답 | ②

• 합성 임피던스 $Z=Z_1+Z_2=1+j6+2-j2=3+j4[\Omega]$
• 회로에 흐르는 전류 $I=\frac{V}{Z}=\frac{150}{\sqrt{3^2+4^2}}=\frac{150}{5}=30[\text{A}]$

21 회로이론 정답 | ⑤

직렬회로는 전류가 일정하며, 그 값은 다음과 같다.

$$I=\frac{V}{Z}=\frac{V}{\sqrt{R^2+X^2}}[\text{A}]$$

위의 관계식을 이용하여 유효전력을 표현하면 다음과 같다.

$$P=VI\cos\theta=I^2R=\left(\frac{V}{Z}\right)^2R=\left(\frac{V}{\sqrt{R^2+X^2}}\right)^2R$$
$$=\frac{V^2R}{R^2+X^2}[\text{W}]$$

위의 관계식을 이용하여 무효전력을 표현하면 다음과 같다.

$$P_r=VI\sin\theta=I^2X=\left(\frac{V}{Z}\right)^2X=\left(\frac{V}{\sqrt{R^2+X^2}}\right)^2X$$
$$=\frac{V^2X}{R^2+X^2}[\text{Var}]$$

22 회로이론 정답 | ⑤

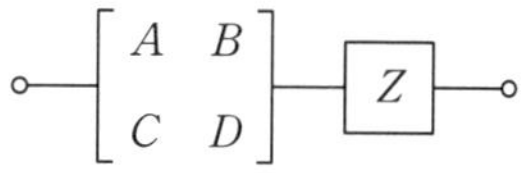

단일 회로의 4단자 정수로 표현하면 다음과 같다.

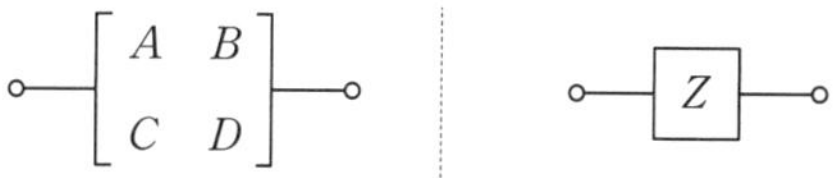

$$\begin{bmatrix}A & B\\ C & D\end{bmatrix} \qquad \begin{bmatrix}1 & Z\\ 0 & 1\end{bmatrix}$$

순서대로 행렬을 연산하면 다음과 같다.

$$\begin{bmatrix}A & B\\ C & D\end{bmatrix}\begin{bmatrix}1 & Z\\ 0 & 1\end{bmatrix}=\begin{bmatrix}A & AZ+B\\ C & CZ+D\end{bmatrix}=\begin{bmatrix}A' & B'\\ C' & D'\end{bmatrix}$$

따라서 $D'=CZ+D$가 된다.

23 전력공학 정답 | ②

1) 전압 강하율
  • 송전단과 수전단의 관계에 있어서 수전 전압에 대한 전압강하의 비
  • $\varepsilon'=\frac{V_s-V_r}{V_r}\times100[\%]$
  (여기서 V_s=송전단 전압[V], V_r=수전단 전압[V])
2) 전압 변동률
  • 부하의 유무에 따른 수전 전압에 대한 전압변동의 비
  • $\varepsilon=\frac{V_{r0}-V_r}{V_r}\times100[\%]$
  (여기서 V_{r0}=무부하 시 수전단 전압[V], V_r=정격부하 시 수전단 전압[V])

주어진 조건을 이용하여 전압 강하율과 전압 변동률을 계산하면 다음과 같다.

• 전압 강하율

$$\varepsilon'=\frac{V_s-V_r}{V_r}\times 100=\frac{3,300-3,000}{3,000}\times 100$$
$$=\frac{300}{3,000}\times 100=10[\%]$$

• 전압 변동률

$$\varepsilon=\frac{V_{r0}-V_r}{V_r}\times 100=\frac{3,100-3,000}{3,000}\times 100$$
$$=\frac{100}{3,000}\times 100\fallingdotseq 3.33[\%]$$

24 전자통신 정답 | ④

1) 듀티비(duty ratio, duty cycle; D): 주기적인 스위칭 작동을 하는 반도체 스위칭 소자에서 한 주기에 대한 도통 구간의 비율을 의미한다.

2) 컨버터 회로에 따른 출력전압 관계식
   - Buck converter: $V_{out}=DV_{in}$
   - Boost converter: $V_{out}=\frac{1}{1-D}V_{in}$
   - Buck−boost converter: $V_{out}=-\frac{D}{1-D}V_{in}$

주어진 조건에서 Buck-boost converter를 주었으므로 출력 전압 관계식 $V_{out}=-\frac{D}{1-D}V_{in}$로부터 듀티비는 $D=\frac{1}{1-\frac{V_{in}}{V_{out}}}$ 이 된다.

해당 관계식에 주어진 조건을 대입하면 다음과 같이 듀티비의 범위를 도출할 수 있다.

• 입력전압이 10[V]인 경우

$$D=\frac{1}{1-\frac{V_{in}}{V_{out}}}=\frac{1}{1+\frac{10}{10}}=\frac{1}{1+1}=\frac{1}{2}=0.5$$

• 입력전압이 30[V]인 경우

$$D=\frac{1}{1-\frac{V_{in}}{V_{out}}}=\frac{1}{1+\frac{30}{10}}=\frac{1}{1+3}=\frac{1}{4}=0.25$$

따라서 듀티비 D의 범위는 $0.25\leq D\leq 0.50$이 된다.

25 회로이론 정답 | ①

[콘덴서에 축적되는 에너지 관계식]

$$W=\frac{1}{2}CV^2=\frac{1}{2}QV=\frac{1}{2}\frac{Q^2}{C}[J]$$

문제에서 확인할 수 있는 요소는 V와 C이므로 $W=\frac{1}{2}CV^2$의 관계식을 이용하여 원하는 바를 도출할 수 있다.

• C_1에 축적되는 에너지: $W=\frac{1}{2}C_1V_1^2$

• C_1에 걸리는 전압 V_1

C_1과 C_2에 걸리는 전압은 V이므로 전압 분배법칙을 이용하여 나타내면 $V_1=\frac{C_2}{C_1+C_2}V$이다.

• C_1에 축적되는 에너지의 최종적인 관계식

$$W=\frac{1}{2}C_1V_1^2=\frac{C_1}{2}\left(\frac{C_2}{C_1+C_2}V\right)^2$$

26 회로이론 정답 | ②

선형 회로망에서의 4단자 정수는 $AD-BC=1$의 관계를 만족하므로

$$B=\frac{AD-1}{C}=\frac{0.2\times 0.2-1}{j200}=\frac{0.04-1}{j200}=\frac{-0.96}{j200}$$
$$=\frac{-0.96}{j200}\times\frac{j}{j}=j\frac{0.96}{200}=j0.48\times 10^{-2}$$
$$=j4.8\times 10^{-3}$$

27 제어공학 정답 | ③

블록선도 또는 신호 흐름선도는 메이슨 공식으로 간단하게 풀 수 있다.

전달함수 $G(s)=\frac{C(s)}{R(s)}=\frac{\sum G_k\Delta_k}{\Delta}$

G_k=입력마디에서 출력마디까지의 k번째 전방경로 이득

Δ_k=k번째의 전방경로 이득과 서로 접촉하지 않는 신호흐름 선도에 대한 Δ값

$loop$=피드백

$\Delta=1-L_1+L_2-L_3+\cdots$

L_1=서로 다른 루프 이득의 합

L_2=서로 만나지 않는 2개 루프의 곱의 합

L_3=서로 만나지 않는 3개 루프의 곱의 합

따라서 주어진 블록선도의 전달함수 $\frac{C(s)}{R(s)}$는 다음과 같다.

$$\frac{C(s)}{R(s)}=\frac{G_1G_2G_3}{1-G_3G_4}$$

28 회로이론 정답 | ①

테브난의 정리(Thevenin's theorem)는 등가 전압원의 정리로 능동 회로부를 단일 전원 전압과 단일 내부저항의 등가회로로

변환하여 간단한 회로로 해석하는 것을 의미한다.

[테브난 정리 적용순서]

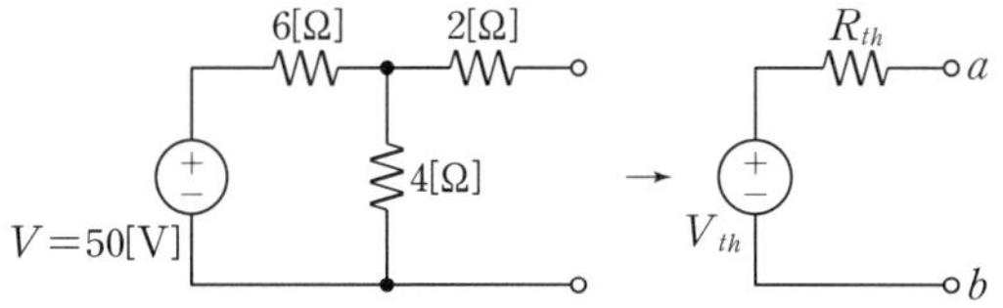

1) 부하저항이 있는 경우에는 부하저항을 분리 후, 분리한 단자사이의 테브난 등가전압(개방전압) V_{th}를 도출한다.

$V_{th}=\frac{4}{4+6}\times 50=20[V]$

2) $a-b$ 단자에서 전원 측을 바라본 테브난 등가저항 R_{th}를 도출한다. 등가저항을 도출할 때, 전압원은 단락, 전류원은 개방하여 구한다.

$R_{th}=2+\frac{4\times 6}{4+6}=2+\frac{24}{10}=2+2.4=4.4[\Omega]$

따라서 $V_{th}=20[V]$, $R_{th}=4.4[\Omega]$가 된다.

29 회로이론

정답 I ④

저항의 전류 분배법칙을 이용하면 간단하게 풀 수 있다.

회로구조상 R_1의 저항까지는 36[A]가 그대로 흐르므로 저항 R_2와 R_3에 대해서 전류 분배법칙을 적용하여 R_2에 흐르는 전류 I_2를 계산하면 다음과 같다.

$I_2=\frac{R_3}{R_2+R_3}\times 36=\frac{6}{12+6}\times 36=12[A]$

30 회로이론

정답 I ⑤

다이오드가 1개 있는 회로는 단상 반파 정류회로이며, 정현파 교류가 입력될 때, 그 출력 파형은 정현반파가 된다.

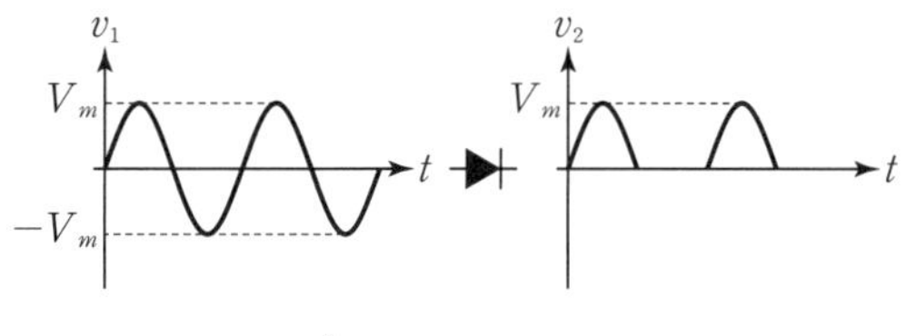

정현반파의 평균값은 $\frac{1}{\pi}V_m$이므로 v_2의 평균값 V_{2av}는 다음과 같다.

$V_{2av}=\frac{1}{\pi}V_m=\frac{1}{\pi}\times 200=\frac{200}{\pi}[V]$

참고 I 파형의 종류에 따른 실횻값, 평균값

구분	정현파 정현전파	정현반파	구형파	구형반파	삼각파 톱니파
실횻값 V	$\frac{1}{\sqrt{2}}V_m$	$\frac{1}{2}V_m$	V_m	$\frac{1}{\sqrt{2}}V_m$	$\frac{1}{\sqrt{3}}V_m$
평균값 V_{av}	$\frac{2}{\pi}V_m$	$\frac{1}{\pi}V_m$	V_m	$\frac{1}{2}V_m$	$\frac{1}{2}V_m$

31 회로이론

정답 I ③

비정현파의 실횻값은 직류분, 기본파 및 고조파 제곱합의 제곱(평방)근이다. 즉, 직류분과 각 파형에 대한 실횻값의 벡터합으로 계산한다.

$v=V_0+\sum_{n=1}^{\infty}V_{mn}\sin(nwt+\theta_n)$

$=V_0+V_{m1}\sin(wt+\theta_1)+V_{m2}\sin(2wt+\theta_2)+\cdots$ 일 때,

실횻값 $V=\sqrt{V_0^2+\left(\frac{V_{m1}}{\sqrt{2}}\right)^2+\left(\frac{V_{m2}}{\sqrt{2}}\right)^2+\cdots}$

$=\sqrt{V_0^2+V_1^2+V_2^2+\cdots}$ [V]

주어진 조건에 대한 실횻값은 다음과 같다.

$V=\sqrt{V_0^2+V_1^2+\cdots}=\sqrt{20^2+\left(\frac{28.28}{\sqrt{2}}\right)^2}$

$\sqrt{2}\fallingdotseq 1.414$이므로

$V=\sqrt{20^2+\left(\frac{28.28}{1.414}\right)^2}=\sqrt{20^2+20^2}=\sqrt{400+400}=\sqrt{800}$

$=20\sqrt{2}=20\times 1.414=28.28[V]$

32 회로이론

정답 I ④

회로에서 R_1의 저항과 $R_2\sim R_3$의 저항은 병렬관계이며, 병렬회로에서는 전압이 일정하므로 $R_2\sim R_3$ 저항회로에는 20[V]의 전압이 걸리게 된다.

R_3에 걸리는 전압 V_3는 전압 분배법칙을 적용하여 계산할 수 있으며, 그 결괏값은 다음과 같다.

$V_3=\frac{R_3}{R_2+R_3}V=\frac{5}{3+5}\times 20=\frac{100}{8}=12.5[V]$

33 회로이론

정답 I ③

최종값 정리는 함수 $f(t)$에 대해서 시간 t가 ∞에 가까워지는 경우의 극한값에 대한 정리를 말한다. 즉, $f(t)$의 최종적인 도달값

에 대한 정리이다.
라플라스 변환 함수의 경우 s를 취하고 s의 값이 0에 수렴할 때의 값이 된다.
최종값 $f(\infty)=\lim_{t\to\infty} f(t)=\lim_{s\to 0} sF(s)$
주어진 수식에 최종값 정리를 적용하면 다음과 같다.

$$\lim_{s\to 0} sF(s)=\lim_{s\to 0} s\frac{s+10}{s(s^2+8s+12)}=\lim_{s\to 0}\frac{s+10}{s^2+8s+12}$$
$$=\frac{10}{12}=\frac{5}{6}$$

> 참고 | 초깃값 정리
> 함수 $f(t)$에 대해서 시간 t가 0에 가까워지는 경우의 극한값에 대한 정리이다. 즉, 입력이 가해지는 순간에 시간함수가 가지는 값에 대한 정리이다.
> 초깃값 $f(0+)=\lim_{t\to 0} f(t)=\lim_{s\to\infty} sF(s)$

34 전력공학 정답 | ①

재폐로 방식은 송전선에서 사고발생 시에 보호계전기로 고장을 검출하여 선로 양단의 차단기를 트립시킨 후, 일정시간이 경과한 뒤에 자동적으로 차단기를 재투입하는 방식을 의미한다.

- 저속도 재폐로 방식: 배전선로에서 자동복구를 위주로 사용하는 방식
- 고속도 재폐로 방식: 송전선로에서 과도안정도 향상을 위주로 사용하는 방식

35 제어공학 정답 | ②

- 입력: 단위 임펄스 함수 $\delta(t) \xrightarrow{\mathcal{L}} 1$
- 출력: $e^{-3t}\cos 5t \xrightarrow{\mathcal{L}} \frac{s+3}{(s+3)^2+5^2}=\frac{s+3}{(s+3)^2+25}$

따라서 전달함수 $G(s)=\frac{\text{출력 } C(s)}{\text{입력 } R(s)}=\frac{s+3}{(s+3)^2+25}$이다.

참고 | 라플라스 변환 표

$f(t)$	$\xrightarrow{\mathcal{L}}$ $F(s)$
$\delta(t)$	1
$u(t)$	$\frac{1}{s}$
t	$\frac{1}{s^2}$
t^n	$\frac{n!}{s^{n+1}}$
$\sin wt$	$\frac{w}{s^2+w^2}$
$\cos wt$	$\frac{s}{s^2+w^2}$
$e^{\pm at}$	$\frac{1}{s\mp a}$
$t^n\cdot e^{\pm at}$	$\frac{n!}{(s\mp a)^{n+1}}$
$t\sin wt$	$\frac{2ws}{(s^2+w^2)^2}$
$t\cos wt$	$\frac{s^2-w^2}{(s^2+w^2)^2}$
$e^{\pm at}\cdot\sin wt$	$\frac{w}{(s\mp a)^2+w^2}$
$e^{\pm at}\cdot\cos wt$	$\frac{s\mp a}{(s\mp a)^2+w^2}$
$\sinh wt$	$\frac{w}{s^2-w^2}$
$\cosh wt$	$\frac{s}{s^2-w^2}$

36 전기기기 정답 | ④

직류(DC)를 교류(AC)로 변환하는 전력변환장치에는 인버터가 있다.

오답풀이 |
① 트라이악: 실리콘 제어 정류기(SCR)가 역병렬로 접속된 것과 같은 기능의 양방향 사이리스터로 교류 전원 제어용으로 사용된다.
② 사이클로 컨버터: 교류를 다른 주파수의 교류로 변환하는 주파수 변환장치이다.
③ PWM 컨버터: PWM(펄스 폭 변조)제어에 의해 교류를 직류로 변환하는 전력변환장치이다.
⑤ 연산 증폭기: 각종 비선형 소자와 귀환회로들을 집약하여 입출력 사이에 일정한 함수관계를 가지는 연산 동작을 수행할 수 있도록 제작된 증폭기이다.

37 전력공학 정답 | ④

[특성 임피던스 Z_0 관계식]
$$Z_0=\frac{V}{I}=\sqrt{\frac{Z}{Y}}=\frac{E}{H}=\sqrt{\frac{L}{C}}=\sqrt{\frac{\mu}{\varepsilon}}=\sqrt{Z_o'Z_s'}[\Omega]$$
(여기서 Z_o'=개방 임피던스, Z_s'=단락 임피던스)
주어진 조건에 단락 시의 임피던스와 개방 시의 임피던스가 주어

져 있으므로 $Z_0=\sqrt{Z_o'Z_s'}$의 관계식에 값을 대입하여 계산하면 다음과 같다.

$$Z_0=\sqrt{Z_o'Z_s'}=\sqrt{1,600\times400}=\sqrt{640,000}=\sqrt{800^2}=800[\Omega]$$

38 회로이론

정답 | ①

위상 비교를 위해 같은 꼴의 함수로 변형해야 한다.

- $v_1=141.4\sin(wt+75°)[V]$
- $v_2=35\cos(wt-25°)=35\sin(wt-25°+90°)$
  $=35\sin(wt+65°)[V]$
  $(*\ \cos wt=\sin(wt+90°))$

따라서 v_1과 v_2의 위상 관계는 v_1이 v_2보다 10° 앞선다.

39 전자기학

정답 | ①

한 변의 길이 a가 주어진 경우 $H=\frac{nI}{\pi a}\sin\frac{\pi}{n}\tan\frac{\pi}{n}$의 수식으로 간단하게 풀 수 있다. 따라서 정사각형으로 변의 수가 4이므로 $n=4$를 대입하여 계산하면 다음과 같다.

$$H=\frac{4I}{\pi a}\sin\frac{\pi}{4}\tan\frac{\pi}{4}=\frac{4I}{\pi a}\times\frac{\sqrt{2}}{2}\times1=\frac{2\sqrt{2}I}{\pi a}[AT/m]$$

40 전자통신

정답 | ②

저전력 스위칭 소자로 사용되는 것은 MOSFET 소자이다.

MOSFET(금속 산화막 반도체 전계효과 트랜지스터, Metal-Oxide-Semiconductor Field-Effect Transistor): 저전력으로 속도가 빠르고 효율이 좋아 저전력 스위칭 소자로 널리 사용되어 대부분의 전원 공급장치, 직류-직류 변환기, 저전압 모터 제어기에 들어간다.

오답풀이 |

① IGBT(Insulated Gate Bipolar Transistor): 고전력 스위칭 반도체로, 기존의 스위칭 반도체인 트랜지스터의 경우에는 가격이 저렴한 대신 회로구성이 복잡하고 동작속도가 느린 단점이 있다. MOSFET의 경우에는 저전력이고 속도가 빠른 대신 비싼 단점이 있어, 이 두 소자의 장점만을 결합하여 만든 소자이다.

③ Thermistor: 망간, 니켈, 구리, 코발트, 크롬, 철 등의 각종 산화물을 조합하여 소결한 반도체 소자로, 소자의 온도 상승에 따라 전자의 흐름량이 더 많아지도록 만들어진 반도체이다.

④ Diode: 전류를 한 방향으로만 흐르게 하고, 그 역방향으로는 흐르지 못하는 성질을 지닌 반도체 소자로, 교류를 직류로 변환하는 정류용 소자로 사용된다.

⑤ SCR(실리콘 제어 정류기, Silicon Controlled Rectifier): pnpn구조로 되어 있으며 소형이고 응답속도가 빠르며, 대전력을 미소한 압력으로 제어할 수 있는 정류소자이다.

41 회로이론

정답 | ⑤

중첩의 원리(superposition theorem)는 여러 개의 전압원, 전류원이 혼합된 회로망에 있어서, 회로 내의 한 지로에 흐르는 전류를 각 전원이 단독으로 존재할 때의 전류를 도출하여 각각 대수적으로 합하여 구하는 정리이다.

[중첩의 원리 적용 순서]

- 각 전원을 독립시킨다. 해석할 전원 이외의 전원에 있어서 전압원은 단락, 전류원은 개방하여 제거한다.(해석할 전원 외의 전원은 회로의 다른 부분에는 영향을 미치지 않고 전원의 기능만 상실한다.)
- 각 전원의 기준으로 전류값을 도출한다.
- 각 전원에서 도출된 전류값을 대수적으로 합한다.

주어진 회로의 저항 $R[\Omega]$ 값을 구하기 위해서 중첩의 정리를 적용하여 저항 $R[\Omega]$에 흐르는 전류에 대한 수식을 세우면 다음과 같다.

1) 전압원 기준으로 해석한 $R[\Omega]$에 흐르는 전류 $I_1[A]$

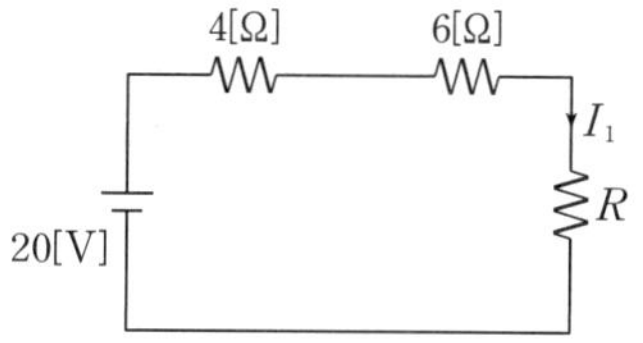

$$I_1=\frac{전압}{저항}=\frac{20}{4+6+R}=\frac{20}{10+R}[A]$$

2) 전류원 기준으로 해석한 $R[\Omega]$에 흐르는 전류$I_2[A]$

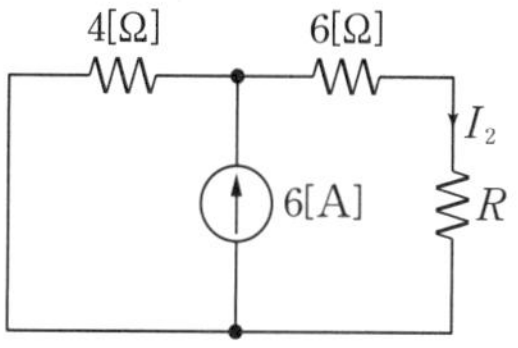

전류 분배법칙을 사용하여 I_2를 구하면 다음과 같다.

$$I_2=\frac{4}{6+4+R}\times6=\frac{24}{10+R}[A]$$

3) 저항 $R[\Omega]$에 흐르는 전체 전류 $I[A]$

$I=I_1+I_2=2$이므로 $\frac{20}{10+R}+\frac{24}{10+R}=2$

$\frac{44}{10+R}=2$

$10+R=22$

$R=12[\Omega]$

42 회로이론 정답 | ②

[복소수의 여러 가지 표현 방법]

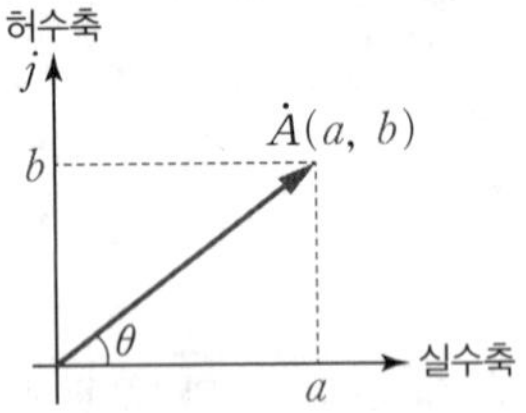

$\dot{A}$ 좌표 (a, b)

복소수 크기: $|A|=\sqrt{a^2+b^2}$

$\dot{A}=a+jb=|A|\angle\theta$
$=|A|(\cos\theta+j\sin\theta)$
$=|A|e^{j\theta}$

$6+j12+6\angle-60^\circ+6e^{j\frac{\pi}{3}}$
$=6+j12+6\angle-60^\circ+6\angle60^\circ$
$=6+j12+6\cos(-60^\circ)+j6\sin(-60^\circ)+6\cos60^\circ+j6\sin60^\circ$

여기에서 $\cos\theta=\cos(-\theta)$, $\sin(-\theta)=-\sin\theta$이므로 위의 수식은 다음과 같이 나타낼 수 있다.

$6+j12+2\times6\cos60^\circ=6+j12+2\times6\times\frac{1}{2}=12+j12$

해당 값을 복소평면으로 나타내면 다음과 같다.

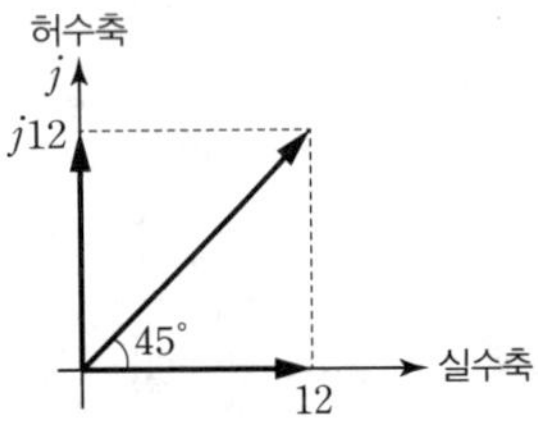

실숫값과 허숫값이 나타내는 복소수의 크기는 $12\sqrt{2}$, 위상은 45°가 되므로 $6+j12+6\angle-60^\circ+6e^{j\frac{\pi}{3}}$의 극좌표 표현은 $12\sqrt{2}\angle45^\circ$가 된다.

43 제어공학 정답 | ①

주어진 그래프의 함수를 나타내면 $f(t)=(t-2)u(t)=tu(t)-2u(t)$가 되므로 이를 라플라스 변환하면 다음과 같다.

$f(t)=tu(t)-2u(t) \xrightarrow{\mathcal{L}} F(s)=\frac{1}{s^2}-\frac{2}{s}$

참고 | 35번 해설 라플라스 변환 표

44 회로이론 정답 | ①

주파수가 같지 않은 경우에는 전력이 발생하지 않으므로 주파수가 같은 전압, 전류의 성분만 고려하면 된다.

따라서 유효전력은 $P=VI\cos\theta=\frac{V_m}{\sqrt{2}}\frac{I_m}{\sqrt{2}}\cos0^\circ=\frac{1}{2}V_mI_m$[W]이다.

45 전자통신 정답 | ④

[비반전 증폭기 회로]

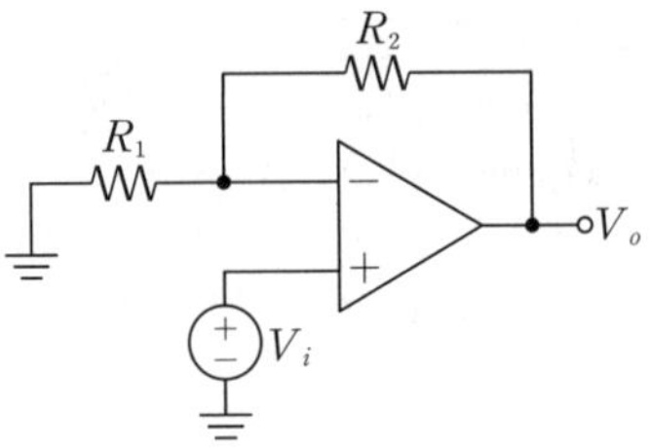

출력 전압 관계식 $V_o=\left(1+\frac{R_2}{R_1}\right)V_i$

주어진 조건을 비반전 증폭기 출력 전압 관계식에 대입하여 계산하면 다음과 같다.

$V_o=\left(1+\frac{R_2}{R_1}\right)V_i=\left(1+\frac{15}{1}\right)\times2=16\times2=32$[V]

46 회로이론 정답 | ③

[회로에 따른 과도현상]

구분	$R-L$ 직렬회로	$R-C$ 직렬회로
$t=0$ 초기상태	개방	단락
$t=\infty$ 정상상태	단락	개방
전원 on 시 충전전하	−	$q=CE(1-e^{-\frac{1}{RC}t})$
전원 on 시 전류	$i=\frac{E}{R}(1-e^{-\frac{R}{L}t})$	$i=\frac{E}{R}e^{-\frac{1}{RC}t}$
전원 off 시 전류	$i=\frac{E}{R}e^{-\frac{R}{L}t}$	$i=-\frac{E}{R}e^{-\frac{1}{RC}t}$
전원 on 시 전압	$v_L=Ee^{-\frac{R}{L}t}$	$v_C=E(1-e^{-\frac{1}{RC}t})$
시정수	$\tau=\frac{L}{R}$	$\tau=RC$
특성근	$-\frac{R}{L}$	$-\frac{1}{RC}$

직류 전원을 제거할 때의 전류 i[A]는 다음과 같다.

$i=-\frac{E}{R}e^{-\frac{1}{RC}t}=-\frac{10}{16}e^{-\frac{1}{16\times\frac{1}{4}}t}=-\frac{10}{16}e^{-\frac{1}{4}t}=-\frac{5}{8}e^{-0.25t}$[A]

실력점검 모의고사 1회

정답 확인

p.240

문항	정답	과목	문항	정답	과목	문항	정답	과목	문항	정답	과목	문항	정답	과목
01	②	전자기학	02	④	전자기학	03	④	전기기기	04	④	회로이론	05	①	전기기기
06	③	전력공학	07	④	제어공학	08	③	전기기기	09	②	전자기학	10	③	회로이론
11	①	제어공학	12	①	전력공학	13	②	전력공학	14	⑤	전력공학	15	⑤	전기응용
16	④	전기기기	17	⑤	회로이론	18	②	제어공학	19	①	전자기학	20	⑤	회로이론
21	④	전기설비	22	①	전기기기	23	⑤	전기설비	24	②	제어공학	25	③	전기설비

세부과목별 실력 점검표

과목	맞은 개수	정답률	취약점 & 체크사항
전자기학	/4	%	
회로이론	/4	%	
전기기기	/5	%	
전력공학	/4	%	
전기설비	/3	%	
전기응용	/1	%	
제어공학	/4	%	
합계	/25	%	

01 전자기학 정답 | ②

• 공극이 없을 때 자기저항 $R_a=\frac{l}{\mu_s\mu_0 S}$[AT/wb]

• 공극이 있을 때 자기저항 $R_b=\frac{l_i}{\mu_s\mu_0 S}+\frac{l_g}{\mu_0 S}$[AT/wb]

(여기서 μ_s=비투자율, μ_0=공기 중의 투자율[H/m], S=단면적[m²], l=전체 자로의 길이[m], l_i=철심의 길이[m], l_g=공극의 길이[m])

공극이 있을 때의 자기저항과 없을 때의 자기저항의 비 $\frac{R_b}{R_a}$는 다음과 같다.

$$\frac{R_b}{R_a}=\frac{\frac{l_i}{\mu_s\mu_0 S}+\frac{l_g}{\mu_0 S}}{\frac{l}{\mu_s\mu_0 S}}=\frac{\frac{l_i+\mu_s l_g}{\mu_s\mu_0 S}}{\frac{l}{\mu_s\mu_0 S}}=\frac{l_i+\mu_s l_g}{l}$$

그러므로 주어진 조건에 대하여 계산하면 다음과 같다.

처음의 자로의 길이가 1[m]이므로 공극이 1[cm]=0.01[m]라면, 공극이 만들어진 후의 철심의 길이는 99[cm]=0.99[m]가 된다.

따라서 $\frac{R_b}{R_a}=\frac{l_i+\mu_s l_g}{l}=\frac{0.99+2{,}000\times 0.01}{1}=20.99$로, 약 21이 된다.

02 전자기학 정답 | ④

[도체의 작용면적과 전계의 관계성]

가우스 정리 관계식 $E=\frac{Q}{\varepsilon_0 S}=\frac{\sigma}{\varepsilon_0}$[V/m]에 의해

전계는 전하량에 비례, 작용면적과는 반비례하는 특성을 가진다. 그러므로 전계는 전하의 작용면적이 작을수록 커지게 되며, 이는 다르게 다음과 같이 표현할 수 있다.

'전하의 작용면적이 작을수록'

=도체가 뾰족할수록

=곡률이 클수록

=곡률 반경이 작을수록

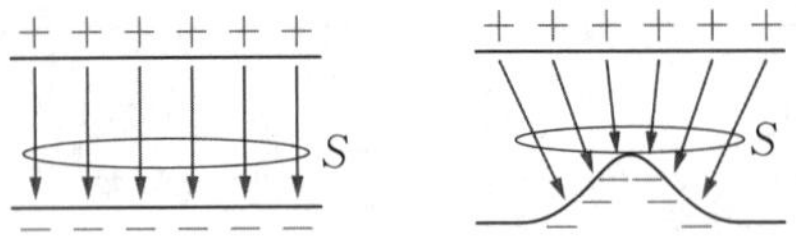

'도체가 뾰족하다'는 것은 도체가 위의 그림처럼 대전될 때, 흡인력에 의해 뾰족한 지점으로 전하가 모이게 된다. 이는 곧 '전하의 작용면적이 작아지는 것'을 의미한다.

03 전기기기 정답 | ④

3상 부하에 전력을 공급하기 위해서는 변압기를 3상 결선으로 해야 한다.

변압기의 3상 결선법은 Y결선, Δ결선, V결선이 있으며, 단상 변압기의 출력을 P_1[kVA]이라 할 때, 각 결선의 출력은 다음과 같다.

• Y결선의 3상 출력 $P_Y=3P_1$[kVA]

• Δ결선의 3상 출력 $P_\Delta=3P_1$[kVA]

• V결선의 3상 출력 $P_V=\sqrt{3}P_1$[kVA]

주어진 조건에서 단상 변압기 4대를 이용하여 3상 부하에 전력을 공급한다고 하였고 Y결선과 Δ결선인 경우에는 단상 변압기를 3대만을 이용할 수 있으므로, 그 출력은 $P_Y=P_\Delta=3P_1=3\times 300=900$[kVA]이 된다.

하지만 이 경우에는 단상 변압기 4대를 모두 활용할 수 없으며, 4대를 모두 활용하기 위한 방법은 변압기 2대를 이용하여 3상 전력을 공급할 수 있는 V결선을 이용해야 한다.

V결선인 경우에는 변압기 2대씩 묶어 2개조로 하여 모든 변압기를 이용할 수 있으며 이 경우 출력은 다음과 같다.

$2\times\sqrt{3}P_1=2\times\sqrt{3}\times 300=2\times 1.73\times 300=1{,}038$[kVA]

04 회로이론 정답 | ④

[컨덕턴스($G=\frac{1}{R}$[℧])의 합성]

컨덕턴스 G_1[℧], G_2[℧]가 있다고 할 때,

• 직렬 합성 $G=\frac{G_1G_2}{G_1+G_2}$[℧]

• 병렬 합성 $G=G_1+G_2$[℧]

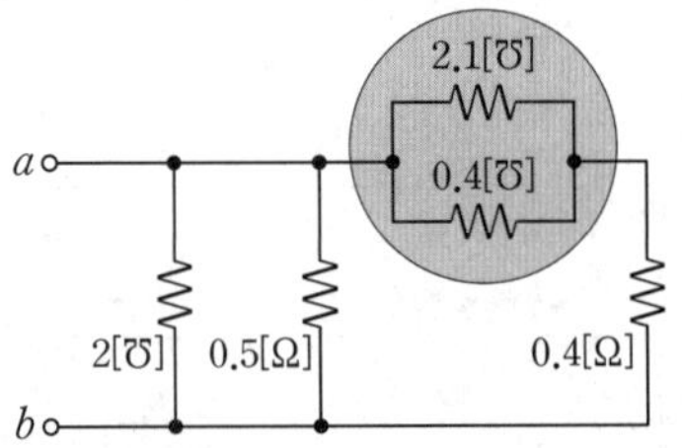

위의 그림에서 동그랗게 표시된 부분을 합성하면 2.1+0.4=2.5[℧]가 되어 다음과 같이 나타낼 수 있다.

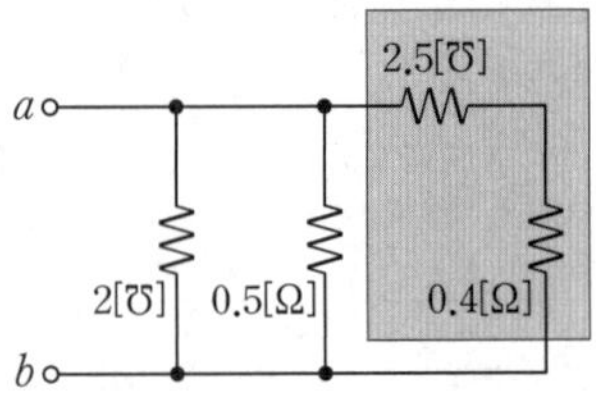

다시 위의 그림의 표시된 부분을 합성하면 $\dfrac{2.5\times\dfrac{1}{0.4}}{2.5+\dfrac{1}{0.4}}=\dfrac{2.5\times2.5}{2.5+2.5}$ $=1.25$[℧]가 되어 다음과 같이 나타낼 수 있다.

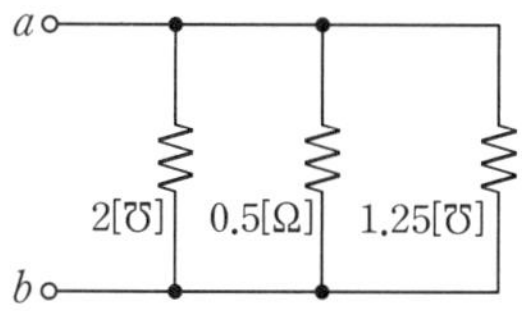

최종적으로 위 회로의 합성 컨덕턴스 G_{ab}[℧]를 계산하면 다음과 같다.

$$G_{ab}=2+\frac{1}{0.5}+1.25=2+2+1.25=5.25[℧]$$

주의

[Ω]을 [℧]로 취급하지 않도록 단위를 반드시 확인하여 오답을 고르지 않도록 해야 한다.

05 전기기기 정답 | ①

[곡선이 나타내는 관계성]

- 무부하 포화곡선: 무부하 단자전압과 계자전류
- 외부 특성 곡선: 단자전압과 부하전류
- 단락 곡선: 단락전류와 계자전류
- 위상 특성 곡선: 전기자전류와 계자전류
- 속도 특성 곡선: 회전속도와 부하전류
- 토크 특성 곡선: 토크와 부하전류

06 전력공학 정답 | ③

[열역학적 사이클의 종류]

- 재열 사이클: 증기터빈에서 팽창된 증기를 추출하여 재열기에서 재가열함으로써 열효율을 증가시키는 사이클이다.
- 재생 사이클: 증기터빈에서 증기의 팽창 도중에 일부를 유출해 급수의 가열을 하게 하여 열효율을 증가시킨 사이클이다.
- 재생·재열 사이클: 열효율이 높은 열역학적 사이클이다. 재생 사이클에서 팽창 도중의 증기를 재가열하기 위해 재열기를 첨가한 사이클로, 재생과 재열을 복합시킨 것이다.
- 랭킨 사이클: 2개의 단열변화와 2개의 등압변화로 구성되는 사이클 중 작동유체가 증기와 액체의 상변화를 수반하는 것으로, 증기터빈에 의한 화력발전소에서 기본 사이클로 하고 있다.
- 카르노 사이클: 열역학적 사이클 중 가장 이상적인 가역사이클로, 실현 현실성이 없는 이론적 사이클이다. 카르노 사이클은 효율이 가장 우수한 열기관을 제작할 수 있는 방향을 제시하므로 매우 중요한 사이클이며, 2개의 등온변화와 2개의 단열변화로 이루어진다.

07 제어공학 정답 | ④

2차 계통 시스템의 전달함수 $G(s)=\dfrac{w_n^2}{s^2+2\zeta w_n s+w_n^2}$

(여기서 ζ=제동비(또는 감쇠비), w_n=고유비제동주파수)

주어진 제어계의 전달함수를 표현하면 다음과 같다.

$$G(s)=\frac{\dfrac{5}{4s(2Ts+1)}}{1-\left(-\dfrac{5}{4s(2Ts+1)}\right)}=\frac{\dfrac{5}{4s(2Ts+1)}}{1+\dfrac{5}{4s(2Ts+1)}}$$

$$=\frac{5}{4s(2Ts+1)+5}=\frac{5}{8Ts^2+4s+5}$$

$$=\frac{\dfrac{5}{8T}}{s^2+\dfrac{s}{2T}+\dfrac{5}{8T}}$$

$G(s)=\dfrac{w_n^2}{s^2+2\zeta w_n s+w_n^2}=\dfrac{\dfrac{5}{8T}}{s^2+\dfrac{s}{2T}+\dfrac{5}{8T}}$이며,

$2\zeta w_n s=\dfrac{s}{2T}$와 $w_n^2=\dfrac{5}{8T}$의 관계가 성립하므로

$\zeta=\dfrac{1}{4w_nT}$, $w_n=\sqrt{\dfrac{5}{8T}}$가 된다.

여기에서 감쇠비는 다음과 같이 나타낼 수 있다.

$$\zeta=\frac{1}{4w_nT}=\frac{1}{4\times\sqrt{\dfrac{5}{8T}}\times T}=\frac{1}{\sqrt{\dfrac{16\times5}{8T}\times T^2}}=\frac{1}{\sqrt{10T}}$$

따라서 감쇠비는 $\zeta=\dfrac{1}{\sqrt{10T}}$, 고유비제동주파수는

$w_n=\sqrt{\dfrac{5}{8T}}=\dfrac{1}{2}\sqrt{\dfrac{5}{2T}}=0.5\sqrt{\dfrac{2.5}{T}}$가 된다.

08 전기기기 정답 | ③

1) 절연유(변압기유)의 구비 조건

- 냉각효과가 클 것
- 절연내력이 클 것
- 비열이 클 것
- 인화점이 높을 것
- 점성(점도)이 낮을 것
- 응고점이 낮을 것
- 화학적인 반응이 없을 것

2) 변압기 냉각방식

- 건식 자냉식(AN; Air Natural): 변압기 본체가 공기에 의해 자연적인 냉각이 되는 방식
- 건식 풍냉식(AF; Air Forced): 건식 변압기에 송풍기로 강제 통풍시켜 냉각하는 방식
- 유입 풍냉식(ONAF; Oil Natural Air Forced): 방열기가 부착된 유입 변압기에 송풍기를 이용해 강제 통풍시켜 냉각효과를 크게 한 방식
- 송유 자냉식(OFAN; Oil Forced Air Natural): 방열기와 변압기 본체 사이에 송유 펌프를 설치해 기름을 강제로 순환시켜 냉각하는 방식
- 송유 풍냉식(OFAF; Oil Forced Air Forced): 외함 위쪽의 가열된 기름을 펌프를 이용하여 외부 냉각기를 통하게 하여 냉각시킨 후, 외함의 아랫 부분으로 돌려보내는 방식

3) 변압기 내부고장 보호장치

- 비율차동 계전기
- 브흐홀츠 계전기
- 유온계
- 충격 압력 계전기
- 방압 안정장치

4) 브흐홀츠 계전기

- 변압기 본체와 콘서베이터 사이에 설치한다.
- 유증기, 유속을 감지한다.
- 오동작의 가능성이 있다.
- 기계적인 요소로 동작한다.

ⓑ 절연유의 인화점은 높고, 응고점은 낮아야 한다.

ⓒ 건식 자냉식에 대한 설명이다.

ⓕ 브흐홀츠 계전기는 전기적인 신호로 동작하는 것이 아니라, 기계적인 요소에 의해 동작한다.

09 전자기학 정답 | ②

부호가 같은 전하가 각 꼭짓점에 있을 때, 정육각형 중심에서의 전계는 마주 보고 있는 전하가 형성하는 전계의 방향이 서로 반대가 되므로 상쇄된다.

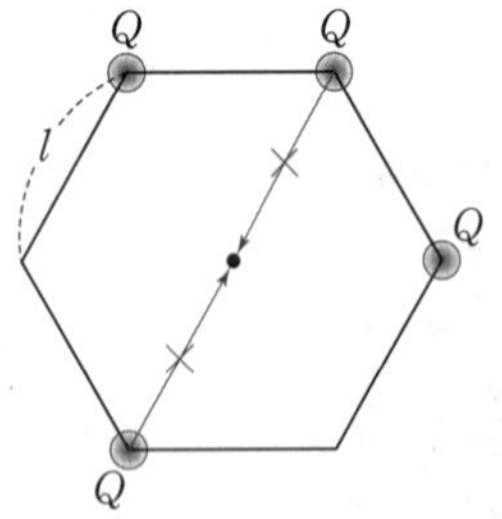

그러므로 다음과 같이 마주 보는 것이 없는 전하가 형성하는 전계만 고려하면 된다.

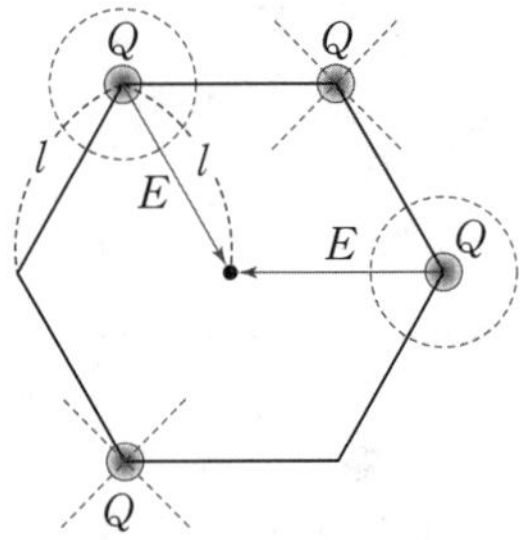

다만, 전계는 실제 벡터 성분이므로 위와 같이 점선으로 동그랗게 표시된 전하로 인해 정육각형 중심에 형성되는 전계는 벡터적으로 해석해야 한다. 두 전하에 의한 전계를 벡터적으로 해석하면 다음과 같이 나타낼 수 있다.

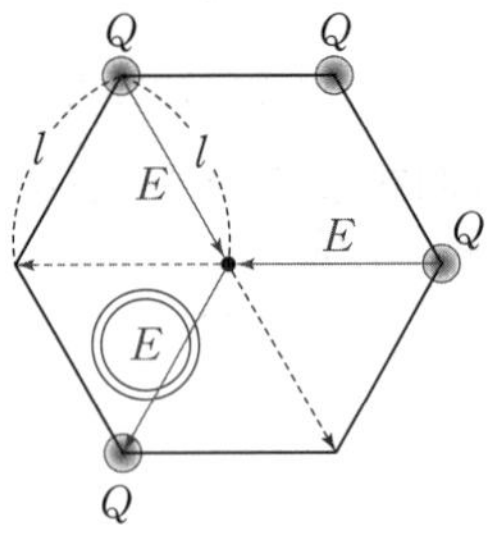

두 전하에 의한 전계를 벡터적으로 합성하면 ◎표시된 전계가 나타나며, 이는 곧 하나의 전하가 정육각형 중심에 형성하는 전계와 같다.

따라서 정육각형 중심에서의 전계는 다음과 같다.

$$E=\frac{Q}{4\pi\varepsilon r^2}=\frac{Q}{4\pi\varepsilon l^2}=\frac{Q}{4\pi\varepsilon(\sqrt{5})^2}=\frac{Q}{20\pi\varepsilon}=\frac{0.05Q}{\pi\varepsilon}\text{[V/m]}$$

10 회로이론 정답 | ③

전원 전압이 변화하지 않는다고 하였으므로 다음과 같이 평형 3상 전원이라 하면 전원의 중성점의 전위는 $V_o=0$[V]이 된다.

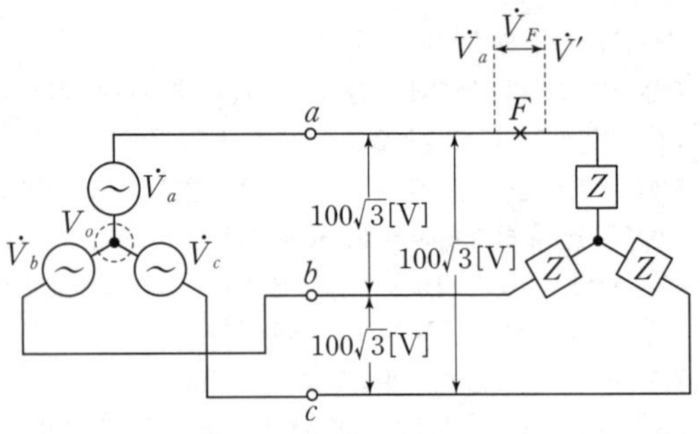

그러므로 F점에서의 전압을 V_F라 할 때, V_F는 $\dot{V}_a$와 $\dot{V}'$의 차로 나타낼 수 있고, 이는 곧 $\dot{V}_F=\dot{V}_a-\dot{V}'$가 된다.

위 회로의 등가회로를 다시 그리면 다음과 같다.

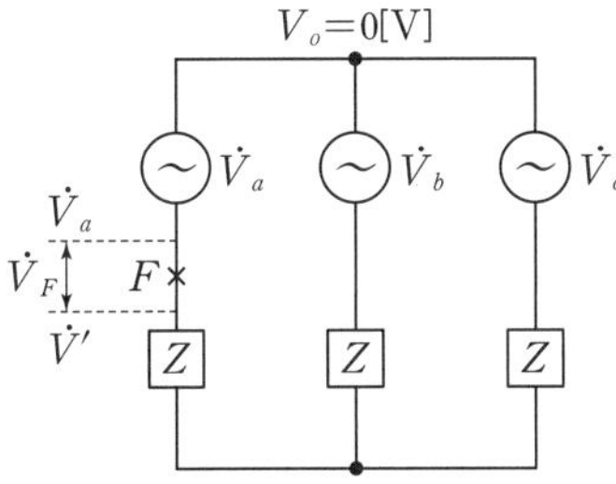

여기에서 V'는 전원 전압 $\dot{V}_b$와 $\dot{V}_c$의 합성이므로 두 전원의 회로를 분리해서 그리면 다음과 같다.

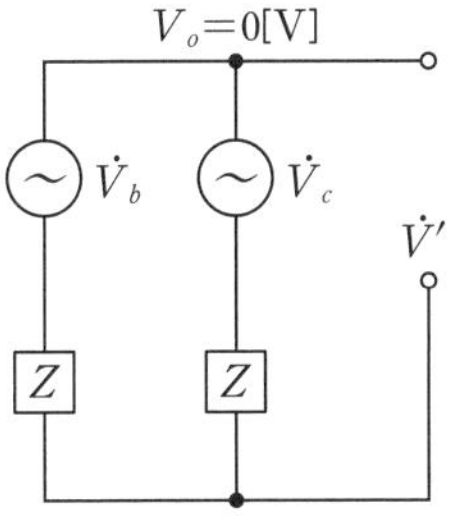

밀만의 정리를 이용하여 V'를 계산하면 다음과 같다.

$$\dot{V}'=\frac{\Sigma\frac{E}{Z}}{\Sigma\frac{1}{Z}}=\frac{\frac{\dot{V}_b}{Z}+\frac{\dot{V}_c}{Z}}{\frac{1}{Z}+\frac{1}{Z}}=\frac{\frac{\dot{V}_b+\dot{V}_c}{Z}}{\frac{2}{Z}}=\frac{\dot{V}_b+\dot{V}_c}{2}$$

따라서 $\dot{V}_F=\dot{V}_a-\frac{\dot{V}_b+\dot{V}_c}{2}$가 되어

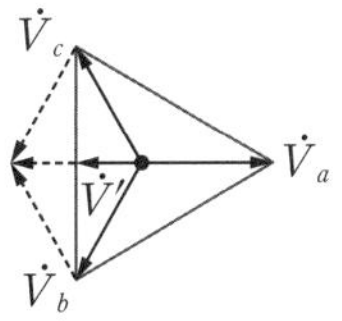

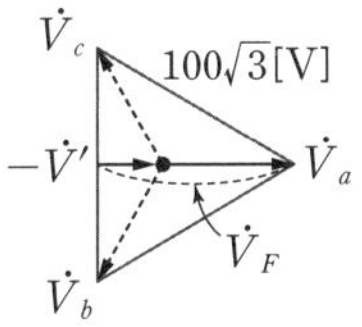

F점 양단의 전압은 $V_F=100\sqrt{3}\times\frac{\sqrt{3}}{2}=\frac{300}{2}=150[V]$이다.

> 참고 | 밀만의 정리(Millman's theorem)
>
> 전압원과 직렬 저항의 한 조가 여러 개 병렬로 접속된 경우의 전체 단자전압(개방전압)을 구하는 정리이다.
>
> $$V=\frac{\Sigma I}{\Sigma Y}=\frac{\Sigma\frac{E}{Z}}{\Sigma\frac{1}{Z}}$$

11 제어공학 　　정답 | ①

상태 방정식 $\frac{dx}{dt}=Ax(t)+Br(t)$의 특성 방정식의 해는 '$|sI-A|=0$'를 이용하여 구할 수 있다.

(여기서 s=라플라스 연산자, I=항등 행렬(자기 자신으로 만드는 행렬))

주어진 조건에 대해 계산하면 다음과 같다.

$|sI-A|=0$

$\left|\begin{bmatrix} s & 0 \\ 0 & s \end{bmatrix}-\begin{bmatrix} 0 & 1 \\ -8 & -6 \end{bmatrix}\right|=0$

$\left|\begin{bmatrix} s & -1 \\ 8 & s+6 \end{bmatrix}\right|=0$

$s(s+6)-(-1)\cdot 8=0$

$s^2+6s+8=0$

$(s+2)(s+4)=0$

따라서 특성 방정식의 해는 -2, -4가 된다.

> 참고 | 특성 방정식 만들기
>
> 1) $A=\begin{bmatrix} 0 & 1 \\ x & y \end{bmatrix}$의 형태로 주어진 경우
>
> (* x, y는 임의의 상수)
>
> 특성 방정식은 2행 1열과 2행 2열의 부호를 반대로, 즉 가장 아랫줄의 부호를 반대로 하고, 순서를 바꾸어서 s의 차수가 작은 항부터 순서대로 넣는 것으로 쉽게 만들어 낼 수 있다.
>
> 예를 들어, $A=\begin{bmatrix} 0 & 1 \\ -a & -b \end{bmatrix}$로 주어져 있다면, 2행 1열의 '$-a$'와 2행 2열의 '$-b$'의 부호를 반대로 바꾸어 s^0, s^1의 계수로 넣으면, $s^2+bs^1+as^0=s^2+bs+a=0$이 되는 것이다.
>
> 예 $A=\begin{bmatrix} 0 & 1 \\ -12 & -7 \end{bmatrix}$의 경우 특성 방정식은 $s^2+7s+12=0$이다.
>
> 2) $A=\begin{bmatrix} 0 & 1 & 0 \\ 0 & 0 & 1 \\ x & y & z \end{bmatrix}$의 형태로 주어진 경우
>
> (* x, y는 임의의 상수)
>
> '1)'과 같이 가장 아랫줄의 부호를 반대로 하고 s^0, s^1, s^2의 계수로 넣어 특성 방정식을 만들 수 있다.
>
> 예 $A=\begin{bmatrix} 0 & 1 & 0 \\ 0 & 0 & 1 \\ -2 & -4 & -3 \end{bmatrix}$의 경우 특성 방정식은 $s^3+3s^2+4s+2=0$이다.

12 전력공학 　　정답 | ①

- 전력 관계식 $P=VI[W]$
- 단상 2선식의 전력손실 관계식 $P_l=2I^2R[W]$
- 저항 관계식 $R=\rho\frac{l}{S}[\Omega]$
- 고유저항 관계식 $\rho=R\frac{S}{l}[\Omega\cdot m][\Omega\cdot mm^2/m]$

(여기서 V=전압[V], I=전류[A], l=길이[m], S=단면적[m^2][mm^2])

위의 관계식에 의해 $R=\frac{P_l}{2I^2}$[Ω]이고, $I=\frac{P}{V}$[A]이므로

고유저항은 다음과 같이 계산할 수 있다.

$$\rho=R\times\frac{S}{l}=\frac{P_l}{2\left(\frac{P}{V}\right)^2}\times\frac{S}{l}[\Omega\cdot m^2/m]$$

$$\rho=\frac{2}{2\times\left(\frac{20}{200}\right)^2}\times\frac{10\times10^{-4}}{500}=\frac{1}{0.1^2}\times\frac{10^{-3}}{500}$$

$$=\frac{1}{5{,}000}[\Omega\cdot m^2/m]$$

❗ 주의

문제에서 고유저항의 단위는 $[\Omega\cdot m^2/m]$이며, 주어진 면적의 단위는 $[cm^2]$인 것을 주의하자.

13 전력공학

정답 | ②

이도(dip)란 전선 지지점 간 연결하는 수평선으로부터 밑으로 내려가 있는 길이를 의미하는데, 이는 온도에 따른 전선의 팽창 또는 수축을 고려하여 단선사고, 선간 단락 등을 사전에 방지하는 중요한 요소이다.

이도의 영향으로는 다음과 같다.

- 이도의 대소는 지지물의 높이를 좌우한다.
- 이도가 너무 크면 전선은 그만큼 좌우로 크게 진동해서 다른 상의 전선에 접촉하거나 수목에 접촉해서 위험을 준다.
- 이도가 너무 작으면 그와 반비례해서 전선의 장력이 증가하여 심할 경우에는 전선이 단선되기도 한다.

이도는 여러 요소를 고려하여 선정하는데 그 관련된 요소의 식은 다음과 같다.

- 이도 $D=\frac{WS^2}{8T}$[m]

  (여기서 W=합성하중$\left(=\sqrt{(W_i+W_e)^2+W_w^{\ 2}}\right)$[kg/m], W_i=빙설하중[kg/m], W_e=전선무게[kg/m], W_w=풍압하중[kg/m], T=수평장력=$\frac{\text{인장강도(인장하중)}}{\text{안전율}}$[kg], S=경간[m])
- 전선의 실장(실제거리) $L=S+\frac{8D^2}{3S}$[m]
- 전선의 평균 높이 $h=H-\frac{2}{3}D$[m]

  (여기서 H=전선 지지점의 높이[m])

이도 관계식에서

$$S=\sqrt{\frac{8TD}{W}}=\sqrt{\frac{8\times\frac{\text{인장강도}}{\text{안전율}}\times D}{\sqrt{(W_i+W_e)^2+W_w^{\ 2}}}}$$

$$=\sqrt{\frac{8\times\frac{17{,}600}{2.2}\times2}{\sqrt{(3.4+0.6)^2+3^2}}}=\sqrt{\frac{128{,}000}{5}}=\sqrt{25{,}600}=160[m]$$

14 전력공학

정답 | ⑤

[중거리 송전선로]

1) T형 회로

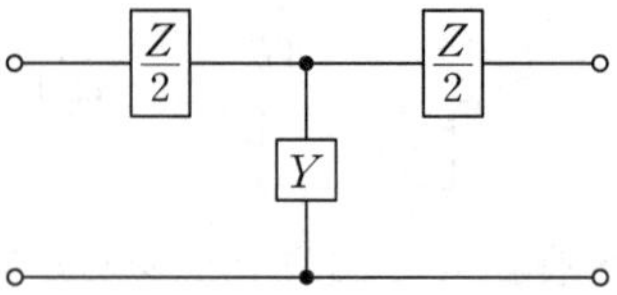

$$\begin{bmatrix}E_s\\I_s\end{bmatrix}=\begin{bmatrix}A&B\\C&D\end{bmatrix}\begin{bmatrix}E_r\\I_r\end{bmatrix}$$

- 4단자 정수

$$\begin{bmatrix}A&B\\C&D\end{bmatrix}=\begin{bmatrix}1&\frac{Z}{2}\\0&1\end{bmatrix}\begin{bmatrix}1&0\\Y&1\end{bmatrix}\begin{bmatrix}1&\frac{Z}{2}\\0&1\end{bmatrix}$$

$$=\begin{bmatrix}1+\frac{ZY}{2}&\frac{Z}{2}\\Y&1\end{bmatrix}\begin{bmatrix}1&\frac{Z}{2}\\0&1\end{bmatrix}$$

$$=\begin{bmatrix}1+\frac{ZY}{2}&\left(1+\frac{ZY}{2}\right)\frac{Z}{2}+\frac{Z}{2}\\Y&\frac{ZY}{2}+1\end{bmatrix}$$

$$=\begin{bmatrix}1+\frac{ZY}{2}&Z\left(1+\frac{ZY}{4}\right)\\Y&\frac{ZY}{2}+1\end{bmatrix}$$

- 연립방정식

$$E_s=AE_r+BI_r=\left(1+\frac{ZY}{2}\right)E_r+Z\left(1+\frac{ZY}{4}\right)I_r$$

$$I_s=CE_r+DI_r=YE_r+\left(\frac{ZY}{2}+1\right)I_r$$

2) π형 회로

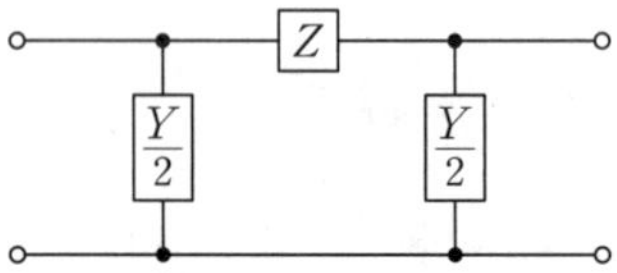

$$\begin{bmatrix}E_s\\I_s\end{bmatrix}=\begin{bmatrix}A&B\\C&D\end{bmatrix}\begin{bmatrix}E_r\\I_r\end{bmatrix}$$

- 4단자 정수

$$\begin{bmatrix}A&B\\C&D\end{bmatrix}=\begin{bmatrix}1&0\\\frac{Y}{2}&1\end{bmatrix}\begin{bmatrix}1&Z\\0&1\end{bmatrix}\begin{bmatrix}1&0\\\frac{Y}{2}&1\end{bmatrix}$$

$$=\begin{bmatrix}1&Z\\\frac{Y}{2}&\frac{ZY}{2}+1\end{bmatrix}\begin{bmatrix}1&0\\\frac{Y}{2}&1\end{bmatrix}$$

$$=\begin{bmatrix}1+\frac{ZY}{2}&Z\\\frac{Y}{2}+\left(\frac{ZY}{2}+1\right)\frac{Y}{2}&\frac{ZY}{2}+1\end{bmatrix}$$

$$=\begin{bmatrix}1+\frac{ZY}{2}&Z\\Y\left(1+\frac{ZY}{4}\right)&\frac{ZY}{2}+1\end{bmatrix}$$

• 연립방정식

$$E_s = AE_r + BI_r = \left(1 + \frac{ZY}{2}\right)E_r + ZI_r$$

$$I_s = CE_r + DI_r = Y\left(1 + \frac{ZY}{4}\right)E_r + \left(\frac{ZY}{2} + 1\right)I_r$$

15 전기응용 정답 | ⑤

1) 도로 조명설계

• 도로 편측 배열

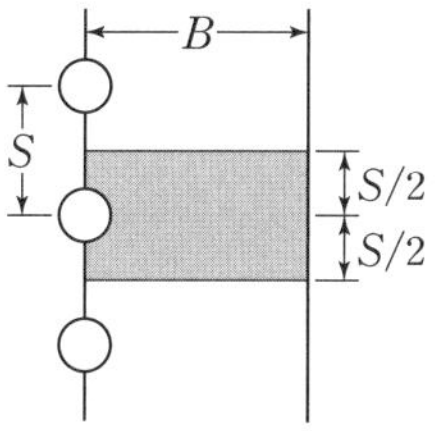

조명면적 $S' = BS[\text{m}^2]$

• 도로 중앙 배열

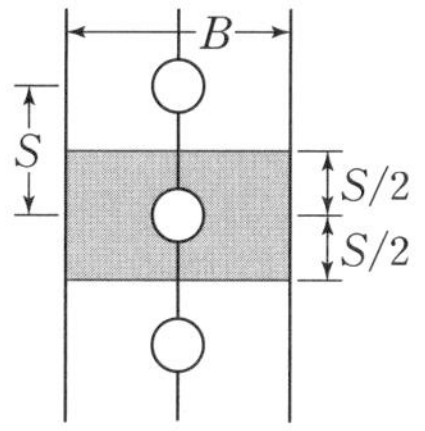

조명면적 $S' = BS[\text{m}^2]$

• 양측 대칭 배열

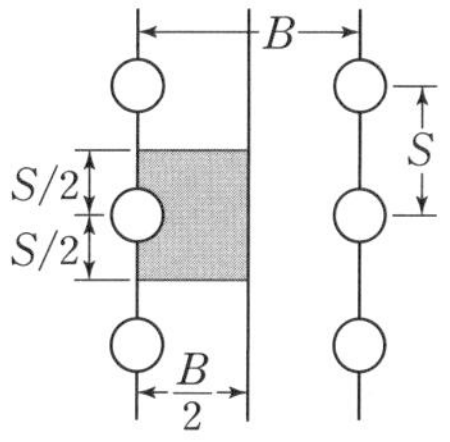

조명면적 $S' = \frac{1}{2}BS[\text{m}^2]$

• 지그재그 배열

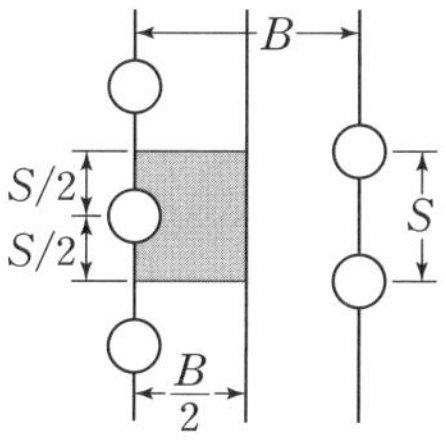

조명면적 $S' = \frac{1}{2}BS[\text{m}^2]$

(여기서 B=도로폭[m], S=등의 간격[m])

2) 광속, 조도, 등 개수 관계식: $FUN = DES'$

(여기서 F=광속[lm], U=조명률, N=등 개수, D=감광보상률, E=조도[lx], S'=면적[m²])

나트륨등 1개의 작용 면적을 계산하면 다음과 같다.

$$S' = \frac{FUN}{DE} = \frac{4{,}400 \times 0.6 \times 1}{1.2 \times 40} = 55[\text{m}^2]$$

지그재그 배열에서 조명의 면적은 $S' = \frac{1}{2}BS$이므로

등의 간격은 다음과 같이 계산할 수 있다.

$$S = \frac{2S'}{B} = \frac{2 \times 55}{15} = \frac{110}{15} \fallingdotseq 7.33[\text{m}]$$

따라서 등 간격은 약 7[m]가 된다.

16 전기기기 정답 | ④

• 유도 전동기 토크 관계식 $T = \dfrac{P_o}{2\pi\frac{N}{60}} = \dfrac{P_2}{2\pi\frac{N_s}{60}}[\text{N}\cdot\text{m}]$

• 회전자계 속도(동기속도) 관계식 $N_s = \dfrac{120f}{p}[\text{rpm}]$

(여기서 P_o=출력[W], P_2=회전자(2차) 입력[W], N=회전속도[rpm], N_s=동기속도[rpm], f=주파수[Hz], p=극수)

• 유도전동기의 출력비 $P_2 : P_{c2} : P_o = 1 : s : 1-s$

($* \; P_o = P + P_m$)

(여기서 P_2=2차 입력, P_{c2}=2차 동손, P_o=전기적 출력, P=기계적 출력(최종출력), P_m=기계손)

• 회전자 주파수(f_{2s})의 관계 $f_{2s} = sf$

주어진 조건에 대해 계산하면 다음과 같다.

• 출력비에서 $P_{c2} = sP_2$이므로 $P_2 = \dfrac{P_{c2}}{s}$

• 슬립 $s = \dfrac{f_{2s}}{f} = \dfrac{6}{60} = 0.1$

• 동기속도 $N_s = \dfrac{120f}{p} = \dfrac{120 \times 60}{6} = 1{,}200[\text{rpm}]$

• 토크

$$T = \frac{P_2}{2\pi\frac{N_s}{60}} = \frac{\frac{P_{c2}}{s}}{2\pi\frac{N_s}{60}} = \frac{\frac{200}{0.1}}{2\pi\frac{1{,}200}{60}} = \frac{2{,}000}{2\pi \times 20} = \frac{50}{\pi}[\text{N}\cdot\text{m}]$$

17 회로이론 정답 | ⑤

[파동의 반사와 투과]

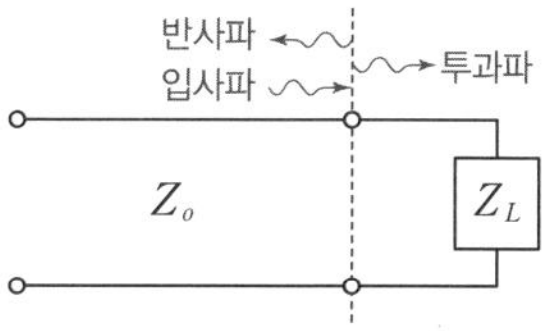

1) 파동의 투과

• 파동이 진행하다가 다른 매질을 만났을 때, 다른 매질로 통과하게 되는 현상

• 투과계수 $\tau = \dfrac{2Z_L}{Z_L + Z_o}$

• 투과파 전압 $v_1 = \dfrac{2Z_L}{Z_L + Z_o}v_0 = \tau v_0$

(여기서 v_0=입사파 전압)

2) 파동의 반사

• 파동이 진행하다 다른 매질을 만났을 때, 그 경계면에서 일부 또는 전부가 원래 매질로 되돌아오는 현상

• 반사계수 $\rho=\dfrac{Z_L-Z_o}{Z_L+Z_o}$

• 반사파 전압 $v_2=\dfrac{Z_L-Z_o}{Z_L+Z_o}v_0=\rho v_0$

(여기서 v_0=입사파 전압)

3) 종단의 개방과 접지의 경우

• 종단 개방 시: 종단의 파동 임피던스=∞

• 종단 접지 시: 종단의 파동 임피던스=0

주어진 조건에 대하여 계산하면 다음과 같다.

• 특성 임피던스

$$Z_o=\sqrt{\frac{L}{C}}=\sqrt{\frac{1\times10^{-3}}{0.025\times10^{-6}}}=\sqrt{40\times10^3}=200[\Omega]$$

• 투과계수 $\tau=\dfrac{2Z_L}{Z_L+Z_o}=\dfrac{2\times400}{400+200}=\dfrac{800}{600}=\dfrac{4}{3}$

• 반사계수 $\rho=\dfrac{Z_L-Z_o}{Z_L+Z_o}=\dfrac{400-200}{400+200}=\dfrac{200}{600}=\dfrac{1}{3}$

따라서 투과파 전압은 $v_1=\tau v_0=\dfrac{4}{3}\times300[\text{kV}]=400[\text{kV}]$, 반사파 전압은 $v_2=\rho v_0=\dfrac{1}{3}\times300[\text{kV}]=100[\text{kV}]$이다.

18 제어공학

정답 | ②

분모항에 중근이 있는 경우의 역라플라스 변환은 다음과 같은 방법이 있다.

[부분분수 전개(인수 가려서 판별하는 방법)]

예를 들어 $F(s)=\dfrac{K}{(s+a)^2(s+b)}=\dfrac{A}{(s+a)^2}+\dfrac{B}{s+a}+\dfrac{C}{s+b}$에서 '$\dfrac{B}{s+a}$'는 미분으로 적용한다.

예를 들어 $F(s)=\dfrac{1}{(s+1)^2(s+2)}$일 때, $f(t)$를 구한다고 하면 $F(s)$에서 구해야 할 미지수의 인수항을 가리고, 그 인수가 0이 되는 s값을 대입하여 각 미지수를 도출한다.

• A: $\left.\dfrac{1}{s+2}\right|_{s=-1}=1$

• B: $\left.\dfrac{d}{ds}\dfrac{1}{s+2}\right|_{s=-1}=\left.\dfrac{-1}{(s+2)^2}\right|_{s=-1}=-1$

$\left(*\ \text{분수항의 미분}\left[\dfrac{f(x)}{g(x)}\right]'=\dfrac{f(x)'g(x)-f(x)g(x)'}{[g(x)]^2}\right)$

• C: $\left.\dfrac{1}{(s+1)^2}\right|_{s=-2}=1$

∴ 역라플라스 변환 결괏값

$$F(s)=\frac{1}{(s+1)^2}-\frac{1}{s+1}+\frac{1}{s+2}$$

$$\xrightarrow{\mathcal{L}^{-1}} f(t)=te^{-t}-e^{-t}+e^{-2t}$$

주어진 함수를 역라플라스 변환하면 다음과 같다.

$$F(s)=\frac{2s+1}{s(s+2)^2}=\frac{A}{s}+\frac{B}{(s+2)^2}+\frac{C}{s+2}$$

• A: $\left.\dfrac{2s+1}{(s+2)^2}\right|_{s=0}=\dfrac{1}{2^2}=\dfrac{1}{4}$

• B: $\left.\dfrac{2s+1}{s}\right|_{s=-2}=\dfrac{2\times(-2)+1}{-2}=\dfrac{-3}{-2}=\dfrac{3}{2}$

• C: $\left.\dfrac{d}{ds}\dfrac{2s+1}{s}\right|_{s=-2}=\left.\dfrac{-1}{s^2}\right|_{s=-2}=\dfrac{-1}{(-2)^2}=-\dfrac{1}{4}$

따라서 $F(s)=\dfrac{1}{4s}+\dfrac{3}{2(s+2)^2}-\dfrac{1}{4(s+2)}$가 되고, 이를 라플라스 역변환하면 다음과 같다.

$$F(s)=\frac{1}{4}\cdot\frac{1}{s}+\frac{3}{2}\cdot\frac{1}{(s+2)^2}-\frac{1}{4}\cdot\frac{1}{s+2}$$

$$\xrightarrow{\mathcal{L}^{-1}} f(t)=\frac{1}{4}+\frac{3}{2}te^{-2t}-\frac{1}{4}e^{-2t}$$

19 전자기학

정답 | ①

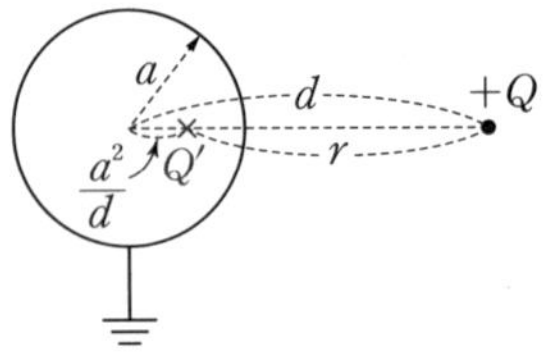

접지구도체 근처에 점전하가 있는 경우, 접지구도체 내부에 점전하와 극성이 반대인 유도전하(영상전하)가 형성된다.

• 유도전하(영상전하) 크기 $Q'=-\dfrac{a}{d}Q[\text{C}]$

• 도체 중심으로부터 유도전하의 거리 $b=\dfrac{a^2}{d}[\text{m}]$

도체구 외부의 전하 Q와 내부의 유도전하 Q'의 간격(r)은 $r=d-b=d-\dfrac{a^2}{d}[\text{m}]$이므로 두 전하 간에 작용하는 힘은 다음과 같다.

$$F=\frac{QQ'}{4\pi\varepsilon r^2}=\frac{Q\left(-\frac{a}{d}Q\right)}{4\pi\varepsilon\left(d-\frac{a^2}{d}\right)^2}=\frac{-\frac{a}{d}Q^2}{4\pi\varepsilon\left(\frac{d^2-a^2}{d}\right)^2}$$

$$=\frac{-\frac{a}{d}Q^2}{4\pi\varepsilon\frac{(d^2-a^2)^2}{d^2}}=\frac{-adQ^2}{4\pi\varepsilon(d^2-a^2)^2}[\text{N}]$$

20 회로이론

정답 | ⑤

1) 공진곡선

주파수 변화에 따른 전류의 크기를 나타낸 곡선

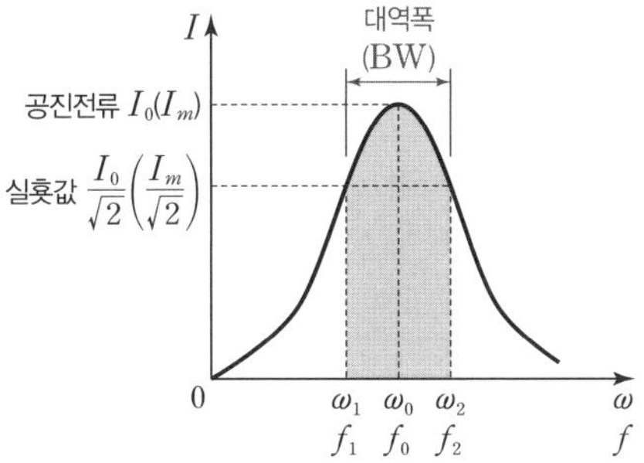

f_1, f_2는 주파수의 통과, 제거대역을 구분하는 주파수로, 주파수 응답크기 최댓값의 $\frac{1}{\sqrt{2}}$배의 주파수를 말한다. 이 주파수를 차단 주파수(cut-off frequency)라 한다.

2) 선택도(첨예도, 양호도) Q

$$Q=\frac{\text{공진 주파수}}{\text{대역폭}}=\frac{f_0}{\Delta f}=\frac{f_0}{f_2-f_1}=\frac{w_0L}{R}=\frac{1}{w_0CR}$$

$$=\frac{1}{R}\sqrt{\frac{L}{C}}$$

주어진 조건을 이용하여 계산하면 다음과 같다.

$$\frac{f_0}{\Delta f}=\frac{w_0L}{R}=\frac{2\pi f_0L}{R}$$

$$\frac{1}{\Delta f}=\frac{2\pi L}{R}$$

$$\Delta f=\frac{R}{2\pi L}=\frac{10\pi}{2\pi\times4\times10^{-3}}=\frac{5}{4\times10^{-3}}=1.25\times10^3$$

$$=1{,}250[\text{Hz}]$$

21 전기설비 정답 | ④

– 한국전기설비규정(KEC) –

[351.3－1. 발전기 등의 보호장치]

발전기에는 다음의 경우에 자동적으로 이를 전로로부터 차단하는 장치를 시설하여야 한다.

가. 발전기에 과전류나 과전압이 생긴 경우

나. 용량이 500[kVA] 이상의 발전기를 구동하는 수차의 압유 장치의 유압 또는 전동식 가이드밴 제어장치, 전동식 니이들 제어장치 또는 전동식 디플렉터 제어장치의 전원전압이 현저히 저하한 경우

다. 용량이 100[kVA] 이상의 발전기를 구동하는 풍차의 압유장치의 유압, 압축공기장치의 공기압 또는 전동식 브레이드 제어장치의 전원전압이 현저히 저하한 경우

라. 용량이 2,000[kVA] 이상인 수차 발전기의 스러스트 베어링의 온도가 현저히 상승한 경우

마. 용량이 10,000[kVA] 이상인 발전기의 내부에 고장이 생긴 경우

바. 정격출력이 10,000[kW]를 초과하는 증기터빈은 그 스러스트 베어링이 현저하게 마모되거나 그의 온도가 현저히 상승한 경우

22 전기기기 정답 | ①

1) 전압 변동률

• 부하의 유무에 따른 수전 전압에 대한 전압변동의 비

• $\varepsilon=\frac{V_{n0}-V_n}{V_n}\times100[\%]$

(여기서 V_{n0}=무부하 시 단자전압[V], V_n=정격부하 시 단자전압[V])

2) 기전력 관계식

$$E=V+I_aR_a[\text{V}]$$

$$I_a=I+I_f=\frac{P}{V}+\frac{V}{R_f}[\text{A}]$$

(여기서 E=기전력(무부하 시 단자전압)[V], V=정격(단자)전압[V], I_f=계자전류[A], I_a=전기자 전류[A], I=부하전류[A], R_a=전기자 저항[Ω], R_f=계자저항[Ω], P=정격출력[W])

직류 발전기에서 무부하 시 단자전압은 기전력의 값과 같으므로 $V_{n0}=E$가 되어 전압 변동률은 $\varepsilon=\frac{V_{n0}-V_n}{V_n}\times100=\frac{E-V_n}{V_n}\times100[\%]$로 표현할 수 있다.

이를 이용하여 전압 변동률을 계산하면 다음과 같다.

• 전기자 전류

$$I_a=I+I_f=\frac{P}{V}+\frac{V}{R_f}=\frac{2\times10^3}{100}+\frac{100}{50}=20+2=22[\text{A}]$$

• 무부하 시 단자전압(=기전력)

$$V_{n0}=E=V+I_aR_a=100+22\times1=122[\text{V}]$$

• 전압 변동률

$$\varepsilon=\frac{V_{n0}-V_n}{V_n}\times100=\frac{E-V_n}{V_n}\times100[\%]$$

$$=\frac{122-100}{100}\times100=\frac{22}{100}\times100=22[\%]$$

23 전기설비 정답 | ⑤

– 한국전기설비규정(KEC) –

[341.4－1. 특고압용 기계기구 충전부분의 지표상 높이]

• 울타리 높이와 울타리로부터 충전부까지의 거리 합계

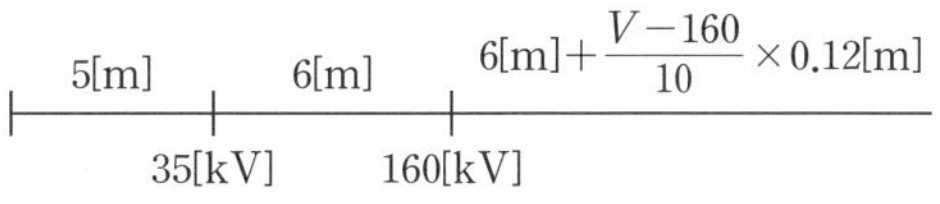

(* 단수 계산 시 소수점 자리는 절상한다.)

주어진 345[kV] 기준의 거리 합계는 다음과 같다.

• 160[kV] 초과하는 부분의 단수 계산

$$\frac{V-160}{10}=\frac{345-160}{10}=\frac{185}{10}=18.5$$

소수점 자리는 절상하므로 단수는 19가 된다.

• 울타리로부터 충전 부분까지 거리의 합

$$6+\frac{V-160}{10}\times 0.12=6+19\times 0.12=6+2.28=8.28[\text{m}]$$

24 제어공학

정답 | ②

문제에 주어진 진리표는 다음과 같다.

A	B	C	P
0	0	0	0
0	0	1	1
0	1	0	1
0	1	1	1
1	0	0	1
1	0	1	1
1	1	0	1
1	1	1	1

진리표를 참고하였을 때, A가 0, B가 0, C가 0일 때를 제외한 모든 경우에는 출력 P가 존재한다.
따라서 출력 P의 논리식은 다음과 같다.

$$P=\overline{\overline{A}\cdot\overline{B}\cdot\overline{C}}=\overline{\overline{A}\cdot\overline{B}\cdot\overline{C}}=A+B+C$$

25 전기설비

정답 | ③

– 한국전기설비규정(KEC) –

[212.6.3–3. 저압전로 중의 전동기 보호용 과전류보호장치의 시설]
옥내에 시설하는 전동기(정격출력 0.2[kW] 이하인 것 제외)에는 전동기가 손상될 우려가 있는 과전류가 생겼을 때 자동적으로 이를 저지하거나 이를 경보하는 장치를 하여야 한다. 다만, 다음의 어느 하나에 해당하는 경우에는 그러하지 아니하다.

가. 전동기를 운전 중 상시 취급자가 감시할 수 있는 위치에 시설하는 경우

나. 전동기의 구조나 부하의 성질로 보아 전동기가 손상될 수 있는 과전류가 생길 우려가 없는 경우

다. 단상전동기로써 그 전원 측 전로에 시설하는 과전류 차단기의 정격전류가 16[A](배선차단기는 20[A]) 이하인 경우

실력점검 모의고사 2회

정답 확인

p.248

문항	정답	과목	문항	정답	과목	문항	정답	과목	문항	정답	과목	문항	정답	과목
01	①	전기응용	02	④	전기기기	03	③	회로이론	04	⑤	전자기학	05	③	제어공학
06	②	회로이론	07	⑤	회로이론	08	①	제어공학	09	③	제어공학	10	④	전력공학
11	②	전자기학	12	④	전자기학	13	②	전력공학	14	③	전력공학	15	④	전기기기
16	③	전기기기	17	④	제어공학	18	③	전력공학	19	②	전력공학	20	⑤	회로이론
21	④	전기설비	22	⑤	전자기학	23	①	전기기기	24	①	전자기학	25	⑤	전기설비

세부과목별 실력 점검표

과목	맞은 개수	정답률	취약점 & 체크사항
전자기학	/5	%	
회로이론	/4	%	
전기기기	/4	%	
전력공학	/5	%	
전기설비	/2	%	
전기응용	/1	%	
제어공학	/4	%	
합계	/25	%	

01 전기응용 정답 | ①

빛의 입사 방향에 수직인 평면에서 한 점의 조도

$E=\frac{I}{d^2}[\text{lx}]$

(여기서 I=광도[cd], d=거리[m])

4[m] 지점에서의 조도는 거리와의 관계성을 이용하여 비례식을 만들어 계산할 수 있다.

처음의 조도를 E_1, 거리를 d_1, 변경한 거리를 d_2, 이때의 조도를 E_2라고 하면 조도는 거리의 제곱에 반비례하므로

$E_1 : \frac{1}{{d_1}^2} = E_2 : \frac{1}{{d_2}^2}$

$\frac{E_2}{{d_1}^2}=\frac{E_1}{{d_2}^2}$

$E_2=E_1\left(\frac{d_1}{d_2}\right)^2=20\times\left(\frac{10}{4}\right)^2=20\times 6.25=125[\text{lx}]$

02 전기기기 정답 | ④

- 직류 타여자 발전기 기전력 관계식 $E=V+I_aR_a[\text{V}]$
  (여기서 E=기전력[V], V=단자전압[V], I_a=전기자 전류[A], R_a=전기자 저항[Ω])
- 직류 발전기 병렬운전 조건
  - 극성이 일치할 것
  - 정격전압(단자전압)이 일치할 것
  - 외부 특성이 거의 일치할 것(수하특성일 것)
  - 직권과 복권의 경우 균압선을 시설할 것

각 타여자 발전기의 기전력을 E_A, E_B라 할 때,

$E_A=V_A+I_{aA}R_{aA}[\text{V}]$

$E_B=V_B+I_{aB}R_{aB}[\text{V}]$

직류 발전기의 병렬운전 조건에서 정격전압(단자전압)이 일치하여야 하므로 다음과 같은 관계가 성립한다.

$V=V_A=V_B=E_A-I_{aA}R_{aA}=E_B-I_{aB}R_{aB}$

$120-2I_{aA}=80-0.5I_{aB}$

$2I_{aA}-0.5I_{aB}=40$ ⋯ ㉠

주어진 조건에서 부하전류가 50[A]라고 하였으므로

$I_{aA}+I_{aB}=50$ ⋯ ㉡

위 두 식 ㉠, ㉡을 연립하여 계산하면 $I_{aA}=26[\text{A}]$, $I_{aB}=24[\text{A}]$이므로 A발전기의 전기자 전류는 $I_a=26[\text{A}]$가 된다.

03 회로이론 정답 | ③

콘덴서의 축적에너지는 $W=\frac{1}{2}CV^2[\text{J}]$, 콘덴서의 리액턴스는 $X_C=\frac{1}{wC}[\Omega]$이고, 전압은 $V=IX_C=\frac{I_m}{\sqrt{2}}X_C[\text{V}]$이므로 콘덴서에 축적되는 에너지는 다음과 같이 표현할 수 있다.

$$W=\frac{1}{2}CV^2=\frac{1}{2}C\left(\frac{I_m}{\sqrt{2}}X_C\right)^2=\frac{1}{2}C\left(\frac{I_m}{\sqrt{2}}\times\frac{1}{wC}\right)^2$$

$$=\frac{1}{2}C\left(\frac{I_m}{2\sqrt{2}\pi fC}\right)^2=\frac{1}{2}C\left(\frac{{I_m}^2}{8\pi^2f^2C^2}\right)$$

$$=\frac{{I_m}^2}{16\pi^2f^2C}$$

이를 주파수에 대하여 정리하면 다음과 같다.

$$f^2=\frac{{I_m}^2}{16\pi^2WC}$$

$$f=\sqrt{\frac{{I_m}^2}{16\pi^2WC}}=\frac{I_m}{4\pi\sqrt{WC}}[\text{Hz}]$$

04 전자기학 정답 | ⑤

평등 전계를 갖는 매질 내 구도체 내의 전계(E)

$$E=\frac{3\varepsilon_1}{2\varepsilon_1+\varepsilon_2}E_0=\frac{3\varepsilon_{1s}}{2\varepsilon_{1s}+\varepsilon_{2s}}E_0[\text{V/m}]$$

(여기서 ε_1=구도체 외부매질의 유전율[F/m], ε_2=구도체 내부매질의 유전율[F/m], E_0=외부의 평등전계[V/m], ε_{1s}=구도체 외부매질의 비유전율, ε_{2s}=구도체 내부매질의 비유전율)

주어진 조건에 대하여 계산하면 다음과 같다.

$$E=\frac{3\varepsilon_1}{2\varepsilon_1+\varepsilon_2}E_0=\frac{3\varepsilon_{1s}}{2\varepsilon_{1s}+\varepsilon_{2s}}E_0=\frac{3\times 4}{2\times 4+1}\times 20$$

$$=\frac{12}{9}\times 20=\frac{80}{3}[\text{V/m}]$$

05 제어공학 정답 | ③

신호흐름선도는 메이슨 공식으로 간단하게 풀 수 있다.

전달함수 $G(s)=\frac{C(s)}{R(s)}=\frac{\sum G_k\Delta_k}{\Delta}$

G_k=입력마디에서 출력마디까지의 k번째 전방경로 이득

Δ_k=k번째의 전방경로 이득과 서로 접촉하지 않는 신호흐름선도에 대한 Δ값

$loop$=피드백

$\Delta=1-L_1+L_2-L_3+\cdots$

L_1=서로 다른 루프 이득의 합

L_2=서로 만나지 않는 2개 루프의 곱의 합

L_3=서로 만나지 않는 3개 루프의 곱의 합

따라서 전달함수 $\frac{C(s)}{R(s)}$는 다음과 같이 나타난다.

$$\frac{C(s)}{R(s)}=\frac{\frac{1}{s+2}\times K\times\frac{2}{s}\times 1}{1-\left(K\times\frac{2}{s}\times(-0.5)+\frac{2}{s}\times(-s^2)\right)}$$

$$=\frac{\frac{2K}{s(s+2)}}{1-\left(-\frac{K}{s}-2s\right)}=\frac{\frac{2K}{s(s+2)}}{1+\frac{K}{s}+2s}=\frac{\frac{2K}{s(s+2)}}{\frac{s+K+2s^2}{s}}$$

$$=\frac{2K}{(s+2)(2s^2+s+K)}$$

06 회로이론 정답 | ②

[비정현파의 실횻값]

직류분, 기본파 및 고조파 제곱합의 제곱(평방)근, 즉 직류분과 각 파형에 대한 실횻값의 벡터합으로 계산한다.

$i=I_0+\sum_{n=1}^{\infty}I_{mn}\sin(nwt+\theta_n)$

$=I_0+I_{m1}\sin(wt+\theta_1)+I_{m2}\sin(2wt+\theta_2)+\cdots$ 일 때,

실횻값 $I=\sqrt{I_0^2+\left(\frac{I_{m1}}{\sqrt{2}}\right)^2+\left(\frac{I_{m2}}{\sqrt{2}}\right)^2+\cdots}$

$=\sqrt{I_0^2+I_1^2+I_2^2+\cdots}$ [A]

주어진 조건에 대해 계산하면 다음과 같다.

• 기본파 전류 I_1[A]

$$I_1=\frac{\frac{V_1}{\sqrt{2}}}{\sqrt{R^2+\left(\frac{1}{wC}\right)^2}}=\frac{\frac{V_1}{\sqrt{2}}}{\sqrt{R^2+\frac{1}{w^2C^2}}}=\frac{\frac{V_1}{\sqrt{2}}}{\sqrt{\frac{w^2C^2R^2+1}{w^2C^2}}}$$

$$=\frac{\frac{V_1}{\sqrt{2}}}{\frac{\sqrt{w^2C^2R^2+1}}{wC}}=\frac{wCV_1}{\sqrt{2w^2C^2R^2+2}}[\mathrm{A}]$$

• 제3고조파 전류 I_3[A]

$$I_3=\frac{\frac{V_3}{\sqrt{2}}}{\sqrt{R^2+\left(\frac{1}{3wC}\right)^2}}=\frac{\frac{V_3}{\sqrt{2}}}{\sqrt{R^2+\frac{1}{9w^2C^2}}}$$

$$=\frac{\frac{V_3}{\sqrt{2}}}{\sqrt{\frac{9w^2C^2R^2+1}{9w^2C^2}}}=\frac{\frac{V_3}{\sqrt{2}}}{\frac{\sqrt{9w^2C^2R^2+1}}{3wC}}$$

$$=\frac{3wCV_3}{\sqrt{18w^2C^2R^2+2}}[\mathrm{A}]$$

따라서 회로에 흐르는 전체 전류의 실횻값 I[A]를 계산하면 다음과 같다.

$$I=\sqrt{I_1^2+I_3^2}=\sqrt{\left(\frac{wCV_1}{\sqrt{2w^2C^2R^2+2}}\right)^2+\left(\frac{3wCV_3}{\sqrt{18w^2C^2R^2+2}}\right)^2}$$

$$=\sqrt{\frac{w^2C^2V_1^2}{2w^2C^2R^2+2}+\frac{9w^2C^2V_3^2}{18w^2C^2R^2+2}}$$

$$=\sqrt{w^2C^2\left(\frac{V_1^2}{2w^2C^2R^2+2}+\frac{9V_3^2}{18w^2C^2R^2+2}\right)}$$

$$=wC\sqrt{\frac{V_1^2}{2w^2C^2R^2+2}+\frac{9V_3^2}{18w^2C^2R^2+2}}[\mathrm{A}]$$

07 회로이론 정답 | ⑤

[파형의 종류에 따른 실횻값, 평균값]

구분	정현파 정현전파	정현반파	구형파	구형반파	삼각파 톱니파
실횻값 I	$\frac{1}{\sqrt{2}}I_m$	$\frac{1}{2}I_m$	I_m	$\frac{1}{\sqrt{2}}I_m$	$\frac{1}{\sqrt{3}}I_m$
평균값 I_{av}	$\frac{2}{\pi}I_m$	$\frac{1}{\pi}I_m$	I_m	$\frac{1}{2}I_m$	$\frac{1}{2}I_m$

$0\sim\pi$는 $i=\frac{1}{\pi}I_mt$[A], $\pi\sim2\pi$는 $i=-\frac{2}{3}I_m$[A]이므로 전체 주기 2π 중에서 반주기는 톱니파, 반주기는 구형파이다. 그러므로 전체 2π를 주기로 하는 톱니반파와 구형반파의 합성파형으로 볼 수 있다.

• 톱니반파의 실횻값 I_1[A]

톱니반파의 실횻값은 톱니파의 실횻값 $\frac{1}{\sqrt{3}}I_m$에서 $\frac{1}{\sqrt{2}}$를 곱한 것과 같으므로 $I_1=\frac{1}{\sqrt{6}}I_m$[A]가 된다.

(* 간단하게 정현반파의 실횻값과 구형반파의 실횻값이 각각 정현파와 구형파 실횻값의 $\frac{1}{\sqrt{2}}$인 것과 같다.)

• 구형반파의 실횻값 I_2[A]

$I_2=\frac{1}{\sqrt{2}}\times$ 최댓값$=\frac{1}{\sqrt{2}}\times\left(\left|-\frac{2}{3}I_m\right|\right)=\frac{2I_m}{3\sqrt{2}}$[A]

• 합성파형의 전체 실횻값 I[A]

$$I=\sqrt{I_1^2+I_2^2}=\sqrt{\left(\frac{1}{\sqrt{6}}I_m\right)^2+\left(\frac{2}{3\sqrt{2}}I_m\right)^2}$$

$$=\sqrt{\frac{I_m^2}{6}+\frac{4I_m^2}{18}}=\sqrt{\frac{7I_m^2}{18}}=\frac{I_m}{3}\sqrt{\frac{7}{2}}[\mathrm{A}]$$

08 제어공학 정답 | ①

정상상태오차 $e_{ss}=\lim_{s\to0}\frac{sR(s)}{1+G(s)}$

• 단위 계단 입력(정상 위치 편차): $R(s)=\frac{1}{s}$

• 단위 램프 입력(정상 속도 편차): $R(s)=\frac{1}{s^2}$

• 단위 포물선 입력(정상 가속도 편차): $R(s)=\frac{1}{s^3}$

입력이 단위 포물선 입력이므로 $R(s)=\frac{1}{s^3}$이 되며, 이에 대한 정상상태오차(e_{ss})는 다음과 같다.

$$e_{ss}=\lim_{s\to 0}\frac{sR(s)}{1+G(s)}=\lim_{s\to 0}\frac{s\frac{1}{s^3}}{1+G(s)}=\lim_{s\to 0}\frac{1}{s^2+s^2G(s)}$$

$$=\lim_{s\to 0}\frac{1}{s^2+s^2\frac{2(s+3)}{s^2(s+1)(s+2)}}$$

$$=\lim_{s\to 0}\frac{1}{s^2+\frac{2(s+3)}{(s+1)(s+2)}}=\frac{1}{\frac{2\times 3}{1\times 2}}=\frac{1}{3}$$

09 제어공학

정답 | ③

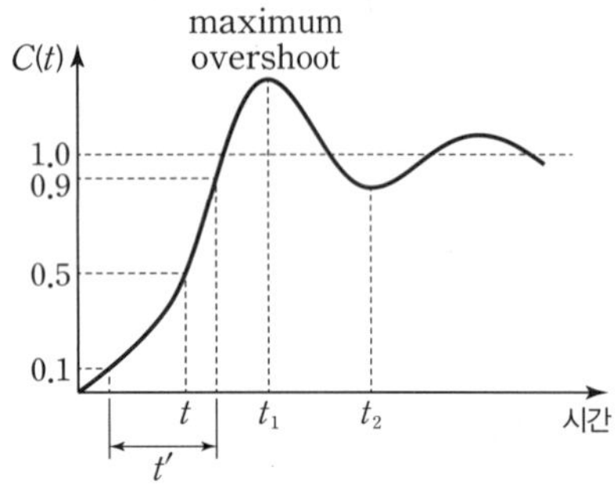

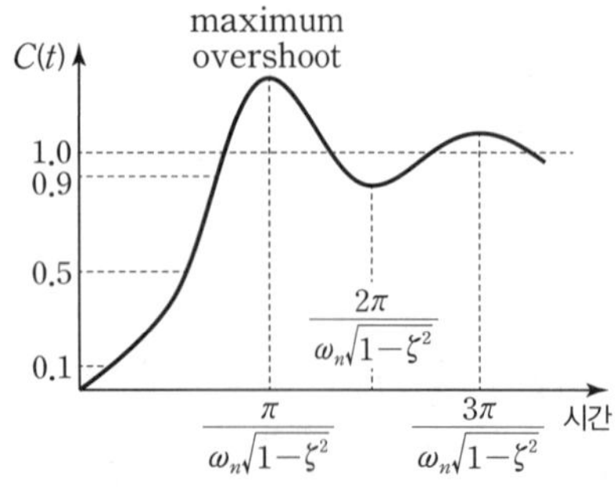

1) 오버슈트(overshoot)
   과도기간 중에 응답이 목푯값을 초과하여 편차량이 생기는 것을 의미하며, 2차 시스템 이상에서만 나타남
2) 최대 오버슈트(maximum overshoot)
   - 응답이 목푯값을 초과하여 최대로 나타나는 최대 편차량
   - 최대 오버슈트까지의 시간 $t_1=\frac{\pi}{w_n\sqrt{1-\zeta^2}}$[s]
3) 언더슈트(undershoot)
   - 응답의 변화 시 안정 상태에 이르기 전에 나타나는 일시적인 감소 현상
   - 언더슈트까지의 시간 $t_2=\frac{2\pi}{w_n\sqrt{1-\zeta^2}}$[s]
4) 지연시간(delay time): 응답이 최초로 목푯값의 50[%]가 되는데 요하는 시간, 위 그래프상의 t[s]가 지연시간에 해당함
5) 상승시간(rise time): 응답이 처음으로 목푯값에 도달하는 데 요하는 시간으로, 일반적으로는 목푯값의 10[%]부터 90[%]에 도달하는 데 요하는 시간이며, 위 그래프상의 t'이 상승시간에 해당함
6) 감쇠비(damping ratio) $=\frac{\text{제2오버슈트}}{\text{최대 오버슈트}}$
7) 백분율 오버슈트(percent overshoot)
   $=\frac{\text{최대 오버슈트}}{\text{최종 목푯값}}\times 100[\%]$

따라서 옳은 것은 ⓐ, ⓒ, ⓔ, ⓖ 4개이다.

오답풀이 |

ⓑ 오버슈트는 2차 시스템 이상에서만 나타난다.

ⓓ t_2는 언더슈트까지의 시간이며, 그 값은

$$t_2=\frac{2\pi}{w_n\sqrt{1-\zeta^2}}=\frac{2\pi}{1\times\sqrt{1-0.8^2}}=\frac{2\pi}{0.6}=\frac{\pi}{0.3}\text{[s]이다.}$$

ⓕ t'는 응답이 목푯값의 10[%]부터 90[%]에 도달하는 데 요하는 시간으로 상승시간이 된다.

10 전력공학

정답 | ④

1) 작용 정전용량 C_w[F] 관계식
   - 단상의 경우: $C_w=C_s+2C_m$
   - 3상의 경우 : $C_w=C_s+3C_m$

   (여기서 C_s=대지 정전용량[F], C_m=선간(상호) 정전용량[F])
2) 충전전류 관계식 $I_c=wClE=2\pi fCl\frac{V}{\sqrt{3}}$[A]

   (여기서 f=주파수[Hz], C=단위 길이당 작용 정전용량[F/km], l=선로길이[km], E=상전압[V], V=선간전압[V])

주어진 조건에 대하여 계산하면 다음과 같다.

- 작용 정전용량

$$C_w=C_s+3C_m=0.01+3\times 0.0082=0.01+0.0246$$
$$=0.0346[\mu F/km]$$

- 충전전류

$$I_c=2\pi fCl\frac{V}{\sqrt{3}}=2\pi\times 60\times 0.0346\times 10^{-6}\times 100\times\frac{154\times 10^3}{\sqrt{3}}$$
$$=2\pi\times 60\times 0.0346\times 10^{-6}\times 100\times\frac{154\times 10^3}{1.73}$$
$$=120\pi\times 0.02\times 100\times 154\times 10^{-3}$$
$$=240\pi\times 154\times 10^{-3}=240\times 3\times 154\times 10^{-3}$$
$$=110,880\times 10^{-3}$$
$$=110.88[A]$$

11 전자기학

정답 | ②

[쌍극자 $\pm Q$ 중심으로부터 거리 r[m]의 점 P에 형성되는 전계와 전위]

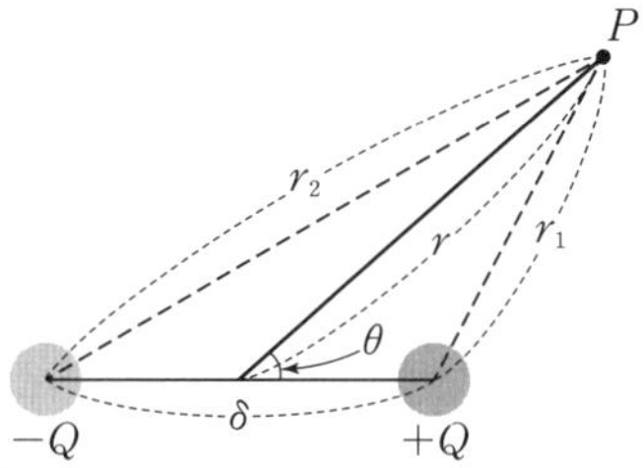

1) 전기 쌍극자 모멘트 $M=Q\delta$[C·m]

2) P점에 형성되는 전위 V_P[V]

$$V_P=\frac{Q\delta}{4\pi\varepsilon_0 r^2}\cos\theta=\frac{M}{4\pi\varepsilon_0 r^2}\cos\theta[\text{V}]$$

3) P점에 형성되는 전계의 세기 E_P[V/m]

$$E_P=\frac{M}{4\pi\varepsilon_0 r^3}\sqrt{1+3\cos^2\theta}[\text{V/m}]$$

4) 그 외의 관계성

- 거리와의 관계성
  - 전위 $V\propto\frac{1}{r^2}$ - 전계 $E\propto\frac{1}{r^3}$
- 전위와 전계는 $\cos\theta$의 함수
  - $\theta=0°$일 때: 최댓값
  - $\theta=90°\left(\text{또는 } \frac{\pi}{2}[\text{rad}]\right)$: 최솟값(단, 전위는 0)

주어진 그림에서 점 P는 $\pm q$[C]의 쌍극자 중심으로부터 90°의 각을 이루는 지점에 있다.

따라서 전위와 전계의 세기는 다음과 같다.

- 전위 V[V]

$$V=\frac{q\delta}{4\pi\varepsilon_0 r^2}\cos\theta=\frac{q\delta}{4\pi\varepsilon_0 r^2}\cos 90°=0[\text{V}]$$

- 전계의 세기 E[V/m]

$$E=\frac{q\delta}{4\pi\varepsilon_0 r^3}\sqrt{1+3\cos^2\theta}=\frac{q\delta}{4\pi\varepsilon_0 r^3}\sqrt{1+3\cos^2 90°}$$

$$=\frac{q\delta}{4\pi\varepsilon_0 r^3}[\text{V/m}]$$

참고 | 이 문제는 거리와의 관계성, cos함수라는 것만 가지고도 충분히 풀 수 있다.

12 전자기학

정답 | ④

- 자화의 세기 $J=\mu_0(\mu_s-1)H=\left(1-\frac{1}{\mu_s}\right)B[\text{wb/m}^2]$
- 자기 쌍극자 모멘트 $M=m\delta$[wb·m]

(여기서 μ_0=공기(진공) 중의 투자율[H/m]($=4\pi\times10^{-7}$), μ_s=비투자율, H=자계의 세기[AT/m], B=자속밀도[wb/m²], m=자극의 세기[wb], $\delta=\pm m$의 자극 간의 미소간격[m])

자화의 세기는 단위 체적당 자기 쌍극자 모멘트이므로

$J=\frac{M}{v}=\frac{m\delta}{v}$[wb·m/m³][wb/m²]로 표현이 가능하다.

여기에서 v=체적[m³](=면적 S[m²]× 길이 l[m])이므로

$J=\frac{M}{v}=\frac{m\delta}{v}=\frac{m\delta}{S\times l}$[wb/m²]로 표현할 수 있다.

(여기서 S=자성체의 단면적[m²], l=자성체의 길이[m])

문제에서 원통 양단에서의 자극 m[wb]을 물었고 자기 쌍극자 모멘트 관계식에서 $\pm m$의 자극 간의 미소 간격은 곧 자성체의 길이와 같으므로 $m\times$자성체 길이(l)[wb·m]가 되어

$J=\frac{M}{v}=\frac{m\delta}{v}=\frac{m\delta}{S\times l}=\frac{m\times l}{S\times l}=\frac{m}{S}$[wb/m²]으로 표현할 수 있다.

이를 자극의 세기 관계식으로 나타내면 다음과 같다.

$m=JS$[wb]

이때, 자성체는 원통이며 원통의 단면적은 πa^2[m²]이므로

(여기서 a=반지름)

$$m=JS=J\pi a^2=4\times\pi\times\left(\frac{10}{2}\times10^{-3}\right)^2=4\pi\times(5\times10^{-3})^2$$

$$=4\pi\times25\times10^{-6}=100\pi\times10^{-6}=\pi\times10^{-4}[\text{wb}]$$

13 전력공학

정답 | ②

애자련의 절연저항은 현수애자가 4개이므로 500[MΩ]×4=2,000[MΩ]이다.

표준경간이 200[m]이므로 1[km]에 5개의 애자련이 설치되고 애자련은 병렬로 작용하므로 전체 합성 절연저항은 $\frac{2{,}000[\text{M}\Omega]}{5}$ $=400$[MΩ]이다

따라서 누설 컨덕턴스는 $G=\frac{1}{R}=\frac{1}{400\times10^6}=\frac{1}{4}\times10^{-8}=0.25\times10^{-8}=25\times10^{-10}$[℧]이다.

14 전력공학

정답 | ③

기기에서 완전 지락 시 접촉된 사람의 인체에 전류가 흐를 때 다음과 같이 나타낼 수 있다.

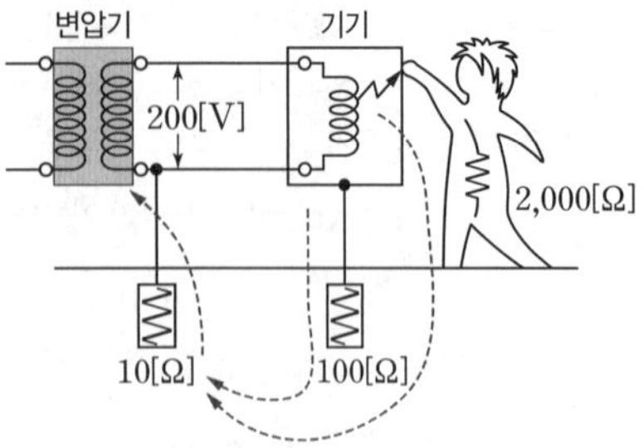

이를 등가회로로 나타내면 다음과 같다.

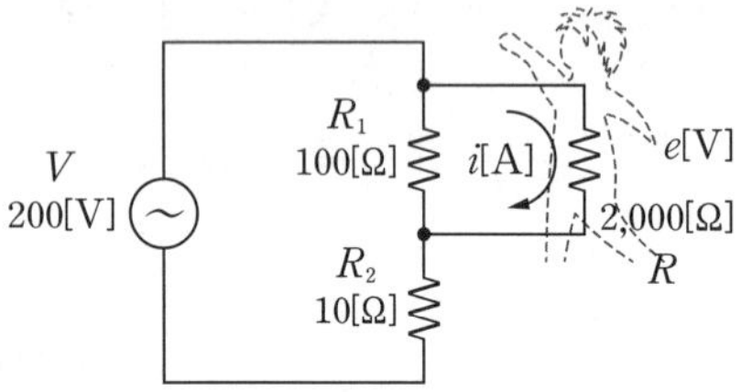

풀이방법 ①

공식화하여 풀이하면 다음과 같다.

위 등가회로에서 전원전압을 V로, 각 접지극의 저항을 R_1, R_2로, 인체의 저항을 R, 인체에 걸리는 전압을 e, 인체에 흐르는 전류를 i라 하면,

- 인체에 걸리는 전압 e[V]

전압 분배법칙에 의해 $e=\dfrac{\dfrac{RR_1}{R+R_1}}{\dfrac{RR_1}{R+R_1}+R_2}\times V$[V]

- 인체에 흐르는 전류 i[A]

$$i=\frac{e}{R}=\frac{\dfrac{\dfrac{RR_1}{R+R_1}}{\dfrac{RR_1}{R+R_1}+R_2}\times V}{R}=\frac{\dfrac{R_1}{R+R_1}}{\dfrac{RR_1}{R+R_1}+R_2}\times V$$

$$=\frac{\dfrac{R_1}{R+R_1}}{\dfrac{RR_1+R_2(R+R_1)}{R+R_1}}\times V=\frac{R_1V}{RR_1+R_2(R+R_1)}$$

주어진 값을 위 식에 대입하면 다음과 같다.

$$i=\frac{R_1V}{RR_1+R_2(R+R_1)}=\frac{100\times200}{2{,}000\times100+10(2{,}000+100)}$$

$$=\frac{20{,}000}{200{,}000+21{,}000}=\frac{200}{2{,}210}≒0.090[A]=90[mA]$$

풀이방법 ②

근삿값을 이용하여 간단하게 풀이하면 다음과 같다.

인체저항 2,000[Ω]과 접지극저항 100[Ω]의 합성저항 R'[Ω]

$R'=\dfrac{RR_1}{R+R_1}=\dfrac{2{,}000\times100}{2{,}000+100}=\dfrac{2{,}000}{21}$[Ω]

여기에서 분모값의 21을 20으로 하여 근삿값으로 나타내면

$R'=\dfrac{2{,}000}{21}≒\dfrac{2{,}000}{20}=100$[Ω]이다.

- 인체에 걸리는 전압 e[V]

$$e=\frac{R'}{R'+R_2}\times V=\frac{100}{100+10}\times200=\frac{2{,}000}{11}≒181.8[V]$$

- 인체에 흐르는 전류 i[A]

$$i=\frac{e}{R}≒\frac{181.8}{2{,}000}≒0.091=91[mA]$$

따라서 91[mA]의 근삿값인 90[mA]가 답이 된다.

> 참고 | 수식 계산과정에 있어서 숫자가 매우 복잡하게 연산되는 경우, 주어진 선택지의 값의 차이가 있을 때에는 근삿값을 이용하여 편하게 푸는 것이 좋다.

15 전기기기

정답 | ④

[동기기의 안정도를 증진시키는 방법]

- 단락비를 크게 한다.
- 회전자의 플라이 휠 효과를 크게 하여 관성모멘트를 크게 한다.
- 동기 임피던스를 작게 한다.
- 속응 여자방식을 채용한다.
- 영상 및 역상 임피던스를 크게 한다.

ⓑ 영상 임피던스와 역상 임피던스는 크게 한다.

ⓒ 회전자의 플라이 휠 효과를 크게 하여 관성모멘트를 크게 해야 한다.

> 참고 | 동기 임피던스와 확실하게 구분하자.

16 전기기기

정답 | ③

변압기의 전압 변동률(ε) 관계식

$\varepsilon=\dfrac{V_{n0}-V_n}{V_n}\times100[\%]=p\cos\theta\pm q\sin\theta[\%]$

(+부호: 지상역률, −부호: 진상역률)

(여기서 V_{n0}=무부하 시 단자전압[V], V_n=정격부하 시 단자전압[V], p=%저항강하[%], q=%리액턴스강하[%], $\cos\theta$=역률, $\sin\theta$=무효율)

주어진 조건에서 역률이 주어져 있으므로 전압 변동률은 $\varepsilon=p\cos\theta\pm q\sin\theta[\%]$의 관계식으로 계산할 수 있다.

- 역률 80[%]로 운전 시의 전압 변동률

%저항강하는 %리액턴스강하의 $\dfrac{1}{10}$이므로 $p=\dfrac{q}{10}$로 표현할 수 있고, 해당 관계를 전압 변동률 관계식에 대입하여 %리액턴스강하의 값을 구할 수 있다.

$\varepsilon=p\cos\theta+q\sin\theta$

$3.4=\dfrac{q}{10}\times0.8+q\times0.6=0.08q+0.6q=0.68q$

$q=\frac{3.4}{0.68}=5[\%]$

따라서 %저항강하는 $p=\frac{q}{10}=\frac{5}{10}=0.5[\%]$가 된다.

- 역률 100[%]로 운전 시의 전압 변동률

  역률이 100[%]이면 무효율은 0[%]이므로 $\cos\theta=1$, $\sin\theta=0$ 이 된다.

  그러므로 전압 변동률은 다음과 같이 나타낼 수 있다.

  $\varepsilon=p\cos\theta+q\sin\theta=p\times1+q\times0=p[\%]$

  즉, 전압 변동률은 %저항강하와 같게 나타나며, %저항강하가 0.5[%]였으므로 전압 변동률 또한 0.5[%]가 된다.

17 제어공학

정답 | ④

[시간 추이 정리]

$f(t)$가 시간에 대해 a만큼 지연이 있을 때의 변환

$f(t-a) \xrightarrow{\mathcal{L}} e^{-as}F(s)$

문제에서 주어진 파형은 다음 두 파형의 합으로 나타낼 수 있다.

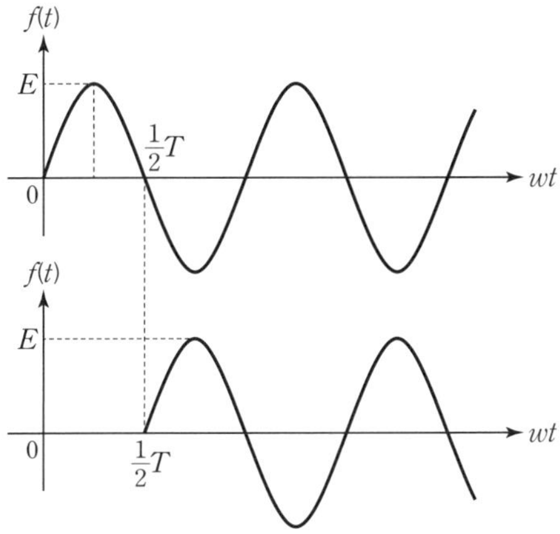

즉, $\frac{1}{2}T$ 지점에서 위상이 반대인 두 사인파가 합성되어 서로 상쇄되므로 이후의 파형은 나타나지 않는다.

위 관계를 이용하여 시간함수로 나타내면 다음과 같다

$f(t)=E\sin wt+E\sin w\left(t-\frac{1}{2}T\right)$

이를 라플라스 변환하면 다음과 같다.

$F(s)=E\frac{w}{s^2+w^2}+E\frac{w}{s^2+w^2}e^{-\frac{1}{2}Ts}=\frac{Ew}{s^2+w^2}(1+e^{-\frac{1}{2}Ts})$

참고 | 라플라스 변환/역변환 표

$f(t)$	$\mathcal{L} \rightleftarrows \mathcal{L}^{-1}$	$F(s)$
$\delta(t)$		1
$u(t)$		$\frac{1}{s}$
t		$\frac{1}{s^2}$
t^n		$\frac{n!}{s^{n+1}}$
$\sin wt$		$\frac{w}{s^2+w^2}$
$\cos wt$		$\frac{s}{s^2+w^2}$
$e^{\pm at}$		$\frac{1}{s\mp a}$
$t^n\cdot e^{at}$		$\frac{n!}{(s-a)^{n+1}}$
$t\sin wt$		$\frac{2ws}{(s^2+w^2)^2}$
$t\cos wt$		$\frac{s^2-w^2}{(s^2+w^2)^2}$
$e^{-at}\cdot\sin wt$		$\frac{w}{(s+a)^2+w^2}$
$e^{-at}\cdot\cos wt$		$\frac{s+a}{(s+a)^2+w^2}$
$\sinh wt$		$\frac{w}{s^2-w^2}$
$\cosh wt$		$\frac{s}{s^2-w^2}$

18 전력공학

정답 | ③

- 방전코일의 역할(설치목적)
  - 콘덴서에 축적된 잔류전하를 방전하여 감전사고를 방지함
  - 선로 재투입 시 콘덴서에 걸리는 과전압을 방지함
- 리액터 종류에 따른 역할
  - 분로 리액터: 페란티 현상 방지
  - 직렬 리액터: 제5고조파 제거
  - 한류 리액터: 단락전류 제한
  - 소호 리액터: 지락전류 제한
- 페란티 현상

  무부하의 경우 선로의 정전용량으로 인해 전압보다 90° 앞서는 충전전류의 영향이 커져 송전단 전압보다 수전단 전압이 높아지는 현상으로, 분로 리액터를 이용하여 방지할 수 있다.

• 조상설비의 비교

비교항목	동기 조상기	전력용 콘덴서	분로 리액터
가격	고가	저가	저가
증설	어려움	용이	용이
보수	어려움	간단	간단
용도	진상/지상	진상	지상
조정방법	연속	불연속	불연속
시충전	가능	불가	불가
전력손실	큼	적음	적음
	출력의 약 2~3[%]	출력의 0.3[%] 이하	출력의 0.6[%] 이하

ⓑ 직렬 리액터는 제5고조파를 제거한다.

ⓔ 동기 조상기는 전력손실이 큰 단점이 있다.

19 전력공학

정답 | ②

• B점의 전압 V_B[V]

A점의 전압을 V_A[V], $A\sim B$ 간의 전압강하를 e[V]라고 할 때, B점의 전압은 $V_B=V_A-e$[V]로 나타낼 수 있다. 주어진 조건은 단상 2선식이므로 이때의 전압강하는 $e=2IR$[V]이며, $A\sim B$ 간에 흐르는 전류는 $20+50+30=100$[A]이므로 V_B를 계산하면 다음과 같다.

$V_B=V_A-e=V_A-2IR=200-2\times100\times0.02=200-4$
$=196$[V]

• C점의 전압 V_C[V]

C점의 전압 V_C[V]는 B점의 전압 V_B[V]에서 $B\sim C$ 간의 전압강하를 뺀 것과 같으므로 $V_C=V_B-e=V_B-2IR$[V]로 나타낼 수 있다.

또한, $B\sim C$ 간에 흐르는 전류는 $50+30=80$[A]이므로 V_C는 다음과 같이 계산된다.

$V_C=V_B-e=V_B-2IR=196-2\times80\times0.15=196-$
$24=172$[V]

• D점의 전압 V_D[V]

D점의 전압 V_D[V]는 C점의 전압 V_C[V]에서 $C\sim D$ 간의 전압강하를 뺀 것과 같으므로 $V_D=V_C-e=V_C-2IR$[V]로 나타낼 수 있다. 또한, $C\sim D$ 간에 흐르는 전류는 30[A]이므로 V_D는 다음과 같이 계산된다.

$V_D=V_C-e=V_C-2IR=172-2\times30\times0.08=172-4.8$
$=167.2$[V]

20 회로이론

정답 | ⑤

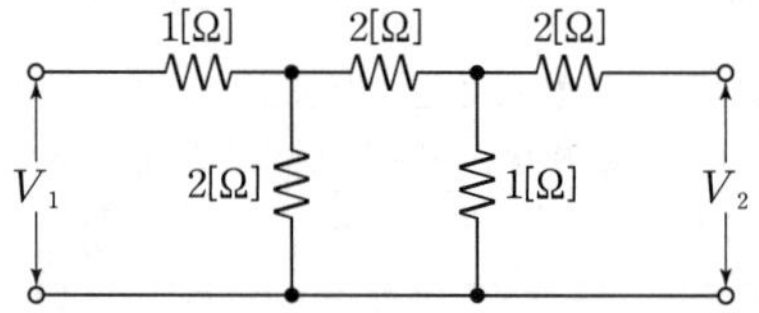

문제에서 구하고자 하는 $\frac{V_2}{V_1}$는 위 회로의 4단자망 $A=\frac{V_1}{V_2}$의 역수와 같다. 그러므로 회로를 단일 임피던스의 행렬로 변환하고 연산하여 4단자 정수를 통해 도출할 수 있다.

$$\begin{bmatrix} A & B \\ C & D \end{bmatrix}=\begin{bmatrix} 1 & 1 \\ 0 & 1 \end{bmatrix}\begin{bmatrix} 1 & 0 \\ \frac{1}{2} & 1 \end{bmatrix}\begin{bmatrix} 1 & 2 \\ 0 & 1 \end{bmatrix}\begin{bmatrix} 1 & 0 \\ \frac{1}{1} & 1 \end{bmatrix}\begin{bmatrix} 1 & 2 \\ 0 & 1 \end{bmatrix}$$

$$=\begin{bmatrix} \frac{3}{2} & 1 \\ \frac{1}{2} & 1 \end{bmatrix}\begin{bmatrix} 1 & 2 \\ 0 & 1 \end{bmatrix}\begin{bmatrix} 1 & 0 \\ 1 & 1 \end{bmatrix}\begin{bmatrix} 1 & 2 \\ 0 & 1 \end{bmatrix}$$

$$=\begin{bmatrix} \frac{3}{2} & 4 \\ \frac{1}{2} & 2 \end{bmatrix}\begin{bmatrix} 1 & 0 \\ 1 & 1 \end{bmatrix}\begin{bmatrix} 1 & 2 \\ 0 & 1 \end{bmatrix}$$

$$=\begin{bmatrix} \frac{11}{2} & 4 \\ \frac{5}{2} & 2 \end{bmatrix}\begin{bmatrix} 1 & 2 \\ 0 & 1 \end{bmatrix}=\begin{bmatrix} \frac{11}{2} & 15 \\ \frac{5}{2} & 7 \end{bmatrix}$$

따라서 4단자 정수 $A=\frac{11}{2}$이 되며 $A=\frac{V_1}{V_2}$이므로 $\frac{V_2}{V_1}=\frac{1}{A}$
$=\frac{2}{11}$가 된다.

21 전기설비

정답 | ④

[계통접지의 방식]

1) 계통접지 구성

저압전로의 보호도체 및 중성선의 접속방식에 따라 TN계통, TT계통, IT계통으로 분류한다.

ⓐ 계통접지에서 사용되는 문자의 정의

- 제1문자 – 전원계통과 대지의 관계
  - T: 한 점을 대지에 직접접속
  - I: 모든 충전부를 대지와 절연시키거나 높은 임피던스를 통하여 한 점을 대지에 직접접속
- 제2문자 – 전기설비의 노출도전부와 대지의 관계
  - T: 노출도전부를 대지로 직접접속, 전원계통의 접지와는 무관
  - N: 노출도전부를 전원계통의 접지점(교류계통에서는 통상적으로 중성점, 중성점이 없으면 선도체)에 직접접속

• 그다음 문자(있는 경우) – 중성선과 보호도체의 배치
  – S: 중성선 또는 접지된 선도체 외에 별도의 도체에 의해 제공되는 보호 기능
  – C: 중성선과 보호 기능을 한 개의 도체로 겸용(PEN 도체)

ⓑ 계통접지 방식의 종류

• TN–S계통: 계통 전체에 대하여 별도의 중성선 또는 PE도체를 사용하며, 배전계통에서 PE도체를 추가로 접지할 수 있는 계통접지 방식이다.
• TN–C계통: 그 계통 전체에 대하여 중성선과 보호도체의 기능을 동일 도체로 겸용한 PEN도체를 사용하며, 배전계통에서 PEN도체를 추가로 접지할 수 있는 계통접지 방식이다.
• TN–C–S계통: 계통의 일부분에서 PEN도체를 사용하거나, 중성선과 별도의 PE도체를 사용하는 방식이 있으며, 배전계통에서 PEN, PE도체를 추가로 접지할 수 있는 계통접지 방식이다.
• TT계통: 전원의 한 점을 직접접지하고 설비의 노출도전부는 전원의 접지전극과 전기적으로 독립적인 접지극에 접속시키며, 배전계통에서 PE도체를 추가로 접지할 수 있는 계통접지 방식이다.
• IT계통: 충전부 전체를 대지로부터 절연시키거나, 한 점을 임피던스를 통해 대지에 접속시키고, 전기설비의 노출도전부를 단독 또는 일괄적으로 계통의 PE도체에 접속시키며, 배전 계통에서 추가접지가 가능한 계통접지 방식이다. 계통은 충분히 높은 임피던스를 통하여 접지할 수 있고, 이 접속은 중성점, 인위적 중성점, 선도체 등에서 할 수 있다. 중성선은 배선할 수도 있고, 배선하지 않을 수도 있다.

ⓐ 보호도체 및 중성선의 접속방식에 따라 TN, TT, IT계통으로 분류한다.

ⓒ TN–S가 아닌 TN–C계통에 대한 설명이다.

ⓓ TT계통은 전원의 한 점을 직접접지하고 설비의 노출도전부는 전원의 접지전극과 공통된 접지극이 아니라, 전기적으로 독립적인 접지극에 접속시키며, 배전계통에서 PE도체를 추가로 접지할 수 있다.

22 전자기학 정답 | ⑤

[동축 케이블의 인덕턴스 관계식]

$L=\frac{\mu}{2\pi}\ln\frac{b}{a}$[H/m]

(여기서 μ=투자율[H/m]($=\mu_s\mu_0$), μ_s=비투자율, μ_0=공기(진공) 중의 투자율[H/m]($=4\pi\times10^{-7}$), b=외도체 반지름, a=내도체 반지름)

주어진 조건에 대하여 계산하면 다음과 같다.

$$L=\frac{\mu}{2\pi}\ln\frac{b}{a}=\frac{\mu_0}{2\pi}\ln\frac{4e^2}{4}=\frac{4\pi\times10^{-7}}{2\pi}\ln e^2=4\times10^{-7}[\text{H/m}]$$

23 전기기기 정답 | ①

권수비의 관계식 $a=\frac{N_1}{N_2}=\frac{E_1}{E_2}=\frac{V_1}{V_2}=\frac{I_2}{I_1}=\sqrt{\frac{Z_1}{Z_2}}$

Δ결선은 내부의 순환 회로를 통해 제3고조파 전류가 순환하므로 선로에는 제3고조파 전류가 흐르지 않는 특성이 있다.

즉, Δ결선 내부를 순환하는 전류는 제3고조파 전류이므로 제3고조파 성분에 대해서만 해석하면 된다.

주어진 1차 측 무부하 전류 $I=5\sin wt+2\sin 3wt$[A]에서 제3고조파분은 $i_3=2\sin 3wt$[A]이며, 실횻값은 $I_{1-3}=\frac{2}{\sqrt{2}}$[A]가 된다.

권수비를 이용하여 2차 측으로 환산하면 다음과 같다.

$$I_{2-3}=aI_{1-3}=\frac{1,100}{100}\times\frac{2}{\sqrt{2}}=\frac{22}{\sqrt{2}}=11\sqrt{2}[\text{A}]$$

24 전자기학 정답 | ①

자기 벡터 퍼텐셜 관계식 $B=rot A=\nabla\times A=\mu H$

(여기서 B=자속밀도[wb/m²], A=자기 벡터 퍼텐셜[wb/m], μ=투자율[H/m], H=자계의 세기[AT/m])

$$B=\nabla\times A=\begin{vmatrix} a_x & a_y & a_z \\ \frac{\partial}{\partial x} & \frac{\partial}{\partial y} & \frac{\partial}{\partial z} \\ 3xy^2 & 2xz & 2z^3 \end{vmatrix}$$

$$=\left(\frac{\partial}{\partial y}2z^3-\frac{\partial}{\partial z}2xz\right)a_x-\left(\frac{\partial}{\partial x}2z^3-\frac{\partial}{\partial z}3xy^2\right)a_y+\left(\frac{\partial}{\partial x}2xz-\frac{\partial}{\partial y}3xy^2\right)a_z$$

$$=(0-2x)a_x-(0-0)a_y+(2z-6xy)a_z$$

$$=-2xa_x+(2z-6xy)a_z[\text{wb/m}^2]$$

점(1, 3, 2)에 대하여 물었으므로 이를 각각의 x, y, z에 대입하여 계산하면 다음과 같다.

$$B=-2xa_x+(2z-6xy)a_z$$

$$=(-2\times1)a_x+(2\times2-6\times1\times3)a_z$$

$$=-2a_x+(4-18)a_z=-2a_x-14a_z[\text{wb/m}^2]$$

25 전기설비

정답 | ⑤

– 한국전기설비규정(KEC) –

[351.9 상주 감시를 하지 아니하는 변전소의 시설]

1. 변전소(이에 준하는 곳으로서 50[kV]를 초과하는 특고압의 전기를 변성하기 위한 것을 포함)의 운전에 필요한 지식 및 기능을 가진 자가 그 변전소에 상주하여 감시를 하지 아니하는 변전소는 다음에 따라 시설하는 경우에 한한다.
   가. 사용전압 170[kV] 이하의 변압기를 시설하는 변전소로서 기술원이 수시로 순회하거나 그 변전소를 원격 감시 제어하는 제어소에서 상시 감시하는 경우
   나. 사용전압 170[kV] 초과하는 변압기를 시설하는 변전소로서 변전제어소에서 상시 감시하는 경우
2. 제1의 "가"에 규정하는 변전소는 다음에 따라 시설해야 한다.
   가. 다음의 경우에는 변전제어소 또는 기술원이 상주하는 장소에 경보장치를 시설할 것
      (1) 운전조작에 필요한 차단기가 자동적으로 차단한 경우(차단기가 재폐로한 경우는 제외)
      (2) 주요 변압기의 전원 측 전로가 무전압으로 된 경우
      (3) 제어 회로의 전압이 현저히 저하한 경우
      (4) 옥내 변전소에 화재가 발생한 경우
      (5) 출력 3,000[kVA]를 초과하는 특고압용 변압기의 온도가 현저히 상승한 경우
      (6) 특고압용 타냉식변압기는 그 냉각장치가 고장난 경우
      (7) 조상기는 내부에 고장이 생긴 경우
      (8) 수소냉각식 조상기 안의 수소의 순도가 90[%] 이하로 저하한 경우, 수소의 압력이 현저히 변동한 경우 또는 수소의 온도가 현저히 상승한 경우
      (9) 가스절연기기(압력의 저하에 의하여 절연파괴 등이 생길 우려가 없는 경우는 제외)의 절연가스의 압력이 현저히 저하한 경우
   나. 수소냉각식 조상기를 시설하는 변전소는 그 조상기 안의 수소의 순도가 85[%] 이하로 저하한 경우에 그 조상기를 전로로부터 자동적으로 차단하는 장치를 시설할 것
   다. 전기철도용 변전소는 주요 변성기기에 고장이 생긴 경우 또는 전원 측 전로의 전압이 현저히 저하한 경우에 그 변성기기를 자동적으로 전로로부터 차단하는 장치를 할 것 다만, 경미한 고장이 생긴 경우에 기술원주재소에 경보하는 장치를 하는 때에는 그 고장이 생긴 경우에 자동적으로 전로로부터 차단하는 장치의 시설을 하지 아니하여도 된다.

따라서 수소냉각식 조상기 안의 수소 순도가 90[%] 이하로 저하한 경우에 경보할 수 있는 장치를 설치해야 한다. 순도 85[%] 이하는 자동 차단장치의 기준이다.

참고	경보장치와 차단장치의 기준을 구분하자.

공기업 전기직 전공필기 기출로 끝장 ❶

발 행 일	2022년 2월 18일 초판
편 저 자	에듀윌 취업연구소
펴 낸 이	이중현
펴 낸 곳	(주)에듀윌
등록번호	제25100-2002-000052호
주 소	08378 서울특별시 구로구 디지털로34길 55 코오롱싸이언스밸리 2차 3층

ISBN 979-11-360-1562-4 (13320)

www.eduwill.net
대표전화 1600-6700

여러분의 작은 소리
에듀윌은 크게 듣겠습니다.

본 교재에 대한 여러분의 목소리를 들려주세요.
공부하시면서 어려웠던 점, 궁금한 점,
칭찬하고 싶은 점, 개선할 점, 어떤 것이라도 좋습니다.

에듀윌은 여러분께서 나누어 주신 의견을
통해 끊임없이 발전하고 있습니다.

정답과 해설

공기업 전기직 전공필기 기출로 끝장 ❶
8대 전력·발전 공기업편

고객의 꿈, 직원의 꿈, 지역사회의 꿈을 실현한다

펴낸곳 (주)에듀윌 **펴낸이** 이중현 **출판총괄** 김형석
개발책임 김기임, 김선아 **개발** 홍수옥
주소 서울시 구로구 디지털로34길 55 코오롱싸이언스밸리 2차 3층
대표번호 1600-6700 **등록번호** 제25100-2002-000052호

에듀윌 도서몰 book.eduwill.net
• 부가학습자료 및 정오표: 에듀윌 도서몰 → 도서자료실
• 교재 문의: 에듀윌 도서몰 → 문의하기 → 교재(내용, 출간) / 주문 및 배송

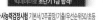

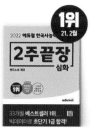

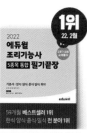

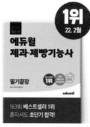

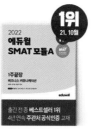

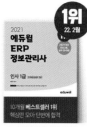

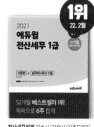

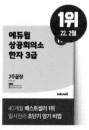

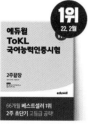

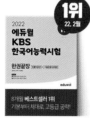

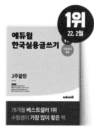

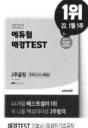

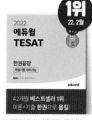

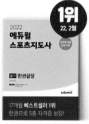

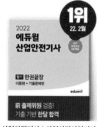

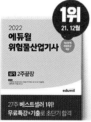

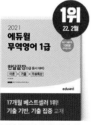

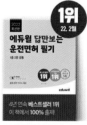

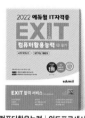

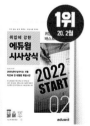

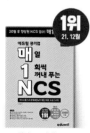

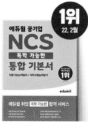

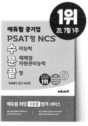

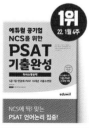

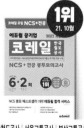

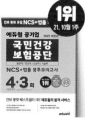

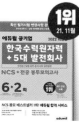

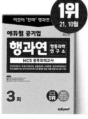

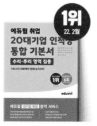

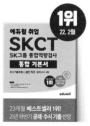

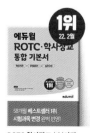